归善斋《尚书》八训章句集解

下卷

尤韶华 ◎ 纂

中国社会科学院创新工程学术出版资助项目

SENTENTIAL VARIORUM ON BAXUN OF WAR IN SHANGSHU

中国社会科学出版社

目 录

下　卷

商书　咸有一德第八 …………………………………………… 527
　伊尹作《咸有一德》 …………………………………………… 527
　《咸有一德》 …………………………………………………… 534
　伊尹既复政厥辟 ………………………………………………… 537
　将告归，乃陈戒于德 …………………………………………… 544
　曰：呜呼！天难谌，命靡常 …………………………………… 548
　常厥德，保厥位；厥德匪常，九有以亡 ……………………… 553
　夏王弗克庸德，慢神虐民 ……………………………………… 556
　皇天弗保，监于万方，启迪有命 ……………………………… 566
　眷求一德，俾作神主 …………………………………………… 569
　惟尹躬暨汤，咸有一德，克享天心，受天明命 ……………… 572
　以有九有之师，爰革夏正 ……………………………………… 578
　非天私我有商，惟天佑于一德 ………………………………… 581
　非商求于下民，惟民归于一德 ………………………………… 588
　德惟一，动罔不吉；德二三，动罔不凶 ……………………… 591
　惟吉凶不僭，在人；惟天降灾祥，在德 ……………………… 597
　今嗣王新服厥命，惟新厥德 …………………………………… 600
　终始惟一，时乃日新 …………………………………………… 610
　任官惟贤材，左右惟其人 ……………………………………… 614

1

臣为上为德，为下为民	624
其难其慎，惟和惟一	628
德无常师，主善为师	631
善无常主，协于克一	647
俾万姓咸曰：大哉王言	651
又曰：一哉王心	658
克绥先王之禄，永厎烝民之生	661
呜呼！七世之庙，可以观德	664
万夫之长，可以观政	682
后非民罔使；民非后罔事	685
无自广以狭人，匹夫匹妇，不获自尽，民主罔与成厥功	691
《沃丁》	695
沃丁既葬伊尹于亳	695
咎单遂训伊尹事	701
作《沃丁》	703
《咸乂》	706
伊陟相大戊	706
亳有祥桑谷，共生于朝	711
伊陟赞于巫咸，作《咸乂》四篇	714
《伊陟》、《原命》	717
太戊赞于伊陟	717
作《伊陟》、《原命》	721
《仲丁》	724
仲丁迁于嚣	724
作《仲丁》	728
《河亶甲》	731
河亶甲居相	731
作《河亶甲》	734
《祖乙》	737
祖乙圮于耿	737

作《祖乙》 ················· 741

商书　高宗肜日第十五 ················· 745
　　高宗祭成汤，有飞雉升鼎耳而雊 ················· 745
　　祖己训诸王 ················· 754
　　作《高宗肜日》、《高宗之训》 ················· 757
　　《高宗肜日》 ················· 760
　　高宗肜日，越有雊雉 ················· 764
　　祖己曰：惟先格王，正厥事 ················· 774
　　乃训于王，曰，惟天监下民，典厥义 ················· 780
　　降年有永有不永，非天夭民，民中绝命 ················· 786
　　民有不若德，不听罪，天既孚命，正厥德 ················· 790
　　乃曰：其如台 ················· 794
　　呜呼！王司敬民，罔非天胤，典祀无丰于昵 ················· 797
　　《高宗之训》 ················· 806

周书　旅獒第七 ················· 807
　　西旅献獒 ················· 807
　　太保作《旅獒》 ················· 812
　　《旅獒》 ················· 815
　　惟克商，遂通道于九夷八蛮 ················· 818
　　西旅底贡厥獒 ················· 831
　　太保乃作《旅獒》，用训于王 ················· 834
　　曰：呜呼！明王慎德，四夷咸宾 ················· 837
　　无有远迩，毕献方物，惟服食器用 ················· 845
　　王乃昭德之致于异姓之邦，无替厥服 ················· 850
　　分宝玉于伯叔之国，时庸展亲 ················· 858
　　人不易物，惟德其物 ················· 861
　　德盛不狎侮 ················· 867
　　狎侮君子，罔以尽人心 ················· 877

狎侮小人，罔以尽其力 ·· 880
不役耳目，百度惟贞 ·· 882
玩人丧德，玩物丧志 ·· 888
志以道宁，言以道接 ·· 892
不作无益害有益，功乃成；不贵异物贱用物，民乃足 ·········· 897
犬马非其土性不畜 ·· 904
珍禽奇兽不育于国 ·· 908
不宝远物，则远人格 ·· 912
所宝惟贤，则迩人安 ·· 916
呜呼！夙夜罔或不勤 ·· 919
不矜细行，终累大德 ·· 927
为山九仞，功亏一篑 ·· 930
允迪兹，生民保厥居，惟乃世王 ······························ 934
《旅巢命》 ·· 938
巢伯来朝 ·· 938
芮伯作《旅巢命》 ·· 942

周书　无逸第十七 ·· 945

周公作《无逸》 ·· 945
《无逸》 ·· 955
周公曰：呜呼！君子所其无逸 ································ 961
先知稼穑之艰难，乃逸，则知小人之依 ························ 975
相小人，厥父母勤劳稼穑，厥子乃不知稼穑之艰难 ·············· 981
乃逸乃谚，既诞，否则侮厥父母曰：昔之人无闻知 ·············· 986
周公曰：呜呼！我闻曰：昔在殷王中宗 ························ 990
严恭寅畏，天命自度 ·· 1006
治民祗惧，不敢荒宁 ·· 1009
肆中宗之享国七十有五年 ···································· 1012
其在高宗，时旧劳于外，爰暨小人 ···························· 1016
作其即位，乃或亮阴，三年不言 ······························ 1023

其惟不言，言乃雍，不敢荒宁 …… 1026

嘉靖殷邦，至于小大，无时或怨 …… 1030

肆高宗之享国五十年有九年 …… 1034

其在祖甲，不义惟王，旧为小人 …… 1037

作其即位，爰知小人之依，能保惠于庶民，不敢侮鳏寡 …… 1049

肆祖甲之享国三十有三年 …… 1052

自时厥后立王，生则逸 …… 1055

生则逸，不知稼穑之艰难 …… 1063

不闻小人之劳，惟耽乐之从 …… 1065

自时厥后，亦罔或克寿 …… 1068

或十年，或七八年，或五六年，或四三年 …… 1071

周公曰：呜呼！厥亦惟我周太王、王季，克自抑畏 …… 1074

文王卑服，即康功田功 …… 1088

徽柔懿恭，怀保小民，惠鲜鳏寡 …… 1094

自朝至于日中昃，不遑暇食，用咸和万民 …… 1100

文王不敢盘于游田，以庶邦惟正之供 …… 1104

文王受命惟中身，厥享国五十年 …… 1112

周公曰：呜呼！继自今嗣王 …… 1116

则其无淫于观、于逸、于游、于田，以万民惟正之供 …… 1124

无皇曰：今日耽乐，乃非民攸训，非天攸若，时人丕则有愆 …… 1127

无若殷王受之迷乱，酗于酒德哉 …… 1134

周公曰：呜呼！我闻曰：古之人犹胥训告，胥保惠，胥教诲 …… 1137

民无或胥譸张为幻 …… 1150

此厥不听，人乃训之，乃变乱先王之正刑，至于小大 …… 1153

民否则厥心违怨，否则厥口诅祝 …… 1158

周公曰：呜呼！自殷王中宗及高宗及祖甲及我周文王，兹四人迪哲 …… 1162

厥或告之曰：小人怨汝詈汝，则皇自敬德 …… 1173

厥愆，曰：朕之愆，允若时，不啻不敢含怒 …… 1178

此厥不听，人乃或譸张为幻，曰小人怨汝詈汝，则信之 …… 1181

5

则若时，不永念厥辟，不宽绰厥心，乱罚无罪，杀无辜 ········· 1189
怨有同，是丛于厥身 ······································· 1192
周公曰：呜呼！嗣王其监于兹 ······························· 1196

下　卷

商书　咸有一德第八

伊尹作《咸有一德》

1.（汉）孔氏传、（唐）陆德明音义、孔颖达疏《尚书注疏》卷七

序，伊尹作《咸有一德》。

传，言君臣皆有纯一之德，以戒太甲。

疏，正义曰，太甲既归于亳，伊尹致仕而退，恐太甲德不纯一，故作此篇以戒之。经称"尹躬及汤咸有一德"，言己君臣，皆有纯一之德，戒太甲使君臣亦然，此主戒太甲，而言臣有一德者，欲令太甲亦任一德之臣。经云"任官惟贤材，左右惟其人"，是戒太甲使善用臣也。伊尹既放太甲，迎而复之，是伊尹有纯一之德，已为太甲所信，是己君臣纯一，欲令太甲法之。

2.（宋）苏轼《书传》卷七《商书·咸有一德第八》

伊尹作咸有一德。

伊尹既复政厥辟，将告归，乃陈戒于德，曰，呜呼！天难谌。

谌，信也。

3.（宋）林之奇《尚书全解》卷十七《商书·咸有一德》

伊尹作《咸有一德》。

此篇，盖伊尹致政告老而归，训于太甲，丁宁告戒，终致其拳拳爱君之意而作也。而其简册所编次，则与《伊训》、《太甲》三篇相连属，不可以无别也。故别为篇名曰"咸有一德"，盖其篇中有曰"惟尹躬暨汤咸有一德"，故借此四字，以为简册之别。然此篇之义，不必全系于是也。汉孔氏曰，言君臣皆有纯一之德。唐孔氏曰，伊尹致仕而退，恐太甲德不纯一，作此篇以戒之。经言"惟尹躬暨汤咸有一德"，言己之君臣，皆有纯一之德，戒太甲，使君臣亦然。此主太甲而言，臣有一德者，欲令太甲亦任一德之臣。经言"任官惟贤材左右惟其人"，是戒太甲使善用臣也。详考此篇终始之义，信如二孔之说。盖此篇之意，实欲太甲慎于用臣，君臣上下，克终厥德，以尽其纯一之德。然书之篇名，以篇中字为简册之别者多矣，如《梓材》、《无逸》、《立政》之类，不必皆尽其一篇之义。要之，姑借此字，以为篇名之别焉。若必从而为之说，则妄。妄有穿凿，而不得通者。且以《诗》譬之，如《召旻》之诗，其篇言"旻天疾威，天笃降丧"，而篇终曰昔者"有如召公日辟国百里"，取其始终之美，遂以"召旻"二字为此篇之名，乃若诗之义不在是也。而作序者，乃曰旻，闵也，闵天下，无如召公之臣也。若此之类，皆妄论也。百篇之序，盖有述所作之人，而不言其所以作是篇之意者。如咎单作《明居》，周公作《立政》，与此篇之序比之，诸序最为简省，若以为经文已明，故略之，然其诸序亦有经文已明，而序文详言之者，故予尝谓，书序之作，非出于一人之手。盖历代史官相传，以为书之总目，既非出于一人之手，故自有详略不同。至于书之本义，不在是也。如此篇发首，是言伊尹复政厥辟，将告归，乃陈戒于德，则其序亦可言其致政告归之意，然当时史官所录者，止如此。若杜预所谓，史有文质，辞有详略，不必泥也。学者于此，不可校量同异而为之说。苟以书序之作，尽出于夫子之手，必于其间校量同异轻重，尽以《春秋》褒贬而求之，则将不胜其凿矣。

4.（宋）史浩《尚书讲义》卷九《商书·咸有一德》

伊尹作《咸有一德》。

德惟治，否德乱，则德者，固治天下之大要也。一德者，德之有常而不变者也。夫水不变，故谓之天一；火可变，故谓之地二。则一德者，常德也。君有是德，可以为圣君；臣有是德，可以为贤臣。尧、舜、禹，有是德，而皋、夔、益稷之徒，亦有是德，故能成至治之世。自是厥后，君或有之，而臣不能进于此；臣或有之，而君不能进于此，则咸有一德，真绝世难逢之会也。伊尹得不举，是以为训乎。虽然伊尹将去矣，而以是为言，诚欲使太甲坚持是德，自托于伊尹而求。如伊尹者相之，则伊尹所以致君如尧舜者。前有成汤，后有太甲，其成效岂不巍然，上与皋、夔、益稷之徒，同为不朽。后世读此书，当知君臣咸有之为难得。苟有焉，不可相捐于中道，而使尧舜之功不成也。

5.（宋）夏僎《尚书详解》卷十二《商书·咸有一德》

伊尹作《咸有一德》。

此篇，盖伊尹致仕告老而归，又恐太甲执德不固，复怵利欲，或变前守，故又作此《咸有一德》之书，以丁宁告戒之，所以终其拳拳爱君之意也。此书名"一德"，唐孔氏谓，伊尹致仕而退，恐太甲德不纯一，故作此书以戒之。故经言"惟尹躬暨汤，咸有一德，克享天心"，言己与汤皆有纯一之德，欲太甲君臣亦然，故下文又言"任官惟贤才，左右惟其人"，是太甲为君，固不可不一其德，而亦不可不用一德之臣也，此书所以谓之"咸有一德"。

6.（宋）时澜《增修东莱书说》卷十《商书·咸有一德第八》

伊尹作《咸有一德》。

太甲悔过既力，入道既深，故伊尹于此篇，讲究实理以入道之至极者，告之前圣后圣，入道各有自得之地。在尧、舜、禹，谓之执中，在伊尹谓之"一德"，在孔子谓之"忠恕"，在子思谓之"中庸"，在孟子谓之

"仁义"，皆所以发明不传之蕴。此篇终始言"一德"，一德之名，立于伊尹，盖明百圣之所未明，大抵圣人之于道，各有所受用，因其所受用，而名其道，以诏天下后世。

7.（宋）黄度《尚书说》卷三《商书·咸有一德》

伊尹作《咸有一德》。

一德，天德也。《中庸》曰，纯亦不已。

8.（宋）袁燮《絜斋家塾书钞》卷五《商书·咸有一德》

伊尹作《咸有一德》。

此书是伊尹将告归，恐太甲进德之心，不能始终如一，故留此书以遗之，欲其有所持循也。人皆有此一德，论其本然之初，纯一不杂，何二三之有自耳。目有知以来日就斫丧，所以纷纷乎其二三，且如太甲，未败度、败礼之前，此心只如此而已。所谓"一"也，此心本何曾有欲与纵，而太甲乃以欲而败度，以纵而败礼，则此心不一矣。后来既悔过，前日之"一"，于是乎复。观其悔过之辞，当是时，安有一毫之他念哉。《孟子》，极本穷源，以为人之性善，人性之无不善，犹水之无不下也。今夫有事于此，是者，人皆知其为是；非者，人皆知其为非，不特贤人君子为然，虽愚鄙小人亦莫不然，所以知此是非善恶者，谁欤，由吾心之本一也。此心本"一"于善，本无不善者。介乎其间，才有不善，便是二三。所谓"二三"，"一"固未尝亡也。惟既有善，又有不善故谓之二三尔。一者，谓之德；未至于"一"而"二三"焉，非所以为德也。《孟子》谓，大人者，不失其赤子之心者也。赤子之心，至纯一，而不杂也。有之为言，实有诸己之谓也。《记》曰，德者，得于身者也，未能有已，何以为德。君臣皆有此"一德"，是之谓"咸"。

9.（宋）蔡沈《书经集传》卷三《商书·咸有一德》

（归善斋按，未解）

10. （宋）黄伦《尚书精义》卷十八《商书·咸有一德》

伊尹作《咸有一德》。

无垢曰，伊尹与成汤，君臣之间，皆超然，真有所得，上当天心，可以受历数。而君九有，革夏政，夫一德之所在，天之所在，民心之所在也。有此一德，天必佑之，民必归之，犹影之随形，响之逐声也。岂天私于我，我求于民哉？德之所在理，固然耳。夫成汤，咸有一德，而至得天下。夏桀弗克庸德，而至失天下。然则吉凶在人，灾祥在德，复何怨尤哉。

又曰，夫有尧，必有舜，有舜必有禹，有汤必有伊尹，犹天必有地，阴必有阳，日必有月。有一德之君，必有一德之臣，此自然之理也。自尧、舜、禹、汤、文、武以来，其所以巍巍赫赫者，则亦有所得，非勉强而能尔也。然汤学于伊尹，其一德，虽汤所固有，乃伊尹指而示之也。伊尹，天民之先觉，觉者一德也。汤与伊尹，皆有此德，故足以斡旋天命，变尧舜之所为，而不疑。其见于用也，取民于水火之中，而处之尧舜之世。一德为用，其如何哉？伊尹既用此以放桀，又用此以放太甲，而使之以悔过，中超然有得。呜呼！一德之用，其大矣哉。

东坡曰，或以千金与人，而人不喜；或以一言使人，而人死之者。诚与不诚是也。稽天下之潦，不能终朝，而一线之溜，可以达石者，一与不一故也。诚而一，古之圣人，不能加毫末于此矣。

张氏曰，道一而已，散而为德，未始不一也。是故，入乎一，则道将得；出乎一，则道将失。然则，君臣之德，岂可以二三，而不一乎？虽然，有一德之君，必须一德之臣，以为之佐。有一德之臣，必赖一德之君，以为之主。君臣之间，所以贵于"咸有一德"，然后道同志合，而政治立矣。此伊尹之将告归，所以作《咸有一德》，以陈戒于太甲也。太甲昔尝居忧，而在亮阴之间，则天下之政，听于伊尹矣。至于三年之丧毕，此伊尹所以复政厥辟也，将告归者，盖功成不居，将致政而归也。

东莱曰，太甲悔过既力，入道既深，故伊尹于此篇，讲究实理，以入道之极处，告太甲，自古以来，前圣入道，各有自得处。在尧、舜、禹，则谓之"执中"；在伊尹，则谓之"一德"；在孔子，则谓之"忠恕"；在子思,则谓之"中庸";在孟子,则谓之"仁义",皆所以发明前圣,之所未明处。故此篇,前后都说"一德",天之难信以其命之不常也。德之常不常,则位之保不保,在反复手耳。大抵造道之深,其言不易发,故伊尹必先以天为言,而重其事,亦欲起太甲之敬心也。

11. (宋)陈经《尚书详解》卷十五《商书·咸有一德》

伊尹作《咸有一德》。伊尹既复政厥辟,将告归,乃陈戒于德。

《咸有一德》之书,作史者既言伊尹复政厥辟,将告归,乃陈戒于德,其事已显矣,故夫子直叙之曰《咸有一德》。呜呼!人臣进退之节,未有如伊尹之两全者也。世固有功成,而身不退,威权震主,而卒受赤族之诛者,亦有功成身退,飘然长往不复为国家远虑者。观伊尹相汤伐桀,出生民于涂炭;保衡之寄辅导太甲,卒为贤主人臣之功,至此极美矣。而乃复政告归,前日之功一毫不有,陈戒其君以一德,爱君之诚,惓惓不忘,此其于人臣之节,所以为两全欤。

12. (宋)钱时《融堂书解》卷六《商书·咸有一德》

伊尹作《咸有一德》。

伊尹复辟告归,而作是书,义已明白,故孔子止曰"伊尹作《咸有一德》",不复详序也。"一德"二字,方自伊尹拈出。

13. (宋)魏了翁《尚书要义》

原阙。

14. (宋)陈大猷《书集传或问》卷上《商书·咸有一德》

(归善斋按,未解)

15. (宋)胡士行《尚书详解》卷四《商书·咸有一德第八》

伊尹作《咸有一德》。

太甲悔过既力，入道既深，故尹以入道之极告之。尧、舜、禹"执中"、伊尹"一德"、孔子"忠恕"、子思"中庸"、孟子"仁义"，各有自得之地，皆以发明不传之蕴。

16.（元）吴澄《书纂言》

（归善斋按，未解）

17.（元）陈栎《书集传纂疏》卷三《朱子订定蔡氏集传·咸有一德》

（归善斋按，未解）

18.（元）许谦《读书丛说》卷五《商书·咸有一德》

（归善斋按，未解）

19.（元）董鼎《书传辑录纂注》卷三《商书·咸有一德》

（归善斋按，未解）

20.（元）朱祖义《尚书句解》卷四《商书·咸有一德第八》

伊尹作咸有一德（作史者既言"伊尹复政厥辟，将告归乃陈戒于德"，纪之已显矣，故夫子直叙之曰"伊尹作《咸有一德》"）。

21.（明）王樵《尚书日记》卷七《商书·咸有一德》

（归善斋按，未解）

22.（清）库勒纳等撰《日讲书经解义》卷四《商书·咸有一德》

（归善斋按，未解）

《咸有一德》

（汉）孔氏传、（唐）陆德明音义、孔颖达疏《尚书注疏》卷七《咸有一德》

传，即政之后，恐其不一，故以戒之。

疏，正义曰，此篇终始皆言一德之事，发首至"陈戒于德"，叙其作戒之由，已下皆戒辞也。德者，得也，内得于心，行得其理。既得其理，执之必固不为邪见，更致差贰，是之谓"一德"也。而凡庸之王，监不周物，志既少决，性复多疑，与智者谋之，与愚者败之，则是二三其德，不为一也。经云"德惟一，动罔不吉；德二三，动罔不凶"，是不二三，则为"一德"也。又曰"终始惟一，时乃日新"，言守一必须固也。太甲新始即政，伊尹恐其二三，故专以一德为戒。

（宋）蔡沈《书经集传》卷三《商书·咸有一德》

《咸有一德》。

伊尹致仕而去，恐太甲德不纯一，及任用非人，故作此篇，亦训体也。史氏取其篇中"咸有一德"四字，以为篇目。今文无，古文有。

（宋）陈经《尚书详解》卷十五《商书·咸有一德》

《咸有一德》。

《孟子》曰，人不足与适也；政不足与间也。惟大人为能格君心之非，君仁莫不仁，君义莫不义。伊尹示太甲以传心之要，故《咸有一德》之书作焉。太甲"克终允德"，则其德，固一矣。然人心无常，苟一念之差，则前日之允德，安能保其不变。告归之际，犹以是为虑，"一德"亦大矣。在尧、舜谓之"执中"，在武王谓之"皇极"，在夫子谓之"忠恕"、"一贯"，在子思谓之"中庸"，在《孟子》谓之"浩然之气"，实一物也。明乎一德之理，则推而至于用。人己一也，君民一也，幽明一也，古今一也，始终一也，将无适而非一。若人与己，君与民，幽与明，今与古，终与始，犹有毫厘之未合，是犹有二者存而非一也。故此篇言一德，必极于天人之合，古今、人己之合。盖德之体，自当如此，亦如中庸之诚，其用甚大，其所推者甚广。然必谓之"咸有一德"者，以君臣之际，皆有此一德也。有尧、舜为之君，必有禹、皋为之臣，若有一德之君，而无一德之臣，皆不足以共治。然一德之臣亦在乎，有是君，足以知之、任之而已。

（元）陈栎《书集传纂疏》卷三《朱子订定蔡氏集传·咸有一德》

《咸有一德》。

伊尹致仕而去，恐太甲德不纯一，及任用非人，故作此篇，亦训体也。史氏取其篇中"咸有一德"四字，以为篇目。今文无，古文有。

纂疏

愚谓，"一德"二字，实此篇之纲领。

（元）董鼎《书传辑录纂注》卷三《商书·咸有一德》

《咸有一德》。

伊尹致仕而去，恐太甲德不纯一，及任用非人，故作此篇，亦训体也。史氏取其篇中"咸有一德"四字，以为篇目，今文无，古文有。

（元）朱祖义《尚书句解》卷四《商书·咸有一德第八》

《咸有一德第八》。

伊尹示太甲以传心之要，故《咸有一德》之书作焉。太甲克终允德，德固一矣。然人心无常，一念苟差，则前日之尤。德安保其不变。苟伊尹告归之际，犹以为虑。一德其大矣乎？在尧舜为"执中"，武王为"皇极"，夫子为"一贯"，子思为"中庸"，孟子为"浩然之气"，实一物也。明乎一德之理，推而为用，人己一也；君民一也；幽明、古今、终始，无适非"一"。伊尹心欲太甲君臣，咸有纯一之德，故以名篇。

咸有一德（书于序下，皆揭篇名，盖常体也）。

（明）王樵《尚书日记》卷七《商书·咸有一德》

《咸有一德》。

孔氏曰，言君臣皆有纯一之德，以戒太甲。

正义曰，太甲既归于亳，伊尹致仕而退，恐太甲德不纯一，故作此篇，以戒之。经称尹躬及汤有一德，言己君臣，皆有纯一之德，戒太甲，使君臣亦然。此主戒太甲。而言臣有一德者，欲令太甲亦任一德之臣。经云"任官惟贤才，左右惟其人"，是戒太甲使善用臣也。又曰，此篇终始，皆言一德之事。发首至"陈戒于德"，叙其作戒之由，以下皆戒辞也。德者，得也。内得于心，行得其理。既得其理，执之必固，不为邪见，更致差贰，是之谓"一德"也。而凡庸之主，鉴不周物，志既少决，性复多疑，与智者谋之，与愚者败之，则是二三其德，不为一也。经云"德惟一，动罔不吉；德二三，动罔不凶"，是不二三，则为一德也。又曰"终始惟一，时乃日新"，言守一必须固也。太甲新始即政，伊尹恐其二三，故专以一德为戒。

（清）库勒纳等撰《日讲书经解义》卷四《商书·咸有一德》

《咸有一德》。

伊尹当太甲迁善之后，而已将告归之时，作此书，勉太甲法成汤，以纯一其德也。因书中有"咸有一德"之语，遂以名篇。

（明）马明衡《尚书疑义》三《商书·咸有一德》

《咸有一德》。

大甲既能悔过，处仁迁义，所以修德矣。然又犹恐其间断不常，不能纯一，则复如前日之为，无以保厥位也。盖人心操舍无常，不纯一，则二三，此伊尹所以尤惓惓也。

（清）张英《书经衷论》卷二《商书·咸有一德》

"一"之名，始于"惟精惟一"之训，而畅发于《咸有一德》之篇。

《书》之所谓"一德",即《大学》之所谓"至善",《中庸》之所谓"一善"、"至诚",皆此义也。故对二三而言,一则诚,二三则伪矣。一则纯,二三则杂矣。"德无常师,主善为师",注谓"一本,散为万殊",正唐虞之所谓"惟精",舜之好问好察,执两端,孔门之所谓"择善",颜子之所谓"博文"也。"善无常主,协于克一",注谓"万殊归于一本",正虞廷之所谓"惟一",舜之用中,孔门之所谓固执,颜子之所谓"约礼"也。中庸全部之义,放之,弥于六合;收之,不盈一掬。或分,或合,为隐,为费,皆从此推出耳。

篇中"一德"为纲,而一德之中又有三义。"德无常师"一节,取善之道,修身之要也;"任官惟贤才"一节,用人之要也;"无自广以狭人",听言之要也。三者备,而人君之道全矣。大约语皆精微,较之《太甲》三篇更进一层。

伊尹既复政厥辟

1.（汉）孔氏传、（唐）陆德明音义、孔颖达疏《尚书注疏》卷七

伊尹既复政厥辟。

传,还政太甲。

疏,正义曰,自太甲居桐,而伊尹秉政,太甲既归于亳,伊尹还政其君。

2.（宋）苏轼《书传》卷七《商书·咸有一德第八》

（归善斋按,未解）

3.（宋）林之奇《尚书全解》卷十七《商书·咸有一德》

伊尹既复政厥辟,将告归,乃陈戒于德。

太甲既终丧，伊尹以冕服奉之于桐宫，以归于亳，始践天子之位，故伊尹于是还政，太甲告老而归，盖功成名立，则奉身而退，不以宠利而居成功也。夫豪杰之士，盖亦有可以当受遗托孤之寄者，然至于天下之权，在于掌握，则往往固吝而不肯舍者，有以为骑虎而不得下之势者，如霍光之忠义，盖所谓可以托六尺之孤，临大节而不可夺者。然而宠盛势尊，则固惜权柄，不肯还政于宣帝，而积其疑似之衅，卒成族灭之祸，此犹可言也。至于曹操、司马懿、桓温之徒，则又往往肆其不轨之心，欺孤儿寡妇，而夺之位，此无他，惟其既执天下之大权，而不忍弃去，故其末流，不害于其家，则凶于其国，其祸如此之惨也。伊尹以冕服奉嗣王而归，既复政，而遂告归而去，岂复以权势系吝其心哉。《孟子》曰，非其义也，非其道也。一介不以与人，一介不以取诸人。彼其视千驷之多，天下之大，无以异于一介之取、与，则眇然天下，曾何足以动其心哉。此其盛德大业，所以历万世而不可企及者也。伊尹虽告老而归，然太甲欲败度，纵败礼，盖尝习于下流，而为放僻邪侈之事。其居桐宫也，困心衡虑，然后改过迁善之心，作于忧患之中。其于处仁迁义，盖未久也。而遂处至尊之势，躬揽万几之务。伊尹度其所养也，固所守也，确必可以离师傅而弗反。然其告归，本出于爱君之诚心，拳拳然而不能自已也，于是为之历陈天、人影响之应，所以祸福兴亡之理，以坚其修德之志。其言尤为恳到切至，盖其所以望于太甲，以克终允德，而为商家社稷无疆之休者，其言实基于此，使太甲优游餍饫，入于其心而不背也。故伊尹得遂其高尚之志，远处于不用之地而无忧，故曰"将告归，乃陈戒于德"，盖陈其德之常与不常，以致夫祸福兴亡之理者，以戒之也。

4.（宋）史浩《尚书讲义》卷九《商书·咸有一德》

《咸有一德》。

伊尹既复政厥辟，将告归，乃陈戒于德，曰，呜呼！天难谌，命靡常。常厥德，保厥位。厥德匪常，九有以亡。夏王弗克庸德，慢神虐民。皇天弗保，监于万方，启迪有命，眷求一德，俾作神主。

《易》曰，知进退存亡，而不失其正者，其惟圣人乎？伊尹避夏桀于莘野，知亡也；放太甲于桐，知存也；应汤聘而起，知进也；复其政而归，知退也。四者既备，庸非圣人乎？古之圣人，治定功成，不敢自恃，而以德为言者，知立功，非圣人之得已。若夫德，则可恃以为无疆悠久之道也。故其告归之言，必陈戒于德。然德有大小，有吉凶。人君之治天下，所持者大所趋者吉。其要在于常而不变也，盖上有难谌之天命谌信也。惟其难信，是以靡常。天命靡常，惟德是辅。吾有常德，足保厥位，所以当天命也。厥德不常，虽巫医，不可作，况有大宝乎？九有以亡，言九州皆非我有也。夏王弗克庸德，庸，常也。不常其德，至于谩神虐民，夫神之所歆者，馨香之德；所好者，正直之德。今也，慢之，神无据矣。民之所归者，抚我则后之。德所悦而诚服者，不恃力之德。今也虐之，民无所依矣。皇天弗保，是谓靡常，其亡九有之众也，宜矣。天乃监观万方，开道我命，眷求一德，足以君天下者，俾作人主焉，则神有据矣，民有依矣。然则，常也，庸也，一也，皆其不变之德也。其言虽异，其旨则同。

5.（宋）夏僎《尚书详解》卷十二《商书·咸有一德》

《咸有一德》。

伊尹既复政厥辟，将告归，乃陈戒于德，曰，呜呼！天难谌，命靡常，常厥德，保厥位。厥德靡常，九有以亡。

此"咸有一德"四字，盖篇名也，书于《书序》之下，皆揭篇名，盖常体也。"伊尹既复政厥辟，将告归，乃陈戒于德"者，此作书者，言伊尹作此书之本意也。盖太甲居桐，自怨自艾。既终丧，伊尹以冕服奉而归于亳，还复政事于人君。太甲遂告老而归，又念太甲欲败度、纵败礼，习于不义，居于桐宫改过迁善，然处仁迁义又未久也。苟一旦履万乘之尊，嗜欲夺之，安保其不变厥德，于是历陈天、人之应，有德则兴，无德则亡。庶几太甲"克终允德"，故作书所以言陈戒于德也。自"天难谌"以下，即伊尹陈戒之辞也。呜呼，叹辞也，言之不足，故嗟叹也。谌，信也。天难谌，谓天难信也。天难信者，以其福祸兴亡之命，初无常也。然虽命无常，而德惟可常，故能常其德，则其位可以永保，所谓常厥德者，谓恪守其德始终而不变也。故德有常，而天命亦有常。苟或德无常，则九有且不可保，况能保天命哉。九有，即九州也。盖夏、商、周，皆用禹贡强理之法，以天下为九域，故言九有也。

6.（宋）时澜《增修东莱书说》卷十《商书·咸有一德第八》

伊尹既复政厥辟，将告归，乃陈戒于德，曰，呜呼！天难谌，命靡常，常厥德，保厥位。厥德匪常，九有以亡。

伊尹居君臣之变，责塞而归，无嫌无难，循天理之正也。一德，不可以易闻，故必待告归而言。太甲悔过，克终允德，而后可以受是理也。然犹不肯轻言，未露"一德"之名，先暗言一德之用，又言其反乎一德者，圣人见道之切，果知其难，故言常不易。《孟子》欲论浩然之气，先曰难言也。伊尹欲言"一德"，先曰"天难谌，命靡常，常厥德，保厥位，厥德匪常，九有以亡"，此"一德"之用也。

7.（宋）黄度《尚书说》卷三《商书·咸有一德》

《咸有一德》。

伊尹既复政厥辟，将告归，乃陈戒于德。

太甲方倚重师保，而伊尹遽归，商王业已定，太甲克终允德，伊陟、臣扈皆足辅王，伊尹可以归矣，是为人臣常道。

8.（宋）袁燮《絜斋家塾书钞》卷五《商书·咸有一德》

《咸有一德》。

伊尹既复政厥辟，将告归，乃陈戒于德，曰，呜呼！天难谌，命靡常，常厥德，保厥位。厥德匪常，九有以亡。

常厥德者，常即一也。

9.（宋）蔡沈《书经集传》卷三《商书·咸有一德》

伊尹既复政厥辟，将告归，乃陈戒于德。

伊尹已还政太甲，将告老而归私邑，以一德陈戒其君，此史氏本序。

10.（宋）黄伦《尚书精义》卷十八《商书·咸有一德》

《咸有一德》。

伊尹既复政厥辟，将告归，乃陈戒于德。

无垢曰，为人臣，如伊尹亦，可谓不幸矣。使君如尧，伊尹如舜可也；使君如舜，伊尹如禹可也。今乃不然，一出而桀为君，乃相汤而伐之。此岂美事乎。再传，而太甲为君，乃身自放之，岂美事乎？其不幸有如此者，使太甲悔过复政之后，伊尹不去，其有待耶。

又曰，高哉，伊尹既不使人主有杀功臣之恶，又使人主有入德之门，进退裕如，不见其失，功满天地，而心不有。德垂亿载，而心不怠。放君迎君，而心不悔。释位而去，而心不疑。人臣如伊尹，其亦难矣哉。

11.（宋）陈经《尚书详解》卷十五《商书·咸有一德》

（归善斋按，见"伊尹作《咸有一德》"）

12.（宋）钱时《融堂书解》卷六《商书·咸有一德》

伊尹既复政厥辟，将告归，乃陈戒于德，曰，呜呼！天难谌，命靡常。常厥德，保厥位，厥德靡常，九有以亡。

叙谓，既复政厥辟，书又谓，嗣王新服厥命，则是太甲归亳，未几即告归也。夫太甲既立不明，伊尹费许多训戒，费许多区处，今幸悔过，所以倚赖于师保者方深，何求去之亟哉？《易》之《小畜》，以臣而畜君也。上九，既雨既处，尚德载。月几望，君子征凶。上九者，畜之极，小畜之道成也。故既雨阴阳和也，既处畜之而已，安也，是太甲悔过复辟之时也。月几望，则将与日敌矣。君子于此，犹进而不止，则凶。况桐宫之放，自古所未有圣人者，知进退存亡，而不失其正，此伊尹所以急归欤。虽然不能不深虑也，乍还宫庭，遽离师保，立德未固，旧习易生，不是君臣之间，皆有一德，则转移摇夺，在反掌间耳。故将告归之日，专发《咸有一德》之旨，极言天命人心之向背，与夫国祚之存亡，全系乎此德，所以陈戒也。

13. (宋)魏了翁《尚书要义》

原阙。

14. (宋)陈大猷《书集传或问》卷上《商书·咸有一德》

(归善斋按,未解)

15. (宋)胡士行《尚书详解》卷四《商书·咸有一德第八》

《咸有一德》。

伊尹既复(还)政厥辟,将告归,乃陈戒于德,曰,呜呼!天难谌(信),命靡(无)常,常厥德,保厥位。厥德匪常,九有(州)以亡。

未露"一德"之名,先隐言一德之用难,言之也。

16. (元)吴澄《书纂言》

(归善斋按,未解)

17. (元)陈栎《书集传纂疏》卷三《朱子订定蔡氏集传·咸有一德》

伊尹既复政厥辟,将告归,乃陈戒于德。

伊尹已还政太甲,将告老而归私邑,以"一德"陈戒其君,此史氏本序。

18. (元)许谦《读书丛说》卷五《商书·咸有一德》

(归善斋按,未解)

19. (元)董鼎《书传辑录纂注》卷三《商书·咸有一德》

伊尹既复政厥辟,将告归,乃陈戒于德。

伊尹已还政太甲，将告老而归私邑，以一德陈戒其君，此史氏本序。

20. （元）朱祖义《尚书句解》卷四《商书·咸有一德第八》

伊尹既复政厥辟（尹以冕服，奉太甲归亳。既复还政事，于其君）。

21. （明）王樵《尚书日记》卷七《商书·咸有一德》

伊尹既复政厥辟，将告归，乃陈戒于德。

正义曰，襄二十一年《左传》云，伊尹放太甲，而相之，卒无怨色，则伊尹又相太甲，盖伊尹此时，将欲告归，太甲又留之为相，如成王之留周公不得归也。序云，沃丁葬伊尹于亳，则伊尹卒，在沃丁之世。

22. （清）库勒纳等撰《日讲书经解义》卷四《商书·咸有一德》

伊尹既复政厥辟，将告归，乃陈戒于德，曰，呜呼！天难谌，命靡常，常厥德，保厥位。厥德靡常，九有以亡。

此一章书是，伊尹以一德，勉其君。此二节，乃史臣叙伊尹作书之由，而首举其天命难恃之说也。谌，信也。九有，九州也。史臣之言曰，太甲居桐，伊尹身摄朝政，及太甲君德既成，伊尹以所摄政务，复于乃辟，已将告老归于私邑。然其勤恳爱君之意，犹恐已去而君德未纯，有小人得以间之，故以德之当勉，陈戒于君。其言曰，呜呼！人君膺天命，而有天下，勿恃天心之眷顾，景命之维新，当思天难信，而命靡常也。靡常之命，不可恃；而所恃以凝命者，惟德人君之德，能纯一不杂，始终无间，则为天命之所归，而常保厥位矣。人君之德，或私蔽而欲乘，或始勤而终怠，则为天命之所弃，而九州不可保矣。天命之维系于德者如此，由此言之难信者，未始不可信。靡常者，未始无定，在亦懋勉于德而已。德纯而不杂，所以能久而不息，或作或辍，皆由私欲间杂，故耳。

（明）梅鷟《尚书考异》三《商书·咸有一德》

伊尹既复政厥辟，将告归，乃陈戒于德，曰，呜呼！天难谌，命靡常。常厥德，保厥位。厥德靡常，九有以亡。

"既"字，用《金縢》"既克商"之"既"；"复政厥辟"，用《洛诰》"复子明辟"之句。《君奭》曰，天命不易，天难谌。《诗·大雅》曰，天难谌斯。又曰，天命靡常。

将告归，乃陈戒于德

1.（汉）孔氏传、（唐）陆德明音义、孔颖达疏《尚书注疏》卷七

将告归，乃陈戒于德。

传，告老归邑，陈德以戒。

疏，正义曰，将欲告老，归其私邑，乃陈言戒王于德，以一德戒王也。太甲既得复归，伊尹即应还政，其告归陈戒，未知在何年也。下云"今嗣王新服厥命"则是初始即政。盖太甲居亳之后，即告老也。《君奭》云"在太甲时，则有若保衡"，保衡，伊尹也。襄二十一年《左传》云，伊尹放太甲而相之，卒无怨色，则伊尹又相太甲，盖伊尹此时，将欲告归，太甲又留之为相。如成王之留周公，不得归也。

传正义曰，伊尹汤之上相，位为三公，必封为国君，又受邑于畿内，告老致政事于君，欲归私邑以自安，将离王朝，故陈戒以德也。《无逸》云"肆祖甲之享国三十三年"，传称，祖甲即太甲也。《殷本纪》云，太甲崩，子沃丁立。《沃丁》序云，沃丁既葬，伊尹于亳。则伊尹卒在沃丁之世。汤为诸侯之时，已得伊尹，此至沃丁始卒，伊尹寿年百有余岁。此告归之时，已应七十左右也。《殷本纪》云，太甲既立三年，伊尹放之于桐宫，居桐宫三年，悔过反善，伊尹乃迎而授之政，谓太甲归亳之岁，已为即位六年，与此经相违。马迁之说妄也。《纪年》云，殷仲壬即位居亳，其卿士伊尹。仲壬崩，伊尹乃放太甲于桐而自立也。伊尹即位于太甲七年，太甲潜自出桐，杀伊尹，乃立其子伊陟、伊奋，命复其父之田宅，而中分之。案，此经序，伊尹奉太甲归于亳，其文甚明。《左传》又称伊

尹放太甲而相之。《孟子》云，有伊尹之志则可，无伊尹之志则篡，伊尹不肯自立，太甲不杀伊尹也。必若伊尹放君自立，太甲起而杀之，则伊尹死有余罪，义当污宫灭族，太甲何所感德而复立其子，还其田宅乎？《纪年》之书，晋太康八年，汲郡民发魏安僖王冢得之，盖当时流俗，有此妄说，故其书因记之耳。

《尚书注疏》卷七《考证》

"乃陈戒于德"疏传称"祖甲即太甲也"。

臣召南按，此说不确，若《无逸》所称祖甲即是太甲，则何以叙于中宗、高宗之后。

2. （宋）苏轼《书传》卷七《商书·咸有一德第八》

（归善斋按，未解）

3. （宋）林之奇《尚书全解》卷十七《商书·咸有一德》

（归善斋按，见"伊尹既复政厥辟"）

4. （宋）史浩《尚书讲义》卷九《商书·咸有一德》

（归善斋按，见"伊尹既复政厥辟"）

5. （宋）夏僎《尚书详解》卷十二《商书·咸有一德》

（归善斋按，见"伊尹既复政厥辟"）

6. （宋）时澜《增修东莱书说》卷十《商书·咸有一德第八》

（归善斋按，见"伊尹既复政厥辟"）

7. （宋）黄度《尚书说》卷三《商书·咸有一德》

（归善斋按，见"伊尹既复政厥辟"）

8.（宋）袁燮《絜斋家塾书钞》卷五《商书·咸有一德》

（归善斋按，见"伊尹既复政厥辟"）

9.（宋）蔡沈《书经集传》卷三《商书·咸有一德》

（归善斋按，见"伊尹既复政厥辟"）

10.（宋）黄伦《尚书精义》卷十八《商书·咸有一德》

（归善斋按，见"伊尹既复政厥辟"）

11.（宋）陈经《尚书详解》卷十五《商书·咸有一德》

（归善斋按，见"伊尹作《咸有一德》"）

12.（宋）钱时《融堂书解》卷六《商书·咸有一德》

（归善斋按，见"伊尹既复政厥辟"）

13.（宋）魏了翁《尚书要义》

原阙。

14.（宋）陈大猷《书集传或问》卷上《商书·咸有一德》

（归善斋按，未解）

15.（宋）胡士行《尚书详解》卷四《商书·咸有一德第八》

（归善斋按，见"伊尹既复政厥辟"）

16. (元) 吴澄《书纂言》

(归善斋按，未解)

17. (元) 陈栎《书集传纂疏》卷三《朱子订定蔡氏集传·咸有一德》

(归善斋按，见"伊尹既复政厥辟")

18. (元) 许谦《读书丛说》卷五《商书·咸有一德》

(归善斋按，未解)

19. (元) 董鼎《书传辑录纂注》卷三《商书·咸有一德》

(归善斋按，见"伊尹既复政厥辟")

20. (元) 朱祖义《尚书句解》卷四《商书·咸有一德第八》

将告归（将告老而归），乃陈戒于德（乃陈戒之以一德，欲其终始不变）。

21. (明) 王樵《尚书日记》卷七《商书·咸有一德》

(归善斋按，见"伊尹既复政厥辟")

22. (清) 库勒纳等撰《日讲书经解义》卷四《商书·咸有一德》

(归善斋按，见"伊尹既复政厥辟")

(明) 梅鷟《尚书考异》三《商书·咸有一德》

(归善斋按，见"伊尹既复政厥辟")

曰：呜呼！天难谌，命靡常

1. （汉）孔氏传、（唐）陆德明音义、孔颖达疏《尚书注疏》卷七

曰：呜呼！天难谌，命靡常。

传，以其无常，故难信。

音义，谌，徐市林反。

疏，正义曰，《毛诗》传云，九有，九州也。此传云九有诸侯，谓九州所有之诸侯，伊尹此言泛说大理，未指夏桀，但传顾下文，比桀为此言之验，故云桀不能常其德，汤伐而兼之。

2. （宋）苏轼《书传》卷七《商书·咸有一德第八》

（归善斋按，另见"伊尹作咸有一德"）

命靡常，常厥德，保厥位。厥德靡常，九有以亡。

九有，九州也。

3. （宋）林之奇《尚书全解》卷十七《商书·咸有一德》

曰：呜呼！天难谌，命靡常。常厥德，保厥位；厥德靡常，九有以亡。

呜呼者，叹而发其辞也。盖言之不足，故嗟叹之也。谌者，信也，天之难信者，以其祸福兴亡之命，初无常也。治或变而为乱；安或变而为危。当其既安且治矣，而遂信其无复有危乱，则凶祸随之矣。盖天命之无常，惟其德，则可以为常，有能常厥德，则其治，可以永保。盖人之德有常，则天命亦有常而可信；苟其德之不常，则虽奄有九有之众，亦不救于亡。盖人之德既无常，则天命亦无常而不可信矣。如以舜继尧，以禹继舜，天下大安大治者，几二百年，此非天命之有常也，盖尧、舜、禹三圣

人，皆有常德，故天命亦从而有常。苟使以丹朱继尧，以商均继舜，其德既不常，则天命亦将不常矣。故人君之德，常与不常，是天命之所自出也。惟天命之所自出，是以惟人主不可以言命，使人主而言命，则将以天命为可信，而"常厥德保厥位"者废矣。九有，即九州也，夏、商、周皆是用《禹贡》疆理之法，分天下以为九域。夏之九州，即《禹贡》所载是也。商之九州，先儒以为即文观之，即成周之九州，《职方氏》之所载者也。

4.（宋）史浩《尚书讲义》卷九《商书·咸有一德》

（归善斋按，见"伊尹既复政厥辟"）

5.（宋）夏僎《尚书详解》卷十二《商书·咸有一德》

（归善斋按，见"伊尹既复政厥辟"）

6.（宋）时澜《增修东莱书说》卷十《商书·咸有一德第八》

（归善斋按，见"伊尹既复政厥辟"）

7.（宋）黄度《尚书说》卷三《商书·咸有一德》

曰：呜呼！天难谌，命靡常，常厥德，保厥位。厥德靡常，九有以亡。

谌，信；常，不已也。一不作德，桀纣不难至也，故为乱亡之道。

8.（宋）袁燮《絜斋家塾书钞》卷五《商书·咸有一德》

（归善斋按，见"伊尹既复政厥辟"）

9.（宋）蔡沈《书经集传》卷三《商书·咸有一德》

曰：呜呼！天难谌，命靡常。常厥德，保厥位。厥德匪常，九有以亡。

谌，信也，天之难信，以其命之不常也。然天命虽不常，而常于有德者，君德有常，则天命亦常，而保厥位矣。君德不常，则天命亦不常，而九有以亡矣。九有，九州也。

10.（宋）黄伦《尚书精义》卷十八《商书·咸有一德》

曰：呜呼！天难谌，命靡常。常厥德，保厥位。厥德匪常，九有以亡。

无垢曰，将恃天乎，天则难谌；将恃命乎，命则靡常，不可恃也。天虽难谌，而吾德可谌。命虽靡常，而吾德有常。使吾有常德，则可以变易造，阖辟阴阳，天命岂不为吾德之听乎？故常厥德者，保厥位；而厥德匪常，九有必亡也。

张氏曰，《诗》云"天难忱斯"。周公曰，天不可信。所谓"天难忱"者，以其命之靡常故也。天虽命吉矣，不能应之以德，则有时而凶。天虽命凶矣，能修德以禳之，则有时而吉。此天命所以为靡常也。常厥德，则其德一矣；不常厥德，则其德二三矣。德惟一者，动罔不吉，此所以能保厥位也。德二三者，动罔不凶，故虽九有亦至于亡。言九有以亡，则不能保位，可知矣。

11.（宋）陈经《尚书详解》卷十五《商书·咸有一德》

曰：呜呼！天难谌，命靡常。常厥德，保厥位。厥德靡常，九有以亡。夏王弗克庸德，慢神虐民。皇天弗保监于万方，启迪有命，眷求一德，俾作神主。

伊尹将言一德之戒，必先以天为言，所以启人主之敬心。天之所以难信者，以其命之无常，有从违、向背于其间也。自其从违、向背者观之，谓之靡常，可也；自人事观之，常其德，则位可保，孰谓天之无常乎？常德者，即一德也。不一，则安能常。厥德匪常，则九有以亡，若夏王是也。夏王不能常其德，则是失其本心矣。失德之一者，即神也，即民也，即天也，此其理之至一者也。桀既不能常其德，则是不与神为一矣。故慢神，不与民为一矣，故虐民不与天为一矣，故天弗保，此亦理之必然者也。天既不与桀，则必求夫一德而与之。监观万方，有开导之命，眷求一德之人，而俾之为神主，此所以假手于我成汤以伐桀也。

12.（宋）钱时《融堂书解》卷六《商书·咸有一德》

（归善斋按，见"伊尹既复政厥辟"）

13.（宋）魏了翁《尚书要义》

原阙。

14.（宋）陈大猷《书集传或问》卷上《商书·咸有一德》

（归善斋按，未解）

15.（宋）胡士行《尚书详解》卷四《商书·咸有一德第八》

（归善斋按，见"伊尹既复政厥辟"）

16.（元）吴澄《书纂言》

（归善斋按，未解）

17.（元）陈栎《书集传纂疏》卷三《朱子订定蔡氏集传·咸有一德》

曰：呜呼！天难谌，命靡常。常厥德，保厥位。厥德靡常，九有以亡。

谌，信也。天之难信，以其命之不常也。然天命虽不常，而常于有德者。君德有常，则天命亦常，而保厥位矣。君德不常，则天命亦不常，而"九有以亡"矣。九有，九州也。

纂疏

愚谓，一者，无杂无息，一可以包常，常则一之，无间断者也。惟纯而不杂，所以久而不息。

18. （元）许谦《读书丛说》卷五《商书·咸有一德》

（归善斋按，未解）

19. （元）董鼎《书传辑录纂注》卷三《商书·咸有一德》

曰：呜呼！天难谌，命靡常，常厥德，保厥位。厥德靡常。九有以亡。

谌，信也。天之难信，以其命之不常也。然天命虽不常，而常于有德者。君德有常，则天命亦常，而保厥位矣。君德不常，则天命亦不常，而九有以亡矣。九有，九州也。

纂注

蔡氏元度曰，常厥德，所谓"德惟一"；不常厥德，所谓"德二三"。惟一，为能常。

新安陈氏曰，一者，无杂无息，一，可以包"常"；常，则"一"之无间断者也。惟纯而不杂，所以久而不息。

20. （元）朱祖义《尚书句解》卷四《商书·咸有一德第八》

曰，呜呼（言而至嗟叹），天难谌，命靡常（天难信者，以祸福兴亡之命无常）。常厥德，保厥位（惟常其在己之德一，而不变，可永保其天位）。

21. （明）王樵《尚书日记》卷七《商书·咸有一德》

"曰：呜呼！天难谌"至"九有以亡"。

真氏曰，太甲处仁迁义，伊尹之责塞矣，犹虑其德之未"一"，故以斯言，儆之。曰"天难谌"者，谓今日而善，则福之；明日而淫，则祸之，难必信也。曰"命靡常"者，有德则归于我；无德则去而之人，无定在也。吉与祥为类德之吉，则祥应之；凶与灾为类德之凶，则灾从之。天虽难信，然常厥德者，必保厥位，乃所以为可信也。命虽靡常，然君德有常，则天命亦常，而保厥位，乃所以为有常也。

22.（清）库勒纳等撰《日讲书经解义》卷四《商书·咸有一德》

（归善斋按，见"伊尹既复政厥辟"）

（明）梅鷟《尚书考异》三《商书·咸有一德》

（归善斋按，见"伊尹既复政厥辟"）

常厥德，保厥位；厥德匪常，九有以亡

1.（汉）孔氏传、（唐）陆德明音义、孔颖达疏《尚书注疏》卷七

常厥德，保厥位；厥德匪常，九有以亡。
传，人能常其德，则安其位。九有诸侯，桀不能常其德，汤伐而兼之。

2.（宋）苏轼《书传》卷七《商书·咸有一德第八》

（归善斋按，见"曰：呜呼！天难谌命靡常"）

3.（宋）林之奇《尚书全解》卷十七《商书·咸有一德》

（归善斋按，见"曰：呜呼！天难谌命靡常"）

4.（宋）史浩《尚书讲义》卷九《商书·咸有一德》

（归善斋按，见"伊尹既复政厥辟"）

5.（宋）夏僎《尚书详解》卷十二《商书·咸有一德》

（归善斋按，见"伊尹既复政厥辟"）

6.（宋）时澜《增修东莱书说》卷十《商书·咸有一德第八》

（归善斋按，见"伊尹既复政厥辟"）

7.（宋）黄度《尚书说》卷三《商书·咸有一德》

（归善斋按，见"曰：呜呼！天难谌，命靡常"）

8.（宋）袁燮《絜斋家塾书钞》卷五《商书·咸有一德》

（归善斋按，见"伊尹既复政厥辟"）

9.（宋）蔡沈《书经集传》卷三《商书·咸有一德》

（归善斋按，见"曰：呜呼！天难谌，命靡常"）

10.（宋）黄伦《尚书精义》卷十八《商书·咸有一德》

（归善斋按，见"曰：呜呼！天难谌，命靡常"）

11.（宋）陈经《尚书详解》卷十五《商书·咸有一德》

（归善斋按，见"曰：呜呼！天难谌，命靡常"）

12.（宋）钱时《融堂书解》卷六《商书·咸有一德》

（归善斋按，见"伊尹既复政厥辟"）

13.（宋）魏了翁《尚书要义》

原阙。

14.（宋）陈大猷《书集传或问》卷上《商书·咸有一德》

（归善斋按，未解）

15.（宋）胡士行《尚书详解》卷四《商书·咸有一德第八》

（归善斋按，见"伊尹既复政厥辟"）

16.（元）吴澄《书纂言》

（归善斋按，未解）

17.（元）陈栎《书集传纂疏》卷三《朱子订定蔡氏集传·咸有一德》

（归善斋按，见"曰：呜呼！天难谌，命靡常"）

18.（元）许谦《读书丛说》卷五《商书·咸有一德》

（归善斋按，未解）

19.（元）董鼎《书传辑录纂注》卷三《商书·咸有一德》

（归善斋按，见"曰：呜呼！天难谌，命靡常"）

20.（元）朱祖义《尚书句解》卷四《商书·咸有一德第八》

厥德匪常，九有以亡（苟其德无常，则九域我所有者亦亡矣）。

21.（明）王樵《尚书日记》卷七《商书·咸有一德》

（归善斋按，见"曰：呜呼！天难谌，命靡常"）

22.（清）库勒纳等撰《日讲书经解义》卷四《商书·咸有一德》

（归善斋按，见"伊尹既复政厥辟"）

夏王弗克庸德，慢神虐民

1.（汉）孔氏传、（唐）陆德明音义、孔颖达疏《尚书注疏》卷七

夏王弗克庸德，慢神虐民。

传，言桀不能常其德，不敬神明，不恤下民。

2.（宋）苏轼《书传》卷七《商书·咸有一德第八》

夏王弗克庸德，慢神虐民。皇天弗保监于万方，启迪有命，眷求一德，俾作神主。惟尹躬暨汤，咸有一德，克享天心，受天明命，以有九有之师，爰革夏正。非天私我有商，惟天佑于一德；非商求于下民，惟民归于一德。德惟一，动罔不吉；德二三，动罔不凶。惟吉凶不僭，在人；惟天降灾祥，在德。今嗣王新服厥命，惟新厥德，终始惟一，时乃日新。

一者，不变也，如其善而一也，不亦善乎。如其不善而一也，不几桀乎。曰，非此之谓也。中，有主之谓。一中有主，则物至而应。物至而应，则日新矣。中无主，则物为宰，凡喜怒哀乐，皆物也，而谁使新之？故伊尹曰，"终始惟一，时乃日新"。予尝有言，圣人如天，时杀时生；君子如水，因物赋形。天不违仁，水不失平。惟一故新，惟新故一。一故不流，新故无致，此伏羲以来所传要道也。伊尹耻其君不如尧舜，故以是训之。如众人之言，新则不能一，而一非新也。伊尹曰，一所以新也，是谓万物并育，而不相害道，并行而不相悖。

3.（宋）林之奇《尚书全解》卷十七《商书·咸有一德》

夏王弗克庸德，慢神虐民。皇天弗保，监于万方，启迪有命，眷求一德，俾作神主。惟尹躬暨汤，咸有一德，克享天心，受天明命，以有九有之师，爰革夏正。

伊尹既言天命之无常，惟有德则可常，于是当引夫桀之所以失天下，汤之所以得天下者，以证之矣。夏王桀，不能常其德，幽，则慢于神；明，则虐于民。彼所以慢神、虐民者，其意盖谓天命之可信，如纣所谓"我生不有命在天"也。既慢之、虐之矣，于是民怨、神怒，皇天虽欲眷有夏而存之不可得也，故于是弃之而弗保。天既弃桀而弗保，然而天下不可以无主也，故鉴视万方之众，择其能有天命者，而开导之，于是眷求其一德之人，俾为天地、神祇之主矣。而我商家君臣，咸有纯一之德，故能上当天心，于是受天之明命，以有九州之众，革夏正而有天下也。革夏正者，夏以建寅之月为正，汤既胜夏，始以建丑之月为正，是革正之事，前世未尝有，盖始于汤，武王因之，遂以建子之月为正，易之革曰，汤武革命，顺乎天，而应乎人是也。而说者，乃以为正朔，三而改，自古相变，谓夏以前迭用。此说非是，某于《尧典》已详论之矣。伊尹既于上言，天难谌，命靡常，惟有德可以为常，于是遂言，桀之所以失天下，汤之所以得天下者，盖天之所以不保于桀者，是桀之弗克庸德，自不能保也。自纬候之书出于汉世，祥瑞之说杂终而起，儒者争言三代受命之符，使为人主者不知取必于其德，而妄意符命于不可测之间，使王莽因之而篡汉者，推其源流，皆汉儒之罪也。孔氏生于汉世，其于经也，盖有不沦于诸儒之习，而卓然有超世之见。其论伊尹、成汤咸有一德，克享天心，受天明命，是其一也，故其说以谓，所征无敌，谓之受天命。夫汉儒之论，往往以谓帝王之兴，必有非人力之所能致，而自至者。符瑞之说，不胜其烦，孔氏不然，以谓，汤之所以受天明命者，惟所征无敌耳。至于东面而征，西夷怨；南面而征，北狄怨，曰奚独后，予后来其苏，是则人心之无所不服。人心既服，天命其在是矣。唐孔氏亦识其意，遂从而发明之，曰，天道远，人道迩，天之命人，非有言辞之告，正以神明佑之，使之所征无敌，谓之受天命也。纬候之书，乃称有黄龙、元龟、白鱼、赤雀，负图衔书，以授圣人正典，无其事也。若汉孔氏，可谓不畔于经矣。若唐孔氏，亦可谓无负于先儒矣。

4.（宋）史浩《尚书讲义》卷九《商书·咸有一德》

（归善斋按，见"伊尹既复政厥辟"）

5.（宋）夏僎《尚书详解》卷十二《商书·咸有一德》

夏王弗克庸德，慢神虐民。皇天弗保，监于万方，启迪有命，眷求一德，俾作神主。惟尹躬暨汤，咸有一德，克享天心，受天明命，以有九有之师，爰革夏正。

伊尹上既言天命无常，惟有德，则有常，于是引夏桀所以失天下，成汤所以得天下者证之。夏王，指桀也。庸，常也，谓夏桀不能常其德，幽，则慢于神；明，则虐于民。民怨神怒，故皇天弃而不保。既又念天下不可无主，故鉴视万方之众，将择其有天命者，开启道迪之。其所以启迪有命者，盖将眷顾于天，而求一德。是时惟我伊尹之躬，与其君成汤，皆有纯一之德，上足以当天之心，故受天明命，有此九州之众，遂革夏正，而有天下。

林少颖谓，革夏正者，夏以建寅为正，汤革之，始以建丑为正，是革正为用商正也。革正之事，古未尝有，盖始于汤，而武王因之，遂以建子之为正。故《易》之《革》曰汤、武革命，顺乎天，而应乎人。此说是也。伊尹言此，谓，天命无常，有德则兴，无德则亡。桀无德，而汤有德，此所以伐夏，为天子也。欲太甲以此为戒，而勉于德也。

吴蕴古谓，人臣言及居也，必先君而后己。其论成功也，必推美以归于君。今曰"惟尹躬暨汤"，则先己而后君，曰"咸有一德"，则彼此均敌，初无避辞，岂伊尹憒于为臣之礼哉？自古论伊尹者多矣，惟孟子知其心，故号于世曰，伊尹自任天下之重。夫相汤伐桀，救民于水火，未足以见其自任。相太甲继汤，既立不明，则放之桐；克终厥德，则奉之复辟，今告老去位，陈戒于德，则曰，我与先王同是一德，上当天心，以受天下，则其事皆在我也。太甲其得忽而不听乎？推此，则足以见其自任之实也。此说极善。

6. （宋）时澜《增修东莱书说》卷十《商书·咸有一德第八》

夏王弗克庸德，慢神虐民。皇天弗保，监于万方，启迪有命，眷求一德，俾作神主。

此"一德"之反也。慢神虐民，见一德尤为明切。以神为可慢，则以幽明为有间；以民为可虐，则以小大为有殊，岂一德哉？"启迪有命"，命者，即一德之所在，谓有"一德"之人也。

7. （宋）黄度《尚书说》卷三《商书·咸有一德》

夏王弗克庸德，慢神虐民。皇天弗保，监于万方，启迪有命，眷求一德，俾作神主。

慢神，必虐民。《旱麓》曰"惠于宗公，神罔时怨，神罔时恫，刑于寡妻，至于兄弟，以御于家邦"。

8. （宋）袁燮《絜斋家塾书钞》卷五《商书·咸有一德》

夏王弗克庸德，慢神虐民。皇天弗保，监于万方，启迪有命，眷求一德，俾作神主。惟尹躬暨汤，咸有一德，克享天心，受天明命，以有九有之师，爰革夏正。非天私我有商，惟天佑于一德；非商求于下民，惟民归于一德。

"弗克庸德"，则不能有一德者也。监于万方，如《诗》所谓"监观四方，求民之莫"之意。惟尹躬暨汤，咸有此一德，欲知伊尹之德，但观其在畎亩之中，一介不以与人，一介不以取诸人。于取与之间，毫厘有所必计，其为一如何，东征西怨，南征北怨，若非汤与伊尹"咸有一德"，天下何以信之如此。"咸有一德"，则此心即天心也。与天为一，一物不留，是以享天下之至乐，故谓之"克享"。人皆有此天心，而不能享之。君子坦荡荡，则享者也；小人长戚戚，则不能享者也。古之人，是甚次第，自得其乐，不特尧、舜、禹、汤、文、武得志行乎？中国方得其乐，只如颜子穷而在下，天下之至乐，无以加焉，苟能有此一德，则居于穷阎屋漏之下，而有王公大人之贵。其所谓享者，孰大于是哉。天得"一"以清，地得"一"以宁，人得"一"以灵。天之所以为天，"一"而已矣。吾德既一，则此心，即天心也。所以天亦佑之，天视自我民视，天听自我民听。天下之至灵，而不可欺者，人心也。吾德既一，则此心有以合人之心，故民亦归之。使其欲败度、纵败礼，此心不一，如是天心，其有不去，人心其有不离者哉？

9.（宋）蔡沈《书经集传》卷三《商书·咸有一德》

夏王弗克庸德，慢神虐民。皇天弗保，监于万方，启迪有命，眷求一德，俾作神主。惟尹躬暨汤，咸有一德，克享天心，受天明命，以有九有之师，爰革夏正。

上文言天命无常，惟有德则可常，于是引桀之所以失天命，汤之所以得天命者，证之。一德，纯一之德，不杂不息之义，即上文所谓"常德"也。神主，百神之主。享，当也。汤之君臣，皆有一德，故能上当天心，受天明命，而有天下，于是改夏建寅之正，而为建丑正也。

10.（宋）黄伦《尚书精义》卷十八《商书·咸有一德》

夏王弗克庸德，慢神虐民。皇天弗保，监于万方，启迪有命，眷求一德，俾作神主。惟尹躬暨汤，咸有一德，克享天心，受天明命，以有九有之师，爰革夏正。

无垢曰，夏王不知讲学，为人欲所乱，故其德不常所向，皆恶动，皆负于幽明。幽则慢神，明则虐民。天岂欲以多欲之主，偃然在民上，为天下君乎？盖德，即天也。夫一德之所在，天之所在也。非一德之外，别有所谓天。而天之外，别有所谓德也。

又曰，方天厌恶夏王，眷求一德之人，付以历数，为天地神明之主，而伊尹与汤，皆豁然悟入天理，超然真有所得，上契天心。盖伊尹与汤之心，即天之心也，民之心也。以天之心，故克享天心，受天明命；以民之心，故有九有之师，爰革夏正。

张氏曰，桀，德不常，幽，则慢神而神怨之也；明，则虐民，而民雠之也。孔子曰，敬鬼神，则神非可慢也。

又曰，宽则得众，则民非可虐也。今夏王弗克庸德，而慢神虐民，非特神民之所不与，而皇天且将不保矣。启者，所以开导之也。迪者，所以导达之也。天之命人，常在于人为之后，谓之有命，盖言其德足以有命，此天之所以启迪之也。眷求一德，俾作神主，盖惟一德为能有命故也。可则因，否则革。桀之暴德无道，其政非可因也，革之而已。

史氏曰，有一圣人起，必有贤人为之偶。何也？天将以天下托圣人，顾其事甚重，而不能谆谆以告之，故又以圣人，托于贤，俾致其命焉者也。夏桀，弗类，天择其主而托之者甚急也。天欲以天下托于汤，是以先以汤托于伊尹，伊尹知之，故曰天之生斯民也，使先知觉后知，使先觉觉后觉。予天民之先觉者，非予觉之，而谁是，盖知天有以命之也。命之至，天不容以言传，伊尹不得以言受。然动静语默，不啻影响之应者，天以心传，伊尹以心受也。

东莱曰，德者，天地神明之所同然者也。惟夏王弗克庸德，则自然慢神虐民，天自然不保。此言视幽明，人己为二，皆是德之反。未言德之正也。

11.（宋）陈经《尚书详解》卷十五《商书·咸有一德》

（归善斋按，见"曰：呜呼！天难谌，命靡常"）

12.（宋）钱时《融堂书解》卷六《商书·咸有一德》

夏王弗克庸德，慢神虐民。皇天弗保，监于万方，启迪有命，眷求一德，俾作神主。惟尹躬暨汤，咸有一德，克享天心，受天明命，以有九有之师，爰革夏正。

有命，即有德者。既曰有命，又曰一德，何也？有命者，固是其德，为天所命，然亦有有德，而天不命之，不得以有天下，孔子是也。必也，历数当在躬，方谓之有命。"眷求一德"，所以兼举而并言也，非天谆谆然有言以启迪之也。阴相默佑，使之足以有为。若推之使出，而不容已者，无非天之所以启迪之也。然论"咸有一德，受天明命"，直自谓"尹躬暨汤"，将己与汤并说，略无逊避，何耶？先儒以伊尹自任天下之重者如此，殊不知汤之于伊尹，学焉，而后臣之，与他人事体不同。"聿求元圣，与之勠力"，固汤之言也。顺天应人，实是此二人共成其事，况于太甲分为君臣，义实父师。今将告归，恨不罄竭，安得不以实告，而事世俗形迹之嫌哉。

13.（宋）魏了翁《尚书要义》

原阙。

14.（宋）陈大猷《书集传或问》卷上《商书·咸有一德》

（归善斋按，未解）

15.（宋）胡士行《尚书详解》卷四《商书·咸有一德第八》

夏王（桀）弗克庸（用）德，慢神虐民。皇天弗保，监于万方。启迪有（当有）命（天命之人），眷求一德，俾作神主（典神、天）。

此"一德"之反也。

16.（元）吴澄《书纂言》

（归善斋按，未解）

17.（元）陈栎《书集传纂疏》卷三《朱子订定蔡氏集传·咸有一德》

夏王弗克庸德，慢神虐民。皇天弗保，监于万方，启迪有命，眷求一德，俾作神主。惟尹躬暨汤，咸有一德，克享天心，受天明命，以有九有之师，爰革夏正。

上文言，天命无常，惟有德，则可常。于是引桀之所以失天命，汤之所以得天命者证之。一德，纯一之德，不杂不息之义，即上文所谓"常德"也。神主，百神之主。享，当也。汤之君、臣，皆有一德，故能上当天心，受天明命，而有天下，于是改夏建寅之正，而为建丑正也。

纂疏

庸，常也，或曰用也。

张氏曰，君为神、民之主。《诗》曰"百神尔主"矣，言神主，则民主可知。《多方》曰，天惟时求民主，言民主，则"神主"可知。

愚谓，臣当先君后己，善则称君，今曰"尹躬暨汤"，则臣先君。曰"咸有一德"，则臣侪于君，何也？盖元圣之在，汤学焉而后臣。天生齐圣之汤，又生元圣之尹，君臣同德，圣圣相逢，非泛然君臣比也，又何区区形迹之嫌哉。

林氏曰，革正朔，古未尝有，盖始于汤，而武王因之。仲舒谓，舜绍尧，改正朔，未详是否。

18.（元）许谦《读书丛说》卷五《商书·咸有一德》

（归善斋按，未解）

19.（元）董鼎《书传辑录纂注》卷三《商书·咸有一德》

夏王弗克庸德，慢神虐民。皇天弗保，监于万方，启迪有命，眷求一德，俾作神主。惟尹躬暨汤，咸有一德，克享天心，受天明命，以有九有之师，爰革夏正。

上文言天命无常，惟有德，则可常，于是引桀之所以失天命，汤之所以得天命者，证之。一德，纯一之德，不杂不息之义，即上文所谓"常德"也。神主，百神之主；享，当也。汤之君、臣，皆有一德，故能上当天心，受天明命，而有天下，于是改夏建寅之正，而为建丑正也。

辑录

铢问，《咸有一德》，窃谓，一者，是纯一而不杂。德，至于纯一而不杂，所谓至德也。所谓纯一而不杂者，盖归于至当无二之地，无纤毫私意人欲，间杂之。犹《易》之"恒"，《中庸》之"诚"也。说者，多以《咸有一德》，为君臣同德。咸有一德，固有同德意，而"一"非"同"也，言君臣皆有此一德而已。先生曰，此篇，先言常德、庸德，后言一德，则"一"者，常一之谓。爰革夏正，只是"正朔"之"正"。贺孙。

20. （元）朱祖义《尚书句解》卷四《商书·咸有一德第八》

夏王弗克庸德（桀不常其德），慢神虐民（幽，则慢忽其神；明，则虐害其民）。

21. （明）王樵《尚书日记》卷七《商书·咸有一德》

"夏王弗克庸德"至"爰革夏正"。

庸，常也，言夏桀不常其德，至于慢神虐民，不堪为神人之主，天改其命，九有以亡，而汤有之。

金氏曰，一者，有常不变之谓。汤以"元圣"称伊尹，而尹于此乃曰"惟尹躬暨汤咸有一德"，则尹德所到，可知。且汤于伊尹，学焉而后臣之。此先己后汤，盖其真实工夫，所自得之妙，直以告太甲，不避其辞之直也。《孟子》言，伊尹不有天下，相汤以王于天下。尹、汤同德，而受天命。圣贤于此，以德言，不以位言也。伊尹，圣之任，气象又可见矣。

有命、一德，盖互言之，其实一德，即有命之人。启迪，即眷求之意。启迪、眷求，必有其事，如《多方》所谓"大动以威，开厥顾天"者。"惟尹躬暨汤，咸有一德，克当天心"，于是"受天明命"，而有天下也。汤以一德而受命，则人君"常厥德，保厥位"，岂不信哉？

天子，主百神之祀？统九有之众，上下亦互言之。

孔氏曰，享，当也。爰，于也。

正义曰，德当神意，神乃享之，故以"享"为"当"也。

22. （清）库勒纳等撰《日讲书经解义》卷四《商书·咸有一德》

夏王弗克庸德，慢神虐民。皇天弗保，监于万方，启迪有命，眷求一德，俾作神主。惟尹躬暨汤，咸有一德，克享天心，受天明命，以有九有之师，爰革夏正。

此一节书是，伊尹举夏之所以亡，商之所以兴，以为天难谌，命靡常之证也。庸德，常德也。一德，纯一之德也。享，解作"当"。师，众也。夏正，有夏建寅之正朔也。革，改也。伊尹之言曰，皇天无亲，惟德是辅，往事不远，君其鉴之。昔夏王桀膺祖宗之绪，而有天下，但因其徇私、纵欲，弗能有此纯常之德，亵慢神明，而不知敬；暴虐生民，而不知恤。是以天心厌弃，而保佑不加。于是下视万邦之人，有能克受天命者，以启发而开导之，求其德之纯一不杂，而特加眷顾，使受天命，以为百神之主。斯时也，惟尹躬暨我先王成汤，皆能兢兢业业，有此纯一不杂之德，克当上帝之心，而受其光大显明之命，九州之众，莫不来归。有夏建寅之正爰革，而为有商建丑之正矣。夫夏王有天位者也，以弗克庸德而亡；成汤未有天位者也，以"咸有一德"而兴，岂非往事之明验哉？观人君之失德，莫大于慢神虐民，则知人君之修德，莫大于敬天勤民。然非有纯诚之德，则敬或等于具文，仁或流为干誉，必如成汤之不迩声色，不殖货利，圣敬日跻，而后可哉。

（明）梅鷟《尚书考异》三《商书·咸有一德》

夏王弗克庸德。

《中庸》庸德之行，又以承上文"常德"。又《多士》是"弗克庸帝"，改"帝"为"德"。大淫佚有辞，以"慢神虐民"易之。惟时天罔念闻，厥惟废元命，降致罚，约以"皇天弗保"四字。乃命尔先祖成汤革夏，则又敷衍为"启迪有命"至"爰革夏正"。又曰，罔顾于天显民祇，惟时上帝不保，故易"慢神"云云。

（清）张英《书经衷论》卷二《商书·咸有一德》

"中"之名见于《虞书》，而"庸"之名，见于《一德》篇，此"中庸"之名所由肇也。至后世，圣人又畅言之曰，庸言，庸行，庸德。庸即常，庸德即一德也。天下之味有万，而莫庸于菽粟；天下之美有万，而莫庸于布帛。三纲五常，人生之布帛、菽粟也。人生一日离布帛、菽粟，则不可以生，乃以珍玩珠玉为好；人生一日离三纲五常，则不可以生，而乃以奇邪诡异为好，岂不愚且悖哉。

皇天弗保,监于万方,启迪有命

1.(汉)孔氏传、(唐)陆德明音义、孔颖达疏《尚书注疏》卷七

皇天弗保,监于万方,启迪有命。

传,言天不安桀所为,广视万方有天命者,开道之。

2.(宋)苏轼《书传》卷七《商书·咸有一德第八》

(归善斋按,见"夏王弗克庸德,慢神虐民")

3.(宋)林之奇《尚书全解》卷十七《商书·咸有一德》

(归善斋按,见"夏王弗克庸德,慢神虐民")

4.(宋)史浩《尚书讲义》卷九《商书·咸有一德》

(归善斋按,见"伊尹既复政厥辟")

5.(宋)夏僎《尚书详解》卷十二《商书·咸有一德》

(归善斋按,见"夏王弗克庸德,慢神虐民")

6.(宋)时澜《增修东莱书说》卷十《商书·咸有一德第八》

(归善斋按,见"夏王弗克庸德,慢神虐民")

7.(宋)黄度《尚书说》卷三《商书·咸有一德》

(归善斋按,见"夏王弗克庸德,慢神虐民")

8. （宋）袁燮《絜斋家塾书钞》卷五《商书·咸有一德》

（归善斋按，见"夏王弗克庸德，慢神虐民"）

9. （宋）蔡沈《书经集传》卷三《商书·咸有一德》

（归善斋按，见"夏王弗克庸德，慢神虐民"）

10. （宋）黄伦《尚书精义》卷十八《商书·咸有一德》

（归善斋按，见"夏王弗克庸德，慢神虐民"）

11. （宋）陈经《尚书详解》卷十五《商书·咸有一德》

（归善斋按，见"曰：呜呼！天难谌，命靡常"）

12. （宋）钱时《融堂书解》卷六《商书·咸有一德》

（归善斋按，见"夏王弗克庸德，慢神虐民"）

13. （宋）魏了翁《尚书要义》

原阙。

14. （宋）陈大猷《书集传或问》卷上《商书·咸有一德》

（归善斋按，未解）

15. （宋）胡士行《尚书详解》卷四《商书·咸有一德第八》

（归善斋按，见"夏王弗克庸德，慢神虐民"）

16. （元）吴澄《书纂言》

（归善斋按，未解）

17. （元）陈栎《书集传纂疏》卷三《朱子订定蔡氏集传·咸有一德》

（归善斋按，见"夏王弗克庸德，慢神虐民"）

18. （元）许谦《读书丛说》卷五《商书·咸有一德》

监于万方，启迪有命，眷求一德，俾作神主。

有命，是始初，天赋之以清淳之美质；德，是作为止于至善者。正如《中庸》言，天下至圣，先曰聪明睿知，足以有临，是以质言；其下仁、义、礼、知，四者，是以德言也。盖天降生人，其得气之清，而聪明睿知，亦时有其人，但能全其德者少。既曰汤、武，反之则知，有美质，失而不能反者，亦多矣。天既厌夏，于是监观万国，凡有命者，皆开启迪导，使之全其德，而又独求万行全善，圣德具备者，眷念之，俾作祀神之主。于是，得汤与尹焉。其语意有如《孟子》出乎其类，拔乎其萃。

两语"启迪有命"，"受天明命"，两"命"字所指不同。上"命"字，气兼理；下"命"字，全以理言。有命，是天降生人之命，是理气兼有。"明命"，是"俾作神主"之命，是汤德之全，动与天理合，而天自然归之，独以理言"明命"，当与上"命靡常"之"命"同。

19. （元）董鼎《书传辑录纂注》卷三《商书·咸有一德》

（归善斋按，见"夏王弗克庸德，慢神虐民"）

20. （元）朱祖义《尚书句解》卷四《商书·咸有一德第八》

皇天弗保（故天弃而不保），监于万方（于是监观四方之众），启迪有命（将择其足以有天命者，开启导迪之）。

21. （明）王樵《尚书日记》卷七《商书·咸有一德》

（归善斋按，见"夏王弗克庸德，慢神虐民"）

22.（清）库勒纳等撰《日讲书经解义》卷四《商书·咸有一德》

(归善斋按，见"夏王弗克庸德，慢神虐民")

（明）梅鷟《尚书考异》三《商书·咸有一德》

皇天弗保，监于万方。
《大雅》，皇矣上帝，监观四方。

眷求一德，俾作神主

1.（汉）孔氏传、（唐）陆德明音义、孔颖达疏《尚书注疏》卷七

眷求一德，俾作神主。
传，天求一德，使伐桀为天地神祇之主。

2.（宋）苏轼《书传》卷七《商书·咸有一德第八》

(归善斋按，见"夏王弗克庸德，慢神虐民")

3.（宋）林之奇《尚书全解》卷十七《商书·咸有一德》

(归善斋按，见"夏王弗克庸德，慢神虐民")

4.（宋）史浩《尚书讲义》卷九《商书·咸有一德》

(归善斋按，见"伊尹既复政厥辟")

5.（宋）夏僎《尚书详解》卷十二《商书·咸有一德》

(归善斋按，见"夏王弗克庸德，慢神虐民")

6. （宋）时澜《增修东莱书说》卷十《商书·咸有一德第八》

（归善斋按，见"夏王弗克庸德，慢神虐民"）

7. （宋）黄度《尚书说》卷三《商书·咸有一德》

（归善斋按，见"夏王弗克庸德，慢神虐民"）

8. （宋）袁燮《絜斋家塾书钞》卷五《商书·咸有一德》

（归善斋按，见"夏王弗克庸德，慢神虐民"）

9. （宋）蔡沈《书经集传》卷三《商书·咸有一德》

（归善斋按，见"夏王弗克庸德，慢神虐民"）

10. （宋）黄伦《尚书精义》卷十八《商书·咸有一德》

（归善斋按，见"夏王弗克庸德，慢神虐民"）

11. （宋）陈经《尚书详解》卷十五《商书·咸有一德》

（归善斋按，见"曰：呜呼！天难谌，命靡常"）

12. （宋）钱时《融堂书解》卷六《商书·咸有一德》

（归善斋按，见"夏王弗克庸德，慢神虐民"）

13. （宋）魏了翁《尚书要义》

原阙。

14. （宋）陈大猷《书集传或问》卷上《商书·咸有一德》

（归善斋按，未解）

15. (宋)胡士行《尚书详解》卷四《商书·咸有一德第八》

(归善斋按,见"夏王弗克庸德,慢神虐民")

16. (元)吴澄《书纂言》

(归善斋按,未解)

17. (元)陈栎《书集传纂疏》卷三《朱子订定蔡氏集传·咸有一德》

(归善斋按,见"夏王弗克庸德,慢神虐民")

18. (元)许谦《读书丛说》卷五《商书·咸有一德》

(归善斋按,见"皇天弗保,监于万方,启迪有命")

19. (元)董鼎《书传辑录纂注》卷三《商书·咸有一德》

(归善斋按,见"夏王弗克庸德,慢神虐民")

20. (元)朱祖义《尚书句解》卷四《商书·咸有一德第八》

眷求一德(眷顾求其有一德者),俾作神主(使为神天之主)。

21. (明)王樵《尚书日记》卷七《商书·咸有一德》

(归善斋按,见"夏王弗克庸德,慢神虐民")

22. (清)库勒纳等撰《日讲书经解义》卷四《商书·咸有一德》

(归善斋按,见"夏王弗克庸德,慢神虐民")

（明）梅鷟《尚书考异》三《商书·咸有一德》

眷求一德，俾作神主。

《诗·卷阿》，百神尔主矣。

惟尹躬暨汤，咸有一德，克享天心，受天明命

1.（汉）孔氏传、（唐）陆德明音义、孔颖达疏《尚书注疏》卷七

惟尹躬暨汤，咸有一德，克享天心，受天明命。

传，享，当也。所征无敌，谓之受天命。

疏，传正义曰，德当神意，神乃享之，故以"享"为"当"也。天道远而人道近，天之命人，非有言辞文诰，正以神明佑之，使之所征无敌，谓之受天命也。纬候之书，乃称有黄龙玄龟，白鱼赤雀，负图衔书，以授圣人正典，无其事也。汉自哀平之间。纬候始起。假托鬼神，妄称祥瑞。孔时，未有其说，纵使时已有之，亦非孔所信也。

2.（宋）苏轼《书传》卷七《商书·咸有一德第八》

（归善斋按，见"夏王弗克庸德，慢神虐民"）

3.（宋）林之奇《尚书全解》卷十七《商书·咸有一德》

（归善斋按，见"夏王弗克庸德，慢神虐民"）

4.（宋）史浩《尚书讲义》卷九《商书·咸有一德》

惟尹躬暨汤，咸有一德，克享天心，受天明命，以有九有之师，爰革夏正。非天私我有商，惟天佑于一德，非商求于下民，惟民归于一德。德惟一，动罔不吉，德二三，动罔不凶。惟吉凶不僭，在人；惟天降灾祥，

在德。今嗣王新服厥命，惟新厥德，终始惟一，时乃日新。

伊尹之于汤，可谓至相得矣。伊尹之于太甲，可谓至不欺矣。方尹在畎亩中。汤固以其元圣而聘之，五遣相桀而不用。夫始既为桀求材，则君臣之分未严，而师友之道夙著。故《孟子》曰汤之于伊尹，学焉而后臣之，益可见矣。及夫自陑之战，尹自任以伐桀，汤仰成善而已。故《书》序，不曰汤用尹，而曰尹相汤。今既复政嗣王，将归矣。此志不白，将无时也，故直曰惟尹躬暨汤，咸有一德。先言尹躬者，以明汤之相得也。夫人臣事君，贵在不欺。若使尹不自白此志，太甲何从而知，亦何从而信。自言咸有一德者，以见尹之不欺也。不然，欲为君，尽君道；欲为臣，尽臣道，二者皆法尧舜而已。尹得尧舜之道者，岂不识君臣之分，而高自标置如此，何哉？惟其出于不欺。是此书一作，太甲信之，天下信之，而后世亦信之也。

克享天心，受天明命者，天命不可欺而得也。以其真有一德，天心予之，天命归之，使汤不得尹天命，未可知也。天命既归，则有九有之众，革夏之正朔，固其宜矣。夫天之眷求一德，甚于人之求天也。民之求于一德，甚于饥渴之求饮食也。求而得之，惟恐其二三以败德，幸而终始不变，喜可知也。则享天佑，受民归，固理之常，非天私于商，而商求于民也。德以一而不变，无所往而不吉，以二三而变，则始勤而终惰，始圣而终狂，始贤而终愚，始治而终乱矣。天之灾祥，岂天自作，君自感召尔。人君其可不修德乎？德何修乎？修其善而已矣。闻一善言，见一善行，若决江河，见善如不及，见不善如探汤。好善，如好好色；恶不善，如恶恶臭，岂能变哉。是以谓"一德"。《易》言余庆、余殃在积善、积不善，实德也。故与此书相表里。今嗣王新服厥命，当何为乎？惟新厥德而已。德不变，故始终惟一，一故日新也。天不变，四时行焉，百物生焉。生生化化，新而不停。君法天者也。终日乾乾，纯亦不已，日加益而不自知，此所谓"时乃日新"也。苟其胸中萌一不善，则是吾德有间断，有间断，则前功俱废，岂所谓日新乎？呜呼！嗣王可不念之。

5.（宋）夏僎《尚书详解》卷十二《商书·咸有一德》

（归善斋按，见"夏王弗克庸德，慢神虐民"）

6.（宋）时澜《增修东莱书说》卷十《商书·咸有一德第八》

惟尹躬暨汤，咸有一德，克享天心，受天明命，以有九有之师，爰革夏正。非天私我有商，惟天佑于一德，非商求于下民，惟民归于一德。

自此方明言"一德，克享天心"者，谓天之心即一德，而汤与伊尹，皆有一德，上当天心，所以克享也。非天私我有商，私则非一德矣。非商求于下民，求则非一德矣。吉，非福祥、恬愉、安养之谓也；凶，非灾害、拘畏、急迫之谓也。此二者之应德之一与二三而已。

7.（宋）黄度《尚书说》卷三《商书·咸有一德》

惟尹躬暨汤，咸有一德，克享天心，受天明命，以有九有之师，爰革夏正。

暨，及，不以君及臣，而以臣及君。伊尹于汤，诚有教迪之功，伊尹言之，不嫌以为天下后世法。夏正寅，商正丑。

8.（宋）袁燮《絜斋家塾书钞》卷五《商书·咸有一德》

（归善斋按，见"夏王弗克庸德，慢神虐民"）

9.（宋）蔡沈《书经集传》卷三《商书·咸有一德》

（归善斋按，见"夏王弗克庸德，慢神虐民"）

10.（宋）黄伦《尚书精义》卷十八《商书·咸有一德》

（归善斋按，见"夏王弗克庸德，慢神虐民"）

11.（宋）陈经《尚书详解》卷十五《商书·咸有一德》

惟尹躬暨汤，咸有一德，克享天心，受天明命，以有九有之师，爰革夏正。非天私我有商，惟天佑于一德；非商求于下民，惟民归于一德。

此言汤与伊尹君臣之间，皆"一德"者也。夫德之一者，何也？其理，则根诸心；其用，则与天地万物无间。至一而无二，至诚而无伪，至精而不杂者是也。苟有一毫之伪与杂，则是二而非一矣。所谓天地一元，古今一时，人物一理，远近一贯之一也。惟尹汤君臣，有此"一德"，则感而遂通天人。为一而遂能克享天心，受天明命。君民为一，而遂能"有九有之师，以革夏正"，盖天下只有一理，初无两样。古之圣人，斋心服形于屋漏之中，而日月所照，霜露所坠，凡有血气者，莫不在此。惟其至一而已。《易》之所谓"至神不疾而速不行而至"者，此理也。

非天私我有商，以其所佑者，在德；非商求于夏民，以其所归者在德。当其一德时，天之心在此，民之心亦在此，其本同也。天有心于私之，商有心于求之，不惟不足以得。天、人之心而一德之体，亦有亏矣。尹有一德，而自言暨汤，先己后君者，其不失之夸伐欤。曰，尹当太甲未明之时，斯言未出也。尹当太甲既明之后，斯言未出也。今其告归之际，其心切于为君，故直言无隐讳，无藏匿，必欲太甲效法，成汤可也。时汤既没，太甲何以见知，是必先己而后汤，俾太甲即以知汤之一德也。圣贤以公天下为心，不事于形迹之意如此。

12.（宋）钱时《融堂书解》卷六《商书·咸有一德》

（归善斋按，见"夏王弗克庸德，慢神虐民"）

13.（宋）魏了翁《尚书要义》

原阙。

14.（宋）陈大猷《书集传或问》卷上《商书·咸有一德》

（归善斋按，未解）

15.（宋）胡士行《尚书详解》卷四《商书·咸有一德第八》

惟尹躬暨汤，咸有一德，克享（当）天心，受天明命，以有九有之师（众），爰（于是）革（改）夏正（夏正建寅，商正建丑，周正建子)。

"尹躬暨汤"之语，先己后君，尹岂昧于君、臣之义哉？《孟子》知其心，曰，伊尹自任以天下之重，其相汤伐桀，放太甲而又反之，任之至也。

16. （元）吴澄《书纂言》

(归善斋按，未解)

17. （元）陈栎《书集传纂疏》卷三《朱子订定蔡氏集传·咸有一德》

(归善斋按，见"夏王弗克庸德，慢神虐民")

18. （元）许谦《读书丛说》卷五《商书·咸有一德》

(归善斋按，见"皇天弗保，监于万方，启迪有命")

19. （元）董鼎《书传辑录纂注》卷三《商书·咸有一德》

(归善斋按，见"夏王弗克庸德，慢神虐民")

20. （元）朱祖义《尚书句解》卷四《商书·咸有一德第八》

惟尹躬暨汤（尹之身与汤），咸有一德（皆有一德），克享天心（能当天心），受天明命（故汤受天明命）。

21. （明）王樵《尚书日记》卷七《商书·咸有一德》

(归善斋按，见"夏王弗克庸德，慢神虐民")

22. （清）库勒纳等撰《日讲书经解义》卷四《商书·咸有一德》

(归善斋按，见"夏王弗克庸德，慢神虐民")

（明）梅鷟《尚书考异》三《商书·咸有一德》

惟尹躬暨汤，咸有一德。

《缁衣》尹吉曰，惟尹云云。《史记》，伊尹作《咸有一德》，咎单作《明居》，皆在汤崩之先。司马贞曰，《尚书》伊尹作《咸有一德》，在太甲时，太史公记之于斯，谓成汤之日，其言又失次序。

（明）马明衡《尚书疑义》三《商书·咸有一德》

惟尹躬暨汤，咸有一德。

此告大甲之言，而直称"汤"者，如益赞于禹，直称瞽瞍，此等处皆不可晓。一德，纯一无间断之谓。纯一，自然无间断。才有间断，便不纯一矣。

（明）陈泰交《尚书注考》

克享天心，训享，当也。有斯明享，训享，上享下之享。汝其敬识百辟享，训享，朝享也。不集于享，训享，享有之享。

（明）陈第《尚书疏衍》卷三

克享天心，受天明命。

孔传云，享，当也，所征无敌，谓之受天命。孔颖达曰，德当神意，神乃享之，故以享为当也。天道远，而人道迩。天之命人，非有言词文诰，正以神明佑之，使之所往无敌，谓之受天命也。纬候之书，乃称有黄龙、玄龟、白鱼、赤雀，负图衔书，以授圣人正典，无其事也。汉自哀平之世，纬候始起，假托鬼神，妄称祥瑞。孔时未有其说，纵使时已有之，亦非孔所信，有识哉，其言之也。夫上古，以人征天，以德征人，故克谐以孝。克勤克俭，舜、禹所以禅帝也；克宽克仁，同心同德，汤、武所以兴王也。虞、夏、殷、周之书，具在，曷尝有微渺奇异，可以骇人见闻者乎？自王莽矫符命，欲以惑世，而言纬候者，始纷然，纬，七纬也；候，《尚书中候》也。《易纬》，如《稽览图》、《乾凿度》。《书纬》，如《璇玑钤》、《考灵曜》。《诗纬》，如《纪历枢》、《含神雾》。《礼纬》，如《含文嘉》、《稽命征》。《乐纬》，如《动声仪》、《叶图征》。《孝经纬》，如《援神契》、《钩命诀》。《春秋纬》，如《元命包》、《岁精符》之类，皆托于圣人所作，而肆谈怪妄，不可穷诘。光武以《赤伏符》兴，故笃信不疑。大儒，如郑玄、何休，以之通经，曹褒以之定礼。卓然深嫉之，以为乱中庸之典者，不过桓谭、张衡数子。孰知受天明命者，在克享天心。克享天心者，在聿修厥德乎？

（清）朱鹤龄《尚书埤传》卷八《商书·咸有一德》

尹躬暨汤、爰革夏正。

陈师凯曰，人臣当先君后己，善则归君。今曰尹躬暨汤，则臣先君，曰咸有一德，则臣侪于君何也？汤之于伊尹学焉而后臣，则一德自尹而授汤者也。据实告君何嫌之有。

按汉孔氏谓，汤始改正朔。郑康成谓，自古改正朔。叶少蕴主郑说。林少颖云，革正之事，古未尝有，盖始于汤，而武王因之。此说是。

以有九有之师，爰革夏正

1. （汉）孔氏传、（唐）陆德明音义、孔颖达疏《尚书注疏》卷七

以有九有之师，爰革夏正。

传，爰，于也，于得九有之众，遂伐夏胜之，改其正。

2. （宋）苏轼《书传》卷七《商书·咸有一德第八》

（归善斋按，见"夏王弗克庸德，慢神虐民"）

3. （宋）林之奇《尚书全解》卷十七《商书·咸有一德》

（归善斋按，见"夏王弗克庸德，慢神虐民"）

4. （宋）史浩《尚书讲义》卷九《商书·咸有一德》

（归善斋按，见"惟尹躬暨汤，咸有一德，克享天心，受天明命"）

5. （宋）夏僎《尚书详解》卷十二《商书·咸有一德》

（归善斋按，见"夏王弗克庸德，慢神虐民"）

6. （宋）时澜《增修东莱书说》卷十《商书·咸有一德第八》

（归善斋按，见"惟尹躬暨汤，咸有一德，克享天心，受天明命"）

7. （宋）黄度《尚书说》卷三《商书·咸有一德》

（归善斋按，见"惟尹躬暨汤，咸有一德，克享天心，受天明命"）

8. （宋）袁燮《絜斋家塾书钞》卷五《商书·咸有一德》

（归善斋按，见"夏王弗克庸德，慢神虐民"）

9. （宋）蔡沈《书经集传》卷三《商书·咸有一德》

（归善斋按，见"夏王弗克庸德，慢神虐民"）

10. （宋）黄伦《尚书精义》卷十八《商书·咸有一德》

（归善斋按，见"夏王弗克庸德，慢神虐民"）

11. （宋）陈经《尚书详解》卷十五《商书·咸有一德》

（归善斋按，见"惟尹躬暨汤，咸有一德，克享天心，受天明命"）

12. （宋）钱时《融堂书解》卷六《商书·咸有一德》

（归善斋按，见"夏王弗克庸德，慢神虐民"）

13. （宋）魏了翁《尚书要义》

原阙。

14. （宋）陈大猷《书集传或问》卷上《商书·咸有一德》

（归善斋按，未解）

15. （宋）胡士行《尚书详解》卷四《商书·咸有一德第八》

（归善斋按，见"惟尹躬暨汤，咸有一德，克享天心，受天明命"）

16. （元）吴澄《书纂言》

（归善斋按，未解）

17. （元）陈栎《书集传纂疏》卷三《朱子订定蔡氏集传·咸有一德》

（归善斋按，见"夏王弗克庸德，慢神虐民"）

18. （元）许谦《读书丛说》卷五《商书·咸有一德》

（归善斋按，未解）

19. （元）董鼎《书传辑录纂注》卷三《商书·咸有一德》

（归善斋按，见"夏王弗克庸德，慢神虐民"）

20. （元）朱祖义《尚书句解》卷四《商书·咸有一德第八》

以有九有之师（以有九州之众），爰革夏正（遂改革夏之命，以归于正）。

21.（明）王樵《尚书日记》卷七《商书·咸有一德》

（归善斋按，见"夏王弗克庸德，慢神虐民"）

22.（清）库勒纳等撰《日讲书经解义》卷四《商书·咸有一德》

（归善斋按，见"夏王弗克庸德，慢神虐民"）

非天私我有商，惟天佑于一德

1.（汉）孔氏传、（唐）陆德明音义、孔颖达疏《尚书注疏》卷七

非天私我有商，惟天佑于一德。
传，非天私商而王之，佑助一德，所以王。
音义，王，于况反。下以王同，或如字。

2.（宋）苏轼《书传》卷七《商书·咸有一德第八》

（归善斋按，见"夏王弗克庸德，慢神虐民"）

3.（宋）林之奇《尚书全解》卷十七《商书·咸有一德》

非天私我有商，惟天佑于一德；非商求于下民，惟民归于一德。德惟一，动罔不吉；德二三，动罔不凶。惟吉凶不僭，在人；惟天降灾祥，在德。

此又申前之意，以尽其义也，言汤之所以受天明命者，非天之私我商家也，惟天之所助佑者，在于一德，故天佑之也。其所以有九有之师者，非商之求于下民也，惟民之所归者，在于一德。我有一德，故民归之也。我商家所以天佑之，民归之者，以其德之一，故动罔不吉也。盖德之一，则是基德也。以基德而动，岂有不吉者哉。桀之所以天不佑之，而民不归之者，以其德之二三，而动罔不凶也。盖德之二三，则是凶德也。以凶德而动，岂有不凶者哉。惟其动之吉凶，皆系于德之一，与其二三，故继之曰"惟吉凶不僭在人，惟天降灾祥在德"，言天之吉凶，所以不僭差于人者，则天之所降灾祥，惟在于德故也。自其降于天者而言之，则为灾祥；自其受于人者而言之，则为吉凶，其实一也。

伊尹自篇首至于此，丁宁反复如此之详，如此之尽，而其大要，则惟言天命之不可常，惟有德则可以为常；人事之得失，动于此，则天命之从违，应于彼，不可不谨也。既曰常德，又曰一德者，惟一，故常；惟常，故一。天地之覆载，日月之照临，四时之推迁，万物之生育，所以悠久而不变者，惟其一而常，常而一故也。故伊尹告归，其言及于一德、常德，尤为详尽者，盖以谓常人之立事，无不锐于始，而工于初，至于中，则稍怠，末乃澶漫而不振。此虽聪明睿智之主，有所不能免者。且以周宣王观之，当其侧身修行，任贤使能，见于《云汉》、《烝民》、《江汉》、《六月》、《采芑》之诗，固已无愧于文、武、成、康矣。惟其盛德之高明光大也如此，故能复受天命，以中兴周室，而复会诸侯于东都，非其聪明睿智之有以过人者，岂能尔哉。及其忧勤之志，弛于庭燎，好贤之心，替于鸣鹤，迨其末年，遂至不藉千亩，料民太原，而浸不克终，继以幽王之暴虐，平王之孱弱，而周室自此衰矣。此无他，惟其德之不常，不一故也。

故太甲，虽能处仁迁义于忧患之余，而伊尹以冕服奉之以践天子位，及其告归而去也，则惧其历年浸久，遂至于豫怠澶漫，而不振也。故其言，丁宁反复，以坚其心，谓德之可常，而天命之不可常也。苟其德之不常，则天命亦不常矣。故其言之丁宁反复，如是之切至也，善乎。苏黄门之论陆贽也，其言曰贽始以官，从事德宗，老而为宰相，从之出奔，而与之反国，弥缝其阙，而济其危。比其反也，功业定矣，而卒毙于裴延龄之手，其故何哉。孔子曰，"南人有言曰，人而无常，不可以作巫医。善夫，不常其德或承之羞"。贽以有常之德，事德宗之无常；以巫医之明，而治无常之疾，是以承其羞耳。又曰，德宗常持无常之心，故前勇而后怯。贽常持有常之心，故勇怯各得其当。然其君臣之间，异同至此，欲其上下相保，不可得矣。夫以德宗之为人也，既非常德、一德，则虽以陆贽之贤，事之卒至于君臣上下不能相保。伊尹虽以一德。为太甲之师傅，终苟使太甲之德，至于不常而不一，则虽伊尹在朝，亦末如之何也已而，况于告归而去乎，故其将去也，丁宁告戒，出于爱君恳切之诚，而不能自已也。

4.（宋）史浩《尚书讲义》卷九《商书·咸有一德》

（归善斋按，见"惟尹躬暨汤，咸有一德，克享天心，受天明命"）

5.（宋）夏僎《尚书详解》卷十二《商书·咸有一德》

非天私我有商，惟天佑于一德；非商求于下民，惟民归于一德。德惟一，动罔不吉；德二三，动罔不凶。惟吉凶不僭，在人；惟天降灾祥，在德。

伊尹上既言汤以一德，受天命，有九有，故此又申前意，以尽其义，言，汤所以受天明命者，非天之私我商家也。惟天之所助者，在于一德，我有一德，故天佑之也，其所有九有之师者，非商之求于下民也，惟民所归者在于一德。我有一德，故民归之也。惟天佑民归者，在于一德，故德既一，则动无不基。德二三，则动无不凶。盖德之一，则德之吉也。以基德而动，岂有不吉者。德之二三，即凶德也，以凶德而动，岂有不凶也。惟动之吉凶在德，之一与二三，故继之曰"惟吉凶不僭，在人；惟天降灾祥，在德"，盖谓德一，则言二三则凶，所以不僭差者，在人而已。惟其在人，故天之降灾祥，亦因其德如何耳。天本无心也。林少颖谓，此书，既曰一德，又曰常德者，惟一，故常；惟常，故一。天地所以悠久而不变者，亦惟一而常，常而一而已。伊尹之意，盖谓人之立事无不锐始而谨初，至中则稍怠，末则澶漫而不振。今太甲虽能处仁迁义于忧患之余，惧其历年之久，遂至豫怠澶漫而不振，此伊尹所以丁宁而坚其意也。

6.（宋）时澜《增修东莱书说》卷十《商书·咸有一德第八》

（归善斋按，见"惟尹躬暨汤，咸有一德，克享天心，受天明命"）

7. （宋）黄度《尚书说》卷三《商书·咸有一德》

非天私我有商，惟天佑于一德；非商求于下民，惟民归于一德。
天视自我民视，天听自我民听。

8. （宋）袁燮《絜斋家塾书钞》卷五《商书·咸有一德》

（归善斋按，见"夏王弗克庸德，慢神虐民"）

9. （宋）蔡沈《书经集传》卷三《商书·咸有一德》

非天私我有商，惟天佑于一德；非商求于下民，惟民归于一德。
上言一德，故得天、得民，此言天佑、民归，皆以一德之故，盖反复言之。

10. （宋）黄伦《尚书精义》卷十八《商书·咸有一德》

非天私我有商，惟天佑于一德；非商求于下民，惟民归于一德。德惟一，动罔不吉；德二三，动罔不凶。惟吉凶不僭，在人；惟天降灾祥，在德。

无垢曰，无心于求天，而天佑之；无心于求民，而民归之。天非私我也，以天心在此。天虽欲外吾心，不可得也。我非求民也，以民心在此，民虽欲外吾心，亦不可得也。是一德者，乃天与民归之机也。或者于此心之外，别求天佑；于此心之外，别求民归，是不知本者也。盖此心即天，心非此心之外，别有天也。此心即民心，非此心之外，别有民也。

又曰，一者，天理；二三者，人欲。天理无往而不吉，则以其体即吉也。人欲无往而不凶，则以其体即凶也。所得在天理，举天下不得以乱，故一，所得在人。欲注于东，则已奔于西，注于此，则已分于彼。非一之外，别有吉；非二三之外，别有凶。一则吉，二三则凶也。在人，谓之吉凶；在天，谓之灾祥。夫一即吉，即祥；二三，即凶，即灾。是"吉凶不僭，在人"，如何耳？"天降灾祥，在德"，如何耳？古之论福者，乃谓信义。而诗人之歌"福履"，则曰"后妃逮下"，是逮下有福，非逮下之外，别有福也。信义乃福，非信义之外别有福也。

史氏曰，天、人以无常，观圣人之心；圣人以有常，得天、人之助。天、人无心，视圣人如何而应之耳。应之以治，则吉；应之以乱，则凶，天固无常者也，抚我则后，虐我则雠，民固无常者也。圣人其可不汲汲于修德，而求其无常也哉？"终始惟一，时乃日新"，此圣人有常之德也。修我有常之德，而应彼无常之理，自然幽明之间，不期于天佑，而天自佑；不必于民归，而民自归矣。不然，则天岂容私，民岂可求，而得之耶。

张氏曰，天无私亲也，所亲者一德而已；民无常怀也，所怀者亦一德而已。皇天之所以眷佑有商者，非天私商，而佑之也，盖天之所佑者，佑其德也。民之所以戴商者，望之若大旱之望雨，非商求民，而民归之也。盖民之所归者，归其德也。德出乎道者也，道一而已，则德，不可以不慎终于始，常而不变，此德之所以一也。一出一入，或作或辍，此德之所以二三也。夫物类之起，必有所始。荣辱之来，必象其德。故德惟一者，动罔不吉；德二三者，动罔不凶。吉凶者，灾祥之始。灾祥者，吉凶之应。于人言其始，故谓之吉凶；于德言其应，故谓之灾祥。在人者，先吉而后凶，所以诱之而使劝也。在天者，先灾而后祥，所以威之而使畏也。

东莱曰，惟其德一，则天也，人也，神也，周旋曲折，酬酢泛应，无非此一，故动则合于理。苟二三，则周旋泛应之际，不能一，故动则背于理，此所以有吉凶。所谓吉凶者，降灾降祥也，合理与背理，便是吉凶。

11.（宋）陈经《尚书详解》卷十五《商书·咸有一德》

（归善斋按，见"惟尹躬暨汤，咸有一德，克享天心，受天明命"）

12.（宋）钱时《融堂书解》卷六《商书·咸有一德》

非天私我有商，惟天佑于一德；非商求于下民，惟民归于一德。德惟一，动罔不吉；德二三，动罔不凶。惟吉凶不僭，在人；惟天降灾祥，在德。

德，本一也。二三者，非德也。意也，不动乎，意纯明浑融，虽应酬交错，万变万化，未尝不一也。

13.（宋）魏了翁《尚书要义》

原阙。

14.（宋）陈大猷《书集传或问》卷上《商书·咸有一德》

（归善斋按，未解）

15.（宋）胡士行《尚书详解》卷四《商书·咸有一德第八》

非天私我有商，惟天佑于一德；非商求于下民，惟民归于一德。
一者，不贰以二，参以三也。私焉求之，则非一矣。

16.（元）吴澄《书纂言》

（归善斋按，未解）

17.（元）陈栎《书集传纂疏》卷三《朱子订定蔡氏集传·咸有一德》

非天私我有商，惟天佑于一德；非商求于下民，惟民归于一德。
上言"一德"，故得天、得民。此言天佑，民归，皆以"一德"之故，盖反复言之。

18.（元）许谦《读书丛说》卷五《商书·咸有一德》

（归善斋按，未解）

19.（元）董鼎《书传辑录纂注》卷三《商书·咸有一德》

非天私我有商，惟天佑于一德；非商求于下民，惟民归于一德。

上言一德，故得天，得民；此言天佑，民归，皆以一德之故，盖反复言之。

20.（元）朱祖义《尚书句解》卷四《商书·咸有一德第八》

非天私我有商（非天私我商家），惟天佑于一德（天所助在一德）。

21.（明）王樵《尚书日记》卷七《商书·咸有一德》

"非天私我有商"至"惟民归于一德"。

天命，则人归在内，故以天、民并言。天非私商而与之，惟天心之所佑，在于一德，故商之"一德"，则足以享天心，而受命也。商非求民而有之，惟民心之所归在于一德，故商之一德，则足以得民心，而"宅师"也。

22.（清）库勒纳等撰《日讲书经解义》卷四《商书·咸有一德》

非天私我有商，惟天佑于一德；非商求于下民，惟民归于一德。

此一节书是，伊尹反复天、人相与之故，而言惟德之可恃也。伊尹之言曰，天之眷夏久矣，一旦转而为有商之命，岂天之私于我商哉？惟我君臣"咸有一德"，夙夜寅恭，馨闻于上，而为天心之所眷佑耳。民之戴夏久矣，一旦变而为有商之民，岂我有所要求于百姓哉？惟我君臣"咸有一德"，克宽克仁，彰信兆民，而为民心之所归往耳。可见天心至微，而难于图度；民心至涣，而难于要结。惟君臣"咸有一德"，自收天与人归之效。后世假谶纬，以矫诬天命；借权术以笼络人心，亦未明于斯旨耳。

（明）梅鷟《尚书考异》三《商书·咸有一德》

非天私我有商，惟天佑于一德；非商求于下民，惟民归于一德。

《楚辞》，皇天无私阿兮，览民德焉错辅。《多士》，我有周佑命。又曰，我其敢求位。

非商求于下民，惟民归于一德

1. （汉）孔氏传、（唐）陆德明音义、孔颖达疏《尚书注疏》卷七

非商求于下民，惟民归于一德。

传，非商以力求民，民自归于一德。

2. （宋）苏轼《书传》卷七《商书·咸有一德第八》

（归善斋按，见"夏王弗克庸德，慢神虐民"）

3. （宋）林之奇《尚书全解》卷十七《商书·咸有一德》

（归善斋按，见"非天私我有商，惟天佑于一德"）

4. （宋）史浩《尚书讲义》卷九《商书·咸有一德》

（归善斋按，见"惟尹躬暨汤，咸有一德，克享天心，受天明命"）

5. （宋）夏僎《尚书详解》卷十二《商书·咸有一德》

（归善斋按，见"非天私我有商，惟天佑于一德"）

6. （宋）时澜《增修东莱书说》卷十《商书·咸有一德第八》

（归善斋按，见"惟尹躬暨汤，咸有一德，克享天心，受天明命"）

7. （宋）黄度《尚书说》卷三《商书·咸有一德》

（归善斋按，见"非天私我有商，惟天佑于一德"）

8.（宋）袁燮《絜斋家塾书钞》卷五《商书·咸有一德》

（归善斋按,见"夏王弗克庸德,慢神虐民"）

9.（宋）蔡沈《书经集传》卷三《商书·咸有一德》

（归善斋按,见"非天私我有商,惟天佑于一德"）

10.（宋）黄伦《尚书精义》卷十八《商书·咸有一德》

（归善斋按,见"非天私我有商,惟天佑于一德"）

11.（宋）陈经《尚书详解》卷十五《商书·咸有一德》

（归善斋按,见"惟尹躬暨汤,咸有一德,克享天心,受天明命"）

12.（宋）钱时《融堂书解》卷六《商书·咸有一德》

（归善斋按,见"非天私我有商,惟天佑于一德"）

13.（宋）魏了翁《尚书要义》

原阙。

14.（宋）陈大猷《书集传或问》卷上《商书·咸有一德》

（归善斋按,未解）

15.（宋）胡士行《尚书详解》卷四《商书·咸有一德第八》

（归善斋按,见"非天私我有商,惟天佑于一德"）

16. （元）吴澄《书纂言》

（归善斋按，未解）

17. （元）陈栎《书集传纂疏》卷三《朱子订定蔡氏集传·咸有一德》

（归善斋按，见"非天私我有商，惟天佑于一德"）

18. （元）许谦《读书丛说》卷五《商书·咸有一德》

（归善斋按，未解）

19. （元）董鼎《书传辑录纂注》卷三《商书·咸有一德》

（归善斋按，见"非天私我有商，惟天佑于一德"）

20. （元）朱祖义《尚书句解》卷四《商书·咸有一德第八》

非商求于下民（非商家求于下民），惟民归于一德（民所归在一德）。

21. （明）王樵《尚书日记》卷七《商书·咸有一德》

（归善斋按，见"非天私我有商，惟天佑于一德"）

22. （清）库勒纳等撰《日讲书经解义》卷四《商书·咸有一德》

（归善斋按，见"非天私我有商，惟天佑于一德"）

（明）梅鷟《尚书考异》三《商书·咸有一德》

（归善斋按，见"非天私我有商，惟天佑于一德"）

德惟一，动罔不吉；德二三，动罔不凶

1.（汉）孔氏传、（唐）陆德明音义、孔颖达疏《尚书注疏》卷七

德惟一，动罔不吉；德二三，动罔不凶。
传，二三，言不一。

2.（宋）苏轼《书传》卷七《商书·咸有一德第八》

（归善斋按，见"夏王弗克庸德，慢神虐民"）

3.（宋）林之奇《尚书全解》卷十七《商书·咸有一德》

（归善斋按，见"非天私我有商，惟天佑于一德"）

4.（宋）史浩《尚书讲义》卷九《商书·咸有一德》

（归善斋按，见"惟尹躬暨汤，咸有一德，克享天心，受天明命"）

5.（宋）夏僎《尚书详解》卷十二《商书·咸有一德》

（归善斋按，见"非天私我有商，惟天佑于一德"）

6.（宋）时澜《增修东莱书说》卷十《商书·咸有一德第八》

德惟一，动罔不吉，德二三，动罔不凶。
"动"之一字当看，谓更无差忒也。德一，则天也，人也，神也，周旋泛应，无非此一，故动则合于理。苟二三，则周旋泛应之际，不能一，动则背于理矣。所以有吉有凶，理之合与背，即吉凶也。

7. （宋）黄度《尚书说》卷三《商书·咸有一德》

德惟一，动罔不吉，德二三，动罔不凶。惟吉凶不僭，在人。惟天降灾祥，在德。

一，则无所不顺，故动与吉偕；二三，则是非参错，其偶不与凶会，幸而已。

8. （宋）袁燮《絜斋家塾书钞》卷五《商书·咸有一德》

德惟一，动罔不吉，德二三，动罔不凶。惟吉凶不僭，在人；惟天降灾祥，在德。

未动之先，有此一德，则凡所施无有不善者，上合于天心，下合于人心。天归之，人归之，何往而不吉哉，罔不吉，如所谓"罔不休"，言其无一事之不吉也。苟惟二三其德，何所为而不凶乎。

9. （宋）蔡沈《书经集传》卷三《商书·咸有一德》

德惟一，动罔不吉，德二三，动罔不凶。惟吉凶不僭，在人。惟天降灾祥，在德。

二三，则杂矣。德之纯，则无往而不基德；而杂，则无往而不凶。僭，差也，惟吉凶不差，在人者，惟天之降灾祥在德，故也。

10. （宋）黄伦《尚书精义》卷十八《商书·咸有一德》

（归善斋按，见"非天私我有商，惟天佑于一德"）

11. （宋）陈经《尚书详解》卷十五《商书·咸有一德》

德惟一，动罔不吉；德二三，动罔不凶。惟吉凶不僭，在人；惟天降灾祥，在德。

"德惟一，动罔不吉"，当其德惟一之时，粹然无瑕，如明月之珠，如夜光之璧，举动无适，而不得其宜，此即吉也。"德二三，动罔不凶"，当其德二三之时，心劳日拙，动辄窒碍，此即凶也。然则，德止有一德，奚从而二三也。自人为之私言之，则有二三；自天理之公言之，即一德也。吉凶之所以不差者，皆在乎人，非于人之外，别有吉凶。天之降灾祥者，即在乎德，非于德之外，别有灾祥。六经之所言吉凶、祸福者，皆自其己求之，而非自外来也。使吉凶祸福，而自外至，则祸可以禳而去，福可以祈而得。伊尹岂教太甲以幸福，而苟免其祸者哉，则知此言吉凶、灾祥者，就德而言不诬矣。

12.（宋）钱时《融堂书解》卷六《商书·咸有一德》

（归善斋按，见"非天私我有商，惟天佑于一德"）

13.（宋）魏了翁《尚书要义》

原阙。

14.（宋）陈大猷《书集传或问》卷上《商书·咸有一德》

或问，一德之为纯一，何也？曰，凡天下之物，纯则一，杂则二三。故一念虑之纯，亦一也；一事为之纯，亦一也。苟念此而杂之以彼，则其所念不一矣。为此而杂之以彼，则其所为不一矣。凡事之小大，虽不同，然其义之所归，皆在于纯，而不杂也。天地之间，惟天德为至一。盖刚健纯粹，其体则一，未始有物以杂之也。是以一元之气，昼夜昏明，春秋冬夏，百千万变，未尝有一息之谬；飞潜动植，洪纤巨细，皆得其性命形体之正，而未尝有一事之差。故曰，其为物不二，则其生物不测。

又曰，天得一以清，以人言之，惟圣人之德，为至一。盖圣人，气质清纯，浑然天理，初无一毫人欲之间。以言其仁，则一于仁，而无一毫之不仁，以杂；以言其义，则一于义，而无一毫之不义，以杂之。其为德也，固举天下之善，而无纤毫之或遗，而所以为善；又极天下之至纯，而无纤毫之或杂。故曰，文王之德之纯。

又曰圣人之德一，以为天下正常。人莫不有是一德，然未免为私欲所杂，是以，其德常不一，故仁或杂之以忮害，则非一。于仁义或杂之以贪得，则非一。于义礼或杂之以骄惰；知，或杂之以昏蔽，则非一。于礼，知矣，内外隐显之间，常不免于二致，甚至于不常其德，而为小人之归，则以其二者杂之也。

林氏曰，惟一，故常。惟常，故一。

15.（宋）胡士行《尚书详解》卷四《商书·咸有一德第八》

德惟一，动罔不吉，德二三，动罔不凶，惟吉凶不僭（差），在人；惟天降灾祥，在德。

吉、凶、悔、吝，生乎动，吉一而已，凶、悔、吝居其三，动可不谨乎？罔不吉，则周旋泛应，皆合于理，吉孰大焉。吉，非福祥、恬愉、赡养之谓；凶，非灾害、拘畏、急迫之谓。理之合背，即吉、凶也。虽降于天，实在于德，无毫发差也。

16.（元）吴澄《书纂言》

（归善斋按，未解）

17.（元）陈栎《书集传纂疏》卷三《朱子订定蔡氏集传·咸有一德》

德惟一，动罔不吉；德二三，动罔不凶。惟吉凶不僭，在人；惟天降灾祥，在德。

二三，则杂矣。德之纯，则无往而不基德；而杂则无往而不凶。僭，差也。惟吉凶不差，在人者；惟天之降灾祥，在德，故也。

纂疏

陈氏大猷曰，德纯乎天理，本一而已。人欲之私，间之"一"者，始二三矣。

吕氏曰，一，则动皆合理，故无不吉；二三，则动皆悖理，故凶。

林氏曰，降于天者，为灾祥；受于人者，为吉凶。

愚谓，在人，在德，不过分天、人平说。吉凶不差，在人，何如？吉人，则吉；凶人，则凶。天降灾祥，在德，何如？德一，则祥；德二三，则灾。

18.（元）许谦《读书丛说》卷五《商书·咸有一德》

（归善斋按，未解）

19.（元）董鼎《书传辑录纂注》卷三《商书·咸有一德》

德惟一，动罔不吉，德二三，动罔不凶。惟吉凶不僭，在人；惟天降灾祥，在德。

二三，则杂矣。德之纯，则无往而不吉。德而杂，则无往而不凶。僭，差也。惟吉、凶不差，在人者，惟天之降灾祥，在德，故也。

纂注

张氏曰，一者，纯乎天理；二三者，杂于人欲。天理，无往而不吉；人欲，无往而不凶，以其体即凶也。

林氏曰，降于天者，为灾祥；受于人者，为吉凶。

20.（元）朱祖义《尚书句解》卷四《商书·咸有一德第八》

德惟一（一而不变），动罔不吉（则动作无不吉），德二三，动罔不凶（多变，则动作，无不凶）。

21.（明）王樵《尚书日记》卷七《商书·咸有一德》

"德惟一，动罔不吉"至"惟天降灾祥，在德"。

一者，纯乎天理，去声。二三者，杂于人欲。天理，无往而不吉；人欲，无往而不凶。惟吉凶不差，在人者；惟天降灾祥，在德，故也。降于天者，为灾祥；受于人者，为吉凶。

惟天之降灾、降祥，一在乎德，故其在人，一德则吉；不一德，则凶，断断不差也。

22.（清）库勒纳等撰《日讲书经解义》卷四《商书·咸有一德》

德惟一，动罔不吉；德二三，动罔不凶。惟吉凶不僭，在人；惟天降灾祥，在德。

此一节书是，伊尹决言一德感孚之不爽也。二三，言德之杂而不纯也。僭，差也。伊尹之言曰，人君之德，诚能纯乎天理，而无理欲之间杂，确乎。有常而无始终之迁改，则德惟一矣。以此而格天保民，举动之间，罔有不吉者。若未能纯乎理，而不无嗜欲之杂乘，仅能持于暂，而不能必永久之弗渝，则德二三矣。由此而上拂天心，下违民愿，举动之间，罔有不凶者。夫修之，则吉；悖之则凶。吉凶之在人，未尝少有僭差者，何哉？盖由天心无私，惟德是视。德惟一，则为嘉祥之所集；德二三，则为灾患之所丛，天未尝有意于其间也。欲祈天而永命，舍德何以哉？盖一德者，至纯至正，不偏不杂，非独即于匪彝谓之二三其德。即一毫，近于功利，涉于好名，即二三矣。天心之降鉴，至迩而至密，可不戒哉。

（明）梅鷟《尚书考异》三《商书·咸有一德》

德惟一，动罔不吉，德二三，动罔不凶。

成八年，季文子曰，霸主将德，是以而二三之其何，以长有诸侯乎。

（明）陈第《尚书疏衍》卷三

德惟一，动罔不吉，德二三，动罔不凶。

笃于保民，君德也；笃于承辟，臣德也。内外不二，始终不变，是之谓"一"。君心或动于奢淫，而政必移于末路。臣意或分于宠利，而官必败于宦成，是之谓二三。《语》曰，上帝临汝，无贰尔心。又曰，一心可以事百君，百心不可以事一君。言贵"一"也。一，则常；二三，则不常。天命之去留，民情之向背，其几总在于此，故曰，"始终惟一"。惟和惟一，协于克一，一哉王心，申重以教戒之。老成臣长虑，却顾之苦心也。岂惟太甲永念之，千载之帝范臣鉴，在是乎，在是乎。

惟吉凶不僣，在人；惟天降灾祥，在德

1.（汉）孔氏传、（唐）陆德明音义、孔颖达疏《尚书注疏》卷七

惟吉凶不僣，在人；惟天降灾祥，在德。

传，行善则吉，行恶则凶，是不差。德一，天降之善；不一，天降之灾，是在德。

音义，僣，子念反。

疏，正义曰，指其已然，则为吉凶；言其征兆，则曰灾祥。其事不甚异也。吉凶，已成之事，指人言之，故曰在人；灾祥，未至之征，行之所招，故言在德。在德，谓为德有一，与不一；在人，谓人行有善与不善也。吉凶已在其身，故不言来处；灾祥自外而至，故言天降。其实，吉凶亦天降也。

2.（宋）苏轼《书传》卷七《商书·咸有一德第八》

（归善斋按，见"夏王弗克庸德，慢神虐民"）

3.（宋）林之奇《尚书全解》卷十七《商书·咸有一德》

（归善斋按，见"非天私我有商，惟天佑于一德"）

4.（宋）史浩《尚书讲义》卷九《商书·咸有一德》

（归善斋按，见"惟尹躬暨汤，咸有一德，克享天心，受天明命"）

5.（宋）夏僎《尚书详解》卷十二《商书·咸有一德》

（归善斋按，见"非天私我有商，惟天佑于一德"）

6.（宋）时澜《增修东莱书说》卷十《商书·咸有一德第八》

惟吉凶不僭在人，惟天降灾祥在德，吉凶无毫厘之差，在乎人耳。灾祥虽降于天，在乎德耳，即所谓"一"也。

7.（宋）黄度《尚书说》卷三《商书·咸有一德》

（归善斋按，见"德惟一，动罔不吉，德二三，动罔不凶"）

8.（宋）袁燮《絜斋家塾书钞》卷五《商书·咸有一德》

（归善斋按，见"德惟一，动罔不吉，德二三，动罔不凶"）

9.（宋）蔡沈《书经集传》卷三《商书·咸有一德》

（归善斋按，见"德惟一，动罔不吉，德二三，动罔不凶"）

10.（宋）黄伦《尚书精义》卷十八《商书·咸有一德》

（归善斋按，见"非天私我有商，惟天佑于一德"）

11.（宋）陈经《尚书详解》卷十五《商书·咸有一德》

（归善斋按，见"德惟一，动罔不吉，德二三，动罔不凶"）

12.（宋）钱时《融堂书解》卷六《商书·咸有一德》

（归善斋按，见"非天私我有商，惟天佑于一德"）

13.（宋）魏了翁《尚书要义》

原阙。

14.（宋）陈大猷《书集传或问》卷上《商书·咸有一德》

（归善斋按，未解）

15.（宋）胡士行《尚书详解》卷四《商书·咸有一德第八》

（归善斋按，见"德惟一，动罔不吉，德二三，动罔不凶"）

16.（元）吴澄《书纂言》

（归善斋按，未解）

17.（元）陈栎《书集传纂疏》卷三《朱子订定蔡氏集传·咸有一德》

（归善斋按，见"德惟一，动罔不吉，德二三，动罔不凶"）

18.（元）许谦《读书丛说》卷五《商书·咸有一德》

惟吉凶不僭，在人；惟天降灾祥，在德。

惟吉凶之及于人，未尝僭差，在人为善、不善尔。惟天之降灾祥，亦无他，在德之一不一尔。僭、祥，当两读。疏云，指其已然，则为吉凶；言其征兆，则为灾祥。吉凶已成之事，指人言之，故曰在人；灾祥，未至之征，行之所招，故言在德。吉凶已在其身，故不言来处；灾祥自外而至，故曰天降。其实吉凶，亦天降也。

19.（元）董鼎《书传辑录纂注》卷三《商书·咸有一德》

（归善斋按，见"德惟一，动罔不吉，德二三，动罔不凶"）

20. （元）朱祖义《尚书句解》卷四《商书·咸有一德第八》

惟吉凶不僭，在人（或吉，或凶之不差，在人所修如何）。惟天降灾祥，在德（天或降灾，或降祥，在德之一，与二三）。

21. （明）王樵《尚书日记》卷七《商书·咸有一德》

（归善斋按，见"德惟一，动罔不吉，德二三，动罔不凶"）

22. （清）库勒纳等撰《日讲书经解义》卷四《商书·咸有一德》

（归善斋按，见"德惟一，动罔不吉，德二三，动罔不凶"）

今嗣王新服厥命，惟新厥德

1. （汉）孔氏传、（唐）陆德明音义、孔颖达疏《尚书注疏》卷七

今嗣王新服厥命，惟新厥德。
传，其命王，命新其德，戒勿怠。
疏，正义曰，上既言在德，此指戒嗣王，今新始服其王命，惟当新其所行之德。
传正义曰，《说命》云"王言惟作命"，成十八年《左传》云"人之求君，使出命也"，是言人君职在发命，"新服厥命"，新始服行王命，故云其命，王命也。新其德者，勤行其事，日日益新，戒王勿懈怠也。

2. （宋）苏轼《书传》卷七《商书·咸有一德第八》

（归善斋按，见"夏王弗克庸德，慢神虐民"）

3.（宋）林之奇《尚书全解》卷十七《商书·咸有一德》

今嗣王新服厥命，惟新厥德，终始惟一，时乃日新。任官惟贤材，左右惟其人。

伊尹前既论天命之无常，惟有德则可以为常。德之得失，动于此，则天之祸福吉凶应于彼。其于天、人相与之际，反复推明，可谓曲尽其理矣。于是致其拳拳之忠，所以期望于太甲者，以终其义也。方太甲宅忧亮阴，百官总己以听，冢宰也，其万几之务，皆伊尹之所剸裁。当此之时，天下之治乱，社稷之安危，伊尹实任之，是以太甲之初，虽欲败度，纵败礼，自肆于宫禁之中，而其祸不及于百姓者，以伊尹实当天下之忧责也。今太甲，既能克终厥德，还自桐宫，以践天子之位，伊尹于是复政厥辟，告归而去，不复以庶政自关。而太甲，于是亲万几之务矣。既已亲万几之务，则其一言一动，而安危治乱之机，于此而萌矣。伊尹既以其身之所自任者，归之于太甲，有不可不尽其丁宁告戒之意，故谓"今嗣王新服厥命，惟新厥德"，言新有事于万几之务，言而作命，实四方万姓之所观听也。人君即位之初，发号施令，所以端本正始，而新天下之耳目，尤不可不谨也。高宗亮阴三祀，百官总己，以听冢宰，及其免丧，而践天子之位也，且恭默不言，群臣进谏于王，曰，天子惟君万邦，百官承式王言，惟作命不言，臣下罔攸禀令，而高宗以谓，以台正于四方，惟恐德弗类，兹故弗言，盖谓，始有言于天下，苟为轻动而妄发，后虽悔之，亦何及矣。故其新服厥命，将欲发号施令，为天下之所取信者，惟在于日新厥德。德者日就月，将学有缉熙于光明是也，故继之曰，终始惟一，时乃日新，言始乎如是，终亦如是。终始惟在于一德，而无造次颠沛之或违，是乃其德日新之道也。

苏氏曰，中有所主之谓一，中有主，则物至而应；物至而应，则日新矣。中无主，则物为宰。凡喜怒哀乐。皆物也，而谁使新之。如众人之言，新则不能一，而非日新也。而伊尹曰，一所以新也，是谓万物并育，而不相害；道并行，而不相悖。又曰，圣人如天，时杀时生；君子如水，因物赋形。天不违仁，水不失平。惟一故新，惟新故一。一故不流，新故无致。此言尽之矣。终始惟一，时乃日新，盖所以总结上文"常厥德，保厥位，德惟一，动罔不吉"之义也。为人君者，亦莫不欲终始惟一，则日新其德。然每每至于浸不克终者，盖未尝不以小人得以乘间而进，荧惑人主之心术，蛊害其德，日滋月益，则流入于败亡而不自知。故大臣之事君，既有以格君心之非，而成就其德，又当使之举贤材而用之，使贤材既用于朝，不能间之以小人，则其日新之德，盖将有加而无已也。是以，伊尹之告归，尤丁宁恳切于此，既曰"终始惟一，时乃日新"，而又戒之曰"任官惟贤材，左右惟其人"。汉孔氏曰，官贤材而任之，非贤材不可任选。左右必忠良，不忠良非其人。原孔氏之意，以谓，任贤材充位列职，自大臣至于百执事是也。居是官者，必得贤材而用，终后无瘝官，无旷职。任官者既得贤材，皆在王之左右，所谓侍御仆从，缀衣虎贲，趣马小尹之任，又不可不选忠良之人而用之。不忠良则是左右之非其人也。盖贤材虽已任官，苟左右之非其人，纵有贤材，亦将见陷于浸润之谮，肤受之愬，而不得一施矣。孔氏之言虽简，而其旨明，说者不悟其意，遂以左右为大臣，谓左右者，如《说命》曰"王置诸左右"；谓惟其人者，如《周官》曰"官不必备，惟其人"，此虽有所据而云，然与上文"任官惟贤材"，文势不相应。既曰"任官惟贤材"，则大臣已在其中矣，而又加"左右"于下，岂不赘哉。此盖未尝考先儒之意，而妄为是说也。自古贤材既居于位矣，而天子左右，或非其人，则其势不两立，小人必胜，君子必退。至于不能自存者多矣。有宏恭、石显在于左右，则周堪、萧望之之贤材，无所施矣。有曹节、侯览在于左右，则陈蕃、李膺之贤材，无所施矣。有仇士良、陈洪志在于左右，则裴度之贤材，无所施矣。欲贤材之任官，而得其忠，非"左右惟其人"不可也。

4.（宋）史浩《尚书讲义》卷九《商书·咸有一德》

（归善斋按，见"惟尹躬暨汤，咸有一德，克享天心，受天明命"）

5.（宋）夏僎《尚书详解》卷十二《商书·咸有一德》

今嗣王新服厥命，惟新厥德，终始惟一，时乃日新。任官惟贤才，左右惟其人。臣为上为德，为下为民。其难其慎，惟和惟一。

伊尹前篇既论吉凶之理，在德之一与二三，于此又戒使不可不自修其德。盖太甲居忧之初，其万几皆伊尹自任，安危治乱，伊尹实当之。今太甲既践天位，伊尹复正厥辟，告老而归，不复以庶政自关，则太甲言动之间，始足以系天下之治乱，故将归之际，不得不尽其丁宁之意。谓，嗣王太甲新服厥命，不可不新厥德也。盖太甲在桐之初，未受天命，今既复政，则始受天命矣。受天命而言服天命者，谓受命在身，如衣被其服，而在身也。太甲既新受服天命，正欲端本正始，以新天下之耳目，尤不可不新其德。故伊尹所以告于嗣王，新服厥命，惟新厥德也。伊尹既戒太甲不可不新其德，于是又言所以能新其德者，惟在终始惟一而已。终始惟一，乃所以为日新之道也。故曰"终始惟一，时乃日新"。盖众人所谓"新"者，徒谓今日变某法，明日易某令，以数变更为新，不知圣人所谓新者不然。始乎如是，终乎如是，终始惟在于一德，行之既久，则所闻日广，所见日多，故能日日新，又日新也。如天地之运，终古不变，而四时之气，俄而春，俄而夏，无一日不新也。《诗》所谓"日就月将，学有缉熙于光明"，即"终始惟一时乃日新"也。伊尹既言新德之说于上，于是又谓德之所以新者，固在于"终始惟一"，又本乎得贤以用之，故继之曰"任官惟贤才"。盖谓凡在朝之官，皆择贤而用之。或君德之不一，必能左右辅翼，以成其德也。任官既得贤才，而在王左右，若侍御仆从之类，又不可不得其人，故又曰"左右惟其人"。盖贤虽已任官，苟左右非人，则浸润之谮，肤受之愬行，而贤不得安其位矣。盖贤才所以不可不用者，以为臣之职，以其为上则欲成君之德，为下则欲治天下之民。盖其职在于致君泽民者，此四为字，皆当作"于伪反"读之。惟臣之所职，其大如此，故为人君者，于任用之际，当视之以为难，而不可以为易；当持之以慎，而不可失之于忽。既难既慎，不敢任用非人，于是又与之和协其心，纯一其德，同心同德相与，大有为于天下可也。故伊尹既言"臣为上为德，为下为民"，所以必继之以"其难其慎，惟和惟一"也。

6.（宋）时澜《增修东莱书说》卷十《商书·咸有一德第八》

今嗣王新服厥命，惟新厥德，终始惟一，时乃日新。

603

新厥德者,澡雪兴起之意,惟终始皆在一德,乃日新之道也,所谓其为物不贰,则其生物不测。

7.（宋）黄度《尚书说》卷三《商书·咸有一德》

今嗣王新服厥命,惟新厥德,终始惟一,时乃日新。

兹其始矣,固未见其所终也。终始惟一,是为日新。

8.（宋）袁燮《絜斋家塾书钞》卷五《商书·咸有一德》

今嗣王新服厥命,惟新厥德,终始惟一,时乃日新。

德之新,如物之新。德之不新,如物之弊者。人之德,须当使之常新。惟一,则新矣。今须先识得这"一",则新自在其中。乍见孺子入井,皆有怵惕恻隐之心,此心不期而发,此之谓"一"。才是内交于孺子之父母,要誉于乡党朋友,恶其声而然,这便二三。一,是天理,二三是人欲。大抵天理自是纯一,终始能保守此一,则亦终始,常如此之新。汤之《盘铭》曰"苟日新,日日新,又日新"者,无时不新也。

9.（宋）蔡沈《书经集传》卷三《商书·咸有一德》

今嗣王新服厥命,惟新厥德,终始惟一,时乃日新。

太甲新服天子之命,德亦当新。然新德之要,在于有常而已。终始有常,而无间断,是乃所以日新也。

10.（宋）黄伦《尚书精义》卷十八《商书·咸有一德》

今嗣王新服厥命,惟新厥德,终始惟一,时乃日新。

（按此条《永乐大典》原阙）

11.（宋）陈经《尚书详解》卷十五《商书·咸有一德》

今嗣王新服厥命,惟新厥德,终始惟一。时乃日新。任官惟贤才,左右惟其人。臣为上为德,为下为民。其难其慎,惟和惟一。

此伊尹指示太甲以一德之要,至为亲切者也。"今嗣王新服厥命",

谓即政之始，服此天命矣，当维新厥德，可也。新者，对旧而言之。旧，则有委靡因循，而不振之意；新，则纯一不已，日进无疆也。伊尹又虑太甲不知所以新厥德，而徒以纷更改为者，谓之新，故又曰"终始惟一，时乃日新"，所以谓之新，非其纷更改为者之谓也。"终始惟一"之中，自有新之理存焉。盖体常尽变之理，自当如此。终始惟一者，诚而不变者也。时乃日新者，其变愈出，而其应愈不匮也。虽日新之功，千变万状，而吾之至一者，未尝分明乎？此则所存者，神而所过者化，实未始有也。寂然不动，感而遂通，实未始为也。至是，则德之盛矣。非躬行之至者，不足以尽此；非理明义精者，不足以知此。惟人君既有此一德，则人臣之有一德者，自然能知之。知而必能任之，故任庶官者，必惟贤才，选左右之大臣，必谨择其人。则人臣之有一德者，皆为我用矣。然则人臣之所以贵乎一德者，盖其任甚重，其责匪轻，岂可以非德而居之。臣之所以为上者，以其为君之德，期于致君者也；臣之所以为下者，以其为民，期以泽乎民也。君、民之责，聚于人臣之身，则君之择人，难于未用之先，不可以为易，而妄进之也。谨之于已用之后，不可以为忽，而使小人或间之也。既尽其难与谨，则所"与"者，必君子矣。所与者皆君子，则自然君臣之间，可否相济而为和，道同志合，而为一。此一篇，大抵言有一德之君者，斯能用一德之臣也。

12.（宋）钱时《融堂书解》卷六《商书·咸有一德》

今嗣王新服厥命，惟新厥德，终始惟一，时乃日新。任官惟贤才，左右惟其人。臣为上为德，为下为民。其难其慎，惟和惟一。德无常师，主善为师。善无常主，协于克一。俾万姓咸曰，大哉王言，又曰，一哉王心。克绥先王之禄，永底烝民之生。

此段当作五截看。"新服厥命"而下，是欲太甲以德自勉也。"任官"而下，是欲太甲择一德以自辅也。"德无常师"而下，是教之以师资一德之法也。"俾万姓"而下，是教之以证验一德之实也。"克绥"而下，是极言一德之效也。太甲即位几年矣，如何谓之新服厥命，盖桐宫之放，今始复辟，是新服厥命也。左右大臣，为师保，则必惟其人，断断曰"其人"，正是指言一德。若伊尹者，真其人也，何也？大臣之事，上，则辅成君德；下，则泽润生民。致君泽民，甚重甚大，可易用乎？可不谨乎？必"惟和惟一"者而后可也。和，融和也。日用纯一，融融怡怡，所谓和也。和，即一；一，即和也。

观伊尹所论，独言"尹躬暨汤"，其它诸臣，皆不得而与，则是非纯德孔明，优入圣域，岂易当一德之名哉。虽然，有臣而不知所师，师而不知所择，犹无益也。大凡进德，初无常师，惟主其善者，以为师。善亦初无常主，惟合于能一者，乃为尽善。陈良悦周公、仲尼之道，而其徒乃见许行，而大悦，谓之主善可乎？孔子问礼于老聃，问乐于苌弘，问官于郯子。至若文王，既没斯文在兹，的的传心。所谓符节之合者，则断不容泛及，其"协于克一"之谓乎。虽然，自以合一，而未至于大同，亦未善也。直是万姓之众，莫不皆曰"大哉王言"，庶乎其可也。然，徒王言之大，而未信，王心之一，抑犹未也。既"曰大哉王言，又曰，一哉王心"，方是心口相应，方是表里如一，而后一德之在我者，非偏见也，非曲学也。四海九州，大同之心，不可诬也。夫如是，始能安先王之禄，而永致众民之生矣。呜呼！伊尹为太甲讲明一德，其精密如此哉。

13.（宋）魏了翁《尚书要义》

原阙。

14.（宋）陈大猷《书集传或问》卷上《商书·咸有一德》

林氏曰，伊尹告太甲，召公告成王，皆谓天命不可必，而人事为可必。夫中才庸主，偃然自肆，不以安危为意者。惟其恃天命，废人事，故败亡而不自知。唐德宗与李泌，论建中之乱，以为出于天命。李泌曰，命者，它人尚可言，惟君相不可言命，盖君相造，命者也。若言命，则礼乐刑政，皆无所用矣。盖与《咸有一德》、《召诰》之言亦相似。

15.（宋）胡士行《尚书详解》卷四《商书·咸有一德第八》

今嗣王新服（践）厥命（天位），惟新（澡雪兴起）厥德，终始惟一

（纯），时乃日（日日）新。

其为物不贰，则其生物不测，众人所谓"新"，盖变法易令耳。圣人所谓"新"，则始乎是，终乎是也。如天地之运，终古不变，而四时之气，俄春，俄夏，无一日不新也。

16.（元）吴澄《书纂言》

（归善斋按，未解）

17.（元）陈栎《书集传纂疏》卷三《朱子订定蔡氏集传·咸有一德》

今嗣王新服厥命，惟新厥德，终始惟一，时乃日新。

太甲新服天子之命，德亦当新。然新德之要，在于有常而已。终始有常，而无间断，是乃所以"日新"也。

纂疏

终始惟一，时乃日新，这个道理须是常接续不已，方是日新。才有间断便不可。

张氏曰，此告太甲以继汤之"一德"也。太甲即位已久，此自复位时言，既新服受天命，其德亦当俱新。

陈氏大猷曰，终始惟一，此言修德之当一也。

愚谓，太甲复位之初，自怨自艾，始能自新矣，终或间断，则非日新也。汤之盘铭曰"苟日新，日日新，又日新"，其自儆如此。《仲虺之诰》曰"德日新"，初归自夏，即闻此于仲虺、盘铭之辞，必得诸此，是"日新"。乃太甲乃祖之家学也。尹以汤之"日新"望太甲，必以汤之"一德"勉太甲，故"时乃日新"，必先之以"终始惟一"焉。视汤之铭，又加精密。

18.（元）许谦《读书丛说》卷五《商书·咸有一德》

（归善斋按，未解）

19.（元）董鼎《书传辑录纂注》卷三《商书·咸有一德》

今嗣王新服厥命，惟新厥德，终始惟一，时乃日新。

太甲新服天子之命，德亦当新。然新德之要在于有常而已。终始有常，而无间断，是乃所以日新也。

辑录

"终始惟一，时乃日新"，这个道理，须是常接续不已，方是"日新"，才有间断，便不可。德明。

纂注

张氏曰，此告太甲，以继汤之一德也。太甲即位已久，此自复位时言，既新服受天命，其德亦当俱新。

陈氏大猷曰，终始惟一，此言修德之当"一"也。

新安陈氏曰，太甲复位之初，自怨自艾，始能自新矣。然终，或间断，则非日新也。汤之盘铭曰"苟日新，日日新，又日新"，其自儆如此。《仲虺之诰》曰"德日新，万邦惟怀"，仲虺告汤亦如此，是日新，乃太甲乃祖之家学也。尹以汤之"日新"，望太甲必以汤之一德，勉太甲，故"时乃日新"，必先之以"终始惟一"焉。视汤之铭，发明精密。

20.（元）朱祖义《尚书句解》卷四《商书·咸有一德第八》

今嗣王新服厥命（今太甲，继汤为王，新服天命，如衣被，其服在身），惟新厥德（惟当新己之德）。

21.（明）王樵《尚书日记》卷七《商书·咸有一德》

今嗣王新服厥命，惟新厥德。终始惟一，时乃日新。

此告太甲，以继汤之"一德"也。太甲即位已久。此自复位，既新受命，其德亦当俱新。《易》以日新为盛德，故德不可以不日新。不日新者，不一，害之也。始明而终暗，始敬而终肆，以一出一入之心，为或作、或辍之事。今日勤，而明日惰；昨日是，而今日非，自旁观之，则有新有旧。言王德行，终始如一，不有衰杀。从旁观之，每日益新，是乃"日新"之义也。

22.（清）库勒纳等撰《日讲书经解义》卷四《商书·咸有一德》

今嗣王新服厥命，惟新厥德。终始惟一，时乃日新。

此一节书是，伊尹勉太甲之自新其德也。伊尹之言曰，天心鉴观人心，系属全在人君即位之初。今嗣王新服天子之命，正当震动恪恭，以自新其德。然人情，不难振作于一时，而难坚固于持久。惟自始至终，纯一无间，则是德乃光明纯粹，而有日新之盛矣。上言一德，此言新厥德者，一德，自成功而言；新德，自用功而言。德必新，而后能一。常使清明在躬，志气如神，不为气拘物蔽，而后可几纯一之德也。盘铭有"日新"之言，仲虺亦云"德日新，万邦惟怀"。此殆有商之家学，而伊尹亦以勉其君与。

（元）陈悦道《书义断法》三《商书·咸有一德》

今嗣王新服厥命，惟新厥德。终始惟一，时乃日新。

代天理物之初，固贵乎德之惟新。谨终如始之"一"，乃所以为德之日新。新命之膺，与德俱新，固已去其旧染之污矣。日新之功，终始常新，则其所以日新又新，而上当天心者，又岂止如今日所观哉。今之新德、新命，固可喜，而终之日新又新者，深可期。兹固伊尹之所以拳拳于太甲也。《大学·明德》之章言，汤之日日新，又日新，又复及于其命之维新，盖家法之传远矣。

（明）梅鷟《尚书考异》三《商书·咸有一德》

今嗣王新服厥命，惟新厥德，终始惟一，时乃日新。

《诗》，其命惟新。荀子《议兵》篇，慎终如始，终始如一，夫是之谓大吉。汤之盘铭曰，苟日新。《礼论》又曰，君子敬始而慎终，终始如一。《召诰》曰，越厥后王后民，祗服厥命。《召诰》又曰，今王嗣受厥命。又曰，王乃初服。

(明）马明衡《尚书疑义》三《商书·咸有一德》

今嗣王新服厥命，惟新厥德，终始惟一，时乃日新。

云"新服厥命"者，谓居桐三年，免丧复政而即位，是新服厥命，非前日之废，今日之复位谓之新者也。盖前日虽已即位，犹百官听于冢宰，未亲政也。今免丧，始亲政而适值悔过迁善之初，安得不谓之"新服厥命"，而"惟新厥德"耶？古今皆谓伊尹放大甲，是废之也。今详《书》所载，伊尹何曾有一毫废大甲之意。古之人君，居丧三年不亲政，百官听于冢宰，其常礼也。然只是居谅阴之中，大事或咨命而行，如高宗三年不言，何尝一一亲政。惟大甲，则因其有败度、败礼之事，伊尹乃营桐而使居之，此为异耳。伊尹，圣人，岂看大甲不出，亦谅大甲必能改，以为不使居桐，更无他法，未易以口舌争也。故味其营桐之意，则所以致意于大甲深矣。伊尹何更有他意哉？后人不晓三年不亲政之礼，失百官总己之制。见大甲嗣位，而使居桐，张皇其说，以为伊尹之废之也。呜呼！使圣人之心，不明于天下后世者，皆大道之湮，传习之谬也。"日新"者，日进而不已也。惟终始惟一，而无间断，乃能日新。一日不新，则旧矣。一时不进，则退矣。所谓学无止法也。

终始惟一，时乃日新

1.（汉）孔氏传、（唐）陆德明音义、孔颖达疏《尚书注疏》卷七

终始惟一，时乃日新。

传，言德行终始不衰杀，是乃日新之义。

音义，行，下孟反。杀，色界反，衰微也。杀，害也，言小，小害也。

疏，正义曰，所云新者，终始所行，惟常如一，无有衰杀之时，是乃日新也。王既身行一德，臣亦当然。

传正义曰，日新者，日日益新也。若今日勤，而明日惰；昨日是，而今日非，自旁观之，则有新有旧，言王德行终始皆同，不有衰杀。从旁观之，每日益新，是乃日新之义也。

2. （宋）苏轼《书传》卷七《商书·咸有一德第八》

（归善斋按，见"夏王弗克庸德，慢神虐民"）

3. （宋）林之奇《尚书全解》卷十七《商书·咸有一德》

（归善斋按，见"今嗣王新服厥命，惟新厥德"）

4. （宋）史浩《尚书讲义》卷九《商书·咸有一德》

（归善斋按，见"惟尹躬暨汤，咸有一德，克享天心，受天明命"）

5. （宋）夏僎《尚书详解》卷十二《商书·咸有一德》

（归善斋按，见"今嗣王新服厥命，惟新厥德"）

6. （宋）时澜《增修东莱书说》卷十《商书·咸有一德第八》

（归善斋按，见"今嗣王新服厥命，惟新厥德"）

7. （宋）黄度《尚书说》卷三《商书·咸有一德》

（归善斋按，见"今嗣王新服厥命，惟新厥德"）

8. （宋）袁燮《絜斋家塾书钞》卷五《商书·咸有一德》

（归善斋按，见"今嗣王新服厥命，惟新厥德"）

9. （宋）蔡沈《书经集传》卷三《商书·咸有一德》

（归善斋按，见"今嗣王新服厥命，惟新厥德"）

10.（宋）黄伦《尚书精义》卷十八《商书·咸有一德》

（按此条《永乐大典》原阙）

11.（宋）陈经《尚书详解》卷十五《商书·咸有一德》

（归善斋按，见"今嗣王新服厥命，惟新厥德"）

12.（宋）钱时《融堂书解》卷六《商书·咸有一德》

（归善斋按，见"今嗣王新服厥命，惟新厥德"）

13.（宋）魏了翁《尚书要义》

原阙。

14.（宋）陈大猷《书集传或问》卷上《商书·咸有一德》

苏氏曰，惟一，故新。惟新，故一。一故不流，新故不敝，亦善。

15.（宋）胡士行《尚书详解》卷四《商书·咸有一德第八》

（归善斋按，见"今嗣王新服厥命，惟新厥德"）

16.（元）吴澄《书纂言》

（归善斋按，未解）

17.（元）陈栎《书集传纂疏》卷三《朱子订定蔡氏集传·咸有一德》

（归善斋按，见"今嗣王新服厥命，惟新厥德"）

18.（元）许谦《读书丛说》卷五《商书·咸有一德》

（归善斋按，未解）

19.（元）董鼎《书传辑录纂注》卷三《商书·咸有一德》

（归善斋按，见"今嗣王新服厥命，惟新厥德"）

20.（元）朱祖义《尚书句解》卷四《商书·咸有一德第八》

终始惟一（诚能终始惟一不变），时乃日新（是乃所以日新之道）。

21.（明）王樵《尚书日记》卷七《商书·咸有一德》

（归善斋按，见"今嗣王新服厥命，惟新厥德"）

22.（清）库勒纳等撰《日讲书经解义》卷四《商书·咸有一德》

（归善斋按，见"今嗣王新服厥命，惟新厥德"）

（元）陈悦道《书义断法》三《商书·咸有一德》

（归善斋按，见"今嗣王新服厥命，惟新厥德"）

（明）梅鷟《尚书考异》三《商书·咸有一德》

（归善斋按，见"今嗣王新服厥命，惟新厥德"）

（明）马明衡《尚书疑义》三《商书·咸有一德》

（归善斋按，见"今嗣王新服厥命，惟新厥德"）

（清）朱鹤龄《尚书埤传》卷八《商书·咸有一德》

终始惟一，时乃日新。

苏传，一者，不变也。何以日新，曰中有主之谓。"一"中有主，则物至而应。物至而应，则日新矣。中无主，则物为宰。物为宰，则喜怒哀乐，皆物也，而谁使新之。予尝有言，圣人如天时，杀时生君子，如水因物赋形，天不违和，水不失平。惟一故新，惟新故一。一故不留，新故无敌。

（清）张英《书经衷论》卷二《商书·咸有一德》

"日新"之训，始见于汤铭，又见于仲虺，又见于伊尹之告、太甲，然则，"日新"之学，乃有商君臣之所世守服习者欤。

任官惟贤材，左右惟其人

1.（汉）孔氏传、（唐）陆德明音义、孔颖达疏《尚书注疏》卷七

任官惟贤材，左右惟其人。

传，官贤才而任之，非贤才不可任。选左右必忠良，不忠良非其人。

疏，正义曰，任人为官，惟用其贤才；辅弼左右，惟当用其忠良之人，乃可为左右耳。此任官左右，即王之臣也。

传正义曰，任官，谓任人以官，故云官贤才而任之，言官用贤才而委任之。《诗》序云"任贤使能"，非贤才不可任也。《冏命》云"小大之臣咸怀忠良"，故言选左右，必忠良。不忠良，即是非其人。任官是用人为官，左右亦是任而用之，故言"选左右"也。直言其人，人字不见，故据《冏命》之文以"忠良"充之。

2.（宋）苏轼《书传》卷七《商书·咸有一德第八》

任官惟贤才，左右惟其人，臣为上为德，为下为民。

士之所求者，爵禄。而爵禄我有也，挟是心，以轻士，此最人主之大患，故告之曰，臣之所以为民上者，非为爵禄也，为德也；德非位不行，其所以为我下者，非为爵禄也，为民屈也。知此，则知敬其臣；知敬其臣，而后天位安。

（归善斋按，另见"今嗣王新服厥命，惟新厥德"）

3. (宋)林之奇《尚书全解》卷十七《商书·咸有一德》

(归善斋按,见"今嗣王新服厥命,惟新厥德")

4. (宋)史浩《尚书讲义》卷九《商书·咸有一德》

任官惟贤材,左右惟其人。臣为上为德,为下为民,其难其慎,惟和惟一。

伊尹既告太甲以君臣同德,格天之道,其拳拳爱君之诚,不能自已,又授以任官用人之法。夫人君,一身深居九重,内有左右近习,外有百官有司。今而欲使百官,皆贤材;左右皆其人,岂不甚难乎?曰有一德,则甚易。苟无一德,何以知人,彼夫大奸、大邪者有类乎?忠直、便辟、侧媚者,不显其过恣,人君何从而得之,亦观诸其人而已矣。夫从容引君以当道,造次纳君于礼法,输逆耳之言,忘犯颜之祸,此为德乎,为身乎?乐于兴除,勤于抚字。宁以身当刑辟,不以害及生灵,此为民乎,为己乎夫既进其为德之士,则怀诈挟术,欺君媚灶,阿谀顺旨,窃位以全身者,退矣;夫既进其为民之士,则淫刑酷法,视生灵而不恤,剥肤椎髓,结权豪以求援者,退矣。外而百官有司得贤材,则外朝之政事,无不举;内而左右近习得其人,则内朝之闲燕,无不正,岂不为尧舜之君乎?虽然知人之哲,帝亦难之。取人之际,可不其难,其慎乎?我以为德为民而取士,安知彼不兴崖异之行,矫饰之情,以赴一时之好尚乎?故当察其和而一者,任用之,则尽之矣。盖和,则不为崖异;一,则不为矫饰。惟和惟一,伊尹其人也。然则必若伊尹者,然后可以相太甲,太甲其可忘之乎。

5. (宋)夏僎《尚书详解》卷十二《商书·咸有一德》

(归善斋按,见"今嗣王新服厥命,惟新厥德")

6. (宋)时澜《增修东莱书说》卷十《商书·咸有一德第八》

任官惟贤材,左右惟其人。臣为上为德,为下为民,其难其慎,惟和惟一。

　　上既言一德之事，至是谓非一己所能尽。惟左右前后，皆辅成一德之人，然后可臣之。所以为上者，辅君之德也。臣之所以为下者，为君安抚其民也。是君民为一也。其难其慎，虑小人之厕其间也。惟谨，择其不善者去之，则吾之纯一始见。惟和惟一，纯君子也。君臣之间，和同无间，而展尽一心，所以为"一"也。

7.（宋）黄度《尚书说》卷三《商书·咸有一德》

　　任官惟贤才，左右惟其人。臣为上为德，为下为民，其难其慎，惟和惟一。

　　左右，师氏、仆使、宰膳、趣马之属，朝夕在王左右者也。人主作德，不作德，左右关系为多。臣为上为德，为下为民，大意是上辅君，下又民，而其语难协，为臣不易，故当慎。同寅、协恭、和衷，故能一。

8.（宋）袁燮《絜斋家塾书钞》卷五《商书·咸有一德》

　　任官惟贤才，左右惟其人。臣为上为德，为下为民。其难其慎，惟和惟一。

　　自"时乃日新"以上，此告太甲自"一"其德也。自"任官惟贤才"以下，此告太甲择一德之人也。既自一其德，而又择其人，此所谓"咸有一德"也。有一德之君，而无一德之臣，则辅成君德者，阙其任矣。成汤既有此德，又得伊尹为之辅，"惟尹躬暨汤，咸有一德"，所以能"克享天心，受天明命"。今太甲可不自求一德之人。"惟其人"，盖又重于贤才，朝夕在人主左右，涵养气质，熏托德性，非卓然，是一个人不可也。然大约皆是有一德者，欲求一德之人，但观其此心所为如何，此心在上，则欲辅成君德，在下则欲泽及下民。所为者，不过欲使是君为尧、舜之君，使是民为尧、舜之民。自致君泽民之外，更无他念。此心如此其一乎？其二三乎？若既欲致君泽民，又欲贪恋爵禄，又欲沽取名誉，又欲为一身一家计，所谓二三其德，用是人，而置之人主左右，岂不反为君心之蛊哉？其难其慎，言择其人当难之，谨之，十分仔细。伊尹着力说此几句，此乃人主观人最要之法。"惟和惟一"，和非迎顺其君之谓。迎顺其君，是同也，非和也。君臣同德，精神交孚，无有间隔，此之谓"和"，若其德不同，如何得"和"。唐虞三代君臣之际，可谓"和"矣。

9.（宋）蔡沈《书经集传》卷三《商书·咸有一德》

任官惟贤才，左右惟其人。臣为上为德，为下为民。其难其慎，惟和惟一。

贤者，有德之称；才者，能也。左右者，辅弼大臣，非贤才之称可尽，故曰惟其人。夫人臣之职，为上为德，左右厥辟也；为下为民，所以宅师也。不曰君，而曰德者，兼君道而言。臣职所系，其重如此，是必其难其慎。难者，难于任用；慎者，慎于听察，所以防小人也。"惟和惟一"，和者，可否相济；一者，终始如一，所以任君子也。

10.（宋）黄伦《尚书精义》卷十八《商书·咸有一德》

任官惟贤材，左右惟其人。臣为上为德，为下为民。其难其慎，惟和惟一。

无垢曰，夫成汤与伊尹，咸有一德，所以能至格天之治。今伊尹既告太甲以一德之说。其求人材。可不以一德是准乎？不如是，不足以传成汤、伊尹之心矣。此任官，所以必惟贤材，左右所以必惟其人也。贤材，而有一德，则在位在职者，皆精白而无他心；左右而有一德，则上自三宅，下至仆从，皆忠良而无邪心。如此精择，则以为臣之道，上在朝廷为公卿，则当助成君德；下在有司百执事之列，则当膏泽斯民。其任匪轻，其责甚重。则人君之求贤才，左右不可轻易也，故曰，其难；不可简忽也，故曰，其慎。一不难，则小人朋来；一不慎，则小人乘间。和，则其容晬穆；一，则其心开济。以此求之，万不失一矣。

张氏曰，庶官得贤才，左右得其人，则上可以致君，下足以成民。故次之曰，臣为上为德，为下为民。美则将顺，恶则正救，陈善以闭邪，献可以替否，使君不失其聪明圣智之德，此为上为德也。教之，诲之，辅之，翼之，使民不失其孝悌忠信之行，此为下为民也。上言为德，则知为民者，行也；下言为民，则知为德者，君也。伊尹尝欲使是君，为尧、舜之君，则为上为德可知矣，欲使是民为尧、舜之民，则为下为民可知矣。夫人臣之责，如此其，则选任不可不难，听察不可不慎。

东坡曰，《易》曰，天下之动贞，夫一者也。夫动者，不安者也。夫惟不安，故求安者而托焉。惟一者，为能安天地。惟能一，故万物资生焉。日月惟能一，故天下资明焉。天一于覆，地一于载，日月一于照，圣人一于仁，非有二事也。昼夜之代谢，寒暑之往来，风雨之作止，未尝一日不变也。变而不失其常，晦而不失其明，杀而不失其生，岂非所谓一者，常存而不变故耶。

萧氏曰，于身也，精进而不已；于民也，乐推而不厌，此德之所以日新。

东莱曰，臣之所以为上者，辅君德也；臣之所以为下者，本不要役民，为君安抚其民也。此亦是视君、民为一也。其难其慎者，虑小人也。难之，慎之者，虑君子小人混然无辨也。惟慎择，其不善者去之，则吾之纯一，始见；惟和惟一，而皆为君子也。惟君、臣之间，和同无间，而展尽一心，此其所以为一也。

11. （宋）陈经《尚书详解》卷十五《商书·咸有一德》

（归善斋按，见"今嗣王新服厥命，惟新厥德"）

12. （宋）钱时《融堂书解》卷六《商书·咸有一德》

（归善斋按，见"今嗣王新服厥命，惟新厥德"）

13. （宋）魏了翁《尚书要义》

原阙。

14. （宋）陈大猷《书集传或问》卷上《商书·咸有一德》

（归善斋按，未解）

15.（宋）胡士行《尚书详解》卷四《商书·咸有一德第八》

任官惟贤才，左右（左右大臣。孔云，侍御之臣）惟其人。臣为（忧）上（君）为德（一德），为下（臣）为（爱）民。其难其慎（难而慎之。择君子而勿闲以小人也）。惟和（和其心）惟一（一其德）。

此以辅成"一德"也。为德为民，君、民一也。一说"和"、"一"属下段。发而皆中节，谓之和，和则一矣。

16.（元）吴澄《书纂言》

（归善斋按，未解）

17.（元）陈栎《书集传纂疏》卷三《朱子订定蔡氏集传·咸有一德》

任官惟贤材，左右惟其人。臣为上为德，为下为民。其难其慎，惟和惟一。

贤者，有德之称；材者，能也。左右者，辅弼大臣，非贤材之称可尽，故曰"惟其人"。夫人臣之职，为上为德，左右厥辟也；为下为民，所以宅师也。不曰君，而曰德者，兼君道而言也。臣职所系。其重如此。是必"其难其慎"。难者，难于任用；慎者，慎于听察，所以防小人也。"惟和惟一"，和者，可否相济；一者，终始如一，所以任君子也。

纂疏

问，左右何所指？曰，只是指亲近之臣。

问，四"为"字，当作如何音？曰，并去声。为上者，辅其德，而不阿其意之所"欲"；为下者，利于民，而不徇己之所安。

如逢君之恶也，是为上而非为德；为妻妾之奉也，是为下，而非为民？曰，然。

论其难其慎，曰，君臣上下，相与甚难。

张氏曰，尹欲尧舜其君，为上为德可知；欲尧舜其民，为下为民可知。

　　陈氏大猷曰，君欲日新其德，或不克终者，由小人蛊之，则不间断于己，亦间断于人，故又告以用人之道。所以贵于用有德、有能，而必得其人者，臣职，在于致君，泽民。为上，则欲辅成君德；为下，则欲泽润生民。所系之重如此，任用之际，其难之而不易，慎之而不忽，协和而无乖，专一而不二，此言用人之当"一"也。

　　愚案，左右，作近习说，接下二句不来。《语录》想非定说，《蔡传》得之。王置诸其左右，相成王为左右，岂皆近习乎？三公官，不必备，亦曰"惟其人"，盖其选至重，必其人，足以当之者，可也。

　　惟一，充广之也。伊尹乐尧舜之道，今复摘其授受微旨，以告太甲，其欲使君尧舜之心，至老而不变也，盖如此。

18.（元）许谦《读书丛说》卷五《商书·咸有一德》

　　（归善斋按，未解）

19.（元）董鼎《书传辑录纂注》卷三《商书·咸有一德》

　　任官惟贤材，左右惟其人。臣为上为德，为下为民。其难其慎，惟和惟一。

　　贤者，有德之称。材者，能也。左右者，辅弼大臣，非贤材之称可尽，故曰"惟其人"。夫人臣之职，"为上为德"，"左右厥辟"也。为下为民，所以"宅师"也。不曰君，而曰德者，兼君道而言也。臣职所系其重如此，是必"其难其慎"。难者，难于任用；慎者，慎于听察，所以防小人也。"惟和惟一"，和者，可否相济；一者，终始如一，所以任君子也。

　　辑录

　　问，左右何所指？曰，只是指亲近之臣。任官，是指任事底人也。臣为上为德，为下为民，诸家说不同，不知此四"为"字当作如何音？先生曰，"为"字并去声。为上者，辅其德，而不阿其意之所欲；为下者，利于民，而不徇己之所安。贺孙。

时举因说，如逢君之恶也，是为上而非是为德；为宫室妻妾之奉也，是为下而非是为民。曰，然，伊尹告太甲，却是与寻常人说话，便恁地分明，恁地切身，至今看时，通上下，皆使得。至傅说告高宗，语意却深。缘高宗贤明，可以说这般话，故傅说辅之，说得较精微。伊尹告太甲，前一篇许多说话，却从天理窟中抉出，许多话分明说与他，今看来，句句是天理。又云非读此，如何看得道理，透见得圣人许多说话，都是天理。又云，伊尹说得极恳切，许多说话，重重迭迭，说了又说。臣论其难，其慎曰君。上下相与，甚难。节。

纂注

林氏曰，任官，大臣至百执事也；左右，侍御仆从之类。或以左右为大臣，非也。自古贤材在位，天子左右，苟非其人，则势不两立，小人必胜，君子必危。欲贤材之任官，非左右惟其人不可也。

张氏曰，尹欲尧舜其君，则为上为德，可知；欲尧舜其民，则为下为民，可知。

陈氏大猷曰，人君莫不欲日新其德，然或不克终者，由小人蛊之，则不间断于己，亦必间断于人也。故又告以用人之道，所以贵于用有德、有能，而必得其人者，盖臣职在于致君，泽民。为上，则欲辅成君德；为下，则欲泽润生民，所系之重如此，任用之际，其难之而不易，谨之而不忽，待之协和而无乖，信之专一而无二，此言用人之当"一"也。

20.（元）朱祖义《尚书句解》卷四《商书·咸有一德第八》

任官惟贤材（任官以辅德，惟在择贤材而用），左右惟其人（朝夕亲密在左右，惟在得其人）。

21.（明）王樵《尚书日记》卷七《商书·咸有一德》

"任官惟贤才"至"惟和惟一"。

金氏曰，篇首言尹汤咸有一德，上文既勉太甲，以君之一德，故此又论臣之当有一德也。按篇题，蔡氏云，恐太甲德不纯一，及任用非人，故作此篇。夫君德既纯一，而又任用得人，此所谓"咸有一德"也。"咸有一德"，此篇之纲领也。大抵君臣同体，德业相资，成汤、伊尹不可及已。守成之主，在己者，既当终始有常，日新其德，而庶官、左右，必贤才，必其人。任君子，必专；防小人，必密者，正以于此失之，则足以为一德之累；于此得之，则足以为一德之助。小人蛊惑其君，则不间断，于己亦必间断于人矣。官，庶官也。左右，辅相也。其人，谓其道德，足以为师，为保也，非贤才之称，可尽。臣为上为德，此"臣"字兼庶官、大臣言。

朱子曰，四"为"字并去声。为上者，辅其德而不阿其意之所欲；为民者，利于民，而不徇己之所安。

愚谓，为上，则为君德之成就，而非为奔走承顺乎君也；为下，则为民生之奠安，而非为富贵宠禄乎臣也，言臣职所系其重如此。难者，难于任用，恐非才之易进也；慎者，慎于听察，虑诚伪之难识也。即所谓进贤，如不得已，论定而后官之之意。和者，可否相济，谓既得其人，则君臣当同德一心，如《晏子》所谓"献其否，以成其可；献其可，以去其否"之类。一者，始终如一，《立政》所谓"勿有间之，自一话一言，我则末惟成德之彦，以乂我受民"者也。

听察在先，任用在后。先言其难者，盖难是用，人之主意慎"正"，所以慎其难也。

一者，不杂不息之义。君心，用人之本也。有杂，则不能防小人，而小人于是乎杂进矣；有息，则不能任君子，而君子有时乎见疏矣。用人之不一，即德之不一也。

22.（清）库勒纳等撰《日讲书经解义》卷四《商书·咸有一德》

任官惟贤才，左右惟其人。臣为上为德，为下为民。其难其慎，惟和惟一。

此一节书是，伊尹告太甲，以任人辅德之道也。官，谓庶官也。左右，谓辅弼大臣也。伊尹之言曰，君德期于日新，然或任用匪人，得以间之。外蔽聪明，内惑心志，德未有能终者。庶官百职，各有攸司，必得贤而有德，才而有能者，以任用之，始可以无旷厥事。若左右辅弼之大臣，处大事，决大疑，论道经邦，调元赞化，必其人可以堪此任者，而后用之，又不徒寻常贤才而已也。盖人臣之道，其为上也，则辅成君德，开导启沃。于平时，纠缪绳愆；于临事，使君德清明于上，是其职也。其为下也，则休养生民，大臣有兴利除弊之权，小臣有宣化承流之责，使民生乂安于下，是其分也。然则人臣之系于国也，不綦重哉，故其方用之也，未能灼知其贤才，则难于任用，而不轻授以官，慎于审察，而必详核其实，惟恐小人得伺其间也。及其既用之也，已灼知其贤才，则和以待之，猜忌可以尽捐，彼此可以相济，一以任之，毁誉不得杂乘。初终无所疑贰，惟恐君子不得尽其才也。如此则任用之道得，而君臣一德之治成矣。盖其难其慎者，劳于任人也。惟和惟一者，逸于图治也。未有参之以二三，疑之若众人，而君子能行其志者。任贤勿贰，即此旨与。

（元）陈悦道《书义断法》三《商书·咸有一德》

任官惟贤才，左右惟其人。臣为上为德，为下为民。其难其慎，惟和惟一。

百官可无用才德，而大臣必择其全人，盖身为大臣，兼有致君泽民之责，为臣之所以不易也。不难于任用，慎于听察，则小人乘间而入，不可否相济，终始惟一，则君子不安其位，此为君之所以为难也。臣尽臣道，则可以称选任之意；君尽君道，则可定正名之分，亦各尽其道而已矣。

（明）马明衡《尚书疑义》三《商书·咸有一德》

任官惟贤才，左右惟其人。

大甲之病，全在与处匪其人，为所诱夺，故才劝以新厥德，而遂以此语之也。当时伊尹为元老，即有近习幸进之人，伊尹岂不能去之，但大甲之心未明，虽暂去之，能常去之乎，故必使居桐者，所以格心也，此便是圣人学问。

臣为上为德，为下为民

1.（汉）孔氏传、（唐）陆德明音义、孔颖达疏《尚书注疏》卷七

臣为上为德，为下为民。

传，言臣奉上布德，顺下训民，不可官所私，任非其人。

音义，"为上"之"为"，于伪反，"为民"同；"为德"之"为"如字，"为下"同，徐皆于伪反。

疏，正义曰，臣之为用，所施多矣。何者，言臣之助为，在上当施为道德。身为臣下，当须助为于民也。臣之既当，为君又须为民，故不可任非其才，用非其人。

传正义曰，言"臣奉上布德"者，奉上，谓奉为在上，解经为"上"也。布德者，谓布为道德，解经为"德"也。顺下训民者，顺下，谓卑顺以为臣下，解经为"下"也。训民者，谓以善道训助下民，解经为"民"也。顾氏亦同此解。

2.（宋）苏轼《书传》卷七《商书·咸有一德第八》

（归善斋按，见"任官惟贤才，左右惟其人"）

3.（宋）林之奇《尚书全解》卷十七《商书·咸有一德》

臣为上为德，为下为民。其难其慎，惟和惟一。

此两句，说者不同。汉孔氏曰，言臣奉上布德，顺下训民。唐孔氏，遂谓，为上谓，奉为在上；为德谓，布为道德；顺下谓，卑顺以为臣下；训民谓，以善道训助下民。顾氏亦同此说。故陆德明释文曰，以为上，为民。为，于伪反为。德为下，如字。夫为上，与为下，相对为文，而为上则于伪反，为下则如字。又为德与为民，相对为文，而为德

则如字，为民则于伪反，文势同而意训特异，必无此理。是知先儒之说，不可从。

苏氏曰，臣之所以为民上者，非为爵禄也，为德也。德非位，则不行。其所以为我下者，非为爵禄也，为民也。王氏曰，所谓为上为德者，将顺正救为其上，造成所以为君之德；所谓为下为民者，先后相劝为其下，造成所以为民之行也。如苏氏之言，"为下为民"则通，以"为上为德"，言臣之所以为民上，则经文并无为民上之意。如王氏"为上为德"则通，而以"为下为民"，言为其下造成其为民之行，所以民之行，则经文但有"德"字无"行"字，是知此说皆不通。

某妄谓，此四字，皆当音于伪反。盖伊尹既言，任官惟其人，不可以小人在于人主之左右，使君子无所效其能，而未足以尽其义也，故又言，贤材之人，惟人君之有德，则可以致其辅相之力，苟人君无其德，虽有贤材，亦末如之何也已。若民则无所择也。盖世有"不可与有为"之君。而无不可治之民。臣欲为上，非其君之有德，则不可得而为之也。至于民，则何所不可哉。惟君有可，有不可；而民则无所不可也。故不曰为上为君，而曰"为上为德"也。

臣之为上，既在于君之有德。苟其君之无德，则虽得贤材而用之，必为小人之所排击沮难，而不能自存，故继之曰"其难其慎，惟和惟一"，言为君必如此而后可也。"其难其慎"者，言当疏远小人，忧之畏之，惟恐有得乘其隙而进也。"惟和惟一"者，言当亲近君子，与之协心同德，以大有为于天下也。能如此，则其德日新，而臣之欲"为上为德"者，无不得其志矣。

4. （宋）史浩《尚书讲义》卷九《商书·咸有一德》

（归善斋按，见"任官惟贤才，左右惟其人"）

5. （宋）夏僎《尚书详解》卷十二《商书·咸有一德》

（归善斋按，见"今嗣王新服厥命，惟新厥德"）

6.（宋）时澜《增修东莱书说》卷十《商书·咸有一德第八》

（归善斋按，见"任官惟贤才，左右惟其人"）

7.（宋）黄度《尚书说》卷三《商书·咸有一德》

（归善斋按，见"任官惟贤才，左右惟其人"）

8.（宋）袁燮《絜斋家塾书钞》卷五《商书·咸有一德》

（归善斋按，见"任官惟贤才，左右惟其人"）

9.（宋）蔡沈《书经集传》卷三《商书·咸有一德》

（归善斋按，见"任官惟贤才，左右惟其人"）

10.（宋）黄伦《尚书精义》卷十八《商书·咸有一德》

（归善斋按，见"任官惟贤才，左右惟其人"）

11.（宋）陈经《尚书详解》卷十五《商书·咸有一德》

（归善斋按，见"今嗣王新服厥命，惟新厥德"）

12.（宋）钱时《融堂书解》卷六《商书·咸有一德》

（归善斋按，见"今嗣王新服厥命，惟新厥德"）

13.（宋）魏了翁《尚书要义》

原阙。

14.（宋）陈大猷《书集传或问》卷上《商书·咸有一德》

（归善斋按，未解）

15.（宋）胡士行《尚书详解》卷四《商书·咸有一德第八》

（归善斋按，见"任官惟贤才，左右惟其人"）

16.（元）吴澄《书纂言》

（归善斋按，未解）

17.（元）陈栎《书集传纂疏》卷三《朱子订定蔡氏集传·咸有一德》

（归善斋按，见"任官惟贤才，左右惟其人"）

18.（元）许谦《读书丛说》卷五《商书·咸有一德》

（归善斋按，未解）

19.（元）董鼎《书传辑录纂注》卷三《商书·咸有一德》

（归善斋按，见"任官惟贤才，左右惟其人"）

20.（元）朱祖义《尚书句解》卷四《商书·咸有一德第八》

臣为上为德（然后，臣之所以为上者，以其为君之德，期于致君者也。为上，去声），为下为民（臣之所以为下者，以其为民，期于泽民）。

21.（明）王樵《尚书日记》卷七《商书·咸有一德》

（归善斋按，见"任官惟贤才，左右惟其人"）

22.（清）库勒纳等撰《日讲书经解义》卷四《商书·咸有一德》

（归善斋按，见"任官惟贤才，左右惟其人"）

（元）陈悦道《书义断法》三《商书·咸有一德》

（归善斋按，见"任官惟贤才，左右惟其人"）

其难其慎，惟和惟一

1.（汉）孔氏传、（唐）陆德明音义、孔颖达疏《尚书注疏》卷七

其难其慎，惟和惟一。

传，其难，无以为易；其慎，无以轻之。群臣当和，一心以事君，政乃善。

音义，易，以豉反。

疏，正义曰，此臣之所职其事甚难，无得以为易，其事须慎，无得轻忽。为臣之难如此，惟当众臣和顺，惟当共秉一心，以此事君，然后政乃善耳，言君臣，宜皆有一德。

传正义曰，其难其慎者，此经申上臣事，既所为如此，其难，无以为易；其慎，无以轻忽之，戒臣无得轻易臣之职也。既事不可轻，宜和协奉上，群臣当一心以事君，如此政乃善耳。一心，即一德，言臣亦当一德也。

2.（宋）苏轼《书传》卷七《商书·咸有一德第八》

其难其慎，惟和惟一。

和，如晏平仲之所谓"和"也。

3.（宋）林之奇《尚书全解》卷十七《商书·咸有一德》

（归善斋按，见"臣为上为德，为下为民"）

4. （宋）史浩《尚书讲义》卷九《商书·咸有一德》

（归善斋按，见"任官惟贤才，左右惟其人"）

5. （宋）夏僎《尚书详解》卷十二《商书·咸有一德》

（归善斋按，见"今嗣王新服厥命，惟新厥德"）

6. （宋）时澜《增修东莱书说》卷十《商书·咸有一德第八》

（归善斋按，见"任官惟贤才，左右惟其人"）

7. （宋）黄度《尚书说》卷三《商书·咸有一德》

（归善斋按，见"任官惟贤才，左右惟其人"）

8. （宋）袁燮《絜斋家塾书钞》卷五《商书·咸有一德》

（归善斋按，见"任官惟贤才，左右惟其人"）

9. （宋）蔡沈《书经集传》卷三《商书·咸有一德》

（归善斋按，见"任官惟贤才，左右惟其人"）

10. （宋）黄伦《尚书精义》卷十八《商书·咸有一德》

（归善斋按，见"任官惟贤才，左右惟其人"）

11. （宋）陈经《尚书详解》卷十五《商书·咸有一德》

（归善斋按，见"今嗣王新服厥命，惟新厥德"）

12. （宋）钱时《融堂书解》卷六《商书·咸有一德》

（归善斋按，见"今嗣王新服厥命，惟新厥德"）

13. （宋）魏了翁《尚书要义》

原阙。

14. （宋）陈大猷《书集传或问》卷上《商书·咸有一德》

（归善斋按，未解）

15. （宋）胡士行《尚书详解》卷四《商书·咸有一德第八》

（归善斋按，见"任官惟贤才，左右惟其人"）

16. （元）吴澄《书纂言》

（归善斋按，未解）

17. （元）陈栎《书集传纂疏》卷三《朱子订定蔡氏集传·咸有一德》

（归善斋按，见"任官惟贤才，左右惟其人"）

18. （元）许谦《读书丛说》卷五《商书·咸有一德》

（归善斋按，未解）

19. （元）董鼎《书传辑录纂注》卷三《商书·咸有一德》

（归善斋按，见"任官惟贤才，左右惟其人"）

20. （元）朱祖义《尚书句解》卷四《商书·咸有一德第八》

其难其慎（人君任君民之责如此，则君之择人，当难于未用之先，不可以为易而妄进也。谨于己用之后，不可以为忽，而小人或间之也），惟和惟一（惟所用皆君子，则自然君臣之间，可否相济，而惟和；道同志合，而为一矣）。

21. （明）王樵《尚书日记》卷七《商书·咸有一德》

（归善斋按，见"任官惟贤才，左右惟其人"）

22. （清）库勒纳等撰《日讲书经解义》卷四《商书·咸有一德》

（归善斋按，见"任官惟贤才，左右惟其人"）

（明）陈泰交《尚书注考》

惟和惟一，训"一"者，终始如一；协于克一，训"一"者，其本原统会者也。

（清）张英《书经衷论》卷二《商书·咸有一德》

"其难其慎，惟和惟一"，二语足以尽千古任人之道。盖未用之前，不可忽；既用之后，不可疑。未用之前而忽之，恐小人足以混君子；既用之后而疑之，恐小人足以间君子。"其难"之义有二，既考其行事，复察其中藏。"其慎"之义亦有二，度其才之所宜，而不可误于委任；度其时之所宜，而不可躁于见功。"惟和"之义有二，优之以礼貌，宏之以听纳。"惟一"之义亦有二，待之以至诚，而内外如一；保之以有终，而久暂如一。能如此，当无用非其人，与用人而不能尽其才之患矣。

德无常师，主善为师

1. （汉）孔氏传、（唐）陆德明音义、孔颖达疏《尚书注疏》卷七

德无常师，主善为师。

传,德非一方,以善为主,乃可师。

2. (宋)苏轼《书传》卷七《商书·咸有一德第八》

德无常师,主善为师;善无常主,协于克一。
中无主者,虽为善,皆伪也。

3. (宋)林之奇《尚书全解》卷十七《商书·咸有一德》

德无常师,主善为师;善无常主,协于克一,俾万姓咸曰,大哉王言。又曰,一哉王心,克绥先王之禄,永厎烝民之生。

此又戒之以并谋兼智,合以为公,无偏党也。"德无常师"者,言欲日新其德,故无一定之师,凡主于善者,皆在所师也。善亦无一定之主,苟"协于克一",而可以成就吾之常德者,皆在所主也。《孟子》曰"大舜有大焉,善与人同,舍己从人,乐取诸人,以为善",《中庸》曰"舜其大智也,与舜好问而好察迩言,隐恶而扬善,执其两端,用其中于民,其斯以为舜乎",此有以见其德之无常师,而善之无常主也。苟使德有常师,善有常主,则其心必有所系吝而不为公。心有所系吝而不公,则小人得以窥伺其意之所在,以迎合其意,而投其所好,如此则偏听而不能并谋兼智,与天下为公,而民之不服者多矣。如唐明皇始用姚崇,兼容天下之善,以致开元太平之始。及其惑于声色,则私心渐胜,于是举国家之务而信一李林甫,专咨朝政者十有八年,至于末年谏诤路绝,上下之情不通,及其一旦盗发幽陵,四海横流,唐遂陵迟不可复振。此无他,一有偏听,则天下之不服者众矣。故伊尹既戒太甲,小人之不可用,而又推原其所谓用小人者,自夫君之心不能合并以为公,故彼乘隙而入也。苟能"德无常师","善无常主",乐与人为善,以与天下为公,而私意小智,不挠于其间,则天下其有不心悦而诚服者哉。故其发号施令,则万姓皆曰"大哉,王言。又曰,一哉王心",盖由其言之大,则见其心之一也。盖德无常师,善无常主,则其心公而不私。不私,故其心一。其心一,则其言不期大而自大。苟其心有系吝之私于方寸之间,纷然殽乱,莫适为主,虽谆谆然告人,以其心之一,而人愈不信矣。德至于"万姓咸曰,大哉王言,又曰一哉王心"，则其德，高明盛大，无以复加矣。故上焉则可以绥先王之宠禄，而下焉可以永底烝民之生育矣。

4. （宋）史浩《尚书讲义》卷九《商书·咸有一德》

德无常师，主善为师。善无常主，协于克一。

伊尹之言一德，说者知其为不变之德矣，然不知何为而能不变，是以至此，直指其所以为一者言之。夫君子之进德，知有所慕而为之，是以谓之师。然所主者善而已，何常师之有。使其不主于善，是所师者，或凶德也。知主善矣，苟不协于克一，则有时不当矣。主善在乎克一而已。使其不协于一，是所主者，或二三其德也。夫一者，何也？善之异名也。《系辞》曰，一阴一阳之谓道，继之者善也。传曰，道生一，一之与善，其生于道者也。其继于道者也。道降而有德则一也。善也，所以为德也，克一之善，非恶之对。以之为己，则顺而祥；以之为人，则爱而公；以之为心，则和而平；以之为天下国家，无所处而不当矣。夫无处而不当，是克一之善，岂恶之所能对哉。无所对，则为一也，明矣。故天地得之而清宁，圣人得之，则为天下正，尧舜禹之相传者，此也。故曰"惟精惟一，允执厥中"。成汤、伊尹之相得者，此也，故曰"咸有一德，克享天心"。然则，一者道之见于日用者然尔，是故谓之德。古之人，所以据璇玑以观大运，据会要以观方来，统之有宗，会之有元者，以得道而用一也。一者，十百千万之祖也。自此以往，巧历不能得，非执此以御之，则纷纭错乱无所主矣。苟以一为主，则无往而不可，故曰"善无常主，协于克一"也。传曰，天下之动，正夫一者，也又，曰于於一而万事毕，此，知夫一之用者也。若夫一之所起，有一而未形者是一之本也。此可以言道，而不可以谓之德。方其寂然不动，喜怒哀乐之未发，何者为一。此所谓道也。故《系辞》语道而曰，继之者善。《老子》语道而曰，生一也。自是而出有一矣。有一，则两端具矣。是以尧、舜、禹、汤能执其两端，用中于民，用"一"之谓也。用一，则无所处而不当，是故，谓之善。善则成之者性，是故谓之德。伊尹推原德之本，在乎"克一"，可谓得道者之言也。太甲于此，当恍然思，涣然悟，则尧、舜、禹、汤之道，传矣。呜呼！伊尹可谓爱君之切至矣。

5.（宋）夏僎《尚书详解》卷十二《商书·咸有一德》

德无常师，主善为师；善无常主，协于克一。俾万姓咸曰，大哉王言。又曰，一哉王心。克绥先王之禄，永厎烝民之生。

伊尹上既言，人君之德欲纯一而不变，当任贤才以为之助，故此遂告之以"德无常师，善无常主"，欲其并谋兼智，合以为公，而无偏党也。盖谓新其德无一定之师，凡主于善者，皆在所师也。然亦无一定之主，苟合于一理，而或以成就吾之常德者，皆在所主也。盖人君惟能知德无常师，而主于善。知善无常主，而协于一，则其心，必无系吝，而兼容天下之善，以成吾一己之德。如是，则贤才必用，而小人必不能间矣。苟为不然，则必有系吝，而不以公，则小人得以窥伺，而迎合其所好。如此则偏听，而不能并谋，又何贤才之能用哉？此伊尹所以欲太甲有善即师之也。人君既能知"德无常师，善无常主"，则发号施令，而万姓皆曰"大哉王言"，又曰"一哉王心"。盖人君能知"德无常师，善无常主"，则其心公而不私，不私则其心一。心一，则其言不期大而自大。此人之所以知其言之大，因言之大，而又知其心之一也。夫人君修德，而万姓咸称之，誉之，则高明盛大，无以复加。上则可以绥安先王之宠禄，下则可以厎定烝民之生育矣。故继之曰"克绥先王之禄，永厎烝民之生"。

6.（宋）时澜《增修东莱书说》卷十《商书·咸有一德第八》

德无常师，主善为师。善无常主，协于克一。

德之运用，无常师也，善则为师。善无常主，如仁义礼乐，若非一也。仁义礼乐之用，咸归于一耳，所以谓之"一"也。

7.（宋）黄度《尚书说》卷三《商书·咸有一德》

德无常师，主善为师；善无常主，协于克一。

德不可以小成也，苟主于善，则皆可师；善非一端而已也，有以协之，皆足以成德。《孟子》曰，舜闻一善言，见一善行，沛然若决江河，莫之能御也。又曰，大舜有大焉，乐取诸人，以为善，自耕稼陶渔，以至为帝，无非取诸人，以为善者。伊尹惧太甲之小成也，故教之以取善之道如此。太甲能信矣，刚健笃实光辉，日新其德，可不知勉乎？

8. （宋）袁燮《絜斋家塾书钞》卷五《商书·咸有一德》

德无常师，主善为师；善无常主，协于克一。

凡得于心者，皆德也，何者不是德。伊尹恐只说德，而太甲泛然无所适从，故谓德无常师，主善者惟师。善亦无常主，何者不是善。协于克一，真所谓善也。鸡鸣而起孳孳，为善者，舜之徒也。鸡鸣而起孳孳，为利者，跖之徒也。欲知舜与跖之分，无他，利与善之间也。前辈谓利与善之间，言其相去甚微，盖亦有为善，而出于利者。故善无常主，须是协于克一。所谓一者，所谓乍见孺子入井，怵惕恻隐之心不期而起是也。是一也，非专一之谓。《荀子》多要说这"一"字，然只说得专一。专一则是有终始。这个"一"字，是本根之"一"。识得本根之"一"，方才下得专一工夫。未得我之本心，徒然有意为善，仡仡专一以守之，亦未必是也。人之本心有一，而无二，又安得有三。

9. （宋）蔡沈《书经集传》卷三《商书·咸有一德》

德无常师，主善为师。善无常主，协于克一。

上文言，用人因推取，人为善之要，无常者，不可执一之谓。师，法；协，合也。德者，善之总称；善者，德之实行。一者，其本原统会者也。德兼众善，不主于善，则无以得。"一"本，万殊之理，善原于一，不协于一，则无以达万殊"一"本之妙。谓之克一者，能一之谓也。博而求之，于不一之善；约而会之，于至"一"之理。此圣学，始终条理之序，与夫子所谓一贯者，几矣。太甲至是，而得与闻焉，亦异乎常人之改过者欤。张氏曰，《虞书》精一数语之外，惟此为精密。

10. （宋）黄伦《尚书精义》卷十八《商书·咸有一德》

德无常师，主善为师。善无常主，协于克一，俾万姓咸曰，大哉王言。又曰，一哉王心。克绥先王之禄，永厎烝民之生。

无垢曰，有一德之君，乃能识一德之臣，是贤材、左右之有一德，正在太甲，先有一德，乃能识之耳。此伊尹所以反复为太甲言一德之说也。太甲悔过，必有所得也，岂有无所得。遽能脱去纵、欲，而"克终允德"乎？内，磨琢以检察；外，切磋于师友。功深力到，一旦豁然，人欲断绝，天理滋彰，一德见矣。一德既见，未发号令，未见称誉。以前先王之禄，已绥烝民之生以永，则以先王之心，烝民之心，皆会于一德也。

黄成曰，贞而不变者，谓之一。一者，道之极也。物之不，齐物之情也。然自其一者视之，万物莫不一也。故得夫一，则无往而不一；不得夫一，则物无以正其心矣。

东莱曰，德之运用，无常师也，主善便是师。善无常主，如仁义礼乐，皆非一也。然仁义礼乐之用，咸归于一耳，此所以谓之协一也。

11.（宋）陈经《尚书详解》卷十五《商书·咸有一德》

德无常师，主善为师。善无常主，协于克一。俾万姓咸曰，大哉王言。又曰，一哉王心。克绥先王之禄，永厎烝民之生。

上章既言一德之见于用人矣，犹以为未也，此章又言一德之见于择善，犹以为未也，又言一德之效，验见于万姓，咸曰，大哉，一哉。人君不可以任官贤才，左右惟其人，而遂自止也，必当广而求之，惟善是从，审而择之，惟一是合德，亦何常师之有。苟主于善，吾从而师之。人莫不各有所长，能其一，不能其二；工于此，或拙于彼。惟主于善，则寸长者，皆在所师。其求善者，无有不广矣。善无常主，善有似仁，而不为仁；似义，而不为义；似忠信，而非忠信者。自其近似者观之，亦谓之善非善之正也。必当详择而审之，以求合于纯一不变，然后可以为善之至。其择善者，无有不精矣。择善而至于协于克一，自非在己者先有一德，安能如是？

"俾万姓咸曰，大哉王言，又曰，一哉王心"，此言一德之效验也。君与民同此一也，吾有一德，则民安得不称颂之。"大哉王言"以王言之出，皆公天下为心，则如之何而不大一哉？王心因其言以探其心，所言在是，而所行亦在是，终始不变，如之何而不一。"咸曰"，以见同然之心；"又曰"以见不已之情。使人君自谓有一德，而百姓不称颂之；百姓虽称颂之，而未至于咸称颂之；百姓咸称颂之，而未至于又称颂之，皆未足以言一德之至也。

"克绥先王之禄，永底烝民之生"，先王之禄，如之何而绥安之？斯民之生，如之何而底致之？当其一德之时，先王之禄，与烝民之生，皆在其中矣。宗庙享之，子孙保之，而先王之禄，自吾一德而安；各安其居，各乐其业，而斯民之生，自吾一德而致。一德之效，顾不大哉。

12. （宋）钱时《融堂书解》卷六《商书·咸有一德》

（归善斋按，见"今嗣王新服厥命，惟新厥德"）

13. （宋）魏了翁《尚书要义》

原阙。

14. （宋）陈大猷《书集传或问》卷上《商书·咸有一德》

（归善斋按，未解）

15. （宋）胡士行《尚书详解》卷四《商书·咸有一德第八》

德（三德、九德）无常（定）师（德皆可法），主善（以刚善、柔善为主，则不入于刚恶、柔恶）为师。善（刚善、柔善）无常主（善皆所主），协（合）于克一（万殊一本，是万为一。详见《通书》第七章、第二十二章）。

此一德之原也。于德，而择其善；于善，而会于一。克一，而万善备矣。

16. （元）吴澄《书纂言》

（归善斋按，未解）

17.（元）陈栎《书集传纂疏》卷三《朱子订定蔡氏集传·咸有一德》

德无常师，主善为师；善无常主，协于克一。

上文言用人，因推取人为善之要。无常者，不可执一之谓。师，法；协，合也。德者，善之总称；善者，德之实行。一者，其本原统会者也。德兼众善，不主于善，则无以得。"一"本万殊之理，善原于一，不协于一，则无以达万殊"一"本之妙。谓之"克一"者，能"一"之谓也。博而求之，于不"一"之善；约而会之，于至"一"之理，此圣学始终，条理之序，与夫子所谓"一贯"者，几矣。太甲至是，而得与闻焉，亦异乎常人之改过者欤。

张氏曰，《虞书》"精一"数语之外，惟此为精密。

纂疏

问，或言主善，人而为师，若仲尼无常师之意，如何？曰，非也，横渠说德，主天下之善，善，原天下之"一"。最好四句三段，一段紧似一段。德且大体说，有基德有凶德，然必主于善，始为吉耳。善亦且是大段说，或在此为善，在彼为不善；在彼为善，在此为不善；或在前日则不善，而今日则为善，惟须协于克一，是乃为善，谓以此心揆度彼善耳。故横渠言"原"，则若善之原于"一"耳。盖善因"一"而后定也。"德"以事言，"善"以理言，"一"以心言。大抵此篇，只是几个"一"字上有精神。"协"字虽训"合"字，却是以此合彼之合，非己相合之合，与《礼记》"协于分艺"，《书》"协时月正日"之"协"同义。盖若揆度、嗲验之意耳。张敬夫谓，《虞书》"精一"四句与此，为《尚书》语之最精密者，而《虞书》为尤精。

于天下之德，无一定之师，惟善是从。凡有善，皆可师也。于天下之善，无一定之主，惟一其心，则其所取者，无不善矣。协，犹齐也，如所谓"协时月"。

"协"字难说，只是个比对裁断之意，如何知得善不善，须是自身主宰得定，始得。盖有主宰，则是非善恶，了然于心目间，合于此者，便是；不合者，便不是。横渠云，德，主天下之善；善，原天下之"一"。

说得极好。盖从"一"中流出者，无有不善。南轩云，自"人心惟危，道心惟微"数语外，惟此四句好。但，舜，大圣人，言语浑沦。伊尹之言，较露锋铓些，这说得也好。

一者，善之原也。"善无常主"，如言前日之受非也。"协于克一"，如言"皆是"也。盖均是善，但易地，有不同者，故无常主，必是合于"一"乃为至善。一者，纯于理，而无"二三"之谓"一"，则无私欲而纯乎义理矣。

夏氏曰，学未有得，不可拘一定之见；学既有得，不可忘一贯之理。德既无常师，善不敢拘，凡主于善者，皆师之，泛观博取也。善虽无常主，吾不敢泛，必即夫一者而合之，反观约，尽也。

陈氏大猷曰，有"专一"之"一"，"终始惟一"是也；有"统一"之"一"，"协于克一"是也。尹既言"惟一"之旨，复明"协一"之义，德之所在，初无常师，凡主于善者，皆所当师，博而取之也。善有万端，亦无常主，必协合统会于能"一"之地，一以贯之也。

愚谓，理之"一本万殊"处，择之，贵乎"精"；理之"万殊一本"处，融之，贵乎"一"。"德无常师，主善为师"，"精"以得之也，即所谓"惟精"也。"善无常主，协于克一"，一以贯之也，即所谓"惟一"也。

南轩谓，"精一"数语外，惟此最为精密。伊尹此言，即自惟精。

18.（元）许谦《读书丛说》卷五《商书·咸有一德》

德无常师，主善为师。善无常主，协于克一。

蔡氏之意曰，德者，善之总称；善者，德之实行；一者，其本原，统会德兼众善，主于善，故得一本万殊之理。善，原于一，协于一，故达万殊一本之妙。

金先生之意曰，德，指行言；善，指理言；一，指心言；协，参会考比之意。古今之德，皆可师，而制行不同，不可拘一定之师，在于择其善而已。天下之理，虽善，而随时取中，则又不可拘一定之主，所以参会考比者，又在于此心之"克一"而已。盖古今德行，或柔，或刚，或正直，或清，或和，或无为，或勤劳，在我，不可拘一定之法，必择善者从之。然善无定主，均一事也。或施之彼时，则为是；施之此时，则为否，均一节也。或用之此事，则非；或用之彼事，则是，所谓"时中"是也。所以参比会同之者，非纯诚有定之心，其孰能精择而无差也哉。

蔡氏，德、善一，皆以理言，专主一本万殊之说。其说浑融，恐用功者难见入头处，且本文谓德主善为师，是师善以成德也。若曰德兼众善，则善为德之子，目于主而师之之义，恐有微碍于下两句，用功恐为尤难。当从金先生说，则条理分明，而脉络贯穿，学者可以为用功之方矣。

19.（元）董鼎《书传辑录纂注》卷三《商书·咸有一德》

德无常师，主善为师。善无常主，协于克一。

上文言用人，因推取人为善之要，无常者，不可执一之谓。师，法；协，合也。德者，善之总称；善者，德之实行；一者，其本原统会者也。德，兼众善，不主于善，则无以得一本万殊之理；善，原于一，不协于一，则无以达万殊一本之妙。谓之"克一"者，能一之谓也。博，而求之于不一之善；约，而会之于至一之理。此圣学始终条理之序，与夫子所谓"一贯"者几矣。太甲至是而得与闻焉，亦异乎常人之改过者欤。

张氏曰，《虞书》精一数语之外，惟此为精密。

辑录

问，"德无常师"四句，或言主善，人而为师。若仲尼无常师之意，如何？答曰，非也，横渠说德，主天下之善，善原天下之一，最好。四句二段，一段紧似一段。德，且是大体说，有吉德，有凶德，然必主于善。始为吉尔。善亦且是大段说，或在此为善，或在彼为不善；或在彼为善，或在此为不善；或在前日则不善，而今日则为善，惟须"协于克一"，是乃为善，谓以此心揣度彼善耳，故横渠言"原"，则若善之原于"一"耳。盖善因一而后定也。德，以事言；善，以理言；一，以心言。大抵此篇，只是几个"一"字上有精神，须与细看。此心才"一"，便终始不变，而有常也。"协"字，虽训"合"字，却是如此合彼之合，非己相合之合。与《礼记》"协于分艺"，《书》"协时月正日"之"协"同义。盖若揣度参验之意耳。

张敬夫谓《虞书》"精一"四句，与此为《尚书》语之最精密者。而《虞书》为尤精。《大雅》此言于天下之德，无一定之师，惟善是从。则凡有善，皆可师也。于天下之善无一定之主，惟一其心，则其所取者，无不善矣。协，犹齐也，如所谓"协时月"。"德无常师"四句，上两句，是教人以其所师；下两句，是教人以其所择善而为之师。

道夫问，协于克一，莫是能主一，则自然契于善否？曰，协字难说，只是个比对裁断之意，盖如何知得这善不善，须是自身主宰得定，始得。盖有主宰，则是非、善恶了然于心目间，合于此者，便是；不合者，便不是。横渠云，德，主天下之善；善，原天下之一。这见得他说得极好处。盖从"一"中流出者，无有不善，所以伊尹从前面说来，便有此意，曰常厥德，曰庸德，曰一德。常，庸。一，只是一个。蕫卿。

谓，一恐是专一之一。曰，如此则绝说不来。道夫。

曰，上文自谓"德惟一，动罔不吉；德二三，动罔不凶"，才尺度不定。今日，长些子；明日，短些子，便二三。道夫。

曰，到底说得来，只是个定，则明明，则事理见；不定，则扰扰，则事理昏杂而不识矣。

曰，只是如此。曰看得道理多，便于这般所在，都宽平开豁，都无碍塞，如蕫卿，恁地理会，数日却是恁地。这便是看得不多，多少被他这个十六字碍。

又曰，今若理会不得，且只看自家每日，一与不一时，便见。要之，今却正要人恁地理会，不得又思量，但只当如横渠所谓，濯去旧见，以来新意，且放下着许多说话，只将这四句来平看，便自见。

又曰，这四句极好看。南轩云，自"人心惟危，道心惟微"数语外，惟此四句好。但舜，大圣人，言语浑沦；伊尹之言，较露锋铓得些，这说得也好。

顷之又曰，舜之言，如春生；伊尹之言，如秋杀。道夫。

问，横渠之言如何？曰，一，故善。一者，善之原也。善无常主，如言，前日之受，非也。协于克一，如言，皆是也。盖均是善，但易地，有不同者，故无常主，必是合于一，乃为至善。一者，纯于理，而无二三之谓一，则无私欲，而纯乎义理矣。

问，"善"字不知主何而言。曰，这只是主良心。道夫。

纂注

陈氏大猷曰，有专一之一，终始惟一是也；有统一之一，协于克一是也。无一善之或遗，无一息之或间，然后尽一德之全体。尹既言惟一之旨，复明协一之义。德之所在，初无常师，凡至于善，皆所当师，谓博而取之也。善有万端，亦无常主，必贵协合统会于克一之地，谓一以贯之也。

新安陈氏曰，理之"一本万殊"处，择之，贵乎"精"；理之"万殊一本"处，融之，贵乎"一"。"德无常师，主善为师"，精以择之也，即所谓"惟精"也。善无常主，协于克一，一以贯之也，即所谓"惟一"也。南轩张子谓，"精一"数语外，惟此最为精密。深味之伊尹之言，即自"惟精惟一"充广之也。伊尹乐尧、舜之道，渊源甚远，学识甚精。今复摘舜、禹授受之微旨，以告太甲，其欲使是君为尧舜之君之心，至老不变也如此夫。

20.（元）朱祖义《尚书句解》卷四《商书·咸有一德第八》

德无常师（德有仁、义、礼、智、信不同，固无一定之师也），主善为师（然有似仁不仁，似义不义，惟主于善者，可以为师）。

21.（明）王樵《尚书日记》卷七《商书·咸有一德》

"德无常师"至"协于克一"。

无常者，不可执一之谓。德兼众善，执一而师，则无以得一本万殊之理；善原于一，不协于一，则无以达万殊一本之妙。

朱子曰，一者，善之原也。"善无常主"，如言，前日之受是，今日之受非也。"协于一"如言皆是也。盖均是善，但易地有不同者，故无常主，必合于一，乃为至善。

蔡氏曰，协，合也。克一者，能一之谓也。按，以善为主，善则师之，故无常师，善亦无常主，惟协于吾心之能一，乃为至善。《孟子》曰，权，然后知轻重；度，然后知长短。物皆然，心为甚。此心之权度，至一也，而物不能欺，以轻重长短。轻重长短，因物而形，各得其分，虽万殊，而其理未尝不一也。故"协于克一"，一者，善之原，万善皆从一中出。此心能一，则无往非善矣；此心若杂于私欲，何以能一。圣人之心，常一，所以动，无非善，所谓"一以贯之"。常人，未免有二，故常强恕。

一本者，理只是一个；万殊者，做出，却有千般万样之不同。一本，如尺度、权衡之有定，如官较勘定，权量只有一个。若民间私造，有大小，便二三，而为恶矣。万殊，如称量，天下物，个个不同，都从此一定底权量中出，无有差贰，所以说，一本而万殊，万殊而一本。惟万殊，故不可执一而求；惟求之不执于一，故协于克一。克一者，一本也。上文言用人之一，亦一德中事，此又言一德之要。主善为师，不专庶官，上师古人，无非师也。

蔡氏云，天以一德，付之于人，散为万善，人君必合天下之万善，而后理之，一者可全也。此数句，说得极融贯。

理之散见者，谓之善，而德其总称一，则其本原来处也。穷理者，须穷其不一者，而至于一；力行者，须体其不一者，而至于一。

理在吾心，因行而名，谓之德；随事而显，谓之善；易地皆然，谓之一。一者，吾心之天则也。理随事显，而本则一也。克一者，得吾心之天则也。事事有个权衡、尺度，虽万殊而未始不同归也，是曰协于克一。四句一串，下无相对之意。如廉是德，当辞当受，处是善，前日受，今日不受，皆是也，是"一"。

横渠云，德主天下之善，善原天下之一。朱子谓这，见他说得极好处。盖从一中流出者，无有不善。蔡传似未悟彻此宗旨也。

一，有对二三而言者，有对万而言者。此篇之一，皆对二三而言。然不二三之一，即对"万"之"一"也。

予此说，间以语人，多不契，独浙西袁仪卿者，有合焉。其言曰"纯粹之一"，即有常之一，纯亦不已是也。有常之"一"，即并包之。一，"吾道一以贯之"是也。若谓，有纯粹无杂之一，有始终无间之一，有该括万善之一，则破碎经文，自然不雅。

22.（清）库勒纳等撰《日讲书经解义》卷四《商书·咸有一德》

德无常师，主善为师；善无常主，协于克一。

此一节书是，伊尹告太甲以取善之道也。伊尹之言曰，天下之理，原于一本，而散为万殊。人君必有所师法，而后成其德。然德无常师也，凡左右庶官，以及夫典谟训诰，下至刍荛工瞽，苟有一言之善，一事之善，皆可主而为师。如是，则有以尽乎一本万殊之理，而所取者博而不穷。然善有万端，泛而主之，又惧其杂也。故善无常主，必揆度于心，而务合乎至当不易之理。此所谓能一也。如是，则有以达夫万殊一本之妙，而所主者，约而可守，由是万善归怀，而衡鉴不爽，君德修而政治举矣。盖德，以事言；善，以理言；一，以心言。德无常师，主善为师者，精以择之也，即《虞书》之所谓"惟精"，大舜之好问，好察，隐恶扬善也。善无常主，协于克一者，一以贯之也，即《虞书》之所谓"惟一"，大舜之执两端而用中也。伊尹乐尧舜之道，渊源甚远，故其告君者，亦如此，非万世取人为善之极则哉？

（元）陈师凯《书蔡传旁通》卷三《商书·咸有一德》

德者，善之总称；善者，德之实行；一者，其本原统会者也。

《朱子语录》云，横渠说，德，主天下之善；善，原天下之一。最好，四句三段一段紧似一段。德，且是大体说，有吉德，有凶德。然必主于善，始为吉尔。善，亦是大段说，或在此为善，或在彼为不善，或前日不善，今日则善。惟须协于克一，乃是为善。盖善因一而后定也。德以事言，善以理言，一以心言。

张氏曰，《虞书》精一数语之外，惟此为精密。

张敬夫语。

（元）王充耘《读书管见》卷上《商书·咸有一德》

德无常师。

德是总言，师则指其人，善则指其行事。人君居天下之上，其德必首出众人，而事事尽善，乃可。然岂必生成哉，亦取诸人以为善而已，故德不可执一人以为师。但是善者，皆可以为师，善不可执一善以为主，惟协合于一而已。盖欲其悉有众人之万善，凑成自己之一德耳。苟匹夫匹妇不获自尽，则民主无与成厥功，安可自广而狭人哉。其与孔子所谓一贯者，不相类；与精一执中之言，亦不同。彼是言作事，要常适其中，此则欲取诸人以为善耳。

（元）陈悦道《书义断法》三《商书·咸有一德》

德无常师，主善为师；善无常主，协于克一。

蔡氏曰，德者，善之总称；善者，德之实行；一者，其本原统会也。德兼众善，不主于善，则无以得一本万殊之理；善原于一，不协于一，则无以达万殊一本之妙。谓之"克一"者，能"一"之谓也。博而求之于不"一"之善，约而会之于至"一"之理，此圣学始终条理之序也。

朱子曰，有基德，有凶德，必主于善，或在彼为善，或在此为不善，或前日不善，今日则为善，必须以此揆度。盖因"一"而后定。德以事言，善以理言，一以心言。协，虽训"合"，却是以此合彼之合，非"己相合"之合，有揆度参验之意。

又云，有比对裁制之意，盖从"一"流出者，无不善。协，有齐之意。

张子曰，德，主天下之善；善，原天下之"一"。

（明）马明衡《尚书疑义》三《商书·咸有一德》

德无常师，主善为师；善无常主，协于克一。

伊尹此篇致重，全在"一"字上。"一"者，此心纯一而不变也。伊尹既喜大甲之能迁善改过，惟欲其此心，始终纯一，而不变也。故切切言之。德者，大总而言。德之可师法者，何常之有？惟其善，则从而师之。然日用之间，事变不同，善之所可取者，亦何常之有？惟合乎纯一不变之理而已，盖人能学问不息，则此心，精明而纯一，不变之体莹然常存，见人之善，若己有之。好仁者无以尚之，有维日不足之意，岂不协于克一耶？协于克一，"协"训"合"字，未切。协，犹"协助"之"协"；

克，能也，谓取善无定，在惟其可以协助我之能一者，使我之意思常惺惺而不息，昭昭而不懈，斯足以为善矣。若其令人涣散懈怠，何善之有？盖人之有纯一不已之功者，其于善者，若饥渴之得饮食，而惟虑其不我足也。其于不善，若芒刺之在躬，而惟望其速去之，为快也。此伊尹告大甲，最切处，岂独大甲之所宜服哉。

（明）陈泰交《尚书注考》

主善为师，训善者，德之实行，虑善以动训善者，当乎理也。

（清）朱鹤龄《尚书埤传》卷八《商书·咸有一德》

"德无常师"至"协于克一"。

陈氏曰，德而师于善，资于人者，不敢遗所谓"惟精"也；善而协于一，返诸内者，不敢赜所谓"惟一"也。伊尹乐尧舜之道，其渊源甚远。

邵宝曰，协于克一，何以不言心，一即心也。《易·咸》之九四，言贞，而不言心，亦此意。心一于理而无心，心之正也。若憧憧往来之私，则何一之可协乎？协之而犹判涣，犹不一也，故言一，而必曰克。

（元）王充耘《书义矜式》卷三《商书·咸有一德》

德无常师，主善为师。

德之在人者，无定名；而取之于己者有定论。夫人之德至不少也，取诸人以为善恶，可执一以为师哉？亦惟主于善而已矣。伊尹之告太甲，谓德之在人，非止于一端，师之有要，必为善是主。苟非有以集天下之善，则岂足以成一人之善也哉（云云）。人君居天下之上，必有首天下之德，然不在于恃一己之长，贵其能兼天下之善而已。盖天以一理，赋之于人，散为万善，人君合天下之万善，而后己之德可全，故舜之德，非不大也，然善与人同，乐取诸人以为善。夫子之德，非不高也，然犹多闻多见，择其善者而从之，凡其有诸己者，盖无非取诸人也，是恶可执一以为师也。苟自广而狭人，使匹夫匹妇不获自尽，则一善不备，而人主无与成厥功矣。此大臣之所深戒也。且夫天下之理，散殊多端，博取诸人，何者非益？仁善为元，固所当师也，而有所谓行而宜之之义焉，非礼勿履，亦所当师也。而又有所谓应变曲折之智焉，大而三纲五常之道，小而动静云为之理，其为德也，不止于一二，不止于十百，不止于千万也，是亦何常师之有哉？必也博取诸天下，悉酌乎吾心善者。主之不善者舍之，可者法之，不可者去之，使其德之未善也，虽生乎吾前亦舍之，而勿师；使其德之诚善也，虽生乎吾后，亦师之而勿弃。诚如，是则人之有善无不容，而己之德无不修矣。大抵德者，善之总称；善者，德之实行，故德兼众善。不主于善，则无以得一本万殊之理。善原于一，不协于一，则无以达一本万殊之妙。故始焉，主善固欲其博，而求之不一之善；终也，协一，则欲其约而会之至一之理。此圣学始终条理之绪，而人君取人为善之要也。太甲改过之初，伊尹以是告之，其才固有大过人者欤。虽然，岂特伊尹之言为然。前乎，舜禹精一之传；后夫，孔、颜博约之旨，同一揆也。

善无常主，协于克一

1. （汉）孔氏传、（唐）陆德明音义、孔颖达疏《尚书注疏》卷七

善无常主，协于克一。
传，言以合于能一为常德。

2. （宋）苏轼《书传》卷七《商书·咸有一德第八》

（归善斋按，见"德无常师，主善为师"）

3. （宋）林之奇《尚书全解》卷十七《商书·咸有一德》

（归善斋按，见"德无常师，主善为师"）

4.（宋）史浩《尚书讲义》卷九《商书·咸有一德》

（归善斋按，见"德无常师，主善为师"）

5.（宋）夏僎《尚书详解》卷十二《商书·咸有一德》

（归善斋按，见"德无常师，主善为师"）

6.（宋）时澜《增修东莱书说》卷十《商书·咸有一德第八》

（归善斋按，见"德无常师，主善为师"）

7.（宋）黄度《尚书说》卷三《商书·咸有一德》

（归善斋按，见"德无常师，主善为师"）

8.（宋）袁燮《絜斋家塾书钞》卷五《商书·咸有一德》

（归善斋按，见"德无常师，主善为师"）

9.（宋）蔡沈《书经集传》卷三《商书·咸有一德》

（归善斋按，见"德无常师，主善为师"）

10.（宋）黄伦《尚书精义》卷十八《商书·咸有一德》

（归善斋按，见"德无常师，主善为师"）

11.（宋）陈经《尚书详解》卷十五《商书·咸有一德》

（归善斋按，见"德无常师，主善为师"）

12.（宋）钱时《融堂书解》卷六《商书·咸有一德》

（归善斋按，见"今嗣王新服厥命，惟新厥德"）

13. (宋) 魏了翁《尚书要义》

原阙。

14. (宋) 陈大猷《书集传或问》卷上《商书·咸有一德》

林氏曰,论协于克一,必以"万姓咸曰"为言。至于"无自广以狭人",则曰"匹夫匹妇不获自尽",亦犹言"尔惟德罔小,万邦惟庆;尔惟不德罔大,坠厥宗",亦善。

15. (宋) 胡士行《尚书详解》卷四《商书·咸有一德第八》

(归善斋按,见"德无常师,主善为师")

16. (元) 吴澄《书纂言》

(归善斋按,未解)

17. (元) 陈栎《书集传纂疏》卷三《朱子订定蔡氏集传·咸有一德》

(归善斋按,见"德无常师,主善为师")

18. (元) 许谦《读书丛说》卷五《商书·咸有一德》

(归善斋按,见"德无常师,主善为师")

19. (元) 董鼎《书传辑录纂注》卷三《商书·咸有一德》

(归善斋按,见"德无常师,主善为师")

20.（元）朱祖义《尚书句解》卷四《商书·咸有一德第八》

善无常主（人有长于仁而短于义，工于礼而拙于智，固无一定之主），协于克一（惟合于纯一不变者，可以为善之主）。

21.（明）王樵《尚书日记》卷七《商书·咸有一德》

（归善斋按，见"德无常师，主善为师"）

22.（清）库勒纳等撰《日讲书经解义》卷四《商书·咸有一德》

（归善斋按，见"德无常师，主善为师"）

（元）陈悦道《书义断法》三《商书·咸有一德》

（归善斋按，见"德无常师，主善为师"）

（元）陈悦道《书义断法》三《商书·咸有一德》

（归善斋按，见"德无常师，主善为师"，另见"任官惟贤才，左右惟其人"）

（明）马明衡《尚书疑义》三《商书·咸有一德》

（归善斋按，见"德无常师，主善为师"）

（清）朱鹤龄《尚书埤传》卷八《商书·咸有一德》

（归善斋按，见"德无常师，主善为师"）

（清）张英《书经衷论》卷二《商书·咸有一德》

《一德》篇中，或言常德，或言庸德，或言一德，或言日新，或言一心，而总之，以"一"为主，故曰"协于克一"也。

俾万姓咸曰：大哉王言

1.（汉）孔氏传、（唐）陆德明音义、孔颖达疏《尚书注疏》卷七

俾万姓咸曰，大哉王言。
传，一德之言故曰"大"。

2.（宋）苏轼《书传》卷七《商书·咸有一德第八》

俾万姓咸曰，大哉王言。
名之必可言，言之必可行，是谓大。

3.（宋）林之奇《尚书全解》卷十七《商书·咸有一德》

（归善斋按，见"德无常师，主善为师"）

4.（宋）史浩《尚书讲义》卷九《商书·咸有一德》

俾万姓咸曰，大哉王言。又曰，一哉王心。克绥先王之禄，永厎烝民之生。呜呼！七世之庙，可以观德；万夫之长，可以观政。后非民，罔使；民非后，罔事。无自广以狭人，匹夫匹妇，不获自尽，民主罔与成厥功。

王者心既得一，默与道会，其言之大，天下莫能载焉。盖道无形也，惟无形，故能包括有形，虽天地亦不能遁。由是而发号出令，当天下之理，合天下之心，不置一毫喜怒之私，一以尽天下之公愿，则其言不既大矣乎？且王者以一身之微，托乎四海之上，九重深密，下情易壅，苟非托之言语号令，其何以达四方万里之远乎？然圣人，言之，必可行也；行之，必可久也。若乃言出于不思，令出于不谋，一人言而行之，一人言而废之，民方且骇然疑，蹙然惧，而不知所适从，安能知其言之大乎？俾万姓知王言之大乎，以其言必由衷，令无反好，故信之也。信矣，然后能感

动其思虑，鼓舞其精神，而使之丕变。反观内照，各自知其中之所存；以心度心，见王者之心，知其出于一也。知出于一，则非商求于下民，民归于一德矣。其克绥先王之禄，永底烝民之生，固理之必至也。盖天下者，先王之天下，禄亦先王之禄，吾以一德而克绥之，是以能长守其社稷；民亦先王之民，吾以一德而永保之，是以能长享其爱戴。先王之禄，既已克绥，则七世之庙可以观德矣。七世之庙，先王也。于我乎观德，斯可以为成汤子孙矣。烝民之生，既已永保，则万夫之长可以观政矣。万夫之长，诸侯也。于我乎观政，则可以为天下君矣。伊尹又虑太甲志满意得，而轻视其民，乃曰，"后非民罔使，民非后罔事"，以为凡君之所以为君，以得民也。民始信其言，终知其心。既得其民矣，益当谦以居尊，使民咸仰，则自广以狭人，无有也。夫匹夫匹妇，至易欺也，犹且虑其不获自尽，而切切然戒之，以为"民主罔与成功"，则伊尹自任之重，无一夫不获于此，可以见其本心矣。太甲得伊尹之言，已能信而行之，故周公称之曰"爰知小人之依，能保惠于庶民，不敢侮鳏寡"，则匹夫匹妇不获自尽，非所虑也。肆祖甲之享国三十有三年，则民主罔与成厥功，非所虑也。伊尹之望太甲者，于是塞矣。尝谓《孟子》七篇，言舜、伊尹最详。而舜、伊尹出处大略亦相似，故尤致意焉。方尹之在有莘，初无意于世，其与舜之将终身，何异？及其应聘而起为汤，立一代之制，曾无退托谦逊之意，亦与舜若固有之无以异也。孟子虑后世，以舜尹为既得富贵而不知止也，乃说瞽瞍杀人，伊尹以割烹要汤之问，以明舜、尹之心。其言曰，舜视弃天下犹敝蹝也。窃负而逃，遵海滨而处，终身欣然，乐而忘天下。又曰，伊尹非其义也，非其道也，禄之以天下弗顾也，系马千驷，弗视也。夫瞽瞍未尝杀人，伊尹亦未尝割烹，而孟子设是问者，盖欲天下后世知其应世，皆出于不得已，而非其本心也。至于释然舍去，罔有吝色，适来适去，付之本无而已，然则，伊尹告归之书，岂虚言哉？呜呼！知此道，唯舜、伊尹，而识舜、伊尹者，唯孟子而已。论至于此，伊尹不谓之圣人可乎？

5.（宋）夏僎《尚书详解》卷十二《商书·咸有一德》

（归善斋按，见"德无常师，主善为师"）

6.（宋）时澜《增修东莱书说》卷十《商书·咸有一德第八》

俾万姓咸曰，大哉王言。又曰，一哉王心。克绥先王之禄，永底烝民之生。呜呼！七世之庙，可以观德；万夫之长，可以观政。后非民罔使，民非后罔事。无自广以狭人，匹夫匹妇，不获自尽，民主罔与成厥功。

"俾万姓咸曰，大哉王言。又曰，一哉王心"，见德之一矣。曰不咸于万姓，则非一德。此一德之验也。"七世之庙，可以观德"，则合古今为一体。"万夫之长，可以观政"则通人、己为一体。万夫之长，诸侯也。能统万夫，则推而上之，皆同，可以见众寡之一。"后非民罔使，民非后罔事"，又见君、民之一，无自广以狭人。苟以我为广，以人为狭，则有彼此，而非一矣。心既自广，匹夫匹妇必无以自尽，民主亦孰与成功。由德之不一而已。一德之理。非可以言语牵合，用工而实有见者知之。

7.（宋）黄度《尚书说》卷三《商书·咸有一德》

俾万姓咸曰，大哉王言。又曰，一哉王心。克绥先王之禄，永底烝民之生。

遍覆包涵，则其言之大，悠久无疆，则其心之一。有是言，而无是心，朝夕变迁，安可保也。先王聪明，时乂民，永其禄，王言之大，王心之一，则为能绥安之，使斯民同底于善，无终穷矣。生，与"欲并生哉"之"生"同。

8.（宋）袁燮《絜斋家塾书钞》卷五《商书·咸有一德》

俾万姓咸曰，大哉王言。又曰，一哉王心。克绥先王之禄，永底烝民之生。

王言之，大本乎王心之"一"也。人主号令天下，其言要须极于广大，欲知大小之不同，但将秦汉以来诏令，与典、谟、训、诰、誓、命之书观之，则可见矣。只如汉家诏令，自是与三代时不同，此无他，圣人之言，发于此心。后世之言，皆逐于末流，则其广狭大小，固自不同也。大抵人之言语，其发必有本于心，虽外欲为广大，亦不可得。是故，惟其此心之"一"，则其"中"不杂言语，自是广大。心有二三，则其"中"纷然，言语必有不当于理者。既不当理，而岂能大乎？至于万姓，皆因王言之大，见吾心之"一"，则先王之禄，可以常安而不危矣。烝民之生，可以永久而无穷矣。言之大，本乎此心之"一"也。"克绥先王之禄，永底烝民之生"，亦以此心之"一"也。盖先王所以有此禄，"一"而已矣。斯民所以有此"生"，"一"而已矣。生，非特其形生，此是伊尹告太甲以"一德"效验处，须到得万姓之众，皆称颂之，又须至于"克绥先王之禄，永底烝民之生"，方见吾之所以为"一"者。未至于此，必吾德之有二三也。《易》曰"观我生"，观民也。观其在彼，可以验其在此。至于"克绥先王之禄，永底烝民之生"，一德之效，顾不大欤。

9.（宋）蔡沈《书经集传》卷三《商书·咸有一德》

俾万姓咸曰，大哉王言，又曰，一哉王心。克绥先王之禄，永底烝民之生。

人君，惟其心之"一"，故其发诸言也大，万姓见其言之大，故能知其心之一，感应之理，自然而然，以见人心之不可欺，而诚之不可掩也。禄者，先王所守之天禄也。烝，众也。天禄，安民生，厚一德之效验也。

10.（宋）黄伦《尚书精义》卷十八《商书·咸有一德》

（归善斋按，见"德无常师，主善为师"）

11.（宋）陈经《尚书详解》卷十五《商书·咸有一德》

（归善斋按，见"德无常师，主善为师"）

12.（宋）钱时《融堂书解》卷六《商书·咸有一德》

（归善斋按，见"今嗣王新服厥命，惟新厥德"）

13. （宋）魏了翁《尚书要义》

原阙。

14. （宋）陈大猷《书集传或问》卷上《商书·咸有一德》

（归善斋按，见"善无常主，协于克一"）

15. （宋）胡士行《尚书详解》卷四《商书·咸有一德第八》

俾（使）万姓咸曰，大哉（无不该）王言（心之声），又曰一哉（无不贯）王心（言之本）。克绥（安）先王之禄（天命）永（长）厎（定）烝（众）民之生。

此"一德"之验也。德一矣，证诸民，而"咸曰"、"又曰"焉，则其高明盛大，乃可以上承先王，而下安烝民矣。

16. （元）吴澄《书纂言》

（归善斋按，未解）

17. （元）陈栎《书集传纂疏》卷三《朱子订定蔡氏集传·咸有一德》

俾万姓咸曰，大哉王言。又曰，一哉王心。克绥先王之禄，永厎烝民之生。

人君，惟其心之"一"，故其发诸言也大。万姓，见其言之大，故能知其心之"一"，感应之理，自然而然，以见人心之不可欺，而诚之不可掩也。禄者，先王所守之天禄也。烝，众也。天禄，安民生，厚一德之效验也。

纂疏

陈氏大猷曰，人心孚感，若有使之者，此"一德"之验。绥禄、厎民，此"一德"之效。

18.（元）许谦《读书丛说》卷五《商书·咸有一德》

（归善斋按，未解）

19.（元）董鼎《书传辑录纂注》卷三《商书·咸有一德》

俾万姓咸曰，大哉王言。又曰，一哉王心。克绥先王之禄，永底烝民之生。

人君，惟其心之一，故其发诸言也大，万姓见其言之大，故能知其心之"一"，感应之理，自然而然，以见人心之不可欺，而诚之不可掩也。禄者，先王所守之天禄也。烝，众也。天禄，安民生，厚一德之效验也。

纂注

陈氏大猷曰，咸曰，见颂之无间；又曰，见颂之无已。

20.（元）朱祖义《尚书句解》卷四《商书·咸有一德第八》

俾万姓咸曰（由是，发号施令，可使万姓皆称诵曰），大哉王言（大哉王者之言）。

21.（明）王樵《尚书日记》卷七《商书·咸有一德》

"俾万姓咸曰，大哉王言"至"永底烝民之生"。

"咸曰"者，见感通无间也；"又曰"者，见因言而又得其心也。王心之一，征诸万姓之言，王之一德，于是不可掩矣。

王之心未一，何以训万姓之从违；王之心既一，则发于其言，人人得以见其心，知其一于公，不贰于私也；一于义，不贰于利也；一于道德忧勤，不贰于声色、游畋也；一于君子，不贰于小人也，则万姓之趋向，亦自不容于不一矣。

"克绥"、"永底"，皆承"一德"说来。先王之禄，即所谓"受天明命"者。今王以一德保厥位，则克安此禄，而无靡常之忧矣。"烝民之生"，即所谓"以有九有之师"者。今王以一德而作民主，则永底其生，而无罔克胥匡之忧矣。

传中感应效验,辞实相因。有此一德,则有此感应,乃自然之理。见其德之真能一也。重一德,上说有此感应,则有此效验。效验方就外面言之。

22.（清）库勒纳等撰《日讲书经解义》卷四《商书·咸有一德》

俾万姓咸曰,大哉王言。又曰,一哉王心。克绥先王之禄,永底烝民之生。

此一节书是,伊尹告太甲以一德之效也。俾,使也。绥,安也。底,定也。烝民,众民也。伊尹之言曰,人君之德,能纯一不杂,则号令诏谕之施,必能宽仁恺恻,明允笃诚,而有以感动乎天下之人心,使万姓咸曰"大哉王言",洵天理人情之极,则万世子孙之明训也。因其言而知其心,又相与颂曰"一哉王心"。深宫无非僻之私,君志建清明之极也。一德之感,必有如此者,且先王受天禄而富有四海,王以一德承之,自能保定孔固,措国家于盘石之安,而先王之禄,其克绥矣。烝民戴一人,以为元后;王以一德临之,自能抚绥教养,登苍生于衽席之上,而烝民之生,其允底矣。一德之验有必如此者。盖草野之视听,不可欺,而君心之感通,为甚速。王言出如丝纶,言乎"有伦有要"也。王度式如金玉,言乎"不贰不杂"也。得,则万姓颂之;失,则万姓訾之,可不慎与。

（元）陈悦道《书义断法》三《商书·咸有一德》

俾万姓咸曰,大哉王言。又曰,一哉王心。克绥先王之禄,永底烝民之生。

因王言之大,而知其心之"一",此由其末而推其本,因王言、王心之相符,而知天禄、人心之均安。此由本而极言其效也。颂声之相同,真若有以俾之,则君民之相安者,自今"其审克之"矣。"俾"之者,诚之不可掩;"克"之者,效之必可期。盖伊尹之所望于太甲者,如此。

又曰：一哉王心

1.（汉）孔氏传、（唐）陆德明音义、孔颖达疏《尚书注疏》卷七

又曰，一哉王心。
传，能一德，则一心。

2.（宋）苏轼《书传》卷七《商书·咸有一德第八》

又曰，一哉王心。
如天地之有信，可恃以安也。

3.（宋）林之奇《尚书全解》卷十七《商书·咸有一德》

（归善斋按，见"德无常师，主善为师"）

4.（宋）史浩《尚书讲义》卷九《商书·咸有一德》

（归善斋按，见"俾万姓咸曰，大哉王言"）

5.（宋）夏僎《尚书详解》卷十二《商书·咸有一德》

（归善斋按，见"德无常师，主善为师"）

6.（宋）时澜《增修东莱书说》卷十《商书·咸有一德第八》

（归善斋按，见"俾万姓咸曰，大哉王言"）

7.（宋）黄度《尚书说》卷三《商书·咸有一德》

（归善斋按，见"俾万姓咸曰，大哉王言"）

8.（宋）袁燮《絜斋家塾书钞》卷五《商书·咸有一德》

（归善斋按，见"俾万姓咸曰，大哉王言"）

9.（宋）蔡沈《书经集传》卷三《商书·咸有一德》

（归善斋按，见"俾万姓咸曰，大哉王言"）

10.（宋）黄伦《尚书精义》卷十八《商书·咸有一德》

（归善斋按，见"德无常师，主善为师"）

11.（宋）陈经《尚书详解》卷十五《商书·咸有一德》

（归善斋按，见"德无常师，主善为师"）

12.（宋）钱时《融堂书解》卷六《商书·咸有一德》

（归善斋按，见"今嗣王新服厥命，惟新厥德"）

13.（宋）魏了翁《尚书要义》

原阙。

14.（宋）陈大猷《书集传或问》卷上《商书·咸有一德》

（归善斋按，未解）

15.（宋）胡士行《尚书详解》卷四《商书·咸有一德第八》

（归善斋按，见"俾万姓咸曰，大哉王言"）

16. (元) 吴澄《书纂言》

(归善斋按，未解)

17. (元) 陈栎《书集传纂疏》卷三《朱子订定蔡氏集传·咸有一德》

(归善斋按，见"俾万姓咸曰，大哉王言")

18. (元) 许谦《读书丛说》卷五《商书·咸有一德》

(归善斋按，未解)

19. (元) 董鼎《书传辑录纂注》卷三《商书·咸有一德》

(归善斋按，见"俾万姓咸曰，大哉王言")

20. (元) 朱祖义《尚书句解》卷四《商书·咸有一德第八》

又曰（又称诵不已曰），一哉王心（纯一不变，是为王者之心）。

21. (明) 王樵《尚书日记》卷七《商书·咸有一德》

(归善斋按，见"俾万姓咸曰，大哉王言")

22. (清) 库勒纳等撰《日讲书经解义》卷四《商书·咸有一德》

(归善斋按，见"俾万姓咸曰，大哉王言")

(元) 陈悦道《书义断法》三《商书·咸有一德》

(归善斋按，见"俾万姓咸曰，大哉王言")

克绥先王之禄，永底烝民之生

1.（汉）孔氏传、（唐）陆德明音义、孔颖达疏《尚书注疏》卷七

克绥先王之禄，永底烝民之生。

传，言为王而令万姓如此，则能保安先王之宠禄，长致众民，所以自生之道，是明王之事。

音义，烝，之承反。

2.（宋）苏轼《书传》卷七《商书·咸有一德第八》

克绥先王之禄，永底烝民之生。呜呼！七世之庙，可以观德；万夫之长，可以观政。

非德，无以遗后；非政，无以齐众。

3.（宋）林之奇《尚书全解》卷十七《商书·咸有一德》

（归善斋按，见"德无常师，主善为师"）

4.（宋）史浩《尚书讲义》卷九《商书·咸有一德》

（归善斋按，见"俾万姓咸曰，大哉王言"）

5.（宋）夏僎《尚书详解》卷十二《商书·咸有一德》

（归善斋按，见"德无常师，主善为师"）

6.（宋）时澜《增修东莱书说》卷十《商书·咸有一德第八》

（归善斋按，见"俾万姓咸曰，大哉王言"）

7.（宋）黄度《尚书说》卷三《商书·咸有一德》

（归善斋按，见"俾万姓咸曰，大哉王言"）

8.（宋）袁燮《絜斋家塾书钞》卷五《商书·咸有一德》

（归善斋按，见"俾万姓咸曰，大哉王言"）

9.（宋）蔡沈《书经集传》卷三《商书·咸有一德》

（归善斋按，见"俾万姓咸曰，大哉王言"）

10.（宋）黄伦《尚书精义》卷十八《商书·咸有一德》

（归善斋按，见"德无常师，主善为师"）

11.（宋）陈经《尚书详解》卷十五《商书·咸有一德》

（归善斋按，见"德无常师，主善为师"）

12.（宋）钱时《融堂书解》卷六《商书·咸有一德》

（归善斋按，见"今嗣王新服厥命，惟新厥德"）

13.（宋）魏了翁《尚书要义》

原阙。

14.（宋）陈大猷《书集传或问》卷上《商书·咸有一德》

（归善斋按，未解）

15.（宋）胡士行《尚书详解》卷四《商书·咸有一德第八》

（归善斋按，见"俾万姓咸曰，大哉王言"）

16. （元）吴澄《书纂言》

（归善斋按，未解）

17. （元）陈栎《书集传纂疏》卷三《朱子订定蔡氏集传·咸有一德》

（归善斋按，见"俾万姓咸曰，大哉王言"）

18. （元）许谦《读书丛说》卷五《商书·咸有一德》

（归善斋按，未解）

19. （元）董鼎《书传辑录纂注》卷三《商书·咸有一德》

（归善斋按，见"俾万姓咸曰，大哉王言"）

20. （元）朱祖义《尚书句解》卷四《商书·咸有一德第八》

克绥先王之禄（宜其宗庙飨之子孙保之，而先王之禄，自吾一德而安），永底烝民之生（各安居乐业，而烝民之生，自吾一德而致）。

21. （明）王樵《尚书日记》卷七《商书·咸有一德》

（归善斋按，见"俾万姓咸曰，大哉王言"）

22. （清）库勒纳等撰《日讲书经解义》卷四《商书·咸有一德》

（归善斋按，见"俾万姓咸曰，大哉王言"）

（元）陈悦道《书义断法》三《商书·咸有一德》

（归善斋按，见"俾万姓咸曰，大哉王言"）

呜呼！七世之庙，可以观德

1.（汉）孔氏传、（唐）陆德明音义、孔颖达疏《尚书注疏》卷七

呜呼！七世之庙，可以观德。

传，天子立七庙，有德之王，则为祖宗，其庙不毁，故可观德。

疏，正义曰，此又劝王修德，以立后世之名。礼王者，祖有功，宗有德，虽七世之外，其庙不毁。"呜呼七世之庙"，其外则犹有不毁者，可以观知其有明德也。

传正义曰，天子立七庙，是其常事。其有德之王，则列为祖宗。虽七庙亲尽，而其庙不毁，故于七庙之外，可以观德矣。下云"万夫之长，可以观政"，谓观其万夫之长。此"七世之庙，可以观德"，谓观七世之外，文虽同，而义小异耳，所谓辞不害意。汉氏以来，论七庙者多矣。其文见于记、传者，《礼器》、《家语》、《荀卿书》、《谷梁传》，皆曰天子立七庙，以为天子常法，不辨其庙之名。《王制》云，天子七庙，三昭三穆，与太祖之庙而七。《祭法》云，王立七庙，曰考庙，曰王考庙，曰皇考庙，曰显考庙，曰祖考庙，皆月祭之，远庙为祧，有二祧，享尝乃止。《汉书》韦玄成议曰，周之所以七庙者，后稷始封，文王、武王受命而王，是以三庙不毁，与亲庙四而七也。郑玄用此为说。惟周有七庙，二祧为文王、武王庙也。故郑玄《王制》注云，此周制七者，太祖及文王、武王二祧，与亲庙四，太祖后稷也。殷则六庙，契及汤，与二昭二穆。夏则五庙，无太祖，禹与二昭二穆而已。良由不见古文，故为此谬说。此篇乃是《商书》已云七世之庙，则天子立七庙王者，常礼，非独周人始有七庙也。文、武则为祖宗，不在昭穆之数。《王制》之文不得云"三昭三穆"也。刘歆、马融、王肃，虽则不见古文，皆以七庙为天子常礼。所言二祧者，王肃以为高祖之父，及祖也，并高祖已下，共为三昭三穆耳。《丧服·小记》云，王者禘其祖之所自出，以其祖配之而立四庙，庶子王

亦如之，所以不同者。王肃等，以为受命之王，是初基之王，故立四庙。庶子王者，谓庶子之后，自外继立，虽承正统之后，自更别立己之高祖已下之庙，犹若汉宣帝，别立戾太子悼皇考庙之类也。或可庶子初基为王，亦得与嫡子同，正立四庙也。

2．（宋）苏轼《书传》卷七《商书·咸有一德第八》

（归善斋按，见"克绥先王之禄，永厎烝民之生"）

3．（宋）林之奇《尚书全解》卷十七《商书·咸有一德》

呜呼！七世之庙，可以观德；万夫之长，可以观政。后非民，罔使；民非后，罔事。无自广以狭人。匹夫匹妇，不获自尽，民主罔与成厥功。

伊尹所以训告太甲者，谆复恳到，尽于此矣。于是咨嗟而申之，以终其意也。七世之庙，天子之庙也。三昭三穆，与太祖之庙，为七也。此《商书》也，言"七世之庙"，则天子七庙其来尚矣。而郑氏云，周制七庙者，太祖及文王、武王二祧，与亲庙四，太祖后稷也。商，则六庙，契及汤，与二昭二穆而已。此盖妄为之说、其实三代，皆事七庙也。"万夫之长"者，犹所谓万姓万民，亦谓天子也，非德无以遗后，非政无以齐众。伊尹之言此者，谓非德之可观，则无为万夫之长。太甲，既上事七世之庙，下为万夫之长，必其德政有可观者，然后可也。"季武子曰，诸侯来鲁，于是乎观礼"，与此"观"同。林子和曰，观者，有以示于此，而彼得以见之之谓也。其意可谓，太甲有七世之庙，可以示其德于下；为万夫之长，可以示其政于下，言其势之易也。案，此说则"观"字当从去声读，与《易·观卦》之象同。其说亦通。

夫欲德与政皆有可观于下，则必有道矣。惟不以民之至愚而忽之，尽其所以敬民之道，无一夫之不获者，德与政，将不可胜其用矣。故继之曰"后非民罔使，民非后罔事，匹夫匹妇，不获自尽，民主罔与成厥功"，盖言君之势相须而立。后使民，而民事后，盖其尊卑之分，不得不然也。若谓后之可以使民，遂以至尊之势而骄之，则将自广以狭人矣；若以民之势为在于事上，遂以至卑之势而虐之，则匹夫匹妇，将不获自尽矣。为上者，既自广以狭人；为下者，将不获自尽，则君、民之心离矣。兹诚治乱安危之本也。故终篇尤深切于此，以谓太甲，欲善其德与政，则当克自抑畏，其视天下愚夫愚妇，一能胜予而尽，其钦民之道无自以为广，而谓人为狭。苟使四海之广万民之众，而有一夫一妇不获自尽，则是人君之心，有所未尽，故彼亦不得以自尽也。有一夫一妇不获自尽，则乖戾之心生，而天地阴阳之气，亦将乖戾而不和矣。其何以"成厥功"哉。是以人主之职，必在夫得万国之欢心，以事其先王，使万姓咸曰"大哉王言，又曰、一哉王心"，然后为能尽其心。此庸德一德，所以克终也。至于"厥德靡常"而致"九有"之亡者，亦岂在天也哉。失匹夫匹妇之心，则天下之心自此去矣。故《太甲》论"德无常师，主善为师；善无常主，协于克一"，而必以万姓为言。至于"无自广以狭人"，则但曰匹夫匹妇不获自尽，民主罔与成厥功，亦犹其所谓"尔惟德罔小，万邦惟庆；尔惟不德，罔大坠厥宗"，详考此篇，终始之义，又与《召诰》之言，曾无少异。《召诰》曰"我不敢知曰，有夏服天命，惟有历年；我不敢知曰，不其延，惟不敬厥德，乃早坠厥命"，即此篇所谓"天难谌，命靡常；常厥德，保厥位；厥德靡常，九有以亡"也。《召诰》曰"今王嗣受厥命，我亦惟兹二国命，嗣若功，王乃初服。呜呼！若生子，罔不在厥初生，自贻哲命"，即此篇所谓"今嗣王新服厥命，惟新厥德"也。《召诰》曰"其惟王勿以小民淫用非彝"至"欲王以小民受天永命"，即此篇所谓"后非民罔使，民非后罔事。无自广以狭人。匹夫匹妇，不获自尽，民主罔与成厥功"也。盖太甲、成王皆是始践尊位，而揽万几之务，故伊尹、召公谆谆告戒之，言若合符契其大意，则皆以谓天命不可必，而人事为可必，不可以废人事而不修，而归诸天命也。夫中才庸主，其所以偃然自肆于民上，而不以国之安危休戚为意者，惟其恃天命，而废人事，故每至于败亡，而不自知。唐德宗与李泌论建中之乱，曰建中之乱，术士豫请城奉天，此盖天命，非用卢杞所能致也。夫德宗怠弃厥德，用卢杞，以致祸乱，至于銮舆播迁，生民涂炭。若可以少悟矣，而犹归咎于天，可谓愚矣。故李泌曰，命者他人尚可言，惟君相造命者，若言命，则礼乐刑政，皆无所用矣。泌之言诚与《咸有一德》、《召诰》合。伊尹之相太甲，召公之相成王，不以天命归于自然之数，而谓本于人君之德与不德者，盖谓君、相造命，不可以言命也。伊尹、召公之言，太甲、成王信而用之，故能成商、周之治。泌之言，德宗不能用，而唐室陵迟。其言则同，而其治乱则异，何也？盖对必以正者，泌之所能必也。至于用与不用，则非泌之所能必也。

4.（宋）史浩《尚书讲义》卷九《商书·咸有一德》

（归善斋按，见"俾万姓咸曰，大哉王言"）

5.（宋）夏僎《尚书详解》卷十二《商书·咸有一德》

呜呼！七世之庙，可以观德；万夫之长，可以观政。后非民罔使，民非后罔事。无自广以狭人，匹夫匹妇，不获自尽，民主罔与成厥功。

伊尹前告太甲以一德之说，反复恳切，既已尽矣，故于此又告太甲以观省之说。其所观者，而不敢不勉于德也。呜呼，嗟叹之辞，叹而后言也。伊尹之意谓，太甲为君，诚不可不修德而善政，若以为不信，当自以其一时之事观之。天子立七庙，三昭三穆与太祖之庙而七，是七庙者，亲尽则毁，有德则虽亲尽未尝迭毁，是七世之庙所以当亲尽而不毁者，以其有德也。今太甲但观七庙至今不毁者，则可知德之不可不修矣。人君以一人之微，君长万民，而万民心悦诚服，不敢异议者，以其政之善，足以正之也。今太甲但观此，则又知政之不可不善矣。夫伊尹所以欲太甲修德善政，如此之切者，正以君民相须，君不得乎民，则无以使；民非君，则无所事。故为太甲者，正当念君臣相须如此，必欲修德而善政，不可以至尊之势，而妄自广大，以下民之微而狭小之。苟自广而狭人，则待己甚厚，而待民甚薄，匹夫匹妇不得自尽其意。民不得自尽其意，则怨上之心生，而君民之情离矣。君民既离，则君无所使，民无所事，上下相贰，何以成其功哉。故曰"民主罔与成厥功"，盖非特君无民，则无以为君；民无君，则亦无以为民矣。

6.（宋）时澜《增修东莱书说》卷十《商书·咸有一德第八》

（归善斋按，见"俾万姓咸曰，大哉王言"）

7.（宋）黄度《尚书说》卷三《商书·咸有一德》

呜呼！七世之庙，可以观德；万夫之长，可以观政。后非民，罔使；民非后，罔事。无自广以狭人，匹夫匹妇，不获自尽，民主罔与成厥功。

亲尽而庙不祧，可以观德矣。贾谊谓文帝曰，使顾成之庙，称为太宗。商祖契宗汤，太甲庙不毁，与汤为二祧，如周文、武欤。郑康成曰，殷六庙，非。中宗、高宗庙，亦不毁。此礼，由商而来。长万夫，则部分广，可以观政矣。后不自立，非民何使；民不自治，非后何事？君、民本相须也。其至于乖睽涣散，仁之贼，义之残也。民非后，罔克胥匡以生；后非民，罔以辟四方。而既言之此，又言之者，人主不可以不常知此意也。匹夫匹妇，有不自尽，亦何遽至于罔成厥功哉？然失一人之心，则天下之志趣乖。魏武帝一接，张松不满，而蜀之士大夫，举不为魏。是故，明君必恭俭礼下。自广狭人之累，当深戒也。

8.（宋）袁燮《絜斋家塾书钞》卷五《商书·咸有一德》

呜呼！七世之庙，可以观德；万夫之长，可以观政。

此告太甲，泛观博取，以益其德。大抵人之进德处，固自不一。观乎七世之庙，见其有功有德，宗庙享之也，可以进德。观乎万夫之长，其为政无一毫之不善也，可以进德。凡耳之所闻目之所见，无非是我进德处，如此则吾德之进其可量哉。读《咸有一德》之书，须看伊尹说这"一德"，方才见得分明。且伊尹既说"惟尹躬暨汤咸有一德"，是言君臣之间，须当有此"一德"也。又言"终始惟一，时乃日新"，是"惟一"，然后"新"也。又说"任官惟贤才，左右惟其人"，是人君左右前后，当无非"一德"之人也。然又惧其所谓"一"者未分晓，故自德，而推之于善，自善而推之于"一"，则所谓"一"者，可知矣。又极其效验，必使"万姓咸曰，大哉王言。又曰，一哉王心"。至于"克绥先王之禄，永厎烝民之生"，方是吾德"一"处。又使之泛观博览，无所往不致。其观以进厥德，伊尹之为太甲虑，何其详且尽欤。

9. （宋）蔡沈《书经集传》卷三《商书·咸有一德》

呜呼！七世之庙，可以观德，万夫之长，可以观政。

长，上声。天子七庙，三昭三穆，与太祖之庙七。七庙亲尽则迁，必有德之主，则不祧毁，故曰，七世之庙，可以观德。天子居万民之上，必政教有以深服乎人，而后万民悦服，故曰，万夫之长可以观政。伊尹叹息言，德政修，否见于后世服乎？当时有不可掩者如此。

10. （宋）黄伦《尚书精义》卷十八《商书·咸有一德》

呜呼！七世之庙，可以观德；万夫之长，可以观政。后非民，罔使；民非后，罔事。无自广以狭人。匹夫匹妇不获自尽，民主罔与成厥功。

无垢曰，七世之庙，尚观其德；万夫之长，尚观其政。况后非民，罔使；民非后，罔事。其相须之急如此，其可自谓，有一德，而狭天下之民，以谓不足与计乎？一德者，每见其不足，故有进法，而无止法。孔子惜颜子曰，吾见其进也，未见其止也。此真一德之用也。盖匹夫匹妇，各有所见。傥四海之内，有一夫一妇，不得自尽其情，则吾之德亦有所阙矣。伊尹始告太甲，以允德，及其将归也，又告太甲以一德，又告以求臣下之一德。其末又告之以求四海之内，匹夫匹妇之德，此无他，犹富家老翁，平生所秘者，厥子罔知，及临绝将死之际，尽出所未见者，两手而付之。其意亦已切矣。伊尹将去。其付与太甲者。无余蕴矣。太甲宜如之何？

张氏曰，后非民罔使者，两贵，不能以相使。君必得民，然后有所使矣。民非后罔事者，两贱不能以相事，民必得君，然后有所事矣。然而为上之道，常在乎并谋兼智，乐取于人，然后可以成功，则自广狭人，于所当戒也。自广，则以己为有余；狭人则以人为不足。自广以狭人，则詑詑之声音颜色，拒人于千里之外，使匹夫匹妇不得以自尽，则民主其何以成功哉。民主之功，非一人之智力所能致，必在夫积众智，以成之者也。

史氏曰，所传者远，则其所积也，必厚；所服者大，则其所行也，必至。因所传之远近，以求其所积之厚薄；因所服之大小，以察所行之至否。其德与政，何以逃智者之观察哉？伊尹劝太甲以修德为政之道，其激进之也如此。

东莱曰，君、民之一体也，无自广以狭人，君、民既一体，苟自以为广而以人为狭，亦非一矣。虽匹夫匹妇之至贱，不得自尽，亦非一矣，如此，则人主无成功。

11. （宋）陈经《尚书详解》卷十五《商书·咸有一德》

呜呼！七世之庙，可以观德；万夫之长，可以观政。后非民罔使，民非后罔事。无自广以狭人，匹夫匹妇不获自尽，民主罔与成厥功。

纯一，不已而已者。非纯至诚，无息而息者，非诚一德者，纯诚之德也。苟有自息自足之意，则不足为一德矣。求之于七世之庙，又当求之于万夫之长，又当下至于庶民匹夫匹妇之微，无不各使之尽其情，此则不已不息者也。七世之庙，谓三昭三穆，与太祖之庙。有德之主，则为祖宗。其庙不毁，故曰可以观德，是古今为一者也。万夫之长，谓居民之上，为诸侯，智足以整齐万夫者，故曰可以观政。是人与己为一者也。君得民以使，民得君以事。君民之势，其相须如此之切，其可不使人尽其情，若以己为广，若以人为狭，自谓有余，而他人莫己若，则訑訑声音，拒人千里。匹夫匹妇苟有寸长者，安得自尽乎？匹夫匹妇既不得尽其情，则人主，孤立寡闻，谁与共成其功乎？是君与民，又故其为一者也。

此章所言，岂以人主既有一德，必须观德于七庙，观政于万夫之长，求善于匹夫匹妇哉。盖一德之体，无往而非一，古今，人己，君民，犹有二者存焉，则不足以为一德之至矣。此伊尹因太甲悔过之后，可与言而言之。与尧舜授受执中，箕子为武王陈《洪范》一意也。

12. （宋）钱时《融堂书解》卷六《商书·咸有一德》

呜呼！七世之庙，可以观德；万夫之长，可以观政。后非民，罔使；民非后，罔事。无自广以狭人。匹夫匹妇，不获自尽，民主罔与成厥功。

伊尹上文，无非教太甲勉进一德，可谓备至矣，然或有自广之心，则非所以一德也，于是复发叹而言，拳拳如此。

13.（宋）魏了翁《尚书要义》

原阙。

14.（宋）陈大猷《书集传或问》卷上《商书·咸有一德》

或问，七世之庙可以观德，诸说如何（孔氏曰，立七庙，有德之君，则为祖宗，其庙不毁，故可观德。孙氏曰，天子，祖有功，而宗有德。故虽七世而其庙不毁。七庙者，汉世以来，论之多矣。郑康成谓，夏五庙，无太祖。禹二昭二穆。殷七庙，契、禹、汤，及二昭二穆。周则七庙，后稷为始祖，文、武受命而王，三庙不毁，与二昭二穆而七。此说妄也。天子七庙之制，久矣。《虞书》所谓六宗，并艺祖之庙七，与《祭法·王制》之言相合。王肃谓，七庙者，天子之常礼，考于此，信矣)？曰，七庙固当以《祭法·王制》之言为当。但诸家皆谓三昭三穆。亲尽则毁，有德则为祖宗，而不毁，如此则太祖之外，更加以宗，如殷之后王，既以汤为太祖，又加三宗，则连三昭三穆，为十庙矣。周以后稷为祖，文武为宗，加以三昭三穆，则九庙矣。将废昭穆近亲，而凑成七庙，则子孙未免薄其所近之祖祢，将别立所宗之庙，则又非七庙之制，当缺以俟知者。若观德之说，如从苏氏之言，推明之，庶与前说无碍耳。

或问，吕氏曰，七庙以观德，则合古今为一体；万夫之长以观政，则合众寡为一体。君使民，民事君，则合君民为一体，不自广以狭人，则合人己为一体，如何？曰，一之说，前已见矣，非谓对二物而合为一也。此说虽合二物而为一，而终不免有四者之异，将合四者以为一，而四者又不能不异矣。

15.（宋）胡士行《尚书详解》卷四《商书·咸有一德第八》

呜呼！七世之庙，可以观德（天子七庙，祖有功，宗有德。亲尽遂毁，有不祧者，以有德也）；万夫（诸侯曰万民）之长，可以观政（有政乃能统众）。后非民罔使，民非后罔事，无自广（大）以狭（小）人，匹夫匹妇，不获自尽（不得尽其意而怨），民主罔与成厥功。

穆穆穆
七世　　祖太
昭昭昭

七世观德，古今一也。万夫观政，天子、诸侯一也。非民、非后，君、民一也。无自广狭人，人、己一也。自广，则无以尽民矣，非德之"一"也

16.（元）吴澄《书纂言》

（归善斋按，未解）

17.（元）陈栎《书集传纂疏》卷三《朱子订定蔡氏集传·咸有一德》

呜呼！七世之庙，可以观德；万夫之长，可以观政。

天子七庙，三昭三穆，与太祖之庙七。七庙亲尽，则迁。必有德之主，则不祧毁，故曰"七世之庙，可以观德"。天子居万民之上，必政教有以深服乎人，而后万民悦服，故曰"万夫之长，可以观政"。伊尹叹息言，德政修否，见于后世，服乎当时，有不可掩者，如此。

18.（元）许谦《读书丛说》卷五《商书·咸有一德》

金先生曰，"七世之庙可以观德"，即前，可以知后；"万夫之长可以观政"，即小，可以知大。盖人之修德，岂止尊一身，安天下，利一时而已。至于庙享百世不祧，亦其余泽也。长万夫者，尚可观其政之善恶，况为天下之君，或有小恶，乃谓人之不知乎，深勉戒之也。末三句只一意。

19.（元）董鼎《书传辑录纂注》卷三《商书·咸有一德》

呜呼！七世之庙，可以观德；万夫之长，可以观政。

天子七庙，三昭三穆，与太祖之庙七。七庙亲尽，则迁。必有德之主，则不祧毁，故曰"七世之庙，可以观德"。天子居万民之上，必政教

有以深服乎人，而后万民悦服。故曰"万夫之长，可以观政"。伊尹叹息，言德政修否，见于后世，服乎当时，有不可掩者如此。

20．（元）朱祖义《尚书句解》卷四《商书·咸有一德第八》

呜呼（嗟叹）！七世之庙（天子七庙，三昭三穆，与太祖庙），可以观德（亲尽则毁其庙，所以亲尽不毁者，以其有德也，非可以观德乎）。

21．（明）王樵《尚书日记》卷七《商书·咸有一德》

"呜呼！七世之庙"至"可以观政"。

七世之庙，其外则犹有不毁者，可以观德之修否，不能掩于后世之公也。万夫之众，人各有意，欲行其私，而吾能总摄而整齐之，如出于一人，非政教之善，有以深服其心，何以能如此，故可以观政之修否，不能掩于天下之公也。王者，远畏后世，近省当时，则所以修其德政者，不容已矣。按，宗庙以享祖考，而致其报本之意。德有厚薄，故制有隆杀。自天子至官师，其制不同。官师，谓诸有司之长，止及祢，却于祢庙，并祭祖。适士，二庙，祭祖，祭祢，皆不及高、曾。大抵士无太祖，而皆及其祖考。大夫，一昭一穆，与太祖之庙而三。大夫亦有始封之君，如鲁季氏，则公子友仲；孙氏，则公子庆父；叔孙氏，则公子牙是也。诸侯，二昭二穆，与太祖之庙而五。天子，三昭三穆，与太祖之庙而七。自上而下，降杀以两；自下而上，至于七庙，盖不可复加。而宗不在数中。太祖，百世不迁。三昭三穆，以世次，亲尽则迁。周至穆王时，文王亲尽，当祧。共王时，武王当祧，以其有功，当宗，故皆别立一庙，而谓之文世室，武世室，亦皆百世不迁。汉世无七庙之制，每帝辄立一庙，不序昭穆。景帝，尊高帝为太祖，文帝为太宗。宣帝，又尊武帝为世宗，皆世世不毁。光武中兴于洛阳，立高庙于南阳。春陵，立四亲庙。明帝，遵俭自抑，遗诏藏主于光烈皇后更衣别室。后帝相承，皆藏主于世祖之庙。由是同堂异室之制，迄今莫之能改。

又按，商有天下，自汤创业，而以契为太祖。周有天下，自文王、武王创业，而以稷为太祖。缘稷、契皆有功德，始封为诸侯，建邦启土。

汤、武虽有天下，而实承其统，不得不以为太祖。后世，若汉高帝，唐太宗，宋太祖，则皆起自匹夫，初无所因，宜为一代之太祖。其所追尊之祖考，在其身则为近亲，而功德之所本也，宜极推崇之典。在后世子孙论之，则亲已远，其庙当以次祧，而功德，又非一代创业之所自，实不得以商周稷契为比。唐宋，既以躬自创业者，为太祖，又以太祖所追尊之第一室为始祖。既为太祖，又有始祖，是庙有二祖也。二祖皆不可祧，太祖常厌于始祖，而合食之时，不得正其太祖之位。历代议者，每不满于此。朱子主王安石之说，谓始祖不可祧，其大端有五，谓笃生圣人，始祖不可谓无功德，一也；谓推太祖之心，亦欲尊崇其亲，二也；谓始祖之庙不毁，然后始祖之次当祧者，可藏主于始祖之夹室，若祧始祖，则自始祖以下，当藏主于太祖之夹室，以祖考而藏主于子孙之夹室，于义为不顺，三也。若为始祖别立庙，则有原庙之嫌，四也；谓太祖功德配天，所伸之，祭至多；惟庙享为始祖屈，所屈之，祭至少，五也。

义精矣，抑有疑焉，太庙者，太祖之庙，而以始祖为第一室，其名实为不相合矣。推太祖功德之所自固，不可谓始祖无所预；推太祖尊亲之心固，不可谓始祖以下尽可祧。但始祖既不得比稷契，称太祖，而以子孙之故，强居太祖之位，其义终不安。礼以义起，不知何如，而后可。此必俟有议礼制度之圣人，然后能定。不然，则姑守朱子之说可也。

22.（清）库勒纳等撰《日讲书经解义》卷四《商书·咸有一德》

呜呼！七世之庙，可以观德；万夫之长，可以观政。

此一节书是，伊尹告太甲以得失之不可掩于天下后世，而为警醒之词也。伊尹之言曰，呜呼！人君嗣位，则为人之子孙，异日入庙，则为人之宗祖。天子之制七庙，三昭三穆，与太祖之庙而七，必功德隆盛者，始称宗，而为不迁之主。不然，亲尽则祧，不得列于七庙之中。虽孝子慈孙，不能私其祖父。然则，七世之庙，不可以观德乎？人君以一身，托于臣民之上，抚我则后，虐我则仇。民罔常怀，怀于有仁，必善政诞敷，则爱戴而为太平之主。不然，群心不固，安能俨然于万民之上。虽赫声濯灵，亦不能束其异志。然则，万夫之长，不可以观政乎？政之得失，不能掩于当时；德之纯疵，不能掩于后世，亦可惕然深念矣。

（元）黄镇成《尚书通考》卷九《商书·咸有一德》

七世之庙可以观德。

蔡氏曰，天子七庙，三昭三穆，与太祖之庙七。七庙亲尽则迁，必有德之主，则不祧毁，故曰七世之庙可以观德。

颖达曰，王者祖有功，宗有德，虽七世之外，其庙不毁。汉世以来，论七庙者多矣，其文见于记传者，《礼器》、《家语》、《荀卿书》、《谷梁传》皆曰，天子立七庙，以为天子常法，不辨其庙之名。《王制》云，天子七庙，三昭三穆，与太祖之庙而七。《祭法》云，王立七庙，曰考庙，曰王考庙，曰皇考庙，曰显考庙，曰祖考庙，皆月祭之。远庙为祧，有二祧，享尝乃止。《汉书》韦玄成议曰，周之所以七庙者，后稷始封，文王、武王受命而王，是以三庙不毁，与亲庙四而七也。郑玄用此为说，故《王制》注云，此周制。殷则六庙，契及汤，与二昭二穆。夏则五庙，无太祖，禹与二昭二穆而已。良由不见古文，故为此谬说。此篇乃《商书》已云"七世之庙"，则天子七庙，王者常礼，非独周人始有七庙也。所言二祧者，王肃以为高祖之父，及祖也，并高祖已下，共为三昭三穆耳。

《通典》曰，昔在先王，感时代谢，思亲立庙，曰宗庙（庙，貌也，宗庙者，先祖之尊貌也），因新物而荐享，以重孝敬。远祖非一，不可遍追，故亲尽而止。唐、虞立五庙（郑玄按《礼纬·元命包》云，天子五庙，二昭二穆，与始祖而五），夏氏因之（夏太祖无功而不立，自禹与二昭二穆也），殷制七庙（《王制》云，天子七庙。郑玄复云，殷制六庙，自契及汤，二昭二穆）。周制，小宗伯掌建国之神位，左宗庙（库门内，雉门内之左），王立七庙。郑玄云，周制七庙，太祖及文王、武王之祧，与亲庙四，并而七。王肃云，尊统于上，故天子七庙，其有殊功异德，非太祖而不毁，不在七庙之数。其礼与太祖同，则文、武之庙是（按郑玄注《王制》，据《礼纬·元命包》云，唐虞五庙，殷六庙，周七庙。又注，《祭法》云，天子迁庙之主，以昭穆合藏于二祧之中。王肃非之曰，周之文、武受命之主，不迁之庙。殷之三宗，宗其德而存其庙，金不以为常数也。孙卿子曰，有天下者，事七庙。有一国者，事五代，所以积厚者，流泽广；积薄者，流泽狭也。《祭法》曰，远庙为祧，亲尽之上，犹存二庙也。文、武百代不迁者，《祭法》不得云去祧为坛。又云，迁主所藏曰祧。先公迁主，藏后稷之庙。先王迁主，藏文、武之庙，是为三祧。而《祭法》云，有二祧焉。《祭法》又曰，王祭下殇五，嫡子嫡孙，此为下祭五代。来孙，则无亲之孙，而上祭何不及无亲之祖乎。马昭非王，曰，《丧服小记》，王者立四庙。《王制》曰，天子七庙，是则立庙之止以为亲限，不过四也。亲尽之外，有大功德，可祖宗者也。有其人，则备，无其人，则少，故夏则五，殷则六，周则七。《礼器》云，周旅酬六尸，一人发爵，则周十尸，七庙，明矣。肃言，文、武不得称远庙，不得为二祧者。凡别远近，以亲为限。亲内为近，亲外为远。文、武适在亲外，当毁，故言远庙，自非文、武，亲外无不毁者。）

评曰，礼有以多为贵。《王制》，云天子七庙，诸侯五庙。《祭法》云，远庙为祧，有二祧焉，享尝乃止。而郑玄以文、武之庙曰祧，不亦疏乎？若天子之祖无功德，则不立二祧，二祧不庙，数与诸侯同，何以为降杀哉。成王六年制礼，七庙已有见数。文王为祖，武王为祢，非远庙也，不可于成王之代以文、武，逆云为迁主所藏矣。

汉元帝丞相韦玄成奏议礼，王者受命，诸侯始封之君，皆为太祖，以下诸庙，皆迭毁。毁庙之祖，藏于太祖。父为昭，子为穆，孙复为昭，古之正礼也。今高帝为太祖，文帝为太宗，世世不毁，余则五庙迭毁。景帝为昭，武帝为穆。昭帝与宣帝，俱为昭，皇考庙亲未尽（《陈礼书》曰，汉宣以从孙继昭帝，患昭穆之体一也，于是立悼皇庙，以当一代之穆，固不合礼。若特立庙，乃庶子王子之所当立者。悼皇，即史皇孙也），于是罢昭灵后，武哀王，昭哀后，卫思后，戾太子，戾后园，皆不奉祠，裁置吏卒守焉。罢郡国庙，时玄成等曰，臣闻，惟圣人为能飨帝，孝子为能飨亲。立庙京师之居，躬亲承事。《春秋》之义，父，不祭于支庶之宅；君，不祭于臣仆之家。臣等以为，宗庙在郡国，宜勿复修。奏可。

唐贞观九年，高祖崩，增修太庙。中书侍郎岑文本议曰，祖郑玄者，则陈四庙之制；述王肃者，则引七庙之文。贵贱混，而莫辨；是非纷，而不定。《春秋谷梁传》，及《礼记·王制》、《祭法》、《礼器》、《孔子家语》并云，天子七庙，诸侯五庙，大夫三庙，士二庙。《尚书·咸有一德》曰"七世之庙可以观德",至于孙卿、孔安国、刘歆、班彪父子,孔昆、虞喜、干宝之徒商较今古,咸以为然,故其文曰,天子三昭三穆,与太祖之庙而七,是以晋、宋、齐、梁,皆依斯义,立亲庙六。岂有国之茂典不刊之休烈乎?然若使违群经之正说,从累代之疑议,背子雍之笃论,述康成之旧学,则天子之礼,下,逼于人臣诸侯之制;上,僭于王者,非所谓尊卑有序名位不同者也。臣等忝详请,依晋、宋故事,立亲庙七,其祖宗之制式,遵旧典制。从之。

《朱子语录》曰,古庙制,自太祖以下,各是一室。陆农师《礼象图》可考。西汉时,高祖庙,文帝,顾成庙,犹各在一处,但无法度不同一处。至东汉明帝,谦贬不敢自当立庙,祔于光武庙,其后以为例。至唐太庙,及群臣家庙,悉如今制,以西为上也。至祢处,谓之东庙,只作一列。今太庙之制亦然。

或问,远庙为祧,如何?曰,天子七庙,如周文、武庙不祧。文为穆,则凡后之属乎穆者,皆归于文之庙;武为昭,则凡后之属乎昭者,皆归乎武之庙也

又曰,太祖之庙,始封之君居之;昭之北庙,二世之君居之;穆之北庙,三世之君居之;昭之南庙,四世之君居之;穆之南庙,五世之君居之。庙皆南向,各有门堂室寝,而墙宇四周焉。太祖之庙,百世不迁,自余四庙,则六世之后,每一易世而一迁。其迁之也,新主祔于其班之南庙。南庙之主,迁于北庙,北庙亲尽,则迁其主于太祖之西夹室。而谓之祧庙,主在本庙之室中,皆东向,至其祫于太祖之室,则惟太祖东向,自如而为最尊之位。群昭之入乎此者,皆列于北牖之下,而南向;群穆之入乎此者,皆列于南牖之下,而北向。南向者,取其向明,故谓之昭;北向者,取其深远,故谓之穆。盖群庙之列,则左为昭,右为穆。祫祭之位,则北为昭,而南为穆也(按,此《中庸或问》以诸侯之五庙言之)。

又曰,宗庙之制,但以左右为昭穆,而不以左右为尊卑,故五庙同为都宫,则昭常在左,穆常在右,而外有以不失其序。一世自为一庙,则昭不见穆,穆不见昭,而内有以各全其尊,必大祫而会于一室,然后序其尊卑之次,则凡已毁未毁之主,又毕陈而无所易。惟四时之祫,不陈毁庙之主。则高祖有时而在穆。

又答吴晦叔曰，古人庙堂南向，室在其北，东户西牖（皆南向），室西南为奥尊者居之，故神主在焉。《诗》所谓"宗室牖下"是也。主既在西壁下，即须东向，故行事之际，主人入户，西向致敬，取《仪礼·特牲》、《少牢》、《馈食》等篇读之，即可见矣（今《通典·开元礼》释奠仪，犹于堂上西壁下，设先圣东向之位，故三献官，皆西向，仿佛古制。今神位南向，而献官犹西向，失之矣）。凡庙皆南向，而主皆东向，惟祫祭之时，群庙之主，皆升合食于太祖之庙，则太祖之主仍旧东向，而群昭南向，群穆北向，列于太祖之前。此前代礼官所谓太祖正东向之位者，为祫祭时言也，非祫时，则群庙之主在其庙中，无不东向矣。庙则初不东向也。

又《祫禘议》曰，《王制》天子七庙，三昭三穆，与太祖之庙而七。诸侯、大夫、士降杀而两。而《祭法》又有适士二庙，官师一庙之文。大抵士无太祖，而皆及其祖考也。其制，在中门外之左，外为都宫，内各有寝庙，别有门垣。太祖在北，左昭右穆以次而南。天子，太祖百世不迁；一昭一穆为宗，亦百世不迁；二昭二穆为四亲庙，高祖以上亲尽，则毁而递迁。昭常为昭，穆常为穆。诸侯，则无二宗，大夫又无二庙，其迁毁之次，则与天子同，《仪礼》所谓以其班祔，《檀弓》所谓祔于祖父者也。三代之制，其详不得闻。然其大略不过如此。汉承秦弊，不能深考古制，诸帝之庙，各在一处，不容合为都宫以序昭穆。贡禹、韦玄成、匡衡之徒，虽欲正之，而不能尽合古制，旋亦废罢。后汉明帝又欲遵俭自抑，遗诏无起寝庙，俱藏其主于光武庙中，更衣别室。其后章帝，亦复如之，后世遂不敢加，而公私之庙，皆为同堂异室之制。

《尔雅》曰，室有东西厢，曰庙；无东西厢，有室，曰寝。西南隅，谓之奥；西北隅，谓之屋漏；东北隅，谓之宧（盈之切）；东南隅，谓之窔（一吊切）；东西墙，谓之序；牖户之间，谓之扆；宫中之门，谓之闱门；侧之堂，谓之塾庙；中路，谓之唐堂；途，谓之陈（唐与陈，皆堂下，至门之径，特庙堂异其名耳）。

又曰，柣谓之阈（柣，于结切）。桄谓之楔（革辖、先结二切），橛谓之闑（鱼列反）。盖界于门者，柣也，亦谓之阈；旁于门者，桄也，亦谓之楔；中于门者，橛也（橛，巨月切），亦谓之闑。《士丧》疏云，房户之外，由半以南，谓之堂。《士昏》疏云，其内，由半以北，亦谓之堂。堂中北墙，谓之墉。《士昏》"尊于室中北墉下"是也。堂下之墙，曰壁，《士虞》"饎爨在东壁"是也。坫，有东坫、西坫，《士丧》疏云"堂隅有坫，以土为之"是也。塾有内、外，《士冠》注云"西塾门外西堂"是也。

《月令》曰，其祀中溜古者，复穴以居，是以名室为中溜。

又有东溜，《燕礼》"设篚当东溜"，此言诸侯四注屋之东溜。又有门内溜，《燕礼》"宾执脯以赐钟人于门内溜"是也。《玉藻》公事自闑西，私事自闑东，疏云，闑，谓门之中央所竖短木也。

朱子曰，《周礼》，建国之神位，左宗庙，则五庙皆当在公宫之东南矣。其制，则孙毓以为，外为都宫，太祖在北，二昭二穆，以次而南是也。盖太祖之庙，始封之君居之；昭之北庙，二世之君居之；穆之北庙，四世之君居之；穆之南庙，五世之君居之。庙皆南向，各有门堂室寝，而墙宇四周焉。太祖之庙百世不迁，自余四庙，则六世之后，每一易世而一迁。

又曰，天子之庙，其制若何？曰，唐之文祖，虞之神宗，商之七世三宗，其详今不可考，独周制犹有可言。然而汉儒之记，又已有不同矣。谓后稷始封，文、武受命而王，故三庙不毁，与亲庙四而七者，诸儒之说也。谓三昭三穆与太祖之庙而七，文、武为宗，不在数中者，刘歆之说也。虽其数之不同，然其位置，迁次，宜亦与诸侯之庙无甚异者。但如诸儒之说，则武王初有天下之时，后稷为太祖，而组绀，居昭之北庙；太王，居穆之北庙；王季，居昭之南庙；文王，居穆之南庙，犹为五庙而已。至成王时，则组绀祧，王季迁，而武王祔。至康王时，则太王祧，文王迁，而成王祔。至昭王时，则王季祧，武王迁，而康王祔，自此以上，亦皆立为五庙，而祧者藏于太祖之庙。至穆王时，则文王亲尽，当祧，而以有功，当宗，故别立一庙于西北，而谓之文世室。于是成王迁，昭王祔，而为六庙矣。至共王时，则武王亲尽，当祧而亦以有功当宗，故别立一庙于东北，谓之武世室，于是康王迁，穆王祔，而为七庙矣。自是以后，则穆之祧者，藏于文世室，昭之祧者，藏于武世室，而不复于太庙矣。如刘歆之说，则周自武王克商，即增立二庙，于二昭二穆之上，以祀高圉、亚圉，如前递迁。至于懿王而始立文世室，于三穆之上。至孝王时，始立武世室，于三昭之上，此为少不同耳。曰，然。则诸儒，与刘歆之说孰为是？曰，前代说者多是刘歆，愚亦意其或然。

又曰，大夫士之制，奈何？曰，大夫三庙，则视诸侯而杀其二。然其太祖昭穆之位，犹诸侯也。适士二庙，则视大夫而杀其一。官师，一庙，则视大夫而杀其二。然其门、堂、室、寝之备，犹大夫也。曰，庙之为数，降杀以两，而其制不降何也？曰，降也，天子之山节藻棁，复庙重檐，诸侯固有所不得为者矣。诸侯之黝垩斫砻，大夫有不得为矣。大夫之仓楹斫桷，士又有不得为矣。曷为而不降哉？独门堂室寝之合，然后可名于宫，则其制有不得而杀耳。盖由命士以上，父子皆异宫生也，异宫而死，不得异庙，则有不得尽其事生、事存之心者，是以不得而降也（以上并见《中庸或问》）。

愚按，德厚者，流光；德薄者，流卑。礼之定分也。故天子七庙，诸侯以下降杀以两，示民有尊也。如诸儒之说，则周必待传至共王，而后始全天子之制。伊尹时，自汤至太甲，方四传，言七庙，则已立可知。且为天子有天下者，凡都城、宫室、冕服、车舆，即有等威以别于诸侯，何于"奉先致孝"之地，乃迟之于数世之后哉？圣人制礼必不其然。

（元）陈师凯《书蔡传旁通》卷三《商书·咸有一德》

天子七庙，三昭三穆，与太祖之庙七。七庙，亲尽则迁，必有德之主，则不祧毁。

注疏引《王制》云，天子七庙，三昭三穆，与太祖之庙而七。《祭法》云，王立七庙，曰考庙，曰王考庙，曰皇考庙，曰显考庙，曰祖考庙。远庙为祧，有二祧。刘歆、马融、王肃皆以七庙，为天子常礼。所言二祧者，王肃以为高祖之父及祖也，并高祖以下，共为三昭三穆耳。

《中庸或问》云，凡庙主，在本庙之室中，皆东向。及其祫于太庙之室中，则惟太祖东向，自如而为最尊之位。群昭之入乎此者，皆列于北牖下而南向。群穆之入乎此者，皆列于南牖下而北向。南向者，取其向明，故谓之昭；北向者，取其深远，故谓之穆。盖群庙之列，则左为昭，而右为穆。祫祭之位，则北为昭，而南为穆也。

《或问》又云，商之七世三宗，其详今不可考。

又云，周穆王时，文王亲尽当祧，而以有功当宗，故别立一庙于西北，而谓之文世室。至共王时，武王亲尽当祧，而亦以有功当宗，故别立一庙于东北，而谓之武世室。自是以后，则穆之祧者，藏于文世室；昭之祧者，藏于武世室。

（明）梅鷟《尚书考异》三《商书·咸有一德》

七世之庙，可以观德；万夫之长，可以观政。

《吕氏春秋》第十三卷，引《商书》曰，五世之庙，可以观怪；万夫之长，可以生谋。高诱曰，逸书今以"德"字易"怪"字；以"观政"易"生谋"字；以"七世"易"五世"字。按《礼》，祖有功，宗有德。《汉书·韦贤传》，王舜、刘歆议曰，《礼记·王制》，及《春秋谷梁传》，天子七庙，诸侯五，大夫三，士二。其文曰，天子三昭三穆，与太祖之庙而七；诸侯二昭二穆，与太祖之庙而五。故德厚者，流光；德薄者，流卑。七者，其正法数，可常数者也。宗不在数中，宗变也。苟有功德，则宗之不可预为设数，故于殷太甲为太宗，大戊曰中宗，武丁曰高宗。周公为《无逸》之戒，举殷三宗，以劝成王，由是言之，宗无数也。然则，所以劝帝者之功德博矣。今因其后有论殷三宗之说，遂剿入此四句。又《孟子》子贡曰，见其礼而知其政，闻其乐而知其德。

（清）朱鹤龄《尚书埤传》卷八《商书·咸有一德》

七世之庙。

《古今考》，七庙之制，自商时已然。庙皆南面，太祖居中，左为昭，右为穆，庙主在太庙之室中，则惟太祖东向，群昭南向，群穆北向。祔昭迁昭，祔穆迁穆，迁其主于太庙之夹室。

朱子曰，群庙之列，则左为昭，而右为穆。祫祭之位，则北为昭，而南为穆也。

王樵曰，按礼，祖庙，自天子至官师，其制不同。官师，谓诸有司之长，止及祢，于祢庙并祭祖。适士二庙，祭祖，祭祢，皆不及高、曾。大夫一昭一穆，与太祖之庙而三（大夫亦有始封之君，如鲁季氏，则公子友仲；孙氏，则公子庆父；叔孙氏，则公子牙是也）。诸侯，二昭二穆，与太祖之庙而五。天子，三昭三穆，与太祖之庙而七。自上而下，降杀以两；自下而上，至于七庙，盖不可复加，而宗不在数中。太祖，百世不迁，三昭三穆，世次亲，尽则迁。周至穆王时，文王亲尽，当祧；共王时，武王亲尽当祧，以其有功当宗，谓之文世室，武世室，亦皆百世不迁。汉无七庙之制，每帝辄立一庙，不序昭穆。景帝尊高帝为太祖，文帝为太宗。宣帝又尊武帝为世宗，皆世世不毁。光武中兴，于洛阳立高庙于南阳春陵，立四亲庙，明帝遵俭自抑，遗诏藏主于光烈皇后更衣别室，后帝相承，皆藏主于世祖之庙，自是，同堂异室之制，迄今莫之能改。

又按，商有天下，以契为太祖；周有天下，以稷为太祖，缘稷、契皆有功德在人，汤、武实承其绪，不得不以为太祖。后世，若汉高帝、唐太宗、宋太祖则皆无所因，宜为一代之太祖，其所追尊之祖考，在其身，则为近亲。以后世子孙论之，则亲已远，其庙当以次祧，而功德又非商周稷契之比。唐宋，既以躬自创业者为太祖，又以太祖所追尊之，第一室为始祖。既为太祖，又有始祖，是庙有二祖也。二祖皆不可祧。太祖常厌于始祖，合食之时，不得正其太祖之位。历代议者，每致疑于此。朱子，主王荆公之说，谓始祖不可祧，大端有五，笃生圣人，始祖不可谓无功德，一也；推太祖之心，亦欲尊崇其亲，二也；始祖之庙不毁，然后，始祖之次当祧者，可藏主于始祖之夹室，若祧始祖，则当藏主于太祖之夹室，以祖考而藏主于子孙之夹室，于义为不顺，三也；若为始祖别立庙，则有原庙之嫌，四也；太祖功德配天，所伸之祭至多，惟庙享为始祖，屈所屈之祭至少，五也。其义精矣。虽然始祖既不得比稷、契，称太祖，而以子孙之故，强居太祖之位，义终未安，必俟有议礼之圣人，然后能定。不然，姑守朱子之说可也。

万夫之长，可以观政

1.（汉）孔氏传、（唐）陆德明音义、孔颖达疏《尚书注疏》卷七

万夫之长，可以观政。

传，能整齐万夫，其政可知

音义，长，之丈反。

疏，正义曰，立德在于为政，万夫之长，能使其整齐，可以观知其善政也。万夫之长尚尔，况天子乎？劝王使为善政也。

2.（宋）苏轼《书传》卷七《商书·咸有一德第八》

(归善斋按，见"克绥先王之禄，永底烝民之生")

3.（宋）林之奇《尚书全解》卷十七《商书·咸有一德》

(归善斋按，见"呜呼！七世之庙，可以观德")

4.（宋）史浩《尚书讲义》卷九《商书·咸有一德》

(归善斋按，见"俾万姓咸曰，大哉王言")

5.（宋）夏僎《尚书详解》卷十二《商书·咸有一德》

(归善斋按，见"呜呼！七世之庙，可以观德")

6.（宋）时澜《增修东莱书说》卷十《商书·咸有一德第八》

(归善斋按，见"俾万姓咸曰，大哉王言")

7.（宋）黄度《尚书说》卷三《商书·咸有一德》

(归善斋按，见"呜呼！七世之庙，可以观德")

8.（宋）袁燮《絜斋家塾书钞》卷五《商书·咸有一德》

(归善斋按，见"呜呼！七世之庙，可以观德")

9.（宋）蔡沈《书经集传》卷三《商书·咸有一德》

(归善斋按，见"呜呼！七世之庙，可以观德")

10. （宋）黄伦《尚书精义》卷十八《商书·咸有一德》

（归善斋按，见"呜呼！七世之庙，可以观德"）

11. （宋）陈经《尚书详解》卷十五《商书·咸有一德》

（归善斋按，见"呜呼！七世之庙，可以观德"）

12. （宋）钱时《融堂书解》卷六《商书·咸有一德》

（归善斋按，见"呜呼！七世之庙，可以观德"）

13. （宋）魏了翁《尚书要义》

原阙。

14. （宋）陈大猷《书集传或问》卷上《商书·咸有一德》

（归善斋按，见"呜呼！七世之庙，可以观德"）

15. （宋）胡士行《尚书详解》卷四《商书·咸有一德第八》

（归善斋按，见"呜呼！七世之庙，可以观德"）

16. （元）吴澄《书纂言》

（归善斋按，未解）

17. （元）陈栎《书集传纂疏》卷三《朱子订定蔡氏集传·咸有一德》

（归善斋按，见"呜呼！七世之庙，可以观德"）

18. （元）许谦《读书丛说》卷五《商书·咸有一德》

（归善斋按，见"呜呼！七世之庙，可以观德"）

19. （元）董鼎《书传辑录纂注》卷三《商书·咸有一德》

(归善斋按，见"呜呼！七世之庙，可以观德")

20. （元）朱祖义《尚书句解》卷四《商书·咸有一德第八》

万夫之长（君一身为万民之长。长，上声），可以观政（万民心悦诚服，无敢异议者，以其政之善也，非可以观政乎）。

21. （明）王樵《尚书日记》卷七《商书·咸有一德》

(归善斋按，见"呜呼！七世之庙，可以观德")

22. （清）库勒纳等撰《日讲书经解义》卷四《商书·咸有一德》

(归善斋按，见"呜呼！七世之庙，可以观德")

（明）梅鷟《尚书考异》三《商书·咸有一德》

(归善斋按，见"呜呼！七世之庙，可以观德")

后非民罔使；民非后罔事

1. （汉）孔氏传、（唐）陆德明音义、孔颖达疏《尚书注疏》卷七

后非民罔使，民非后罔事。

传，君以使民，自尊民以事君自生。

疏，正义曰，既言君民相须，又戒王虚心待物。

2.（宋）苏轼《书传》卷七《商书·咸有一德第八》

后非民罔使，民非后罔事。无自广以狭人，匹夫匹妇，不获自尽，民主罔与成厥功。

3.（宋）林之奇《尚书全解》卷十七《商书·咸有一德》

（归善斋按，见"呜呼！七世之庙，可以观德"）

4.（宋）史浩《尚书讲义》卷九《商书·咸有一德》

（归善斋按，见"俾万姓咸曰，大哉王言"）

5.（宋）夏僎《尚书详解》卷十二《商书·咸有一德》

（归善斋按，见"呜呼！七世之庙，可以观德"）

6.（宋）时澜《增修东莱书说》卷十《商书·咸有一德第八》

（归善斋按，见"俾万姓咸曰，大哉王言"）

7.（宋）黄度《尚书说》卷三《商书·咸有一德》

（归善斋按，见"呜呼！七世之庙，可以观德"）

8.（宋）袁燮《絜斋家塾书钞》卷五《商书·咸有一德》

后非民，罔使；民非后，罔事。无自广以狭人，匹夫匹妇，不获自尽，民主罔与成厥功。

君、民本一体，相须之义，初无尊卑之殊。苟见己之为尊，民之为卑，便是此心不一处，何者，当其见己之为尊，民之为卑，其心必侈然自大。吾之本心初未尝有侈然自大也。本心未尝，有而外加益焉，非不"一"乎。太甲今日既悔过迁善之后，在我者，已光明广大，却恐有自广而狭人之心，才有此心，便是二三，故伊尹拳拳于此，所以使君、民一体之义，不可以侈然自大也。大抵人之"好"处，便是"病"处。"民主罔与成厥功"，"与"者，与民也。人主欲成功，须与民共之。天下匹夫匹妇，不得自尽，则谁与成功乎。

9.（宋）蔡沈《书经集传》卷三《商书·咸有一德》

后非民，罔使；民非后，罔事。无自广以狭人，匹夫匹妇，不获自尽，民主罔与成厥功。

尽，子忍，在忍，二反。罔使，罔事，即上篇"民非后，罔克胥匡以生；后非民，罔以辟四方"之意。申言君民之相须者如此，欲太甲不敢忽也。无、毋同。伊尹又言，君民之使、事，虽有贵贱不同，至于取人为善，则初无贵贱之间。盖天以一理，赋之于人，散为万善。人君合天下之万善，而后理之一者，可全也。苟自大而狭人，匹夫匹妇有一不得自尽于上，则一善不备，而民主亦无与成厥功矣。

伊尹于篇，终致其警戒之意，而言外之旨，则又推广其所谓"一"者如此，盖道体之纯全，圣功之极致也。尝因是言之，以为精粹无杂者，"一"也；终始无间者，"一"也。该括万善者，"一"也，"一"者，通古今，达上下，万化之原，万事之干，语其理，则无二；语其运，则无息；语其体，则并包而无所遗也。《咸有一德》之书，而三者之义悉备。前乎伏羲，尧舜，禹汤；后乎文武，周公，孔子，同一揆也。

10.（宋）黄伦《尚书精义》卷十八《商书·咸有一德》

（归善斋按，见"呜呼！七世之庙，可以观德"）

11.（宋）陈经《尚书详解》卷十五《商书·咸有一德》

（归善斋按，见"呜呼！七世之庙，可以观德"）

12.（宋）钱时《融堂书解》卷六《商书·咸有一德》

（归善斋按，见"呜呼！七世之庙，可以观德"）

13.（宋）魏了翁《尚书要义》

原阙。

14.（宋）陈大猷《书集传或问》卷上《商书·咸有一德》

（归善斋按，未解）

15.（宋）胡士行《尚书详解》卷四《商书·咸有一德第八》

（归善斋按，见"呜呼！七世之庙，可以观德"）

16.（元）吴澄《书纂言》

（归善斋按，未解）

17.（元）陈栎《书集传纂疏》卷三《朱子订定蔡氏集传·咸有一德》

后非民罔使，民非后罔事。无自广以狭人，匹夫匹妇，不获自尽，民主罔与成厥功。

罔使、罔事，即上篇"民非后，罔克胥匡以生；后非民，罔以辟四方"之意，申言君、民之相须者如此，欲太甲不敢忽也。无、毋同。伊尹又言，君、民之使、事，虽有贵贱不同，至于取人为善，则初无贵贱之间。盖天以"一"理赋之于人，散为万善。人君，合天下之万善，而后，理之"一"者，可全也。苟自大而狭人，匹夫匹妇有一不得自尽于上，则一善不备，而民主亦无以成厥功矣。伊尹于篇终，致其警戒之意，而言外之旨，则又推广其所谓"一"者如此，盖道体之纯，全圣功之极致也。尝因是言之，以为，精粹无杂者"一"也；终始无间者"一"也；该括万善者，"一"也。"一"者，通古今，达上下，万化之原，万事之干，语其理，则无二；语其运，则无息；语其体，则并包而无所遗也。《咸有一德》之书，而三者之义悉备。前乎，伏羲、尧舜、禹汤；后乎，文武、周公，孔子，同一揆也。

纂疏

愚谓，观德、观政，欲太甲致谨于修德、行政之际也。德，即一德；政，即德之见于行事者。

又谓，"一德"虽全，矜心当戒，一善或遗，即"一德"有亏，何以有成功哉。此一节，言君民相须，及不可使匹夫匹妇不获自尽。其与舜命禹以精一，而末及于众非后，后非众，四海困穷，天禄永终者，亦有合焉。伊尹乐尧舜之道，而有得，岂不信。

18.（元）许谦《读书丛说》卷五《商书·咸有一德》

（归善斋按，未解）

19.（元）董鼎《书传辑录纂注》卷三《商书·咸有一德》

后非民罔使；民非后罔事。无自广以狭人，匹夫匹妇，不获自尽，民主罔与成厥功。

罔使、罔事，即上篇"民非后，罔克胥匡以生；后非民，罔以辟四方"之意。申言君民之相须者如此，欲太甲不敢忽也。无、毋同。伊尹又言，君民之使、事，虽有贵贱不同，至于取人为善，则初无贵贱之间。盖天以"一"理赋之，于人散为万善；人君，合天下之万善，而后理之"一"者可全也。苟自大而狭人，匹夫匹妇有一不得自尽于上，则一善不备，而民主亦无与成厥功矣。伊尹于篇终，致其警戒之意，而言外之旨，则又推广其所谓"一"者如此，盖道体之纯全，圣功之极致也。尝因是言之，以为精粹无杂者，"一"也；终始无间者，"一"也；该括万善者，"一"也。一者，通古今，达上下，万化之原，万事之干。语其理，则无二；语其运，则无息；语其体，则并包而无所遗也。《咸有一德》之书，而三者之义悉备。前乎，伏羲、尧舜、禹汤，后乎，文武、周公、孔子，同一揆也。

纂注

新安陈氏曰，观德、观政，欲太甲致谨于修德、行政之际也。德，则一德；政，则一德之见于行事者。又谓，一德虽全，尤不可以自足。矜心一生，而匹夫匹妇有怀。不得以自尽，则一善之或遗，即一德之有亏，何以大有成于天下哉？

此节言"后非民"，"民非后"，及不可使"匹夫匹妇，不获自尽"，其与舜命禹以"精一"，而末及于众非后何戴？后非众罔与守邦，四海困穷，天禄永终者，亦有合焉。伊尹之学其乐尧舜之道而有得，岂不信。

20.（元）朱祖义《尚书句解》卷四《商书·咸有一德第八》

后非民，罔使（君不得民，则无所使），民非后，罔事（民不得君，则无所事）。

21.（明）王樵《尚书日记》卷七《商书·咸有一德》

"后非民罔使"至"民主罔与成厥功"。

君之与民，实相须。君之取善，当无间匹夫匹妇，虽若所知之狭然，离而听之，则愚；合而听之，则圣。盖众多之智虑，虽圣人有不能加焉。苟自广狭人，而匹夫匹妇，有一不得自尽于上，则理有遗知，事有遗照，民主将谁与成厥功哉？

人君苟有自广狭人之心，则岂能主善为师乎？推主善为师之量，则必使匹夫匹妇无不获自尽，而始无一善之遗。尧舜询于刍荛，鳏寡无盖，明四目，达四聪，盖为此也。然帝王，岂能人人而延见之，日日而咨访之，只是吾之聪明不蔽，乐善无倦，则凡政事所接，无非延纳之地；民情所达，皆吾感触之机尔。圣人，以己不能尽匹夫匹妇之善为惧；而后，以匹夫匹妇不被己之泽为耻。譬之天，能包罗万物，而后万物咸被其泽也。后之沾沾自喜，足己而自用者，竟何为哉？

22.（清）库勒纳等撰《日讲书经解义》卷四《商书·咸有一德》

后非民罔使；民非后罔事。无自广以狭人，匹夫匹妇不获自尽，民主罔与成厥功。

此一节书是，伊尹广言取善之量，而欲其无遗于百姓也。伊尹之言曰，人君，欲成一德之治，则内而百官，外而万民，皆为我取益之地，勿谓百姓至愚贱也。人君非民，则孤立于上，而何所任使。百姓非君，则涣散于下，而何所统束，其相须也如是，故君虽神圣，而蘁铎必悬，刍荛不弃，皆所以集思而广益。若自恃聪明，谓人之识见一无可取，是自广以狭人也。其可乎？盖虽匹夫匹妇，其一得之愚，亦有足录者。若因其愚贱，使之不能自尽其诚，则聪明壅而识见隘，民主亦罔与成厥功矣。匹夫匹妇且然，况百官庶尹，为吾之所任用，辅弼左右，为吾之所顾托，而使之不能尽其诚以入告，殚其才，以有为，犹可以成治功者乎？

此篇言君德最宜纯一，必也去欲存理，使本体湛然，而又慎简臣工，旁求俊义，以至匹夫匹妇，一善不遗，然后可泽被当时，誉延后世，而成配天之业也。人君修德之要，此书尽之矣。

无自广以狭人，匹夫匹妇，不获自尽，民主罔与成厥功

1.（汉）孔氏传、（唐）陆德明音义、孔颖达疏《尚书注疏》卷七

无自广以狭人，匹夫匹妇，不获自尽，民主罔与成厥功。

传，上有狭人之心，则下无所自尽矣，言先尽其心，然后乃能尽其力，人君所以成功。

音义，狭，户夹反。尽，徐子忍反，注同。

疏，正义曰，凡为人主，无得自为广大，以狭小前人。勿自以所知为大，谓彼所知为小。若谓彼狭小，必待之轻薄。彼知遇薄，则意不自尽。匹夫、匹妇，不得自尽其意，则在下，不肯亲上；在上不得下情，如是则人主，无与成其功也。

2.（宋）苏轼《书传》卷七《商书·咸有一德第八》

（归善斋按，未解）

3.（宋）林之奇《尚书全解》卷十七《商书·咸有一德》

（归善斋按，见"呜呼！七世之庙，可以观德"）

4.（宋）史浩《尚书讲义》卷九《商书·咸有一德》

（归善斋按，见"俾万姓咸曰，大哉王言"）

5.（宋）夏僎《尚书详解》卷十二《商书·咸有一德》

（归善斋按，见"呜呼！七世之庙，可以观德"）

6.（宋）时澜《增修东莱书说》卷十《商书·咸有一德第八》

（归善斋按，见"俾万姓咸曰，大哉王言"）

7.（宋）黄度《尚书说》卷三《商书·咸有一德》

（归善斋按，见"呜呼！七世之庙，可以观德"）

8.（宋）袁燮《絜斋家塾书钞》卷五《商书·咸有一德》

（归善斋按，见"后非民，罔使；民非后，罔事"）

9.（宋）蔡沈《书经集传》卷三《商书·咸有一德》

（归善斋按，见"后非民，罔使；民非后，罔事"）

10.（宋）黄伦《尚书精义》卷十八《商书·咸有一德》

（归善斋按，见"呜呼！七世之庙，可以观德"）

11. （宋）陈经《尚书详解》卷十五《商书·咸有一德》

（归善斋按，见"呜呼！七世之庙，可以观德"）

12. （宋）钱时《融堂书解》卷六《商书·咸有一德》

（归善斋按，见"呜呼！七世之庙，可以观德"）

13. （宋）魏了翁《尚书要义》

原阙。

14. （宋）陈大猷《书集传或问》卷上《商书·咸有一德》

（归善斋按，见"善无常主，协于克一"）

15. （宋）胡士行《尚书详解》卷四《商书·咸有一德第八》

（归善斋按，见"呜呼！七世之庙，可以观德"）

16. （元）吴澄《书纂言》

（归善斋按，未解）

17. （元）陈栎《书集传纂疏》卷三《朱子订定蔡氏集传·咸有一德》

（归善斋按，见"后非民，罔使；民非后，罔事"）

18. （元）许谦《读书丛说》卷五《商书·咸有一德》

匹夫匹妇不获自尽者，举凡天下之民，有一人不得遂其生，其情无所告诉，不得上达，盖因"自广狭人"，所以致此，是则德泽不能尽遍，不能成平治之功矣。

19.（元）董鼎《书传辑录纂注》卷三《商书·咸有一德》

（归善斋按，见"后非民，罔使；民非后，罔事"）

20.（元）朱祖义《尚书句解》卷四《商书·咸有一德第八》

无自广以狭人（人君无自以己为广大，而狭乎人。苟以下民之微而狭小之），匹夫匹妇（则一夫一妇，苟有寸善可使），不获自尽（不得自尽其能矣），民主罔与成厥功（将见人主孤立寡闻，谁与共成其功乎）。

21.（明）王樵《尚书日记》卷七《商书·咸有一德》

（归善斋按，见"后非民，罔使；民非后，罔事"）

22.（清）库勒纳等撰《日讲书经解义》卷四《商书·咸有一德》

（归善斋按，见"后非民，罔使；民非后，罔事"）

（明）梅鷟《尚书考异》三《商书·咸有一德》

匹夫匹妇，不获自尽，民主罔与成厥功。
《孟子》匹夫匹妇，有不与被尧舜之泽者，若己推而纳之沟中。

（清）张英《书经衷论》卷二《商书·咸有一德》

用人之道，贵严；而听言之途，贵宽。故曰，匹夫匹妇，不获自尽，民主罔与成厥功，正刍荛不弃之意也。后世滥于用人，而登进之途杂；严于听言，而献纳之途寡，殆与古人适相反矣。

《沃丁》

沃丁既葬伊尹于亳

1. （汉）孔氏传、（唐）陆德明音义、孔颖达疏《尚书注疏》卷七

沃丁既葬伊尹于亳。

传，沃丁，太甲子。伊尹既致仕老终，以三公礼葬。

音义，沃，乌毒反，徐于毒反。

疏，正义曰，沃丁，殷王名也。"沃丁既葬伊尹"，言重其贤德，备礼而葬之。疏，正义曰，咎单以沃丁爱慕伊尹，遂训畅伊尹之事以告沃丁。史录其事，作《沃丁》之篇。

传正义曰，《世本》、《本纪》皆云"太甲崩，子沃丁立"，是为太甲子也。伊尹本是三公，上篇言其告归，知"致仕老终，以三公礼葬"。皇甫谧云："沃丁八年，伊尹卒，卒年百有余岁。大雾三日。沃丁葬之以天子礼，葬祀以太牢，亲临丧，以报大德。"晋文请隧，襄王不许，沃丁不当以天子之礼葬伊尹也。孔言三公礼葬，未必有文，要情事当然也。

2. （宋）苏轼《书传》卷七《商书·咸有一德第八》

沃丁既葬伊尹于亳，咎单遂训伊尹事，作《沃丁》。

咎单训伊尹事，犹曹参述行萧何之政也。咎单作明居，司空之职也。舜宅百揆，亦司空之事也。禹作司空，以此考之，自尧舜至商，盖尝以司空为政也欤。沃丁，太甲子，自克夏至沃丁，五十有二年，伊尹亦上寿矣。

3.（宋）林之奇《尚书全解》卷十七《商书·咸有一德》

沃丁既葬伊尹于亳，咎单遂训伊尹事，作《沃丁》。伊陟相太戊，亳有祥桑谷，共生于朝。伊陟赞于巫咸，作《咸乂》四篇。太戊赞于伊陟，作《伊陟》、《原命》。仲丁迁于嚣，作《仲丁》。河亶甲居相，作《河亶甲》。祖乙圯于耿，作《祖乙》

（归善斋按，未解）。

此条有正文，无解说。

4.（宋）史浩《尚书讲义》卷九《商书·咸有一德》

沃丁既葬伊尹于亳，咎单遂训伊尹事，作《沃丁》。

沃丁，太甲子也。伊尹以道事君，天俾之寿，自克商至沃丁，已五十有三年，伊尹可谓享上寿矣。咎单，贤臣，既训伊尹事，则是顺伊尹之法而不变也。伊尹勤勤于太甲者，惟急于任官惟贤才，左右惟其人而已，太甲既已用之，而其子沃丁，又能遵用先王用贤之道，以用咎单。咎单乃能守伊尹画一之训，可谓尽善矣。传曰，遵先王之法而过者，未之有也。

5.（宋）夏僎《尚书详解》卷十二《商书·咸有一德》

沃丁既葬伊尹于亳，咎单遂训伊尹事，作《沃丁》。伊陟相太戊，亳有祥桑谷，共生于朝，伊陟赞于巫咸，作《咸乂》四篇。太戊赞于伊陟，作《伊陟》、《原命》。仲丁迁于嚣，作《仲丁》。河亶甲居相，作《河亶甲》祖乙圯于耿，作《祖乙》。

自此下亡书序也。《咸有一德》篇至"民主罔与成厥功"而止。《沃丁》、《祖乙》诸书篇，第正在《咸有一德》之下。正经既亡，故安国附其序于此书之末。"沃丁既葬伊尹于亳，咎单遂训伊尹事，作《沃丁》"，此《沃丁》书之序也。盖孔子谓，沃丁，太甲子，既葬伊尹于亳邑。咎单，忠臣，以沃丁爱慕伊尹，遂训扬伊尹所行功德之事，史书序之，故作书，而名曰"沃丁"。

"伊陟，相太戊，亳有祥桑谷共生于朝，伊陟赞于巫咸，作《咸乂》四篇"，此《咸乂》四篇之序也。孔氏谓，伊陟，是伊尹子；太戊，是沃丁弟。伊陟相时，于亳都之内，有不善之祥，桑二木共生于朝，朝非生木之处，而桑谷共生之故，为不善之祥，伊陟以桑谷，赞告于巫咸，史氏录其言，故目曰《咸乂》凡四篇。乂，治也，告巫咸以自治之说也。

"太戊赞于伊陟，作《伊陟》、《原命》"，二篇之序。孔子谓，桑谷之灾，伊陟既赞于巫咸，二人先共议论，然后告君，故其君太戊，遂又以其事赞告于伊陟，史录其事，故目其书，曰《伊陟》，曰《原命》。盖太戊告伊陟，则亦告原命，故有伊陟，又有原命，俱以桑谷事告，故序总以为文。原，是臣名，以言"命原"，故名"原命"，如《冏命》、《毕命》也。

"仲丁迁于嚣，作《仲丁》"，"河亶甲居相，作《河亶甲》"，"祖乙圮于耿，作《祖乙》"，此又是三篇之序也。孔氏谓，仲丁，太戊子，自亳迁于嚣，陈其迁都之义，故作《仲丁》。河亶甲，又仲丁之弟，自嚣迁居于相，作《河亶甲》，亦陈迁都之义也。或言迁或言居，不同者，废其旧都，谓之迁；致彼新邑，谓之居，其实一也。祖乙，又河亶甲之子。河亶甲居相，至祖乙又迁，居耿。其后耿地为水所毁，故作《祖乙》，必言为水圮坏之事也。

孔氏此数说，皆顺。序立说，未敢尽以为然，姑存之而已。唐孔氏又谓，盘庚言于今五邦，及数之，惟亳、嚣、相、耿四处而已，则知祖乙圮于耿，必是毁于耿，更迁他处。盘庚又自他处，迁于殷耳。汉孔氏谓，圮于相而迁于耿。既与序书言异，又不合五迁之说。

窃谓，唐孔氏此说无据，虽能辨正汉孔氏之失，而自亦不免于失，故不如林少颖之说为长。少颖之说见下。

6. （宋）时澜《增修东莱书说》卷十《商书·咸有一德第八》

（归善斋按，未解）

7. （宋）黄度《尚书说》卷三《商书·咸有一德》

沃丁既葬伊尹于亳，咎单遂训伊尹事，作《沃丁》。

沃丁，太甲子。《皇览》曰，伊尹冢，在济阴已氏平利乡，今楚丘县，汉已氏县。训以伊尹行事沃丁，亡。

8.（宋）袁燮《絜斋家塾书钞》卷五《商书·咸有一德》

沃丁既葬伊尹于亳，咎单遂训伊尹事，作《沃丁》。

沃丁，太甲子。伊尹既死，咎单遂即伊尹之事，所以事成汤，事太甲者，作为一书，欲使沃丁，常不忘伊尹之事也。

9.（宋）蔡沈《书经集传》卷三《商书·咸有一德》

（归善斋按，未解）

10.（宋）黄伦《尚书精义》卷十八《商书·咸有一德》

沃丁既葬伊尹于亳，咎单遂训伊尹事，作《沃丁》。

无垢曰，呜呼！商家不可一日无伊尹也久矣。伊尹虽告归，朝廷有大务，人主宰相，所不能决者，想太甲父子必就问之。古礼，所谓九十者，天子欲有问焉，则就其室，以珍从是也。及伊尹既死，死已既葬，朝廷皇皇焉，意以谓有谋谁决，有事谁咨，有大患难，其谁凭藉乎？故咎单遂述伊尹平生法度，以告沃丁，使之遵守也。

东坡曰，咎单作明居，司空之职也。舜宅百揆，亦司空之事也。禹作司空，以此考之，自尧、舜，至商，盖尝以司空为政也。

11.（宋）陈经《尚书详解》卷十五《商书·咸有一德》

沃丁既葬伊尹于亳，咎单遂训伊尹事，作《沃丁》。伊陟相太戊，亳有祥桑谷，共生于朝，伊陟赞于巫咸，作《咸乂》四篇。太戊赞于伊陟，作《伊陟》、《原命》。仲丁迁于嚣，作《仲丁》。河亶甲居相，作《河亶甲》。祖乙圯于耿，作《祖乙》。

此数篇，皆逸其书。其书亡，而其序存。沃丁，太甲之子也。伊尹，既殁，则沃丁以三公之礼葬之，其臣咎单，遂训述伊尹平生之事，守之弗失，如曹参守萧何故事。然咎单作《明居》，盖司空之官也。唐虞以司空，宅百揆。意者，商朝亦然，则咎单者，继伊尹而相者也。伊陟，伊尹之子也，为太戊之相。亳有妖祥，桑谷之木，共生于朝。朝非木之所生，此妖也。君、臣之间，谋所以恐惧修省，以销天变，故伊陟赞告巫咸，谋之于同列，而《咸乂》四篇之书作。"咸乂"者，以巫咸能"作乂王家"也。太戊赞告于伊陟。谋之于臣。而《伊陟》、《原命》之书作。原命者，原，臣名，既以告伊陟，又以告原也。惟其君臣恐惧更相告戒如此，此所以能销大变，而太戊、伊陟、巫咸，卒为商之贤君，贤臣也。仲丁迁于嚣，河亶甲居相，祖乙圮于耿，历世未久，而累迁都，盖所居近河，世有河患，则其迁也，亦视民利而迁，不获已者也。

12. （宋）钱时《融堂书解》卷六《商书·咸有一德》

沃丁既葬伊尹于亳，咎单遂训伊尹，事作《沃丁》。

沃丁，太甲子。伊尹既告老，死于家，而沃丁葬之于亳，以三公之礼葬也。序曰既葬，曰遂训，盖伊尹元老，虽已致仕，所谓天子欲有问焉，则就其室者。及既葬，亡矣，不可复见矣。咎单遂训沃丁，以伊尹之事而作，是故名"沃丁"，非特明谟大训，使沃丁知所守，而咎单亦守之，以为鹄的也。既葬、遂训，若不容少缓者，亦是乘沃丁尊礼，感慕方新，而急投之。咎单，汤旧臣，作明居时，已为司空。太甲没，而沃丁立其居，辅遗托孤之任者欤。伊尹论"咸有一德"，惟曰尹公暨汤，及其身后虽同列，故老犹不忘取法，自言之而无所嫌，人法之而无所忌，呜呼盛哉。

13. （宋）魏了翁《尚书要义》

原阙。

14. （宋）陈大猷《书集传或问》卷上《商书·咸有一德》

（归善斋按，未解）

15. （宋）胡士行《尚书详解》卷四《商书·咸有一德第八》

沃丁既葬伊尹于亳，咎单遂训（畅）伊尹事（功德），作《沃丁》

(一书，亡)。

16.（元）吴澄《书纂言》

（归善斋按，未解）

17.（元）陈栎《书集传纂疏》卷三《朱子订定蔡氏集传·咸有一德》

（归善斋按，未解）

18.（元）许谦《读书丛说》卷五《商书·咸有一德》

（归善斋按，未解）

19.（元）董鼎《书传辑录纂注》卷三《商书·咸有一德》

（归善斋按，未解）

20.（元）朱祖义《尚书句解》卷四《商书·咸有一德第八》

沃丁既葬伊尹于亳（此下皆逸书，书亡序存。沃丁，太甲子。伊尹既没，沃丁，以三公礼葬于亳邑）。

21.（明）王樵《尚书日记》卷七《商书·咸有一德》

（归善斋按，未解）

22.（清）库勒纳等撰《日讲书经解义》卷四《商书·咸有一德》

（归善斋按，未解）

咎单遂训伊尹事

1.（汉）孔氏传、（唐）陆德明音义、孔颖达疏《尚书注疏》卷七

咎单遂训伊尹事。

传，训畅其所行功德之事。咎单，忠臣名。

疏，正义曰，咎单以沃丁爱慕伊尹，遂训畅伊尹之事以告沃丁。

2.（宋）苏轼《书传》卷七《商书·咸有一德第八》

（归善斋按，见"沃丁既葬伊尹于亳"）

3.（宋）林之奇《尚书全解》卷十七《商书·咸有一德》

（归善斋按，未解）

4.（宋）史浩《尚书讲义》卷九《商书·咸有一德》

（归善斋按，见"沃丁既葬伊尹于亳"）

5.（宋）夏僎《尚书详解》卷十二《商书·咸有一德》

（归善斋按，见"沃丁既葬伊尹于亳"）

6.（宋）时澜《增修东莱书说》卷十《商书·咸有一德第八》

（归善斋按，未解）

7.（宋）黄度《尚书说》卷三《商书·咸有一德》

（归善斋按，见"沃丁既葬伊尹于亳"）

8.（宋）袁燮《絜斋家塾书钞》卷五《商书·咸有一德》

（归善斋按，见"沃丁既葬伊尹于亳"）

9.（宋）蔡沈《书经集传》卷三《商书·咸有一德》

（归善斋按，未解）

10.（宋）黄伦《尚书精义》卷十八《商书·咸有一德》

（归善斋按，见"沃丁既葬伊尹于亳"）

11.（宋）陈经《尚书详解》卷十五《商书·咸有一德》

（归善斋按，见"沃丁既葬伊尹于亳"）

12.（宋）钱时《融堂书解》卷六《商书·咸有一德》

（归善斋按，见"沃丁既葬伊尹于亳"）

13.（宋）魏了翁《尚书要义》

原阙。

14.（宋）陈大猷《书集传或问》卷上《商书·咸有一德》

（归善斋按，未解）

15.（宋）胡士行《尚书详解》卷四《商书·咸有一德第八》

（归善斋按，见"沃丁既葬伊尹于亳"）

16.（元）吴澄《书纂言》

（归善斋按，未解）

17. （元）陈栎《书集传纂疏》卷三《朱子订定蔡氏集传·咸有一德》

（归善斋按，未解）

18. （元）许谦《读书丛说》卷五《商书·咸有一德》

（归善斋按，未解）

19. （元）董鼎《书传辑录纂注》卷三《商书·咸有一德》

（归善斋按，未解）

20. （元）朱祖义《尚书句解》卷四《商书·咸有一德第八》

咎单遂训伊尹事（其臣咎单遂训述伊尹平生之事）。

21. （明）王樵《尚书日记》卷七《商书·咸有一德》

（归善斋按，未解）

22. （清）库勒纳等撰《日讲书经解义》卷四《商书·咸有一德》

（归善斋按，未解）

作《沃丁》

1. （汉）孔氏传、（唐）陆德明音义、孔颖达疏《尚书注疏》卷七

作《沃丁》。

传，作此篇以戒也，亡。

疏，正义曰，史录其事，作《沃丁》之篇。

2. （宋）苏轼《书传》卷七《商书·咸有一德第八》

（归善斋按，见"沃丁既葬伊尹于亳"）

3. （宋）林之奇《尚书全解》卷十七《商书·咸有一德》

（归善斋按，未解）

4. （宋）史浩《尚书讲义》卷九《商书·咸有一德》

（归善斋按，见"沃丁既葬伊尹于亳"）

5. （宋）夏僎《尚书详解》卷十二《商书·咸有一德》

（归善斋按，见"沃丁既葬伊尹于亳"）

6. （宋）时澜《增修东莱书说》卷十《商书·咸有一德第八》

（归善斋按，未解）

7. （宋）黄度《尚书说》卷三《商书·咸有一德》

（归善斋按，见"沃丁既葬伊尹于亳"）

8. （宋）袁燮《絜斋家塾书钞》卷五《商书·咸有一德》

（归善斋按，见"沃丁既葬伊尹于亳"）

9. （宋）蔡沈《书经集传》卷三《商书·咸有一德》

（归善斋按，未解）

10.（宋）黄伦《尚书精义》卷十八《商书·咸有一德》

(归善斋按,见"沃丁既葬伊尹于亳")

11.（宋）陈经《尚书详解》卷十五《商书·咸有一德》

(归善斋按,见"沃丁既葬伊尹于亳")

12.（宋）钱时《融堂书解》卷六《商书·咸有一德》

(归善斋按,见"沃丁既葬伊尹于亳")

13.（宋）魏了翁《尚书要义》

原阙。

14.（宋）陈大猷《书集传或问》卷上《商书·咸有一德》

(归善斋按,未解)

15.（宋）胡士行《尚书详解》卷四《商书·咸有一德第八》

(归善斋按,见"沃丁既葬伊尹于亳")

16.（元）吴澄《书纂言》

(归善斋按,未解)

17.（元）陈栎《书集传纂疏》卷三《朱子订定蔡氏集传·咸有一德》

(归善斋按,未解)

18.（元）许谦《读书丛说》卷五《商书·咸有一德》

(归善斋按,未解)

19. （元）董鼎《书传辑录纂注》卷三《商书·咸有一德》

（归善斋按，未解）

20. （元）朱祖义《尚书句解》卷四《商书·咸有一德第八》

作《沃丁》（亡）。

21. （明）王樵《尚书日记》卷七《商书·咸有一德》

（归善斋按，未解）

22. （清）库勒纳等撰《日讲书经解义》卷四《商书·咸有一德》

（归善斋按，未解）

《咸乂》

伊陟相大戊

1.（汉）孔氏传、（唐）陆德明音义、孔颖达疏《尚书注疏》卷七

序，伊陟相太戊。
传，伊陟，伊尹子；太戊，沃丁弟之子。
音义，陟，张力反。相，息亮反。太戊，马云，太甲子。
疏，正义曰，伊陟辅相太戊。

传正义曰,伊陟,伊尹子,相传为然。《殷本纪》云,沃丁崩,弟太庚立;崩,子小甲立;崩,弟雍已立;崩,弟太戊立,是太戊为小甲弟,太庚之子。

2.（宋）苏轼《书传》卷七《商书·咸有一德第八》

伊陟相太戊。

伊陟,伊尹子。太戊,帝太庚之子。

3.（宋）林之奇《尚书全解》卷十七《商书·咸有一德》

（归善斋按,未解）

4.（宋）史浩《尚书讲义》卷九《商书·咸有一德》

伊陟相太戊,亳有祥桑谷,共生于朝,伊陟赞于巫咸,作《咸乂》四篇。太戊赞于伊陟,作《伊陟》、《原命》。

传曰,臧孙达其有后于鲁乎?君违,不忘谏之以德。太甲之不明,可谓违德矣,而伊尹以一德训之,是岂谓其君不能者哉。夫人臣之罪,莫大于谓其君不足以有为而不为。盖天以治道望人君,彼虽背理伤道,未尝不欲其改过也。是,以克生贤臣,使之扶颠持危,苟人臣有能使之改过,天岂不佑之乎?伊尹能当天意者,宜乎有伊陟为之子也。太戊,太庚之子。《孟子》曰,贤圣之君六七作。太戊所以得为贤圣之君,岂非能用贤乎?是以,巫咸、伊陟皆在其廷也。桑谷二木,连干而生,一夕而盈拱,野木而生于朝,丘墟之象也。伊陟恐惧,能赞于巫咸;太戊恐惧,能赞于伊陟,君臣之间,遇灾而惧,所以能弭天之祥,延商之祚也。

5.（宋）夏僎《尚书详解》卷十二《商书·咸有一德》

（归善斋按,见"沃丁既葬伊尹于亳"）

6.（宋）时澜《增修东莱书说》卷十《商书·咸有一德第八》

（归善斋按，未解）

7.（宋）黄度《尚书说》卷三《商书·咸有一德》

伊陟相太戊，亳有祥桑谷，共生于朝。伊陟赞于巫咸，作《咸乂》四篇。

伊陟，伊尹子。太戊，中宗沃丁弟，太庚之孙。祥，妖怪。孔氏曰，桑谷二木合生，七日大拱，不恭之罚。《史记》"一暮大拱"。巫咸，臣名。周公曰，在太戊时，则有若伊陟、臣扈格于上帝，巫咸乂王家。《咸乂》四篇，亡。

8.（宋）袁燮《絜斋家塾书钞》卷五《商书·咸有一德》

伊陟相太戊，亳有祥桑谷，共生于朝。伊陟赞于巫咸，作《咸乂》四篇。太戊赞于伊陟，作《伊陟》、《原命》。

朝廷，天子临莅百官，百官尊事天子之处，而桑谷生焉，宫室将空之兆也。有此大异，宜必有危亡之变。然其君臣之间，交相警如此，故虽有其象，而无其应，此商家之兴所以未艾也。赞，如益赞于禹。伊陟赞于巫咸，臣下自相警戒也。太戊，赞于伊陟，君臣交相警戒也。伊陟，伊尹之子。

9.（宋）蔡沈《书经集传》卷三《商书·咸有一德》

（归善斋按，未解）

10.（宋）黄伦《尚书精义》卷十八《商书·咸有一德》

伊陟相太戊，亳有祥桑谷共生于朝，伊陟赞于巫咸，作《咸乂》四篇。

无垢曰，商家犹有尧、舜之风，后世弗可及者。昔益有昌言，禹拜而俞之。禹有昌言，皋陶俞而师之。其雍穆揖逊之风，使人乐而不厌。今伊尹既葬，而咎单遂训伊尹事。亳有祥桑，伊陟乃赞于巫咸。其虚心克己，惟朝廷是忧，初不欲善之在己，过之在人，此尧、舜之风也。

11. （宋）陈经《尚书详解》卷十五《商书·咸有一德》

（归善斋按，见"沃丁既葬伊尹于亳"）

12. （宋）钱时《融堂书解》卷六《商书·咸有一德》

伊陟相太戊，亳有祥桑谷共生于朝。伊陟赞于巫咸，作《咸乂》四篇。

伊陟，尹之子。太戊，沃丁弟之子。祥，妖也。《史记》云，亳有祥桑谷共生于朝，一日莫大拱。帝太戊惧，问伊陟。伊陟曰，臣闻妖不胜，德帝之政其有阙欤，帝其修德。太戊从之，而祥桑枯死。"伊陟赞言于巫咸"，巫咸治王家有成。作《咸乂》是此书作于治王家有成之后也。序不言太戊问伊陟一节，而径言伊陟赞于巫咸，盖此序专为《咸乂》四篇而作。巫咸因伊陟之赞。而治王家有成，故史氏追述始末而成书也。大抵妖祥随感而生，禾异亩同，颖所以彰周公之德。桑榖合生于外朝，岂居燮理之任者，于协赞之义有亏欤。《君奭》云，在太戊时，则有若伊陟、臣扈格于上帝，巫咸乂王家。巫咸，必是专总理王家庶务者。伊陟所以特赞之也。《史记》曰，陟对太戊之言云云，而孔子特书曰，伊陟相太戊，则其责，殆有归矣。

13. （宋）魏了翁《尚书要义》

原阙

14. （宋）陈大猷《书集传或问》卷上《商书·咸有一德》

（归善斋按，未解）

15. （宋）胡士行《尚书详解》卷四《商书·咸有一德第八》

伊陟（孔氏谓，伊尹子）相大戊（沃丁弟，太庚之子），亳（都）有祥（不善之祥），桑谷共生（二木共生，七日大拱）于朝（非生木地），伊陟赞（告）于巫咸（臣名）作《咸乂》（告咸以自治之说）四篇（四书亡）。

16.（元）吴澄《书纂言》

（归善斋按，未解）

17.（元）陈栎《书集传纂疏》卷三《朱子订定蔡氏集传·咸有一德》

（归善斋按，未解）

18.（元）许谦《读书丛说》卷五《商书·咸有一德》

（归善斋按，未解）

19.（元）董鼎《书传辑录纂注》卷三《商书·咸有一德》

（归善斋按，未解）

20.（元）朱祖义《尚书句解》卷四《商书·咸有一德第八》

伊陟相太戊（伊陟，伊尹子。太戊，沃丁弟。伊陟相佑太戊）。

21.（明）王樵《尚书日记》卷七《商书·咸有一德》

（归善斋按，未解）

22.（清）库勒纳等撰《日讲书经解义》卷四《商书·咸有一德》

（归善斋按，未解）

亳有祥桑谷，共生于朝

1.（汉）孔氏传、（唐）陆德明音义、孔颖达疏《尚书注疏》卷七

亳有祥，桑谷共生于朝。

传，祥，妖怪，二木合生，七日大拱，不恭之罚。

音义，桑，苏臧反。谷，工木反，楮也。朝，直遥反。

疏，正义曰，于亳都之内，有不善之祥，桑谷二木，共生于朝。朝非生木之处，是为不善之征。

传正义曰，《汉书·五行志》云，凡草物之类，谓之妖自外来，谓之祥。祥是恶事，先见之征，故为妖怪也。二木合生，谓共处生也。七日大拱，伏生《书传》有其文，或当别出余书，则孔用之也。郑玄注《书传》云，两手扼之曰拱，生七日而见其大，满两手也。《殷本纪》云，一暮大拱，言一夜即满拱。所闻不同，故说异也。《五行传》曰，貌之不恭，是谓不肃。时则有青眚之祥。《汉书·五行志》夏侯始昌、刘向《算法》云，肃，敬也，内曰恭，外曰敬。人君行己，体貌不恭，怠慢骄蹇，则不能敬。木色青，故有青眚之祥，是言木之变怪，是貌不恭之罚。人君貌不恭，天将罚之，木怪见其征也。皇甫谧云，太戊问于伊陟，伊陟曰，臣闻妖不胜德，帝之政事有阙，白帝修德。太戊退而占之曰，桑谷野木，而不合生于朝，意者朝亡乎？太戊惧修先王之政，明养老之礼，三年而远方重译，而至七十六国，是言妖不胜德也。礼有赞者，皆以言告人，故赞为告也。

2.（宋）苏轼《书传》卷七《商书·咸有一德第八》

亳有祥桑谷，共生于朝。

桑谷合生于朝，七日而拱，妖也。

3.（宋）林之奇《尚书全解》卷十七《商书·咸有一德》

（归善斋按，未解）

4.（宋）史浩《尚书讲义》卷九《商书·咸有一德》

（归善斋按，见"伊陟相太戊，亳有祥桑谷，共生于朝"）

5.（宋）夏僎《尚书详解》卷十二《商书·咸有一德》

（归善斋按，见"沃丁既葬伊尹于亳"）

6.（宋）时澜《增修东莱书说》卷十《商书·咸有一德第八》

（归善斋按，未解）

7.（宋）黄度《尚书说》卷三《商书·咸有一德》

（归善斋按，见"伊陟相太戊，亳有祥桑谷，共生于朝"）

8.（宋）袁燮《絜斋家塾书钞》卷五《商书·咸有一德》

（归善斋按，见"伊陟相太戊，亳有祥桑谷，共生于朝"）

9.（宋）蔡沈《书经集传》卷三《商书·咸有一德》

（归善斋按，未解）

10.（宋）黄伦《尚书精义》卷十八《商书·咸有一德》

（归善斋按，见"伊陟相太戊"）

11.（宋）陈经《尚书详解》卷十五《商书·咸有一德》

（归善斋按，见"沃丁既葬伊尹于亳"）

12.（宋）钱时《融堂书解》卷六《商书·咸有一德》

（归善斋按，见"伊陟相太戊"）

13.（宋）魏了翁《尚书要义》

原阙。

14.（宋）陈大猷《书集传或问》卷上《商书·咸有一德》

（归善斋按，未解）

15.（宋）胡士行《尚书详解》卷四《商书·咸有一德第八》

（归善斋按，见"伊陟相太戊"）

16.（元）吴澄《书纂言》

（归善斋按，未解）

17.（元）陈栎《书集传纂疏》卷三《朱子订定蔡氏集传·咸有一德》

（归善斋按，未解）

18.（元）许谦《读书丛说》卷五《商书·咸有一德》

（归善斋按，未解）

19.（元）董鼎《书传辑录纂注》卷三《商书·咸有一德》

（归善斋按，未解）

20.（元）朱祖义《尚书句解》卷四《商书·咸有一德第八》

亳有祥（亳邑有祅祥），桑谷共生于朝（二木共生于朝，朝非生木之处）。

21.（明）王樵《尚书日记》卷七《商书·咸有一德》

（归善斋按，未解）

22.（清）库勒纳等撰《日讲书经解义》卷四《商书·咸有一德》

（归善斋按，未解）

伊陟赞于巫咸，作《咸乂》四篇

1.（汉）孔氏传、（唐）陆德明音义、孔颖达疏《尚书注疏》卷七

伊陟赞于巫咸，作《咸乂》四篇。

传，赞，告也。巫咸，臣名。皆亡。

音义，巫咸，马云，巫，男巫也，名咸，殷之巫也。乂，治也。

疏，正义曰，伊陟以此桑谷之事，告于巫咸，史录其事作《咸乂》四篇。乂，训"治"也，言所以致妖，须治理之。故名篇为"咸乂"也。伊陟不先告太戊，而告巫咸者，《君奭》云"在太戊时，则有若巫咸乂王家"，则咸是贤臣，能治王事。大臣见怪而惧，先共议论，而后以告君。下篇序云"太戊赞于伊陟"，明先告于巫咸，而后告太戊。

传正义曰，《君奭》传曰，巫，氏也，当以巫为氏，名咸。此言臣名者，言是臣之名号也。郑玄云，巫咸，谓之巫官者，案《君奭》咸子乂称贤，父子并为大臣，必不世作巫官，故孔言巫氏是也。

2.（宋）苏轼《书传》卷七《商书·咸有一德第八》

伊陟赞于巫咸，作《咸乂》四篇。

《书》曰"在太戊时，巫咸乂王家"。

3.（宋）林之奇《尚书全解》卷十七《商书·咸有一德》

（归善斋按，未解）

4.（宋）史浩《尚书讲义》卷九《商书·咸有一德》

（归善斋按，见"伊陟相太戊，亳有祥桑谷，共生于朝"）

5.（宋）夏僎《尚书详解》卷十二《商书·咸有一德》

（归善斋按，见"沃丁既葬伊尹于亳"）

6.（宋）时澜《增修东莱书说》卷十《商书·咸有一德第八》

（归善斋按，未解）

7.（宋）黄度《尚书说》卷三《商书·咸有一德》

（归善斋按，见"伊陟相太戊，亳有祥桑谷，共生于朝"）

8.（宋）袁燮《絜斋家塾书钞》卷五《商书·咸有一德》

（归善斋按，见"伊陟相太戊，亳有祥桑谷，共生于朝"）

9.（宋）蔡沈《书经集传》卷三《商书·咸有一德》

（归善斋按，未解）

10.（宋）黄伦《尚书精义》卷十八《商书·咸有一德》

（归善斋按，见"伊陟相太戊"）

11.（宋）陈经《尚书详解》卷十五《商书·咸有一德》

（归善斋按，见"沃丁既葬伊尹于亳"）

12.（宋）钱时《融堂书解》卷六《商书·咸有一德》

（归善斋按，见"伊陟相太戊"）

13.（宋）魏了翁《尚书要义》

原阙。

14.（宋）陈大猷《书集传或问》卷上《商书·咸有一德》

（归善斋按，未解）

15.（宋）胡士行《尚书详解》卷四《商书·咸有一德第八》

（归善斋按，见"伊陟相太戊"）

16.（元）吴澄《书纂言》

（归善斋按，未解）

17.（元）陈栎《书集传纂疏》卷三《朱子订定蔡氏集传·咸有一德》

（归善斋按，未解）

18.（元）许谦《读书丛说》卷五《商书·咸有一德》

（归善斋按，未解）

19.（元）董鼎《书传辑录纂注》卷三《商书·咸有一德》

（归善斋按，未解）

20.（元）朱祖义《尚书句解》卷四《商书·咸有一德第八》

伊陟赞于巫咸（伊陟怪之，以赞告于巫咸）。

作《咸乂》四篇（亡。盖告巫咸以自治之说）。

21.（明）王樵《尚书日记》卷七《商书·咸有一德》

（归善斋按，未解）

22.（清）库勒纳等撰《日讲书经解义》卷四《商书·咸有一德》

（归善斋按，未解）

《伊陟》、《原命》

太戊赞于伊陟

1.（汉）孔氏传、（唐）陆德明音义、孔颖达疏《尚书注疏》卷七

序太戊赞于伊陟
传，告以改过自新。
疏，正义曰，言太戊赞于伊陟，惟告伊陟，不告原也。

2.（宋）苏轼《书传》卷七《商书·咸有一德第八》

太戊赞于伊陟，作《伊陟》、《原命》。仲丁迁于嚣，作《仲丁》。

仲丁,大戊子,自亳迁嚣。嚣在陈留浚仪县,或曰今河南敖仓。

3. (宋)林之奇《尚书全解》卷十七《商书·咸有一德》

(归善斋按,未解)

4. (宋)史浩《尚书讲义》卷九《商书·咸有一德》

(归善斋按,见"伊陟相太戊,亳有祥桑谷,共生于朝")

5. (宋)夏僎《尚书详解》卷十二《商书·咸有一德》

(归善斋按,见"沃丁既葬伊尹于亳")

6. (宋)时澜《增修东莱书说》卷十《商书·咸有一德第八》

(归善斋按,未解)

7. (宋)黄度《尚书说》卷三《商书·咸有一德》

太戊赞于伊陟,作《伊陟》、《原命》。
孔氏曰,原,臣名。二篇亡。

8. (宋)袁燮《絜斋家塾书钞》卷五《商书·咸有一德》

(归善斋按,见"伊陟相太戊,亳有祥桑谷,共生于朝")

9. (宋)蔡沈《书经集传》卷三《商书·咸有一德》

(归善斋按,未解)

10. (宋)黄伦《尚书精义》卷十八《商书·咸有一德》

太戊赞于伊陟,作《伊陟》、《原命》。
无垢曰,《伊陟》、《原命》所载,皆恐惧修省之事。原,孔安国以为臣名，是太戊，赞伊陟，又命原，以天变之事也。其间，君臣答问，虽不得而知，想见不过君臣相戒，修德修政，以答天意耳。

11.（宋）陈经《尚书详解》卷十五《商书·咸有一德》

（归善斋按，见"沃丁既葬伊尹于亳"）

12.（宋）钱时《融堂书解》卷六《商书·咸有一德》

太戊赞于伊陟，作《伊陟》、《原命》。

此《伊陟》、《原命》二书之序也。太戊赞于伊陟，岂惧而有问，卒从修德之说，而有是欤。原，臣名。既赞伊陟，而遂命原，故有曰《伊陟》，曰《原命》。二书皆因赞伊陟而作也。书虽不存，要无非君臣问答，修德弭变之言耳。桑谷有祥，伊陟赞巫咸。太戊赞伊陟，君臣上下，戒谨恐惧如此，此太戊所以为贤，而伊陟承家法。先儒因书之先后，遂谓伊陟先告巫咸，而后告太戊，殆未必然。诸书虽皆桑谷一事，而二序，乃因书之篇次而作。《史记》所言次第可考。况书之作又各有首尾，正不必泥也。禹宅帝位已载之《大禹谟》，而《皋陶谟》、《益稷》所记，往往皆未宅帝位前，与同列问答之语，岂可以篇次，定事之先后乎。

13.（宋）魏了翁《尚书要义》

原阙。

14.（宋）陈大猷《书集传或问》卷上《商书·咸有一德》

（归善斋按，未解）

15.（宋）胡士行《尚书详解》卷四《商书·咸有一德第八》

大戊赞（以桑谷之祥告）于伊陟，作《伊陟》、《原命》（二书亡。

原,臣名,以言命原,故书名云)。

遇灾,惧而修德,为商中宗。

16.(元)吴澄《书纂言》

(归善斋按,未解)

17.(元)陈栎《书集传纂疏》卷三《朱子订定蔡氏集传·咸有一德》

(归善斋按,未解)

18.(元)许谦《读书丛说》卷五《商书·咸有一德》

(归善斋按,未解)

19.(元)董鼎《书传辑录纂注》卷三《商书·咸有一德》

(归善斋按,未解)

20.(元)朱祖义《尚书句解》卷四《商书·咸有一德第八》

太戊赞于伊陟(太戊又以桑谷之灾,赞告于伊陟)。

21.(明)王樵《尚书日记》卷七《商书·咸有一德》

(归善斋按,未解)

22.(清)库勒纳等撰《日讲书经解义》卷四《商书·咸有一德》

(归善斋按,未解)

作《伊陟》、《原命》

1.（汉）孔氏传、（唐）陆德明音义、孔颖达疏《尚书注疏》卷七

作《伊陟》、《原命》。

传，原，臣名。《原命》、《伊陟》，二篇皆亡。

疏，正义曰，史录其事而作《伊陟》、《原命》二篇，则太戊告伊陟，亦告原，俱以桑谷事告，故序总以为文也。原是臣名，而云"原命"谓以言命原，故以"原命"名篇，犹如《冏命》、《毕命》也。

2.（宋）苏轼《书传》卷七《商书·咸有一德第八》

（归善斋按，未解）

3.（宋）林之奇《尚书全解》卷十七《商书·咸有一德》

（归善斋按，未解）

4.（宋）史浩《尚书讲义》卷九《商书·咸有一德》

（归善斋按，见"伊陟相太戊，亳有祥桑谷，共生于朝"）

5.（宋）夏僎《尚书详解》卷十二《商书·咸有一德》

（归善斋按，见"沃丁既葬伊尹于亳"）

6.（宋）时澜《增修东莱书说》卷十《商书·咸有一德第八》

（归善斋按，未解）

7. （宋）黄度《尚书说》卷三《商书·咸有一德》

（归善斋按，见"太戊赞于伊陟"）

8. （宋）袁燮《絜斋家塾书钞》卷五《商书·咸有一德》

（归善斋按，见"伊陟相太戊，亳有祥桑谷，共生于朝"）

9. （宋）蔡沈《书经集传》卷三《商书·咸有一德》

（归善斋按，未解）

10. （宋）黄伦《尚书精义》卷十八《商书·咸有一德》

（归善斋按，见"太戊赞于伊陟"）

11. （宋）陈经《尚书详解》卷十五《商书·咸有一德》

（归善斋按，见"沃丁既葬伊尹于亳"）

12. （宋）钱时《融堂书解》卷六《商书·咸有一德》

（归善斋按，见"太戊赞于伊陟"）

13. （宋）魏了翁《尚书要义》

原阙。

14. （宋）陈大猷《书集传或问》卷上《商书·咸有一德》

（归善斋按，未解）

15.（宋）胡士行《尚书详解》卷四《商书·咸有一德第八》

（归善斋按，见"太戊赞于伊陟"）

16.（元）吴澄《书纂言》

（归善斋按，未解）

17.（元）陈栎《书集传纂疏》卷三《朱子订定蔡氏集传·咸有一德》

（归善斋按，未解）

18.（元）许谦《读书丛说》卷五《商书·咸有一德》

（归善斋按，未解）

19.（元）董鼎《书传辑录纂注》卷三《商书·咸有一德》

（归善斋按，未解）

20.（元）朱祖义《尚书句解》卷四《商书·咸有一德第八》

作《伊陟》、《原命》（二篇书亡。原，是臣名，以言"命原"也）。

21.（明）王樵《尚书日记》卷七《商书·咸有一德》

（归善斋按，未解）

22.（清）库勒纳等撰《日讲书经解义》卷四《商书·咸有一德》

（归善斋按，未解）

《仲丁》

仲丁迁于嚻

1.（汉）孔氏传、（唐）陆德明音义、孔颖达疏《尚书注疏》卷七

序，仲丁迁于嚻。

传，太戊子去亳。嚻，地名。

音义，嚻，五羔反。

疏，正义曰，此三篇皆是迁都之事，俱以君名名篇，并陈迁都之义。如《盘庚》之诰民也，发其旧都，谓之迁；到彼新邑，谓之居。"迁于嚻"，与"居相"，亦事同也。以《河亶甲》三字句长，不言"于"，其实亦是居于相也。"圮于耿"者，孔意以为毁于相地，乃迁于耿地。其篇盖言毁意，故序特言"圮"也。李颙云，嚻在陈留浚仪县。皇甫谧云，仲丁自亳徙嚻，在河北也。或曰，今河南敖仓。二说未知孰是也。相地，孔云，在河北，盖有文而知也。谧又以耿在河东皮氏县耿乡是也。

传正义曰，此及下传，言仲丁是太戊之子；河亶甲，仲丁弟也，祖乙，河亶甲子，皆《世本》文也。仲丁是太戊之子。太戊之时，仍云"亳有祥"，知仲丁迁于嚻，去亳也。

《尚书注疏》卷七《考证》

附序"仲丁迁于嚻"。

嚻，《史记》作"隞"。

2.（宋）苏轼《书传》卷七《商书·咸有一德第八》

（归善斋按，见"太戊赞于伊陟"）

3. （宋）林之奇《尚书全解》卷十七《商书·咸有一德》

（归善斋按，未解）

4. （宋）史浩《尚书讲义》卷九《商书·咸有一德》

仲丁迁于嚣，作《仲丁》。河亶甲居相，作《河亶甲》。祖乙圮于耿，作《祖乙》。

亳之地，介于河。河既屡决，亳不能居，则桑谷之祥，至是应矣。仲丁，太戊之子，迁于嚣。河亶甲，仲丁之子，复迁于相。祖乙，河亶甲之子，既迁于耿，耿复圮焉。《史记》谓，复迁于邢，未之详也。然嚣也，相也，耿也，邢也，或在河之南，或在河之北，虽河水屡决，而屡迁，终不敢远亳而居。有以见商之子孙，重先王之故都，恋其宗庙、社稷不忍远去也。传曰，商人明鬼。明鬼，尊祖之义也。此三篇者，皆以迁都之意，告其民，卒之盘庚，复归于亳，于此可见，商之子孙不得已，而去故都也。

5. （宋）夏僎《尚书详解》卷十二《商书·咸有一德》

（归善斋按，见"沃丁既葬伊尹于亳"）

6. （宋）时澜《增修东莱书说》卷十《商书·咸有一德第八》

（归善斋按，未解）

7. （宋）黄度《尚书说》卷三《商书·咸有一德》

仲丁迁嚣，作《仲丁》。

嚣，《史记》作"隞"。李颙云，在陈留浚仪县。皇甫谧曰，或云河南敖仓，是。案，敖仓，在今郑州荥泽县西。《仲丁》亡。

8.（宋）袁燮《絜斋家塾书钞》卷五《商书·咸有一德》

（归善斋按，未解）

9.（宋）蔡沈《书经集传》卷三《商书·咸有一德》

（归善斋按，未解）

10.（宋）黄伦《尚书精义》卷十八《商书·咸有一德》

仲丁迁于嚣，作《仲丁》。

无垢曰，嚣，皇甫谧谓，在河北，或曰，今河南敖仓。余因迁都事，乃知桑谷之妖，转而为迁都耳。夫太戊占之曰，野木生朝，国其亡？是太戊不修德，必有亡国之灾，惟其修德，所以止于迁都耳。

11.（宋）陈经《尚书详解》卷十五《商书·咸有一德》

（归善斋按，见"沃丁既葬伊尹于亳"）

12.（宋）钱时《融堂书解》卷六《商书·咸有一德》

仲丁迁于嚣，作《仲丁》。

仲丁，太戊子。汤始迁亳，至仲丁，乃自亳迁嚣。陈迁都之义，而作是书也。

13.（宋）魏了翁《尚书要义》

原阙。

14.（宋）陈大猷《书集传或问》卷上《商书·咸有一德》

（归善斋按，未解）

15.（宋）胡士行《尚书详解》卷四《商书·咸有一德第八》

仲丁迁于嚣，作《仲丁》（一书。亡）。

16.（元）吴澄《书纂言》

（归善斋按，未解）

17.（元）陈栎《书集传纂疏》卷三《朱子订定蔡氏集传·咸有一德》

（归善斋按，未解）

18.（元）许谦《读书丛说》卷五《商书·咸有一德》

（归善斋按，未解）

19.（元）董鼎《书传辑录纂注》卷三《商书·咸有一德》

（归善斋按，未解）

20.（元）朱祖义《尚书句解》卷四《商书·咸有一德第八》

仲丁迁于嚣（仲丁，太戊子，自亳迁嚣）。

21.（明）王樵《尚书日记》卷七《商书·咸有一德》

（归善斋按，未解）

22.（清）库勒纳等撰《日讲书经解义》卷四《商书·咸有一德》

（归善斋按，未解）

作《仲丁》

1.（汉）孔氏传、（唐）陆德明音义、孔颖达疏《尚书注疏》卷七

作《仲丁》。
传，陈迁都之义，亡。

2.（宋）苏轼《书传》卷七《商书·咸有一德第八》

（归善斋按，未解）

3.（宋）林之奇《尚书全解》卷十七《商书·咸有一德》

（归善斋按，未解）

4.（宋）史浩《尚书讲义》卷九《商书·咸有一德》

（归善斋按，见"仲丁迁于嚣"）

5.（宋）夏僎《尚书详解》卷十二《商书·咸有一德》

（归善斋按，见"沃丁既葬伊尹于亳"）

6.（宋）时澜《增修东莱书说》卷十《商书·咸有一德第八》

（归善斋按，未解）

7.（宋）黄度《尚书说》卷三《商书·咸有一德》

（归善斋按，见"仲丁迁于嚣"）

8.（宋）袁燮《絜斋家塾书钞》卷五《商书·咸有一德》

（归善斋按，未解）

9.（宋）蔡沈《书经集传》卷三《商书·咸有一德》

（归善斋按，未解）

10.（宋）黄伦《尚书精义》卷十八《商书·咸有一德》

（归善斋按，见"仲丁迁于嚣"）

11.（宋）陈经《尚书详解》卷十五《商书·咸有一德》

（归善斋按，见"沃丁既葬伊尹于亳"）

12.（宋）钱时《融堂书解》卷六《商书·咸有一德》

（归善斋按，见"仲丁迁于嚣"）

13.（宋）魏了翁《尚书要义》

原阙。

14.（宋）陈大猷《书集传或问》卷上《商书·咸有一德》

（归善斋按，未解）

15.（宋）胡士行《尚书详解》卷四《商书·咸有一德第八》

（归善斋按，见"仲丁迁于嚣"）

16. （元）吴澄《书纂言》

（归善斋按，未解）

17. （元）陈栎《书集传纂疏》卷三《朱子订定蔡氏集传·咸有一德》

（归善斋按，未解）

18. （元）许谦《读书丛说》卷五《商书·咸有一德》

（归善斋按，未解）

19. （元）董鼎《书传辑录纂注》卷三《商书·咸有一德》

（归善斋按，未解）

20. （元）朱祖义《尚书句解》卷四《商书·咸有一德第八》

作《仲丁》（述迁都之义，作仲丁之书。亡）。

21. （明）王樵《尚书日记》卷七《商书·咸有一德》

（归善斋按，未解）

22. （清）库勒纳等撰《日讲书经解义》卷四《商书·咸有一德》

（归善斋按，未解）

《河亶甲》

河亶甲居相

1.（汉）孔氏传、（唐）陆德明音义、孔颖达疏《尚书注疏》卷七

序河亶甲居相。传，仲丁弟。相，地名，在河北。

音义，亶，丁但反。相，息亮反，在河北，今魏郡有相县。

2.（宋）苏轼《书传》卷七《商书·咸有一德第八》

河亶甲居相，作《河亶甲》。

河亶甲，仲丁弟，相在河北。

3.（宋）林之奇《尚书全解》卷十七《商书·咸有一德》

（归善斋按，未解）

4.（宋）史浩《尚书讲义》卷九《商书·咸有一德》

（归善斋按，见"仲丁迁于嚣"）

5.（宋）夏僎《尚书详解》卷十二《商书·咸有一德》

（归善斋按，见"沃丁既葬伊尹于亳"）

6.（宋）时澜《增修东莱书说》卷十《商书·咸有一德第八》

（归善斋按，未解）

7.（宋）黄度《尚书说》卷三《商书·咸有一德》

河亶甲居相，作《河亶甲》。

相，今相州。《河亶甲》，亡。

8.（宋）袁燮《絜斋家塾书钞》卷五《商书·咸有一德》

（归善斋按，未解）

9.（宋）蔡沈《书经集传》卷三《商书·咸有一德》

（归善斋按，未解）

10.（宋）黄伦《尚书精义》卷十八《商书·咸有一德》

河亶甲居相，作《河亶甲》。

无垢曰，太史公云，仲丁崩，弟外壬立；外壬崩，弟河亶甲立。仲丁迁于嚣。方一传至河亶甲，则又迁居于相矣。

11.（宋）陈经《尚书详解》卷十五《商书·咸有一德》

（归善斋按，见"沃丁既葬伊尹于亳"）

12.（宋）钱时《融堂书解》卷六《商书·咸有一德》

河亶甲居相，作《河亶甲》。

《史记》云，仲丁崩，弟外壬立；外壬崩，弟河亶甲立。是仲丁迁嚣，再世而复迁也。

13.（宋）魏了翁《尚书要义》

原阙。

14.（宋）陈大猷《书集传或问》卷上《商书·咸有一德》

(归善斋按，未解)

15.（宋）胡士行《尚书详解》卷四《商书·咸有一德第八》

河亶甲居相，作《河亶甲》（一书。亡）。

16.（元）吴澄《书纂言》

(归善斋按，未解)

17.（元）陈栎《书集传纂疏》卷三《朱子订定蔡氏集传·咸有一德》

(归善斋按，未解)

18.（元）许谦《读书丛说》卷五《商书·咸有一德》

(归善斋按，未解)

19.（元）董鼎《书传辑录纂注》卷三《商书·咸有一德》

(归善斋按，未解)

20.（元）朱祖义《尚书句解》卷四《商书·咸有一德第八》

河亶甲居相（又仲丁之弟，自嚣迁于相）。

21.（明）王樵《尚书日记》卷七《商书·咸有一德》

（归善斋按，未解）

22.（清）库勒纳等撰《日讲书经解义》卷四《商书·咸有一德》

（归善斋按，未解）

作《河亶甲》

1.（汉）孔氏传、（唐）陆德明音义、孔颖达疏《尚书注疏》卷七

作《河亶甲》。

传，亡。

2.（宋）苏轼《书传》卷七《商书·咸有一德第八》

（归善斋按，未解）

3.（宋）林之奇《尚书全解》卷十七《商书·咸有一德》

（归善斋按，未解）

4.（宋）史浩《尚书讲义》卷九《商书·咸有一德》

（归善斋按，见"仲丁迁于嚣"）

5.（宋）夏僎《尚书详解》卷十二《商书·咸有一德》

（归善斋按，见"沃丁既葬伊尹于亳"）

6.（宋）时澜《增修东莱书说》卷十《商书·咸有一德第八》

（归善斋按，未解）

7.（宋）黄度《尚书说》卷三《商书·咸有一德》

（归善斋按，见"河亶甲居相"）

8.（宋）袁燮《絜斋家塾书钞》卷五《商书·咸有一德》

（归善斋按，未解）

9.（宋）蔡沈《书经集传》卷三《商书·咸有一德》

（归善斋按，未解）

10.（宋）黄伦《尚书精义》卷十八《商书·咸有一德》

（归善斋按，见"河亶甲居相"）

11.（宋）陈经《尚书详解》卷十五《商书·咸有一德》

（归善斋按，见"沃丁既葬伊尹于亳"）

12.（宋）钱时《融堂书解》卷六《商书·咸有一德》

（归善斋按，见"河亶甲居相"）

13.（宋）魏了翁《尚书要义》

原阙。

14.（宋）陈大猷《书集传或问》卷上《商书·咸有一德》

（归善斋按，未解）

15.（宋）胡士行《尚书详解》卷四《商书·咸有一德第八》

（归善斋按，见"河亶甲居相"）

16.（元）吴澄《书纂言》

（归善斋按，未解）

17.（元）陈栎《书集传纂疏》卷三《朱子订定蔡氏集传·咸有一德》

（归善斋按，未解）

18.（元）许谦《读书丛说》卷五《商书·咸有一德》

（归善斋按，未解）

19.（元）董鼎《书传辑录纂注》卷三《商书·咸有一德》

（归善斋按，未解）

20.（元）朱祖义《尚书句解》卷四《商书·咸有一德第八》

作《河亶甲》（亡。述迁都之义）。

21.（明）王樵《尚书日记》卷七《商书·咸有一德》

（归善斋按，未解）

22.（清）库勒纳等撰《日讲书经解义》卷四《商书·咸有一德》

（归善斋按，未解）

《祖乙》

祖乙圮于耿

1.（汉）孔氏传、（唐）陆德明音义、孔颖达疏《尚书注疏》卷七

序，祖乙圮于耿。

传，亶甲子圮于相，迁于耿。河水所毁，曰"圮"。

音义，圮，备美反，徐扶鄙反，马云，毁也。

疏，传正义曰，孔以河亶甲居相，祖乙，即亶甲之子，故以为圮于相地，乃迁都于耿。《释诂》云，圮，毁也，故云，河水所毁曰"圮"。据文，圮于耿也，知非圮毁于耿，更迁余处。必云圮于相地，迁于耿者，明与其上文连。上云迁于嚣，谓迁来向嚣；居于相，谓居于相地。故知圮于耿，谓迁来于耿，以文相类，故孔为此解，谓古人之言，虽尚要约，皆使言足其文，令人晓解。若圮于相，迁居于耿，经言圮于耿，大不辞乎？且亶甲居于相，祖乙居耿，今为水所毁，更迁他处，故言毁于耿耳，非既毁乃迁耿也。《盘庚》云"不常厥邑于今五邦"，及其数之，惟有亳、嚣、相、耿四处而已，知此既毁于耿，更迁一处，盘庚又自彼处而迁于殷耳。《殷本纪》云"祖乙迁于邢"，马迁所为说耳。郑玄云，祖乙又去相居耿，而国为水所毁，于是修德以御之，不复徙也。录此篇者，善其国圮毁，改政而不徙。如郑所言，稍为文便，但上有仲丁、亶甲，下有盘庚，皆为迁事，作书述其迁意。此若毁而不迁，序当改文见义，不应文类迁居，更以不迁为义。汲冢古文云，盘庚自奄迁于殷者，盖祖乙圮于耿，迁于奄。盘庚自奄迁于殷。亳、嚣、相、耿与此奄，五邦者，此盖不经之书，未可依信也。

《尚书注疏》卷七《考证》

附序"祖乙圮于耿"传"圮于相,迁于耿"。

王应麟曰,《殷本纪》谓"祖乙迁于邢";《皇极经世》祖乙践位,圮于耿,徙居邢,盖从《史记》。以书序考之,孔氏以圮于耿为圮于相,恐未通。苏氏《书传》云,祖乙圮于耿,盘庚不得不迁。以《经世纪年》考之,自祖乙,以乙未践位,至盘庚己亥,已一百二十五年,若谓民荡析离居,因耿之圮,不应如此之久也,当阙所疑。

2. （宋）苏轼《书传》卷七《商书·咸有一德第八》

祖乙圮于耿,作《祖乙》。

祖乙,河亶甲子。耿在河东皮氏县耿乡。圮,毁也,都邑为水所毁。凡十篇,亡。

3. （宋）林之奇《尚书全解》卷十七《商书·咸有一德》

（归善斋按,未解）

4. （宋）史浩《尚书讲义》卷九《商书·咸有一德》

（归善斋按,见"仲丁迁于嚣"）

5. （宋）夏僎《尚书详解》卷十二《商书·咸有一德》

（归善斋按,见"沃丁既葬伊尹于亳"）

6. （宋）时澜《增修东莱书说》卷十《商书·咸有一德第八》

（归善斋按,未解）

7. （宋）黄度《尚书说》卷三《商书·咸有一德》

祖乙圮于耿,作《祖乙》。

祖乙,河亶甲子。《史记》,河亶甲时,殷复衰,祖乙立,殷复兴。

巫贤任职。又曰，祖乙迁于邢。耿，今河中府龙门县。圮，毁也。耿毁迁邢，盖两迁。《索隐》邢音耿，恐非。盘庚五迁，嚣、相、耿、邢、殷，祖乙两迁为是。邢今邢州龙冈县。《祖乙》，亡。

8. （宋）袁燮《絜斋家塾书钞》卷五《商书·咸有一德》

（归善斋按，未解）

9. （宋）蔡沈《书经集传》卷三《商书·咸有一德》

（归善斋按，未解）

10. （宋）黄伦《尚书精义》卷十八《商书·咸有一德》

祖乙圮于耿，作《祖乙》。

无垢曰，太史公曰，河亶甲崩，子祖乙立。河亶甲时，殷复衰，故又有迁都之变，而祖乙又迁于耿也。桑谷之祥，亦可畏矣。皇甫谧曰，耿在河东皮氏县耿乡。至耿为河水所圮坏，又不安其居。此乃桑谷之祥，又发于河患也。

11. （宋）陈经《尚书详解》卷十五《商书·咸有一德》

（归善斋按，见"沃丁既葬伊尹于亳"）

12. （宋）钱时《融堂书解》卷六《商书·咸有一德》

祖乙圮于耿，作《祖乙》。

祖乙，河亶甲之子。自仲丁再传，而河亶迁相；自河亶一传，而祖乙迁耿，虽曰有因而迁，然河亶甲时，殷道复衰矣。衰世之君，岂能为可久规模，宅都定卜，必不甚审；堤防捍御，必不甚周，所以数数不定如此。祖乙，贤王，又有巫贤为辅，迁耿之后，虽圮坏于水，但只修德，不复议迁。直至盘庚，七世而后始治亳殷也。

愚谓，迁都之疏数，固系人君之贤否，国体之盛衰。汤迁亳，祖乙迁耿，皆数世，亦必是规模可久，非偶然也。因感圮耿不迁，有坚忍特立之见，与泛泛挈挈者不同，故发斯义（案此本郑康成之说）。惜书不存，不得见其所以不迁之举措耳。耿地，在河东皮氏县耿乡。

13.（宋）魏了翁《尚书要义》

原阙。

14.（宋）陈大猷《书集传或问》卷上《商书·咸有一德》

（归善斋按，未解）

15.（宋）胡士行《尚书详解》卷四《商书·咸有一德第八》

祖乙圮（水毁）于耿，作《祖乙》（一书。亡）。

16.（元）吴澄《书纂言》

（归善斋按，未解）

17.（元）陈栎《书集传纂疏》卷三《朱子订定蔡氏集传·咸有一德》

（归善斋按，未解）

18.（元）许谦《读书丛说》卷五《商书·咸有一德》

（归善斋按，未解）

19.（元）董鼎《书传辑录纂注》卷三《商书·咸有一德》

（归善斋按，未解）

20. （元）朱祖义《尚书句解》卷四《商书·咸有一德第八》

祖乙圮于耿（祖乙，又河亶甲之子，迁居耿，其后耿地，为水所毁。圮，音痞）。

21. （明）王樵《尚书日记》卷七《商书·咸有一德》

（归善斋按，未解）

22. （清）库勒纳等撰《日讲书经解义》卷四《商书·咸有一德》

（归善斋按，未解）

作《祖乙》

1. （汉）孔氏传、（唐）陆德明音义、孔颖达疏《尚书注疏》卷七

作《祖乙》。
传，亡。

2. （宋）苏轼《书传》卷七《商书·咸有一德第八》

（归善斋按，未解）

3. （宋）林之奇《尚书全解》卷十七《商书·咸有一德》

（归善斋按，未解）

741

4.（宋）史浩《尚书讲义》卷九《商书·咸有一德》

（归善斋按，见"仲丁迁于嚣"）

5.（宋）夏僎《尚书详解》卷十二《商书·咸有一德》

（归善斋按，见"沃丁既葬伊尹于亳"）

6.（宋）时澜《增修东莱书说》卷十《商书·咸有一德第八》

（归善斋按，未解）

7.（宋）黄度《尚书说》卷三《商书·咸有一德》

（归善斋按，见"祖乙圮于耿"）

8.（宋）袁燮《絜斋家塾书钞》卷五《商书·咸有一德》

（归善斋按，未解）

9.（宋）蔡沈《书经集传》卷三《商书·咸有一德》

（归善斋按，未解）

10.（宋）黄伦《尚书精义》卷十八《商书·咸有一德》

（归善斋按，见"祖乙圮于耿"）

11.（宋）陈经《尚书详解》卷十五《商书·咸有一德》

（归善斋按，见"沃丁既葬伊尹于亳"）

12.（宋）钱时《融堂书解》卷六《商书·咸有一德》

（归善斋按，见"祖乙圮于耿"）

13.（宋）魏了翁《尚书要义》

原阙。

14.（宋）陈大猷《书集传或问》卷上《商书·咸有一德》

（归善斋按，未解）

15.（宋）胡士行《尚书详解》卷四《商书·咸有一德第八》

（归善斋按，见"祖乙圮于耿"）

16.（元）吴澄《书纂言》

（归善斋按，未解）

17.（元）陈栎《书集传纂疏》卷三《朱子订定蔡氏集传·咸有一德》

（归善斋按，未解）

18.（元）许谦《读书丛说》卷五《商书·咸有一德》

（归善斋按，未解）

19.（元）董鼎《书传辑录纂注》卷三《商书·咸有一德》

（归善斋按，未解）

20.（元）朱祖义《尚书句解》卷四《商书·咸有一德第八》

作《祖乙》（言为水所圮坏之事，作《祖乙》之书。亡）。

21.（明）王樵《尚书日记》卷七《商书·咸有一德》

（归善斋按，未解）

22.（清）库勒纳等撰《日讲书经解义》卷四《商书·咸有一德》

（归善斋按，未解）

商书　高宗肜日第十五

高宗祭成汤，有飞雉升鼎耳而雊

1.（汉）孔氏传、（唐）陆德明音义、孔颖达疏《尚书注疏》卷九《高宗肜日》

序，高宗祭成汤，有飞雉升鼎耳而雊。

传，耳不聪之异。雊，鸣。

音义，雊，工豆反。

疏，正义曰，高宗祭其太祖成汤于肜祭之日，有飞雉来升祭之鼎耳而雊鸣。

传正义曰，经言肜日有雊雉，不知祭何庙，鸣何处，故序言祭成汤升鼎耳。以足之禘祫，与四时之祭，祭之明日，皆为肜祭，不知此肜，是何祭之肜也。《洪范》五事，有貌、言、视、听、思。若貌不恭，言不从，视不明，听不聪，思不睿，各有妖异兴焉。雉乃野鸟，不应入室，今乃入宗庙之内，升鼎耳而鸣，孔以雉鸣在鼎耳，故以为耳不聪之异也。《洪范·五行传》云视之不明，时则有羽虫之孽；听之不聪，时则有介虫之孽；言之不从，时则有毛虫之孽；貌之不恭，时则有鳞虫之孽；思之不睿，时则有倮虫之孽。先儒多以此为羽虫之孽，非为耳不聪也。《汉书·

五行志》刘歆以为鼎三足，三公象也，而以耳行。野鸟居鼎耳，是小人将居公位，败宗庙之祀也。郑云，鼎三公象也，又用耳行。雉升鼎耳而鸣，象视不明天意，若云当任三公之谋以为政。刘、郑虽小异，其为羽虫之孽则同，与孔意异。《诗》云，"雉之朝雊，尚求其雌"。《说文》云，雊雄雉鸣也，雷始动，雉乃鸣，而雊其颈。

《尚书注疏》卷九《考证》

《高宗肜日》序"高宗祭成汤，有飞雉升鼎耳而雊"。

蔡沈曰，盖祭祢庙也。序言汤庙，非是。金履祥曰，盖高宗之庙，祖庚肜祭之，曰有雊雉之异也，序非是。臣照按，飞雉之异，《史记·殷本纪》及《封禅书》、《汉书五行志》，皆据此。

2.（宋）苏轼《书传》卷七《商书·高宗肜日第十五》

高宗祭成汤，有飞雉升鼎耳而雊，祖己训诸王，作《高宗肜日》、《高宗之训》。

此一篇亡。

3.（宋）林之奇《尚书全解》卷二十一《商书·高宗肜日》

高宗祭成汤，有飞雉升鼎耳而雊，祖己训诸王，作《高宗肜日》、《高宗之训》。

《高宗肜日》。

高宗肜日，越有雊雉。

此盖高宗之贤臣祖己也，因雊雉之变，进戒于高宗，实训之体也。然其所陈析而为两篇，其一篇逸于秦火者，既名《高宗之训》，故此篇惟取篇首之"高宗肜日"一句，以为篇名之别，非有他义也。案，《书》之百篇皆有序，汉儒例以为孔子作，而某窃以为历代史官，第相传授，以为《书》之总目，至孔子因而次序之，非尽出于孔子之手者，以其间所序事迹，有不见于经，而独见于序者。如此篇正经所言，但曰"高宗肜日"，即未尝言祭于何庙之肜日；但曰"越有雊雉"，即未尝言其所居于何处。而序则曰，高宗祭成汤，有飞雉升鼎耳而雊，此非其当时史官所录，则何以知其鸣于成汤之庙，又何以知其升于鼎耳乎？此事，苟非旧史所传，则孔子亦安能以其意而臆度之于千百载之下乎？故百篇之序，但是史家序其所为作此篇之意而已，不必求之太深也。夫高宗之祀丰于昵，昵者，祢庙也。丰于祢，必杀于祖矣。其祭成汤之时，礼必有缺而不备者，故于祭之明日，适有野雉飞入于庙中，升鼎耳而鸣。此其灾异也明矣。于是贤臣祖己进谏于王，而正救其失，将使之恐惧修省，以销天变。此书之所以作也。肜者，祭之明日，以礼宾尸行事之，有司祭之，宾客皆与焉。商谓之肜，周谓之绎。《春秋》宣八年六月辛巳，有事于太庙，仲遂卒于垂，壬午犹绎，万人去钥。《谷梁传》曰绎者，祭之明日又祭也，则肜之与绎，事同而名异耳。《丝衣》之诗，绎宾尸而作也，而其诗曰"丝衣其紑，载弁俅俅，自堂徂基，自羊徂牛，鼐鼎及鼒"，则绎祭之时，必陈鼐鼎于庙中。高宗祭成汤之明日，方陈鼎宾尸，而有雉自外来入庙中，升鼎耳而鸣。夫雉之为禽，常飞鸣于郊野之外，今乃于宗庙行礼之时，百执事环列于庭，而徜徉于庙之鼎耳，如在郊野之外，此物胡为而来哉，必其宗庙祭祀之事有不合于礼者，故野雉因而至也。

4.（宋）史浩《尚书讲义》卷十《商书·高宗肜日》

高宗祭成汤，有飞雉升鼎耳而雊。祖己训诸王，作《高宗肜日》、《高宗之训》。

《高宗之训》一篇已亡，不可复见。想祖己之所以戒王者，必备于高宗之训也。凡祭之明日再祭，周名曰绎，商名曰肜。雉，野禽也，不应入室，况乃升鼎，而又鸣于鼎之耳乎。孔氏以为耳不聪之异。《汉·五行志》刘歆以为，鼎三足，三公象也。盖鼎为重器，而以耳则能行。野禽居鼎耳，小人将居公位，败宗庙之祀也。天意若曰，当用三公之谋以为政。此皆附会，未必然者。今以经考之，为足可验。观其言"典祀无丰于昵"，则知高宗之祭厚于近，而薄于远矣。意者，方其登降灌荐之间，而雉入于室。雉，畏人者也，使其有人在侧，则雉安能前。雉之能前，则其人之寡少可知。人之寡少，则器用仪物之菲薄，又可知矣。此祖己因其祥，而戒之也。

5.（宋）夏僎《尚书详解》卷十五《商书·高宗肜日》

高宗祭成汤，有飞雉升鼎耳而雊，祖己训诸王，作《高宗肜日》、《高宗之训》。

肜者，祭之明日又祭也，盖用以礼宾尸，与行事之有司。凡助祭之宾客，皆预其中也在。商谓之肜，在周谓之绎，盖有相寻不绝之意。绎，则取其寻绎而复祭也。故《春秋》宣八年六月辛巳，有事于太庙，仲遂卒于垂，壬午，犹绎。谷梁传之曰，绎者，祭之明日又祭也。绎祭之时，必陈鼎于庙中，如《丝衣》之诗为绎宾尸，而作而其诗，言"自羊徂牛，鼐鼎及鼒"，则绎祭，亦陈鼎鼐也明矣。惟绎祭必陈鼎鼐，故高宗祭成汤之明日，方陈鼎鼐，乃有雉自外来，入其庙中升鼎耳而鸣也。然飞雉所以升鼎耳而鸣者，以高宗之祀，常丰于昵。丰于昵，则必杀于远者，宜其祭成汤之时，必有缺而不备者矣。是故祭之明日，则有野雉飞入庙中，升鼎耳而鸣。夫雉之为禽，常飞鸣于郊野，今乃于宗庙行礼之地，百执事环列于庭，而徜徉于庙之鼎耳，如在郊野之外，则为灾异也，明矣。此贤臣祖己，所以进戒于王，而正救其失，将使之恐惧修省，以销天变，此《高宗肜日》与《高宗之训》二书所以作也。今二篇惟肜日一篇尚存。《高宗之训》则经秦火而亡矣。

林少颖，谓书序汉儒例以为孔子作，某窃以为历代史官第相传授，以为书之总目，至孔子因而次第之，非尽出于孔子之手，且如此篇，正经但言"高宗肜日"，未尝言祭于何庙，但言越有雊雉，未尝言鸣于何处。而此序则曰"高宗祭成汤，有飞雉升鼎耳而雊"，此非当时史官所录，何以知其在成汤之庙而鸣于鼎耳乎？苟非旧史所传，则孔氏亦安能以其意，而臆度于千百载之下乎？此说亦有理，故特存之。

6.（宋）时澜《增修东莱书说》卷十三《商书·高宗肜日第十五》

高宗祭成汤，有飞雉升鼎耳而雊。祖己训诸王，作《高宗肜日》、《高宗之训》。高宗肜日，越有雊雉。

灾异有二，天必待君之过，形见暴露，然后出灾异以警惧之。此无道之君，与天地隔绝不通，飞潜动植，皆失其宜，如是者，灾异之应，常迟。贤君至诚，与天地合为一体，情性之差，少有过失，灾异立应，如是者，灾异之应，常速。高宗祭成汤，而有飞雉升鼎耳而雊，以高宗之为君，岂其有异。盖高宗恭默，思道梦帝，赉予良弼，精神与天地相通久矣。又继之以宪天之功，德与天合，故于祭祀之间，略有过厚，飞雉随而应之。此虽高宗近厚之过。过于厚，亦过也。傅说中篇，言黩于祭祀，时谓弗钦，礼烦则乱，事神则难，已知高宗之偏，在此旨哉。惟艰领略，警省之次第深矣。而此心终难除。于肜祭之间，复有过厚之意。人之气质，偏于厚处，最为难变。乃知行之果惟艰也。肜祭者，祭之明日又祭。在殷曰肜，在周曰绎，所以祭之明日又祭者，古人祭祀，诚意纯一，虽祭罢之后，诚意犹不散，故于明日又祭，又以祭祀养我之诚意。如《采蘩》诗言"僮僮祁祁"。祭祀时，诚意固如此，至于归时，又且舒徐和缓，正此之谓。若常人乍作乍辍，何足对越天地哉。

7.（宋）黄度《尚书说》卷三《商书·高宗肜日》

高宗祭成汤，有飞雉升鼎耳而雊。祖己训诸王，作《高宗肜日》、《高宗之训》。

祖己，臣名。祭之明日又祭，殷曰肜，周曰绎。以"高宗"名篇。史追称，初名必异。称其庙名者，以其能不失德也。《史记》，祖己嘉武丁之以祥雉为德，立其庙，为高宗。初甘盘，中傅说，末祖己，皆圣师。高宗自立之地，诚高矣。

8.（宋）袁燮《絜斋家塾书钞》卷七《周书·高宗肜日》

高宗祭成汤，有飞雉升鼎耳而雊。祖己训诸王，作《高宗肜日》、《高宗之训》。

高宗祭祀，丰于昵，薄于远。正当祭之时，而有雊雉焉。盖天以此警之。注家以为雊于耳者，以其不聪之故。此说失之拘要。由于庙中无人任其事，所以飞雉得入，盖天以此警高宗，其意若曰一念简忽，宗庙之礼，必有不备，所以野处之物，得升鼎耳。雊雉之升鼎，高宗此心之所致也。

学者要当以意逆之。

9. （宋）蔡沈《书经集传》卷三《商书·高宗肜日》

（归善斋按，未解）

10. （宋）黄伦《尚书精义》卷二十二《商书·高宗肜日》

高宗祭成汤，有飞雉升鼎耳而雊，祖己训诸王，作《高宗肜日》、《高宗之训》。

无垢曰，高宗不听傅说之戒，而祀丰于昵，是耳不聪也。所以不聪者，以其明不足以见理也。雉以见不明之孽，鼎耳以见不聪之过，此祖己所以作训以开导高宗也。

胡氏曰，天之于人，其亦至矣。人君有善，则示之以休验，而使劝焉。人君有恶，则示之以咎征，而使惧焉。高宗祭成汤，有飞雉升鼎耳而雊，祖己以训诸王，作《高宗肜日》。孔安国以为，耳不聪之异。雊，鸣也。刘歆以为鼎三足，三公象也，而以耳行。野鸟居鼎耳，是小人将居公位，败宗庙之祀也。郑康成以为，鼎三公象，又用耳行，雉升鼎耳而鸣，象视不明，天意若曰，当任三公之谋，以为政也。孔以雉升鼎耳为耳不聪，使雉在鼎足，亦为足不良乎？刘以野鸟居鼎耳，小人将居公位，是则用傅说为相，学道于甘盘，纳祖己之训，其皆小人欤。郑以视之不明，当任三公之谋以为政也，则武丁梦良弼，代予言，是不任三公之谋以为政邪。三者皆不得雉异之实理。余以为，雉者，羽虫之孽，孽之所作视之不明也。升乎鼎者，《易》曰巽下离上，鼎元吉亨。彖曰，鼎，象也。以木巽火，烹饪也。象曰"君子以正位凝命"，王弼以为革去，故鼎取新，取新而当其人。易故，而法制齐明，吉然后乃亨，故先元吉而后亨也。是知武丁之善用人矣，惟其政未能鼎新者也。故祖己先言曰"惟先格王正厥事"，言武丁虽贤，而未知先代至道之君，正事而易故，法制齐明也。武丁既祭又肜，而丰俭不均。故祖己训之曰"呜呼！王司敬民，罔非天胤，典祀无丰于昵"。虽祭，而丰昵不均也。不均，则不恭。不恭，则不肃。故雉异见于宗庙，是不能知圣人烹以享上帝，又不能大烹以养圣贤，是以雊于鼎之耳者，提耳以告之，视之不明故也。

吴孜曰，大抵一事失，则五者从之耳。且雊，小禽，岂能为异于国邪。圣人存此者，盖责人事之不修也。且当祭祀之日，而有野禽在宗庙中，旁若无人而雊鸣之，言其荒寂之甚也。若传记楚幕有乌，春秋书鹳鹆来巢，盖皆责人事之不修。人事果修，则灾不能为害。人事果失，则瑞不能为福。

吕氏曰，大抵变异之来，皆是天之所以警戒人君。就中却有两种。一种是人君无道昏庸暴虐，人怨神怒，大干阴阳之和。上天亦卒急，未降灾变。如此等灾异，常来得迟。到得有道之君，道德纯备，至诚充塞天地，情性稍有一毫不治，天便把灾异来警他，如此等灾异常来得速。何故？无道之主所做事，非道，天与君已自隔绝了，至其残民害物已甚，容赦不得，方才有灾异。其灾异必不小。有道之主，与天一而无间。天与君，已自相通，或少有不与天相似处，天即降灾异，此亦些小灾异。如高宗是也。高宗恭默思道，是明哲之圣人。高宗与天已相似。祭祀之过于厚，观过知仁，亦非高宗之大病，何至于飞雉便升鼎耳而鸣。灾异来得如此速，即知天与高宗混融和同，默相往来，一有些小病处，天便以警高宗。后世惟楚庄王知得此意。庄王无灾异而常恐惧曰，天其弃我乎？以此知天不以灾异警人君，必是弃人君。

11.（宋）陈经《尚书详解》卷十八《商书·高宗肜日》

高宗祭成汤，有飞雉升鼎耳而雊，祖己训诸王，作《高宗肜日》、《高宗之训》。

飞雉，野鸟也。鼎，祭之器也。雊，鸣也。高宗于祭之明日，野鸟升鼎耳而鸣，可谓异矣。作书者之所述，但云，越有雊雉，不言所祭者何庙，所鸣者何处。孔子序《书》直云，祭成汤，升鼎耳。圣人之意，盖有在矣。高宗之所以召此怪异者，以高宗之祀，丰于近庙，而薄于祖庙也。故云祭成汤。昔者，傅说尝以黩于祭祀，箴高宗之失矣。至此犹不改，此其耳不聪，不能听大臣之言也，故升鼎耳而鸣。天人幽显之理，于此可见矣。鸣雉之变，不自外来，乃高宗心中之物，形见于外，感应之理，随类而至。《洪范·五行传》，其可以尽废哉？祖己训诸王，作《高宗肜日》、《高宗之训》二篇之书，以戒其君。今《高宗肜日》之篇，具存，而《高宗之训》已亡矣。意其所言者，无非修省恐惧之意。祖己知变异之来，不在乎雉，而在乎高宗，故所以训王者，亦欲其修己，以应天而已。

12. （宋）钱时《融堂书解》卷八《商书·高宗肜日》

高宗祭成汤，有飞雉升鼎耳而雊。祖己训诸王，作《高宗肜日》、《高宗之训》。

经止言"高宗肜日"，而孔子序云"高宗祭成汤"，明此乃宗庙之肜祭也。经止言"越有雊雉"，而序云"飞雉升鼎耳而雊"，明其自野飞入庙中，升鼎耳而鸣，所以识异也。夫宗庙之祭，始而概鼎已，而陈鼎于庙门之外，已而迎鼎入于东方，然后设鼎以载焉，亦重矣。况都邑，非山林之比，宫室非旷野之地，宾侑工祝，百职事，又方环列在庭，而雉自野飞来，升鼎耳而鸣，殆不偶然也。先儒谓"典祀无丰于昵"，为厚于近庙，而薄于成汤，故有此异。愚谓未安。夫昵者，昵，近也。考诸古语，如昵比，如私昵，大抵皆不正，大有阿私之意。观高宗，尊慕烈祖，直欲以之自期，必非薄于成汤者。宗庙之肜，而独祭之，岂尊慕之过，故特异其礼，以私之欤。此正所谓"丰于昵"也。丰于昵以邀福，恐非所以尊成汤。雉升鼎耳而雊，其殆不聪之异欤。黩于祭祀时，谓弗钦。礼烦则乱，事神则难。傅说戒之切矣。岂其听之而略于余祭，而又未免有丰于昵之过欤。呜呼！习气之难除如此，行之惟艰，信乎，其不易也。《高宗肜日》之书，后又继之以《高宗之训》其训辞，必更深切。惜其书之不存也。

13. （宋）魏了翁《尚书要义》

原阙。

14. （宋）陈大猷《书集传或问》

（归善斋按，未解）

15. （宋）胡士行《尚书详解》卷五《商书·高宗肜日第十五》

高宗祭成汤，有飞雉升鼎耳而雊（鸣），祖己训诸王，作《高宗肜日》、《高宗之训》(二书一序。一书亡)。

16. (元)吴澄《书纂言》卷三《商书·高宗肜日》

(归善斋按,未解)

17. (元)陈栎《书集传纂疏》卷三《朱子订定蔡氏集传·高宗肜日》

(归善斋按,未解)

18. (元)许谦《读书丛说》

(归善斋按,未解)

19. (元)董鼎《书传辑录纂注》卷三《商书·高宗肜日》

(归善斋按,未解)

20. (元)朱祖义《尚书句解》卷五《商书·高宗肜日第十五》

高宗祭成汤,有飞雉升鼎耳而雊(《丝衣》绎宾尸之诗言"自羊徂牛,鼐鼎及鼒",则绎祭,亦陈鼎鼒,明矣。高宗祭汤之明日,方陈鼎鼒,乃有雉自外来,入其庙中,升鼎耳而鸣。盖高宗之祀,常丰于昵祖,则必杀于远者,其祭汤时必多阙不备,故有此异。雊,构)。

21. (明)王樵《尚书日记》卷八《商书·高宗肜日》

(归善斋按,未解)

22. (清)库勒纳等撰《日讲书经解义》卷五《商书·高宗肜日》

(归善斋按,未解)

（清）毛奇龄《尚书广听录》卷二

书序，高宗祭成汤，有飞雉升鼎耳而雊。孔传谓，耳不聪之异。此以鼎耳作"占"也，但《洪范·五行》传云，视之不明时，则有羽虫之孽。雉雊者，羽孽也。岂高宗视不明，听又不聪乎？又《汉五行志》刘歆谓，鼎者，三公象也，鼎以耳行，鼎耳，其枢机也。羽虫升鼎耳，当有小人升三公之位，以为政者。夫高宗方升傅说以为相。《国语》所云，得傅说以来，升之为公者，而其祥如此，则说非圣人，而小人矣。故予谓五行灾祥，统不足信。此其一也。若荀悦《申鉴》又曰，鼎雉之异，兴殷之符也。人以为灾，而我以为瑞，亦孰得辨？

（清）张英《书经衷论》卷二《商书·高宗肜日》

《高宗肜日》。

《高宗肜日》篇序谓，高宗祀成汤之庙，成汤远祖也。则与"罔非天胤，典祀无丰于昵"之言不合。蔡注谓，高宗祀祢庙之时，有雉雊之异，似矣。但观祖己有"先格王，正厥事"之言。又曰，"不若德，不听罪，天既孚命，正厥德，乃曰其如台"。恐高宗贤君，亦不待如此言之，而后入。且观《太甲》、《盘庚》之类书中，亦无以庙号名篇者。其称庙号，宜为高宗庙中肜祭之日，故《通鉴前编》，因《史记》之言，系之于祖庚三祀，谓祖己训祖庚之书，与蔡注不同，似为得之。

祖己训诸王

1.（汉）孔氏传、（唐）陆德明音义、孔颖达疏《尚书注疏》卷九《高宗肜日》

祖己训诸王。

传，贤臣也，以训道谏王。

音义，己，音纪。

疏，正义曰，其臣祖己以为王有失德，而致此祥，遂以道义训王，劝王改修德政。

2.（宋）苏轼《书传》卷七《商书·高宗肜日第十五》

（归善斋按，未解）

3.（宋）林之奇《尚书全解》卷二十一《商书·高宗肜日》

（归善斋按，见"高宗祭成汤，有飞雉升鼎耳而雊"）

4.（宋）史浩《尚书讲义》卷十《商书·高宗肜日》

（归善斋按，见"高宗祭成汤，有飞雉升鼎耳而雊"）

5.（宋）夏僎《尚书详解》卷十五《商书·高宗肜日》

（归善斋按，见"高宗祭成汤，有飞雉升鼎耳而雊"）

6.（宋）时澜《增修东莱书说》卷十三《商书·高宗肜日第十五》

（归善斋按，见"高宗祭成汤，有飞雉升鼎耳而雊"）

7.（宋）黄度《尚书说》卷三《商书·高宗肜日》

（归善斋按，见"高宗祭成汤，有飞雉升鼎耳而雊"）

8.（宋）袁燮《絜斋家塾书钞》卷七《周书·高宗肜日》

（归善斋按，见"高宗祭成汤，有飞雉升鼎耳而雊"）

9.（宋）蔡沈《书经集传》卷三《商书·高宗肜日》

（归善斋按，未解）

10. (宋)黄伦《尚书精义》卷二十二《商书·高宗肜日》

(归善斋按,见"高宗祭成汤,有飞雉升鼎耳而雏")

11. (宋)陈经《尚书详解》卷十八《商书·高宗肜日》

(归善斋按,见"高宗祭成汤,有飞雉升鼎耳而雏")

12. (宋)钱时《融堂书解》卷八《商书·高宗肜日》

(归善斋按,见"高宗祭成汤,有飞雉升鼎耳而雏")

13. (宋)魏了翁《尚书要义》

原阙。

14. (宋)陈大猷《书集传或问》

(归善斋按,未解)

15. (宋)胡士行《尚书详解》卷五《商书·高宗肜日第十五》

(归善斋按,见"高宗祭成汤,有飞雉升鼎耳而雏")

16. (元)吴澄《书纂言》卷三《商书·高宗肜日》

(归善斋按,未解)

17. (元)陈栎《书集传纂疏》卷三《朱子订定蔡氏集传·高宗肜日》

(归善斋按,未解)

18. (元)许谦《读书丛说》

(归善斋按,未解)

19.（元）董鼎《书传辑录纂注》卷三《商书·高宗肜日》

（归善斋按，未解）

20.（元）朱祖义《尚书句解》卷五《商书·高宗肜日第十五》

祖己训诸王（贤臣祖己怪之，遂训王欲其修己，以应天）。

21.（明）王樵《尚书日记》卷八《商书·高宗肜日》

（归善斋按，未解）

22.（清）库勒纳等撰《日讲书经解义》卷五《商书·高宗肜日》

（归善斋按，未解）

作《高宗肜日》、《高宗之训》

1.（汉）孔氏传、（唐）陆德明音义、孔颖达疏《尚书注疏》卷九《高宗肜日》

作《高宗肜日》、《高宗之训》。
传，所以训也，亡。
音义，肜，音融。
疏，正义曰，史叙其事作《高宗肜日》、《高宗之训》二篇。
传正义曰，名《高宗之训》，所以训高宗也。此二篇，俱是祖己之言，并是训王之事。经云"乃训于王"，此篇亦是训也。但所训事异，分为二篇，标此为发言之端，故以"肜日"为名，下篇总谏王之事，故名之"训"，终始互相明也。《肆命》、《徂后》，孔历其名于伊尹之下，别为之传。此《高宗之训》因序为传，不重出名者，此以训王事，同因解文，便作传不为例也。

2.（宋）苏轼《书传》卷七《商书·高宗肜日第十五》

（归善斋按，见"高宗祭成汤，有飞雉升鼎耳而雊"）

3.（宋）林之奇《尚书全解》卷二十一《商书·高宗肜日》

（归善斋按，见"高宗祭成汤，有飞雉升鼎耳而雊"）

4.（宋）史浩《尚书讲义》卷十《商书·高宗肜日》

（归善斋按，见"高宗祭成汤，有飞雉升鼎耳而雊"）

5.（宋）夏僎《尚书详解》卷十五《商书·高宗肜日》

（归善斋按，见"高宗祭成汤，有飞雉升鼎耳而雊"）

6.（宋）时澜《增修东莱书说》卷十三《商书·高宗肜日第十五》

（归善斋按，见"高宗祭成汤，有飞雉升鼎耳而雊"）

7.（宋）黄度《尚书说》卷三《商书·高宗肜日》

（归善斋按，见"高宗祭成汤，有飞雉升鼎耳而雊"）

8.（宋）袁燮《絜斋家塾书钞》卷七《周书·高宗肜日》

（归善斋按，见"高宗祭成汤，有飞雉升鼎耳而雊"）

9.（宋）蔡沈《书经集传》卷三《商书·高宗肜日》

（归善斋按，未解）

10.（宋）黄伦《尚书精义》卷二十二《商书·高宗肜日》

（归善斋按，见"高宗祭成汤，有飞雉升鼎耳而雊"）

11.（宋）陈经《尚书详解》卷十八《商书·高宗肜日》

（归善斋按，见"高宗祭成汤，有飞雉升鼎耳而雊"）

12.（宋）钱时《融堂书解》卷八《商书·高宗肜日》

（归善斋按，见"高宗祭成汤，有飞雉升鼎耳而雊"）

13.（宋）魏了翁《尚书要义》

原阙。

14.（宋）陈大猷《书集传或问》

（归善斋按，未解）

15.（宋）胡士行《尚书详解》卷五《商书·高宗肜日第十五》

（归善斋按，见"高宗祭成汤，有飞雉升鼎耳而雊"）

16.（元）吴澄《书纂言》卷三《商书·高宗肜日》

（归善斋按，未解）

17.（元）陈栎《书集传纂疏》卷三《朱子订定蔡氏集传·高宗肜日》

（归善斋按，未解）

18.（元）许谦《读书丛说》

（归善斋按，未解）

19. （元）董鼎《书传辑录纂注》卷三《商书·高宗肜日》

（归善斋按，未解）

20. （元）朱祖义《尚书句解》卷五《商书·高宗肜日第十五》

作《高宗肜日》（作此篇书）、《高宗之训》（又作《高宗之训》，篇亡）。

21. （明）王樵《尚书日记》卷八《商书·高宗肜日》

（归善斋按，未解）

22. （清）库勒纳等撰《日讲书经解义》卷五《商书·高宗肜日》

（归善斋按，未解）

《高宗肜日》

（汉）孔氏传、（唐）陆德明音义、孔颖达疏《尚书注疏》卷九《高宗肜日》

《高宗肜日》。

传，祭之明日又祭。殷曰肜，周曰绎。

音义，绎，音亦，字书作襗。《尔雅》云，又祭也。周曰绎，商曰肜，夏曰复胙。

疏，传正义曰，《释天》云，绎，又祭也。周曰绎，商曰肜，孙炎曰，祭之明日，寻绎，复祭也。肜者，相寻不绝之意。《春秋》宣八年六月辛巳，有事于太庙，壬午犹绎。《谷梁传》曰，绎者，祭之旦日之享宾也。是肜者，祭之明日又祭也。《尔雅》因绎祭而本之上世，故先周后商，此以上代先后，故与《尔雅》倒也。《释天》又云，夏曰复胙。郭璞云，未见所出，或无此一句。孔传不言夏曰复胙，于义非所须，或本无此事也。《仪礼》，有司彻上大夫曰，傧尸与正祭同日。郑康成注《诗》凫鹥云，祭天地、社稷、山川、五祀，皆有绎祭。

（宋）蔡沈《书经集传》卷三《商书·高宗肜日》

《高宗肜日》。

高宗肜祭，有雊雉之异，祖己训王。史氏以为篇，亦训体也。不言训者，以既有《高宗之训》，故只以篇首四字为题，今文古文皆有。

（宋）陈经《尚书详解》卷十八《商书·高宗肜日》

《高宗肜日》。

读此篇之书，有以见君臣，遇灾警戒之意。夫以高宗之圣，精诚上通于天，而四海仰德，则宜其和气，感召祥瑞，屡见可也。何为而有雉升鼎耳之异，甚哉？天心之爱人君也，久矣，犹父母之爱子然。凡加之以鞭挞警之以诃责者，必其可教之子。若夫不肖之子，为父母之所弃绝者，则无事于鞭挞诃责矣。古之圣人，知其意，故灾异之来，愈加戒惧。若尧、舜之水，则曰儆；予汤之旱，则以六事责躬，皆此类也。圣人不以灾异为嫌，尝患人主之不修，若夫汉武帝，征讨连年，愁怨四起，不以此加意，乃以白麟赤雁为祥。由今观之，水旱不害为尧、汤，而白麟赤雁未见，其为武帝之益也。

（元）吴澄《书纂言》卷三《商书·高宗肜日》

《高宗肜日》。

高宗，武丁，庙名。《史记》曰，武丁崩，祖庚立，尊其庙为高宗是也。汤十九世盘庚，其二十世弟小辛立，二十一世弟小乙立，二十二世子武丁嗣，二十三世子祖庚嗣。

（元）陈栎《书集传纂疏》卷三《朱子订定蔡氏集传·高宗肜日》

《高宗肜日》。

高宗肜祭，有雊雉之异，祖己训王。史氏以为篇，亦训体也。不言"训"者，以既有《高宗之训》，故只以篇首四字为题。今文、古文皆有。

纂疏

后汉高堂隆曰，太戊有桑谷生朝，武丁有雊雉升鼎，皆因灾恐惧，侧身修行，故号曰中宗、高宗，兴也勃焉。

（元）董鼎《书传辑录纂注》卷三《商书·高宗肜日》

《高宗肜日》。

高宗肜祭，有雊雉之异，祖己训王，史氏以为篇，亦训体也。不言"训"者，以既有《高宗之训》，故只以篇首四字为题，今文古文皆有。

纂注

高堂隆曰，太戊有桑谷生朝，武丁有雊雉升鼎，皆因灾恐惧，侧身修行，故号曰中宗、高宗，兴也勃焉。

（元）朱祖义《尚书句解》卷五《商书·高宗肜日第十五》

《高宗肜日第十五》。

此篇，祖己作以训高宗，见君臣遇灾警戒之意。夫以高宗之圣，精诚上通于天，而四海仰德于下，宜祥瑞屡见，可也。胡为肜祭之日有雉升鼎耳之异，盖天心之爱君，犹父母之爱子，故凡加之以鞭挞，警之以词责者，必其可教之子。若夫子之不肖，为父母所弃绝者，则无事鞭挞诃责矣。肜，容。

《高宗肜日》（史官题篇目）。

（明）王樵《尚书日记》卷八《商书·高宗肜日》

《高宗肜日》。

孔氏曰，祭之明日又祭，殷曰肜，周曰绎。

陈氏曰，祭之明日，以礼享尸。行事之有司，助祭之宾客，皆与焉。然谓之又祭，而不谓之享者，尸犹有鬼神之道也。

邹氏曰，此篇首称高宗，史臣不应逆书庙号。《史记》谓祖乙谏于高宗时作，书于祖庚时，盖亦因篇首"高宗"二字而曲为之说耳。此必祖庚肜祭高宗之庙，而祖己谏之，故有"丰昵"之戒。肜祭高宗，而曰"高宗肜日"者，谓于高宗之庙，肜祭之日也。

（清）库勒纳等撰《日讲书经解义》卷五《商书·高宗肜日》

《高宗肜日》。

祭之次日又祭，谓之肜。商高宗常行肜祭于祢庙，其日有雊雉之异，贤臣祖己，因进戒高宗，欲其修德弭灾，史臣录其语，而以"高宗肜日"名篇。

（明）马明衡《尚书疑义》三《商书·高宗肜日》

《高宗肜日》。

此篇词语，隐约有难尽知者。细详其意，全在"王司敬民"一句。盖商人尚鬼，高宗之丰于祀，或时因民庶，有夭折札瘥之事，祀以求福，非自祈年，如汉武之为也。但高宗平时黩于祭祀者，又不止此一事，是亦高宗之病痛，故祖己因其雊雉之异而箴之，而专以民事一事为言也。语意谓，天监下民，所典在义，降年有永不永者，亦以义不义之故，则然民之夭折者，非天夭之也。民自绝其命耳，故民有不顺其德，不知其罪，天，但信其命以正其德而已。信其命者，即降年永不永也，天之命如此。今王乃曰，其由我祈请之力，岂有是哉？于是叹息而言，王为人君，所司者，敬民之事而已。民事大小，无非所以继承天意而当行者，何待祀丰于昵，以求之耶？后世言代天理物，继天立极，即天胤之义。大抵祖己之意，欲高宗尽其民事之当为，而不求诸幽冥之不可必，所谓君相不言命也。

（清）朱鹤龄《尚书埤传》卷八《商书·高宗肜日》

《高宗肜日》。

邹季友曰，按《说命》篇，首称王，此篇首称高宗，史臣不应逆书庙号。《史记》谓，祖己谏于高宗时，作书于祖庚时，盖亦因篇首"高宗"二字而曲为之说耳。篇中绝无以前王戒后王之意，且称"祖己曰"者，乃史臣之词，非祖己自作之书也。此必祖庚肜祭高宗之庙，而祖己谏之，故有丰昵之戒。词旨浅直，亦告少主语耳。肜祭高宗，而曰"高宗肜日"，谓于高宗之庙，肜祭之日也。如仲康命胤侯，而曰"胤侯命"，掌六师。高宗命傅说，而曰惟"说命"，总百官。《书》中如此者，多乃史氏立言之法也。小序不察，遂以为高宗祭成汤。后之解者，又泥于小序，虽马氏释"昵"为祢庙，蔡传亦云非汤庙。然皆未得其说，故详论之（此说极有理）。

高宗肜日，越有雊雉

1.（汉）孔氏传、（唐）陆德明音义、孔颖达疏《尚书注疏》卷九《高宗肜日》

高宗肜日，越有雊雉。

传，于肜日，有雉异。

疏，正义曰，高宗既祭成汤，肜祭之日，于是有雊鸣之雉，在于鼎耳。此乃怪异之事。

2.（宋）苏轼《书传》卷七《商书·高宗肜日第十五》

高宗肜日，越有雊雉。祖己曰，惟先格王，正厥事，乃训于王曰，惟天监下民，典厥义。降年有永有不永，非天夭民，民中绝命。民有不若德，不听罪，天既孚命，正厥德，乃曰，其如台。呜呼！王司敬民，罔非天胤，典祀无丰于昵。

祭之明日又祭，殷曰肜，周曰绎。雊，号也。格，正也。典，常也。孚，信也。司，主也。胤，嗣也。昵，亲也。绎祭之日，野雉雊于鼎耳，此为神告王以宗庙祭祀之失，审矣。故祖己以谓，当先格王心之非。盖武丁不专修人事，数祭以媚神，而祭又丰于亲庙，俭于远者。敬其父，薄其祖，此失德之大者，故傅说、祖己，皆先格而正之。祖己之言曰，天之监人有常义，无所厚薄。而降年有永有不永者，非天夭人，人或以中道自绝于天也。人有不顺之德，不听之罪，天未即诛绝，而以孽祥为符信，以正其德。人乃不悔祸，曰，是孽祥，其如我何，则天必诛绝之矣。今王专主于敬民而已，数祭无益也。夫先王孰非天嗣者，常祀而丰于昵，其可乎？此理明甚，而或者乃谓，先王遇灾异，非可以象类求天意，独正其事而已。高宗无所失德，惟以丰昵，无过此。乃诒事世主者，言天、人本不相与，欲以废《洪范》五行之说。予以为，五行传未易尽废也。《书》曰"越有雊雉足矣"，而孔子又记其雊于耳，非以耳为祥乎？而曰，不可以象类求过矣。人君于天下无所畏，惟天可以儆之，今乃曰，天灾不可以象类求我，自视无过则已矣。为国之害，莫大于此，予不可以不论。

3.（宋）林之奇《尚书全解》卷二十一《商书·高宗肜日》

（归善斋按，见"高宗祭成汤，有飞雉升鼎耳而雊"）

4.（宋）史浩《尚书讲义》卷十《商书·高宗肜日》

《高宗肜日》。

高宗肜日，越有雊雉。祖己曰，惟先格王，正厥事，乃训于王，曰，惟天监下民，典厥义。降年，有永，有不永。非天夭民，民中绝命。民有不若德，不听罪，天既孚命，正厥德，乃曰，其如台？呜呼！王司敬民，罔非天胤，典祀无丰于昵。

祖己，高宗之贤臣也。见雉之鸣，心之忧矣。乃曰，先当格王心，以正厥事。此言实祖己自谋之意，非训王之辞也。夫人臣欲谏其君，必先开陈其道，使之晓然，然后归结于所谏之事。此务引其君，以当道也。此书，自"惟天监下民"至"罔非天胤"，皆所以"正厥事"也。祖己虑高宗以为雉之升鼎出于适然，而不知惧，故先格王以天道，以为有祥出于天也。天之监下民，常其义而不移，其实无私于祸福，而有差于寿夭。夭，非天夭之也，民自绝其命尔。民有不顺德，不改过，天既出其夭祥，而谪见于上，则当修德以禳之。乃曰，其如我何？此所以获罪于天也。王之承祭祀主大宝，岂己所能得耶？能敬民，民归，则天予之也。然则高宗，其可不畏天命哉？知所畏矣，于是可告以其本意，曰"典祀无丰于昵"。则昵者，其近者欤。丰于近者，而约于远者，故使成汤之祭，菲薄不成礼，则雉鸣之祥，岂非天意，欲警惧之乎？虽然非高宗固欲简宗庙之仪也，亦因其旧礼云尔。天之爱高宗，异于他主，故出灾异以警之，使此礼，自高宗而复也。然则，"典祀无丰于昵"，祖己何必多言哉。

5. （宋）夏僎《尚书详解》卷十五《商书·高宗肜日》

《高宗肜日》。

高宗肜日，越有雊雉。祖己曰，惟先格王正厥事，乃训于王曰，惟天监下民，典厥义，降年有永有不永，非天夭民，民中绝命。民有不若德，不听罪，天既孚命，正厥德，乃曰，其如台。呜呼！王司敬民，罔非天胤，典祀无丰于昵。

此上言高宗肜日，乃揭其篇之目，书之常体然也。下言高宗肜日，乃史官欲叙祖己之言，以为"高宗肜日"之书，故推本而言，谓高宗肜祭之日，有雊雉之异，而祖己进戒于王，使改过修德，故既揭"高宗肜日"篇目于上，又言"高宗肜日越有雊雉"于下也。惟高宗之祀，丰近略远，于成汤之庙，其礼有然者，上天谴之，野雉适至，于是贤臣祖己，推原其所致之由，以进戒于王。然将戒于王，故先自言曰"惟先格王，正厥事"，然后乃训于王。"正厥事"者，有二说。先儒谓，有道之主当变异之来，正其事，而变自消。其意谓，是商先世有道之主，每遇灾异，惟正其事，以消去之。如成汤遇旱，以六事自责；太戊遇桑谷之异，"严恭寅畏"以引灾。今祖己亦欲高宗正其事。如成汤与太戊，则可以变灾为祥。

苏氏则谓，绎祭之日，野雉鸣于鼎耳，此是神告王，以宗庙祭祀之失也。故祖己言当先格王心之非。盖武丁不专修人事，而欲以数祭媚神，且又丰于亲者，敬父薄祖，故祖己往先正之。据苏氏，则谓祖己将谏，故先言当格王心之非，使正其事。此格，如《孟子》所谓"大人格君心之非"。二说皆通。然以上下文势观之，则苏氏之说为长。盖下文言"乃训于王"，则是此言。"惟先格王，正厥事"，乃是祖己将祖训王，先自言今日之事，惟当先格王非心，使正其事，然后进谏于王。自"天监下民"

以下，所谓"格王正厥事"也。祖己既欲先格王心之非，以正其事，于是乃训于王曰，惟上天监视下民，其吉凶无常，而常在于义。合于义则天降百祥，而年至于有永；不合于义，则天降百殃，而年至于不永。惟其行事有义，有不义，故降年有永，有不永。然其所以不永者，非天意固欲夭民而绝之也。民之不义，自中绝其命也。惟民之不义，自绝于天，故民有不顺其德，不服其罪，而恣行不义者，天虽有孚信之命，降之灾异，以格正其德，使之恐惧修省，而为之民者，乃顽然无知，且曰天命其如我何。此天命所以卒弃之而不念也。祖己言此盖谓惟民至愚，于所为不善，天降灾异，则不能恐惧修省，岂可以人君之尊，于天降灾异，亦不能恐惧修，而无以自别于愚民哉？欲格君心，乃言民事所戒在此，所言在彼，可谓善于纳谏，而优柔浸润，以入之哉。祖己既旁引详说，告于高宗矣，于是嗟叹明告，以丰于近庙之说。

呜呼，叹辞也。祖己谓，人君无常职，所司者，代天敬民而已。则代天敬民者，皆天之胤嗣也。若祖若父，皆是天子。岂父亲而祖疏哉？又岂可丰于父，而薄于祖哉。凡祀之常典，盖不可丰于近庙也。不可丰近庙，而高宗丰之，宜乎？雉之不虚来也，宜乎？祖己进戒之不能自已也。

林少颖谓，逸书与见存书同序者，若《肆命》、《徂后》与《伊训》同序。《高宗之训》与此篇同序。孔氏于《伊训》篇末既加《肆命》、《徂后》四字，以见篇次当在是，遭秦而逸。至此篇末乃不引《高宗之训》四字，以见篇次当在此者，或传世既久，而失之也。

6.（宋）时澜《增修东莱书说》卷十三《商书·高宗肜日第十五》

（归善斋按，见"高宗祭成汤，有飞雉升鼎耳而雊"）

7.（宋）黄度《尚书说》卷三《商书·高宗肜日》

《高宗肜日》。

高宗肜日，越有雊雉。祖己曰，惟先格王，正厥事。

应天变，其事不一，格王正事，其先者也。

8. （宋）袁燮《絜斋家塾书钞》卷七《周书·高宗肜日》

《高宗肜日》

高宗肜日，越有雊雉。

祭之明日又从而祭之，故谓之肜。商曰肜，周曰绎，一也。夫既祭而又祭，古人果何意哉？盖诚意不要散，故为是者，所以存其诚意于不散也。《祭义》曰，《诗》云"明发不寐，有怀二人"，祭之明日，明发不寐享而致之，又从而思之，此意味甚深长。虽然是特见于祭祀一事尔，古人用心，大抵皆然。大而治天下亦如此，小而一事一物亦如此。且治天下，虽是治功已成，岂可便萌怠忽之心耶？

9. （宋）蔡沈《书经集传》卷三《商书·高宗肜日》

高宗肜日，越有雊雉。

肜，音融。雊，居候反。肜，祭明日又祭之名，殷曰肜，周曰绎。雊，鸣也。于肜日，有雊雉之异，盖祭祢庙也，序言汤庙者，非是。

10. （宋）黄伦《尚书精义》卷二十二《商书·高宗肜日》

《高宗肜日》。

高宗肜日，越有雊雉。祖己曰，惟先格王，正厥事。

无垢曰，高宗肜日，重复言之者，何也？前言高宗肜日，此史官名目篇章也。次言高宗肜日，以谓于肜日，有雊雉之异也。盖野鸟入庙之变，非细事也。其变自王心而来，无此心，则无此变。先格王心，则变自消矣。

张氏曰，夫天之于人君，有一不善，则出怪异以谴告之，及其不知改，又出灾害以警惧之。凡以使之正其事于未然之前而已。陈氏曰，格，正也。祖己之意谓，天示变异，当先正心。王心正，然后可以正其事。

吕氏曰，格，至也。已到先王地位，或遇有这般灾异，但只就身上点检。天之所降灾异，不关他事，必己身中，有不到处。祖己教高宗自去身上点检，故教以消变之方。

11.（宋）陈经《尚书详解》卷十八《商书·高宗肜日》

《高宗肜日》。

高宗肜日，越有雊雉。祖己曰，惟先格王，正厥事，乃训于王，曰，惟天监下民，典厥义，降年有永，有不永。非天夭民，民中绝命。民有不若德，不听罪，天既孚命。正厥德乃曰，其如台。呜呼！王司敬民，罔非天胤，典祀无丰于昵。

上"高宗肜日"者，篇名也；下"高宗肜日"四字者，即高宗所祭之明日也。商人曰肜，周人曰绎，皆明日又祭也。高宗于所祭之明日，于是有鸣雉之异。祖己之自言者，以谓此野鸟之变，皆王心。惟先格王之非心，而正其祭祀之事，则可以消此异矣，乃作《书》以训诰于王。曰，惟天监下民，以义为主。天固以爱民为心，然亦何尝容心于其间。第视其义理之如何？义之所在，即天之所在也。为善者，自有得福之理；为恶者，自有得祸之理。降年有永长而得寿者，有不永而夭者。岂天故欲夭民哉？民于其中间，自绝其命。盖合于义者，年之所以永；不合于义者，年之所以不永。民有不若德者，不顺其德，是为非理，非义事也。不听罪者，不服其有罪，而改过迁善也。不若德，不听罪者，天既孚信其命，正其德。盖福善祸淫者，乃天之命，亦天之德也。天之福善祸淫，其命何尝差，其德亦何尝更易哉？天既孚命，正厥德，则见在天之祸福，一定而不可易矣。民于此时，则曰，天道其如我何？此可见民之自绝于天，非天有心以绝民也。祖己言此者，以见民之寿夭，皆其自取也。人君之祸福，亦其自取，当反身修德可也。然则祖己之言，所以训王者，专为鸣雉也。今其书不及于雉，又不及高宗，而且及于民，此见古人谏君，其辞优游详缓，不迫切，而意独至，使闻之者自喻也。

呜呼！王司敬民，罔非天胤，典祀无丰于昵。王之所主者，在于敬民，无非所以为天之继嗣者。天生民而不能自治，故立君以治之。君者，天之继也。典祀者，祀有常礼也。常祀，不可丰于亲戚之庙。苟丰于昵，而薄于远，则其心不知敬民，是有意于邀福也。今观此篇，见高宗心术之事。前此傅说一见之初，已箴其失宜，若邪失已格，非心已改矣，岂谓数年之后，旧病复发乎？盖人于心术莫不有心偏处，自非勇于用力一洗而消之，则病根未除，虽能遏于一时，而终久必偏重处复发。以高宗之贤圣，尚且如此，则学者于其气质之偏，当何如用其功哉。

12.（宋）钱时《融堂书解》卷八《商书·高宗肜日》

高宗肜日，越有雊雉。祖己曰，惟先格王，正厥事，乃训于王曰，惟天监下民，典厥义。降年有永，有不永。非天夭民，民中绝命。民有不若德，不听罪，天既孚命，正厥德。乃曰，其如台？

天之监视下民，惟主于义而已。孚命者，天降寿夭之命，一定而不易也。大抵人君有过，若正攻之，虽力争抗辩，未必有益。不正言其事，而独与之论理，未及丰昵之非，而独泛论天道民命，大公至正之不可诬，所以攻高宗之病，力矣。此所以格王，正厥事欤。

13.（宋）魏了翁《尚书要义》

原阙。

14.（宋）陈大猷《书集传或问》

（归善斋按，未解）

15.（宋）胡士行《尚书详解》卷五《商书·高宗肜日第十五》

《高宗肜日》。

高宗肜日（祭之明日又祭，商曰肜，周曰绎），越有雊雉。

灾异有二，无道之君，与天地隔绝，其应常迟；贤君诚与天地合为一体，情性之差，少有过失，灾异立应。高宗梦帝宪天，精神与天地通久矣。丰昵之过说前言之，然人之过，偏于过厚处，难变，此所以有雊雉之异也。

16.（元）吴澄《书纂言》卷三《商书·高宗肜日》

高宗肜日，越有雊雉。

肜日，祭明日又祭之名，殷曰肜，周曰绎。雊，鸣也。祖庚于高宗肜祭之明日，有雊雉之异，盖祖庚当时致隆于祢庙，故天降灾异以儆之也。

17.（元）陈栎《书集传纂疏》卷三《朱子订定蔡氏集传·高宗肜日》

高宗肜日，越有雊雉。

肜，祭明日又祭之名，殷曰肜，周曰绎。雊，鸣也。于肜日，有雊雉之异，盖祭祢庙也，序言汤庙者，非是。

纂疏

陈氏曰，祭之明日，以礼享尸，行事之有司，助祭之宾客，皆与焉。然谓之又祭，而不谓之享者，以尸犹有鬼神之道也。

18.（元）许谦《读书丛说》

（归善斋按，未解）

19.（元）董鼎《书传辑录纂注》卷三《商书·高宗肜日》

高宗肜日，越有雊雉。

肜祭，明日又祭之名。殷曰肜，周曰绎。雊，鸣也。于肜日，有雊雉之异，盖祭祢庙也。序言汤庙者，非是。

纂注

陈氏曰，祭之明日以礼享尸，行事之有司，及助祭之宾客，皆与焉。然谓之又祭，而不谓之享者，以尸犹有鬼神之道也。

20.（元）朱祖义《尚书句解》卷五《商书·高宗肜日第十五》

高宗肜日（又言高宗肜日，史官推本祖己所言之由。肜者，祭之明日又祭也。商谓之肜，周谓之绎。盖有相承不绝之意。取其寻绎而复祭也。故《春秋》宣八年辛巳，有事于大庙，仲遂卒于垂，壬午犹绎。《谷梁》传之曰，绎者祭之明日又祭也。高宗于肜祭之日），越有雊雉（于此有雊雉之异，夫雉之为禽，飞鸣于野，今乃于宗庙行礼之时，升鼎耳而鸣，其为灾异，明矣）。

21.（明）王樵《尚书日记》卷八《商书·高宗肜日》

"高宗肜日"至"典祀无丰于昵"。

雊，鸣也。祖己，贤臣；格，正也。典，主也。高宗肜祭之日，有飞雉升鼎耳而雊，此为神告以宗庙之失，审矣。祖己谓，当先格王心之非，后正其事。盖高宗不专修人事，数祭以媚神，此其心之惑也。而祭又丰于亲庙，违典祀之礼，此其事之失也。先格其心之非，而后其事之失可得而论也。乃训于王曰，天之监人，惟主义，何如耳？人之所行，有义，有不义，故天之降年，有永，有不永。非天夭人，人自以非义，中绝其命也。所以言此者，人主之所欲者，寿而已。祷祠之意，常在此，故言永年在义。不在祷祠。此格心之第一义也。又言，人有不顺德，不服罪者，天未即诛绝，以孽祥，为符信，以正其德。人于斯时，恐惧修省，侧身修行，以消变异，犹恐其后，其可曰孽祥其如我何，而莫之省乎？本为"雊雉"进戒，故此言孽祥之来，乃上天所以谴告，正指"雊雉"之异，不可不思其故也。乃正其所失之事而言之，曰，呜呼！王之职，主于敬民而已，不侮鳏寡，怀保小民，视之如伤，保之如子，此王职也。此天心也。舍此而徼福于神，非王之事也。况祖宗莫非天嗣，典祀其可独丰于昵庙乎？此王事之当改者也。昵，近也。《尸子》曰，不避远昵。马云，昵，考也，谓祢庙也。

孔光曰，上天聪明，苟无其事变，不虚生。《书》曰"惟先格王，正厥事"，言变异之来，起事有不正也。

成帝时，御服罪，谓改过。昵，女乙反，又乃礼反。史大夫王音，亦因雉异进言。天地之气以类相应，谴告人主甚微，而着雉者，听察先闻雷声，故经载高宗雉雊之异，以明转祸为福之验。

高堂隆曰，太戊有桑谷生朝，武丁有雊雉升鼎，皆因灾恐惧，侧身修行，故号曰中宗、高宗，兴也勃焉。

22.（清）库勒纳等撰《日讲书经解义》卷五《商书·高宗肜日》

高宗肜日，越有雊雉。祖己曰，惟先格王，正厥事。

此二节书，首一节，是史臣记事之词；次节，乃祖己将欲训王，而私论之也。越，发语辞。雊雉，鸣雉也。格，正也。史臣记高宗肜祭祢庙之日，忽有雉飞来鸣于鼎耳之上。夫祭有常期，而高宗数祭祢庙，是黩于祭祀之失也。雊雉之异，以谴告之，可见天心之仁爱矣。祖己感雊雉之异，将进戒于高宗，先自商曰，凡天降灾祥，必应于事，而人事得失，皆本于心。今王黩祭祢庙，其事固为失矣。而推原其故，实自徼神求福之念启之，我今进戒，必先格王之非心，而后正其所失之事，庶几王心易悟，而吾言易入也。夫高宗不负民义，而徼福祈命，此非心也。不知敬民，而祀丰于昵，此失事也。祖己之言，可谓得进谏之道矣。

（元）陈师凯《书蔡传旁通》卷三《商书·高宗肜日》

肜祭，明日又祭之名，殷曰肜，周曰绎。

《尔雅》云，绎，又祭也。孙炎云，绎者，相寻不绝之意。《谷梁传》云，绎者，祭之旦日之享宾也。何休云，继昨日事，但不灌地降神耳。《祭礼经传通解》云，为祊于外祊，祭明日之绎祭也。谓之祊者，于庙门之旁，因名焉。其祭之礼，既设祭于室，而事尸于堂。孝子求神，非一处也，故曰，于彼乎、于此乎。《诗》云"明发不寐，有怀二人"，祭之明日，明发不寐，飨而致之，又从而思之。又《周颂·丝衣》绎宾尸也，笺曰，天子、诸侯曰绎，以祭之明日；卿大夫，曰宾尸，与祭同日。疏云，祭宗庙之明日，又设祭祀，以寻绎昨日之祭，以宾事所祭之尸。《颂》云"兕觥其觩"，曹氏注云，旅酬之后，恐有失礼者，以此罚之。《祭礼通解》陈氏云，所以醉饱尸也。其饮，至于无筭；其罚，至于兕觥，则绎祭可知矣。《辑纂》引陈氏云，祭之明日，以礼享尸，行事之有司，助祭之宾客，皆与焉。然谓之又祭，而不谓之享者，以尸犹有鬼神之道也。

（清）朱鹤龄《尚书埤传》卷八《商书·高宗肜日》

越有雊雉。

《书》疏，雉升鼎耳而雊，故孔传以为耳不聪之异。刘歆以鼎三足，三公象也。野鸟居鼎耳，是小人将居公位，败宗庙之祀。

吕祖谦曰，失道之君，与天隔绝，灾异之应常迟；圣贤之君诚格天心，灾异之应常速。高宗恭默梦赉神明，素与天通；聪明宪天修德，复与天合。故祭祀一过丰，飞雉随即应之。其过于厚，亦过也。于此见天之警君无私，亦见天之爱君甚笃。

祖己曰：惟先格王，正厥事

1.（汉）孔氏传、（唐）陆德明音义、孔颖达疏《尚书注疏》卷九《高宗肜日》

祖己曰，惟先格王，正厥事。

传，言至道之王，遭变异，正其事而异自消。

疏，正义曰，贤臣祖己见其事，而私自言曰，惟先世至道之王，遭遇变异，则正其事，而异自消也。既作此言，乃进言训王，史录其事，以为训王之端也。

传正义曰，格，训"至"也。至道之王，谓用心至极，行合于道，遭遇变异，改修德教，正其事而异自消。太戊拱木，武丁雊雉，皆感变而惧，殷道复兴，是异自消之验也。至道之王，当无灾异而云遭变消灾者，天或有谴告，使之至道，未必为道不至而致此异，且此劝戒之辞，不可执文以害意也。此经直云"祖己曰"，不知与谁语。郑云，谓其党。王肃云，言于王，下句始言"乃训于王"，此句未是告王之辞，私言告人。郑说是也。

2. （宋）苏轼《书传》卷七《商书·高宗肜日第十五》

（归善斋按，见"高宗肜日，越有雊雉"）

3. （宋）林之奇《尚书全解》卷二十一《商书·高宗肜日》

祖己曰，惟先格王，正厥事。

祖己知夫变异之来，当夫祭祀之肜日，则是上天之所谴告者，必其祭祀之事有不合夫礼者，故野雉因之而至，于是推原其所以致之之由，以警惧高宗之意，而先曰"惟先格王正厥事"，此句有两说。先儒谓有道之主，当变异之来，正其事，而变异自销，其意盖谓，商之先世有道之主，每遇灾异之来，惟正其事，以销去之，如成汤之遇旱，以六事而自责；太戊遇桑谷之异，严恭寅畏，以弥其灾。祖己之意，亦欲高宗之正其事，如成汤、太戊，则可以变灾为祥，易凶为吉。先儒之意，盖如此。其说固善无可疑者。而苏氏，则以谓绎祭之日，野雉鸣于鼎耳，此谓神告王，以宗庙祭祀之失也，审矣。故祖己言，当格王心之非。盖武丁不专修人事，而数祭以媚神，而祭又丰于亲庙，敬其父，薄其祖，此失德之大，故祖己欲先正之。苏氏之意，盖以谓祖己将谏于王，则当先格王心之非，使正其事。其于格王，如《孟子》所谓"惟大人能格君心之非"之"格"也。

某窃谓，先儒之说，诚善，然以上下之文势观之，则苏氏之说为长。盖下文曰"乃训于王"，则是上句当是为其党类而言之也。语其党类，以将格王之非心，以正厥事，然后进谏于王。自"惟天监下民"以下，则所谓格王之非心，以正厥事也。故某欲兼存此两说，而以苏氏之说为优也。

4. （宋）史浩《尚书讲义》卷十《商书·高宗肜日》

《高宗肜日》。

（归善斋按，见"高宗肜日，越有雊雉"）

5. （宋）夏僎《尚书详解》卷十五《商书·高宗肜日》

（归善斋按，见"高宗肜日，越有雊雉"）

6. （宋）时澜《增修东莱书说》卷十三《商书·高宗肜日第十五》

祖己曰，惟先格王，正厥事。

祖己欲谏，故先言"古先格王"，或遇灾异，不敢它求，止于一身之中正，其所行之事。所谓"乃训于王"者，盖祖己先大纲自说，古先格王，遇灾异，省厥躬之意也。

7. （宋）黄度《尚书说》卷三《商书·高宗肜日》

（归善斋按，见"高宗肜日，越有雊雉"）

8. （宋）袁燮《絜斋家塾书钞》卷七《周书·高宗肜日》

祖己曰，惟先格王，正厥事，乃训于王曰，惟天监下民，典厥义，降年有永有不永，非天天民，民中绝命。民有不若德，不听罪，天既孚命，正厥德，乃曰其如台。

格者，至也，至道之王也。《书》曰"天寿平格"，又曰"格人元龟"皆到地底。人言古之格王，凡事皆归于正。今典祀丰于昵，则其事为不正矣，天日日监观下民，皆有常道也。降年有永有不永，非天之天民也，民自绝其命尔。盖人之生也，皆可以寿考，皆有长年之道，特人自绝之。人徒见颜子之夭，盗跖之寿，遂谓天寿之不存乎人？伊川先生尝言之矣，造化之大，岂可以一二人论哉。《洪范》九，五福，一曰寿。《论语》曰仁者寿，《中庸》曰有大德者，必得其寿。则寿考岂不在人乎？"民有不若德，不听罪"，天既以孚命，而正其德矣。孚者，确然可信之命也。善者必福，恶者必祸，明命凛然可畏，使民用力于为善，而不敢为恶，是所以使其德归于正也。天命之可信如此，而民乃曰，天命其如我何，其不畏天如此，此所以为无知之下民也。贤圣之君，则岂可若是哉？灾异之来，必恐惧修省，思所以消天谴可也。祖己不正指人主言，假民以为喻，言小民不知畏天，所以为小民。贤圣之君，当如之何。高宗于是必默有会于心者矣。古大臣告君未必皆一一正言直指，只是使人主自有会于心。孟子告齐宣王，托妻子于友，而冻馁之，士师不能治事，而继之曰，四境之内不治，则如之何。伊尹告大甲，三风十愆，卿士有一于身，家必丧；邦君有一于身，国必亡。而继之曰，嗣王祗厥身念哉，辞不迫切而意已独至。此古大臣告君之法也。

9. （宋）蔡沈《书经集传》卷三《商书·高宗肜日》

祖己曰，惟先格王，正厥事。

格，正也，犹格其非心之格，详下文。"高宗祀丰于昵"，昵者，祢庙也，丰于昵，失礼之正，故有雊雉之异。祖己自言当先格王之非心，然后正其所失之事。"惟天监民"以下，格王之言。"王司敬民"，以下正事之言也。

10. （宋）黄伦《尚书精义》卷二十二《商书·高宗肜日》

（归善斋按，见"高宗肜日，越有雊雉"）

11. （宋）陈经《尚书详解》卷十八《商书·高宗肜日》

（归善斋按，见"高宗肜日，越有雊雉"）

12. （宋）钱时《融堂书解》卷八《商书·高宗肜日》

（归善斋按，见"高宗肜日，越有雊雉"）

13. （宋）魏了翁《尚书要义》

原阙。

14. （宋）陈大猷《书集传或问》

（归善斋按，未解）

15. （宋）胡士行《尚书详解》卷五《商书·高宗肜日第十五》

祖己曰，惟先格（正）王，正（乃正）厥事。

此《孟子》所谓先攻其邪心也。孔以为言，古先格王正事弭灾。

16. （元）吴澄《书纂言》卷三《商书·高宗肜日》

祖己曰，惟先格王，正厥事。

格，正也。祖己将告王，故先言古，先格王，或遇灾异，惟反身自省，正其所行之事而已。若今王之祀丰于昵，事之当正者也，

17. （元）陈栎《书集传纂疏》卷三《朱子订定蔡氏集传·高宗肜日》

祖己曰，惟先格王，正厥事。

格，正也，犹"格其非心"之"格"，详下文。"高宗祀丰于昵"，昵者，称庙也。丰于昵，失礼之正，故有雊雉之异。祖己自言，当先格王之非心，然后正其所失之事。"惟天监民以下"，格王之言；"王司敬民"以下，正事之言也。

纂疏

孔光曰，上天聪明，苟无其事变，不虚生。《书》曰"惟先格王，正厥事"，言变异之来，起事有不正也。

王氏曰，祖考罔非天嗣，祀有典，不可丰、杀，训之，使改，所谓"正厥事"。

愚案，诸家不过谓，当先格君，而改正其事，似不必言"先格王非心"，而后正其事，分为两截工夫。

18. （元）许谦《读书丛说》

（归善斋按，未解）

19. （元）董鼎《书传辑录纂注》卷三《商书·高宗肜日》

祖己曰，惟先格王，正厥事。

格，正也，犹"格其非心"之"格"，详下文。高宗祀丰于昵，昵者，祢庙也。丰于昵，失礼之正，故有雉雊之异。祖己自言，当先格王之非心，然后正其所失之事。"惟天监民"以下"格王"之言；"王司敬民"以下"正事"之言也。

纂注

苏氏曰，武丁不修人事，数祭媚神，又丰于亲庙，俭于远者。敬其父，薄其祖，此失德之大者。故傅说、祖己，皆先格而正之。

孔光曰，上天聪明，苟无其事变，不虚生。《书》曰"惟先格王，正厥事"，言变异之来，起事有不正也。

王氏曰，祖考，罔非天胤，祀有典，不可丰杀，训之使改，所谓"正厥事"。

新安陈氏曰，案，此诸说不过当先格正王而改，正其事，似不必分为两截工夫。

20. （元）朱祖义《尚书句解》卷五《商书·高宗肜日第十五》

祖己曰，惟先格王（祖己言，惟先格王之非心），正厥事（正其敬父，薄祖之事）。

21. （明）王樵《尚书日记》卷八《商书·高宗肜日》

（归善斋按，见"高宗肜日，越有雉雊"）

22. （清）库勒纳等撰《日讲书经解义》卷五《商书·高宗肜日》

（归善斋按，见"高宗肜日，越有雉雊"）

（元）陈师凯《书蔡传旁通》卷三《商书·高宗肜日》

昵者，祢庙也。
以亲昵言之，故知祢庙。

（清）张英《书经衷论》卷二《商书·高宗肜日》

惟先格王，正厥事，乃大臣进规之道，此所谓"惟大人为能格君心之非"。典祀丰昵之过，不过欲邀福于鬼神，以冀永年之心耳。故首以天监下民，降年有永有不永，正之使之明于降福自天，永年在义，孽祥可畏，渎祀无益，则其过不待正，而自格矣。若源之不浚，但于事而争之，其能有济乎。

乃训于王，曰，惟天监下民，典厥义

1.（汉）孔氏传、（唐）陆德明音义、孔颖达疏《尚书注疏》卷九《高宗肜日》

乃训于王曰，惟天监下民，典厥义。
传，祖己既言遂以道训谏王，言天视下民，以义为常。
疏，正义曰，祖己既私言其事，乃以道训谏于王曰，惟天视此下民，常用其义，言以义视下，观其为义以否。

2.（宋）苏轼《书传》卷七《商书·高宗肜日第十五》

（归善斋按，见"高宗肜日，越有雊雉"）

3.（宋）林之奇《尚书全解》卷二十一《商书·高宗肜日》

乃训于王，曰，惟天监下民，典厥义。降年有永有不永，非天夭民，民中绝命。民有不若德，不听罪，天既孚命，正厥德。乃曰，其如台。

祖己欲格王心之非，以正厥事，于是，"乃训于王曰，惟天之监视下民"，其吉凶祸福，无常，惟义以为常。典，常也。民之所行，合于义，则天降之百祥；不合夫义，则降之百殃。祥与殃之来，皆是视夫民之义，与不义如何耳。故其降年于民，有永有不永者。其不永者，非天之意，固欲天、民而绝之也。盖民之不义，其中有以自绝其命于天，故天将绝其所降之年，有不永也。民有不顺其德，以行其义，不服其罪，以改其不义，天将欲绝，则必孚信其命，降之灾异，以正其德，将使之恐惧修省，反其不义而归于义也。彼民之不知义者，则将曰，彼天命其如我何，则天之绝之也必矣。

4. （宋）史浩《尚书讲义》卷十《商书·高宗肜日》

《高宗肜日》。

（归善斋按，见"高宗肜日，越有雊雉"）

5. （宋）夏僎《尚书详解》卷十五《商书·高宗肜日》

（归善斋按，见"高宗肜日，越有雊雉"）

6. （宋）时澜《增修东莱书说》卷十三《商书·高宗肜日第十五》

乃训于王，曰，惟天监下民，典厥义。降年有永有不永，非天夭民，民中绝命。民有不若德，不听罪，天既孚命，正厥德，乃曰其如台。呜呼！王司敬民，罔非天胤，典祀无丰于昵。

义，理也，谓天监视下民，其所主，自有常理，至公而无私，厚薄高下，善恶，皆合其宜，即常理也。理无偏全，气有厚薄，惟皇上帝降灾于下民，安有一人之不同此理者。大哉乾元，品物流形，无非纯粹至善之端，初无所谓夭也，而受其气者有不同，故或永，或不永，非天夭之也，民于中间自绝其天命耳。民有不若德者，是不受命也。所谓不受命，戕贼其情者也。及天以罪戾降于其身，又不能顺而安之。小人穷斯滥也，不知"天既孚命，正厥德"矣。"既"字最当看，言民虽不听罪，天既有定命，无毫厘之差矣。乃曰，其如我何。祖己言之而复叹，乃指高宗而告之曰，王所主者，止有敬民。君职所主在于此耳。"司"字下，得有力司者存之谓也。天下之民，无非天之胤嗣，不可有一毫私心间之于其中，而分其疏远，天下之理，所以立天下之宜。人君顺其理，称其宜，于大公之中，司民之际，知天胤之均一。典祀而可以丰于昵乎？苟有所丰，则此心私矣。

此篇为"雊雉"而作进戒之言，不及灾异，独指大公之道，以示之。盖高宗天资聪明，非如昏昧之君，必于其过，而提之。大公之道既明，高宗已省知其胸中有不合理者矣。此古人之善正君者。后人谓，祖己讽谏，不敢直言，不知高宗乃从谏之君，而祖己与高宗，皆已尝用力者也。

7.（宋）黄度《尚书说》卷三《商书·高宗肜日》

乃训于王，曰，惟天监下民，典厥义，降年有永有不永，非天夭民，民中绝命。

天监视下民，其义为有常，民受天地之中以生，所谓命也。而降年或永，或不永，天未尝夭之也。民不作德，故中绝其命。天、人相与之际，诚难知也。而其可知有常者，如此耳。

8.（宋）袁燮《絜斋家塾书钞》卷七《周书·高宗肜日》

（归善斋按，见"祖己曰，惟先格王，正厥事"）

9.（宋）蔡沈《书经集传》卷三《商书·高宗肜日》

乃训于王，曰，惟天监下民，典厥义。降年有永有不永，非天夭民，民中绝命。

监，音鉴。夭，于兆反。典，主也。义者，理之当然，行而宜之之谓，言天监视下民，其祸福予夺，惟主，义如何尔。降年有永有不永者，义则永，不义则不永。非天夭折其民，民自以非义，而中绝其命也。意高宗之祀，必有祈年请命之事。如汉武帝五畤杞之类。祖己言永年之道，不在祷祠，在于所行义与不义而已。祷祠，非永年之道也，言民而不言君者，不敢斥也。

10. （宋）黄伦《尚书精义》卷二十二《商书·高宗肜日》

乃训于王，曰，惟天监下民，典厥义。降年有永，有不永。非天夭民，民中绝命。

无垢曰，义理之所在，天之所在也。故顺义理者，其年永；悖义理者，其年不永。非义理之外，别有一天也。当其顺义理时，是即永年也。其悖义理时，是即夭绝也。然则天之视民，等如一子，岂有厚薄哉？岂不欲人之寿，登百年哉？奈何其悖违义理，自中绝其天年乎？然而，颜渊，顺义理而夭；盗跖，悖义理而寿。祖己之言，果如何？曰，人之生也，直罔之生也，幸而免。论人之生，皆以直道。非直之生，幸而免耳。如盗跖，虽生，其神魄已自沦于幽冥，虽生实死耳。颜渊虽夭，其淳风懿德，虽千古而常在。谁谓其夭哉？则是祖己之言，犹在也。

吕氏曰，天以至公无私，盖视下民，常主于义。民之高下长短，善恶寿夭，咸其自取夭，何尝容心于其间。能合天之义，便能顺受其正。能安天命如此，年便永；不能合天之义，便不能顺受其正，不能安天之命如此，年便不永。民有不永年者，非天固欲夭民，使不永年，中间自绝了天命。大哉，乾元，万物资始。其初，天皆欲使民得寿考，到中间私意横生，不能保守天命，以此便绝天命。

11. （宋）陈经《尚书详解》卷十八《商书·高宗肜日》

（归善斋按，见"高宗肜日，越有雊雉"）

12. （宋）钱时《融堂书解》卷八《商书·高宗肜日》

（归善斋按，见"高宗肜日，越有雊雉"）

13. （宋）魏了翁《尚书要义》

原阙。

14.（宋）陈大猷《书集传或问》

（归善斋按，未解）

15.（宋）胡士行《尚书详解》卷五《商书·高宗肜日第十五》

乃训于王曰，惟天监（视）下民，典（常在）厥义（理）。降（天）年（民）有永（善则降祥），有不永（不善降殃），非天夭（短绝）民，民中（自中道）绝命（不义以绝其命），民有不若（顺）德，不听（服）罪，天既孚（信）命（降灾异以警戒），正（救）厥德，乃曰，其如台（天如我何）。

民不畏孚命之正，是自绝其命也。欲格君心，乃言民事，言在彼，戒在此也。

16.（元）吴澄《书纂言》卷三《商书·高宗肜日》

乃训于王曰，惟天监下民，典厥义。降年有永，有不永。非天夭民，民中绝命。

监，视也。下民，犹曰下人。典，犹主也。义者，天理之宜。言天监视下人，其祸福予夺，惟主于义尔。降年有永，有不永者，义则永，不义则不永。其不永者，非天夭折其民，民自以非义，而中绝其命也。商人尚鬼，其渎祀也，必有祈年请命之意。如汉武帝五畤之类。祖己言永年之道，在于所行之义，不在于祷祠也。泛言人，而不言君，不敢斥也。

17.（元）陈栎《书集传纂疏》卷三《朱子订定蔡氏集传·高宗肜日》

乃训于王，曰，惟天监下民，典厥义。降年有永有不永，非天夭民，民中绝命。

典，主也。义者，理之当然，行而宜之之谓，言天监视下民，其祸福予夺，惟主义如何尔。"降年有永有不永"者，义则永，不义则不永。非天夭折其民，民自以非义，而中绝其命也。意高宗之祀，必有祈年请命之事，如汉武帝，五畤祀之类。祖己言永年之道，不在祷祠，在于所行义与不义而已。祷祠，非永年之道也。言民，而不言君者，不敢斥也。

18.（元）许谦《读书丛说》

（归善斋按，未解）

19.（元）董鼎《书传辑录纂注》卷三《商书·高宗肜日》

乃训于王曰，惟天监下民，典厥义。降年有永，有不永，非天夭民，民中绝命。

典，主也。义者，理之当然，行而宜之之谓。言天监视下民，其祸福予夺，惟主义如何尔。降年有永有不永者，义，则永；不义，则不永。非天夭折其民，民自以非义，而中绝其命也。意高宗之祀，必有祈年请命之事，如汉武帝，五畤祀之类。祖己言永年之道，不在祷祠，在于所行义与不义而已。祷祠，非永年之道也。言民，而不言君者，不敢斥也。

20.（元）朱祖义《尚书句解》卷五《商书·高宗肜日第十五》

乃训于王曰（然后训于王曰），惟天监下民（上天监视下民），典厥义（以义为主）。

21.（明）王樵《尚书日记》卷八《商书·高宗肜日》

（归善斋按，见"高宗肜日，越有雊雉"）

22.（清）库勒纳等撰《日讲书经解义》卷五《商书·高宗肜日》

乃训于王曰，惟天监下民，典厥义。降年有永，有不永。非天夭民，民中绝命。民有不若德，不听罪，天既孚命，正厥德，乃曰其如台。

此二节书，言天命之不可求天，戒之不可忽也。典，犹言主义，行事合宜也。若德，顺理也。听罪，服罪也。孚命，是以妖孽为信验，而告戒之。台，我也。祖己欲先格王心，乃劝戒于高宗曰，天之监视下民，其祸福予夺，惟主于所行之义与不义耳。如其义，则天降之年，必然长永；如其不义，则天降之年，必然不永。故人之不获永年者，非天无故夭折其民，乃民之所行不义，而中道自绝其命耳。然天又未尝遽绝之也，斯民之中，有不顺乎理，而肆意妄为；不服其罪，而饰非拒谏者，天未尝不以妖孽为信验，以告戒之。夫天既谴告，欲其顺德而听罪耳，乃谓妖孽，特出偶然，无如我何，则重违上天仁爱之心矣。天岂不诛绝之哉？夫黩祀媚神，安能获福，而天戒之临，必当有故，非恐惧修省，不足塞咎。祖己之言，惓惓若此，此所谓能格心者也。

（元）陈师凯《书蔡传旁通》卷三《商书·高宗肜日》

丰于昵，失礼之正。

丰于昵，则必俭于远；厚于父，则必薄于祖，故云失礼之正。

意高宗之祀，必有祈年请命之事，如汉武帝五畤祀之类。

畤，祭处也。秦文公作鄜畤，祭白帝；秦宣公作密畤，祭青帝。后二百五十年，秦灵公作上畤，祭黄帝；作下畤，祭炎帝。汉称为雍鄜，密上下四畤。高祖入关，问秦畤上帝，祠何帝也。对曰，有四帝，青、白、黄、赤。高帝曰，乃待我而具五色，遂立黑帝，祠名北畤。有司进祠，帝不亲往。武帝即位初，至雍郊，见五畤，后常三岁一郊，外有西畤，畦畤不在五畤之数。时有李少君，以祠灶，谷道，却老方见上，尊之，谓数百岁人也。武帝慕道，多祠祀，皆祈年请命之事。

降年有永有不永，非天夭民，民中绝命

1.（汉）孔氏传、（唐）陆德明音义、孔颖达疏《尚书注疏》卷九《高宗肜日》

降年有永，有不永，非天夭民，民中绝命。

传，言天之下年与民，有义者长；无义者不长，非天欲夭民，民自不修义，以致绝命。

音义，中，丁仲反，又如字。

疏，正义曰，其下年与民，有长者有不长者，言与为义者长；不义者短。短命者，非是天欲夭民，民自不修义，使中道绝其性命。但人有为行，不顺德义；有过，不服听罪，过而不改，乃致天罚，非天欲夭之也。天既信行赏罚之命，正其驭民之德，欲使有义者长，不义者短。王安得不行义事，求长命也。

传正义曰，经惟言"有永，有不永"，安知由义者，以上句云"惟天监下民典厥义"。天既以义为常，知命之长短，莫不由义，故云"天之下年与民，有义者长；无义者不长"也。民有五常之性，谓仁、义、礼、智、信也。此独以"义"为言者，五常指体，则别理亦相通。义者，宜也，得其事宜，五常之名皆以适宜为用，故称"义"，可以总之也。民有贵贱、贫富、愚智、好丑，不同多矣。独以夭寿为言者，郑玄云，年命者，蠢愚之人尤惕焉，故引以谏王也。惕，贪也。《洪范》五福，以寿为首。六极，以短折为先。是年寿者，最是人之所贪，故祖己引此以谏王也。

2.（宋）苏轼《书传》卷七《商书·高宗肜日第十五》

（归善斋按，见"高宗肜日，越有雊雉"）

3.（宋）林之奇《尚书全解》卷二十一《商书·高宗肜日》

（归善斋按，见"乃训于王，曰，惟天监下民，典厥义"）

4.（宋）史浩《尚书讲义》卷十《商书·高宗肜日》

《高宗肜日》。

（归善斋按，见"高宗肜日，越有雊雉"）

5.（宋）夏僎《尚书详解》卷十五《商书·高宗肜日》

（归善斋按，见"高宗肜日，越有雊雉"）

6.（宋）时澜《增修东莱书说》卷十三《商书·高宗肜日第十五》

（归善斋按，见"乃训于王，曰，惟天监下民，典厥义"）

7.（宋）黄度《尚书说》卷三《商书·高宗肜日》

（归善斋按，见"乃训于王，曰，惟天监下民，典厥义"）

8.（宋）袁燮《絜斋家塾书钞》卷七《周书·高宗肜日》

（归善斋按，见"祖己曰，惟先格王，正厥事"）

9.（宋）蔡沈《书经集传》卷三《商书·高宗肜日》

（归善斋按，见"乃训于王，曰，惟天监下民，典厥义"）

10.（宋）黄伦《尚书精义》卷二十二《商书·高宗肜日》

（归善斋按，见"乃训于王，曰，惟天监下民，典厥义"）

11.（宋）陈经《尚书详解》卷十八《商书·高宗肜日》

（归善斋按，见"高宗肜日，越有雊雉"）

12.（宋）钱时《融堂书解》卷八《商书·高宗肜日》

（归善斋按，见"高宗肜日，越有雊雉"）

13.（宋）魏了翁《尚书要义》

原阙。

14.（宋）陈大猷《书集传或问》

（归善斋按，未解）

15.（宋）胡士行《尚书详解》卷五《商书·高宗肜日第十五》

（归善斋按，见"乃训于王，曰，惟天监下民，典厥义"）

16.（元）吴澄《书纂言》卷三《商书·高宗肜日》

（归善斋按，见"乃训于王，曰，惟天监下民，典厥义"）

17.（元）陈栎《书集传纂疏》卷三《朱子订定蔡氏集传·高宗肜日》

（归善斋按，见"乃训于王，曰，惟天监下民，典厥义"）

18.（元）许谦《读书丛说》

（归善斋按，未解）

19.（元）董鼎《书传辑录纂注》卷三《商书·高宗肜日》

（归善斋按，见"乃训于王，曰，惟天监下民，典厥义"）

20.（元）朱祖义《尚书句解》卷五《商书·高宗肜日第十五》

降年有永有不永（故降年于人有永有不永），非天夭民（非天固欲夭民，而绝之），民中绝命（民之不义，自中绝其命也）。

21.（明）王樵《尚书日记》卷八《商书·高宗肜日》

（归善斋按，见"高宗肜日，越有雊雉"）

22.（清）库勒纳等撰《日讲书经解义》卷五《商书·高宗肜日》

（归善斋按，见"乃训于王，曰，惟天监下民，典厥义"）

民有不若德，不听罪，天既孚命，正厥德

1.（汉）孔氏传、（唐）陆德明音义、孔颖达疏《尚书注疏》卷九《高宗肜日》

民有不若德，不听罪，天既孚命，正厥德。

传，不顺德，言无义，不服罪，不改修，天已信命，正其德，谓"有永，有不永"。

疏，传正义曰，传亦顾上经，故不顺德，言无义也。听，谓听从，故以不听为不服罪，言既为罪过，而不肯改修也。"天已信命，正其德"，言天自信命，赏有义，罚无义，此事必信也。天自正其德，福善、祸淫，其德必不差也。谓民"有永，有不永"，天随其善恶而报之，劝王改过修德，以求永也。

2.（宋）苏轼《书传》卷七《商书·高宗肜日第十五》

（归善斋按，见"高宗肜日，越有雊雉"）

3.（宋）林之奇《尚书全解》卷二十一《商书·高宗肜日》

（归善斋按，见"乃训于王，曰，惟天监下民，典厥义"）

4.（宋）史浩《尚书讲义》卷十《商书·高宗肜日》

《高宗肜日》。

（归善斋按，见"高宗肜日，越有雊雉"）

5.（宋）夏僎《尚书详解》卷十五《商书·高宗肜日》

（归善斋按，见"高宗肜日，越有雊雉"）

6. （宋）时澜《增修东莱书说》卷十三《商书·高宗肜日第十五》

（归善斋按，见"乃训于王，曰，惟天监下民，典厥义"）

7. （宋）黄度《尚书说》卷三《商书·高宗肜日》

民有不若德，不听罪，天既孚命，正厥德，乃曰，其如台。

顺德，则永；不顺德，则不永。今民乃有不顺德，而又不听罪者，然天必信，其命不可欺也。必正其德，不可枉也。其人犹不知儆戒，乃反曰，其当如我何。私其一己，取必于天，故以福为可徼，而祸为可移，是为不受命。

8. （宋）袁燮《絜斋家塾书钞》卷七《周书·高宗肜日》

（归善斋按，见"祖己曰，惟先格王，正厥事"）

9. （宋）蔡沈《书经集传》卷三《商书·高宗肜日》

民有不若德，不听罪，天既孚命，正厥德，乃曰其如台。

不若德，不顺于德；不听罪，不服其罪，谓不改过也。孚命者，以妖孽为符，信而谴告之也。言民不顺德，不服罪，天既以妖孽为符信，而谴告之，欲其恐惧修省，以正德。民乃曰，孽祥其如我何，则天必诛绝之矣。祖己意谓，高宗当因雊雉以自省，不可谓适然而自恕。夫数祭丰昵，徼福于神，不若德也。黩于祭祀。傅说尝以进戒，意或吝改，不听罪也。雊雉之异，是天既孚命，正厥德矣，其可谓妖孽，其如我何邪？

10. （宋）黄伦《尚书精义》卷二十二《商书·高宗肜日》

民有不若德，不听罪，天既孚命，正厥德，乃曰，其如台。

无垢曰，夫有义者，永年；不义者，绝命。天之命，其必信如此。其祸福晓然，欲使天下人人自正其德，以永年也。使若顺德以行，常在永年之地。服罪以改，不陷中绝之域，即是顺天以行也。祖己既言天命必信如此，乃谓高宗曰，吾之言天命如此，王无疑也。其如我言，以为警戒乎？

吕氏曰，民有不顺天德，私意横生，嗜欲胶扰，败丧天命，其不顺天德，如此，民之罪何所逃，而乃不去自讼，傲然不受天之罪，方居穷思难，耻过作非，遂过不悛，谋辩解说，日入于文过饰非之地，殊不知天既已信其命，正其德了，如何改易。大抵福善祸淫，此乃天命，天德。天既信此命，正此德，民之不若德，不听罪者，自当受天祸。民虽多方计较，欲回避此祸，然天既如此了，又岂可迁就，民亦枉费了许多计较。看"既"之一字，则知夫民要迁就，亦不得；民要回避，亦不得。民不知天，既如此了，方且曰，天其如我何？看此书之作，乃是祖己以高宗祭祀致丰而作，而书中所言，都不及高宗身上事，即举民以为言。其言若缓而不迫，盖高宗是明哲之圣人，目击而道已存，固不待祖己谆谆之告语。

11.（宋）陈经《尚书详解》卷十八《商书·高宗肜日》

（归善斋按，见"高宗肜日，越有雊雉"）

12.（宋）钱时《融堂书解》卷八《商书·高宗肜日》

（归善斋按，见"高宗肜日，越有雊雉"）

13.（宋）魏了翁《尚书要义》

原阙。

14.（宋）陈大猷《书集传或问》

（归善斋按，未解）

15.（宋）胡士行《尚书详解》卷五《商书·高宗肜日第十五》

（归善斋按，见"乃训于王，曰，惟天监下民，典厥义"）

16.（元）吴澄《书纂言》卷三《商书·高宗肜日》

民有不若德，不听罪，天既孚命，正厥德，乃曰其如台。

不若德，不顺于德；不听罪，不服其罪，谓不改过也。孚命者，以妖孽为符信，而谴告之也。言人不顺德，不服罪，天既以妖孽为符信，而谴告之，欲其恐惧修省，以正其德。人乃曰，孽祥其如何，则是不畏天戒也。意欲祖庚因雊雉以自省，而改黩祢庙之失也。

17.（元）陈栎《书集传纂疏》卷三《朱子订定蔡氏集传·高宗肜日》

民有不若德，不听罪，天既孚命，正厥德，乃曰其如台？

不若德，不顺于德；不听罪，不服其罪，谓不改过也。孚命者，以妖孽为符信，而谴告之也。言民不顺德，不服罪，天既以妖孽为符信，而谴告之，欲其恐惧修省，以正德，民乃曰，孽祥其如我何？则天必诛绝之矣。祖己意谓，高宗当因雊雉，以自省，不可谓适然而自恕。夫数祭丰昵，徼福于神，不若德也。渎于祭祀，傅说尝以进戒，意或吝改，不听罪也。雊雉之异，是天既孚命，正厥德矣，其可谓妖孽其如我何耶？

18.（元）许谦《读书丛说》

（归善斋按，未解）

19.（元）董鼎《书传辑录纂注》卷三《商书·高宗肜日》

民有不若德，不听罪，天既孚命，正厥德，乃曰，其如台。

不若德，不顺于德；不听罪，不服其罪，谓不改过也。孚命者，以妖孽为符信，而谴告之也。言民不顺德，不服罪，天既以妖孽为符信，而谴告之，欲其恐惧修省，以正德。民乃曰，孽祥其如我何，则天必诛绝之矣。祖己意谓，高宗当因雊雉以自省，不可谓适然而自恕。夫数祭丰昵，徼福于神，不若德也。渎于祭祀，傅说尝以进戒，意或吝改，不听罪也。雊雉之异，是天既孚命，正厥德矣，其可谓妖孽，其如我何邪？

20.（元）朱祖义《尚书句解》卷五《商书·高宗肜日第十五》

民有不若德（民有不顺其德），不听罪（又不服罪，而恣行不义者），天既孚命正厥德（天既以可信之命，降之灾异，以格正其德，使之恐惧修省）。

21.（明）王樵《尚书日记》卷八《商书·高宗肜日》

（归善斋按，见"高宗肜日，越有雊雉"）

22.（清）库勒纳等撰《日讲书经解义》卷五《商书·高宗肜日》

（归善斋按，见"乃训于王，曰，惟天监下民，典厥义"）

（清）朱鹤龄《尚书埤传》卷八《商书·高宗肜日》

天既孚命，正厥德。

黄震曰，天既信其赏罚之命，以正民之德，而民犹以为无如我何。此民之愚也。王之事天，正此而已。丰祀何益。此《肜日》一篇大旨。古注为是。蔡氏谓，孚命者，天以妖孽谴告之，言民者不敢斥，言高宗恐求之过。

乃曰：其如台

1.（汉）孔氏传、（唐）陆德明音义、孔颖达疏《尚书注疏》卷九《高宗肜日》

乃曰，其如台。

传，祖己恐王未受其言，故乃复曰，天道其如我所言。

音义，台，音怡。复，扶又反。

疏，正义曰，祖己恐其言不入王意，又叹而戒之。

2. （宋）苏轼《书传》卷七《商书·高宗肜日第十五》

（归善斋按，见"高宗肜日，越有雊雉"）

3. （宋）林之奇《尚书全解》卷二十一《商书·高宗肜日》

（归善斋按，见"乃训于王，曰，惟天监下民，典厥义"）

4. （宋）史浩《尚书讲义》卷十《商书·高宗肜日》

《高宗肜日》。
（归善斋按，见"高宗肜日，越有雊雉"）

5. （宋）夏僎《尚书详解》卷十五《商书·高宗肜日》

（归善斋按，见"高宗肜日，越有雊雉"）

6. （宋）时澜《增修东莱书说》卷十三《商书·高宗肜日第十五》

（归善斋按，见"乃训于王，曰，惟天监下民，典厥义"）

7. （宋）黄度《尚书说》卷三《商书·高宗肜日》

（归善斋按，见"民有不若德，不听罪，天既孚命，正厥德"）

8. （宋）袁燮《絜斋家塾书钞》卷七《周书·高宗肜日》

（归善斋按，见"祖己曰，惟先格王，正厥事"）

9. （宋）蔡沈《书经集传》卷三《商书·高宗肜日》

（归善斋按，见"民有不若德，不听罪，天既孚命，正厥德"）

10. (宋)黄伦《尚书精义》卷二十二《商书·高宗肜日》

(归善斋按,见"民有不若德,不听罪,天既孚命,正厥德")

11. (宋)陈经《尚书详解》卷十八《商书·高宗肜日》

(归善斋按,见"高宗肜日,越有雊雉")

12. (宋)钱时《融堂书解》卷八《商书·高宗肜日》

(归善斋按,见"高宗肜日,越有雊雉")

13. (宋)魏了翁《尚书要义》

原阙。

14. (宋)陈大猷《书集传或问》

(归善斋按,未解)

15. (宋)胡士行《尚书详解》卷五《商书·高宗肜日第十五》

(归善斋按,见"乃训于王,曰,惟天监下民,典厥义")

16. (元)吴澄《书纂言》卷三《商书·高宗肜日》

(归善斋按,见"民有不若德,不听罪,天既孚命,正厥德")

17. (元)陈栎《书集传纂疏》卷三《朱子订定蔡氏集传·高宗肜日》

(归善斋按,见"民有不若德,不听罪,天既孚命,正厥德")

18. (元)许谦《读书丛说》

(归善斋按,未解)

19.（元）董鼎《书传辑录纂注》卷三《商书·高宗肜日》

（归善斋按，见"民有不若德，不听罪，天既孚命，正厥德"）

20.（元）朱祖义《尚书句解》卷五《商书·高宗肜日第十五》

乃曰，其如台（民乃顽，无知曰，天命其如我何）？

21.（明）王樵《尚书日记》卷八《商书·高宗肜日》

（归善斋按，见"高宗肜日，越有雊雉"）

22.（清）库勒纳等撰《日讲书经解义》卷五《商书·高宗肜日》

（归善斋按，见"乃训于王，曰，惟天监下民，典厥义"）

呜呼！王司敬民，罔非天胤，典祀无丰于昵

1.（汉）孔氏传、（唐）陆德明音义、孔颖达疏《尚书注疏》卷九《高宗肜日》

呜呼！王司敬民，罔非天胤，典祀无丰于昵。

传，胤，嗣；昵，近也，叹以感王，入其言。王者主民，当敬民事，民事无非天所嗣常也。祭祀有常，不当特丰于近庙，欲王因异，服罪改修之。

音义，丰，方弓反。昵，女乙反。《尸子》云，不避远，昵，昵近也。又，乃礼反，马云，昵，考也，谓祢庙也。

疏，正义曰，呜呼！王者主民，当谨敬民事，民事无非天所继嗣，以为常道者也。天以其事为常，王当继天行之祀。礼亦有常，无得丰厚于近

庙。若特丰于近庙，是失于常道。高宗丰于近庙，欲王服罪改修也。

传正义曰，《释诂》云，胤，嗣，继也，俱训为"继"，是胤得为嗣，嗣亦继之义也。《释诂》云，昵，尼也。孙炎曰，即犹今也。尼者，近也。郭璞引《尸子》曰"悦尼而来远"，是尼为近也。尼与昵，音义同。烝民不能自治，自立君以主之，是王者主民也。既与民为主，当敬慎民事。民事无大小，无非天所嗣常也。言天意欲令继嗣行之，所以为常道也。祭祀有常，谓牺牲、粢盛、尊彝、俎豆之数。礼有常法，不当特丰于近庙，谓牺牲礼物多也。祖己知高宗丰于近庙，欲王因此雊雉之异，服罪改修，以从礼耳，其异不必由丰近而致之也。王肃亦云，高宗丰于祢，故有雊雉升远祖成汤庙鼎之异。

2. （宋）苏轼《书传》卷七《商书·高宗肜日第十五》

（归善斋按，见"高宗肜日，越有雊雉"）

3. （宋）林之奇《尚书全解》卷二十一《商书·高宗肜日》

呜呼！王司敬民，罔非天胤，典祀无丰于昵。

夫祖己之所以谏于高宗者，盖以其典祀丰于昵，而杀其祖，遂致雊雉之变，而其进训于王，则先以天之于民降年有永、有不永，而以义为常，而其所行之不义，而获罪于天，天以变异警惧之，而不知自省，然后及于祸。其说既如是之详矣，于是终其义曰，王司敬民，罔非天胤，典祀无丰于昵，以此度之高宗之丰于昵。祭意者，必有祈年请命之意，如汉武帝之于五畤八神欤。故祖己先论其寿夭之理，然后及于"典祀无丰于昵"，盖自"惟天监下民"以下，所谓格王之心也。而"王司敬民"以下，则所谓"正厥事"也。呜呼，叹辞也。夫寿夭之理，惟以义而为常，眉寿之年，不可以祷祠而得；夭折之命，不可以禳禬而延也。惟能常厥事，虽不祈年之永，而自永矣。故王之所主者，惟在于敬民而已。敬民，若禹训所谓"予临兆民懍乎，若朽索之驭六马"是也。王能敬民，则得人主之义矣。得乎人主之义，则命之有永，将至于亿万。斯年而无致，岂区区祷祠可以益其有永之年哉。年之永、不永，既不在于祭祀之丰杀，则其于祖祢之庙，岂可致厚薄于其间。胤，嗣也。自为祖祢者，自成汤以下，继世以有天下者，无非天之胤嗣也。既无非天之胤嗣，则其所以祭之者，国有常典，非私意所得而丰杀也。盖古者，慎终追远之礼，自仁率亲，等而上之，至于祖名，曰轻；自义率祖，顺而下之，至于祢名，曰重。一轻一重，其义一也。故其所以制为祭祀之礼，莫不有常，而不可易。若以祢为重，从而丰之；以祖为轻，从而杀之，则是知有祢，而不知有祖，犹知其本，而不知其根也。其为不义，孰甚焉。国之祭祀，既有如是之不义，则天之降灾异，而雊雉之变，盖将以正王之德也。王能正厥事，而常厥义，无丰于昵，则足以答天命，而膺有永之年矣。苟以为天命其如台，徒私意，制其丰杀，则将为天之所断弃，此实商家社稷存亡祸福之本。此祖己所以谆谆，不得不恳切为高宗言之也。夫《洪范》之庶征五事之得失，而验之于阴阳二气之休咎。肃、乂、哲、谋、圣，则时雨、时旸、时燠、时寒、时风顺之。狂、僭、豫、急、蒙，则常雨、常旸、常燠、常寒、常风顺之，盖天地之与人一气也。形于此，必动于彼，未有不以类而应之者。古之言灾异，未尝不然。及汉儒董仲舒、刘向父子之徒，求之太深，泥之太过。于是有识之士，往往厌其说之苛细穿凿，而无大体，遂欲举其说，而尽废之，谓灾异不可以类求，然亦不可尽废也。譬如，人之一身五脏之气，有所偏胜于中，则疾病之征，必发见于外，如脾受邪，其征见于皮毛；如肾受邪气，其征见于齿牙，若此之类，皆未尝不以类而应也。庸医不知其所本，则妄推求之于外，则有臆度，而不能中。以庸医臆度而不中，遂谓五脏之气，不可以类求可乎。汉儒之言灾异，其说之流于凿，则非也。而其所以然之说，则不可废也。故苏氏谓，因高宗雊雉之事，而知《五行传》之未易尽废，此实至公之论。盖以《五行传》为可废者，徒恶夫俗儒之至于凿也。或者徒知其为可恶，而不知不可以象类而求灾异。则亦将使人君不畏，而无所戒惧。如大火则为阳气盛，如大水则为阴气盛，今曰不可以象类而求，则是大火而非阳气盛矣，大水而非阴气盛矣。又如月食则修外治，日食则修内治，今曰不可以象类而求，则是月食不必修外治，日食不必修内治矣。大抵柱不可不矫也，矫柱而至于过直，则为甚矣。学者既无泥于汉儒灾异之说，而以此篇为信，不失乎象类而求灾异，则两得之矣。

逸书与见存之书，同序者，若《肆命》、《徂后》与《伊训》同序。《高宗之训》与此篇同序，而孔氏引序，以冠篇首，于《伊训》篇末加《肆命》、《徂后》四字，以见其篇次，当在于是，而遭秦火之逸也。若以此为例，则此篇之末当更有《高宗之训》四字，盖世久矣，而失之也。苟以此篇之末，不复重出为得体，则《伊训》之末不当衍四字，此虽章句之小失，亦不可以不论也。

4.（宋）史浩《尚书讲义》卷十《商书·高宗肜日》

《高宗肜日》。

（归善斋按，见"高宗肜日，越有雊雉"）

5.（宋）夏僎《尚书详解》卷十五《商书·高宗肜日》

（归善斋按，见"高宗肜日，越有雊雉"）

6.（宋）时澜《增修东莱书说》卷十三《商书·高宗肜日第十五》

（归善斋按，见"乃训于王，曰，惟天监下民，典厥义"）

7.（宋）黄度《尚书说》卷三《商书·高宗肜日》

呜呼！王司敬民，罔非天胤。典祀，无丰于昵。

王之所司，敬民而已。民为天胤，胤，嗣也。天子，天之元子也，民其支庶也。兹无非天嗣者，使天子宗主之耳。天之爱其子，甚矣。寿考安宁，天实锡之。人君诚能若天敬民，皇建有极，使五福均被，则受禄于天，而何用丰昵祀哉。

王者，祭天地，祭山川，祭社稷、宗庙，无非为民者。昵，犹亵也，不用常典，则为亵。傅说曰黩，祖己曰昵，一义。孔氏曰，近庙，非。夫子曰，丘之祷久矣，获罪于天，无所祷也。秦汉秘祀之兴，岂为识君道哉，岂足与言天命哉？文帝除秘祝，令祠官勿私几于道矣。其后，忽以方士之言，置渭上长门五帝之祠，怪变骤作，与其平日所为绝不相似。幸其觉早，闻贾谊鬼神之对，始自以为不如谊，而诸祠皆罢。观其遗诏，则超然于生死之际矣。汉秦以来，人主不求神仙，即兴秘祀，大抵畏死耳。观祖己"非天夭民"之语，高宗疑若，亦为祈长年者，夏帝孔甲，好鬼神之事，天降龙二。三代以前，常有此等事。周官致天神、致地祇、致人鬼物魅，秦汉宝鸡神光，皆是。然则雊雉不足怪也，高宗固为能知鬼神之情状者，而独未免以夭寿二其心，则害道，此祖己所为作训也。理、性、命，一贯之学也。《说命》三篇，穷理，尽性，高宗之学精矣。至此，始能通于命，而其道备。是故学无止法。

8.（宋）袁燮《絜斋家塾书钞》卷七《周书·高宗肜日》

呜呼！王司敬民，罔非天胤，典祀无丰于昵。

此数句，是告高宗，以为人主只当理会民事，不可只理会事神。礼烦则乱，事神则难。人主之治天下，当略于神，而详于民；略于神者，非固简略也；详于民事，乃所以事神也。随季梁所谓，圣王先成民，而后致力于神。孔子告樊迟曰，务民之义，敬鬼神而远之。传曰，国将兴听于民，国将亡听于神，皆此理也。事神，且不可，而况丰于昵乎？王司敬民，此是论人主职事。盖天下之民，皆天之所生也。民是天之所生，则皆天之嗣也。人主果知天下之民，皆天之嗣，则如之何，而可不敬。古者，使民如承大祭，懔然如朽索之驭六马，献民数于王，王拜而受之，登于天府，其敬之也如此。盖知其与吾同体，非特我天之所生，天下之民，皆天之所生也。呜呼！祖己之言，何其深切若是欤。

9.（宋）蔡沈《书经集传》卷三《商书·高宗肜日》

呜呼！王司敬民，罔非天胤，典祀无丰于昵。

司，主；胤，嗣也。王之职主于敬民而已，徼福于神，非王之事也，况祖宗莫非天之嗣，主祀，其可独丰于昵庙乎？

10.（宋）黄伦《尚书精义》卷二十二《商书·高宗肜日》

呜呼！王司敬民，罔非天胤，典祀无丰于昵。

无垢曰，夫王者之职，专主敬民，修人事而已。至于祭祀，自有常典，安可昵鬼神以求福，而不以敬民为职也哉？以敬民为职，则知所先后矣。言自成汤以至小乙，无非嗣天者也。其常祀，自有制度，岂可出私意，而丰于昵乎？祀丰于昵，是过也，非恶也。天乃戒惧之如此，是知高宗之德，上与天同，天爱之如此也。

东坡曰，或者乃谓先王遇灾异，非可以象类，求天意，独正其事而已。高宗无所失德，惟以丰昵为过，此乃诣事世主者，言天人本不相与，欲以废《洪范》五行之说。予以为，五行传未易尽废也。《书》曰"越有雊雉"，足矣。而孔子又记其雊于耳，非以耳为祥乎？而曰不可以象类求过矣，人君于天下，无所畏，惟天可以儆之。今乃曰，天灾不可以象类求，我自视无过而已矣。为国者之害，莫大于此。予不可以不论。

胡氏曰，七世之庙，皆祖也。常祀皆宜如礼，不可独丰于近庙。盖据时有此过而言也。

张氏曰，夫祖考无非天嗣也，故其祭祀之礼，莫不有典，不可丰，不可杀。高宗之祀，特丰于近，是乱其典矣。祀典既乱，此祀之所当正也。

吴氏曰，传谓，特丰于近庙，非也。且祭祀，丰年不奢，凶年不俭。此篇亦无丰厚之文，但以祭之失，因戒之耳。故当以"丰"为"风"字，言其风化于近，以及远也。

11．（宋）陈经《尚书详解》卷十八《商书·高宗肜日》

（归善斋按，见"高宗肜日，越有雊雉"）

12．（宋）钱时《融堂书解》卷八《商书·高宗肜日》

呜呼！王司敬民，罔非天胤，典祀无丰于昵。

祖己又言，天之所主者，在义，而王之所主者在敬民。民皆天之所生，是天嗣也。王诚敬民，而使之不陷于失德，则有以合乎天矣。安有宗庙常祀，特祭成汤，而丰于所昵也。

13．（宋）魏了翁《尚书要义》

原阙。

14．（宋）陈大猷《书集传或问》

（归善斋按，未解）

15．（宋）胡士行《尚书详解》卷五《商书·高宗肜日第十五》

呜呼！王司（主）敬民，罔非天胤（嗣子），典祀无丰（厚）于昵。

代天理民，若祖父，皆天子也，岂祖疏而父亲乎？丰于昵焉，宜雊之不虚来也。

16．（元）吴澄《书纂言》卷三《商书·高宗肜日》

呜呼！王司敬民，罔非天胤，典祀无丰于昵。

呜呼，叹辞。司，主也。敬民，即上文所谓"义"也，犹夫子告樊迟，以务民之义。胤，嗣也；昵，亲也，近也，谓祢庙也。王之所司，当敬以尽人事而已。徼福鬼神，非王之事也。况祖宗莫非天之嗣，主祀者其可独丰于昵庙乎？

17．（元）陈栎《书集传纂疏》卷三《朱子订定蔡氏集传·高宗肜日》

呜呼，王司敬民，罔非天胤，典祀无丰于昵。

司，主；胤，嗣也。王之职，主于敬民而已。徼福于神，非王之事也，况祖宗莫非天之嗣，主祀其可独丰于昵庙乎？

纂疏

孔氏曰，昵，近也，丰于近庙。

马氏曰，昵，考也，谓祢庙。

陈氏经曰，为"雊雉"训王而书，不及雊，本以训王，而辞屡及民，末始指王而言，辞不迫而意独至矣。

吕氏曰，灾异有二，失道之君与天隔绝，灾异之应常迟；贤君与天贯通，灾异之应常速。高宗恭默梦帝，精神素与天通，又聪明宪天，修德又与天合，故于祀事过丰，飞雉随即应之。此虽过于厚，亦过也。精诚积久，天既赉之；过失微形，天遽警之，固见天之警君无私，亦见天之爱君甚速也。黩于祭祀，礼烦则乱，说已知高宗之偏在此旨哉。惟艰领略，警省深矣。而此心，终难除，气质偏厚，尚难变，乃知行之果，惟艰也。此篇为"雊雉"作，而进戒之言不及灾异，独指大公之道示之，非祖己讽谏，不敢直言，盖高宗聪明从谏，不待深言也。

18.（元）许谦《读书丛说》

（归善斋按，未解）

19.（元）董鼎《书传辑录纂注》卷三《商书·高宗肜日》

呜呼！王司敬民，罔非天胤，典祀无丰于昵。

司，主；胤，嗣也。王之职，主于敬民而已；徼福于神，非王之事也，况祖宗莫非天之嗣，主祀其可独丰于昵庙乎？

纂注

孔氏曰，昵，近也。丰于近庙，而马氏曰，昵，考也，谓祢庙。

陈氏经曰，为雊雉训王，《书》不及雉，本以训王，而辞屡及民，末始指王，而言辞不迫，而意独至矣。

吕氏曰，灾异有二。失道之君，与天隔绝，灾异之应常迟；贤君与天贯通，灾异之应常速。高宗，恭默梦帝，精神素与天通，又聪明宪天，修德又与天合，故于祀事，略过丰，飞雉随即应之，此虽过于厚，亦过也。精诚积久，天既赉之过。失微形，天遽警之，固见天之警君无私，亦见天之爱君甚速也。黩于祭祀，礼烦则乱。说已知高宗之偏在此旨哉，惟艰领略，警省深矣，而此心，终难除，气质偏厚者，尚难变，乃知行之果为艰也。此篇为雊雉作，而进戒之。言不及灾异，独指大公之道示之，非祖己讽谏，不敢直言，盖高宗聪明，从谏不待深言也。

20. （元）朱祖义《尚书句解》卷五《商书·高宗肜日第十五》

呜呼（嗟叹）！王司敬民（君所司者，代天敬民），罔非天胤（若祖若父，代天敬民，无非天嗣），典祀无丰于昵（凡祀之常典，不可丰于父，而薄于祖。丰之于近庙，而薄于疏远也，故高宗有飞雉之异。岂无自而然）。

21. （明）王樵《尚书日记》卷八《商书·高宗肜日》

（归善斋按，见"高宗肜日，越有雊雉"）

22. （清）库勒纳等撰《日讲书经解义》卷五《商书·高宗肜日》

呜呼！王司敬民，罔非天胤，典祀无丰于昵。

此一节书，所以正其事之失也。司，主也。胤，嗣也。丰，厚也。昵，亲近也。祖己既格王之心，乃直正其所失之事，而叹息曰，天以斯民而付之王，是王之职，主于敬民而已。舍此，而徼福于神，岂王之所司乎？况祖宗列圣，虽有亲疏远近之不同，然无非继天之统，为天之嗣。吾王承其后，而主其祭，只当一体孝敬，岂可专顾私恩，而独丰于亲近之祢庙乎？以人君之职而言，则主于敬民，而徼福事神，非所当为。以祭祀之礼而言，则祖宗皆天之嗣，而祀不可独丰于昵。夫不务敬民，而务黩神，一失也；不并隆于祖，而独丰于昵，又一失也。高宗越礼用情，故祖己因天变，而戒之如此。

（清）朱鹤龄《尚书埤传》卷八《商书·高宗肜日》

典祀无丰于昵。

黄度曰，傅说曰黩，祖己曰昵，一也。秦汉以来，人主不求神仙，即兴秘祀，大抵畏死耳。观祖己"非天夭民"一语，高宗昵祀，疑为祈年。秦汉宝鸡神光，皆是此等。然则，雊雉不足怪也。高宗固能知鬼神之情状者，而未免以夭寿，二其心，则害道，此祖己所以为作训也。

（清）张英《书经衷论》卷二《商书·高宗肜日》

王司敬民，正所谓先成民，而后致力于神是也。盖天子何职，以敬民为职？天以民付之于君，祖宗以民付之后嗣，职守莫大于此。乃旷其职守，隳其统绪，虽日奉牲帛以见天、祖，神不且吐之乎？故前以典义格其心，而后以敬民正其事，其言甚简约，而义理完备，足见古大臣之学术矣。

《高宗之训》

（宋）黄度《尚书说》卷三《商书·高宗肜日》

《高宗之训》。

亡。

周书　旅獒第七

西旅献獒

1.（汉）孔氏传、（唐）陆德明音义、孔颖达疏《尚书注疏》卷十二《周书·旅獒》

序，西旅献獒。

传，西戎，远国，贡大犬。

音义，獒，五羔反，马云，作豪，酋豪也。

疏，正义曰，西方之戎，有国名旅者，遣献其大犬，其名曰獒。

传正义曰，西旅，西方夷名。西方曰戎，克商之后，乃来知是西戎，远国也。獒，是犬，名故云"贡大犬"。成王时，召公为大保，知此时大保，亦召公也。

2.（宋）苏轼《书传》卷十一《周书·旅獒第七》

西旅献獒，太保作《旅獒》。

召公也。

3. （宋）林之奇《尚书全解》卷二十六《周书·旅獒》

西旅献獒，太保作《旅獒》。

《旅獒》，书之序本自为一篇，至汉孔氏，以为书序，序所以为作者之意，昭然义见，宜相附近，故引之，各冠其篇首。然如《大诰》、《汤诰》之类，其篇首所叙述，直载其誓告之语，则以序冠之，固可以见此誓、此诰为此事而作也。如此篇首，既言"惟克商，遂通道于九夷八蛮，西旅厎贡厥獒，太保乃作《旅獒》，用训于王"，其所以作此篇之意，既备于此矣。而序又言"西旅献獒，太保作《旅獒》"，无乃失于赘乎。故某尝谓，引序以冠于篇首，如《汤诰》、《大诰》之类，则得之。如此篇之类，则失之也。

西旅，西方之国也。獒，犬名也。西方之旅国，闻武王之威德，有慕义之意，于是献獒以表其诚，而武王受之，太保召公深虑武王之志渐怠，而好战喜功之心由是而生，故进谏于王，以为不当受也。汉孔氏于"西旅献獒"，以为西戎远国，贡大犬，则是以"旅"为国名也。至于"太保作《旅獒》"，则曰召公陈戒，则是又以"旅"为"陈"也。夫"旅"之为字一也，上则以为国名，下则以为陈立言之法，不应顿异。苏氏引《左氏传》曰"庭实旅百"，则"旅"固有训"陈"之类。然而"旅獒"之"旅"字上有"西旅"之文，则非可以训"陈"也。盖《书》之名篇，惟蕞取篇中之字，以为是简编之别，而此篇有"西旅厎贡厥獒"之语，故以"旅獒"二字名篇，如《诗》云"惟鹊有巢"，则以"鹊巢"名篇也。如必以"旅獒"为陈其道义，则于"旅獒"之上，不当加"作"字。今既曰"作《旅獒》"，安得以"旅"训"陈"也。

4. （宋）史浩《尚书讲义》卷十三《周书·旅獒》

西旅献獒，太保作《旅獒》。

道德，一也，道不可见，见于有用者，德也。德有疵累，则道未得为。纯全德之醇乎，醇，即道矣。譬如，鉴不止垢，莹然清明之质；玉不留瑕，温然洁白之姿。使鉴有微垢，必不能觌形；玉有纤瑕，必不能成器。人或不矜细行，必不能进于道。古之拳拳爱君者，唯恐其有微垢纤瑕,不能为明鉴美玉,此召公作《旅獒》之意。

5. (宋)夏僎《尚书详解》卷十八《周书·旅獒》

西旅献獒,大保作《旅獒》。

西旅者,西方之旅国也。獒者,俊犬之名。先儒谓,犬高四尺曰獒。此书之作,盖武王克商之后,西方之旅国,慕武王之威德,于是献獒以表其诚,而太保召公,乃谓远方效贡,当献服食器用物,不当贡物无用者。今獒之献,非可以为服食器用,乃物之无用者也,以武王受之,虽未必有损,而子孙闻之,必谓无用之物,武王且受之,我受之何伤。是开后世贵异物之门,故太保之戒,谆谆不能自已者,非特为武王戒,为后世防微杜渐之虑也。

6. (宋)时澜《增修东莱书说》卷十八《周书·旅獒第七》

西旅献獒,太保作《旅獒》。惟克商,遂通道于九夷八蛮。西旅厎贡厥獒,太保乃作《旅獒》,用训于王。

武王既克商,通道于九夷八蛮,舟车所至,霜露所坠,莫不来王。曰"通道"者,王化流行,至于无外,其道自通,非求通之,以为远略也。曰"遂"者,纣在上,周之化,有所限。惟克商,故化遂行,而道遂通也。"西旅厎贡厥獒",贡其土之所有,非以獒为异,而特贡也。太保即作《旅獒》,召公之意深矣。武王固尝归马放牛,驱虎豹犀象而远之,至此岂为珍禽奇兽所惑。太保所以勤勤致戒者,恐武王于所已知,已能,轻忽之心或生,大抵惟"圣罔念作狂,惟狂克念作圣",苟不警戒,此心必怠,则归马放牛,与纳獒至相近,惟警戒日新,则圣德日进无疆矣。况创业之君,苟有一毫之失,则非所以垂统于后。其后世之君,即有丘山之害,此正谨始之时,召公安得不戒。

7. (宋)黄度《尚书说》卷四《周书·旅獒》

西旅献獒,太保作《旅獒》。

旅,陈也。传曰,庭实旅百,西戎之国,因定旅献獒,非常贡。蕃国各以其所贵宝为贽。太保召公，行谏职也。

8. （宋）袁燮《絜斋家塾书钞》卷十《周书·旅獒》

西旅献獒，太保作《旅獒》。

西，西戎之国也。旅，庭实旅百也，言西戎之国来贡，庭实旅百之中有獒也。书言"西旅厎贡厥獒"，而孔子序书笔之曰"献"，盖所谓贡者，如《禹贡》所言贡赋，皆服食器用有用之物，獒岂用物乎？非用物而贡之，是远夷以此媚中国也，故圣人易"贡"为"献"，其意深矣。

9. （宋）蔡沈《书经集传》卷四《周书·旅獒》

（归善斋按，未解）

10. （宋）黄伦《尚书精义》卷三十一《周书·旅獒》

西旅献獒，大保作《旅獒》。

东坡曰，大保，召公也。

11. （宋）陈经《尚书详解》卷二十五《周书·旅獒》

西旅献獒，太保作《旅獒》。惟克商，遂通道于九夷八蛮。西旅厎贡厥獒，太保乃作《旅獒》，用训于王。

孔子序《书》，但言西旅献獒，太保作《旅獒》，直书之而其意益显也。作书者，述其事之所因，乃云"惟克商，遂通道于九夷八蛮"。圣人者，乃山川草木夷狄之主也。武王既克商之后，威德远畅，旁通九夷八蛮，谓夷狄，非一种也。通其朝贡之道。西戎有旅国者，遂致贡其獒。盖犬高四尺，兽畜之奇异者，故以为献，武王受之，而太保作书，即召公也。召公之意，若曰四夷之所献，与中国之所受者，惟服食器用而已。獒，非服食器用也，而武王受之，得非志得意满于功成之后乎？得无有玩物之心乎？使武王而一受，于是则今日之害，未见，而为他时之害不细矣。穆王受白鹿，而荒服为之不至。今日武王一受其獒，不惟为圣德之累，亦示夷狄以贪，此不得不戒也。

12.（宋）钱时《融堂书解》卷十一《周书·旅獒》

西旅献獒，太保作《旅獒》。

西旅，西方之国也。夫武王，圣人也，年且八秩矣。獒，微物，顾何足道，而召公反复开陈，不啻严师之训子弟。盖作狂作圣，在一念间，一隙之投，百邪之路也。《孟子》曰"惟大人，为能格君心之非"，此正是格心几微处。不曰召公，而称太保，所以见其责任，有不容自默欤。

13.（宋）魏了翁《尚书要义》

原阙。

14.（宋）陈大猷《书集传或问》

（归善斋按，未解）

15.（宋）胡士行《尚书详解》卷七《周书·旅獒第七》

西旅（戎国）献獒（犬高四尺，知人心，可指使），大保（召公）作《旅獒》。

16.（元）吴澄《书纂言》

（归善斋按，未解）

17.（元）陈栎《书集传纂疏》卷四下《朱子订定蔡氏集传·周书·旅獒》

（归善斋按，未解）

18.（元）许谦《读书丛说》

（归善斋按，未解）

19.（元）董鼎《书传辑录纂注》卷四《商书·旅獒》

（归善斋按，未解）

20.（元）朱祖义《尚书句解》卷七《周书·旅獒第七》

西旅献獒（西戎有旅国，慕武王威德，献犬，高四尺，曰獒。獒，音敖）。

21.（明）王樵《尚书日记》卷十《周书·旅獒》

（归善斋按，未解）

22.（清）库勒纳等撰《日讲书经解义》卷七《周书·旅獒》

（归善斋按，未解）

太保作《旅獒》

1.（汉）孔氏传、（唐）陆德明音义、孔颖达疏《尚书注疏》卷十二《周书·旅獒》

大保作《旅獒》。

传，召公陈戒。

音义，召，时照反，后召云皆仿此。

疏，正义曰，于是大保召公，因陈戒，史叙其事，作《旅獒》。

传正义曰，《释诂》云，旅，陈也，故云召公陈戒。上"旅"，是国名，此"旅"训为"陈"，二"旅"字同而义异。郑云，獒，读曰豪。西戎无君名，强大有政者为酋豪，国人遣其酋豪，来献见于周，良由不见古文，妄为此说。

《尚书注疏》卷十二考证

《旅獒》序"大保作旅獒"疏"《释诂》云旅，陈也"。

林之奇曰，经云"西旅"，则不可以训"陈"也。盖书篇名，惟取篇中之字，如《诗》云"维鹊有巢"，即以"鹊巢"名篇也。如必以"旅为"陈",则书序不当云作"旅獒"。臣召南按,"旅"训"陈"以之解《旅巢命》则可,以解《旅獒》则不可。经言"西旅厎贡厥獒",是国名也。林说自确。

2. (宋)苏轼《书传》卷十一《周书·旅獒第七》

(归善斋按,见"西旅献獒")

3. (宋)林之奇《尚书全解》卷二十六《周书·旅獒》

(归善斋按,见"西旅献獒")

4. (宋)史浩《尚书讲义》卷十三《周书·旅獒》

(归善斋按,见"西旅献獒")

5. (宋)夏僎《尚书详解》卷十八《周书·旅獒》

(归善斋按,见"西旅献獒")

6. (宋)时澜《增修东莱书说》卷十八《周书·旅獒第七》

(归善斋按,见"西旅献獒")

7. (宋)黄度《尚书说》卷四《周书·旅獒》

(归善斋按,见"西旅献獒")

8. (宋)袁燮《絜斋家塾书钞》卷十《周书·旅獒》

(归善斋按,见"西旅献獒")

9. (宋)蔡沈《书经集传》卷四《周书·旅獒》

(归善斋按,未解)

10. (宋)黄伦《尚书精义》卷三十一《周书·旅獒》

(归善斋按,见"西旅献獒")

11. （宋）陈经《尚书详解》卷二十五《周书·旅獒》

（归善斋按，见"西旅献獒"）

12. （宋）钱时《融堂书解》卷十一《周书·旅獒》

（归善斋按，见"西旅献獒"）

13. （宋）魏了翁《尚书要义》

原阙。

14. （宋）陈大猷《书集传或问》

（归善斋按，未解）

15. （宋）胡士行《尚书详解》卷七《周书·旅獒第七》

（归善斋按，见"西旅献獒"）

16. （元）吴澄《书纂言》

（归善斋按，未解）

17. （元）陈栎《书集传纂疏》卷四下《朱子订定蔡氏集传·周书·旅獒》

（归善斋按，未解）

18. （元）许谦《读书丛说》

（归善斋按，未解）

19. （元）董鼎《书传辑录纂注》卷四《商书·旅獒》

（归善斋按，未解）

20. （元）朱祖义《尚书句解》卷七《周书·旅獒第七》

太保作《旅獒》（召公居太保之职，作《旅獒》之书，以戒武王）。

21.（明）王樵《尚书日记》卷十《周书·旅獒》

（归善斋按，未解）

22.（清）库勒纳等撰《日讲书经解义》卷七《周书·旅獒》

（归善斋按，未解）

《旅獒》

（汉）孔氏传、（唐）陆德明音义、孔颖达疏《尚书注疏》卷十二《周书·旅獒》

《旅獒》。
传，因獒而陈道义。

（宋）夏僎《尚书详解》卷十八《周书·旅獒》

《旅獒》。
此"旅獒"二字，乃当时竹简写书，题此二字于表，以记卷轴，孔氏因而存之，故每篇皆有之。

（宋）蔡沈《书经集传》卷四《周书·旅獒》

《旅獒》。
西旅贡獒，召公以为非所当受，作书以戒武王，亦训体也，因以"旅獒"名篇。今文无，古文有。

（宋）陈经《尚书详解》卷二十五《周书·旅獒》

《旅獒》。
观此篇，西旅一獒之献，姑以见其奉上之诚，武王受之，亦所以际其礼意。初非武王有求而使之献也。太保遂作书以戒，若武王之失德，然何哉？古者，大臣之事君，犹孝子之事父母，听于无声，视于无形，常谨其微而已。惟圣罔念作狂，惟狂克念作圣。圣、狂相去远矣，而实根于一念之微。当烁石流金之时，而一阴生，则寒于此始焉；当折胶堕指之时，而一阳生，则暑于此始焉。谏之于微，则其为力也易矣。待其既署，则谏，亦劳矣。为犯颜，为逆耳，为廷争，为折槛，岂古人谏争之法哉。

（元）陈栎《书集传纂疏》卷四下《朱子订定蔡氏集传·周书·旅獒》

《旅獒》。

西旅贡獒，召公以为非所当受，作书以戒武王，亦训体也。因以"旅獒"名篇。今文无，古文有。

纂疏

近诸孙将《旅獒》来读。是时，武王已八十余岁矣。太保此书，谆谆告之，如教小儿相似，若自后世言之，为非所宜言，不尊君矣。

（元）董鼎《书传辑录纂注》卷四《商书·旅獒》

《旅獒》。

西旅贡獒。召公以为非所当受。作书以戒武王，亦训体也。因以"旅獒"名篇。今文无，古文有。

辑录

先生曰，近诸孙，将《旅獒》来读，是时武王已八十余岁矣。太保此书，谆谆告之，如教小儿相似，若自后世言之，为非所宜言，不尊君矣。铢。

（元）朱祖义《尚书句解》卷七《周书·旅獒第七》

《旅獒第七》。

西旅一獒之献，微也。武王受之，若未甚害，召公极言而力诫之诚，虑自此玩物而丧志，故作此书。

《旅獒》（竹简所标题）。

（明）王樵《尚书日记》卷十《周书·旅獒》

《旅獒》。

正义曰，西方之戎，有国名旅。

孔氏曰，犬高四尺曰獒，以大为异。

朱子曰，是时武王已八十余岁矣，太保此书谆谆告之，如教小儿相似，若自后世言之，为非所宜，言不尊君矣。

（清）库勒纳等撰《日讲书经解义》卷七《周书·旅獒》

《旅獒》。

此一篇书是，周太保召公奭，进戒武王之词。周武王时，有西裔旅国，贡獒犬。召公以为不当受，作书进戒，因以"旅獒"名篇。

（明）马明衡《尚书疑义》四《周书·旅獒》

《旅獒》之书，先儒皆以为既克商之后，王心亦有少懈，故召公此训，若严父师之训子弟，又云，如教小儿相似。此论固好，然详味召公之言，亦只是平实道理，何尝有过为激切之论耶？大抵古人言语皆是事实，自当照依道理说去，非有加也。但不知当时，武王受獒之意若何？武王，圣人，岂有懈怠之心，不以为当受而受之，于此自有道理。而召公，大贤只守规矩，遂以獒为无用之物，不宜受，而极言之。盖召公贤者，自不能识圣人之作用也。然召公之言，自足为后世法，故夫子录之，后世之人，自当守召公之经为正，不宜妄拟圣人之作用，而贻害无极也。

（清）朱鹤龄《尚书埤传》卷十一《周书·旅獒》

《旅獒》。

邹季友曰，五峰胡氏《皇王大纪》以《旅獒》为成王时书。或云，武王崩，周公为师，召（音邵）公为保，以辅成王。召公在武王时，必未为太保也，当从胡氏说，移篇次于《金縢》之后。愚按，篇中如"德盛不狎侮"及"不矜细行"等语，的是对创业之主言之，太保或是史臣追书。是时，武王年已几九十矣，召公之语，谆谆如教小儿。古大臣爱君多如此，不足疑也。禹之告舜曰无若丹朱傲，丹朱岂所以戒舜者耶。

惟克商，遂通道于九夷八蛮

1.（汉）孔氏传、（唐）陆德明音义、孔颖达疏《尚书注疏》卷十二《周书·旅獒》

惟克商，遂通道于九夷八蛮。

传，四夷慕化，贡其方贿。"九"、"八"言非一，皆通道路，无远不服。

音义，贿，呼罪反。

疏，正义曰，惟武王既克商，华夏既定，遂开通道路于九夷八蛮。

传正义曰，《曲礼》云，其在东夷，西戎，南蛮，北狄，经举夷蛮，则戎狄可知。四夷慕化，贡其方贿，言所贡非独旅也。四夷各自为国，无大小统领，"九"、"八"言非一也。《释地》云，九夷，八狄，七戎，六蛮，谓之四海。又云，八蛮在南方，六戎在西方，五狄在北方。上下二文，三方数目不同。《明堂位》称，九夷，八蛮，六戎，五狄，与《尔雅》上文不同。《周礼职方氏》掌四夷，八蛮，七闽，九貉，五戎，六狄之人。郑众云，四、八、七、九、五、六，周之所服国数也。遍检经传，四夷之数，参差不同。先儒旧解，此《尔雅》殷制。《明堂位》及《职方》并《尔雅》下文云八蛮在南，六戎在西，五狄在北，皆为周制。义或当然。《明堂位》言六戎，五狄；《职方》言五戎，六狄。赵商以此问郑，郑答云，戎狄但有其国数，其名难得而知，是郑亦不能定解。言克商遂通道，是王家遣使通道也。《鲁语》引此事，韦昭云，通道译，使怀柔之，是王家遣使通彼，彼闻命来献也，言其通夷蛮，而有戎贡，是四夷皆通道路，无所不服。

2.（宋）苏轼《书传》卷十一《周书·旅獒第七》

惟克商，遂通道于九夷八蛮，西旅厎贡厥獒。

西方之国有以獒为贡者。旅，陈也，《春秋传》曰"庭实旅百"。犬，四尺曰獒。

3.（宋）林之奇《尚书全解》卷二十六《周书·旅獒》

惟克商，遂通道于九夷八蛮，西旅厎贡厥獒，太保乃作《旅獒》，用训于王。

九夷八蛮，盖总言蛮夷之国也。曰九，曰八者，言非一也。《明堂位》称，九夷，八蛮，六戎，五狄。《周官·职方氏》称，四夷，八蛮，五戎，六狄。《尔雅》称，九夷，八狄，七戎，六蛮。而此又称"九夷、八蛮"，盖其或曰九夷，或曰四夷，或曰八蛮，或曰六蛮，虽然不同，然但知其为九、四、八、六而已，其所以为九、四、八、六之名，则不可得而知也。以是知，蛮、夷、戎、狄之以数言者，但言其非一而已，虽别而言之。东方曰夷，南方曰蛮，西方曰戎，北方曰狄。至于合而言之，则自雕题、左衽之邦，皆可以蛮、夷、戎、狄称也。如必居此方，然后得此名，则《舜典》曰"蛮夷率服"，则是"惇德允元"，而难任人者，止可以服东南，而不可以服西北矣。此因"西旅献獒"而言，不应舍西之戎，与南之蛮也。武王既克商之后，威德广被，凡在九州之外，自西自东，自南自北，莫不梯山航海而至，惟恐其后，此所以言"通道于九夷八蛮"也。其曰"通道"者，盖蛮夷来，王则其道自通矣，非有意于开四夷，而斥大其境土也。如有意通道于蛮夷，则是秦皇、汉武之穷兵黩武而已，岂所以为武王哉。

当其通道于蛮夷之域，而与中国接，于是西方之夷，有"旅国"者，致贡其獒焉。以其獒为贡者，汉孔氏曰，犬高四尺为獒，以大为异。此说不然。夫西旅献之，武王受之，太保谆谆而陈之，必其有珍异而可玩者，不但以大为异也。案，许慎曰，犬知人心而可使者曰"獒"。《春秋·公羊传》曰，晋灵公将杀赵盾，盾蹴阶而走，灵公有周狗，谓之獒，呼獒而属之，獒亦蹴阶而从之。祁弥明逆而踆之，绝其领。赵盾曰，君之獒，不若臣之獒也。何休注曰，周狗可以比周之狗，所指如意。《左氏传》亦谓，公嗾夫獒焉，明搏而杀之。盾曰，弃人用犬，虽猛何为？则獒之为犬，盖猛而善搏，人进退指挥，能如人意，异夫常犬者也。故太保谓"盛德不狎侮，狎侮君子，罔以尽人心；狎侮小人，罔以尽其力"，盖苟为受西旅之獒，以自防，则其心不能无狎侮于人。狎侮者，祸乱之所由生也。观晋灵公，则可以见矣。夫献獒者，西旅而已，而篇首遂言，通道于九夷八蛮，盖人臣之谏其君，必救之于其始。始之不救，其末将有不可胜救者。武王才通道于外域，而遽受旅獒之献。四夷闻之，则将争以珍奇进。而人主之欲浸广矣。此所以谏于王，而作此篇也。太保者，召公也。不曰召公，而曰太保者，此正如《太甲》之篇，不言嗣王不惠于尹，而言"不惠于阿衡"，盖立言之法，明太保、阿衡之任，当如是也。受寄托之任，而不能使嗣王"克终厥德"，则非所以为阿衡，居保、傅之官。而不能格君心之非，则非所以为太保。其曰"用训于王"，则是此篇，虽以"旅獒"为名，其实训体也。然则，典、谟、训、诰、誓、命之文者，岂可以拘于篇名而求之邪。

4.（宋）史浩《尚书讲义》卷十三《周书·旅獒》

《旅獒》。

惟克商，遂通道于九夷八蛮。西旅厎贡厥獒，大保乃作《旅獒》，用训于王，曰，呜呼！明王慎德，四夷咸宾，无有远迩，毕献方物，惟服食器用。王乃昭德之致于异姓之邦，无替厥服，分宝玉于伯叔之国，时庸展亲。人不易物，惟德其物，德盛不狎侮。狎侮君子，罔以尽人心；狎侮小人，罔以尽其力。不役耳目，百度惟贞。玩人丧德，玩物丧志。志以道宁，言以道接，不作无益害有益，功乃成；不贵异物贱用物，民乃足。犬马非其土性不畜，珍禽奇兽不育于国。不宝远物，则远人格；所宝惟贤，则迩人安。呜呼！夙夜罔或不勤，不矜细行，终累大德。为山九仞，功亏一篑。允迪兹，生民保厥居，惟乃世王。

西方之戎，有国曰旅，献獒庭实也。不却而受之，召公之所忧也。夫以武王有圣德，一獒之受，何足为累，而公谆谆如此，何哉？盖獒之为物，善知人意，嗾之则能触人，非止警夜之犬也。后世昏君有恃此，而拒下者。武王畜此，殆将何用？夫既留其种类，乌知厥后，无谀佞之臣，指兽之能，以动人主，慢侮臣下之心乎？召公防微杜渐，止邪于未形，意深远矣，公其以道事君者欤。武王革命，去商之虐，薄海乡风，九夷八蛮，宾服内附，则五戎六狄亦可知矣。通道者，言其无壅，皆得达于王所，非后世所谓开边也。呜呼者，叹辞也，将以开寤人主，当先其忧深思远之声容也。明王敬德，四夷咸宾者，无怠无荒，四夷来王也。无有远迩，毕献方物者，尊君亲上之心，不可以墟拘也。惟服食器用，王则受之，他物不当受。受之，皆无益也。服食器用，惟王及后世子百官之供亿，必不可无者。既推其余，以及诸侯，以昭吾德之所致，又以宝玉锡之同姓，厚睦亲亲，以见不殖货利之意。诸侯敢不服乎？人不易物，惟德其物者，惟其有德，予之足以为荣。苟惟无德，物固自若，予之不足为贵矣。所谓王者，中心无为以守至正者也。召公之戒，其曰，不狎侮，不役耳目，不作无益，不贵异物，不畜非土性之犬马，不育珍禽奇兽，不宝远物，皆去邪而归至正之戒也。且狎侮君子，则不尽心；狎侮小人，则不尽力；役耳目，则为声色所惑。百度焉得而正，所谓玩人，则丧德；玩物，则丧志也。志以道宁居之，安也；言以道接，求诸道也。作无益，则饰文绣事土木，徒费工力，终归于坏。贵异物，则求玩好，采珍奇，徒费赀粮，民益穷空。畜犬马，则不知土性，蹩躠啮噬，有害无利；育禽兽，则不惮搜猎，穷追远捕，远人不服矣。中心无为以守至正者，其可一念萌此哉？其卒曰，所宝惟贤，则迩人安。迩安，则远至矣。此王者辅德之要道，来远人之机括也。召公欲武王夙夜勤止，而于细行，有所于持，所以全其德也。又谓，为山九仞，功亏一篑，欲其终能保其全德也。其曰"允迪兹者"，欲武王信行此道。曰"生民保厥居"者，所谓保民而王也。"惟乃世王"者，以义制事，以礼制心，垂裕后昆，而使世世修德也。呜呼！召公爱君之道，至矣，尽矣，此其所以为三代之臣欤。

5.（宋）夏僎《尚书详解》卷十八《周书·旅獒》

惟克商，遂通道于九夷八蛮，西旅底贡厥獒，大保乃作《旅獒》，用训于王。

前乃叙书者叙作《旅獒》之大意，此乃当时史官录太保此书，故先言其所以作此书之意也。

"惟克商，遂通道于九夷八蛮"者，林少颖谓，武王克商之后，威德广被，凡在九州之外，自东自西，自南自北，莫不梯山航海而至，惟恐其后，此所以言通道于九夷八蛮也。其曰"通道"者，盖蛮夷来王，则其道自通，非武王有意于开四夷，而斥大境土也。如有意于通道，则是秦皇、汉武而已，何以为武王哉？此说甚善。

九夷八蛮，既以通道中国，故西方之夷，有旅国者，于是而贡其獒焉。林少颖谓，汉孔氏以犬高四尺为獒，以大为异。此说不然。夫西旅献之，武王受之，太保谆谆告之，必有珍异可玩者，不特以大为异。按，许慎谓犬如人心，高而可使者曰獒。《春秋公羊传》曰，晋灵公将杀赵盾，盾循阶而走，灵公有狗曰獒，呼獒而属之，獒亦循阶从之，盾车右力士祁弥明，逆而踆之，绝其领。赵盾曰，君之獒不若臣之獒也。弃人用狗，虽猛，何为？则獒而为犬，盖猛而善搏人，进退指挥能如人意，异夫常犬也。故太保谓，"德盛不狎侮。狎侮君子，罔以尽人心；狎侮小人，罔以尽其力"，盖以为苟受西旅之獒以玩，是则其心必狎玩于人。狎，乱也，祸乱之所由起。此太保所以谆谆作书，用训于王也。

林少颖谓，九夷八蛮，盖总言蛮夷之国，曰八九者，言其非一也。《明堂位》言，九夷、八蛮、六戎、五狄，《职方》言，四夷、八蛮、五戎、六狄，《尔雅》言，九夷、八狄、七戎、六蛮。或曰九夷，或曰四夷；或曰八蛮，或曰六蛮，但言其非一而已。所以为九、四、八、六者，不得而知也。

6.（宋）时澜《增修东莱书说》卷十八《周书·旅獒第七》

（归善斋按，见"西旅献獒"）

7.（宋）黄度《尚书说》卷四《周书·旅獒》

《旅獒》。

惟克商，遂通道于九夷、八蛮，西旅厎贡厥獒。太保乃作《旅獒》，用训于王。

东夷、南蛮，《职方氏》，四夷、八蛮、七闽、九貉、五戎、六狄。《尔雅》，九夷、八蛮、六戎、五狄。克商通道，不举戎狄者。自唐虞都冀，王畿千里之外，常山以北，皆为狄土。西戎，即叙近，在雍界。惟夷、蛮为远，周较雍益远矣。此举远者，见致之为难也。厎，致，致贡，见当却，而遂致之，故太保作书训王。

8.（宋）袁燮《絜斋家塾书钞》卷十《周书·旅獒》

《旅獒》。

惟克商，遂通道于九夷八蛮。西旅厎贡厥獒，大保乃作《旅獒》，用训于王，曰，呜呼！明王慎德，四夷咸宾，无有远迩，毕献方物，惟服食器用。王乃昭德之致于异姓之邦，无替厥服，分宝玉于伯叔之国，时庸展亲。

服食器用之物，此人生日用所不可阙者，故诸侯所贡于天子者，惟此。王乃分之异姓之邦，昭吾德之所致，而使其无替服事天子之心；以其宝玉则分之伯叔之国，而展亲亲之义夫。分宝玉于同姓，非厚于同姓，而薄于异姓也。义有亲疏，循而行之，乃所以为公也。人之亲其兄之子，必异于亲其邻之赤子。王者待诸侯，亦犹是尔，使其待同姓异姓，混然无别，则天下亦安有是理哉。

9.（宋）蔡沈《书经集传》卷四《周书·旅獒》

惟克商，遂通道于九夷八蛮。西旅厎贡厥獒，太保乃作《旅獒》，用训于王。

獒，牛刀反。九夷八蛮，多之称也。《职方》言，四夷八蛮。《尔雅》言，九夷八蛮。但言其非一而已。武王克商之后，威德广被，九州之外，蛮夷戎狄，莫不梯山航海而至。曰通道云者，盖蛮夷来王，则道路自通，非武王有意于开四夷，而斥大境土也。西旅，西方蛮夷国名。犬高四尺，曰獒。按，《说文》曰，犬知人心，可使者。《公羊传》曰，晋灵公欲杀赵盾。盾躇阶而走，灵公呼獒而属之。獒亦躇阶而从之，则獒能晓解人意，猛而善搏人者，异于常犬，非特以其高大也。太保，召公奭也。《史记》云，与周同姓，姬氏。此《旅獒》之本序。

10.（宋）黄伦《尚书精义》卷三十一《周书·旅獒》

《旅獒》。

惟克商，遂通道于九夷八蛮。西旅厎贡厥獒，太保乃作《旅獒》，用训于王。

无垢曰，纣在上，九夷八蛮，皆不得其所，故诚意断绝，不复修朝贡之礼。及武王克商，小人尽去，弊政尽除，四海一家，中国一人，九夷八蛮，皆有献诚之路。而西旅，所以致四尺之獒以为贡也。犬，四尺曰獒。然则，西旅，贡非所当贡之物，亦有罪乎？曰，夷狄何罪？其国中所出者，惟獒，故以通诚意耳。至受与不受，有教化存焉。受之，则夷狄以谓中国好珍奇、狗马之玩，将有轻中国之心；不受，则使四夷知中国所尚者，理义，不以奇玩为高也，其敢不傚乎？昔穆王征犬戎，得四白狼，四白鹿以归，自是荒服者不至。然则，受与不受，利害如此，召公岂得默默哉？

张氏曰，西旅之獒，非所当献也。武王之圣，非所当受也。非所当献而献之，则其献无名。非所当受而受之，则其受无义。若然，则召公之为太保，其可以默而无言乎？此《旅獒》之所以作也。

吕氏曰，武王初克商，归马放牛，驱虎豹犀象而远之。论来，武王初克商如此，獒之微物，必不能动武王。何故？前日，归许多马，放许多牛，方驱许多虎豹犀象，了不数日，而西旅献獒，獒似不足以动武王，而召公所以勤勤者，盖"惟圣罔念作狂，惟狂克念作圣"，圣与狂，初不相远，特在念与不念之间耳。何况创业之时，若有一毫之累，便不垂统于后，则后必有丘山之累。此正本谨始。召公所以不得不戒武王。方归马放牛，驱虎豹犀象，固是不得为一獒所动，然武王初定天下，已能归马放牛，驱虎豹犀象，若不又警戒时，此心必恐便倚恃已前曾远得珍禽奇兽，便是罔念道理，此召公之意正在此也。

11.（宋）陈经《尚书详解》卷二十五《周书·旅獒》

（归善斋按，见"西旅献獒"）

12.（宋）钱时《融堂书解》卷十一《周书·旅獒》

惟克商，遂通道于九夷八蛮。西旅底贡厥獒，太保乃作《旅獒》，用训于王，曰，呜呼！明王盛德，四夷咸宾，无有远迩。毕献方物，惟服食器用，王乃昭德之。致于异姓之邦，无替厥服。分宝玉于伯叔之国，时庸展亲。

西旅之国贡獒，盖其国以獒为珍也，而圣贤法度，则有忧焉。方通道，蛮夷之初而贡，受一獒，此其举措亦已审矣。然因此而纵其嗜欲，则己德所由以丧，民生所由以病，远人所由以轻中国，而国祚所由以不保者也。呜呼！岂止一獒而已哉，太保乃作《旅獒》，用之以训武王，其虑远矣。

13.（宋）魏了翁《尚书要义》

原阙。

14.（宋）陈大猷《书集传或问》

（归善斋按，未解）

15.（宋）胡士行《尚书详解》卷七《周书·旅獒第七》

《旅獒》。

惟克（胜）商，遂通道（路）于九夷（西）八蛮（南）。西旅底（致）贡厥獒，大保乃作《旅獒》，用训于王。

舟车所至，霜露所坠，莫不来王，而旅献獒焉。武王固尝驱虎豹犀象矣，獒奚为而来哉？

16.（元）吴澄《书纂言》

（归善斋按，未解）

17.（元）陈栎《书集传纂疏》卷四下《朱子订定蔡氏集传·周书·旅獒》

惟克商，遂通道于九夷八蛮，西旅底贡厥獒，太保乃作《旅獒》，用训于王。

　　九夷八蛮，多之称也。《职方》言四夷八蛮，《尔雅》言九夷八蛮，但言其非一而已。武王克商之后，威德广被，九州之外，蛮夷戎狄，莫不梯山、航海而至。曰"通道"云者，盖蛮夷来王，则道路自通，非武王有意于开四夷，而斥大境土也。西旅，西方蛮夷国名。犬高四尺，曰獒。案《说文》曰，犬知人心，可使者。《公羊传》曰，晋灵公欲杀赵盾，盾躇阶而走，灵公呼獒而属之。獒亦躇阶而从之，则獒能晓解人意，猛而善搏人者，异于常犬，非特以其高大也。太保，召公奭也。《史记》云，与周同姓，姬氏。此《旅獒》之本序。

　　纂疏

　　举夷、蛮以见其余也。"子欲居九夷"，东方，夷有九种。八蛮，今犹云。然《明堂位》言，六戎五狄；《职方》言，五戎六狄。召，地在岐邦内。召公食采于召，后封燕。

　　张氏曰，当未克商，王未必受。此既克商，于此受而不却，王心亦少懈矣。召公此训，若严父师训子弟，然非公高识，安能见微格非如此。

　　林氏曰，公恐四夷闻之，将争以珍奇进也。

　　吕氏曰，创业之君有一毫之失，后世便有丘山之害。此于王业已成，则为谨终，于示后嗣则为谨始，以此为防。后世，犹有求白狼白鹿，如穆王者。

　　陈氏经曰，武王非求之，公谏之，若其失德何也。圣狂，远矣，而根于一念之微。流金烁石，而一阴生，寒于此始；堕指折绵，而一阳生，暑于此萌。谏于微，则为力易；待其着，则难矣。

　　躇，丑略反，超遽不暇以次也。

18.（元）许谦《读书丛说》

（归善斋按，未解）

19.（元）董鼎《书传辑录纂注》卷四《商书·旅獒》

　　惟克商，遂通道于九夷八蛮。西旅底贡厥獒，太保乃作《旅獒》，用训于王。

九夷，八蛮，多之称也。《职方》言，四夷八蛮。《尔雅》言，九夷八蛮，但言其非一而已。武王克商之后，威德广被，九州之外，蛮夷戎狄，莫不梯山航海而至。曰"通道"云者，盖蛮夷来王，则道路自通，非武王有意于开四夷，而斥大境土也。西旅，西方，蛮夷国名。犬高四尺，曰獒。案，《说文》曰，犬知人心，可使者。《公羊传》曰，晋灵公欲杀赵盾，盾躇阶而走。灵公呼獒而属之，獒亦躇阶而从之，则獒能晓解人意，猛而善搏人者，异于常犬，非特以其高大也。太保，召公奭也。《史记》云，与周同姓，姬氏。此《旅獒》之本序。

纂注

吕氏曰，创业之君，有一毫之失，则后世之君，有邱山之害。此正谨始之时，召公不得不戒，以此为防。后世犹有求白狼、白鹿者。《公羊传》。

《释音》，躇，丑略反，犹"超遽不暇以次"。

20. （元）朱祖义《尚书句解》卷七《周书·旅獒第七》

惟克商（武王胜商之后），遂通道于九夷八蛮（道路通于夷蛮，来享来王非一）。

21. （明）王樵《尚书日记》卷十《周书·旅獒》

"惟克商"至"用训于王"。

孔氏曰，九、八，言非一。

吕氏曰，创业之君，有一毫之失，后世便有邱山之害。此于王业已成，则为谨终，于示后嗣，则为谨始。

张氏曰，《孟子》曰"大人格君心之非"，夫君心之非，何自先见而格之乎？及读《旅獒》，然后知古之大人，其事君也，犹子之事父母也，同气而异息，同心而异体，视于无形，听于无声，于其喜怒哀乐，寒暖燥湿之节，莫不先设而预调之，故其亲不至于有不康。大臣之于君心，亦犹是也。予于《旅獒》得大臣格心之义，故表而出之。

22.（清）库勒纳等撰《日讲书经解义》卷七《周书·旅獒》

惟克商，遂通道于九夷八蛮，西旅厎贡厥獒。太保乃作《旅獒》，用训于王。

此一节书是，周史臣序召公进戒之由也。厎，致也。犬知人心可使者，曰獒，其高四尺。史臣曰，惟我周武王，既克商，而有天下，虽无意于远拓边境，而威德广被九州，八方之外，夷蛮诸国，最多且远，莫不臣服，遂以开通道路，梯山航海，皆来朝贡。有西旅国，致贡其地所生之獒犬，所以表向化之诚敬也。太保召公奭，恐因此开四方进献之端，启人君玩好之渐，乃作《旅獒》一书，言其不当受，以训戒于周武王。其防微之意深矣。夫受獒之事，甚细，即以怀远人，似亦非所宜却也。召公反复推本，而究极言之，惟惧为圣德累者，大臣爱君之深，格心之忱，固非常情所易量者乎？

（元）陈师凯《书蔡传旁通》卷四下《周书·旅獒》

九夷八蛮，多之称也。《职方》言四夷八蛮，《尔雅》言九夷八蛮，但言其非一而已。

《周礼》注云，东方曰夷，南方曰蛮。四、八，周之所服国数也。

《尔雅》注疏云，东夷有九种，一曰玄菟，二曰乐浪，三曰高骊，四曰蒲饰，五曰凫□，六曰索家，七曰东屠，八曰倭人，九曰天鄙。八蛮者，李巡云，一曰天竺，二曰咳首，三曰僬侥，四曰跛踵，五曰穿胸，六曰儋耳，七曰狗轵，八曰旁春。

武王克商之后，威德广被，九州之外，蛮夷戎狄，莫不梯山航海而至。

按《汲冢周书·王会》篇所载，蛮夷戎狄所献，有曰稷慎文璧，曰秽人前儿，曰良夷在子，曰扬州禺鱼，曰发人麃人，曰俞人虽马，曰青丘狐九尾，曰周头抵辉，曰黑齿白鹿白马，曰白民黄乘，曰东越海蛤，曰瓯人蝉蛇，曰于越纳，曰姑妹珍，曰且瓯文蜃，曰共人元贝，曰海阳大蟹，曰自深桂，曰会稽鼍，曰义渠兹白，曰央林尊耳，曰唐戎间，曰渠叟鼢犬，曰楼烦星施，曰卜卢以牛，曰区阳鳖封，曰规矩麟，曰西申凤鸟，曰氐羌鸾鸟，曰巴人比翼鸟，曰方炀皇鸟，曰蜀人文翰，曰方人孔鸟，曰卜人丹砂，曰夷阇木，曰康民桴苡，曰州靡费费，曰都郭生生欺羽，奇干善芳，曰高夷嗛羊，曰独鹿邛邛距虚，曰孤竹距虚，曰不令支元獏，曰不屠何青熊，曰东胡黄罴，曰山戎戎菽，曰般吾白虎，曰屠州黑豹，曰禺氏騊駼，曰大夏兹白牛，曰犬戎古皇之乘，曰楚数每牛，曰匈奴狡，曰权扶玉自，曰白州比闾，曰禽人管，曰路人大竹，曰长沙鳖，曰鱼复鼓钟钟牛，曰蛮杨之翟，曰仓吾翡翠。正义所谓"王会备焉者"，此也。

（明）梅鷟《尚书考异》四《周书·旅獒》

惟克商，遂通道于九夷八蛮。西旅底贡厥獒，太保乃作《旅獒》，用训于王曰，呜呼！明王慎德，四夷咸宾。无有远迩，毕献方物，惟服食器用。王乃昭德之，致于异姓之邦，无替厥服；分宝玉于伯叔之国，时庸展亲。

《晋语》，范文子曰，夫王者，成其德，而远人以其方贿归之。宣二年，公嗾夫獒，杜注，猛犬也。《说文》，嗾，使犬也。服虔作"嗾"。《尚书》传云，獒，大犬也。《尔雅》云，狗四尺为獒。《说文》云，犬知人心可使者。《鲁语》陈惠公使人以隼，如仲尼之馆，问仲尼曰，隼之来也远矣，此肃慎氏之矢也。昔武王克商，通道于九夷八蛮，使各以其方物来贡，使无忘职业，于是肃慎氏贡楛矢石砮，其长尺有咫。先王欲昭其令德之致远也，以示后人，使永鉴焉，故铭其栝曰，肃慎氏之贡矢，以分太姬配虞胡公，而封诸陈。古者，分同姓以珍玉，展亲也。分异姓以远方之职贡，使无忘服也，故分陈以肃慎氏之贡。《楚语》，申叔时，蛮夷戎狄，其不宾也久矣。僖七年，诸侯官受方物。《表记》，子曰，狎侮死焉而不畏也。《淮南子·精神训》，不贵难得之货，不器无用之物。又曰，贵远方之货，珍难得之财。

（清）王夫之《尚书稗疏》卷四上《周书·旅獒》

九夷八蛮。

传注皆云，九、八言，其非一。今按《论语》称九夷，而朱子谓八蛮，今犹云然，则实种类有其九八，不但以弗一言也。夷狄之并兼分析，不恒，固不可执今以论古。乃见之《鲁论》者，在昭定之世，固自与周初相同，而《职方》言四夷，《尔雅》言六蛮。则统九于四，统八于六，部领族也。九夷之名，见于《后汉书》者，曰畎夷、于夷、方夷、黄夷、白夷、赤夷、玄夷、风夷、阳夷，乃范晔所纪，一本之《竹书》，夏后氏来贡之夷。而《虞书》有嵎夷。薛氏曰，今登州之地。《禹贡》有莱夷，颜师古曰，莱山之夷，即今莱州。《汲冢书》有良夷。孔晁曰，良夷者，乐浪之夷。《左传》记纪人伐夷，杜预云，在城阳壮武县。又淮夷病杞，范晔云，殷衰，东夷复盛，分迁淮岱，则淮北、海东、日照、安东、赣榆之地，北迤青沂，放乎登莱，皆古之所谓夷也。乃《禹贡》，扬州，亦有岛夷，则淮南、江介、金山、崇明，亦古之夷地。而《春秋》所纪，牟介、根牟、兒葛，皆为夷之附庸。要其始，皆九夷之部，而后以分也。但考其为地，则青、徐沿海之滨，而非《汉书》所纪三韩、扶娄、濊貊、夫余之远也。若八蛮之别，他无所考，要在三代时，荆、梁、扬三州之人，近山者皆谓之蛮。《王会解》云，蛮播之翟（播，今播州），仓吾翡翠（仓吾，即苍梧），鱼复鼓钟（鱼复，今巫山），长沙鳖。西至蜀，南至粤，皆蛮也。不仅武陵之西，苗犵之种也。《左传》记卢戎，杜预云，卢戎，南蛮。又庸人率群蛮以叛楚，则郧均、内乡、淅川、金房之间，统为八蛮之地。传又称楚人袭梁（今汝州），收霍（汝州之霍阳山），以困蛮氏，是楚塞之北，内方之南，亦蛮部也。

经云，惟克商，遂通道于九夷八蛮，原文王之时，西北之命令，已北行于狄，西行于戎，所以经文不及戎，而九夷在商郊之东，旧阻而未达，南蛮之在庸濮以西者，虽已归化，其鱼复之外，江沱之南，汉汝之间，未尽入周之职贡，故《汝坟》之诗且听命于如毁之王室。迨克商而后，改道西向，无不络绎于关中矣。道通，则旅达矣。旅达，则贡咸致矣。

"旅"云者，宾旅之谓也。中国备礼，则谓之宾；蛮夷不备礼，则谓之旅。"西旅"云者，犹言南宾北乡之谓也。八蛮，自商雒取道；九夷，从觳函取道，皆西向而旅进于宗周，以致贡其獒焉。此獒之贡，实自东来，而不自西来也。篇名"旅獒"者，犹言贡獒。乃传注不察于此，以西旅，为西方蛮夷之国名，不知西方安得有蛮，有夷，而未克商以前，西土已无不通之道。既克商以后，武王自商归丰，又未尝有从事西陲之役，则唯克商而通道于东南，惟东南道通，而贡獒者，乃西旅。于事文两顺，不然，则史氏当于西旅底贡之上，宜言通道于戎，而不当云通道于蛮夷，如必违心而谓西方有蛮夷，或诬古人之随意立名，一如今人之不通。谓戎夷之可以互称，其又何以系之克商之下，而曰"遂"耶？详绎本文，西旅之非国名，奚待辨哉。

西旅底贡厥獒

1.（汉）孔氏传、（唐）陆德明音义、孔颖达疏《尚书注疏》卷十二《周书·旅獒》

西旅底贡厥獒。

传，西戎之长，致贡其獒。犬高四尺，曰獒，以大为异。

音义，底，之履反。长，丁丈反。

疏，正义曰，于是有西戎旅国，致贡其大犬，名獒。

传正义曰，西戎之长，谓旅国之君，致贡其獒，或遣使贡之，不必自来也。犬高四尺曰獒，《释畜》文。《左传》晋灵公有犬，谓之獒，旅国以犬为异，故贡之也。

《尚书注疏》卷十二《考证》

"西旅底贡厥獒"传"犬高四尺曰獒，以大为异"。

林之奇曰，《说文》，犬知人心而可使者曰獒。左氏、公羊言晋灵公事，则獒之为犬，有异于常犬也。

2.（宋）苏轼《书传》卷十一《周书·旅獒第七》

（归善斋按，见"惟克商，遂通道于九夷八蛮"）

3.（宋）林之奇《尚书全解》卷二十六《周书·旅獒》

（归善斋按，见"惟克商，遂通道于九夷八蛮"）

4.（宋）史浩《尚书讲义》卷十三《周书·旅獒》

（归善斋按，见"惟克商，遂通道于九夷八蛮"）

5.（宋）夏僎《尚书详解》卷十八《周书·旅獒》

（归善斋按，见"惟克商，遂通道于九夷八蛮"）

6.（宋）时澜《增修东莱书说》卷十八《周书·旅獒第七》

（归善斋按，见"西旅献獒"）

7.（宋）黄度《尚书说》卷四《周书·旅獒》

（归善斋按，见"惟克商，遂通道于九夷八蛮"）

8.（宋）袁燮《絜斋家塾书钞》卷十《周书·旅獒》

（归善斋按，见"惟克商，遂通道于九夷八蛮"）

9.（宋）蔡沈《书经集传》卷四《周书·旅獒》

（归善斋按，见"惟克商，遂通道于九夷八蛮"）

10.（宋）黄伦《尚书精义》卷三十一《周书·旅獒》

（归善斋按，见"惟克商，遂通道于九夷八蛮"）

11.（宋）陈经《尚书详解》卷二十五《周书·旅獒》

（归善斋按，见"西旅献獒"）

12.（宋）钱时《融堂书解》卷十一《周书·旅獒》

（归善斋按，见"惟克商，遂通道于九夷八蛮"）

13.（宋）魏了翁《尚书要义》

原阙。

14.（宋）陈大猷《书集传或问》

（归善斋按，未解）

15.（宋）胡士行《尚书详解》卷七《周书·旅獒第七》

（归善斋按，见"惟克商，遂通道于九夷八蛮"）

16.（元）吴澄《书纂言》

（归善斋按，未解）

17.（元）陈栎《书集传纂疏》卷四下《朱子订定蔡氏集传·周书·旅獒》

（归善斋按，见"惟克商，遂通道于九夷八蛮"）

18.（元）许谦《读书丛说》

（归善斋按，未解）

19.（元）董鼎《书传辑录纂注》卷四《商书·旅獒》

（归善斋按，见"惟克商，遂通道于九夷八蛮"）

20.（元）朱祖义《尚书句解》卷七《周书·旅獒第七》

西旅厎贡厥獒（故西旅亦致贡獒犬）。

21.（明）王樵《尚书日记》卷十《周书·旅獒》

（归善斋按，见"惟克商，遂通道于九夷八蛮"）

22.（清）库勒纳等撰《日讲书经解义》卷七《周书·旅獒》

（归善斋按，见"惟克商，遂通道于九夷八蛮"）

（元）陈师凯《书蔡传旁通·隐字审音·周书·旅獒》

蹲阶（上丑略切）

（元）陈师凯《书蔡氏传旁通》卷四下《周书·旅獒》

犬高四尺，曰獒。
据《尔雅》。
《公羊传》曰，晋灵公欲杀赵盾，盾蹲阶而走。
见宣公六年。蹲，丑略反。何休注云，蹲，犹超遽，不暇以次。
该书有两条，分于不同卷。

（明）梅鷟《尚书考异》四《周书·旅獒》

（归善斋按，见"惟克商，遂通道于九夷八蛮"）

（清）朱鹤龄《尚书埤传》卷十一《周书·旅獒》

贡厥獒。
（附考）蔡传，蹲阶，按蹲，丑略反。何休注，蹲，犹超遽不暇以次。

太保乃作《旅獒》，用训于王

1.（汉）孔氏传、（唐）陆德明音义、孔颖达疏《尚书注疏》卷十二《周书·旅獒》

大保乃作《旅獒》，用训于王。
传，陈贡獒之义，以训谏王。
疏，正义曰，太保召公乃作此篇陈贡獒之义，用训谏于王。

2.（宋）苏轼《书传》卷十一《周书·旅獒第七》

太保乃作《旅獒》，用训于王，曰，呜呼！明王慎德，四夷咸宾，无有远迩，毕献方物。惟服食器用。王乃昭德之致于异姓之邦，无替厥服。如以肃慎楛矢分陈之类，使知王能以德致四夷之物，况诸夏乎？

3. （宋）林之奇《尚书全解》卷二十六《周书·旅獒》

（归善斋按，见"惟克商，遂通道于九夷八蛮"）

4. （宋）史浩《尚书讲义》卷十三《周书·旅獒》

（归善斋按，见"惟克商，遂通道于九夷八蛮"）

5. （宋）夏僎《尚书详解》卷十八《周书·旅獒》

（归善斋按，见"惟克商，遂通道于九夷八蛮"）

6. （宋）时澜《增修东莱书说》卷十八《周书·旅獒第七》

（归善斋按，见"西旅献獒"）

7. （宋）黄度《尚书说》卷四《周书·旅獒》

（归善斋按，见"惟克商，遂通道于九夷八蛮"）

8. （宋）袁燮《絜斋家塾书钞》卷十《周书·旅獒》

（归善斋按，见"惟克商，遂通道于九夷八蛮"）

9. （宋）蔡沈《书经集传》卷四《周书·旅獒》

（归善斋按，见"惟克商，遂通道于九夷八蛮"）

10. （宋）黄伦《尚书精义》卷三十一《周书·旅獒》

（归善斋按，见"惟克商，遂通道于九夷八蛮"）

11. （宋）陈经《尚书详解》卷二十五《周书·旅獒》

（归善斋按，见"西旅献獒"）

12.（宋）钱时《融堂书解》卷十一《周书·旅獒》

（归善斋按，见"惟克商，遂通道于九夷八蛮"）

13.（宋）魏了翁《尚书要义》

原阙。

14.（宋）陈大猷《书集传或问》

（归善斋按，未解）

15.（宋）胡士行《尚书详解》卷七《周书·旅獒第七》

（归善斋按，见"惟克商，遂通道于九夷八蛮"）

16.（元）吴澄《书纂言》

（归善斋按，未解）

17.（元）陈栎《书集传纂疏》卷四下《朱子订定蔡氏集传·周书·旅獒》

（归善斋按，见"惟克商，遂通道于九夷八蛮"）

18.（元）许谦《读书丛说》

（归善斋按，未解）

19.（元）董鼎《书传辑录纂注》卷四《商书·旅獒》

（归善斋按，见"惟克商，遂通道于九夷八蛮"）

20.（元）朱祖义《尚书句解》卷七《周书·旅獒第七》

太保乃作《旅獒》（召公作《旅獒》书），用训于王（以训武王）。

21.（明）王樵《尚书日记》卷十《周书·旅獒》

（归善斋按，见"惟克商，遂通道于九夷八蛮"）

22.（清）库勒纳等撰《日讲书经解义》卷七《周书·旅獒》

（归善斋按，见"惟克商，遂通道于九夷八蛮"）

（元）陈师凯《书蔡传旁通》卷四下《周书·旅獒》

太保，召公奭也。《史记》云，与周同姓姬氏。

《史记注》，谯周云，周之支族，食邑于召。《索隐》云，召者，畿内采地。或者谓，文王取岐周故墟召地，分爵二公，故《诗》有"周召二南"，言皆在岐山之阳，故言南也。后武王封之北燕，以元子就封，而次子留周室，代为召公。至宣王时，邵康公虎，其后也。

（明）梅鷟《尚书考异》四《周书·旅獒》

（归善斋按，见"惟克商，遂通道于九夷八蛮"）

曰：呜呼！明王慎德，四夷咸宾

1.（汉）孔氏传、（唐）陆德明音义、孔颖达疏《尚书注疏》卷十二《周书·旅獒》

曰，呜呼！明王慎德，四夷咸宾。

传，言明王慎德以怀远，故四夷皆宾服。

疏，正义曰，呜呼，叹而言也。自古明圣之王，慎其德教，以柔远人，四夷皆来宾服。

2.（宋）苏轼《书传》卷十一《周书·旅獒第七》

（归善斋按，见"太保乃作《旅獒》，用训于王"）

3.（宋）林之奇《尚书全解》卷二十六《周书·旅獒》

曰，呜呼！明王慎德，四夷咸宾。无有远迩，毕献方物，惟服食器用。王乃昭德之致于异姓之邦，无替厥服。分宝玉于伯叔之国，时庸展亲，人不易物，惟德其物。

呜呼者，嗟叹之辞也。太保将陈古先哲王，所以待夷狄之道，故重其事，而嗟叹以言之也。古者，帝王之于夷狄，听其自来，而信其自去。惟慎德于此，而四夷闻之相与宾服，殆将有不期然而然者。"惇德允元"，而蛮夷率服，无怠无荒，而四夷来王；明王慎德，而四夷咸宾；式固尔犹，而淮夷率服。凡此皆帝王御夷狄之上□也。四夷慕盛德而咸宾，则无远无迩，尽献其方土所重之物。其所献者，惟取其可以供吾之服食、器用者，若乃奢侈之物，可以供耳目之玩好者，则不当献也。虽献之，亦不当受也。唐孔氏曰，玄纁绨纻，供服也；橘柚菁茅，供食也；羽毛、齿革、瑶琨、筱簜，供器用也。则是以器用为一。或以为，羽毛、齿革、瑶琨、筱簜，器也；牛、马、犬、龟之类，用也。窃以此说为长。犬，用物也。《荀子》曰，北海有走兽吠犬焉，中国得而畜使之。犬之可畜者，惟取其善吠而已。獒知人心而可使，则是犬之奇异，而不常有也。贡犬可也，贡獒不可也。此既因献獒而言，则以用为牛、马、犬、龟之类。其说为当。

"王乃昭德之致于异姓之邦，无替厥服，分宝玉于伯叔之国，时庸展亲"者，言王者，既不以一己之私欲，责四方之贡献，惟受其所当献者，犹不以供一己之私欲也。观其所以颁之于诸侯，异姓之邦者，必以四夷所贡之物，使其所知四夷，所以贡其方物者，以吾之慎德，有以致之也。以其德之所以致之者，而赐之，是昭德之致也。赐异姓之邦，而必昭德之致者，俾之受此物，则知吾之德，远覃于方外，其孰敢废厥职事，而无戴上之诚也。故曰"无替厥服"。其同姓伯父、叔父之国，则以宝玉分之。分之以宝玉者，是用信其亲亲之道也。故曰"时庸展亲"。

王氏曰，亲之矣，而不以所宝分之，则人孰知亲亲之信也。此说是也。唐孔氏曰，"昭德之致于异姓之邦"，如分陈以肃慎之矢；"分宝玉于伯叔之国"，若分鲁，以夏后氏之璜异姓之邦，则欲其"无替厥服"。同姓之邦，则"时庸展亲"，此盖亲疏之隆杀也。夫明王之于四夷所贡之方物，不苟受也，惟服食器用，不责彼之所难得，不求我之所无用也。不责彼之所难得，而其所献者，皆其易得之物也；不求我之所无用，则其所受者，皆有用之物也。责彼之易得，求我之有用，而吾尤无所利焉，必以"昭德之致于异姓之邦"，展亲于同姓之国。凡此皆圣人不贪之宝也。夫獒之为物，知人心而可使，则是西旅之所难得，而中国之所不常用。既不可"昭德之致于异姓之邦"，又不可展亲于同姓之国，而徒受之祗，所以为耳目之玩好而已。此太保所以不得不谏也。

"人不易物，惟德其物"，言物一也，未尝改易，惟有德，则其物为足贵。苟为无德，则何以物为哉。先王通四夷，而受其贡献，惟欲"昭德之致于异姓之邦"，而展亲于同姓，如此则其物也，可宝于万世，故曰"惟德其物"。如分陈肃慎氏之矢，鲁夏后氏之璜，世世子孙，守而不失。盖先王以德而致之，先君以德而受之故也。如其不然，是亦璜与矢而已，何足贵哉。

4.（宋）史浩《尚书讲义》卷十三《周书·旅獒》

（归善斋按，见"惟克商，遂通道于九夷八蛮"）

5.（宋）夏僎《尚书详解》卷十八《周书·旅獒》

曰，呜呼！明王慎德，四夷咸宾。无有远迩，毕献方物。惟服食器用，王乃昭德之致于异姓之邦，无替厥服，分宝玉于伯叔之国，时庸展亲。

自此以下，太保训王之辞也。呜呼，嗟叹之辞。太保将陈告先哲王待夷狄之道，故重其事，嗟叹而言之也。盖古之明王，初无心于得远人，惟知谨其在我之德而已。及其德谨于此，四夷闻之于彼，自然相与皆来宾服，有不期然而然者，故惇德允元，而蛮夷率服；无怠无荒，而四夷来王。与《诗》之"式固尔犹"，而"淮夷率服"，皆帝王御狄之上策也。四夷既闻德而皆来宾服，则无远无近，尽献其方土所有之物。虽献所有之物，然皆可以为服食器用者，又非奢侈可供耳目之玩而已。是明王之时，下之所献者，无非当献之物；上之所受者，无非当受之物也。然明王之时，虽曰献所当献，受所当受然，不以供一己之私欲，方且昭明其德之致者，而颁赐于异姓诸侯之邦，所谓德之致者，即远方所贡之物，盖慕德而来贡，故其物，谓之德所致者也。其所以昭德所致于异姓之邦者，盖将使之知吾之德，远及于夷狄，则必爱慕而不敢废其事上之诚也。故曰"无替厥服"。既昭德之致于异姓之邦，于是又以所宝之玉，分之于同姓伯叔之国，用以展其亲亲之道，故曰"时庸展亲"。唐孔氏谓，昭德之致于异姓之邦，若分陈以肃慎氏之矢；分宝玉于伯叔之国，若分鲁以夏后氏之璜是也。

6. （宋）时澜《增修东莱书说》卷十八《周书·旅獒第七》

曰，呜呼！明王慎德，四夷咸宾。

"明王慎德"，《旅獒》一篇纲目也。四夷所以咸宾者，正以明王能慎其德耳。慎德者，百圣心传之妙，尧之允恭，舜之惟帝其难，禹之克艰厥后，汤之栗栗危惧，皆慎德之功也。

7. （宋）黄度《尚书说》卷四《周书·旅獒》

曰，呜呼！明王慎德，四夷咸宾。无有远迩，毕献方物，惟服食器用。

克商通道，志得矣。而一獒之献，足以致玩，足以起狎侮，足以役耳目而失百度，足以堕细行而累大德。然则，慎德诚难矣，是故尧、舜、禹、汤、文、武未尝一日无典学之功。毕献方物，非服食器用不献，所以示好恶。

8. （宋）袁燮《絜斋家塾书钞》卷十《周书·旅獒》

（归善斋按，见"惟克商，遂通道于九夷八蛮"）

9. （宋）蔡沈《书经集传》卷四《周书·旅獒》

曰，呜呼！明王慎德，四夷咸宾，无有远迩，毕献方物，惟服食器用。

谨德，盖一篇之纲领也。方物，方土所生之物。"明王谨德，四夷咸宾",其所贡献,惟服食器用而已,言无异物也。

10.（宋）黄伦《尚书精义》卷三十一《周书·旅獒》

曰,呜呼!明王慎德,四夷咸宾,无有远迩,毕献方物,惟服食器用。

无垢曰,《禹贡》九州所贡,迩也;莱夷,所贡远也。各以其方所生之物,为献,盖土地所生,风气所宜,先王不责,以所无,不废其所有也。然其所献者,非以资耳目之玩,逞心志之欲。如汉武以天马,而伐大宛,以蒟酱而开西南夷也。惟服食、器用,所不可缺者而已。孔氏曰,玄纁绨纻,供服也;橘柚菁茅,供食也。羽毛、齿革、瑶琨、筱簜,供器用也。是则,以器、用为一,或以羽毛、齿革、瑶琨、筱簜,器也。牛马、大龟之类,用也。

吕氏曰,圣人之心,不曾留意于物,所以受者,盖缘是少不得,圣人不可不受,至于珍禽、奇兽,圣人何尝言。盖方物之来,便是慎德之所召,若方物之至玩好之物也,受此,心便是荒怠,不是初致方物之本心。圣人慎德工夫,所以无穷也。

11.（宋）陈经《尚书详解》卷二十五《周书·旅獒》

曰,呜呼!明王慎德,四夷咸宾,无有远迩,毕献方物,惟服食器用,王乃昭德之。致于异姓之邦,无替厥服。分宝玉于伯叔之国,时庸展亲。人不易物,惟德其物。

召公将陈戒武王,必先述古者明王所以待夷狄之道。明王者,王心无蔽,而所见者远也。惟其无蔽,而所见之远,故知所以慎德,戒慎不睹,恐惧不闻,惟恐怠忽之心生,而蹈失德之累,此慎德也。惟其慎德于此,四夷自然观感于彼,无有远近,尽献其方所有之物,虽是毕献方物,而方物之中,又特以服食器用者为献。玩好之物,不敢以投其君之所欲。服食器用,若《禹贡》所载,漆、枲、绨、纻,蠙珠暨鱼等,与九江之龟,三邦之篚、簵、楛,皆服食器用也。虽然天下之不敢私其物,所以表其奉上之诚,圣人亦不敢私其物,所以示其锡予之恩,故王因其德,所致之物,昭明以示于异姓之邦。异姓诸侯,受其赐,则当思所以无废其所服之职。

841

圣人一视同仁，而其中不能无品节差等焉。异姓之诸侯，疏者，故昭德之致；同姓之诸侯，亲者，故分以宝玉。宝玉亦德所致也，谓德所致，则泛举其物而言之。谓宝物，则举其玉之贵者言之，使同姓伯叔之国受其赐，则当思王者用所以展亲亲之义。若武王分陈以肃慎之矢，即昭德之致于异姓之邦也。分鲁以夏后之璜，即分宝玉于伯叔之国也。大抵明王之世，上下皆以至公为心。下之人，以至公为心，知明王无所利于玩好也，则以服食器用为天下之用；上之人以至公为心，不私其所献之物也，则又班之诸侯也，故"人不易物，惟德其物"，天下见人君所赐之物，不以物视物，而以德视物，以物视物，则虽金玉之贵，不啻鸿毛之轻；以德视物，则虽一介之微，若九鼎之重。昭德之致也。分宝玉也，皆君德之所寓，其谁敢轻易之哉。同此物也，有德无德，而轻重系焉，则人主，其敢有玩物之心，以累吾德乎？

12.（宋）钱时《融堂书解》卷十一《周书·旅獒》

（归善斋按，见"惟克商，遂通道于九夷八蛮"）

13.（宋）魏了翁《尚书要义》

原阙。

14.（宋）陈大猷《书集传或问》

（归善斋按，未解）

15.（宋）胡士行《尚书详解》卷七《周书·旅獒第七》

曰，呜呼！明（古）王慎德（慎之一字，传心之法），四夷咸宾（朝），无有远迩（近），毕（尽）献方（各方所生）物。惟（只）服食器用（无他珍奇）。王乃昭（明示）德（有德）之致（所献方物），于异姓之邦（若成王分陈以肃慎之矢），无（使异姓邦无）替（废）厥服（事上之诚），分宝玉于伯叔（同姓）之国（若分鲁以夏后氏之璜），时（是）庸（用）展（布）亲（亲亲之义）。人不易（改）物，惟德（有德）其物（物重）。

明王慎德，以来四夷，其所献自服食器用外，无异物也，且不以奉一身，而公之天下，又以至公大同之中，必文理密察，而昭德所致，与宝玉之分，各有差等焉。凡人受其所分之物，即明王得之所献之物，初无改易之异，然无替服，庸展亲，所以能行乎异姓、同姓之邦者，惟有德寓乎其物之中故耳。若獒之珍奇，则岂远人所当献，而又岂一人所可昭德之物哉。

16. (元) 吴澄《书纂言》

(归善斋按，未解)

17. (元) 陈栎《书集传纂疏》卷四下《朱子订定蔡氏集传·周书·旅獒》

曰，呜呼！明王慎德，四夷咸宾，无有远迩，毕献方物，惟服食器用。

谨德，盖一篇之纲领也。方物，方土所生之物。明王谨德，四夷咸宾，其所贡献惟服食器用而已，言无异物也。

纂疏

唐孔氏以器用为一。

或谓，羽、毛、齿、革等，器也。牛、马、犬、龟等，用也。

愚谓，一篇皆自"明王慎德"一句推广之。曰"昭德之致"，曰"惟德其物"，曰"德盛不狎侮"，曰"玩人丧德"，曰"终累大德"，德之一辞，谆谆焉。惟慎德，所以自致贡物；惟贡无异物，所以见其慎德。若奇玩，则非当献，亦非当受。一受之，则怠荒之心生，而慎德之初意失矣。

18. (元) 许谦《读书丛说》

(归善斋按，未解)

19. (元) 董鼎《书传辑录纂注》卷四《商书·旅獒》

曰，呜呼！明王慎德，四夷咸宾，无有远迩，毕献方物，惟服食器用。

谨德，盖一篇之纲领也。方物，方土所生之物，明王谨德，四夷咸宾，其所贡献，惟服食器用而已，言无异物也。

纂注

新安陈氏曰，一篇，皆自明王谨德一句推广之，曰昭德之致，曰惟德其物，曰德盛不狎侮，曰玩人丧德，曰终累大德。德之一辞，谆谆焉，惟慎德所以自能致贡物。惟所贡无异物，所以见其慎德。若奇玩之物，非所当献，亦非所当受。一受之，则荒怠之心生，而慎德之意失矣。

林氏曰，颖达以器用为一。或谓羽毛、齿革之类器也。牛马大龟之类，用也。先王于四夷，不责彼之难得，不求我之所无用。

20. （元）朱祖义《尚书句解》卷七《周书·旅獒第七》

曰（言），呜呼（嗟叹）！明王慎德（古者，明哲之王，谨慎修德），四夷咸宾（四方之夷，皆使宾服）。

21. （明）王樵《尚书日记》卷十《周书·旅獒》

"曰，呜呼！明王慎德"至"惟服食器用"。

真氏曰，明王敬谨其德，岂欲四夷之我宾哉？而宾贡乃不求自至。然其所献，惟服食器用而已，无他玩好也。

正义曰，玄纁、绨纻，供服也；橘柚，菁茅，供食也；羽毛，齿革，瑶琨，筱簜，供器用也。

22. （清）库勒纳等撰《日讲书经解义》卷七《周书·旅獒》

曰，呜呼！明王慎德，四夷咸宾，无有远迩，毕献方物，惟服食器用。

此一节书是，言服远人之本于慎德也。召公叹息而言曰，自古明哲之王，所以保邦安民者，要在谨修其德，清心寡欲，一取舍好尚之微，无所不极其慎，是故德之所感，不但中国人民，相与乐劝于奉上；即四方夷狄之国，亦皆臣顺而宾服，无分远近，悉来献其方土所生之物，莫敢或后焉。然其所献，惟是可制衣服，可供饮食，可备器用之物，并不敢于此外，有以奇玩异物进献者。盖知王者所重在德，不在物，虽献，亦却而不受，其能使远方之倾心向化，正以此也，召公言外，隐然见獒之为物，不可以资服食器用。圣如周武王，岂不知此，而必特举慎德，为拔本塞源之论，大臣格君心者，当知所取法，而人主亦何可不深自警与。

（元）陈师凯《书蔡传旁通》卷四下《周书·旅獒》

谨德，盖一篇之纲领。

新安陈氏云，一篇，皆自"明王慎德"一句推广之。曰昭德之致，曰惟德其物，曰德盛不狎侮，曰玩人丧德，曰终累大德。德之一辞，谆谆焉，惟慎德，所以自能致贡物；惟所贡无异物，所以见其慎德。若奇玩之物，非所当献，亦非所当受，一受之，则荒怠之心生，而慎德之意失矣。

（元）陈悦道《书义断法》四《周书·旅獒》

明王慎德，四夷咸宾。无有远迩，毕献方物，惟服食器用。

下之献者，各随其方物；上之受者，不贵乎异物，是可以见圣德之感人深矣。盖其所慎者，本人心、天理之所同得，故其所贡者，惟物产、日用之常行，使其敬德，不足以珍奇为尚，遂于耳目之玩者无穷，而本于性分之真者愈怠。又何以柔远人而治天下国家哉？是以圣人必先慎乎德，持守之深，而嗜欲之浅，非武王不能慎此德，非太保不能为此言也。

（明）梅鷟《尚书考异》四《周书·旅獒》

（归善斋按，见"惟克商，遂通道于九夷八蛮"）

无有远迩，毕献方物，惟服食器用

1.（汉）孔氏传、（唐）陆德明音义、孔颖达疏《尚书注疏》卷十二《周书·旅獒》

无有远迩，毕献方物，惟服食器用。

传，天下万国，无有远近，尽贡其方土所生之物，惟可以供服食器用者，言不为耳目华侈。

音义，供，音恭。为，于伪反。侈，昌氏反，又式氏反。

疏，正义曰，无有远之与近，尽贡其方土所生之物。其所献者，惟可以供其服食器用而已，不为耳目华侈，供玩好之用也。

传正义曰，以言无有远近，是华夷总统之辞。《释诂》云，毕，尽也。故云，天下万国，无有远之与近，尽贡其方土所生之物，惟可以供服食器用者。玄纁缔纻，供服也；橘柚菁茅，供食也；羽毛齿革瑶琨筱簜，供器用也。下言"不役耳目"，故知言不为耳目华侈也。《周礼·大行人》云，九州岛之外谓之蕃国，世一见，各以其所贵宝为贽。郑玄云，所贵宝，见经传者，犬戎献白狼、白鹿是也。余外则《周书·王会》备焉。案，《王会》篇，诸方致贡，无所不有。此言惟服、食、器用者，远方所贡，虽不充于器用，实亦受之。召公深戒武王，故言此耳。

《尚书注疏》卷十二《考证》

"毕献方物"疏"郑玄云，所贵宝见经传者，犬戎献白狼、白鹿是也"。

臣召南按，郑以穆王事解蕃国贵宝为贽，已属不经，孔疏引以证此篇方物，尤非也。穆王不听祭公之谏，耀兵勤远，得四白鹿、白狼，自是荒服不至。召公当开国时，若预料有其事者，于西旅贡獒，即动色告戒，以不宝远物，安得以《周语》及《王会》篇解此文哉。

2.（宋）苏轼《书传》卷十一《周书·旅獒第七》

（归善斋按，见"太保乃作《旅獒》，用训于王"）

3.（宋）林之奇《尚书全解》卷二十六《周书·旅獒》

（归善斋按，见"曰，呜呼！明王慎德，四夷咸宾"）

4.（宋）史浩《尚书讲义》卷十三《周书·旅獒》

（归善斋按，见"惟克商，遂通道于九夷八蛮"）

5. （宋）夏僎《尚书详解》卷十八《周书·旅獒》

(归善斋按，见"曰，呜呼！明王慎德，四夷咸宾")

6. （宋）时澜《增修东莱书说》卷十八《周书·旅獒第七》

无有远迩，毕献方物，惟服食器用。

远迩供贡，帝王一统之分也。作贡制贡，其义精详，远人来享，在所作所制之外者，惟服食、器用、宗庙、朝廷、宾客，所当用者则受之，外此则不受。盖谓慎德，所以致其贡。若因方物之至，而纳玩好之物，则生荒怠之心，而失始初慎德之意矣。

7. （宋）黄度《尚书说》卷四《周书·旅獒》

(归善斋按，见"曰，呜呼！明王慎德，四夷咸宾")

8. （宋）袁燮《絜斋家塾书钞》卷十《周书·旅獒》

(归善斋按，见"惟克商，遂通道于九夷八蛮")

9. （宋）蔡沈《书经集传》卷四《周书·旅獒》

(归善斋按，见"曰，呜呼！明王慎德，四夷咸宾")

10. （宋）黄伦《尚书精义》卷三十一《周书·旅獒》

(归善斋按，见"曰，呜呼！明王慎德，四夷咸宾")

11. （宋）陈经《尚书详解》卷二十五《周书·旅獒》

(归善斋按，见"曰，呜呼！明王慎德，四夷咸宾")

12. （宋）钱时《融堂书解》卷十一《周书·旅獒》

(归善斋按，见"惟克商，遂通道于九夷八蛮")

13. (宋)魏了翁《尚书要义》

原阙。

14. (宋)陈大猷《书集传或问》

(归善斋按,未解)

15. (宋)胡士行《尚书详解》卷七《周书·旅獒第七》

(归善斋按,见"曰,呜呼!明王慎德,四夷咸宾")

16. (元)吴澄《书纂言》

(归善斋按,未解)

17. (元)陈栎《书集传纂疏》卷四下《朱子订定蔡氏集传·周书·旅獒》

(归善斋按,见"曰,呜呼!明王慎德,四夷咸宾")

18. (元)许谦《读书丛说》

(归善斋按,未解)

19. (元)董鼎《书传辑录纂注》卷四《商书·旅獒》

(归善斋按,见"曰,呜呼!明王慎德,四夷咸宾")

20. (元)朱祖义《尚书句解》卷七《周书·旅獒第七》

无有远迩(无远无近),毕献方物(尽献方土所有之物),惟服食器用(可以为衣服、饮食、器用者)。

21. (明)王樵《尚书日记》卷十《周书·旅獒》

(归善斋按,见"曰,呜呼!明王慎德,四夷咸宾")

22.（清）库勒纳等撰《日讲书经解义》卷七《周书·旅獒》

（归善斋按，见"曰，呜呼！明王慎德，四夷咸宾"）

（元）陈师凯《书蔡传旁通》卷四下《周书·旅獒》

其所贡献，惟服食器用而已，无异物也。

正义云，玄纁绨纻，供服也；橘柚菁茅，供食也；羽毛齿革瑶琨筱簜，供器用也。

（元）陈悦道《书义断法》四《周书·旅獒》

（归善斋按，见"曰，呜呼！明王慎德，四夷咸宾"）

（明）梅鷟《尚书考异》四《周书·旅獒》

（归善斋按，见"惟克商，遂通道于九夷八蛮"）

（明）马明衡《尚书疑义》四《周书·旅獒》

毕献方物，惟服食器用。

此是召公主意，古之王者，无非事者，故所贡之物，皆惟切于民用。若獒则是不切于民用，所谓不足以利器用，则君不举焉。而武王受之，召公遂惊骇，似有狎侮之意，似有役耳目之意，似有玩人、玩物之意，故于下历言之。

"人不易物，惟德其物"，此极是挈紧之言，盖不以物观物，而以德观物，则睹是物者，思其德，而皆务于修德矣。不以德观物，而以物观物，则睹是物者，爱其物，而皆竞于玩物矣。此实天理、人欲之分，成败之几，皆决于此。《孟子》谓，先生以义说秦楚之王，秦楚之王说于义，以利说，则说于"利"，一字之间，而治乱兴丧，由之。圣贤致谨于几微之间，每如此。

（清）朱鹤龄《尚书埤传》卷十一《周书·旅獒》

惟服食、器用。

《周礼》，九贡致用，一曰祀贡，包茅之属；二曰嫔贡，丝枲之属；三曰器贡，石磬丹漆之属；四曰币贡，玉马皮帛之属；五曰材贡，栝柏之属；六曰货贡，龟贝之属；七曰服贡，缔绤纤纩之属；八曰斿贡，羽毛之属；九曰物贡，鱼盐橘柚之属，皆服食、器用为要。若大赂南金，犀革象齿之类，则听之。要荒之贡，而无所求焉，所谓惟正之供也。

王乃昭德之致于异姓之邦，无替厥服

1.（汉）孔氏传、（唐）陆德明音义、孔颖达疏《尚书注疏》卷十二《周书·旅獒》

王乃昭德之致于异姓之邦，无替厥服。

传，德之所致，谓远夷之贡，以分赐异姓诸侯，使无废其职分。

疏，正义曰，明王既得所贡，乃明其德之所致，分赐于彼异姓之国，明己德致远，赐异姓之国，令使无废其服职事也。

2.（宋）苏轼《书传》卷十一《周书·旅獒第七》

（归善斋按，见"太保乃作《旅獒》，用训于王"）

3.（宋）林之奇《尚书全解》卷二十六《周书·旅獒》

（归善斋按，见"曰，呜呼！明王慎德，四夷咸宾"）

4.（宋）史浩《尚书讲义》卷十三《周书·旅獒》

（归善斋按，见"惟克商，遂通道于九夷八蛮"）

5.（宋）夏僎《尚书详解》卷十八《周书·旅獒》

（归善斋按，见"曰，呜呼！明王慎德，四夷咸宾"）

6. （宋）时澜《增修东莱书说》卷十八《周书·旅獒第七》

王乃昭德之致于异姓之邦，无替厥服。分宝玉于伯叔之国，时庸展亲。

圣人公天下，以为心天下之物，与天下之人共之。非如秦皇，以四海独奉一身也。然至公大同，必文理密察，自有差等，又非如夷子之二本，而为无差等之爱也。凡远方所贡方物，王必分赐异姓之邦，但昭德之致耳，如成王赐肃慎矢于陈是也。"无替厥服"者，使之因邦赐之义，思所服者何事，而敬守王度也。宝玉则分于伯父叔父之国，时庸展亲亲之意，如鲁之宝玉大弓是也。亲疏之所以不同，盖一视同仁之道也。

7. （宋）黄度《尚书说》卷四《周书·旅獒》

王乃昭德之致于异姓之邦，无替厥服。分宝玉于伯叔之国，时庸展亲。人不易物，惟德其物。

王乃以远方贡物，赐异姓诸侯，昭德所致，不替常职；又分赐宝玉于同姓伯叔诸侯，是用展亲亲之恩焉。同姓诸侯，亦有常职矣。天下一姓，荣怀同之，率职奉贡，不待言也，故以亲亲为重。《左传》肃慎氏之矢，赐陈夏后氏之璜，赐鲁其事也。昭德展亲，在夫人耳。而何以物为分赐，岂以人易物哉。盖以为四方毕献，诚有辅佐之功，不敢独飨也。然其赐物，必皆足以昭德，而后可。非度玩侮，安敢用之。

8. （宋）袁燮《絜斋家塾书钞》卷十《周书·旅獒》

（归善斋按，见"惟克商，遂通道于九夷八蛮"）

9. （宋）蔡沈《书经集传》卷四《周书·旅獒》

王乃昭德之致于异姓之邦，无替厥服；分宝玉于伯叔之国，时庸展亲。人不易物，惟德其物。

昭，示也。德之致，谓上文所贡方物也。昭示方物于异姓之诸侯，使之无废其职；分宝玉于同姓之诸侯，使之益厚其亲。如分陈以肃慎氏之矢，分鲁以夏后氏之璜之类。王者以其德，所致方物，分赐诸侯，故诸侯亦不敢轻易其物，而以德视其物也。

10.（宋）黄伦《尚书精义》卷三十一《周书·旅獒》

王乃昭德之致于异姓之邦，无替厥服。分宝玉于伯叔之国，时庸展亲。人不易物，惟德其物。

无垢曰，毕献方物，乃吾德之形见也。德，岂吾所敢自居哉，亦惟异姓诸侯，同心协德所致耳。先王不忌不刻，善与人同之，意可想见矣。然则，异姓诸侯，受朝廷之赐，其可少怠于德，而不修其所服之职事乎？上下修德，则方物是来，倘惟不德，则兵革亦至矣。

又曰，赐异姓以服食器用之物，赐同姓以宝玉之物，同是物也，桀、纣以是赐人，则人耻之。尧、舜以是赐人，则人贵之。是物又以德为主也，人所以不敢轻易。吾君之所赐者，以德在物也。重其人，则亦重其物矣。礼论祭祀，必求仁者之粟，以祀其亲。粟，一也，而必求仁者，岂非以德为贵乎？

吕氏曰，明德之致于异姓之邦者，盖方物之献，德之所以致。以事论之，如肃慎来贺，成王赐之贿，是明德之致。"于异姓之邦，无替厥服"者，所以教他，因我所赐之物，常思守邦，敬守王度。"分宝玉于伯叔之国，时庸展亲"者，如鲁之所谓宝玉、大弓，是王者，虽公天下为心，然自亲以及疏，所谓异姓之邦，则疏，所赐者不过远方所贡方物。而遇伯叔之国，乃是枝叶之亲，故以重宝、珍玉赐之，以展亲亲之义。

11.（宋）陈经《尚书详解》卷二十五《周书·旅獒》

（归善斋按，见"曰，呜呼！明王慎德，四夷咸宾"）

12.（宋）钱时《融堂书解》卷十一《周书·旅獒》

（归善斋按，见"惟克商，遂通道于九夷八蛮"）

13.（宋）魏了翁《尚书要义》

原阙。

14. （宋）陈大猷《书集传或问》

（归善斋按，未解）

15. （宋）胡士行《尚书详解》卷七《周书·旅獒第七》

（归善斋按，见"曰，呜呼！明王慎德，四夷咸宾"）

16. （元）吴澄《书纂言》

（归善斋按，未解）

17. （元）陈栎《书集传纂疏》卷四下《朱子订定蔡氏集传·周书·旅獒》

王乃昭德之致，于异姓之邦，无替厥服。分宝玉于伯叔之国，时庸展亲。人不易物，惟德其物。

昭，示也。"德之致"，谓上文所贡方物也。昭示方物于异姓之诸侯，使之无废其职。分宝玉于同姓之诸侯，使之益厚其亲，如分陈以肃慎氏之矢，分鲁以夏后氏之璜之类，王者以其德，所致方物分赐诸侯，故诸侯亦不敢轻易其物，而以德视其物也。

纂疏

展，审视也。易，改易也，言人不足以易物，惟德足以易物。德重，而人轻也。有人君之德，则所锡予之物，斯足贵。若无其德，虽有至宝以锡诸侯，亦不足贵也。

唐孔氏曰，有德无德之王，以物赐人，一也，不改易其物，而贵贱异。

王氏曰，人以王德所致，故不敢易其物，而德其物。

陈氏经曰，予异姓固昭德之致，分同姓以宝玉亦德所致也。以物视物，则金玉轻如鸿毛；以德视物，虽一介重于九鼎。

林氏曰，獒之为物，小不可为服食，大不可为器用，疏不可昭德于异姓，亲不可展亲于同姓。

吕氏曰，圣人公天下为心，天下之物，与天下共之，非如秦，以千七百国，独奉一身而已。然一视同仁中，文理密察，自亲及疏，非无等差，待同姓，必厚于待异姓，非如墨氏兼爱也。

苏氏曰，展布亲亲之恩。

愚谓，必服食器用之常物，始足以见君德所致。若异物，适足彰君之不德耳。物皆德所致，则此物，非徒物也，即君之德也。"易"字去声，为明展亲。苏说为优。

18.（元）许谦《读书丛说》

（归善斋按，未解）

19.（元）董鼎《书传辑录纂注》卷四《商书·旅獒》

王乃昭德之致，于异姓之邦，无替厥服。分宝玉于伯叔之国，时庸展亲。人不易物，惟德其物。

昭，示也。德之致，谓上文所贡方物也。昭示方物，于异姓之诸侯，使之无废其职；分宝玉于同姓之诸侯，使之益厚其亲。如分陈以肃慎氏之矢，分鲁以夏后氏之璜之类。王者以其德所致方物，分赐诸侯，故诸侯亦不敢轻易其物，而以德视其物也。

辑录

问，时庸展亲，诸家多训"展"作"信"，是否？先生曰，展，审视也，不当训"信"。时举。

人不易物，惟德其物。易，改易也，言人不足以易物，惟德足以易物，德重而人轻也。人犹言位也，谓居其位者。如宝玉，虽贵，若有人君之德，则所锡赉之物，斯足贵；若无其德，虽有至宝，以锡诸侯，亦不足贵也。僩铢。

问，人不易物之易，合如字，合去声。先生曰，看上文意，则当作如字读，但德盛不狎侮，又难说。

纂注

王氏十朋曰，苟非王德所致，其颁也以物，不以德。

陈氏曰，四夷不敢私其物，所以表奉上之诚；圣人不敢私其物，所以示锡予之恩。予异姓，固昭德之致；分同姓以宝玉，亦德所致也。

吕氏曰，圣人，公天下为心，天下之物与天下共之，非如秦皇以千七百国，独奉一身而已。然一视同仁之中，文理密察，未尝无等差自亲及疏。待同姓，必厚于待异姓，非如墨子之兼爱也。

苏氏曰，展亲，展布亲亲之意。

新安陈氏曰，必服食器用之常物，始足以见君德之所致。若异物，适足以昭君之不德。物皆君德之所致，则此物非徒物也，即君之德也。"易"字，从传为明。展亲，从苏为优。

20.（元）朱祖义《尚书句解》卷七《周书·旅獒第七》

王乃昭德之致，于异姓之邦（王乃昭明己德，足致远方之来贡，遂以颁赐于疏而异姓侯国），无替厥服（使无废其事上之诚）。

21.（明）王樵《尚书日记》卷十《周书·旅獒》

"王乃昭德之致，于异姓之邦"至"惟德其物"。

真氏曰，王乃以其物，锡异姓之诸侯，以示德之所致，俾无废其所职。若宝玉，则分于同姓之国，以布亲亲之恩，于是人不以物视物，而以德视物。受其赐者，不敢慢易，而各思勉其德焉。

礼有异姓、庶姓。异姓，王之甥舅。庶姓，与王无亲。同姓，则伯叔之国也。

金氏曰，德之致，即谨德所感，贡方物者也，如分陈以肃慎氏之矢。宝玉，如分鲁以夏后氏之璜。然鲁有封父之繁，弱晋有密须之鼓，巩阙之甲，是分伯叔，非无方物也，以宝玉为重尔，所以示亲亲。分异姓未必无宝玉也，以方物为重，所以示服远，互文以见义也。器物之微，上以德致，亦以德示；而下以德视之。若獒之为物，上下皆非所以为德矣。

林氏曰，肃慎氏之矢，夏后氏之璜，诸侯之子孙，世守而不失，贵其德也。不然是亦璜与矢而已，何足贵哉？

22.（清）库勒纳等撰《日讲书经解义》卷七《周书·旅獒》

王乃昭德之致，于异姓之邦，无替厥服。分宝玉于伯叔之国，时庸展亲。人不易物，惟德其物。

此一节书是，言怀诸侯之本于慎德也。昭，示也。德之致，谓所贡方物，皆慎德之所致也。替，废也。服，职也。时庸，是用也。展亲，益厚其亲也。召公曰，王者于方物之献，岂有意于自私哉，总由慎德所致，乃以此昭示天下。颁赐于异姓诸侯，使知率土输诚，而藩屏王室，无废其服事之职。方物中，有宝玉，则分赐同姓诸侯，使知世守重器，而笃念本支，益厚其亲亲之情。盖公天下，来王之物，以发天下，尊王之心也。由是诸侯受赐者，不敢轻易其物，但视为服食器用之需，皆惟以德视物。而异姓，感昭德之服远；同姓感昭德之隆恩，罔不祗承一王之德，永永无致矣。召公言外，又见獒之为物，非可颁赐，以公天下，是一物之受，虽微，而开四方进奉之门，所累于君德者，无穷。故不徒慎之一身，而示天下诸侯以共慎，使皆知昭德、塞违之义，则可以制治保邦也。

（元）陈师凯《书蔡传旁通》卷四下《周书·旅獒》

如分陈以肃慎氏之矢。

《鲁语》云，仲尼在陈，有隼集于陈侯之庭而死，楛矢贯之。石砮，其长尺有咫。陈惠公使人以隼如仲尼之馆问之。仲尼曰，隼之来也远矣，此肃慎氏之矢也。昔武王克商，通道于九夷百蛮，使各以其方物来贡，使无忘职业，于是肃慎氏，贡楛矢、石砮，其长尺有咫。先王欲昭其令德之致远也，以示后人使永监焉，故铭其楛曰，肃慎氏之贡矢，以分太姬，配虞胡公，而封诸陈。古者，分同姓以珍玉，展亲也；分异姓以远方之职贡，使无忘服也，故分陈以肃慎氏之贡。君若使有司求诸，故府其可得也。使求之得之，金椟如之。

分鲁以夏后氏之璜之类。

《左》定四年，卫子鱼曰，昔武王克商，成王定之，选建明德以藩屏周。故周公相王室，以尹天下，于周为睦，分鲁以大路、大旗，夏后氏之璜，封父之繁弱，殷民六族。分康叔以大路、少帛，绮茷旃旌大吕，殷民七族。分唐叔以大路密须之鼓、阙巩（甲名也）、沽洗，怀姓九宗，职官五正。

（元）王充耘《读书管见》卷下《周书·旅獒》

王乃昭德之，致于异姓之邦。

王乃昭德所致于异姓之邦，分宝玉于伯叔之国。宝玉亦德之所致，互文耳。

（元）陈悦道《书义断法》四《周书·旅獒》

王乃昭德之致于异姓之邦，无替厥服。分宝玉于伯叔之国，时庸展亲。人不易物，惟德其物。

明王在上，四方远国，毕献方物。王者不自私，而举以分赐诸侯，是以昭示方物于异姓之诸侯，使之无废其职；分宝玉于同姓之诸侯，使之益厚其亲，如分陈以肃慎之矢，鲁以夏后氏之璜是已。上之所以柔远人者，此德；君之所以赐诸侯者，此德；诸侯不敢轻易其物，而视之者，亦惟此德。虽其所赐有同姓、异姓之殊，方物、宝玉之异，然德寓于物，人亦以德视物，则一而已矣。

（明）梅鹜《尚书考异》四《周书·旅獒》

（归善斋按，见"惟克商，遂通道于九夷八蛮"）

（元）王充耘《书义矜式》卷四《周书·旅獒》

王乃昭德之，致于异姓之邦，无替厥服。分宝玉于伯叔之国，时庸展亲。人不易物，惟德其物。

明王颁分器，以劝下者，有其序。诸侯宝分器，以尊上者无异心。盖王者之施仁，虽有亲疏之殊，而诸侯之尊君，则岂有亲疏之间哉。召公之告武王，其亦审于此矣。谓夫王者昭德所致之方物，于异姓之邦，固以劝之无废其职；而分宝玉之器，于同姓之国，又以劝之，益厚其亲，是王者之颁分器，无亲疏之别矣。然王者所颁之分器，非徒物也，实德之致也。诸侯又岂敢轻易其物哉，故皆以德视其物焉。则所以宝是器，而尊上者，曷尝有亲疏之间乎？此古昔盛时，所以怀诸侯之道也。昔者，明王有天下，列为五等之爵。亲亲之恩，尊贤之义，棋布星列，环卫京师，所以公天下之意，厚矣。而又有分器之颁，以益尽其怀之恩，于是伯叔甥舅，无间于亲疏之殊。水木本原，咸尽其翼戴之心，德被于远。而方物之举，至德洽于迩。而分器之是宝，明王之天下，其盛固如此哉。且方物之来，君德之所致也。而王者不敢私其物焉，乃昭示其德之所致，以及于异姓之邦，如分陈以肃慎氏之矢，是也。宝玉之器，又方物之贵者矣。王者亦不敢自私焉，必颁赐于伯叔之国，如分鲁以夏后氏之璜，是也。昭德之致，固所以示其锡予之恩，而所以劝之者，使之无废其职，而谨其服命。宝玉之分，虽所以寓亲亲之意，而所以劝之者，夫必使之"时庸展亲"，以厚同姓。异姓之邦，伯叔之国，其分固有亲疏也；而方物之昭，宝玉之分，亦各有其礼也。王者施恩之序，固如此。当时，诸侯被王灵之宠光，承分器之锡予，皆曰是器也，吾王盛德之所致也，则即物以戴其君者，又当何如哉？盖以物视其物，则易其物，必思所以敬其德矣。仰休明之盛德，以镇抚其国家，莫不秉流水朝宗之心，而尽其维藩维翰之职者，又曷尝有同姓、异姓之分哉？则诸侯尊君者，固无间矣。观夫王者施恩之有序，诸侯之尊君无异心，则其上下相与之盛，为何如哉？

昔者西旅贡獒，而召公用训于武王，既以明王慎德，而远迩毕献方物言之；复以王者之锡物，以劝于侯邦，而侯邦即物，以戴圣君者言之，且反复于昭德之致，"惟德其物"之辞，良有以欤。嗟夫，封建之制，莫备于有周怀诸侯之道，亦莫盛于有周列爵分土，即见于武王下车之初，而分器之颁，又陈于太保之训其立法之详。仁之至义之尽焉，奈何。周辙既东，王纲解纽。齐以甥舅之国，而首开专霸之图。晋以伯叔之亲，而继以世霸之业，于是王灵不足以宠诸侯。虽鲁以周公之后，秉礼之国，宝玉大弓，不能宝之，其视先公之惟德其物者，为何如仲尼伤之，故书于□，其意深远矣。反复观之，益有感于明王之盛。

分宝玉于伯叔之国，时庸展亲

1.（汉）孔氏传、（唐）陆德明音义、孔颖达疏《尚书注疏》卷十二《周书·旅獒》

宝玉于伯叔之国，时庸展亲。

传，以宝玉分同姓之国，是用诚信，其亲亲之道。

疏，正义曰，分宝玉于同姓伯叔之国，见己无所爱惜，是用诚信，其亲亲之道也。

2.（宋）苏轼《书传》卷十一《周书·旅獒第七》

分宝玉于伯叔之国，时庸展亲。
如以夏后氏之璜分鲁之类，以布亲亲之意。

3.（宋）林之奇《尚书全解》卷二十六《周书·旅獒》

（归善斋按，见"曰，呜呼！明王慎德，四夷咸宾"）

4.（宋）史浩《尚书讲义》卷十三《周书·旅獒》

（归善斋按，见"惟克商，遂通道于九夷八蛮"）

5.（宋）夏僎《尚书详解》卷十八《周书·旅獒》

（归善斋按，见"曰，呜呼！明王慎德，四夷咸宾"）

6.（宋）时澜《增修东莱书说》卷十八《周书·旅獒第七》

（归善斋按，见"王乃昭德之致于异姓之邦，无替厥服"）

7.（宋）黄度《尚书说》卷四《周书·旅獒》

（归善斋按，见"王乃昭德之致于异姓之邦，无替厥服"）

8.（宋）袁燮《絜斋家塾书钞》卷十《周书·旅獒》

（归善斋按，见"惟克商，遂通道于九夷八蛮"）

9.（宋）蔡沈《书经集传》卷四《周书·旅獒》

（归善斋按，见"王乃昭德之致于异姓之邦，无替厥服"）

10.（宋）黄伦《尚书精义》卷三十一《周书·旅獒》

（归善斋按，见"王乃昭德之致于异姓之邦，无替厥服"）

11. （宋）陈经《尚书详解》卷二十五《周书·旅獒》

（归善斋按，见"曰，呜呼！明王慎德，四夷咸宾"）

12. （宋）钱时《融堂书解》卷十一《周书·旅獒》

（归善斋按，见"惟克商，遂通道于九夷八蛮"）

13. （宋）魏了翁《尚书要义》

原阙。

14. （宋）陈大猷《书集传或问》

（归善斋按，未解）

15. （宋）胡士行《尚书详解》卷七《周书·旅獒第七》

（归善斋按，见"曰，呜呼！明王慎德，四夷咸宾"）

16. （元）吴澄《书纂言》

（归善斋按，未解）

17. （元）陈栎《书集传纂疏》卷四下《朱子订定蔡氏集传·周书·旅獒》

（归善斋按，见"王乃昭德之致于异姓之邦，无替厥服"）

18. （元）许谦《读书丛说》

（归善斋按，未解）

19. （元）董鼎《书传辑录纂注》卷四《商书·旅獒》

（归善斋按，见"王乃昭德之致于异姓之邦，无替厥服"）

20. （元）朱祖义《尚书句解》卷七《周书·旅獒第七》

分宝玉于伯叔之国（分远方所贡宝玉，于亲而同姓伯叔之国），时庸展亲（是用施其亲亲之道）。

21.（明）王樵《尚书日记》卷十《周书·旅獒》

（归善斋按，见"王乃昭德之致于异姓之邦，无替厥服"）

22.（清）库勒纳等撰《日讲书经解义》卷七《周书·旅獒》

（归善斋按，见"王乃昭德之致于异姓之邦，无替厥服"）

（元）陈悦道《书义断法》四《周书·旅獒》

（归善斋按，见"王乃昭德之致于异姓之邦，无替厥服"）

（明）梅鷟《尚书考异》四《周书·旅獒》

（归善斋按，见"惟克商，遂通道于九夷八蛮"）

（清）朱鹤龄《尚书埤传》卷十一《周书·旅獒》

展亲。
展，孔传训"诚信"。朱子曰，展，省视也，不当训信。

（元）王充耘《书义矜式》卷四《周书·旅獒》

（归善斋按，见"王乃昭德之致于异姓之邦，无替厥服"）

人不易物，惟德其物

1.（汉）孔氏传、（唐）陆德明音义、孔颖达疏《尚书注疏》卷十二《周书·旅獒》

人不易物，惟德其物。
传，言物贵由人，有德则物贵；无德则物贱，所贵在于德。

音义，不易，羊质反。

疏，正义曰，既言分物赐人，因说贵不在物，言有德、无德之王，俱是以物赐人，所赐之物一也。不改易其物，惟有德者赐人，其此赐者是物；若无德者赐人，则此物不是物矣。恐人主恃己赐人，不自修德，言此者，戒人主，使修德也。

传正义曰，有德不滥赏，赏必加于贤人，得者则以为荣，故有德，则物贵也。无德则滥赏，赏或加于小人。贤者得之，反以为耻，故无德则物贱也。所贵不在于物，乃在于德。

2.（宋）苏轼《书传》卷十一《周书·旅獒第七》

人不易物，惟德其物。
同是物也，有德则贵，无德则贱。

3.（宋）林之奇《尚书全解》卷二十六《周书·旅獒》

（归善斋按，见"曰，呜呼！明王慎德，四夷咸宾"）

4.（宋）史浩《尚书讲义》卷十三《周书·旅獒》

（归善斋按，见"惟克商，遂通道于九夷八蛮"）

5.（宋）夏僎《尚书详解》卷十八《周书·旅獒》

人不易物，惟德其物，德盛不狎侮。狎侮君子，罔以尽人心；狎侮小人，罔以尽其力。不役耳目，百度惟贞。玩人丧德，玩物丧志。志以道宁，言以道接。不作无益害有益，功乃成；不贵异物，贱用物，民乃足。犬马非其土性不畜，珍禽奇兽不育于国，不宝远物，则远人格；所宝惟贤，则迩人安。

太保前既言，明王得远方物，不以为私利，而颁于诸侯，遂言人之所贵，惟在乎德，而不在乎物，故继以"人不易物，惟德其物"。所谓"人不易物"者，盖谓人未尝改易其物，惟有德则其物为足贵。苟无德，则何以物为，亦犹俗言只是一物，未尝改易。有德者，则物随德贵耳。太保言此，盖谓明王以所得远方之物，颁赐诸侯，苟无其德，则物亦何足贵哉？故唐孔氏谓，既言分物赐人，因说贵不在物，如有德无德之王，俱是以物赐人，所赐之物一也，不改易其物。惟有德者赐人，则此物为足敬；若无德者，则此物不足敬矣。言此者，恐人主以物赐人，不自修德故也。此说极然。

而王氏诸儒乃谓，明王既以德所致者分异姓，以宝玉分同姓，则人不敢轻易其物，方且以我所赐之物为德。其意则以此德字，如贾谊谓"虑有德色"之"德"，此说虽可与上文连属，而与下文"德盛不狎侮"，"德"字非一意，故不可从。上既言物以德，而后贵遂因言无德所以不足贵之意，谓盛德之人，无所狎易侮慢于人。惟无德，则有狎侮之失。故狎侮君子，则君子不肯为之竭其谋虑，何以尽人之心。狎侮小人，则小人不肯为之致其筋力，何以尽人之力。盖君子劳心以治人，故侮君子，则无以尽其心；小人劳力以治于人，故侮小人，则无以尽其力。若獒能如人意之为人攫噬，君受之以为玩弄，则于臣民必有狎侮之心矣。故太保所以言及之。

惟不役耳于声，不役目于色，则玩好不可得而惑，中心至正，湛然无营，百为之法度，自然皆归于至正矣。苟役耳目于玩好之末，如受獒而用之，以攫噬于人，则以人为玩弄矣。以人为玩弄，则人必以为薄德之人，故必丧德。如獒以其能如人意，而受之以为玩弄之具，则是玩弄于物矣，玩弄于物，则溺志于此不自知觉，岂不丧志乎？夫獒之为物，施之于人，则为玩人，受之于己，则为玩物。则武王于此，其失亦大矣。故太保必欲武王于在己之志，则以道而宁之，使声色货利不能惑于他人之言，则以道而接之，使辞受取舍，得其当。盖西旅之献獒，必有甘言以逊王志而求纳，故太保遂言及此也。太保既言，人君于处心接言，皆当以道，遂言无益之不可作，异物之不可贵。盖作无益之事，则必害有益之事，功如何而能成？如宋平公，筑台妨于农收，是筑无益之台，妨有益之农，农功如何而成乎？惟孝文惜百金十家之产，遂罢露台之作，乃不作无益害有益也。不贵远方奇异之物，而贱日用有用之物，则民自不以异物为贵，财用自然给足。如孝文时，有献千里马者，帝曰鸾旗在前，属车在后，吉行五十里，师行三十里，朕乘千里马，独先安之？诏令还之，而身衣弋绨，足履革舄，示敦朴，为天下先。故海内殷富，兴于礼义，岂非不贵异物，贱用物,则民足乎。

今旅獒之献,以事而言,是无益之事;以物而言,是无益之物也。武王其可受乎?此太保所以谆谆不能自已也。太保既泛说无益不可作,异物不可用,故又详言先王之时,于犬之能守御,马之能致远者,皆有可用之利。苟非其土性所宜,则亦不敢畜养。故珍异之禽,奇怪之兽,亦不敢育之于国。言此,盖深说獒之不可受也。林少颖谓,今以西旅之獒,畜之于国,则是非土性而畜之矣。以其如人心可使而受之,则亦是以奇兽育于国矣。此说极然。

太保既深说獒之不可妄受,遂言人君不宝物,而宝贤之效,以勉武王,使决意不受。谓人君若不以远方之物难得而宝之,则不取于蛮夷,而蛮夷见其不贪,必悦而来服。既不宝远物,则所宝者必惟在于贤才,如是则贤才在位,善政善教,有以福于斯民,不特远人服而已,虽近而中国,亦得自安也。盖人君不甘心于远略,则不劳吾民,而迩人自然获安也。林少颖亦谓,人君既以远物为宝,则远人弗格如此,则征伐之师,长驱于沙漠,而迩人受其祸矣,意亦同此。少颖又谓,贤者之与远物,其所宝者,若持衡焉,此首重,则彼尾轻;以远物为宝,则必有轻贤之心。以贤为宝,则于远物亦必不贵,故虞公以垂棘之璧为宝,则视宫之奇若路人。齐王以四贤为宝,则视径寸之珠如粪土。此说当哉。

6.（宋）时澜《增修东莱书说》卷十八《周书·旅獒第七》

人不易物,惟德其物。

均是物也,德之存否异焉。其义在德,而不在物,故不使物易其德,必当有德以将之,使诚意寓于物之中。异姓同姓,因物以见圣人之德,不为珍异所易,故桀、纣以是物分人,人止见其物。尧舜以是物分人,人皆见其德矣。

7.（宋）黄度《尚书说》卷四《周书·旅獒》

（归善斋按,见"王乃昭德之致于异姓之邦,无替厥服"）

8. （宋）袁燮《絜斋家塾书钞》卷十《周书·旅獒》

人不易物，惟德其物，德盛不狎侮。狎侮君子，罔以尽人心；狎侮小人，罔以尽其力。

"易"一音如字，一音以豉反。二说皆通。若作"轻易"之"易"，则以为我以物与人，而人不轻易物者，以德寓于其间也。德盛之人，不狎侮人，人亦不狎侮我，道理固如此，然作"易"字说，意味又觉好易变易也。言人所以不为物所移易，盖有德在焉故也，如服食器，用岂能移人。今獒之为物，不过以供耳目之好，则在我必将为所转移，岂可受乎一獒之受。虽若细事，然便是狎侮。何者，方其受之，是不敬也。既是不敬，非狎侮乎？狎侮君子，则人必不尽心；狎侮小人，则人必不尽力。言狎侮，无时而可用也。

9. （宋）蔡沈《书经集传》卷四《周书·旅獒》

（归善斋按，见"王乃昭德之致于异姓之邦，无替厥服"）

10. （宋）黄伦《尚书精义》卷三十一《周书·旅獒》

（归善斋按，见"王乃昭德之致于异姓之邦，无替厥服"）

11. （宋）陈经《尚书详解》卷二十五《周书·旅獒》

（归善斋按，见"曰，呜呼！明王慎德，四夷咸宾"）

12. （宋）钱时《融堂书解》卷十一《周书·旅獒》

人不易物，惟德其物，德盛不狎侮。狎侮君子，罔以尽人心；狎侮小人，罔以尽其力。

此节承上文，明王分方物于诸侯，而因以推明盛德之事也。然则，此獒之受，以之昭德展亲不可也。顾足以使人之不易乎，非所以慎德也。无乃狎侮之萌乎？圣贤议论，宽平开阔，若不相关而实紧切。

13. （宋）魏了翁《尚书要义》

原阙。

14. （宋）陈大猷《书集传或问》

（归善斋按，未解）

15. （宋）胡士行《尚书详解》卷七《周书·旅獒第七》

（归善斋按，见"曰，呜呼！明王慎德，四夷咸宾"）

16. （元）吴澄《书纂言》

（归善斋按，未解）

17. （元）陈栎《书集传纂疏》卷四下《朱子订定蔡氏集传·周书·旅獒》

（归善斋按，见"王乃昭德之致于异姓之邦，无替厥服"）

18. （元）许谦《读书丛说》

（归善斋按，未解）

19. （元）董鼎《书传辑录纂注》卷四《商书·旅獒》

（归善斋按，见"王乃昭德之致于异姓之邦，无替厥服"）

20. （元）朱祖义《尚书句解》卷七《周书·旅獒第七》

人不易物（人皆一心事上，不变易其心，于分之亲疏，赐之贵贱），惟德其物（惟以德视物，不以物视物）。

21. （明）王樵《尚书日记》卷十《周书·旅獒》

（归善斋按，见"王乃昭德之致于异姓之邦，无替厥服"）

22. （清）库勒纳等撰《日讲书经解义》卷七《周书·旅獒》

（归善斋按，见"王乃昭德之致于异姓之邦，无替厥服"）

（元）陈悦道《书义断法》四《周书·旅獒》

（归善斋按，见"王乃昭德之致于异姓之邦，无替厥服"）

（元）王充耘《书义矜式》卷四《周书·旅獒》

（归善斋按，见"王乃昭德之致于异姓之邦，无替厥服"）

（明）梅鷟《尚书考异》四《周书·旅獒》

人不易物，惟德其物。

僖五年，宫之奇曰，民不易物，惟德系物，改"民"为"人"，改"系"为"其"

德盛不狎侮

1.（汉）孔氏传、（唐）陆德明音义、孔颖达疏《尚书注疏》卷十二《周书·旅獒》

德盛不狎侮。

传，盛德必自敬，何狎易侮慢之有？

音义，狎易，以豉反。

疏，正义曰，又说修德之事，德盛者，常自敬身，不为轻狎侮慢之事。

2.（宋）苏轼《书传》卷十一《周书·旅獒第七》

德盛不狎侮，狎侮君子，罔以尽人心。

君使臣以礼。

3.（宋）林之奇《尚书全解》卷二十六《周书·旅獒》

德盛不狎侮，狎侮君子，罔以尽人心；狎侮小人，罔以尽其力。不役耳目，百度惟贞。玩人丧德，玩物丧志。志以道宁，言以道接。不作无益害有益，功乃成；不贵异物贱用物，民乃足。犬马非其土性不畜，珍禽奇兽不育于国。不宝远物，则远人格；所宝惟贤，则迩人安。

既言物以德而后贵，而獒之为物，适所以丧德，于是遂言其所以丧德者，而曰"德盛不狎侮"至"罔以尽其力"。《孟子》曰，夫人必自侮，然后人侮之。苟盛德之至，则动容周旋，莫不中礼，尚何狎侮之有。既不狎侮，是不自侮也。则何人侮之有？此君子所以为之，竭其谋虑；小人所以为之，致其筋力。如其肆为无礼，以亵慢于人，则人皆忌而疾之，尚何尽心、尽力之有哉？《论语》之称君子、小人有二。"君子和而不同，小人同而不和"，以其德而言之也。"君子学道，则爱人；小人学道，则易使"，以其位而言之也。此所言者，亦以其位之贵贱而言之耳。君子劳心以治人，故狎侮君子，则无以尽人心。小人则劳力以治于人，故狎侮小人，则无以尽其力。尽其力者，蒙上人字，而异其辞，非有异义也。夫狎侮者，岂必轻易暴慢之行，见于动作之间，而后为狎侮哉？苟有其心，则是狎侮之矣。獒，既如人而可使，而武王受之，以防其身，则是武王于其臣民，已有狎侮之心矣。狎侮其臣，则无以尽君子之心；狎侮其民，则无以尽小人之力。如此，而欲图四海，使天下为一家，中国为一人者，未之有也。而其为衅，实自一獒启之，则其为丧德之祸，岂小也哉？是则欲正其德，而修其身，而不狎侮小人者，岂有它哉？惟"不役耳目"而已。耳不役于声，目不役于色，则玩好不可得而惑，中心至正，湛然无营，此百度所以惟正也。苟为役耳目于玩好之末，则有玩人、玩物之行矣，故曰"玩人丧德，玩物丧志"。玩人者，以人而为玩也。恃獒之所指如意，而有轻忽于人之心，是玩人也。玩人，则狎侮矣。志者，在己之志也。以道而宁之，则声色、货利，举不能蛊惑之矣。言者，它人之言也，以道而接之，则辞受取舍之际，各得其当矣。夫道也者，不可须臾离也，可离，非道也。故以之处己，则可以宁其志；以之待人，则可以接其言。夫岂须臾之可离哉？伊尹曰，"有言逆于汝心，必求诸道；有言逊于汝志，必求诸非道"。盖内焉，欲宁己之志；外焉，欲接人之言，皆不可以违于道也。西旅之献獒，其所以求献之者，必有甘言逊辞，以逊武王之志，求纳者也，然而以非道求之，则知西旅之献者，乃所谓"玩人丧德，玩物丧志"

也。太保作书以戒，使之不受西旅之獒，是所以逆武王之志也，然而以道求之，则知太保之戒，乃所谓慎德，而"四夷咸宾"也。盖苟一之于道，则宁己之志，接人之言，皆得其当矣。

"不作无益害有益"至"民乃足"，此盖申上文"惟服食器用"之义也。其所注意在于"不贵异物，贱用物"。而曰"不作无益害有益"者，因而及之也。作无益者，如晋平公筑台，妨于农收之类是也。筑无益之台，则妨有益之农矣。农功，何自而成乎？汉文帝欲作露台，召匠计之，直百金。曰，百金，中人十家之产也。吾奉先帝，宫室尚恐羞之，何以台为可，谓能"不作无益害有益"也。"不贵异物、贱用物"者，即此献獒是也。以獒异于常犬而贵之，则犬之有用者，必贱之矣，民将争以异物为可贵，则何由而足乎？"犬马非其土性不畜"，此又所以申言"不贵异物、贱用物"之义也。犬可以御盗，马可以致远，此皆有用之物也。然先王之于方物，无小无大，无高无下，各欲顺其性，而不伤其生。虽有用之物，非其土性，则不畜之矣。若夫珍禽奇兽，则皆异物也，其可育之于国乎？汉文帝时，有献千里马者，诏曰鸾旗在前，属车在后，吉行五十里，师行三十里，朕乘千里马，独先安之。光武时，异国有献名马者，日行千里，诏以马驾鼓车。光武之不贵千里马，其志可尚也。然以之驾鼓车，则虽非其土性，而犹畜之也，虽不以为奇兽，而犹育之也。至于文帝还之，则不肯畜之矣。故窃尝以谓，"不作无益害有益，功乃成；不贵异物、贱用物，民乃足"，三代帝王，莫不以是为"慎德"之本。自三代而降，则能充此言而行之者，汉文帝其人也。珍禽奇兽者，兼言之也，犬马之异者，皆在其中矣。犬之知人心而可使，马之日行千里，皆奇兽也。令以西旅之獒而畜之于中国，则是非其土性而畜之矣。以其知人心可使而爱之，则是于奇兽而育之矣。

唐孔氏于"犬马非其土性不畜"，谓此篇为戒，止于此句矣。太保为旅獒而作戒，自"明王慎德"以下，反复数十言，无非为此而发，而曰为戒者止于此句，岂不泥哉？不宝远物，则不责彼之所难得，而求我之所无用，此远人之所以格也；所宝惟贤，则善政善教，有以福斯民，此迩人之所以安也。夫贤者之与远物，其所宝者，若持衡焉，此首重，则彼尾轻也。以远物为宝，则必有轻贤之心矣。以贤为宝，则其于远物弗之贵矣。

虞公以垂棘之璧，屈产之乘为宝，故其视宫之奇若路人。然齐王以四贤为宝，故其视径寸之珠如粪土也。则人君之所宝者，可不戒哉。武王当西旅之献獒，则是宝远物也，使其心于远物受而不却，则太保之谏，亦将见拒矣，安在其所宝惟贤乎？夫其受之也，固欲以怀远人，然而既以远物为宝，则欲怀之而远人且将弗格，如此则征伐之师，长驱于沙漠之地，而迩人受其祸矣。原其所以至此，则以不能用贤故也。使其得贤者而用之，言听谏从，则必不受无名之献，此远人之所以慕义，而长为之藩臣也。王氏曰，以不宝远物，故犬马非其土性不畜；以所宝惟贤，故珍禽奇兽不育于国，此则琼森分别，今所不取。

4.（宋）史浩《尚书讲义》卷十三《周书·旅獒》

（归善斋按，见"惟克商，遂通道于九夷八蛮"）

5.（宋）夏僎《尚书详解》卷十八《周书·旅獒》

（归善斋按，见"人不易物，惟德其物"）

6.（宋）时澜《增修东莱书说》卷十八《周书·旅獒第七》

德盛不狎侮。狎侮君子，罔以尽人心；狎侮小人，罔以尽其力。不役耳目，百度惟贞。玩人丧德，玩物丧志。志以道宁，言以道接。

圣贤之言，体统具举，本末完备，非如后世人臣，谏一事止于一事，言之无力，听之不切，而意味亦短。太保欲言武王受獒，而自狎侮言之，大凡狎侮之病，必盛德之至，动容周旋中礼之人，则无之。下是，或未必免狎侮之病。病有粗有细，有难见者，有易见者。粗者，不过固滞于物，其理易见；细者，则下视一世，谓天下之事在我，来则漫应之，此为难见。狎侮君子，君子岂能为用色斯举矣，高蹈远引，望望然去之矣。狎侮小人，小人微贱，固驱于君上之威，不得不从，然心之所不悦服，岂能尽其力哉。

"不役耳目，百度惟贞"，人之一身，心之官为主，内不能有所主，而徇其外，则为耳目所役，而百度安得而贞。贞者，虚心无物之谓也。隋炀帝役于声乐，心止在于声乐。汉武帝役于宫室，心止在于宫室。其它无不懈弛。人君者，万化之本原也。本原宅于至正，念虑无一毫之失，然后不为耳目所役，而百度自归于正。

"玩人丧德，玩物丧志"，即狎侮之害也。动侮人之念者，必谓我姑如是，心本不然，殊不知此心之发，敬乎，不敬乎，彼之所丧甚小，我之所丧甚大矣。夫志者，气之帅也。玩物，则志丧。志通天地，贯金石，彻古今。苟玩于物，安有所谓志，尽私意耳。

"志以道宁，言以道接"，此用工存养之地也。"志以道宁"，如《孟子》所谓"持其志"之意。"以道宁"者，非外有所谓道，即所谓勿助长也。"言以道接"，天下之言，散漫如此，傥不以道接，何以知其淫邪，故于"志"言"宁"，"言"言"接"。道非自外求而至，以此理宁之，以此理接之而已。

7.（宋）黄度《尚书说》卷四《周书·旅獒》

德盛不狎侮。狎侮君子，罔以尽人心；狎侮小人，罔以尽其力。

贡赐，皆有常典。獒不可畜，而又不可以赐。畜为玩物，赐为玩人，皆狎侮也。狎侮君子，虽不敢怒而心不乐。小人，出力以事人者也，而狎侮之，方招致不逊，而岂能得其力哉。

8.（宋）袁燮《絜斋家塾书钞》卷十《周书·旅獒》

（归善斋按，见"人不易物，惟德其物"）

9.（宋）蔡沈《书经集传》卷四《周书·旅獒》

德盛不狎侮，狎侮君子，罔以尽人心，狎侮小人，罔以尽其力。

尽，子忍反。德盛，则动容周旋，皆中礼，然后能无狎侮之忌，言谨德不可不极其至也。德而未至，则未免有狎侮之心。狎侮君子，则色斯举矣，彼必高蹈远引，望望然而去，安能尽其心。狎侮小人，虽其微贱畏威易役，然至愚而神亦，安能尽其力哉。

10.（宋）黄伦《尚书精义》卷三十一《周书·旅獒》

德盛不狎侮。狎侮君子，罔以尽人心；狎侮小人，罔以尽其力。

无垢曰，君子劳心，小人劳力。君子尽心，则经纶谋虑，兴起治功于旦暮之顷，防闲祸患于千载之后。何以使君子得尽其心乎？尊敬之，委重之，可也。倘惟狎侮，加于君子，彼将振衣引去，无复肯为朝廷尽心矣。人主其谁恃乎？昔宋孝武，好狎侮大臣，自太宰义恭以下，不免秽辱，常呼王玄谟为老伧，刘秀之为老悭，颜师伯为齴宗。灵秀体肥，每至集会，多所赐予，欲其瞻谢倾踣，以为欢笑。故身死未几，太宰义恭，受遗辅政，而引身避事，政归近习，至废帝受弑，其谁启之？

　　又曰，天下之功，曷尝不自尊严中成。小人以力事上，当至诚尊严以待之，使其临事不敢慢，而栉风沐雨，侵寒犯暑，罔或怠惰，可也。倘以狎侮待之，君子知礼义，第奉身而退耳。小人不知此理，亦以狎侮报之。苟简卤莽，偷闲怠惰，而不肯尽其力矣。何至此哉？宋公靳宋万，而卒为宋万所弑。唐敬宗与群小狎昵，亦卒为群小所弑。其祸乃至于如此者，召公之言，优游不迫，未欲极其说耳。

　　张氏曰，狎，则外有所亵；侮，则内有所慢。狎侮君子，则遇君子不以礼矣，此君子所以莫肯为之用也。狎侮小人，则遇小人不以礼矣，此小人所以莫肯为之使也。君子则人之所德而信之者也，故狎侮君子，非特罔以尽其心焉。人之心，且皆莫肯为之尽矣。小人，则非人之所德而信之者也，故狎侮小人，特曰，罔以尽其力而已。

11. （宋）陈经《尚书详解》卷二十五《周书·旅獒》

　　德盛不狎侮。狎侮君子，罔以尽人心；狎侮小人，罔以尽其力。不役耳目，百度惟贞。玩人丧德，玩物丧志。志以道宁，言以道接。不作无益害有益，功乃成；不贵异物，贱用物，民乃足。犬马，非其土性不畜；珍禽奇兽，不育于国。不宝远物，则远人格；所宝惟贤，则迩人安。

　　狎侮，即慎德之反也。德之盛者，处暗室屋漏，如十目十手之所指视。出门如宾，承事如祭。狎侮之心，何自而生，盖心之有慢易者，皆内无所主，而逐于物者也。自狎侮之心而推之，不能尊敬君子，则君子引身而退，不肯枉道事人。不能敬小人，则小人得以陵其上，而不以尽其力。尊君子不以礼，用小人不以道，皆狎侮也。而其为害，至于不能尽心，不能尽力，则人主谁与共事。召公戒武王，虽为受一獒而言，不专指一事，直指出本原者示之。源苟不正，则其流，岂特玩物哉？先从狎侮君子、小人者言之，而后及于玩物，可见圣贤之言，自识源流本末如此。

不役耳目，百度惟贞，亦惟心正，则事无不正也。一心者，一身之主也。所以治五官也。故耳目皆听命于心，而吾心不为耳目所役，则奸声乱色，不足以入吾之念虑。心其有不正乎？心既正，则事事物物，各止其所，百度其有不正乎？"玩人丧德，玩物丧志"，此又详言狎侮之害也。玩，即狎侮也。人之德与志，自有本位，不可使之偏系。苟有所偏系，则离其本位矣。故玩狎于人，则召衅稔祸；玩狎于物，则流连荒亡，岂非丧德、丧志乎？横渠先生曰，戏言出于思也，戏动出于诚也。言动，苟涉于戏，即狎侮之所从生。

"志以道宁，言以道接"，在心者，为志；发气者，为言。道非自外而至，即吾心也。志以道宁，以此心处己而念虑，不为之纷乱也。言以道接，则以此心接物，而诐淫邪遁，无自而至。惟其如此，则本正矣，岂复有作无益，贵异物之事乎？其本既正，自然不作无益害有益，则非民事不举而劳民，以兴土木之功筑宫室之事，必不为矣，功之成者，宜也。自然不贵异物，以贱用物，则珍玩者不好，而所贵者皆服食器用之物矣，民之足者，亦宜也。《孟子》曰，人有不为也，而后可以有为。人惟有一心，不用于彼，则须用于此，自然之理也。既不作无益，不贵异物，则其所贵者可知矣。而况以犬马，非其土性者，其肯畜之乎？珍禽奇兽，其肯育之于国乎？不然则劳师伐远，如汉武帝，取大宛之马，是皆畜非土性之马，而育珍禽奇兽者也。武王一獒之受，安得不为圣德之累乎？

"不宝远物，则远人格；所宝惟贤，则迩人安"，此言人主，当知贵其所当贵，而不贵其所不足。贵远物，不足贵也。不贵远物，则远人自服；贤者，所当贵也，惟其所贵在贤，则贤者用，而迩人安。言远人格，则其迩者可知矣。言迩人安，则其远者可知矣。天下有至贵之物，但恐人主心有所分，则重彼必轻，此心无所分，则重此，必轻彼。由此言而推之，则诸侯之宝，得非人民、政事乎？子罕之宝，得非在于不贪乎？召公之意，盖欲武王知所以分别贵贱，非谓人主举无所贵也。

12.（宋）钱时《融堂书解》卷十一《周书·旅獒》

(归善斋按，见"人不易物，惟德其物")

13.（宋）魏了翁《尚书要义》

原阙。

14.（宋）陈大猷《书集传或问》

(归善斋按，未解)

15.（宋）胡士行《尚书详解》卷七《周书·旅獒第七》

德盛（德盛之至，动容周旋中礼）不狎（玩）侮（慢）。狎侮君子（劳心者），罔以尽人心；狎侮小人（劳力者），罔以尽其力。不役（受役于物）耳目（心之官为主，不为耳目所役），百度（法度）惟贞（正）。玩人（以人为玩）丧德（丧己之德），玩物（以物为玩）丧志（物交物则引之矣。志岂复能帅气哉）。志以道（集义）宁（不助长。《孟子》所谓养气也），言（人言）以道接（接以道则其言不能惑。《孟子》所谓知言也）。

狎侮之病，惟盛德之至者无之，下是，或不免，可不谨乎？

16.（元）吴澄《书纂言》

(归善斋按，未解)

17.（元）陈栎《书集传纂疏》卷四下《朱子订定蔡氏集传·周书·旅獒》

德盛不狎侮，狎侮君子，罔以尽人心；狎侮小人，罔以尽其力。

德盛，则动容周旋，皆中礼，然后能无狎侮之心，言谨德不可不极其至也。德而未至，则未免有狎侮之心。狎侮君子，则色斯举矣，彼必高蹈远引，望望然而去，安能尽其心。狎侮小人，虽其微贱，畏威易役，然至愚而神亦，安能尽其力哉。

纂疏

陈氏大猷曰，德愈盛者，礼愈恭。德盛，则心无限量，自不狎侮人。狎侮之形，由德薄心隘，而骄矜乘之也。此因言慎德，而推广言之，狎侮，则非所以慎德矣。

愚谓，君子，人心所同归，狎侮之，则恶人之所好，失人心矣，安能得人尽心。小人，以力事人，狎侮之，虽刑驱势迫，勉强用力耳，安能得其尽力，必如文王感民子来，方为尽其力。须玩味"人"与"其"字。

18.（元）许谦《读书丛说》

（归善斋按，未解）

19.（元）董鼎《书传辑录纂注》卷四《商书·旅獒》

德盛不狎侮。狎侮君子，罔以尽人心；狎侮小人，罔以尽其力。

德盛，则动容周旋，皆中礼，然后能无狎侮之心，言谨德不可不极其至也。德而未至，则未免有狎侮之心。狎侮君子，则色斯举矣。彼必高蹈远引，望望然而去，安能尽其心。狎侮小人，虽其微贱，畏威易役，然至愚而神亦，安能尽其力哉？

纂注

陈氏大猷曰，德愈盛者，礼愈恭。德盛，则心无限量，自不狎侮人。狎侮之形，由德薄心隘，而骄矜乘之也。此因言慎德而推广言之也。

孙氏曰，君子者，天下之所归心也，待之不以礼，则君子去矣，何以尽人之心？小人以力辅我者也，使之不以礼，则小人怠矣，何以尽彼之力？

20.（元）朱祖义《尚书句解》卷七《周书·旅獒第七》

德盛不狎侮（君德盛大，则不狎易侮慢于人）。

21.（明）王樵《尚书日记》卷十《周书·旅獒》

"德盛不狎侮"至"罔以尽其力"。

此下历以谨德之事，戒王也。

真氏曰，有德者必敬，敬则不狎侮。召公先言谨德，至此又以狎侮为戒，盖不敬，乃败德之原，故也。

张甬川曰，人以私交于我，吾从而应之，是与相比昵也，非狎侮乎？古之帝王，"志以道宁，言以道接"，无一毫自私徇物之心焉，是故，不狎侮，亦不以狎侮于人，此所谓正大，而天地之情，可见者，非德盛其孰能之。

金氏曰，君子、小人，以位言。德至于盛，必无狎侮之失。狎侮君子，是不以礼使臣也，君子必远引，而不得其输忠矣。狎侮小人，是不以义使民也，小人必难保，而不得其效力矣。

新安陈氏曰，君子，人心所同归，狎侮之，则恶人之所好，失人心矣，安能得人尽心。小人，以力事人，狎侮之，虽刑驱势迫，勉强用力尔，安能得尽其力，必如文王感民子来，方为尽其力，须玩味"人"与"其"字。

22．（清）库勒纳等撰《日讲书经解义》卷七《周书·旅獒》

德盛不狎侮。狎侮君子，罔以尽人心；狎侮小人，罔以尽其力。不役耳目，百度惟贞。玩人丧德，玩物丧志。

此三节书是，言慎德之事，首在玩人、玩物之当戒也。狎，亵也。侮，慢也。君子，指有位而言，小人谓民也。百度，百为之节也。贞，正也。上"玩"字，玩忽之意；下"玩"字，玩好之意。召公曰，人君之德，所当慎非一，而恭敬、礼下，乃其大者。惟德盛之人，卑以自牧，视贤人君子，皆当尊礼；视匹夫匹妇，皆能胜。予不敢有一毫亵狎侮慢之念。苟其不然，狎侮君子，而亏待贤之礼，则人皆见几而作，孰肯尽其心。狎侮小人，而失临下之体，则民皆群慢上令，孰肯尽其力。其害岂可言乎？至于声色、玩好，非礼之物，尤易溺人，又当严立其防，勿为耳目所役。凡百云为，一禀乎至正之度，而尺寸不敢逾焉，所以然者，何也？人而狎侮，是玩人也。玩人，则非惟失君子、小人之心力而已。我而倨傲鲜腆，则其恭敬之体不具，可知矣。我而轻佻忽易，则其寅畏之诚不存，可知矣。如是，而德不尽丧者，未之有也。役于耳目，是玩物也。玩物，则非惟百度之不贞而已。我而耽迷淫纵，则其心放荡失居，可知矣；我而流连荒亡，则其心一往不返，可知矣。如是，而志不尽丧者，未之有也。丧德、丧志，灾患并集，然其始起于一念一事之不及持，而其后遂至一失，而不可复制。王可不深为之戒乎？古来称主德者，首重恭、俭二端。恭，则不敢慢侮于人；俭，则不敢奢取于物。然所以成此二德者，又不出主敬之一念。后世人主，若汉之文帝，宋之仁宗，其近之矣。

狎侮君子，罔以尽人心

1.（汉）孔氏传、（唐）陆德明音义、孔颖达疏《尚书注疏》卷十二《周书·旅獒》

狎侮君子，罔以尽人心。

传，以虚受人，则人尽其心矣。

音义，尽，津忍反，下同。

疏，正义曰，狎侮君子，则无以尽人心。君子被君侮慢，不肯尽心矣。

传正义曰，以虚受人，《易·咸卦》象辞也。人主以己为虚受用人，言执谦以下人，则人皆尽其心矣。

2.（宋）苏轼《书传》卷十一《周书·旅獒第七》

（归善斋按，见"德盛不狎侮"）

3.（宋）林之奇《尚书全解》卷二十六《周书·旅獒》

（归善斋按，见"德盛不狎侮"）

4.（宋）史浩《尚书讲义》卷十三《周书·旅獒》

（归善斋按，见"惟克商，遂通道于九夷八蛮"）

5.（宋）夏僎《尚书详解》卷十八《周书·旅獒》

（归善斋按，见"人不易物，惟德其物"）

6.（宋）时澜《增修东莱书说》卷十八《周书·旅獒第七》

（归善斋按，见"德盛不狎侮"）

7.（宋）黄度《尚书说》卷四《周书·旅獒》

（归善斋按，见"德盛不狎侮"）

8.（宋）袁燮《絜斋家塾书钞》卷十《周书·旅獒》

（归善斋按，见"人不易物，惟德其物"）

9.（宋）蔡沈《书经集传》卷四《周书·旅獒》

（归善斋按，见"德盛不狎侮"）

10.（宋）黄伦《尚书精义》卷三十一《周书·旅獒》

（归善斋按，见"德盛不狎侮"）

11.（宋）陈经《尚书详解》卷二十五《周书·旅獒》

（归善斋按，见"德盛不狎侮"）

12.（宋）钱时《融堂书解》卷十一《周书·旅獒》

（归善斋按，见"人不易物，惟德其物"）

13.（宋）魏了翁《尚书要义》

原阙。

14.（宋）陈大猷《书集传或问》

（归善斋按，未解）

15.（宋）胡士行《尚书详解》卷七《周书·旅獒第七》

（归善斋按，见"德盛不狎侮"）

16.（元）吴澄《书纂言》

（归善斋按，未解）

17.（元）陈栎《书集传纂疏》卷四下《朱子订定蔡氏集传·周书·旅獒》

（归善斋按，见"德盛不狎侮"）

18.（元）许谦《读书丛说》

（归善斋按，未解）

19.（元）董鼎《书传辑录纂注》卷四《商书·旅獒》

（归善斋按，见"德盛不狎侮"）

20.（元）朱祖义《尚书句解》卷七《周书·旅獒第七》

狎侮君子，罔以尽其心（君子劳心治人，狎侮之，则无以尽其心）。

21.（明）王樵《尚书日记》卷十《周书·旅獒》

（归善斋按，见"德盛不狎侮"）

22.（清）库勒纳等撰《日讲书经解义》卷七《周书·旅獒》

（归善斋按，见"德盛不狎侮"）

（清）朱鹤龄《尚书埤传》卷十一《周书·旅獒》

尽人心。

陈师凯曰，君子者，人心所同归，狎侮之，则失人心矣，安能使人尽心于我（此解胜蔡）。

狎侮小人，罔以尽其力

1. （汉）孔氏传、（唐）陆德明音义、孔颖达疏《尚书注疏》卷十二《周书·旅獒》

狎侮小人，罔以尽其力。

传，以悦使民，民忘其劳，则力尽矣。

疏，正义曰，狎侮小人，则无以尽其力。小人被君侮慢，不复肯尽力矣。君子不尽心，小人不尽力，则国家之事败矣。

传正义曰，《诗》序云，悦以使民，民忘其死，故云，以悦使民，民忘其劳。在上抚悦之，则人皆尽其力矣。此君子谓臣，小人谓民。太甲曰，接下思恭，不可狎侮臣也。《论语》云，使民如承大祭，不可狎侮民也。襄九年《左传》云，君子劳心，小人劳力，故别言之。

2. （宋）苏轼《书传》卷十一《周书·旅獒第七》

狎侮小人，罔以尽其力。

小人学道，则易使。

3. （宋）林之奇《尚书全解》卷二十六《周书·旅獒》

（归善斋按，见"德盛不狎侮"）

4. （宋）史浩《尚书讲义》卷十三《周书·旅獒》

（归善斋按，见"惟克商，遂通道于九夷八蛮"）

5. （宋）夏僎《尚书详解》卷十八《周书·旅獒》

（归善斋按，见"人不易物，惟德其物"）

6.（宋）时澜《增修东莱书说》卷十八《周书·旅獒第七》

（归善斋按，见"德盛不狎侮"）

7.（宋）黄度《尚书说》卷四《周书·旅獒》

（归善斋按，见"德盛不狎侮"）

8.（宋）袁燮《絜斋家塾书钞》卷十《周书·旅獒》

（归善斋按，见"人不易物，惟德其物"）

9.（宋）蔡沈《书经集传》卷四《周书·旅獒》

（归善斋按，见"德盛不狎侮"）

10.（宋）黄伦《尚书精义》卷三十一《周书·旅獒》

（归善斋按，见"德盛不狎侮"）

11.（宋）陈经《尚书详解》卷二十五《周书·旅獒》

（归善斋按，见"德盛不狎侮"）

12.（宋）钱时《融堂书解》卷十一《周书·旅獒》

（归善斋按，见"人不易物，惟德其物"）

13.（宋）魏了翁《尚书要义》

原阙。

14.（宋）陈大猷《书集传或问》

（归善斋按，未解）

15.（宋）胡士行《尚书详解》卷七《周书·旅獒第七》

（归善斋按，见"德盛不狎侮"）

16.（元）吴澄《书纂言》

（归善斋按，未解）

17.（元）陈栎《书集传纂疏》卷四下《朱子订定蔡氏集传·周书·旅獒》

（归善斋按，见"德盛不狎侮"）

18.（元）许谦《读书丛说》

（归善斋按，未解）

19.（元）董鼎《书传辑录纂注》卷四《商书·旅獒》

（归善斋按，见"德盛不狎侮"）

20.（元）朱祖义《尚书句解》卷七《周书·旅獒第七》

狎侮小人，罔以尽其力（小人劳力，以治于人。狎侮，则无以尽其力）。

21.（明）王樵《尚书日记》卷十《周书·旅獒》

（归善斋按，见"德盛不狎侮"）

22.（清）库勒纳等撰《日讲书经解义》卷七《周书·旅獒》

（归善斋按，见"德盛不狎侮"）

不役耳目，百度惟贞

1.（汉）孔氏传、（唐）陆德明音义、孔颖达疏《尚书注疏》卷十二《周书·旅獒》

不役耳目，百度惟贞。

传，言不以声色自役，则百度正。

疏，正义曰，既言不可狎侮，又言不可纵恣，不以声色使役耳目，则百事之度，皆惟正矣。

传正义曰，昭元年《左传》子产论晋侯之疾云，兹心不爽，昏乱百度。杜预云，百度，百事之节也。此言志既不营声色，百事皆自用心，则皆得正也。

2.（宋）苏轼《书传》卷十一《周书·旅獒第七》

不役耳目，百度惟贞。

不以声色为役。

3.（宋）林之奇《尚书全解》卷二十六《周书·旅獒》

（归善斋按，见"德盛不狎侮"）

4.（宋）史浩《尚书讲义》卷十三《周书·旅獒》

（归善斋按，见"惟克商，遂通道于九夷八蛮"）

5.（宋）夏僎《尚书详解》卷十八《周书·旅獒》

（归善斋按，见"人不易物，惟德其物"）

6.（宋）时澜《增修东莱书说》卷十八《周书·旅獒第七》

（归善斋按，见"德盛不狎侮"）

7.（宋）黄度《尚书说》卷四《周书·旅獒》

不役耳目，百度惟贞。玩人丧德，玩物丧志。志以道宁，言以道接。

不为耳目所役，则百度皆正。舜观古人之象，"五色作服，六律，五声，八音在治忽，出纳五言"，所以防耳目之欲，而正法度也。玩不可启，玩人甚矣，故丧德玩物，虽细而亦能丧志。志以道宁，则非僻无自入。言以道接，则佞邪无自至。

8.（宋）袁燮《絜斋家塾书钞》卷十《周书·旅獒》

不役耳目，百度惟贞。玩人丧德，玩物丧志。志以道宁，言以道接。

大抵人当有以宰制耳目，不可为耳目所使，吾心有主宰，而不为耳目所役，则百度皆正矣。今獒之受，是悦吾耳目也，是耳目足以役心，而心反听命于耳目也。心失其权，而耳目役之，此其害岂浅浅哉。人心最易于玩，而最不可有所玩。方其玩人之时，在我者，必轻狂，德何在焉，故丧德。为物所引，玩好无厌，则吾之志不过于区区之物，其志小矣，故丧志。合于道理，则此心泰然，故志以道而宁；言不妄发，则无有间断，故言以道而接。不然，合于道之时，常少；不合于道之时，常多，岂能相接而无间耶。

9.（宋）蔡沈《书经集传》卷四《周书·旅獒》

不役耳目，百度惟贞。

贞，正也，不役于耳目之所好，百为之度，惟其正而已。

10.（宋）黄伦《尚书精义》卷三十一《周书·旅獒》

不役耳目，百度惟贞。玩人丧德，玩物丧志。

无垢曰，愚者以耳目为我，圣人以心为我。以耳目为我，则奸声乱色，足以荧惑其心志；以心为我，耳目具位，而不纵，天下万事，皆以心。造化之心正，则耳目正矣。盖心体本正，以心为我，无往而不正，故百事之度，皆得其正。玩人而丧德，如纣为酒池肉林，使男女倮逐其间者，此玩人也，如此所为，何德之可。言玩物丧志，如汉武帝为一马之故，至起兵而伐人国，此玩物也。如此所为，何志之可言。盖有德者，常以敬自持，故不敢以人为玩。有志者，常以道为准，故不敢以物为玩。

张氏曰，耳之于声，目之于色，性也。而君子不谓性，若夫为耳目所役，则逐物而不知返。是故，役于目，则乱五色，淫文章；役于耳，则乱五声，淫六律，如此，则百度所以失其正矣。玩人，则狎侮，狎侮所以丧德；玩物，则役耳目，役耳目所以丧志。玩人有甚于玩物，丧德有甚于丧志。君子之志，志于仁义而已。今也一于玩物，而不能居仁由义，此志之所以丧也。

吕氏曰，心之官，以耳目为主，当要虚中无我，若是心听命于耳目，为耳目所使，则心流于玩好，本源如此，则事皆颓坏，百度所以不正。惟是心之官，虚中无我，坐应万变，则百度无不正。若为耳目所役，则此心流于一物上。唐庄宗好声乐，隋炀帝好宫室。二君之心，为耳目所役，便在声乐宫室上，其它事都不理。为人君者，乃是万化之本原。本原须是十分澄彻，虚中无我，方是不为耳目所役，百度自然正矣。

11. （宋）陈经《尚书详解》卷二十五《周书·旅獒》

（归善斋按，见"德盛不狎侮"）

12. （宋）钱时《融堂书解》卷十一《周书·旅獒》

不役耳目，百度惟贞。玩人丧德，玩物丧志；志以道宁，言以道接。不作无益害有益，功乃成；不贵异物、贱用物，民乃足。

人，指嬖幸之徒而言；物，指珍奇之类而言。召公大旨，重在玩物，而兼言玩人，何也？此书语多对下，大率比类以发明其意。如"不作无益"与"不贵异物"，意不在上文也，故才说"玩物丧志"，即粘说"志以道宁"，心即道也，故曰，道心，虚明无体，本静本正，惟动于物，乃始不宁耳。不宁者，意动也，心实未尝动也。禹曰"安汝止惟几惟康"，此正"志以道宁"之妙。虽然，应物之际，人言尤不易听也。舜命禹"惟精惟一，允执厥中"，即曰"无稽之言勿听"。虽"志以道宁"，不保其不动，故复云"言以道接"，以道为准，不变乱于人言，则德性纯固，无患其丧矣。上既发明玩物之有害于己，于是且言"不贵异物"之有利于民，又推出一节去说也。

13. （宋）魏了翁《尚书要义》

原阙。

14. （宋）陈大猷《书集传或问》

（归善斋按，未解）

15.（宋）胡士行《尚书详解》卷七《周书·旅獒第七》

（归善斋按，见"德盛不狎侮"）

16.（元）吴澄《书纂言》

（归善斋按，未解）

17.（元）陈栎《书集传纂疏》卷四下《朱子订定蔡氏集传·周书·旅獒》

不役耳目，百度惟贞。

贞，正也。不役于耳目之所好，百为之度，惟其正而已。

纂疏

王氏炎曰，心官为主，而耳目从其令，则非礼勿视听，百度正矣。心不能为主宰，而为耳目所役，则物交物，而为所引，百度何由而正。

陈氏大猷曰，受獒，是役于耳目之所玩。

18.（元）许谦《读书丛说》

（归善斋按，未解）

19.（元）董鼎《书传辑录纂注》卷四《商书·旅獒》

不役耳目，百度惟贞。

贞。正也。不后于耳目之所好，百为之度，惟其正而已。

纂注

王氏炎曰。心官为主，而耳目从其令，则非礼勿听、视，百度正矣。耳目为主，而心为所役，则物交物，而为所引，百度何由而正。

陈氏大猷曰，受獒，是役于耳目之玩也。

20.（元）朱祖义《尚书句解》卷七《周书·旅獒第七》

不役耳目（不役耳于声，不役目于色），百度惟贞（湛然无欲，百为之法度，自然皆归于至正）。

21.（明）王樵《尚书日记》卷十《周书·旅獒》

不役耳目，百度惟贞。

真氏曰，物之诱人，因视听而入，目悦色，耳悦声，苟非心有所主，未有不反为耳目所役者，故必使耳目听命于心，而后可也。心得其职，则百度正。

昭元年《左传》子产论晋侯之疾，曰，兹心不爽，而昏乱百度。杜预云，百度，百事之节也。此"不役耳目，百度惟贞"，亦谓志不可役物，百事之节，惟其正。如兴居有节，或以游畋、声色、燕饮而失兴居之正，皆为耳目所役也。如号令，政事有节，或求取不合于礼，纳受不以其正，而亵王言，渎政体，亦为耳目所役也。

22.（清）库勒纳等撰《日讲书经解义》卷七《周书·旅獒》

（归善斋按，见"德盛不狎侮"）

（元）陈师凯《书蔡传旁通》卷四下《周书·旅獒》

不役于耳目之所好。

不为声色所役也。《心箴》云，心为形役，乃兽乃禽。

（元）陈悦道《书义断法》四《周书·旅獒》

不役耳目，百度惟贞。玩人丧德，玩物丧志。志以道宁，言以道接。

"不役耳目"，以为百度之正，所以谨其外也；不玩人、物，以丧本心之真，所以谨其中也。然至理所寓，不越乎日用常行之道。总言其要，惟在于内、外交养之功。惟内之所养，不至于妄发；外之所养，不至于妄受，则存养周遍，表里如一，又何至于丧德、丧志，而徇耳目之欲哉。西旅献獒，乃役耳目之一事，而太保总言内外交养之事，无一不及，亦犹太公《丹书》之戒，于盘、盂、几、杖，无不铭之，以示警也。

（清）张英《书经衷论》卷三《周书·旅獒》

《旅獒》中，如不役耳目，志以道宁，言以道接，皆极精要之语。"志以道宁"一语，即摄程子四箴言，以道接，即伊尹所谓"有言逆于汝心，必求诸道，有言逊于汝志，必求诸非道"，觉此一语，更为简括。"不役耳目"，即《孟子》所谓"耳目之官，不思而蔽于物，物交物则引之"之意，此皆圣贤学问源流之旨也。

玩人丧德，玩物丧志

1. （汉）孔氏传、（唐）陆德明音义、孔颖达疏《尚书注疏》卷十二《周书·旅獒》

玩人丧德，玩物丧志。

传，以人为戏弄，则丧其德；以器物为戏弄，则丧其志。

音义，玩，五贯反。丧，息浪反。

疏，正义曰，以声色自娱，必玩弄人物。既玩弄人者，丧其德也；玩弄物者，丧其志也。

传正义曰，丧德、丧志，其义一也。玩人为重，以德言之；玩物为轻，以志言之，终是志荒而德丧耳。

2. （宋）苏轼《书传》卷十一《周书·旅獒第七》

玩人丧德，玩物丧志，志以道宁，言以道接。

玩人，则人不我敬，故丧德；玩物，则志以物移，故丧志。志丧，则中乱，故志以道宁。德丧，则人离，故言以道接。

3. （宋）林之奇《尚书全解》卷二十六《周书·旅獒》

（归善斋按，见"德盛不狎侮"）

4.（宋）史浩《尚书讲义》卷十三《周书·旅獒》

（归善斋按，见"惟克商，遂通道于九夷八蛮"）

5.（宋）夏僎《尚书详解》卷十八《周书·旅獒》

（归善斋按，见"人不易物，惟德其物"）

6.（宋）时澜《增修东莱书说》卷十八《周书·旅獒第七》

（归善斋按，见"德盛不狎侮"）

7.（宋）黄度《尚书说》卷四《周书·旅獒》

（归善斋按，见"不役耳目，百度惟贞"）

8.（宋）袁燮《絜斋家塾书钞》卷十《周书·旅獒》

（归善斋按，见"不役耳目，百度惟贞"）

9.（宋）蔡沈《书经集传》卷四《周书·旅獒》

玩人丧德，玩物丧志。

玩人，即上文狎侮君子之事；玩物，即上文不役耳目之事。德者，己之所得。志者，心之所之。

10.（宋）黄伦《尚书精义》卷三十一《周书·旅獒》

（归善斋按，见"不役耳目，百度惟贞"）

11.（宋）陈经《尚书详解》卷二十五《周书·旅獒》

（归善斋按，见"德盛不狎侮"）

12.（宋）钱时《融堂书解》卷十一《周书·旅獒》

（归善斋按，见"不役耳目，百度惟贞"）

13.（宋）魏了翁《尚书要义》

原阙。

14.（宋）陈大猷《书集传或问》

（归善斋按，未解）

15.（宋）胡士行《尚书详解》卷七《周书·旅獒第七》

（归善斋按，见"德盛不狎侮"）

16.（元）吴澄《书纂言》

（归善斋按，未解）

17.（元）陈栎《书集传纂疏》卷四下《朱子订定蔡氏集传·周书·旅獒》

玩人丧德，玩物丧志。

玩人，则上文"狎侮君子"之事；玩物，即上文"不役耳目"之事。德者，己之所得；志者，心之所之。

纂疏

王氏十朋曰，玩人，则以骄灭敬，故丧德；玩物，则以欲胜刚，故丧志。

愚谓，丧志，则亦必丧德，未有溺志于物，而可修德者，受獒即玩物。

18.（元）许谦《读书丛说》

（归善斋按，未解）

19.（元）董鼎《书传辑录纂注》卷四《商书·旅獒》

玩人丧德，玩物丧志。

玩人，则上文"狎侮君子"之事；玩物，即上文"不役耳目"之事。

德者，己之所得；志者，心之所之。

纂注

王氏十朋曰，玩人，则以骄而灭敬，故丧德；玩物，则以欲而胜刚，故丧志。

吕氏曰，玩人、玩物反复论狎侮之弊。

陈氏大猷曰，受獒，则玩人、玩物也。

林氏曰，恃獒之指，如意而有所玩忽人之心，则人必以为薄德矣，故丧德；以獒如人意，而受之，则玩弄于物，溺志于此，而不自觉，岂不丧志。

新安陈氏曰，丧志则亦必丧德矣。未有溺志于物，而可以修德者。

20. （元）朱祖义《尚书句解》卷七《周书·旅獒第七》

玩人丧德（苟玩弄人，则为薄德之人，而必丧失其德），玩物丧志（爱玩于物，则为溺物之人，而必丧失其志）。

21. （明）王樵《尚书日记》卷十《周书·旅獒》

"玩人丧德"至"言以道接"。

真氏曰，玩人丧德，即所谓狎侮也；玩物丧志，即所谓役耳目也。

王氏龟龄曰，玩人，则以骄灭敬，故丧德；玩物，则以欲胜刚，故丧志。

苏氏曰，玩物，则志以物，移故丧志。志丧，则中乱，故志以道宁。

真氏曰，凡人于物，所不可，无若耽玩不舍，则丧志矣。谢上蔡举史文成诵，程子犹以此箴之。惟以道义养心，则志不为物所移，故曰"志以道宁"。

金氏曰，心苟玩物，则役于耳目之欲，而易以失吾心之所守，故丧志，"志以道宁"，则明乎。义理之正，而足以辨天下之是非，故"言以道接"。

按，"志以道宁，言以道接"，此示以内外之交养，尤谨德之要也。志不妄发，当安于道；言不妄受，当接以道。道，即所谓百度之贞是也。志有定则，有以审人言之是非，此存中，所以应外也。言有择，则不为侧

言，改厥度，此制外，所以养中也

22.（清）库勒纳等撰《日讲书经解义》卷七《周书·旅獒》

（归善斋按，见"德盛不狎侮"）

（元）陈悦道《书义断法》四《周书·旅獒》

（归善斋按，见"不役耳目，百度惟贞"）

（清）朱鹤龄《尚书埤传》卷十一《周书·旅獒》

玩人丧德，玩物丧志。

王十朋曰，玩人，则以骄而灭敬，故丧德；玩物，则以欲而胜刚，故丧志。

（清）张英《书经衷论》卷三《周书·旅獒》

玩物丧志，所包最广，举天下凡足以荒我之志者，皆物也。不独声、色、游、畋、宫室、玩好，足以移人之性情，即文词、诗赋之类，耽之不已，亦足以丧志。程子以为，当远之，如淫声、美色，盖恐靡曼之言，足以柔人之正气，长人之逸志导人之邪心，而且予小人竞进之媒，启风俗浮薄之渐，故先儒之论似甚，而实非过也。华靡巧丽之文，莫甚于六朝。考其人，如潘岳、陆衡、陆云、谢灵运之徒，皆失身。匪人不能保厥令终，求其文行并优，为端人正士者，盖亦少矣，不亦可永鉴哉。

志以道宁，言以道接

1.（汉）孔氏传、（唐）陆德明音义、孔颖达疏《尚书注疏》卷十二《周书·旅獒》

志以道宁，言以道接。

传，在心为志，发气为言，皆以道为本，故君子勤道。

疏，正义曰，人物既不可玩，则当以道自处，志当以道而宁身，言当以道而接物，依道而行，则志自得，而言自当。

传正义曰，在心为志，《诗》序文也。在心为志，谓心动有所向也。发气为言，言于志所趣也。志是未发，言是已发，相接而成，本末之异耳。志、言并皆用道，但志未发，故以道宁志，不依道则不得宁耳；言是已发，故以道接，言不以道，则不可接物。志、言皆以道为本，故君子须勤道也。

2. （宋）苏轼《书传》卷十一《周书·旅獒第七》

（归善斋按，见"玩人丧德，玩物丧志"）

3. （宋）林之奇《尚书全解》卷二十六《周书·旅獒》

（归善斋按，见"德盛不狎侮"）

4. （宋）史浩《尚书讲义》卷十三《周书·旅獒》

（归善斋按，见"惟克商，遂通道于九夷八蛮"）

5. （宋）夏僎《尚书详解》卷十八《周书·旅獒》

（归善斋按，见"人不易物，惟德其物"）

6. （宋）时澜《增修东莱书说》卷十八《周书·旅獒第七》

（归善斋按，见"德盛不狎侮"）

7. （宋）黄度《尚书说》卷四《周书·旅獒》

（归善斋按，见"不役耳目，百度惟贞"）

8. （宋）袁燮《絜斋家塾书钞》卷十《周书·旅獒》

（归善斋按，见"不役耳目，百度惟贞"）

9. （宋）蔡沈《书经集传》卷四《周书·旅獒》

志以道宁，言以道接。

道者，所当由之理也，己之志，以道而宁，则不至于妄发；人之言，以道而接，则不至于妄受。存乎中者，所以应乎外；制乎外者，所以养其中。古昔圣贤相受心法也。

10. （宋）黄伦《尚书精义》卷三十一《周书·旅獒》

志以道宁，言以道接。

无垢曰，道，即心也。诚求得其本心，以此出而为志，则常安而不摇，以此发而为言，则善应而有法。

张氏曰，志者，心之所之也；言者，心之声也。心之本，未尝非道，则心者，道之所舍，及其出而为志，必以道，而后足以宁。身发而为言，必以道，而后足以接物。若夫志不以道，则志为物累，骄奢淫佚，无所不为，身有不宁者矣。言不以道，则言不循理，诐邪淫遁，无所不至，物有不接者矣。

11. （宋）陈经《尚书详解》卷二十五《周书·旅獒》

（归善斋按，见"德盛不狎侮"）

12. （宋）钱时《融堂书解》卷十一《周书·旅獒》

（归善斋按，见"不役耳目，百度惟贞"）

13. （宋）魏了翁《尚书要义》

原阙。

14. （宋）陈大猷《书集传或问》

（归善斋按，未解）

15. （宋）胡士行《尚书详解》卷七《周书·旅獒第七》

（归善斋按，见"德盛不狎侮"）

16.（元）吴澄《书纂言》

（归善斋按，未解）

17.（元）陈栎《书集传纂疏》卷四下《朱子订定蔡氏集传·周书·旅獒》

志以道宁，言以道接。

道者，所当由之理也。己之志，以道而宁，则不至于妄发；人之言，以道而接，则不至于妄受。存乎中者，所以应乎外；制乎外者，所以养其中，古昔圣贤相授心法也。

纂疏

陈氏大猷曰，受獒，则志动于物，非以道宁矣。献獒必甘言求纳，亦必有言其可纳者。公言不当受，乃逆耳之言，以道揆之，则知所从违矣。

吕氏曰，既言玩好之害，又言存养工夫。"志以道宁"，《孟子》所谓"持志"；"言以道接"，《孟子》所谓"知言"，内外交养如此。

18.（元）许谦《读书丛说》

（归善斋按，未解）

19.（元）董鼎《书传辑录纂注》卷四《商书·旅獒》

志以道宁，言以道接。

道者，所当由之理也。己之志，以道而宁，则不至于妄发；人之言，以道而接，则不至于妄受。存乎中者，所以应乎外；制乎外者，所以养其中。古者，圣贤相授心法也。

辑录

铢问，"志以道宁，言以道接"，接字如何？先生曰，接者，酬应之谓，言当以道酬应也。又曰志，我之志；言，人之言。

纂注

陈氏大猷曰，受獒，则志动于物，而非以道宁矣。

林氏曰，獒之献，必甘言以求纳，亦必有言，其可纳者。太保言不当

受，乃苦言逆耳，以道揆之，则知所从违矣，

吕氏曰，既说"玩好"之害，又说"存养"工夫。志以道宁，《孟子》所谓"持其志"。言以道接，《孟子》所谓"我知言"。内外交养如此，自然不作无益，不贵异物。

20. （元）朱祖义《尚书句解》卷七《周书·旅獒第七》

志以道宁（今王在己之志，当以道安之，使声色货财不能惑），言以道接（在人之言，当以道接之，使诐淫邪遁不能入）。

21. （明）王樵《尚书日记》卷十《周书·旅獒》

（归善斋按，见"玩人丧德，玩物丧志"）

22. （清）库勒纳等撰《日讲书经解义》卷七《周书·旅獒》

志以道宁，言以道接。

此一节书是，言慎德之要，又在乎内外交修也。宁，安定也。接，听纳也。召公曰，人君一心，为万事之原，苟志一不定，则必至妄动，而逐物迁移，所害于德，岂微乎？惟一约之于道，志未发时，以道涵养之，而非道者，勿存诸心；志将发时，以道检察之，而非道者，勿萌诸虑，则中有宰制，而非僻。玩好，自不得乘其隙矣。人君一身，又为群议之主。苟言一不察，则必至妄听。而是非交混，所损于德，岂细乎。惟一断之于道，其合乎道者，则为忠正之言，不以逆吾耳，而必虚己以受之，其背乎道者，则为邪僻之言，不以顺吾意，而必正色以拒之。则自处以正，而憸人佞夫，自不得投其间矣。慎德之要，其内外交修又如此，窃谓人主身处深宫，独居之际，念虑迭乘；接物之时，群言杂进，其为道与非道，一时安得而辨之。必也，清心寡欲，格物穷理，亲正人闻，谠论，然后识见日明，操守日定，而从违不难立断矣。

（元）陈悦道《书义断法》四《周书·旅獒》

（归善斋按，见"不役耳目，百度惟贞"）

（清）张英《书经衷论》卷三《周书·旅獒》

（归善斋按，见"不役耳目，百度惟贞"）

不作无益害有益，功乃成；
不贵异物贱用物，民乃足

1.（汉）孔氏传、（唐）陆德明音义、孔颖达疏《尚书注疏》卷十二《周书·旅獒》

不作无益害有益，功乃成；不贵异物贱用物，民乃足。

传，游观为无益，奇巧为异物，言明王之道，以德义为益，器用为贵，所以化治生民。

音义，观，官唤反。

疏，传正义曰，游观，徒费时日，故为无益。无益多矣，非徒游观而已。奇巧，世所希有，故为异物。异物多矣，非徒奇巧而已。诸是妄作，皆为无益；诸是世所希，皆为异物。异物无益，不可遍举，举此二者，以明此类皆是也。"不作"，是初造之辞，为作有所害，故以为无益。"不贵"，是爱好之语。有贵，必有贱，故以异物对用物。虽经言用物，传言器用可矣。经言有益，有益不知所谓，故传以德义，是人之本，故德义为有益。诸是益身之物，皆是有益，亦举重为言。经之戒人主，人主如此，所以化世俗，生养下民也。此言"生民"，宣十二年《左传》云"分谤生民"，皆为生活民也。下云"生民保厥居"与《孝经》云"生民之本尽矣"，言民生于世，谓之生民，与此传异也。俗本云"弗贱"，衍"弗"字也。

2.（宋）苏轼《书传》卷十一《周书·旅獒第七》

不作无益害有益，功乃成；不贵异物贱用物，民乃足。

民争为异物，以中上好，则农工病矣。

3.（宋）林之奇《尚书全解》卷二十六《周书·旅獒》

（归善斋按，见"德盛不狎侮"）

4.（宋）史浩《尚书讲义》卷十三《周书·旅獒》

（归善斋按，见"惟克商，遂通道于九夷八蛮"）

5.（宋）夏僎《尚书详解》卷十八《周书·旅獒》

（归善斋按，见"人不易物，惟德其物"）

6.（宋）时澜《增修东莱书说》卷十八《周书·旅獒第七》

不作无益害有益，功乃成；不贵异物，贱用物，民乃足。犬马，非其土性不畜；珍禽奇兽，不育于国。不宝远物，则远人格；所宝惟贤，则迩人安。

天下之物有限，人之精神亦有限。不作于此，则作于彼。不贵于此，则贵于彼。无益既不作，则必于有益而用工，有益者固所以为功也。异物既不贵，则必于用物而加意。用物者，固足民之实也。盖志既以道宁，言既以道接，行其无事，胸中纯一，理之所宜，心之所安，当为当舍，各归其分。无益，非勉强于不作；异物非有意于不贵。揆诸理，既背遇诸心，自不相契也。"犬马非其土性不畜，珍禽奇兽，不育于国"，人、物，自然之理也。

"不宝远物，则远人格；所宝惟贤则迩人安"，自古中国所以不能服远者，不过贪而已。曹丕求明珠，而孙权不服；周穆求白狼白鹿，而方物不至。惟不宝远物，则识贤者之门庭趣味，乃可宝之真者，天下之理，固消长也。

7.（宋）黄度《尚书说》卷四《周书·旅獒》

不作无益害有益，功乃成；不贵异物贱用物，民乃足。

作无益，必害有益；贵异物，必贱用物。用物，谷粟丝麻，不能充其欲，淫靡煽之，竞相追逐，夫岂能足哉。

8.（宋）袁燮《絜斋家塾书钞》卷十《周书·旅獒》

不作无益害有益，功乃成；不贵异物，贱用物，民乃足。犬马，非其土性，不畜；珍禽奇兽，不育于国。不宝远物，则远人格；所宝惟贤，则迩人安。

大抵人之一心，不能以两用，作无益，必害有益；贵异物，必贱用物。不宝远物，远人便格；所宝惟贤，则迩人便安。《孟子》所谓二者不可得兼，舍鱼而取熊掌者也。

9.（宋）蔡沈《书经集传》卷四《周书·旅獒》

不作无益害有益，功乃成；不贵异物，贱用物，民乃足。犬马，非其土性，不畜；珍禽奇兽，不育于国。不宝远物，则远人格；所宝惟贤，则迩人安。

孔氏曰，游观为无益，奇巧为异物。苏氏曰，周穆王得白狼白鹿，而荒服因以不至。此章凡三节，至所宝惟贤，则益切至矣。

10.（宋）黄伦《尚书精义》卷三十一《周书·旅獒》

不作无益害有益，功乃成；不贵异物，贱用物，民乃足。

无垢曰，作无益，必害有益；贵异物，必贱用物，此不易之理也。故以有益为主，则无益者自废；以用物为主，则异物自废。

史氏曰，解心之缪，则治身之效着。去德之累，则及人之利溥。今夫，畋游宴乐，无益者也；道德仁义，有益者也。吾不作无益而反害有益，则心之缪解矣。用，以治身，功其有不成者乎？珍奇淫巧，异物也；黍稷桑麻，用物也。吾不贵其所异，而反贱其所常用，则德之累去矣。推以及人，民其有不足者乎？苟人君私纵耳目之欲，一作于心，而害生于彼，一贵于上，而贱及于下，则自身以至于人，颠倒错乱，其祸有不可胜救者矣。

张氏曰，事之有益于理者，可以为也。不作无益以害之，则有以兴民之利，故功乃成。物之有适于用者，可以贵也。不贵异物而贱之，则有以裕民之财，故民乃足。

11. （宋）陈经《尚书详解》卷二十五《周书·旅獒》

（归善斋按，见"德盛不狎侮"）

12. （宋）钱时《融堂书解》卷十一《周书·旅獒》

（归善斋按，见"不役耳目，百度惟贞"）

13. （宋）魏了翁《尚书要义》

原阙。

14. （宋）陈大猷《书集传或问》

（归善斋按，未解）

15. （宋）胡士行《尚书详解》卷七《周书·旅獒第七》

不作无益害有益，功乃成；不贵（重）异（奇怪）物，贱（轻）用（官用）物，民乃足。犬马，非其土（本土）性不畜（养）；珍（异）禽奇（怪）兽，不育（养）于国。不宝（爱重）远物，则远人格（来至也。周穆王取白鹿白狼，物不至）；所宝（贵）惟贤，则迩人安（自近始）。

人心不可不重用也，入此则出彼，入彼则出此，所作、所贵、所宝，其界限之严，必如此，而后可也。

16. （元）吴澄《书纂言》

（归善斋按，未解）

17. （元）陈栎《书集传纂疏》卷四下《朱子订定蔡氏集传·周书·旅獒》

不作无益害有益，功乃成；不贵异物，贱用物，民乃足；犬马，非其土性不畜；珍禽奇兽，不育于国。不宝远物，则远人格；所宝惟贤，则迩人安。

孔氏曰，游观为无益，奇巧为异物。苏氏曰，周穆王得白狼、白鹿，而荒服因以不至。此章凡三节，至"所宝惟贤"，则益切至矣。

纂疏

陈氏经曰，宝贤，则天下安然，其安自近始。

林氏曰，汉文却千里马，光武以驾鼓车，三代后能行召公之言，二君是也。虞宝璧乘，故视宫之奇为路人。齐宝四臣，故视照乘之珠为土苴。

唐孔氏曰，晋惠乘小驷，旋泞，见获马非土性故也。赵简子问王孙圉，楚白珩在乎？对曰，楚所宝观射父，左史倚相也。白珩，先王所玩，何宝？焉知所宝矣。

18.（元）许谦《读书丛说》

（归善斋按，未解）

19.（元）董鼎《书传辑录纂注》卷四《商书·旅獒》

不作无益害有益，功乃成；不贵异物，贱用物，民乃足。犬马，非其土性，不畜；珍禽奇兽，不育于国。不宝远物，则远人格；所宝惟贤，则迩人安。

孔氏曰，游、观，为无益；奇巧，为异物。

苏氏曰，周穆王得白狼白鹿，而荒服因以不至。此章凡三节，至"所宝惟贤"，则益切至矣。

纂注

陈氏曰，志、言如此，则本正矣，岂复有作无益、贵异物之事。不贵异物、贱用物，则珍玩不贵，所贵皆服食器用之物矣。远格，则迩者可知；迩安，则远者可知。人曰宝贤，则天下安然，其安自近始。

20.（元）朱祖义《尚书句解》卷七《周书·旅獒第七》

不作无益害有益（不为无益之事，以害有益之事），功乃成（然后事之有益者，其功乃成）；不贵异物，贱用物（不贵重远方奇异之物，而轻贱斯民常用之物），民乃足（然后民之常用，乃给足）。

21.（明）王樵《尚书日记》卷十《周书·旅獒》

"不作无益害有益，功乃成"至"所宝惟贤，则迩人安"。

孔氏曰，游观为无益，奇巧为异物。

正义曰，无益多矣，非徒游、观而已；异物多矣，非徒奇巧而已。

汉景帝诏曰，雕文刻镂，伤农事者也；锦绣纂组，害女工者也，此所谓作无益害有益者也。夫布帛，以为温而贵纂组之华；械器，以为用而尚。雕镂之巧，诚不以用，亦祇以异，不过以悦人之观美而已。人主之好尚如是，则有益之事为所妨废，何以成赡养之功。汉文帝诏曰，鸾旗在前，属车在后，吉行日五十里，师行三十里，朕乘千里马，独先安之至哉？斯言可以真见异物、远物之不足贵矣。彼为大宛善马，而劳师万里以求之者，诚何心哉？贵之者，亦以其异，匪以其用也。用非所贵，贵非所用，则侈用伤财，下日趋于淫巧，而饥寒之所由生也，民何以足哉。

晋惠公与秦人战，乘小驷而败，见获于秦。小驷，郑出也，是非其土性不习于用也。

周穆王伐犬戎，得白狼白鹿以归，荒服因以不至。

夫犬马非其土性，与珍禽奇兽之属，其为物至微，而人主或好之者，以其瑰异，来自殊方，而贵之也。此心一启，不惟内，非所以谨德，而亦使人得而窥之，反以携远人向化之心矣。故不宝远物，则远人格。上文因玩物，而推明玩人之失，至此又因宝物之戒，而归重于宝贤之意。所宝惟贤，正与上五"不"字相形，而远人、迩人亦相对，以见意。夫迩人不安，则虽单于稽颡于庭，越裳重九译而至，何补于事哉。此一段，凡三节，无益与异物，犹泛言之。至犬马、奇兽则指言之，至"所宝惟贤"，发一"惟"字，见此外，人主无当留其心者，宝非其宝，迩人且不安，则切言之矣。

程子曰，人主之势，心之所向，天下风靡，景从珍禽、奇兽、宝玩之物，虽遐方殊域之所有，深山大海之所生，无不可致。盖上心所好，奉之以天下之力也。若好贤之心如是，则何岩穴之幽不可求，何山林之深不可致。

22.（清）库勒纳等撰《日讲书经解义》卷七《周书·旅獒》

不作无益害有益，功乃成；不贵异物贱用物，民乃足。犬马，非其土性，不畜；珍禽奇兽，不育于国。不宝远物，则远人格，所宝惟贤则迩人安。

此一节书是，又言好尚之不可不谨也。异物，珍奇之物；用物，日用之物。格，致也。召公曰人君行事，当辨其有益与无益。修德勤政，此有益者也。若夫游观兴作，悦耳目，荡心意，乃无益之事。人君好此，则意夺于外诱，而治功隳矣。惟汲汲孜孜，讲求利弊，而无益之事，弃去不为，不使妨我国计民生之务，则力有专攻，政无弛废，而治功乃成也。人君于物，当计其有用，与无用。服食器用，此必需者也。若夫珠玉珍宝，饥不可食，寒不可衣，乃奇异之物。人君好此，则祸中于侈靡而财用竭矣。惟敦本务实，躬行节俭，而奇异之物，屏去不御，不使耗我民生日用之财，则上无征求之扰，下无采办之劳，而民力乃足也。故虽犬马，物之有用者也，来自他方，非土性所宜，则不畜焉。若珍美之禽，奇异之兽，尤物之无用者也，则国中亦不令育焉。夫朝廷之举动，远人所视为向背，迩人所恃为安危者也。果能于远物一无宝爱，则好尚既端，风声所被，远人皆服圣德之无私，而靡不格矣。更移宝远物之心，以宝贤臣，则人才进用，膏泽普施，迩人皆享用贤之实效，而无不安矣。王今视此獒有益乎，无益乎，异物乎，用物乎？其可以此为宝，而反忘贤之为宝乎？自古得士者昌，失士者亡。何代无贤才，顾人主之能宝与否耳。楚昭王不宝白珩，齐威王不宝照乘之珠，彼二君，犹能若是，况人主，抚有四海，所恃以共理天下者，岂不在群□群力哉。太保之言，愈进而愈切矣。

（清）朱鹤龄《尚书埤传》卷十一《周书·旅獒》

"不作无益"至"迩人安"。

汉景帝诏曰，雕文刻镂，伤人事者也；锦绣纂组，害女红者也，此所谓无益害有益者也。文帝诏曰，鸾旗在前，属车在后，吉行五十里，师行三十里，朕乘千里马，独先安之，此可见异物不足贵也。晋惠公乘小驷，

903

郑产也，及战，陷于淖，为秦所获，是非其土性之失也。周穆公伐犬戎，得四白狼，四白鹿以归，荒服因不至。汉武帝求天马，征伐连年，中国罢敝，是宝远物，求远人之失也。迩人不安，则虽单于稽颡于庭，越裳、重译而至，何益焉。

程子曰，人主之势，虽殊方绝俗之所有，深山大泽之所生，求无不得。盖上心所好，奉之以天下之力也。苟能以好珍奇好宝玩之心好贤，何岩穴之幽不可求，何山林之深不可致。

犬马非其土性不畜

1.（汉）孔氏传、（唐）陆德明音义、孔颖达疏《尚书注疏》卷十二《周书·旅獒》

犬马非其土性不畜。
传，非此土所生不畜，以不习其用。
音义，畜，许竹反。
疏，传正义曰，"犬马非其土性不畜"者，此篇为戒止，为此句，以西旅之獒，非中国之犬，不用令王爱好之，故言此也。僖十五年《左传》言，晋侯乘郑马，及战，陷于泞，是非此土所生，不习其用也。犬不习用，传记无文。

2.（宋）苏轼《书传》卷十一《周书·旅獒第七》

犬马非其土性不畜，珍禽奇兽不育于国，不宝远物则远人格。
夷狄性贪，故喜廉而畏贪。古之循吏，能以廉服夷狄者多矣，而贪吏亦足以致寇，况于王乎？周穆王得狼鹿尔，而荒服因以不至。

3.（宋）林之奇《尚书全解》卷二十六《周书·旅獒》

（归善斋按，见"德盛不狎侮"）

4.（宋）史浩《尚书讲义》卷十三《周书·旅獒》

(归善斋按，见"惟克商，遂通道于九夷八蛮")

5.（宋）夏僎《尚书详解》卷十八《周书·旅獒》

(归善斋按，见"人不易物，惟德其物")

6.（宋）时澜《增修东莱书说》卷十八《周书·旅獒第七》

(归善斋按，见"不作无益害有益，功乃成；不贵异物，贱用物，民乃足")

7.（宋）黄度《尚书说》卷四《周书·旅獒》

犬马，非其土性不畜；珍禽奇兽，不育于国。

犬马，非其土性，畜之，不独违物性，且未必适用。晋乘郑驷，庆郑曰，古者大事，必乘其产。

8.（宋）袁燮《絜斋家塾书钞》卷十《周书·旅獒》

(归善斋按，见"不作无益害有益，功乃成；不贵异物，贱用物，民乃足")

9.（宋）蔡沈《书经集传》卷四《周书·旅獒》

(归善斋按，见"不作无益害有益，功乃成；不贵异物，贱用物，民乃足")

10.（宋）黄伦《尚书精义》卷三十一《周书·旅獒》

犬马，非其土性，不畜；珍禽奇兽，不育于国。不宝远物，则远人格；所宝惟贤，则迩人安。

东坡曰，王者之世，宜尚廉而怯贪。古之循吏，能以廉服远方者多矣。而贪吏，适足以致寇，况于王乎？周穆王得狼鹿，而荒服因以不至。

无垢曰，《孟子》曰，君子居是国也，其君用之，则安富尊荣，其子弟从之，则孝悌忠信，使人主视宝玉奇珍如粪土，而以贤者为宝，则必建长久之策，致人主于三代之隆，而中国之民，人人得其所矣。安富尊荣，孝悌忠信，何止迩人安哉。决不为白狼而起犬戎之师，决不为天马而兴大宛之役。以人主所宝者，贤也。然则，人主于所宝，其可不谨哉？

张氏曰，不宝远物，则于远无所取，而远人不扰矣，故远人格。远人格，则四夷来王是也。所宝惟贤，则于贤无所遗，而迩人可以治矣，故迩人安。迩人安，则四方无虞是也。传曰，宝珠玉者，殃必及身。

又曰，仁人者，国之宝也，则有天下国家者，其于所宝，可不谨哉。

吕氏曰，"不宝远物，则远人格"，这一句，自衰周至于汉唐，上自朝廷，下至守边吏，所以蛮夷不服者，都缘是贪。太保这一句，最亲切的当。如此，曹丕求明珠，孙权便不服；穆王求白狼白鹿，方物便不至。后世守边吏，所以开边衅，而致戎狄之害者，只缘是受远物，在乎贪也。所宝惟贤，一件事，相为消长。若见得贤实可宝之物，则虚化之物，定是不宝。人惟不知贤之可宝，见得一个异物可喜，所以贪冒，致戎狄之祸。若真诚义理，天下所可重，所可宝者，岂过于贤者。入贤者门庭，安贤者趣味，远物自然视如浮云鸿毛之轻，秋毫之微。识其不可宝者，则所宝莫非贤矣。

11.（宋）陈经《尚书详解》卷二十五《周书·旅獒》

（归善斋按，见"德盛不狎侮"）

12.（宋）钱时《融堂书解》卷十一《周书·旅獒》

犬马非其土性不畜，珍禽奇兽不育于国。不宝远物，则远人格；所宝惟贤，则迩人安。

上言玩物，只是泛说，次言不贵异物，虽渐切于獒，而亦未尝分别中国、外夷。此云犬马，云珍禽奇兽，云非其土性，云远物，则专切"西旅之獒"而言矣。圣贤立言浅深，固自有次第也。犬马亦用物也，然非其土性不畜。犬马非土性且不畜，西旅之獒，奇兽也，又非其土性也，而可育于国乎？召公于是又推出一节而言，不宝远物，则远人格。因不宝远物之语，又推出一节而言"所宝惟贤，则迩人安"，可谓展尽底蕴。自"人不易物"而下，凡八个"不"字，虽义各有所属，而大旨皆谓不如此，乃为善，反反复复，无非欲武王不受此獒耳。

13.（宋）魏了翁《尚书要义》

原阙。

14.（宋）陈大猷《书集传或问》

（归善斋按，未解）

15.（宋）胡士行《尚书详解》卷七《周书·旅獒第七》

（归善斋按，见"不作无益害有益，功乃成；不贵异物，贱用物，民乃足"）

16.（元）吴澄《书纂言》

（归善斋按，未解）

17.（元）陈栎《书集传纂疏》卷四下《朱子订定蔡氏集传·周书·旅獒》

（归善斋按，见"不作无益害有益，功乃成；不贵异物，贱用物，民乃足"）

18.（元）许谦《读书丛说》

（归善斋按，未解）

19.（元）董鼎《书传辑录纂注》卷四《商书·旅獒》

（归善斋按，见"不作无益害有益，功乃成；不贵异物，贱用物，民乃足"）

20.（元）朱祖义《尚书句解》卷七《周书·旅獒第七》

犬马，非其土性不畜（况犬马，非其土地所宜，不可畜养）。

21. （明）王樵《尚书日记》卷十《周书·旅獒》

（归善斋按，见"不作无益害有益，功乃成；不贵异物，贱用物，民乃足"）

22. （清）库勒纳等撰《日讲书经解义》卷七《周书·旅獒》

（归善斋按，见"不作无益害有益，功乃成；不贵异物，贱用物，民乃足"）

（明）梅鷟《尚书考异》四《周书·旅獒》

犬马，非其土性不畜。

僖十五年，晋侯与秦战，乘小驷，郑入也。庆郑曰，古者，大事必乘其产，生其水土，而知其人心，安其教训，而服习其道。惟所纳之，无不如志。今乘异产，以从戎事，及惧而变，将与人易，乱气狡愤，阴血周作，张脉偾兴，外强中干，进退不可，周旋不能，君必悔之。

（清）朱鹤龄《尚书埤传》卷十一《周书·旅獒》

（归善斋按，见"不作无益害有益，功乃成；不贵异物，贱用物，民乃足"）

珍禽奇兽不育于国

1. （汉）孔氏传、（唐）陆德明音义、孔颖达疏《尚书注疏》卷十二《周书·旅獒》

珍禽奇兽不育于国。

传，皆非所用，有损害故。

2.（宋）苏轼《书传》卷十一《周书·旅獒第七》

(归善斋按，见"犬马非其土性不畜")

3.（宋）林之奇《尚书全解》卷二十六《周书·旅獒》

(归善斋按，见"德盛不狎侮")

4.（宋）史浩《尚书讲义》卷十三《周书·旅獒》

(归善斋按，见"惟克商，遂通道于九夷八蛮")

5.（宋）夏僎《尚书详解》卷十八《周书·旅獒》

(归善斋按，见"人不易物，惟德其物")

6.（宋）时澜《增修东莱书说》卷十八《周书·旅獒第七》

(归善斋按，见"不作无益害有益，功乃成；不贵异物，贱用物，民乃足")

7.（宋）黄度《尚书说》卷四《周书·旅獒》

(归善斋按，见"犬马，非其土性不畜")

8.（宋）袁燮《絜斋家塾书钞》卷十《周书·旅獒》

(归善斋按，见"不作无益害有益，功乃成；不贵异物，贱用物，民乃足")

9.（宋）蔡沈《书经集传》卷四《周书·旅獒》

(归善斋按，见"不作无益害有益，功乃成；不贵异物，贱用物，民乃足")

10.（宋）黄伦《尚书精义》卷三十一《周书·旅獒》

(归善斋按，见"犬马，非其土性不畜")

11.（宋）陈经《尚书详解》卷二十五《周书·旅獒》

（归善斋按，见"德盛不狎侮"）

12.（宋）钱时《融堂书解》卷十一《周书·旅獒》

（归善斋按，见"犬马，非其土性不畜"）

13.（宋）魏了翁《尚书要义》

原阙。

14.（宋）陈大猷《书集传或问》

（归善斋按，未解）

15.（宋）胡士行《尚书详解》卷七《周书·旅獒第七》

（归善斋按，见"不作无益害有益，功乃成；不贵异物，贱用物，民乃足"）

16.（元）吴澄《书纂言》

（归善斋按，未解）

17.（元）陈栎《书集传纂疏》卷四下《朱子订定蔡氏集传·周书·旅獒》

（归善斋按，见"不作无益害有益，功乃成；不贵异物，贱用物，民乃足"）

18.（元）许谦《读书丛说》

（归善斋按，未解）

19.（元）董鼎《书传辑录纂注》卷四《商书·旅獒》

（归善斋按，见"不作无益害有益，功乃成；不贵异物，贱用物，民乃足"）

20.（元）朱祖义《尚书句解》卷七《周书·旅獒第七》

珍禽奇兽不育于国（珍异之禽，奇怪之兽不养育于国）。

21.（明）王樵《尚书日记》卷十《周书·旅獒》

（归善斋按，见"不作无益害有益，功乃成；不贵异物，贱用物，民乃足"）

22.（清）库勒纳等撰《日讲书经解义》卷七《周书·旅獒》

（归善斋按，见"不作无益害有益，功乃成；不贵异物，贱用物，民乃足"）

（元）陈师凯《书蔡传旁通》卷四下《周书·旅獒》

周穆王得白狐白鹿，而荒服因以不至（狐，当作狼）。

《史记》穆王将征犬戎，祭公谋父谏王，遂征之，得四白狼四白鹿以归，自是，荒服者不至。

以武王之圣，召公所以警戒之者如此。

董氏曰，圣人不以细行而不谨；大臣不以细过而不谏，此古之所以君明臣良，而后世鲜俪也。汉文帝无太保之训，而却千里马，其贤矣哉。

（清）朱鹤龄《尚书埤传》卷十一《周书·旅獒》

（归善斋按，见"不作无益害有益，功乃成；不贵异物，贱用物，民乃足"）

不宝远物，则远人格

1.（汉）孔氏传、（唐）陆德明音义、孔颖达疏《尚书注疏》卷十二《周书·旅獒》

不宝远物，则远人格。
传，不侵夺其利，则来服矣。

2.（宋）苏轼《书传》卷十一《周书·旅獒第七》

（归善斋按，见"犬马非其土性不畜"）

3.（宋）林之奇《尚书全解》卷二十六《周书·旅獒》

（归善斋按，见"德盛不狎侮"）

4.（宋）史浩《尚书讲义》卷十三《周书·旅獒》

（归善斋按，见"惟克商，遂通道于九夷八蛮"）

5.（宋）夏僎《尚书详解》卷十八《周书·旅獒》

（归善斋按，见"人不易物，惟德其物"）

6.（宋）时澜《增修东莱书说》卷十八《周书·旅獒第七》

（归善斋按，见"不作无益害有益，功乃成；不贵异物，贱用物，民乃足"）

7.（宋）黄度《尚书说》卷四《周书·旅獒》

不宝远物，则远人格；所宝惟贤，则迩人安。
通远人而贵远物，彼方窥见闲隙，量度中国，而岂能格之。汉求天马,征伐连年,中国被其祸,岂特不能格哉?用贤人,则迩者悦,远者来矣。

8. (宋)袁燮《絜斋家塾书钞》卷十《周书·旅獒》

(归善斋按,见"不作无益害有益,功乃成;不贵异物,贱用物,民乃足")

9. (宋)蔡沈《书经集传》卷四《周书·旅獒》

(归善斋按,见"不作无益害有益,功乃成;不贵异物,贱用物,民乃足")

10. (宋)黄伦《尚书精义》卷三十一《周书·旅獒》

(归善斋按,见"犬马,非其土性不畜")

11. (宋)陈经《尚书详解》卷二十五《周书·旅獒》

(归善斋按,见"德盛不狎侮")

12. (宋)钱时《融堂书解》卷十一《周书·旅獒》

(归善斋按,见"犬马,非其土性不畜")

13. (宋)魏了翁《尚书要义》

原阙。

14. (宋)陈大猷《书集传或问》卷下《周书·旅獒》

林氏曰,以远物为宝,则必有轻贤之心。以贤为宝,则于远物弗贵矣。虞公以垂棘之璧,屈产之乘为宝,故视宫之奇若路人。齐威王以四臣为宝,故视径寸之珠如粪土。人君所宝可不谨哉。

15. (宋)胡士行《尚书详解》卷七《周书·旅獒第七》

(归善斋按,见"不作无益害有益,功乃成;不贵异物,贱用物,民乃足"）

16.（元）吴澄《书纂言》

（归善斋按，未解）

17.（元）陈栎《书集传纂疏》卷四下《朱子订定蔡氏集传·周书·旅獒》

（归善斋按，见"不作无益害有益，功乃成；不贵异物，贱用物，民乃足"）

18.（元）许谦《读书丛说》

（归善斋按，未解）

19.（元）董鼎《书传辑录纂注》卷四《商书·旅獒》

（归善斋按，见"不作无益害有益，功乃成；不贵异物，贱用物，民乃足"）

20.（元）朱祖义《尚书句解》卷七《周书·旅獒第七》

不宝远物，则远人格（不以远方难得之物为宝，则蛮夷见其不贪，必心悦来服）。

21.（明）王樵《尚书日记》卷十《周书·旅獒》

（归善斋按，见"不作无益害有益，功乃成；不贵异物，贱用物，民乃足"）

22.（清）库勒纳等撰《日讲书经解义》卷七《周书·旅獒》

（归善斋按，见"不作无益害有益，功乃成；不贵异物，贱用物，民乃足"）

（清）朱鹤龄《尚书埤传》卷十一《周书·旅獒》

（归善斋按，见"不作无益害有益，功乃成；不贵异物，贱用物，民乃足"）

（元）王充耘《书义矜式》卷四《周书·旅獒》

不宝远物，则远人格；所宝惟贤，则迩人安。

人君惟能贱货而贵德，则近者悦，而远者来矣。夫苟玩物而弃贤，则近者且有所不安，而况于远人之怀服者乎？召公知其然，故能告武王也。谓夫人君之道，不患人之远者不服，而患以物之难得者为贵，不患人之迩者不安，而患不以人之有德者为贵，诚能贱彼而贵此，则远人不期而自至，迩人不期而自安矣。夫惟君心之好尚虽微，而民心之趋向何赖，其可忽而不知省乎？

其曰，人君以心而率天下之心，亦惟谨其所好而已矣。如好以其道，则人同此心。不以四方万里而有间也，而况于迩者乎？如所乐不出于正，则人各有心，虽近之人，犹胡越也，而况于远者乎？由此而观，远人之不服，非难格也，由德柔之无其道也；迩人之不服，非难安也，犹抚循之无其人也。反而求之，近悦远来，特在人君之趋向何如耳。嗟夫，犬马之畜，若未害也，而远人得以窥吾之蕴；珍奇之玩，若无妨也，而远人得以测吾之中。如使吾之所宝者，不在于此，则虽未尝语人以贱货之事，而民必知吾之所好者在于斯民矣。人虽远也。如之何而不格哉？然远人之所爱慕也，虽贤者有爱之之心，非人君用之，则无以遂其心。贤者虽有善俗之道，非人君尊之，则无以行其道。如使吾之所宝者，不在于贤，则吾欲安乎民，而亦无赖以安民矣。

人虽迩，如之何而能安之哉？大抵地虽有远近，而人心无彼此；人虽有贵贱，而天理无间隔。观君之所宝，不在于物，则尊贤之意可见矣；观人之格者，不格于远，则安民之效，可知矣。

曾谓，以武王之圣，而有待于召公之警戒哉。然而一念之不谨，圣狂之判也。细行不矜，大德之累也。夫以舜之大圣，而禹犹以"怠慢傲虐"告戒之，而况不及于大舜者乎？此召公老成之政，所以不能已于言也。虽然，能遵召公之戒者，武王也。而不能守武王之戒者，穆王也。白狼之既得，而荒服因以不至。盖至于此，而召公之言信矣。然则宝贤不宝物，吾因为武王喜；宝物不保贤，吾因为穆王惜。

所宝惟贤，则迩人安

1.（汉）孔氏传、（唐）陆德明音义、孔颖达疏《尚书注疏》卷十二《周书·旅獒》

所宝惟贤，则迩人安。

传，宝贤任能，则近人安；近人安，则远人安矣。

疏，传正义曰，《诗》序云，任贤使能，周室中兴，故传以任能配宝贤言之。《论语》云举直错诸枉，则民服，故宝贤任能，则近人安。嫌安近不及远，故云，近人安，则远人安矣。《楚语》云，王孙圉聘于晋，定公飨之。赵简子鸣玉以相问于王孙圉，曰，楚之白珩犹在乎？对曰，然。简子曰，其为宝也，几何矣。曰，未尝为宝，楚之所宝者，曰观射父，及左史倚相，此楚国之宝也。若夫白珩，先王之所玩，何宝之焉。是谓宝贤也。

2.（宋）苏轼《书传》卷十一《周书·旅獒第七》

所宝惟贤，则迩人安。呜呼！夙夜罔或不勤，不矜细行，终累大德。为山九仞，功亏一篑。

大德，细行之积也；九仞，一篑之积也。

3.（宋）林之奇《尚书全解》卷二十六《周书·旅獒》

（归善斋按，见"德盛不狎侮"）

4.（宋）史浩《尚书讲义》卷十三《周书·旅獒》

（归善斋按，见"惟克商，遂通道于九夷八蛮"）

5.（宋）夏僎《尚书详解》卷十八《周书·旅獒》

(归善斋按，见"人不易物，惟德其物")

6.（宋）时澜《增修东莱书说》卷十八《周书·旅獒第七》

(归善斋按，见"不作无益害有益，功乃成；不贵异物，贱用物，民乃足")

7.（宋）黄度《尚书说》卷四《周书·旅獒》

(归善斋按，见"不宝远物，则远人格")

8.（宋）袁燮《絜斋家塾书钞》卷十《周书·旅獒》

(归善斋按，见"不作无益害有益，功乃成；不贵异物，贱用物，民乃足")

9.（宋）蔡沈《书经集传》卷四《周书·旅獒》

(归善斋按，见"不作无益害有益，功乃成；不贵异物，贱用物，民乃足")

10.（宋）黄伦《尚书精义》卷三十一《周书·旅獒》

(归善斋按，见"犬马，非其土性不畜")

11.（宋）陈经《尚书详解》卷二十五《周书·旅獒》

(归善斋按，见"德盛不狎侮")

12.（宋）钱时《融堂书解》卷十一《周书·旅獒》

(归善斋按，见"犬马，非其土性不畜")

13.（宋）魏了翁《尚书要义》

原阙。

14.（宋）陈大猷《书集传或问》卷下《周书·旅獒》

（归善斋按，见"不宝远物，则远人格"）

15.（宋）胡士行《尚书详解》卷七《周书·旅獒第七》

（归善斋按，见"不作无益害有益，功乃成；不贵异物，贱用物，民乃足"）

16.（元）吴澄《书纂言》

（归善斋按，未解）

17.（元）陈栎《书集传纂疏》卷四下《朱子订定蔡氏集传·周书·旅獒》

（归善斋按，见"不作无益害有益，功乃成；不贵异物，贱用物，民乃足"）

18.（元）许谦《读书丛说》

（归善斋按，未解）

19.（元）董鼎《书传辑录纂注》卷四《商书·旅獒》

（归善斋按，见"不作无益害有益，功乃成；不贵异物，贱用物，民乃足"）

20.（元）朱祖义《尚书句解》卷七《周书·旅獒第七》

所宝惟贤，则迩人安（所宝惟贤才，任位福及生民，近而中国之人皆得其安）。

21.（明）王樵《尚书日记》卷十《周书·旅獒》

（归善斋按，见"不作无益害有益，功乃成；不贵异物，贱用物，民乃足"）

22.（清）库勒纳等撰《日讲书经解义》卷七《周书·旅獒》

（归善斋按，见"不作无益害有益，功乃成；不贵异物，贱用物，民乃足"）

（清）朱鹤龄《尚书埤传》卷十一《周书·旅獒》

（归善斋按，见"不作无益害有益，功乃成；不贵异物，贱用物，民乃足"）

（元）王充耘《书义矜式》卷四《周书·旅獒》

（归善斋按，见"不宝远物，则远人格"）

呜呼！夙夜罔或不勤

1.（汉）孔氏传、（唐）陆德明音义、孔颖达疏《尚书注疏》卷十二《周书·旅獒》

呜呼！夙夜罔或不勤。

传，言当早起夜寐，常勤于德。

疏，正义曰，所戒以终，故叹以结之。呜呼！为人君者，当早起夜寐，无有不勤于德，言当勤行德也。

2.（宋）苏轼《书传》卷十一《周书·旅獒第七》

（归善斋按，见"所宝惟贤，则迩人安"）

3. （宋）林之奇《尚书全解》卷二十六《周书·旅獒》

呜呼！夙夜罔或不勤，不矜细行，终累大德。为山九仞，功亏一篑。允迪兹，生民保厥居，惟乃世王。

太保拳拳之意，既尽于此矣，故又嗟叹而重申其义也，言明王之慎德，其于夙夜之间，兢兢业业，无所不勤也。其所以无所不勤者，以"不矜细行，终累大德"故也。夫苟以细行为无益于德，而弗谨之，则日积一日，其为大德之累也必矣。譬如为山者，必至于九仞，然后可以谓之山，苟一篑之功尚亏，则不足以为山矣。德无不备，乃可谓之圣人。苟一行之或亏，则不足以为圣人矣。八尺曰仞。篑者，盛土之器也。夫世岂有为山者哉，盖假设以见其意耳。孔子言，譬如为山，未成一篑，止吾止也；譬如平地，虽覆一篑，进吾往也。盖推本于此言也，太保之言，有及于"为山九仞，功亏一篑"者，盖武王之心，必自以为威德之盛矣，虽纳一獒，未足以为损也。太保则谓损盛德者，惟在夫此而已矣，此其进谏之本心也。允迪者，言信能蹈行此言，则生民有以安其居，而国之子孙，将世世王天下而无穷矣。太保既以是而训王矣。自时厥后，凡四夷之所献，中国之所受，一如太保之训。观肃慎氏楛矢之类，则可以见矣，所谓"允迪兹"者也。周之子孙，卜世三十，卜年七百，信乎。其世王也夫，却一獒之献，亦细事耳，而世王之兆，实见于此，则知夫人君之所以祈天永命，以为社稷无疆之休者，盖不在大也。箕子曰，彼为象箸，必为玉杯。玉杯不已，必思远方珍异之物而御之矣。盖纣之所以亡者，原于此，亦岂在大乎？此太保之于终篇，所以言"不矜细行终累大德"，而欲享世王之功也，则太保之爱君，岂不至哉？

范内翰曰，圣王能从谏于未然，贤王能改过于已然；忠臣之事上君也，亦谏其未然。事中君也，多谏其已然。太保因旅獒而作训，武王虚己而纳之，是皆从谏于未然之时也。汉武帝聪明英锐，盖不世出，然其甘心四夷嗜欲无极。睹犀布瑇瑁，则建朱崖七郡；感枸酱竹杖，则开牂柯越嶲；闻天马蒲萄，则通大宛、安息。至其末年，海内虚耗，户口减半，盗贼蜂起，几亡其国者，非他，无忠臣以救之于始故也。观此，则太保所谓"允迪兹，生民保厥居，惟乃世王"，实至忠之训。

4. (宋) 史浩《尚书讲义》卷十三《周书·旅獒》

(归善斋按,见"惟克商,遂通道于九夷八蛮")

5. (宋) 夏僎《尚书详解》卷十八《周书·旅獒》

呜呼!夙夜罔或不勤,不矜细行,终累大德。为山九仞,功亏一篑。允迪兹,生民保厥居,惟乃世王。

太保前告戒之意已尽,故又嗟叹而重申其义,谓武王,自今已往,惟当早夜之间,兢兢业业,无有不勤之失。苟怠惰不勤,不能矜持细行,谓细行小节无益于德,而弗慎之念,日积一日,必为大德之累矣。譬如为山,高至九仞,八尺曰仞,九仞则山将成矣,而所亏者,一篑之功耳,则不足以为山。盖山高九仞,譬如为德,功亏一篑,则譬如细行之不矜。山既高,而以一篑之微而亏之,则不足以为山。德既大,而以细行之微而不矜,则为大德之累,言此盖谓,武王今开创大业,德威远著,是德之已大,而山之已九仞者也,苟以一篑之受,为无伤,而不能自谨,则必亏损盛德,是德之累,而一篑之亏也。其关于利害成败,岂不大,故太保既反复言之,又勉之曰"允迪兹",谓武王信能蹈行此言,则君无玩好,而民遂得以安其居,而我周之子孙,亦可以世世王天下而无穷矣。盖人君,果能如太保所言,则必无丧国亡家之患也。

6. (宋) 时澜《增修东莱书说》卷十八《周书·旅獒第七》

呜呼!夙夜罔或不勤。

此"明王慎德"之工夫也。早夜罔或不勤,罔或者,言不可顷刻之不勤也,暂有止息,则非慎德矣。苟健而无息,原泉混混,不舍昼夜,耳目之私,何由而移,玩好之物何间可乘。

7. (宋) 黄度《尚书说》卷四《周书·旅獒》

呜呼!夙夜罔或不勤。不矜细行,终累大德。为山九仞,功亏一篑。允迪兹,生民保厥居,惟乃世王。

无怠无荒，勤也。勿以细行而不矜，终能累大德。为山九仞，而亏一篑，犹不成山。召公爱惜武王功业，獒献微见间隙，于是推其类，广言之。允迪兹，言信能蹈此，则为克终。四海乂安，诒谋燕翼，世世王天下矣。

8. （宋）袁燮《絜斋家塾书钞》卷十《周书·旅獒》

呜呼！夙夜罔或不勤，不矜细行，终累大德。为山九仞，功亏一篑。允迪兹，生民保厥居，惟乃世王。

圣人之所以为圣，只是一个勤。《诗》言"文王既勤止"，才不勤，便有间断，才间断，便有过失。古人未尝一念之不勤，如农夫之勤于稼穑，如学者之勤于读书，是谓之勤。九仞之山，欠了一篑，便不成这山。十分功夫，欠了一分岂能至于圣。然非谓足此一篑，便住足此一分便了，若有此心，便非圣人之心。盖大略言，功夫不可有毫厘之不到尔。掘井九仞，为山九仞，古人皆以九言，阳数至九而终，举成数也。能行我之所言，则生民皆安其居，世世王天下矣。读《旅獒》一书，须思一獒之受，亦未甚害，而召公于此，便作书以规戒之，何故？此是三代王佐，格心之业，在后世则无矣。后世若有此事，视之不以为急。三代王佐，格君之非，岂容一毫之不至哉？何则，古人为善，帷日不足，战战兢兢，如临深履薄，犹惧有失，何敢玩耳目之好。夙夜罔或不勤，今獒之受，是不勤也。夫事未有不生于微，而成于着。今虽受一獒，而耳目之欲滋炽，好之不已，其害岂小。自古人主，穷奢极侈，竭天下之财，以奉一人，至于败国亡家者，皆生于其微也。所以召公，汲汲于此截断了，又况人主之情，方经营缔建之初，未有不知戒惧，当治定功成之后，鲜不萌怠惰之心。晋武帝平吴之后，掖庭殆至万人。唐宪宗，平淮西之后，便兴土木。二君皆一时之英主，只为功成而怠，所以皆不克终。今武王既通道于九夷八蛮，天下大治，玩易之心易起，召公安得不深切虑之哉？

9. （宋）蔡沈《书经集传》卷四《周书·旅獒》

呜呼！夙夜罔或不勤，不矜细行，终累大德。为山九仞，功亏一篑。"或"犹言万一也。吕氏曰，此即谨德工夫。"或"之一字，最有意味。一暂止息，则非谨德矣。矜，矜持之矜。八尺曰仞。细行、一篑，指受獒而言也。

10. （宋）黄伦《尚书精义》卷三十一《周书·旅獒》

呜呼！夙夜罔或不勤。不矜细行，终累大德。为山九仞，功亏一篑。允迪兹，生民保厥居，惟乃世王。

无垢曰，乾云蔽日之木，起于萌芽；怀山襄陵之水，起于滥觞。萌芽不绝，则斧斤劳；滥觞不治，则胼胝苦。盖莫见乎隐，莫显乎微，此古人于细行，所以必爱惜也。一时失路，未为害也。往而不已，岂非为大德之害乎？终累大德，真格言哉。终之为言，谓其不已也。受一獒之献，细行也。狎侮之心，珍奇之念，自此而起源源不绝，将为汉武帝矣，可不戒哉。九仞之山，以一篑而亏，细行不慎，为大德之累，是始之非难，终之为难也。允，信也。迪，行也。召公言，武王信行慎德，则此心安静，不为非法，以扰动天下，使生民皆得安其居，耕田凿井，仰事俯育，熙熙然知有生之可乐矣。民心如此，天心在焉。天、人同心，幽明协德。武王世世作民父母，为天下王，此自然之理也。

陆氏曰，夫小者，大之渐；微者，着之萌。故君子慎初，圣人存戒。知机者，所贵乎不远而复；知理者，必在于未乱之前，立辅臣，置之左右。朝夕纳诲，意在防微。微而防之，乃其识也。涓涓不遏，终遍桑田；焰焰不除，卒燎原野。流煽已甚，祸灾遂成，虽欲救之，固无及矣。《易》曰，小人以小善谓无益而不为也，以小恶为无伤而不去也。故恶积而不可掩，罪大而不可解。然则，小之不可不慎也，如此。

11. （宋）陈经《尚书详解》卷二十五《周书·旅獒》

呜呼！夙夜罔或不勤，不矜细行，终累大德。为山九仞，功亏一篑。允迪兹，生民保厥居，惟乃世王。

召公于末章之言尤切，曰"夙夜罔或不勤"，言无时而不勤也。勤，则知所敬。知所敬，则物不能乱。不勤则怠，怠则忌，忌则物得以干吾之念虑。矜，有怜恤之意，人主当爱惜细行，即《书》所谓小物，《易》所谓庸言庸行也。微细处，当知爱惜之。细行不矜，则终为大德之累。积之不已，则累德矣。

"为山九仞，功亏一篑"，此言亦如行百里半九十、晚节难全，虽为山至于九仞矣，常若亏一篑。然一篑之亏，是为山而未成也。人主常持未成之心，于既成之日，此见纯亦不一之意。"允迪兹，生民保厥居，惟乃世王"，武王不独知之而已，须能信而行之，则将至于生民得所安，王业可以无穷。苟惟不然，则骄逸之心生，而民无以保其生，创业无可继之道，而望其世王，亦不可得也。观此篇，知人主为天下后世，为万事之本原。以武王之圣，召公犹戒，况下于武王者，当何如哉。

12. （宋）钱时《融堂书解》卷十一《周书·旅獒》

呜呼！夙夜罔或不勤，不矜细行，终累大德。为山九仞，功亏一篑。允迪兹，生民保厥居，惟乃世王。

召公敷陈旅獒利害，无所不备至，此乃复发叹，而归宿在"夙夜罔或不勤"一句上，此正与篇首"慎德"相应，此正"慎德"实用力处也。自强不息，无怠无荒，斯谓之勤。意念不起，常觉常明，斯谓之勤，此最是召公吃紧、提武王处，非实履到，安知此妙一个"勤"字，截断百邪路头。下文即继之曰"不矜细行"，此数语，尤切武王言之。武王，圣人也。一篑，微物也，其受不受，细行也。前面开陈，虽极备至，若武王，于此以为细行，而不复谨，则终为大德之累矣，是一篑之受不受，实生民安危之所系，国命修短之所关。呜呼！一篑而已哉。

13. （宋）魏了翁《尚书要义》

原阙。

14. （宋）陈大猷《书集传或问》

（归善斋按，未解）

15. （宋）胡士行《尚书详解》卷七《周书·旅獒第七》

呜呼！夙夜罔或不勤（此明王慎德之工夫）。不矜（持）细行，终累（损）大德。为山九仞（八尺），功亏一篑。

九仞亏于一篑，可以篑为细事而不加谨乎？

16.（元）吴澄《书纂言》

（归善斋按，未解）

17.（元）陈栎《书集传纂疏》卷四下《朱子订定蔡氏集传·周书·旅獒》

呜呼，夙夜罔或不勤，不矜细行，终累大德。为山九仞，功亏一篑。

或，犹言万一也。吕氏曰，此即谨德工夫，"或"之一字最有意味。一暂止息，则非谨德矣。矜，矜持之矜。八尺曰仞。细行、一篑，指受獒而言也。

纂疏

陈氏大猷曰，细行，犹言小节，即《毕命》"小物易庸行"，受獒虽小节，所损甚大。

林氏曰，孔子为山之譬，盖本诸此。

张氏曰，受獒是"一篑"之亏也。

愚谓，武王治定功成如此，或受一獒，遂累大德，而亏成功实深可惜。此篇始以"慎"言，终以"勤"言，必无一息不勤，始为慎德之至。"夙夜罔或不勤"，体天之行健，而自强不息也。一受獒，是怠忽，而勤息矣，岂所以慎德哉？

18.（元）许谦《读书丛说》

（归善斋按，未解）

19.（元）董鼎《书传辑录纂注》卷四《商书·旅獒》

呜呼！夙夜罔或不勤，不矜细行，终累大德，为山九仞，功亏一篑。

或，犹言万一也。吕氏曰，此即谨德工夫。"或"之一字最有意味。一暂止息，则非谨德矣。矜，矜持之矜。八尺曰仞，细行、一篑指受獒而言也。

辑录

问，不矜细行，与"矜而不争"之"矜"，如何？曰，相似，是个矜惜、持守之意。

纂注

王氏十朋曰，此书始终皆曰，"呜呼"，始欲其慎，终欲其勤也。

陈氏大猷曰，细行，犹言小节，即《毕命》所谓"小物"，《易》所谓"庸行"。受獒虽若小节，所损甚大。

吕氏曰，当于一颦一笑，一动一作之时，子细体察。盖小处易得放过。功亏一篑，非止欠一篑，做了便足。圣人虽作之不已，常若欠一篑。

林氏曰，世岂有为山者哉？盖假说，以见意尔。孔子之言，盖本乎此。夫却一獒之献，亦细行尔，而世王之兆实见于此。箕子曰，彼为象箸，必为玉杯；为玉杯，必思远方珍异之物。纣之亡，原于此，岂在大乎？此所以言不矜细行，而欲享世王之功也。

陈氏经曰，一篑之亏，是为山未成也。人主，常持未成之心，于既成之日，此见纯亦不已之意。

20.（元）朱祖义《尚书句解》卷七《周书·旅獒第七》

呜呼（嗟叹）！夙夜罔或不勤（早夜无或至于不勤）。

21.（明）王樵《尚书日记》卷十《周书·旅獒》

"呜呼！夙夜罔或不勤"至"功亏一篑"。

孔氏曰，言当夙兴夜寐，常勤于德，轻小毁大，故君子慎微。八尺曰仞，喻向成也。未成一篑，犹不为山，故曰"功亏一篑"，是以圣人乾乾日昃，慎终如始。

正义曰，古语云，行百里者，半于九十，言末路之艰难也。

按，吕氏谓，此即谨德工夫者，盖人心，惟常勤，故德无微而不谨。若谓功德已盛，而夙夜之间，或暂有止息焉，则有乘其间而入之者矣。为山九仞之喻，正以平日积累，而一事不谨，即能为大德之累。惟乾乾日昃，慎终如始，乃为得之。

又云，一暂止息，则非谨德矣，最得经旨。勿以受獒之事为小，当知细行不矜，终累大德，盖必无所不谨，犹之"为山九仞，功亏一篑"，以见一暂止息，则前功尽弃矣。

又曰,圣人虽作之不已,常若欠乎一篑,圣人之心无穷也。

真氏曰,武王,大圣人也。西旅贡獒,初未之受。召公恐其恃大德,而忽细行,以献獒之受为无损,故豫戒之如此。盖积行而成德,犹累土而成山。一行失,则全体皆失,亦犹一篑亏,而全功俱亏也。彼以圣人,而犹致其谨。今人未有寸善,则曰吾知顾其大,不暇恤其细可乎哉?

按首告以"慎德",后戒以丧德、累德,圣贤于一事之几,即兢兢如此。

22.(清)库勒纳等撰《日讲书经解义》卷七《周书·旅獒》

呜呼!夙夜罔或不勤,不矜细行,终累大德。为山九仞,功亏一篑。

此一节书是,勉武王以慎德之实功也。"或",犹言万一也。八尺曰仞。篑,竹器也。召公叹息而言曰,人君慎德,其事不止一端,其身不可少懈。即一日之间,从早至夜,存心应事,其可偶有偷惰,而或忘儆惕之时乎。世人尝言,大德不可逾闲,小德无妨出入。不知大德,乃小德之积。苟以为细行,忽而不矜,则一事偶乖,便为终身之玷,德即于是乎损。譬如为山者,积累工夫,已至九仞,所少一篑之土,乃心生玩弛,不肯加益。九仞之功,到底亏缺,山岂可得而成也哉?王其鉴此,则无以一獒之受为微,遂忽而不戒矣。大抵人主,宰制万事,止此一敬。事有大小,敬无大小。苟戏渝一萌必至,无所不至有,虽欲遏之,而不得者,况事变常生于不测,而祸害恒伏于细微。天下小大之形,原无一定乎?罔或不勤之戒,斯为慎德之实功与。

不矜细行,终累大德

1.(汉)孔氏传、(唐)陆德明音义、孔颖达疏《尚书注疏》卷十二《周书·旅獒》

不矜细行,终累大德。

传，轻忽小物，积害毁大，故君子慎其微。

音义，行，下孟反。累，劣伪反。

疏，正义曰，若不矜惜细行，作随宜小过，终必损累大德矣。

传正义曰，矜，是怜惜之意，故以不惜细行，为轻忽小物，谓上狎侮君子、小人，爱玩犬马禽兽之类，是小事也。积小害，毁大德，故君子慎其微。《易·系辞》曰，小人以小善为无益，而不为也；以小恶为无伤，而不去也，故恶积而不可掩，罪大而不可解，是故君子当慎微也。

2.（宋）苏轼《书传》卷十一《周书·旅獒第七》

（归善斋按，见"所宝惟贤，则迩人安"）

3.（宋）林之奇《尚书全解》卷二十六《周书·旅獒》

（归善斋按，见"呜呼！夙夜罔或不勤"）

4.（宋）史浩《尚书讲义》卷十三《周书·旅獒》

（归善斋按，见"惟克商，遂通道于九夷八蛮"）

5.（宋）夏僎《尚书详解》卷十八《周书·旅獒》

（归善斋按，见"呜呼！夙夜罔或不勤"）

6.（宋）时澜《增修东莱书说》卷十八《周书·旅獒第七》

不矜细行，终累大德。

"不矜细行"，精密体察之工夫也。矜者，矜持之矜。不矜者，甚细终累者甚大。不矜者在于行；终累者在于德。必也一颦一笑，一动一作，至纤至悉，精密体察。盖行之细者，易于忽，忽而放过，则离心之本体。本体既离，岂不为大德之累。

7.（宋）黄度《尚书说》卷四《周书·旅獒》

（归善斋按，见"呜呼！夙夜罔或不勤"）

8. （宋）袁燮《絜斋家塾书钞》卷十《周书·旅獒》

(归善斋按，见"呜呼！夙夜罔或不勤")

9. （宋）蔡沈《书经集传》卷四《周书·旅獒》

(归善斋按，见"呜呼！夙夜罔或不勤")

10. （宋）黄伦《尚书精义》卷三十一《周书·旅獒》

(归善斋按，见"呜呼！夙夜罔或不勤")

11. （宋）陈经《尚书详解》卷二十五《周书·旅獒》

(归善斋按，见"呜呼！夙夜罔或不勤")

12. （宋）钱时《融堂书解》卷十一《周书·旅獒》

(归善斋按，见"呜呼！夙夜罔或不勤")

13. （宋）魏了翁《尚书要义》

原阙。

14. （宋）陈大猷《书集传或问》

(归善斋按，未解)

15. （宋）胡士行《尚书详解》卷七《周书·旅獒第七》

(归善斋按，见"呜呼！夙夜罔或不勤")

16. （元）吴澄《书纂言》

(归善斋按，未解)

17. （元）陈栎《书集传纂疏》卷四下《朱子订定蔡氏集传·周书·旅獒》

(归善斋按，见"呜呼！夙夜罔或不勤")

18.（元）许谦《读书丛说》

（归善斋按，未解）

19.（元）董鼎《书传辑录纂注》卷四《商书·旅獒》

（归善斋按，见"呜呼！夙夜罔或不勤"）

20.（元）朱祖义《尚书句解》卷七《周书·旅獒第七》

不矜细行（苟不爱惜细行，谓獒为小物而受之），终累大德（终害在己，纯全之天德）。

21.（明）王樵《尚书日记》卷十《周书·旅獒》

（归善斋按，见"呜呼！夙夜罔或不勤"）

22.（清）库勒纳等撰《日讲书经解义》卷七《周书·旅獒》

（归善斋按，见"呜呼！夙夜罔或不勤"）

（清）张英《书经衷论》卷三《周书·旅獒》

武王盛德大业，一獒之受，似为无损。召公以细行大德诫之，又以九仞一篑勉之。朱子谓，其谆谆诰戒如教后生小子者，然古人君臣之间，其勤恳固如是乎。

为山九仞，功亏一篑

1.（汉）孔氏传、（唐）陆德明音义、孔颖达疏《尚书注疏》卷十二《周书·旅獒》

为山九仞，功亏一篑。

传，八尺曰仞，喻向成也。未成一篑，犹不为山，故曰功亏一篑。是以圣人乾乾日昃，慎终如始。

音义，仞，音刃字，又作刃。七尺曰仞，一云八尺曰仞。亏，曲为反。篑，其贵反。向，许亮反。干，其连反。昃，音侧。

疏，正义曰，譬如为山已高九仞，其功亏损在于一篑，惟少一篑而止，犹尚不成山，以喻树德行政，小有不终，德政则不成矣，必当慎终如始，以成德政。

传正义曰，《周礼·匠人》有畎遂沟洫，皆广深等而浍，云，广二寻，深二仞则浍，亦广深等，仞与寻同，故知八尺曰仞。王肃《圣证论》及注《家语》皆云，八尺曰仞，与孔义同。郑玄云，七尺曰仞，与孔意异。《论语》云，譬如为山，未成一篑。郑云，篑，盛土器。为山九仞，欲成山，以喻为善向成也。未成一篑，犹不为山，故曰，为山功亏一篑。古语云行百里者半于九十，言末路之艰难也，是以圣人乾乾不息，至于日昃，不敢自暇，恐末路之失，同于一篑，故慎终如始也。乾乾，《易·乾卦》文。日昃，《无逸》篇文。

2. (宋) 苏轼《书传》卷十一《周书·旅獒第七》

(归善斋按，见"所宝惟贤，则迩人安")

3. (宋) 林之奇《尚书全解》卷二十六《周书·旅獒》

(归善斋按，见"呜呼！夙夜罔或不勤")

4. (宋) 史浩《尚书讲义》卷十三《周书·旅獒》

(归善斋按，见"惟克商，遂通道于九夷八蛮")

5. (宋) 夏僎《尚书详解》卷十八《周书·旅獒》

(归善斋按，见"呜呼！夙夜罔或不勤")

6. (宋) 时澜《增修东莱书说》卷十八《周书·旅獒第七》

为山九仞，功亏一篑。

圣人之用力，无有止时。一篑之未至，尤易以亏。召公之言，至此尤切。武王受文王之教，以圣德复受天命。九夷八蛮皆来宾服，王业巍巍如此，可谓为山至于九仞矣。然天下之事，满则必倾。武王必常保持此心，当此之际，一毫不察，即亢龙而有悔矣。圣人之心，常不足，常不已。虽至于尧舜，犹有不足之意，当为之事，何时而已，一篑未尽之工夫常在，非谓止少一篑，加之而足。愈为而工夫，愈有圣人之心。常若一篑未尽，盖王业则有成，圣人之心未尝有成也。

7.（宋）黄度《尚书说》卷四《周书·旅獒》

（归善斋按，见"呜呼！夙夜罔或不勤"）

8.（宋）袁燮《絜斋家塾书钞》卷十《周书·旅獒》

（归善斋按，见"呜呼！夙夜罔或不勤"）

9.（宋）蔡沈《书经集传》卷四《周书·旅獒》

（归善斋按，见"呜呼！夙夜罔或不勤"）

10.（宋）黄伦《尚书精义》卷三十一《周书·旅獒》

（归善斋按，见"呜呼！夙夜罔或不勤"）

11.（宋）陈经《尚书详解》卷二十五《周书·旅獒》

（归善斋按，见"呜呼！夙夜罔或不勤"）

12.（宋）钱时《融堂书解》卷十一《周书·旅獒》

（归善斋按，见"呜呼！夙夜罔或不勤"）

13.（宋）魏了翁《尚书要义》

原阙。

14.（宋）陈大猷《书集传或问》卷下《周书·旅獒》

吕氏曰，天下之事才满，则倾。惟圣人之心，常不足，常不已。虽到尧、舜田地，犹有不足之意，犹有要做底事。一篑未尽之工夫，常在。非谓止欠一篑，做了便了。大抵王业，虽有成圣人之心，未尝有成也。愚按，此说虽未必是经之本旨，然圣人之心实然。

15.（宋）胡士行《尚书详解》卷七《周书·旅獒第七》

（归善斋按，见"呜呼！夙夜罔或不勤"）

16.（元）吴澄《书纂言》

（归善斋按，未解）

17.（元）陈栎《书集传纂疏》卷四下《朱子订定蔡氏集传·周书·旅獒》

（归善斋按，见"呜呼！夙夜罔或不勤"）

18.（元）许谦《读书丛说》

（归善斋按，未解）

19.（元）董鼎《书传辑录纂注》卷四《商书·旅獒》

（归善斋按，见"呜呼！夙夜罔或不勤"）

20.（元）朱祖义《尚书句解》卷七《周书·旅獒第七》

为山九仞（譬如为山，高至九仞，山将成矣。八尺曰仞），功亏一篑（一篑之土未进，则亏损将成之全功）。

21.（明）王樵《尚书日记》卷十《周书·旅獒》

（归善斋按，见"呜呼！夙夜罔或不勤"）

22.（清）库勒纳等撰《日讲书经解义》卷七《周书·旅獒》

（归善斋按，见"呜呼！夙夜罔或不勤"）

（清）张英《书经衷论》卷三《周书·旅獒》

（归善斋按，见"不矜细行，终累大德"）

允迪兹，生民保厥居，惟乃世王

1.（汉）孔氏传、（唐）陆德明音义、孔颖达疏《尚书注疏》卷十二《周书·旅獒》

允迪兹，生民保厥居，惟乃世王。

传，言其能信蹈行此诫，则生人安其居，天子乃世世王天下。武王虽圣，犹设此诫，况非圣人，可以无诫乎？其不免于过，则亦宜矣。

音义，王，如字，又于况反，注同。

疏，正义曰，王者信能蹈行此诫，生民皆安其居处，惟天子乃世世王天下也。

传正义曰，允迪兹者，此总结上文，信蹈行此诫，行此以上言也，言君主于治民，故先云生民安其居，天子乃得世世王天下也。传以庸君多自用，己不受人言，叙经意而申之，云武王虽圣，召公犹设此诫，况非圣人，可以无诫乎？身既非圣，又无善诫，其不免于过，则亦宜其然矣。

2.（宋）苏轼《书传》卷十一《周书·旅獒第七》

允迪兹，生民保厥居，惟乃世王。

（归善斋按，未解）

3.（宋）林之奇《尚书全解》卷二十六《周书·旅獒》

呜呼！夙夜罔或不勤（归善斋按，见"呜呼！夙夜罔或不勤"）。

4.（宋）史浩《尚书讲义》卷十三《周书·旅獒》

（归善斋按，见"惟克商，遂通道于九夷八蛮"）

5.（宋）夏僎《尚书详解》卷十八《周书·旅獒》

（归善斋按，见"呜呼！夙夜罔或不勤"）

6.（宋）时澜《增修东莱书说》卷十八《周书·旅獒第七》

允迪兹，生民保厥居，惟乃世王。

观"允迪"之语，见圣贤之言，非如后世姑言之而已，谓信能行兹，生民方获保其居，而可以世其王业。人君万化之原，一毫不尽，生民即坠于涂炭，即非所以创业垂统，为可继之道。一人之所系，而体统之相关如此也。以武王之圣，召公作书，犹警戒如此。学者以眇然之身，应方来之务，可不服膺是训。

7.（宋）黄度《尚书说》卷四《周书·旅獒》

（归善斋按，见"呜呼！夙夜罔或不勤"）

8.（宋）袁燮《絜斋家塾书钞》卷十《周书·旅獒》

（归善斋按，见"呜呼！夙夜罔或不勤"）

9.（宋）蔡沈《书经集传》卷四《周书·旅獒》

允迪兹，生民保厥居，惟乃世王。

信能行此，则生民保其居，而王业可永也。盖人主一身，实万化之原。苟于理有毫发之不尽，即遗生民无穷之害，而非创业垂统可继之道矣。以武王之圣，召公所以警戒之者如此。后之人君，可不深思而加念之哉。

10.（宋）黄伦《尚书精义》卷三十一《周书·旅獒》

（归善斋按，见"呜呼！夙夜罔或不勤"）

11.（宋）陈经《尚书详解》卷二十五《周书·旅獒》

（归善斋按，见"呜呼！夙夜罔或不勤"）

12. （宋）钱时《融堂书解》卷十一《周书·旅獒》

（归善斋按，见"呜呼！夙夜罔或不勤"）

13. （宋）魏了翁《尚书要义》

原阙。

14. （宋）陈大猷《书集传或问》

（归善斋按，未解）

15. （宋）胡士行《尚书详解》卷七《周书·旅獒第七》

允（信诚）迪（蹈行）兹，生民保厥居，惟乃世（世世）王。

允迪，非姑言之而已，兹一念也，民业之安，王业之所，系焉。其本至近，其效至远，此召公所以拳拳也。

16. （元）吴澄《书纂言》

（归善斋按，未解）

17. （元）陈栎《书集传纂疏》卷四下《朱子订定蔡氏集传·周书·旅獒》

允迪兹，生民保厥居，惟乃世王。

信能行此，则生民保其居，而王业可永也。盖人主一身，实万化之原，苟于理有毫发之不尽，即遗生民无穷之害，而非创业垂统可继之道矣。以武王之圣，召公所以警戒之者如此，后之人君，可不深思而加念之哉。

纂疏
王氏曰休曰，兹，谓此一篇之言，谓诚能行此言也。

18. （元）许谦《读书丛说》

（归善斋按，未解）

19.（元）董鼎《书传辑录纂注》卷四《商书·旅獒》

允迪兹，生民保厥居，惟乃世王。

信能行此，则生民保其居，而王业可永也。盖人主一身，实万化之原。苟于理，有毫发之不尽，即遗生民无穷之害，而非创业垂统可继之道矣。以武王之圣，召公所以警戒之者如此，后之人君，可不深思而加念之哉？

纂注

王氏曰休曰，兹，谓此一篇之言。

愚谓，前则告以慎德、昭德，后则戒以丧德、累德，然其曰"志以道宁，言以道接"，虽不待竟其说，而旅之獒可以不受，吾之训不可以不从，固以明矣。圣人，不以细行而不谨；大臣，不以细过而不谏。此古者，所以君明、臣良，而后世鲜俪也。汉文帝，无太保之训，而却千里马，其贤矣哉。

20.（元）朱祖义《尚书句解》卷七《周书·旅獒第七》

允迪兹（谓武王信能蹈行此言），生民保厥居（则君无玩好，而生民皆得保厥居），惟乃世王（而有周之子孙，亦可以世世惟王矣）。

21.（明）王樵《尚书日记》卷十《周书·旅獒》

允迪兹，生民保厥居，惟乃世王。

允迪兹，指"夙夜罔或不勤"而言也。如此则"生民保厥居，惟乃世王"，不然有投其间，即遗生民无穷之害，而非创业垂统，可继之道矣。以唐太宗、玄宗、德宗、宪宗，初年、末路观之可见。

22.（清）库勒纳等撰《日讲书经解义》卷七《周书·旅獒》

允迪兹，生民保厥居，惟乃世王。

此一节书，终言慎德之效，以勉武王也。允，信也。迪，行也。

兹，此也。召公曰，王诚以明王为法，信能慎德如此，则朝廷清明，政事厘举，生民自然乐业，各保其居，以此昭示子孙，世世观法遵守，则久安长治，可以永绥天禄，长为万国王矣。是则，所谨者，一念而造福于天下无穷；所凛者，一日而垂裕于亿年靡尽。其关系何如？王可不深思臣言，而加勉之哉？当武王时，周道方隆，一獒之受，太保惓惓进戒，若以为治乱之几，全在乎此，可见兴国在于忧勤，不可不兢兢也。人主诚夙夜忧勤，慎之又慎，发一念，行一事，必求合天心，顺人意，则运属承平，固是已治益治，即或时际艰难，亦自能倾否为泰，保治戢乱，岂有二理哉？

《旅巢命》

巢伯来朝

1.（汉）孔氏传、（唐）陆德明音义、孔颖达疏《尚书注疏》卷十二《周书·旅獒》

序巢伯来朝。
传，殷之诸侯，伯爵也。南方远国，武王克商，慕义来朝。
音义，巢，仕交反，徐吕交反。
疏，正义曰，巢，国，伯爵之君，南方远国也。以武王克商，乃慕义来朝。
传正义曰，武王克商，即来受周之王命，知是殷之诸侯。伯，是爵也。《仲虺之诰》云，成汤放桀于南巢，或此巢是也，故先儒相传，皆以为南方之国。今闻武王克商，慕义而来朝也。郑玄以为南方，世一见者。孔以夷狄之爵，不过子，此君伯爵，夷夏未明，故直言远国也。

2.（宋）苏轼《书传》卷十一《周书·旅獒第七》

巢伯来朝，黄伯作《旅巢命》。

芮，在冯翊临晋县。一篇亡。

3.（宋）林之奇《尚书全解》卷二十六《周书·旅獒》

巢伯来朝，芮伯作《旅巢命》。

（归善斋按，未解）

4.（宋）史浩《尚书讲义》卷十三《周书·旅獒》

（归善斋按，未解）

5.（宋）夏僎《尚书详解》卷十八《周书·旅獒》

巢伯来朝，芮伯作《旅巢命》。

此亡书之序也，其次在《旅獒》之下。书既亡，序无所属，孔安国附之于此，其书之大义不可得而知。唐孔氏顺文而释，谓巢国伯爵之君，南方远国也。以武王克商，慕义来朝。王之卿大夫有食邑于芮，而封爵为伯，陈王威德，以命巢君。旅，陈也。史叙其事，故谓之《旅巢命》。

6.（宋）时澜《增修东莱书说》卷十八《周书·旅獒第七》

巢伯来朝，芮伯作《旅巢命》。

（归善斋按，未解）

7.（宋）黄度《尚书说》卷四《周书·旅獒》

巢伯来朝，芮伯作《旅巢命》。

巢，即南巢。芮，今同州冯翊县，古芮国。《春秋》，芮伯万迁今陕州芮成县，庭旅始有巢贡，而其爵命，亦始行，故曰《旅巢命》。亡。

8. (宋)袁燮《絜斋家塾书钞》卷十《周书·旅獒》

(归善斋按,未解)

9. (宋)蔡沈《书经集传》卷四《周书·旅獒》

(归善斋按,未解)

10. (宋)黄伦《尚书精义》卷三十一《周书·旅獒》

巢伯来朝,芮伯作《旅巢命》。

无垢曰,夫巢伯来朝,非朝武王也,朝武王德也。芮伯作《旅巢命》。旅,陈也。安国谓,芮伯,周同姓,圻内之国,为卿大夫。其所陈者,述武王之意,以命巢伯也。其中必有戒饬,如《冏命》、《毕命》之意,其篇亡矣。

11. (宋)陈经《尚书详解》卷二十五《周书·旅獒》

巢伯来朝,芮伯作《旅巢命》。

巢伯,南方远国之诸侯也。克商通道之后,远国慕义而来。芮伯,圻内诸侯,入为卿士者,作《旅巢命》之篇,陈武王所以命巢之意。其书亡矣。

12. (宋)钱时《融堂书解》卷十一《周书·旅獒》

巢伯来朝,芮伯作《旅巢命》。

巢,即南巢,伯爵也,为殷诸侯。芮伯,周同姓,圻内之国,为卿大夫。武王克商而来朝者,何啻一巢伯,曷为独有命欤?孟津不期而会者,八百国。告武成,而庶邦冢君受命于周,巢未尝与也。已而邦诸侯班宗彝矣,又通道于九夷八蛮,而西旅且至矣。巢,侯国也,曷为而始来朝也。夏桀走保三朡,汤伐之,遂奔南巢。南巢,要险之地,得非恃其险远,始不服。而今来朝,故特命欤。先儒曰,旅,陈也。芮伯陈武王所以命巢者,而作书,如所谓旅天子之命也。或曰,旅即西旅,旅、巢二国,同时至,故同命之。此书与《旅獒》相次,似亦有理。然书既不存,亦难深考矣。

13.（宋）魏了翁《尚书要义》

原阙。

14.（宋）陈大猷《书集传或问》

（归善斋按，未解）

15.（宋）胡士行《尚书详解》卷七《周书·旅獒第七》

巢（南方国）伯（爵）来朝（慕义而来），芮伯（王之卿大夫，封邑于芮）作《旅（陈玉威德）巢命》（命巢。书亡）。

16.（元）吴澄《书纂言》

（归善斋按，未解）

17.（元）陈栎《书集传纂疏》卷四下《朱子订定蔡氏集传·周书·旅獒》

（归善斋按，未解）

18.（元）许谦《读书丛说》

（归善斋按，未解）

19.（元）董鼎《书传辑录纂注》卷四《商书·旅獒》

（归善斋按，未解）

20.（元）朱祖义《尚书句解》卷七《周书·旅獒第七》

巢伯来朝（此亡书序。南方远国巢伯，以武王克商，闻风来朝）。

21.（明）王樵《尚书日记》卷十《周书·旅獒》

（归善斋按，未解）

22.（清）库勒纳等撰《日讲书经解义》卷七《周书·旅獒》

（归善斋按，未解）

芮伯作《旅巢命》

1.（汉）孔氏传、（唐）陆德明音义、孔颖达疏《尚书注疏》卷十二《周书·旅獒》

芮伯作《旅巢命》。
传，芮伯，周同姓圻内之国，为卿大夫，陈威德，以命巢，亡。
音义，芮，如锐反。圻，音祈。
疏，正义曰，王之卿大夫，有芮伯者，陈王威德，以命巢君。史叙其事，作《旅巢命》之篇。
传正义曰，《世本》云，芮伯，姬姓，是周同姓也。杜预云，芮，冯翊临晋县芮乡是也，知是圻内之国者。芮伯在朝作命，必是王臣，不得其官，故卿与大夫并言之。"旅"训为"陈"，陈王威德以命巢。

2.（宋）苏轼《书传》卷十一《周书·旅獒第七》

（归善斋按，见"巢伯来朝"）

3.（宋）林之奇《尚书全解》卷二十六《周书·旅獒》

（归善斋按，未解）

4.（宋）史浩《尚书讲义》卷十三《周书·旅獒》

（归善斋按，未解）

5.（宋）夏僎《尚书详解》卷十八《周书·旅獒》

（归善斋按，见"巢伯来朝"）

6.（宋）时澜《增修东莱书说》卷十八《周书·旅獒第七》

（归善斋按，未解）

7.（宋）黄度《尚书说》卷四《周书·旅獒》

（归善斋按，见"巢伯来朝"）

8.（宋）袁燮《絜斋家塾书钞》卷十《周书·旅獒》

（归善斋按，未解）

9.（宋）蔡沈《书经集传》卷四《周书·旅獒》

（归善斋按，未解）

10.（宋）黄伦《尚书精义》卷三十一《周书·旅獒》

（归善斋按，见"巢伯来朝"）。

11.（宋）陈经《尚书详解》卷二十五《周书·旅獒》

（归善斋按，见"巢伯来朝"）

12.（宋）钱时《融堂书解》卷十一《周书·旅獒》

（归善斋按，见"巢伯来朝"）

13.（宋）魏了翁《尚书要义》

原阙。

14.（宋）陈大猷《书集传或问》

（归善斋按，未解）

15.（宋）胡士行《尚书详解》卷七《周书·旅獒第七》

（归善斋按，见"巢伯来朝"）

16.（元）吴澄《书纂言》

（归善斋按，未解）

17.（元）陈栎《书集传纂疏》卷四下《朱子订定蔡氏集传·周书·旅獒》

（归善斋按，未解）

18.（元）许谦《读书丛说》

（归善斋按，未解）

19.（元）董鼎《书传辑录纂注》卷四《商书·旅獒》

（归善斋按，未解）

20.（元）朱祖义《尚书句解》卷七《周书·旅獒第七》

芮伯作《旅巢命》（圻内芮国伯爵之诸侯，入为王卿士，陈王威德，作书以命巢君，故谓之"旅巢命"，其书在《旅獒》之下。书既亡，序无所属，孔安国附于此。芮，汭）。

21.（明）王樵《尚书日记》卷十《周书·旅獒》

（归善斋按，未解）

22.（清）库勒纳等撰《日讲书经解义》卷七《周书·旅獒》

（归善斋按，未解）

周书　无逸第十七

周公作《无逸》

1.（汉）孔氏传、（唐）陆德明音义、孔颖达疏《尚书注疏》卷十五《周书·无逸》

序，周公作《无逸》。

传，中人之性，好逸豫，故戒以无逸。

音义，好，呼报反。

疏，传正义曰，上智不肯为非，下愚戒之无益，故中人之性可上可下，不能勉强，多好逸豫，故周公作书以戒之，使无逸。此虽指戒成王，以为人之大法。成王以圣贤辅之，当在中人以上，其实本性亦中人耳。

《尚书注疏》卷十五《考证》

《无逸》序。

王应麟曰，《无逸》，《大传》作《毋逸》。毋者，禁止之辞，其义尤切。

2.（宋）苏轼《书传》卷十四《周书·无逸第十七》

周公作《无逸》。

周公曰，呜呼君子所其无逸，先知稼穑之艰难，乃逸，则知小人之依。

旧说先知农事之艰难，乃谋逸豫，非也。周公方以逸为深戒，何其谋逸之亟也。盖曰，王当先知稼穑之道为艰难，乃所以逸乐，则知小人之所依怙，以生者，知此则不妨农时，不夺民利，不尽民力也。

3. （宋）林之奇《尚书全解》卷三十二《周书·无逸》

周公作《无逸》。

《无逸》。

周公曰，呜呼！君子所其无逸，先知稼穑之艰难，乃逸，则知小人之依。相小人，厥父母勤劳稼穑，厥子乃不知稼穑之艰难，乃逸乃谚。既诞，否则侮厥父母曰，昔之人无闻知。

周之兴也，以百里之诸侯，积德累功，乃代商而有天下。天下一统矣，而后成王嗣立。成王之立也，百官总己，以听于冢宰，制礼作乐，制度纪纲，罔有不备，天下太平矣。而后成王即政，盖其膺万乘之尊于幼稚之年，览万几之务于盈成之后，非有栉风沐雨之艰，而遂据此富贵之势，非有殚精疲神之劳，而遂享此治安之效，则逸豫之心，不期生而自生矣。故周公于其即政之初，而遂作此篇，以为戒也。

范内翰尝曰，所贵乎贤者，为其能救乱于未然，闲邪于未形也。若其已然，则众人之所能知也，何赖于贤乎？周公于成王逸豫之心未萌，而其谆谆告戒之，言已如此，此其所以为周公也。汉孔氏曰，成王即政，恐其逸豫，故以所戒名篇。

而丰祭酒亦曰，仲尼序书，以周公所戒名篇。夫周公之戒成王，其大意固在于《无逸》，然谓以此义而命篇之名，则必有窒碍矣，何者以《书》之五十八篇，其命篇之名，固不能皆可以包括一篇之义也。其说，盖由于以序书之作，出于孔氏之手，故以其篇名为皆有其义，殊不知此皆当时之史官，撮取数字，以为简篇之别，故其义有可得而通者，亦有窒碍不可得而通者。苟不于命篇之名，必求其义，则无拘泥之弊矣。书之序，有直言，其所作之人，而不言其所作之事者。伊尹作《咸有一德》，周公作《无逸》、《立政》是也。

司马侍讲曰，本篇论"无逸"之事，文义已明白易晓，故孔子作序，但云周公作《无逸》。而薛博士亦曰，《无逸》之义昭矣，于其序之也，正其名而已。故曰，周公作《无逸》，此亦不然。夫《无逸》之序，既不言其所作之故，而于篇之发首，亦不言之，则谓其文义明白易晓，故于其序但正其名而已，可也。然考之五十八篇，于其发首，有详言其所作之故，则是文义已明白易晓矣，何为又申言于序邪。盖书之序，本自为一篇，不以冠于每篇之上，故其体往往不同，有其事迹见于序，而发首则不言者，《汤誓》、《大诰》是也。有其事迹见于篇首，而序则不言者，《咸有一德》是也。惟此篇之序，与发首并不言其所作之故，此皆各出其当代史官一时之旨，意不可以为说也。是故，为之说者，必窒碍于五十八篇之中矣。

"君子所其无逸"者，言君子之所在，其惟无逸也。司马侍讲曰，周公叹美君子所在，常不可逸是也。盖人君之一身，而贼之者甚众，或以酒，或以色，或以音乐，或以田猎，或以宫室，或以珍禽奇兽，皆可以兆天下之乱，而其原则自于人君之逸。而人君有好逸之心，则是数者，乃有隙而可入矣。此君子所在，所以不可以逸也。然人君以无敌之贵，无伦之富，则何欲而不获，何为而不遂，故虽万里所不可得而致者，可使致之于数步之内；数年所不可得而成者，可使成之于一日之间。如此则逸心浸淫矣。是以逸者常易，而无逸者常难。逸者常多，而无逸者常少。自非有以警惧而制驭之哉。故君子之无逸者，必先知稼穑之艰难也。鲁哀公问于孔子曰，寡人生于深宫之中，长于妇人之手，未尝知忧，未尝知劳，未尝知惧，未尝知危。孔子曰，君入庙门，而右登自阼阶，仰视榱栋，俯视几筵，其器存，其人亡。君以此思哀，则哀将焉而不至。君昧爽而栉冠，平明而听朝，一物不应，乱之端也。君以此思忧，则忧将焉而不至。劳也，惧也，危也，皆然。周公欲无逸者，先知稼穑之艰难，是亦孔子欲哀公思之之意也。有以思之，则其戒谨恐惧之心，不敢忘；有以知之，则其矜怜抚养之心其敢忘乎哉。此所以无逸也。司马侍讲曰，夫农之事，最为劳苦艰难。寒耕热耘，沾体涂足，终岁勤力，幸无水旱、螟蝗、风雹之灾，然后以所得，先输租税，次偿逋债，所余已无几。其田多口少者，仅能周一岁之用。其田少口众者，不免又假贷于人。其所食不厌糟糠，其所衣不具裋褐。若稍遇水旱则饥馑，冻馁死于沟壑者，不可胜数。为天下之至勤，受天下之至苦，天下之人，衣食皆出于农，能活举天下人性命，而农夫反自无衣食，至于冻馁而死。观此言，则天下之所谓艰难者，岂有复过于此哉。夫能以稼穑之艰难，常置于胸襟之间，一思及此，则怵惕恻隐之心油然而生矣。盖将谓彼之劳苦万状，我何忍以逸为哉。斯民必将得以从事于畎亩之间，而无丝毫之扰也。

苏氏曰，旧说，先知农夫之艰难，乃谋逸豫，非也。周公方以逸为深戒，何其谋逸之亟也。盖曰，王当先知稼穑之道惟艰难，乃所以逸乐。此说是也。先儒之失，在于"谋"之一字。以逸豫为"谋"，则是有心于逸。有心于逸，则将为民害矣。惟以稼穑艰难为念，而不留意于逸者，乃所以能逸。盖好逸未必得逸，无逸者自然逸也。

李翱曰，人皆知重敛，可以得财，而不知轻敛之得财愈多。

柳子厚曰，污吏之为商，不若廉吏之为商，其为利也博。是周公《无逸》"乃逸"之说也。夫无逸而乃逸，非是无逸者，其心已在于逸也，效之必至，理之固然也。自古无为之治，惟舜。孔子曰，无为而治者，其舜也欤。夫何为哉？恭己正南面而已矣。杨子《问道》亦曰，垂拱而视天民之阜，无为矣。然舜之所以享其逸者，岂无所用其心哉。自耕稼陶渔，以至为帝，则稼穑艰难，备尝之矣，不独知之也。此其所以无为而逸也。人君知稼穑之艰难，不徒然也，欲知小人之所依。夫小人之所依者，衣食也。鱼无水则死，故鱼之所依者水；人无衣食则不能以自存，故人之所依者，衣食。君能知人之所依者在是，则其一注一措，一号一令，惟恐其夺民时而困民力，使其失所依也，其可以逸乎？相，视也，视彼农夫不孝无知之子，其父母勤劳于播种收获，得以养育其子。其子不劳而坐享其父母之养，故不知稼穑之艰难。既已不知之矣，故其操心不危而虑患宗深，以苟目前，所以肆为逸乐，轻费妄用，以败坏其父母之基业，而又叛谚不恭，无所拘束，既而诞妄以欺其父母。不然，则狎侮其父母曰，汝乃故老之人，无所闻知。意谓，其无所闻知，故不能享其逸乐，徒自苦耳。古之人君，惟自侧微而起者，无不有知稼穑之艰难。如汉高帝、宣帝、光武，唐太宗，本朝太祖、太宗皇帝是也。惟继体守文之主，未尝苦其心志，劳其筋骨，一旦嗣立，遂享有前世之富贵。得之既易，故其于稼穑之艰难，鲜有知之者。如宋武帝，微时躬耕于丹徒，及受命，耨耜之具，颇有存者，皆命藏之，以留于后。及文帝幸旧宫，见而问焉，左右以实对，文帝色惭。有近侍进曰，大舜躬耕历山，伯禹亲事土木，陛下不睹列圣之遗物，何以知稼穑之艰难，何以知先帝之至德乎。夫文帝元嘉之贤君也，犹不足于此，况其它乎。夫文帝以耨耜为耻，诚为失德，然其饯衡阳王也，将行敕诸子且勿食。至会所设馔，日旰不至，有饥色，乃谓曰，汝曹少长丰逸，不见百姓艰苦。今使汝曹识有饥苦，知以节俭期物耳。则是文帝于稼穑之艰难，非不深知之也。彼其以武帝之躬耕为耻者，盖耻其先世之微耳。唐明皇尝种麦于苑中，帅太子以下，亲往芟之，谓曰，此所以荐宗庙，故不敢不亲，其欲使汝曹知稼穑艰难耳。宋文帝，使其子饥。唐明皇，使其子刈麦，皆是恐其生而富贵，不知饥饿、耕获为何等物，故致之于困厄劳勩之地，而使知之也。子既知之，则不敢侮其父母矣。如宋孝武，坏高祖所居阴室于其处，起玉烛殿与其群臣观之，床头有土障，壁上挂葛灯笼，麻绳拂。侍中袁顗盛称，高祖俭素之德，孝武不答，独曰，田舍翁得此已为过矣。齐废帝东昏侯起宫殿，皆布饰以金碧。武帝兴光楼，上施青漆，世谓之青楼。东昏侯曰，武帝不巧，何不纯用琉璃，此则所谓"侮厥父母，曰，昔之人无闻知"也。宋武帝、齐东昏，无足责者。若汉武帝，则可责也。文帝尝欲作露台，召匠计之，直百金，上曰，百金，中人十家之产也。吾奉先帝宫室，常恐羞之，何以台为是。文帝之心，战战兢兢，惟恐其不能享先帝之余庆也。而武帝则不然，起建章宫，左凤阙，右神明，号称千门万户，土木之功过于前世数倍，则其心，必以前世之制为狭隘鄙陋，不足以示天子之尊也。惟其轻视前世之制，故由此而积之，则高皇帝之约束，纷更始尽矣。胡不思曹参问惠帝之言曰，陛下孰察圣武，孰与高皇帝，而乃傲睨前世，以为不足乎？虽其号令文章，焕然可述，而其所失者大矣。故周公取喻于小人之子，"不知稼穑之艰难，乃逸乃谚，既诞，否则侮厥父母，曰，昔之人无闻知"，此诚尽夫不肖子之情状，此而进戒于王，盖欲王谨守文、武忧勤恭俭之道，以济斯民，不可少有改易，方可以持盈守成也。观诸汉武帝，乃知周公之言，诚万世之明鉴。

4.（宋）史浩《尚书讲义》卷十六《周书·无逸》

周公作《无逸》。

古之大臣，何其爱君之深，忧君之切，而欲其君之寿也。《诗》于《天保》之序曰，臣能归美，以报其上，可谓爱而欲其寿也。然犹待君能下，下而为之，则周公之心，过于此远矣。三代之下，非谓其君不能，而不言，则必待其君有过而始言，进则固宠，退则窃名，皆周公之罪人也。《书序》，序所以为作者之意，独《无逸》、《立政》二篇不然，此周公虑患之深，先事而言之，因名见义，是故，序不着其由也。呜呼！天以无逸，而行四时；地以无逸，而播殖万物；君以无逸，而缉成庶政。一言以尽之，曰勤而已。民生在勤，勤则不匮也。人之有生，寿、夭、祸、福，惟其所召，好德必康宁，为仁必寿考，理之自然者。当汤之世，有能致一溉之功者，虽其同归焦烂，然必致溉者后枯。此人生不可不勤，勤则寿也。寿，生于勤；夭，生于逸。逸，则无所用心，声色由是而沉溺，玩好由是而鼓荡。此心一弛，万恶皆归。远忠直，近邪佞，穷奢极欲，严刑峻诛，皆由是而生焉，乱亡从之，寿将焉在？及其终也，乃反怨天不其晚矣，则周公先事而言，不敢谓其君不能而不言，亦不敢待其君有过而始言，岂不为眷眷爱君忧国，而欲其寿乎？

5.（宋）夏僎《尚书详解》卷二十《周书·无逸》

周公作《无逸》。

此特成王初即政，周公恐其逸豫之萌于今日，故引商三宗以勤劳享年之永，与其余以逸乐不永，及王季、文王勤劳之事而告之。盖所以防其微，杜其渐。其意谓，今日即位之初，能知其不可自逸，而勤以行之，后尤或怠，况始或不勤，则后将如何哉。此周公作《无逸》之本意也。序《书》者，采其意谓，思虑之及此，非圣如周公不能，故直言周公作《无逸》，亦犹伊尹作《咸有一德》也。

6.（宋）时澜《增修东莱书说》卷二十五《周书·无逸第十七》

周公作《无逸》。

周公遭变，作《七月》之诗，陈王业之艰难，而《无逸》之作，亦在于迁洛还政之后，其时盖相先后也。逸豫者，祸乱之源，三年东征，以定外乱，此特治其末耳。《无逸》者，治源之书也。

7. （宋）黄度《尚书说》卷六《周书·无逸》

周公作《无逸》。

成王初即政，周公作《无逸》，以民事戒，使知稼穑艰难。召公《公刘》诗，亦此意。

8. （宋）袁燮《絜斋家塾书钞》卷十二《周书·无逸》

周公作《无逸》。

为人君，岂可有一日之逸乐。然周公前乎此，未作是书。其说有二，一则成王未亲政，事周公摄焉。彼其以师保之尊，朝夕于左右，成王虽欲自纵，有不可得者；一则，是时，天下犹未甚安静，武王才崩，三监更叛，周公三年于外，罪人方得，而顽民日夜反侧，为周之害，所谓敌国外患顽民者，周家之敌国，外患也。当此之时，方且兢兢业业，岂敢有逸豫之心，所以《无逸》之书亦未须作。至此三监，既已诛矣，洛邑既已成矣，顽民又已迁矣，而又作《多士》之书慰安之矣。当治定功成之后，人情最易得纵逸，又况周公既已复辟，成王始亲政，事尤不可顷刻自恣，所以周公才迁商民，便作此书，盖方其芽蘗之将萌，便从而遏绝之也。学者读此一书，须当看周公作书之时节。

9. （宋）蔡沈《书经集传》卷五《周书·无逸》

（归善斋按，未解）

10. （宋）黄伦《尚书精义》卷三十九《周书·无逸》

周公作《无逸》。

无垢曰，敬则不逸，逸则不敬。以敬为心，则为恭，为畏，为不暇，为克己。尊先王之典彝，而享国至于长久。以逸为心，则为傲慢，为耽乐，好田猎，峻威刑，听小人之邪说，享国不克长久，此理之自然者也。呜呼！人主有天下，上焉，则受皇天之畀付；下焉，则司万民之性命；内焉，则祖宗社稷之所依；外焉，则蛮夷戎狄之所赖。其任至大，其责至深。此岂细事哉？如此重器，必以敬为心者，乃能负荷之，其可以逸豫之心持之乎？

周氏曰，天下常情，莫不好逸而恶劳，故圣贤之自处，必以忧勤为监，而以安逸为戒。盖忧勤，则其兴也勃焉；安逸，则其亡也忽焉。古今必然之理也。克勤于邦，而夏禹以兴；坐以待旦，而商汤以兴。禹、汤之所以兴者，忧勤而兴之也。有众率怠，而夏桀以亡。荒腆自恣，而商纣以亡。桀、纣之所以亡者，安逸而亡之也。是故，人臣之爱君者，必以"无逸"为戒，罔游于逸，伯益所以戒舜也。无教逸欲，皋陶所以戒禹也。无时豫怠，伊尹所以诰太甲也。不敢逸豫，傅说所以进高宗也。罔或不勤，太保所以训武王也。周公之心，何以异于此哉？

范氏曰，天下之善，成于勤；天下之恶，起于逸。故自天子至于庶人，未有不先勤，然后能成功者。修德不可以不勤，舜鸡鸣而起，孳孳为善，乃能成圣德。为学不可以不勤，孔子终日不食，终夜不寝，乃能成圣学。为治不可以不勤，成汤昧爽丕显，坐以待旦；文王日中昃，不遑暇食，故能成圣治。

荆公曰，君子以勤得逸，继之以休；小人以逸得勤，继之以忧。

李氏曰，周之治，迄成王而平。周之化，迄成王而备。时已纯熙，则有可逸之势。物已盛多，则有可逸之资。天下有既济之象，而思患预防，正难于此时矣。周公得恝然无虑乎哉？是以，在彼，举三宗，所以使知守成之不易；在我，而称文王，所以使知创业之艰难。知守成之不易，则宜效之，而不可忽；知创业之艰难，则宜念之，而不可忘。

张氏曰，遇患难而忧勤；享安宁而逸乐，常人之情也。周家之治，自文武至于成王，太平歌于既醉，守成咏于凫鹥。其治为已安矣，其时为已宁矣。淫泆忽怠之心，有不期至而至焉。故周公于此，遂作《无逸》之篇，以戒于成王。是非明，足以见患而消患于无形者，其何以及此。

11. （宋）陈经《尚书详解》卷三十五《周书·无逸》

周公作《无逸》。

序书之体，有总一篇之意者，若武王代商往伐归兽，识其政事之类是也；有举其所因者，若成王在丰，欲宅洛邑，使召公先相宅是也；有直书其事而意自显者，若伊尹作《咸有一德》，周公作《立政》与此篇周公作《无逸》是也。古之大臣，所以事君之业，其在此乎？人主之心，知所以无逸，则必明明，则万物无不灼见。人主之心，专在于逸，则必昏昏，则天下万事，皆蔽而莫之见。此乃周公极本穷原之意也。民生在勤，勤则不匮。户枢不蠹，流水不腐，岂特中才之士，当如是哉？推而广之，尧之兢业，此心也。天之行健，此心也。极而下之学者，而知此，则为智，为贤，为君子。不知此，则为愚，为不肖，为小人。伯益戒舜"罔游于逸"，一句而已。周公作为一篇，盖事圣君，与中才之主不同，故其言亦有详略。

12.（宋）钱时《融堂书解》卷十五《周书·无逸》

周公作《无逸》。

此书明白，无庸发挥，故序直曰"周公作《无逸》"，与《咸有一德》同。

13.（宋）魏了翁《尚书要义》卷十五《周书·无逸》

（归善斋按，未引）

14.（宋）陈大猷《书集传或问》卷下《周书·无逸》

东坡曰，人莫不好逸欲，而所甚好者，生也。以其所甚好，禁其所好，庶几必信，然犹有不信者，以逸欲为未必害生也。汉武帝、唐明皇，岂无欲者哉？而寿如此。夫多欲而不享国者，皆是也。汉武、明皇，千一而已，岂可望哉？饮鸩，食野葛者，必死，而曹操独不死，亦可效乎？此说善。

林氏曰，宋文帝饯衡阳王，使诸子且勿食，至会所设馔，日旰不至，有饥色，乃谓曰，汝曹少长丰逸，不知百姓艰苦，今使汝曹识有饥苦，知节俭耳。唐明皇，尝种麦于苑中，率太子以下亲往芟之，曰，此所以荐宗庙，不敢不亲，且欲使汝曹知稼穑艰难耳。又曰，深山穷谷之民，暴露劳苦，穷年不休，终身不知声色香味之可好，故其寿多至百年。其居于都邑者，有纷华之可乐，嗜欲之可玩，故多夭死，以是观之人君之寿，岂不本于无逸乎？

又曰，陶侃在广州，无事辄朝运百甓于斋外，暮运百甓于斋内，曰，吾方致力中原，过尔优游，恐不堪事。侃之心，以一日之逸，其害如此。人君知此，则岂以今日耽乐为可哉，皆善。

15.（宋）胡士行《尚书详解》卷九《周书·无逸第十七》

师长，尊而不亲；族党，亲而不尊。严厉，润泽，不得而兼焉。此篇上自天命精微，下至畎亩艰难，闾里怨诅，以至寿夭之际，此合师长、族党之言也。

周公作《无逸》。

无逸，治源也。

16.（元）吴澄《书纂言》卷四下《周书·无逸》

（归善斋按，未解）

17.（元）陈栎《书集传纂疏》卷五《朱子订定蔡氏集传·周书·无逸》

（归善斋按，未解）

18.（元）许谦《读书丛说》

（归善斋按，未解）

19.（元）董鼎《书传辑录纂注》卷五《周书·无逸》

（归善斋按，未解）

20.（元）朱祖义《尚书句解》卷九《周书·无逸第十七》

周公作《无逸》（孔子序此书，与周公作《立政》，伊尹作《咸有一德》同直书之，而意自显）。

21.（明）王樵《尚书日记》卷十三《周书·无逸》

（归善斋按，未解）

22.（清）库勒纳等撰《日讲书经解义》卷九《周书·无逸》

（归善斋按，未解）

《无逸》

（汉）孔氏传、（唐）陆德明音义、孔颖达疏《尚书注疏》卷十五《周书·无逸》

《无逸》。

传，成王即政，恐其逸豫，故以所戒名篇。

疏，传正义曰，篇之次第，以先后为序。《多士》、《君奭》皆是成王即政之初，知此篇是成王始初即政，周公恐其逸豫，故戒之，使无逸，即以所戒名篇也。

《尚书注疏》卷十五《考证》

《无逸》疏"成王即政之初"。

即政，监本讹"即位"，从旧本改正。

（宋）夏僎《尚书详解》卷二十《周书·无逸》

《无逸》。

《无逸》二字，竹简旧所标之题也。

（宋）时澜《增修东莱书说》卷二十五《周书·无逸第十七》

《无逸第十七》。

师长之言，尊而不亲；族党之言，亲而不尊。故严厉者，少润泽；而昵爱者，多姑息。是篇上自天命精微，下至畎亩艰难，闾里怨诅，无不具载，忠爱惓惓，尤致意于寿夭之际，是合师长、族党之论，萃为一书。入之者深，而开之者至。信乎，其为百代之元龟也。

（宋）蔡沈《书经集传》卷五《周书·无逸》

《无逸》。

逸者，人君之大戒。自古有国家者，未有不以勤而兴，以逸而废也。益戒舜曰，罔游于逸，罔淫于乐。舜大圣也，益犹以是戒之。则时君世主，其可忽哉？成王初政，周公惧其知逸，而不知无逸也。故作是书，以训之，言则古昔必称商王者，时之近也；必称先王者，王之亲也。举三宗者，继世之君也。详文祖者，耳目之所逮也。上自天命精微，下至畎亩艰难，闾里怨诅，无不具载。岂独成王之所当知哉，实天下万世人主之龟鉴也。是篇凡七更端，周公皆以"呜呼"发之，深嗟永叹，其意深远矣。亦训体也，今文、古文皆有。

（宋）陈经《尚书详解》卷三十五《周书·无逸》

《无逸》。

昔者，三代之王，以天下为艰难。后世之昏主，以天下为逸乐。惟其以天下为艰难，故无事之时，常为有事之虑。惟其以天下为逸乐，故安其危，利其灾，乐其所以亡。然则，人主以至尊，备天下之奉，独不可一日。肆其乐乎，曰艰难之中自有乐也。所谓"无逸"者，岂必疲精神，役智虑，斋居决事，卫士传餐，如后世之君，然后谓之艰难哉？其心未始一日而忘乎？民者，是乃所以为"无逸"也。成王当幼冲之年，享文、武积累之业。周公惧其知逸，而不知劳也，故作此篇以为戒。虽然其亦有周之家法也。《七月》之诗，王业之艰难，皆本于农事。而《无逸》之书，又推及于稼穑小人。成王之所谓"无逸"者，亦惟知此而已。

（宋）魏了翁《尚书要义》卷十五《周书·无逸》

十、以《多士》、《君奭》，知《无逸》作于成王初政。

《无逸》。成王即政，恐其逸豫，故以戒名篇。正义曰，篇之次第，以先后为序。《多士》、《君奭》，皆是成王即位之初，知此篇，是成王始初即政。

（元）吴澄《书纂言》卷四下《周书·无逸》

《无逸》。

成王渐长，周公虑其嗜欲萌动，故作此书教戒，以篇首"无逸"二字名篇。吴氏曰，考于《君奭》、《立政》、《洛诰》诸篇，周公于成王，皆有冲孺、幼小之称，而《无逸》独无，故知其为最后也。

（元）陈栎《书集传纂疏》卷五《朱子订定蔡氏集传·周书·无逸》

《无逸》。

逸者，人君之大戒。自古有国家者，未有不以勤而兴，以逸而废也。益戒舜曰，罔游于逸，罔淫于乐。舜，大圣也，益犹以是戒之，则时君、世主，其可忽哉？成王初政，周公惧其知逸，而不知"无逸"也，故作是书以训之，言则古昔，必称商王者，时之近也；必称先王者，王之亲也。举三宗者，继世之君也。详文祖者，耳目之所逮也。上自天命精微，下自畎亩艰难，闾里怨诅，无不具载，岂成王之所当知哉？实天下万世人主之龟鉴也。是篇凡七更端，周公皆以"呜呼"发之，深嗟永叹，其意深远矣。亦训体也，今文、古文皆有。

纂疏

张氏曰，周、召之于成王，所陈在敬，所戒在逸。盖敬则不逸，逸则不敬。敬、逸之分，而享年之寿、夭，享国之延、促，判焉。召公以敬陈于前，周公以无逸戒于后，此周、召所以为周、召。

陈氏大猷曰，逸者，万恶之根；无逸者，万善之本。《无逸》一书，所以为百代元龟。

吕氏曰，逸者，祸乱之源。三年东征，以定外乱，治其末流耳。《无逸》者，治源之书也，盖作于作洛之后，成王即政之初。

（元）董鼎《书传辑录纂注》卷五《周书·无逸》

《无逸》。

逸者，人君之大戒，自古有国家者，未有不以勤而兴，以逸而废也。益戒舜曰"罔游于逸，罔淫于乐"，舜，大圣也，益犹以是戒之，则时君世主，其可忽哉。成王初政，周公惧其知逸，而不知"无逸"也，故作是书，以训之。言则古昔，必称商王者，时之近也。必称先王者，王之亲也。举三宗者，继世之君也；详文祖者，耳目之所逮也。上自天命精微，下至畎亩艰难，闾里怨诅，无不具载，岂独成王之所当知哉，实天下万世人主之龟鉴也。是篇凡七更端，周公皆以呜呼发之，深嗟永叹，其意深远矣。亦训体也，今文、古文皆有。

纂注

张氏曰，周、召之于成王，所陈在敬；所戒在逸。盖敬则不逸，逸则不敬。敬、逸之分，而历年之延否，享国之寿夭，判焉。此召公以"敬"陈于前，周公以"无逸"戒于后，不如是，不足以为周、召。

吕氏曰，逸者，祸乱之源。三年东征，以定外乱，特治其末流耳。无逸者，治源之书也。《无逸》作于作洛之后，成王即政之初。

陈氏大猷曰，逸者万恶之根；无逸者，万善之本。《无逸》一书所以为百代元龟。

（元）朱祖义《尚书句解》卷九《周书·无逸第十七》

《无逸·第十七》。

此时，周公方复政厥辟，成王初临莅万几，能知其不可自逸，而动以行之，后犹或怠，况始焉不勤，则后将若何？故周公防彻杜渐，而作此书以警之。

无逸（竹简所题）。

（元）黄镇成《尚书通考》卷十《周书·无逸》

愚按，《无逸》一篇，本以严敬怠之戒。敬，则无逸，而有先王享国之安；不敬，则逸，而有后王罔寿之危，是皆周公力陈往辙，以为龟鉴，今画为图。逸与无逸分布二方，一敬一怠，安危之应愈益着明。览者可以知为治之本矣。

（明）王樵《尚书日记》卷十三《周书·无逸》

《无逸》。

张氏曰，周、召之于成王，所陈在敬，所戒在逸。盖敬则不逸，逸则不敬。以敬为心，则为恭，为畏，为不暇，为克己，尊先王之典彝，而享国至于长久；以逸为心，则为傲慢，为耽乐，好田猎，峻威刑，听小人之邪说，而享国不克长久。此理之自然者也。召公以敬之说，陈于前；周公以"无逸"之说，继于后，惟恐其坠文、武之业也，不如是，则不足以为周、召。

吕氏曰，逸豫者，祸乱之原。三年东征，以定外乱，此特治其末流尔。"无逸"者，治源之书也。

（清）库勒纳等撰《日讲书经解义》卷九《周书·无逸》

《无逸》。

逸者，人君之大戒。自古有国家，未有不以勤而兴，以逸而废者。周公以成王初政，恐其耽于逸乐，故作是书，以训之。史臣记其辞，遂以"无逸"名篇。

（明）马明衡《尚书疑义》卷六《周书·无逸》

《无逸》。

此篇词旨明白，大约是两段意思。一则，欲其戒逸豫，以知小人之依；一则，欲其迪明哲，以察小人之情，皆先论其事理，而引商、周之君以明之也。盖人惟怠荒逸豫，则纵欲败德，智虑昏迷。时常惕励忧勤，则清心养性，旁烛无疆。是二者，亦未尝不相因也。"所其"二字，大段古书多不可晓，但得其大义足矣。今蔡以为"处所"之"所"道理自好，未敢信其为必然也。"先知稼穑之艰难，乃逸"，所谓"逸"者，非谓逸豫怠荒之云也。盖谓，必由艰难，乃可得其安耳。如仰足以事父母，俯足以畜妻子，百室盈止，妇子宁止，此安之道也。然非服四力，稼何望有秋？由是言之，则古人终日乾乾夕惕若者，乃所以为逸，而何尝敢一日怠荒宴安，以为逸耶？若谓艰难于始，燕安于终，是大乱之道也。"厥子乃不知稼穑之艰难，乃逸"为句。谚，鄙俗也；诞，放肆也。

（清）朱鹤龄《尚书埤传》卷十三《周书·无逸》

《无逸》。

吕祖谦曰，逸者，祸乱之原。三年东征，治外也。《无逸》，陈戒治源也。此盖作于作洛之后。成王即政之初，先知稼穑之艰难。先儒有言，民生成周之前，其命制乎君；民生成周之后，其命制乎天？命制乎君，凡所以为生者，皆道命制乎天，凡所以为生者，皆数也。三代之时，岂无水旱蝗螟？民生常如有年者，惟有道以济，数之穷也。人主深居九重，轻民事，而一委民命，于适然之数，岂天所以立君之意哉？周公《七月》之诗，陈王业艰难，皆述农桑之候，与《无逸》此章，正相表里。

（清）张英《书经衷论》卷四《周书·无逸》

《无逸》一篇，凡七段文字，皆以"周公曰，呜呼"起之，首一段言君子以"无逸"为本，而其所以无逸者，在知稼穑之艰难也。第二段言商之贤君，皆以无逸而致寿，其后嗣王，以不知无逸而不克永年也。第三段言我周文王亦以无逸而致寿也。第四段言今王当以文王为法，而以商纣为戒也。第五段言诪张为幻之害。第六段言当勿听诪张之言，而以商三宗文王为法也。第七段欲嗣王鉴于斯篇之意而不忘也。"无逸"是一篇之旨，而知小民稼穑之艰难，又"无逸"之要，末独举"诪张"为言者，盖人君以一人之身，给万民之求，天地之大，人犹有憾暑雨祁寒，民犹怨咨，则小人之怨汝，詈汝，当亦势所不能无，而加以小人诪张为幻，欲激怒人主，何所不有，人主而以偏心遇之，未有不严刑峻罚，以滥及无辜者。故此一事，尤为继体冲龄之君，所当深戒弭之之道。奈何曰"宽绰厥心"而已矣，"皇自敬德"而已矣。诚能宽绰厥心，则闻小民无知之言，止如赤子之呼其父母，闻小人无根之说，但如阳和之溃夫春冰，何嫌，何疑，何芥，何蒂之有。所以消怨气而召和气，莫善于此。此周公所以特举，以系于无逸之末欤。

周公曰：呜呼！君子所其无逸

1.（汉）孔氏传、（唐）陆德明音义、孔颖达疏《尚书注疏》卷十五《周书·无逸》

周公曰，呜呼！君子所其无逸。

传，叹美君子之道，所在念德，其无逸豫，君子且犹然，况王者乎？

疏，正义曰，周公叹美君子之道，以戒王曰，呜呼！君子之人所在，其无逸豫。

传正义曰，周公意重其事，故叹而为言。郑云，呜呼者，将戒成王，欲求以深感动之。是欲深感成王，故叹美君子之道。君子者，言其可以君正上位，子爱下民，有德则称之，不限贵贱。君子之人，念德不息，故所在念德，其无逸豫也。君子且犹然，而况王者乎？言王者，日有万几弥复，不可逸豫。郑云君子止谓在官长者所犹处也。君子处位为政，其无自逸豫也。

2.（宋）苏轼《书传》卷十四《周书·无逸第十七》

（归善斋按，见"周公作《无逸》"）

3.（宋）林之奇《尚书全解》卷三十二《周书·无逸》

（归善斋按，见"周公作《无逸》"）

4.（宋）史浩《尚书讲义》卷十六《周书·无逸》

《无逸》。

周公曰，呜呼！君子所其无逸，先知稼穑之艰难，乃逸，则知小人之依。相小人，厥父母勤劳稼穑，厥子乃不知稼穑之艰难，乃逸乃谚，既诞否，则侮厥父母曰，昔之人无闻知。

天下之至勤劳，无若农夫终岁勤勤，仅而成功，幸而有年，足以饱暖；不幸而凶歉，相藉而为莩。然未尝因噎废食，而遂至于辍耕也。是故，岁事毕，春气萌动，又将有事于西畴，四时循环，无日休息，可谓艰难矣。君子所其无逸者，盖若北辰之居所。所者，居而不移之谓也，言君子于无逸，终身居之，死而后已也。先知稼穑之艰难乃逸者，先知其难而逸，异乎常人之逸也。吾之有生，衣帛、食肉，养生，丧死之具，无一不以粟易之者，是皆农夫之勤所致也。吾虽不亲耒耜，不荷畚锸，敢不知其所自乎？知其所自，安敢妄有作为，而劳吾民乎？此吾之逸，所以异也。小人依我而为命，一颦一笑，是其休戚；一动一止，是其死生。吾宁瘠而使天下肥，吾宁不足而使百姓足，一赋敛，不敢过；一力役，不敢兴，而况盘游、田猎，干戈之战斗，土木之营作乎？此之不为，吾方泰然凝神蠖濩之中，岂不为逸乎？故曰，知其难者，异乎常人之逸也。相小人者，即小人以为喻也。父母勤劳稼穑，其子不知艰难。"乃逸乃谚，既诞"，夫谚，戏侮也。诞，诳欺也。不惟惰其四肢，乃反戏侮诳欺，又诬昔之人，为无闻知。无闻知者，若今之谚曰，无所见识也，言昔之人无所见识，而为此艰难，其实当逸也。父母闻此，其何以为怀。周公之言，所以深戒成王，念后稷、太王、王季、文、武之基绪，使之不敢荒宁也。《七月》之诗，既陈王业之艰难，于此又申之，因以辅成王之寿考，可谓显而易见矣。譬之良医，视人之安逸，惧其骄惰，风霜劳苦之不能支，而遂至病且死也。教之以吐故纳新，熊经鸟申之术，使之周流运动，以入长生久视之域，则岂不为爱之乎？韩非子力叙帝尧、大禹之勤劳俭约，乃曰，此不肖人之所勉，非贤者之所务，其亦侮其君，以为昔之人无闻知也。二世用之，卒致丧亡。呜呼！可以信周公之言矣。

5. （宋）夏僎《尚书详解》卷二十《周书·无逸》

周公曰，呜呼！君子所其无逸，先知稼穑之艰难，乃逸，则知小人之依。相小人，厥父母勤劳稼穑，厥子乃不知稼穑之艰难，乃逸乃谚。既诞，否则侮厥父母，曰，昔之人无闻知。

周公曰，呜呼！叹而后言其事，重其事，欲成王听之竦也。周公于此篇凡七更端，每更端，言呜呼，皆叹而重其事。此一节言，凡为君子者如此，凡为小人者如彼。凡人能如此，则为君子；不能如此，则遂为小人。

况人君，其可不念此哉？周公谓君子之人其所止者，在于"无逸豫"，盖谓君子所贵，止于无逸。然逸豫之事，人所甘心。君子所以能无之者，亦以其能先知稼穑之事，寒耕热耘，沾体涂足，艰难如此，虽始艰难，终获有秋之利，而享终岁之逸，是始之艰难，乃所以为逸乐。君子惟知前之艰难，乃所以为后之逸乐，则知小人之依赖于稼穑如此，因此不敢逸豫，是君子所以能无逸者，实本于稼穑之艰难也。周公既说君子无逸之事，又说小人乃不知此，而至于逸豫废业，谓相视彼小人，见父母勤劳稼穑之事，其为子者，食父母之食，衣父母之衣，不知父母之衣食，自稼穑艰难而得，乃谓衣食自至，而以父母之勤劳为徒自苦，是不知稼穑之艰难，乃所以为逸乐也。于是乃为逸豫之言，以相诞诞，若不如此，则又轻侮其父母。谓之昔之人，犹俗云古老也。无闻知，谓父母无所闻，无所识，不能逸乐，乃自苦如此。

林少颖，谓此一节，皆闾巷细民，无知无识者之所为，周公乃取而笔于书者，何哉？盖自古人君，席宴安之久，将欲为淫佚之行，则亦变乱旧章，轻忽老成，以先王所忧勤而施为者，视之如弁髦土梗，此祸败之所由起，危亡之所相寻，而世主所不悟也。成王席累世之富贵，虽未尝有诞谩之事，周公虑其幼冲之质，未历于艰难，骄傲之情，易生于志意，故告戒之辞，不得不借小人之事以为喻也。

6.（宋）时澜《增修东莱书说》卷二十五《周书·无逸第十七》

周公曰，呜呼！君子所其无逸，先知稼穑之艰难，乃逸，则知小人之依。相小人，厥父母勤劳稼穑，厥子乃不知稼穑之艰难，乃逸乃谚。既诞，否则侮厥父母，曰，昔之人无闻知。

天行健，君子以自强不息。"无逸"者，天德，也亦君德也。君子所其无逸者，凡人乍勤乍惰，盖亦有无逸之时矣。然能暂而不能居，非所其无逸者也。惟君子以"无逸"为所，如鱼之于水，兽之于林，有不可得而离者焉。或利，而为之；或勉，而行之，皆非所其"无逸"。其视乾健不息之体，犹二物也。周公之于篇首，叹息而言之，所以期于成王者，不薄矣。

"先知稼穑之艰难，乃逸，则知小人之依"，此非始于忧勤，终于逸乐之论也。盖言先备尝稼穑之艰难，乃处于安逸，则深知小人之所依。依者，小民所恃以为生者也。未尝知稼穑之艰难，而遽处安逸，兴一宫室，起一力役，视之若易，然而民有不得其死者矣。彼本非有意虐民，实未尝知民之所恃以为生者，乃在于是也。成王生于深宫，而遽处人上，周公深为之惧，故以此言警之。若以始勤终逸释之，是乾健之体，有时而息矣。后世渐不克终之患，未必非此论启之也。周公既儆成王，复引闾里近事明之。相视闾里小人，其父母勤劳稼穑，其子乃生于豢养，不知稼穑之艰难。"乃逸"者，纵逸自恣也。"乃谚"者，纵逸，则所习者，下委巷谣谚，常诵于口，此流染已深之验也。"既诞"者，长恶不悛，遂至于诞，妄变文。曰，既谓已至诞妄之地，则无复可救矣。恶至于此，若非诞妄，则必讪侮其父母曰，昔之人无闻，知徒自苦耳。自以为黠，而反以老成为愚也。刘裕奋农亩，而取江左，一再传之后，子孙见其服用，反笑曰，田舍翁，得此亦过矣。此正所谓"昔之人无闻知"者也。以成王之中材，向使管蔡得志，日夜扇惑戕贼之，安知其不以后稷、公刘，为田舍翁乎？周公之训，委曲至此，此乃亲戚之情话，入人之最深者也。

7. (宋) 黄度《尚书说》卷六《周书·无逸》

《无逸》。

周公曰，呜呼！君子所其无逸，先知稼穑之艰难，乃逸，则知小人之依。

所，犹处所也。无逸，则敬；敬，则安；安，则久。所其无逸也，君子分当逸，所其无逸者，君子劳心，小人劳力，是故先知稼穑之艰难，身逸而心则劳矣。小人依稼穑而生也。《诗》曰"曾孙来止，田畯至喜"，又曰"播厥百谷""曾孙是若"，成王为知之矣。

8. (宋) 袁燮《絜斋家塾书钞》卷十二《周书·无逸》

《无逸》。

周公曰，呜呼！君子所其无逸，先知稼穑之艰难，乃逸，则知小人之依。相小人，厥父母勤劳稼穑，厥子乃不知稼穑之艰难，乃逸乃谚。既诞，否则侮厥父母，曰昔之人无闻知。

"所其无逸"，以"无逸"为所也，如所谓"钦厥止"，居天下之广，居是一个顿放身己处。人心皆有其所，其或为不善，有过失，皆失其所者也。所其无逸，盖日周旋于中，不敢自放于规矩法度之外。召公戒成王，以"王敬作所"；周公戒成王，以"所其无逸"，一也。

"先知稼穑之艰难，乃逸"，非谓先致其艰难，便可以逸乐也。盖艰难之中，自有逸乐存焉。且如农夫，沾体涂足，终岁勤动，耕耘收敛，不失其时。至于入此室处，妇子嬉嬉，足以卒岁，这便是农夫逸处。若谓艰难于其始，而后适情纵欲，荒淫无度，宁有是理哉？文、武始于忧勤，终于逸乐，亦非常人之所谓逸乐也。盖俯仰无愧其中，泰然自有可乐者，此天下之真乐也。苟以为文、武忧勤于其始，及治定功成，便恣为逸乐，是乃唐明皇之徒所为尔，尚足以谓之文、武哉，必不然矣。盖所谓逸乐者，特不如其前日忧勤之甚尔。

"小人之依"，言其所恃者，惟稼穑也，"依"字便与"所"字一般。小人不知稼穑之艰难，乃纵恣自逸，为鄙俚虚诞之语，以侮厥父母，以为不知自享其安逸，乃服勤于农亩之事，妄诞虚高，谓昔之人无所闻，知徒为是自苦尔。此小人之所以为小人也，君子与小人为对，小人不知艰难，是以为小人为君子者，其可不知乎？今须看周公以"无逸"戒成王，未说"无逸"底道理，且先以稼穑为言，何故？周公极有深意，何则，天下之至劳苦者，莫如农夫也。春则耐寒以耕，夏则耐暑以耘，至秋则又刈获，如寇盗之至。盖极天下之劳苦，无若农夫。今试思日用之间，那得一事不自农夫来。人之所以得安居暇食，优游生死，农夫之力也。苟无农夫，人且莫之得食，况其它事乎？彼人主，尊居九重，所以敢于自逸，只缘不知稼穑艰难之故，且如崇尚侈靡，使其果知农夫服勤田亩，沾体涂足，如此之劳且苦，则我尚敢适情恣欲，以为一时之观美哉。观、逸、游、畋以极耳目之好，使其果知农夫耕耘收敛，不得避寒暑，如此其劳且苦，则我又敢于此纵其情意，以事嬉戏哉？知之既深，则凡声色、货利、台榭、池沼如此等事，皆不敢为矣。周公到此，方下这"无逸"一服药，而下得又如此切当，岂若后世为是泛然之说哉？然后世人主，孰不知小民之艰难，而敢为逸乐之是务者，其所知非真知故也。所谓"先知稼穑之艰难",个非苟知之，盖真知之，则无缘敢于自逸矣。龟山解孔子"五十而知天命"，以为天命福善祸淫，谁不知之孔子之知，盖异乎常人之所谓知也。古人之知，直是各别。

9.（宋）蔡沈《书经集传》卷五《周书·无逸》

周公曰，呜呼！君子所其无逸。

所，犹处所也。君子以无逸为所，动静食息，无不在是焉，作辍则非，所谓"所"矣。

10.（宋）黄伦《尚书精义》卷三十九《周书·无逸》

《无逸》。

周公曰，呜呼！君子所其无逸，先知稼穑之艰难，乃逸，则知小人之依。相小人，厥父母勤劳稼穑，厥子乃不知稼穑之艰难，乃逸乃谚，既诞，否则侮厥父母曰，昔之人无闻知。

无垢曰，周公未及一话一言，不知见何事，遽叹而曰呜呼乎？盖其所以叹者，深见君子所留心者，其在"无逸"也。尝以意推之，敬，则神明尊；逸，则心志放。神明尊，则事事据理而行。尧、舜、文、武，所以为圣者在此。心志放，则事事惟我所欲，其残民暴物，皆所不恤也。桀、纣之所以为桀、纣，止以逸也。呜呼！逸其可有乎？周公所以见此，未言而先叹也。

又曰，小人，以盘乐怠傲为逸乐；君子，以稼穑艰难为逸乐。小人，所见近，故其所谓逸乐者，每足以亡国而败家；君子，所见远，故其所谓逸乐者，每足以享长年，而传后世。盖艰难中，自有逸乐之理，人自不知耳。当其寒耕热耘，沾体涂足时，已有千仓万箱，百室盈，妇子宁之理矣。岂非逸乐，在艰难中乎？若酣歌恒舞，飞鹰嗾犬，时已有亡国败家，覆宗绝祀之象矣，何逸乐之有乎？

又曰，农夫为父母，其勤劳如此，厥子既生，寒而衣，饥而食，以谓吾所固有尔。岂知其所衣所食者，粒粒缕缕，皆自父母勤劳辛苦中来乎？亦犹后嗣王，安享天下，岂知尺地寸土，皆自祖宗艰难勤苦中来乎？

又曰，衣食既足，而不知稼穑艰难，则其心放逸。其心放逸，则其意轻忽。其意轻忽，则其言诞谩。此自然之理也。

又曰，不知稼穑之艰难而逸，而谚而诞者，此庸愚之子也。其害为小，否则侮厥父母曰，昔之人无闻知，此又凶愚之子也。

东坡曰，旧说，先知农夫艰难，乃谋逸豫，非也。周公方以逸为深戒，何其谋逸之亟也。盖曰，王当先知稼穑之道，惟艰难乃所以逸乐，则知小人之依者，以王者知此，则不妨农时，不夺民利，不尽民力也。

史氏曰，甚哉，人君以民为忧，而不以位为乐也。惟其逸，斯能念民之生为甚劳。当其乃逸，又念民之所赖为甚重。二者，安危、治乱系焉。特在人君，知与不知而已。稼穑艰难，是为生者甚劳也。吾知之，而不敢肆。小人之依，是所赖者甚重也，吾知之，而不敢忽。稼穑，待小人而成。小人因稼穑而养，而知与不知，特在夫逸与不逸之间。为人主者，可不戒哉？

张氏曰，稼穑艰难，小人之事也。为君子而不知小人之事，则侈靡自恣，役天下以奉于一身，无所不至也。则稼穑艰难之事，在君子不可不知也。能知稼穑之艰难，然后可以享其安逸，非特可以享其安逸也，又足以知小人之所依，而不敢忽焉。盖小人者柔而不能以自立，其所依乃在君子。为君子者，必劳心，然后足以治之，其可逸乎？

吕氏曰，君子所其"无逸"谓，君子不可斯须离去。"无逸"此一，最在"所"字上，"止其所止"之谓"所"，须是以"无逸"为所居。大抵人道健而不息，这方是人道，若有斯须怠惰，便不是人道。

11.（宋）陈经《尚书详解》卷三十五《周书·无逸》

周公曰，呜呼！君子所其无逸，先知稼穑之艰难，乃逸，则知小人之依。相小人，厥父母勤劳稼穑，厥子乃不知稼穑之艰难，乃逸乃谚，既诞，否则侮厥父母，曰，昔之人无闻知。

呜呼，先叹而后言也。"所"者，与譬如"北辰居其所"之"所"同。勤于其所当勤者，"所"也；勤于其所不当勤者，非"所"也。尧、舜之兢业；禹之勤于邦；汤之坐以待旦，旁求俊彦；文王之不暇食用，咸和万民，凡天下之利病、民生之休戚，皆欲周知之。此勤其所勤也。跖之孳孳为利，纣之为不善，亦惟日不足。凡力行之无度，与乎召敌仇而不息者，勤其所不当勤也。故曰，君子所其无逸艰难，乃逸者，非我先艰难，而后逸乐也。艰难之中，自有逸乐之理。君子当知以艰难为逸，不当知以逸为逸也。小人之热耕冻耘，沾体涂足，仰有以事，俯有以育，有仓箱之盈，有鸡豚之享。不然徒事于末，作弃农亩，而贪博奕饮酒之乐，饥寒切身，乐岁终身苦，则逸者，果非逸，而艰难者真逸也。小人之依者，若寒者之依其衣，饥者依其食之类。人君惟是，知稼穑艰难乃逸之理，则民生之所依赖者，必有以知之。不违农时，不夺民力，不重敛民财矣。若未知稼穑艰难乃逸之理，则小人之所依赖者，何缘知之，必至于违农时，夺民力，敛民财，无所不至，故周公必戒之以先知，而后继之以逸，则能推食与人者，必尝饥者也。与之车而不乘者，不畏徒步者也。凡天下事，必须经历而后知。晋公子不十九年在外，则不足以强其国；宣帝不在间阎间，则不足以综核名实，亦此意也。

"相小人，厥父母勤劳稼穑"，此又即小民之事，以为喻小大，虽曰不同，人情一也。相视小人之家，其父母勤劳稼穑，艰难辛苦，以立门户，乃忽有不肖之子，不知衣食之所从来，不亲历稼穑之艰难，徒为放逸之事，如今人之博奕饮酒，游手无职业之辈也。为戏侮之言，如今人市井之习，浮言鄙语，以相戏狎是也。为妄诞之言，如今人自尊自大，轻忽不逊是也。逸也，谚也，诞也，皆是恶习。惟土物爱者，厥心必臧。不知艰难者，其习必流于恶。否不然也，又不然，则侮嫚其父母，以父母为古昔之人，无所闻知，是不遵父母之训诲也。此皆小民之家，不肖之子弟也。此等又何足言，而周公举以告成王者，欲使成王警悟。民有不肖之子，不知艰难，其恶至于此。苟成王，为文武子孙，不念文、武积累之劳，其恶当如何哉？观此一段，又有以见周自后稷，以农事开国，至于文、武、周公，无不于农事上讲究，故稼穑艰难，小人之依，与乎民情之善恶，无不一一知之。

12.（宋）钱时《融堂书解》卷十五《周书·无逸》

周公曰，呜呼！君子所其无逸，先知稼穑之艰难，乃逸，则知小人之依。相小人，厥父母勤劳稼穑，厥子乃不知稼穑之艰难，乃逸乃谚。既诞，否则侮厥父母曰，昔之人无闻知。

书凡七转,文理次第相属,乃周公一时所陈,每节必书"周公曰,呜呼"者,言而小止,止而复言,每言辄先发叹,所以重其听也。下文将历陈商周诸君修短之数,皆本于"知稼穑之艰难"与否,故此一节,先将君子、小人之事作例子说起,以明下文之意,方以"无逸"为训,遽发乃逸之义,此却正是圣人随顺启谕,循循善诱之妙。成王年少,但一味律之,而不有以开之,却未必有益。终篇反复,法度森严,凛乎其可畏,而于篇首,急急且以"乃逸"为言,此万世告君之大法也。

13.（宋）魏了翁《尚书要义》卷十五《周书·无逸》

（归善斋按,未引）

14.（宋）陈大猷《书集传或问》卷下《周书·无逸》

（归善斋按,未解）

15.（宋）胡士行《尚书详解》卷九《周书·无逸第十七》

《无逸》。

周公曰,呜呼（更端七,言呜呼,竦王听也）！君子所（居止）其无逸,先知稼穑之艰难,乃（后）逸（处安逸地）,则知（真知）小人之依（所依）。相（视）人,厥父母勤劳稼穑,厥子乃不知稼穑之艰难,乃逸乃谚（叛,注绝句）。既诞（大欺）,否（不答）则侮厥父母曰,昔（古者）之人无闻知

健行不息,天德也,君德也,以无逸为所,如鱼水兽林,安之而不得离也。

16.（元）吴澄《书纂言》卷四下《周书·无逸》

周公曰,呜呼！君子所其无逸,先知稼穑之艰难,乃逸,则知小人之依。相小人,厥父母勤劳稼穑,厥子乃不知稼穑之艰难,乃逸乃谚。既诞,否则侮厥父母曰,昔之人无闻知。

此篇,七更端,皆以"呜呼"发之,重嗟永叹,所以深感动成王也。

君子、小人，以位言。所，语辞也。古人盟誓之辞，发端皆曰"所其"者，有所指而言。无逸者，勤劳而无休息也。勤劳之事非一，而惟小人之于稼穑，最为艰难。君子，于人所勤劳之事，首先能知乎此，身体尽瘁湿暍，备尝耕种耘获，终岁无有逸时，此小人劳逸者之为也。君子虽不为之，而能知之，故乃暇逸之时，则能知小人之所倚赖以为生者在此，而不敢厚敛多取，以困其力也。

视彼小人，其父母勤劳于稼穑，而为农家之子，乃不服田亩，反不知稼穑之艰难，故乃暇逸之时，猥习俚言，既恣为夸诞矣。不然，则又侮讪其父母曰，古老之人，无所闻知，徒尔自苦也。夫劳心以治下者，君子也；劳力以奉上者，小人也。周公教戒成王，亦欲其勤劳于心耳，岂欲其勤劳于力哉？然不知小人劳力之事者，必不能为君子劳心之事。盖劳心者，治人而食于人；劳力者，食人而治于人。居人上者，当思我之崇高富贵，凡宫室衣服饮食之奉，无一不出于民力。彼之劳力，以奉我者如此，其至也。我其可不劳心以治之，而使之得遂其生乎。故此篇七节，自第二节以下，皆以勤劳于心者，勉成王。而篇首独举勤劳于力者为先，俾王知小人勤劳稼穑之事，其善于格君心哉。

17.（元）陈栎《书集传纂疏》卷五《朱子订定蔡氏集传·周书·无逸》

周公曰，呜呼！君子所其无逸。

所，犹处所也。君子以"无逸"为"所"，动静、食息无不在是焉。作辍则非所谓"所"矣。

纂疏

东莱解"所"为"居"字，先生曰，若某则不敢如此说，恐有脱字，则不可知。若说不行而必强立一说，虽若可观，只恐道理不如此。

孔氏曰，君子之道所在，其在无逸豫。

吕氏曰，凡人乍勤乍息，亦有无逸之时，然能暂而不能居，非"所其无逸"者也。惟君子以无逸为所，如鱼之于水，鸟之于林，有不可得而离者焉。

陈氏大猷曰，"所"，若"北辰居其所"之"所"，居而不移动也。

李氏杞曰，所，安也，如止其所，安于无逸也。

愚按，"所其无逸"与"王敬作所，不可不敬德"，朱子皆不以处所、安居之意释之，惧其巧也。然吕说尽可喜。外此，则孔注之说，林氏亦本之，此外则无说矣。吕说，朱子非之，蔡氏仍本之。真氏《乙记》全不取吕、蔡说。《大学衍义》则又全采吕说云。

18.（元）许谦《读书丛说》

（归善斋按，未解）

19.（元）董鼎《书传辑录纂注》卷五《周书·无逸》

周公曰，呜呼！君子所其无逸。

所，犹处所也。君子以"无逸"为"所"，动静食息，无不在是焉。作辍，则非所谓"所"矣。

辑录

萍乡柳兄言，吕东莱解"无逸"一篇极好。先生扣之，曰，伯恭如何解"君子所其无逸"？柳兄曰，吕东莱解"所"字为"居"字，先生曰，若某，则不敢如此说。诸友请曰，先生将如何说？先生曰，恐有脱字，则不可知。若说不行，而必强立一说，虽若可观，只恐道理不如此。盖卿。

纂注

孔氏曰，君子之道，所在其无逸豫。

吕氏曰，凡人乍勤，乍怠，亦有"无逸"之时，然能暂，而不能居，非所其"无逸"者也。惟君子以无逸为所，如鱼之于水，鸟之于林，有不可得而离者焉。

陈氏大猷曰，所，若"北辰居其所"之"所"，盖居而不移之谓。

李氏杞曰，所，安也，犹"止其所"之"所"，"所其无逸"，安于"无逸"也。

新安陈氏曰，"所其无逸"，与"王敬作所，不可不敬德"，朱子皆不欲以处所、安居之意释之，惧其巧凿，非古人之本意也。然吕说为可喜。外此，则孔注所在之说，林氏亦本之。此外，则无说矣。所以吕说，朱子非之，而蔡氏仍本之。真氏《乙记》，《无逸》内却全不取吕、蔡之说，《大学衍义》中，则又全采吕说云。

20.（元）朱祖义《尚书句解》卷九《周书·无逸第十七》

周公曰，呜呼（公叹言），君子所其无逸（君子所其无逸豫者）。

21.（明）王樵《尚书日记》卷十三《周书·无逸》

周公曰，呜呼！君子所其无逸。

"所"字，说见《召诰》。国，以勤而兴，以逸而废；家，以勤而成，以逸而败；事，以勤而立，以逸而隳；心，以勤而存，以逸而放，故"君子所其无逸"。无逸者，君子敬戒、惕励之心也。所其无逸者，君子所以为敬戒、惕励之密也。置此身于天理之中，动静食息，将必有事焉。使有时而操，有时而放，则怠荒，有乘其隙之所矣。怠荒有乘其隙之所，而乌在其能无逸耶？所谓无逸者，无时无处，而不在于"无逸"焉，则君子诚无可以自逸之所，而君子之于无逸也，乃恒其"所"者也，是之曰"所其无逸"。

魏氏曰，古之人君，以天位为至艰，至危，如履虎尾，如蹈春冰，如恫瘝乃身，是故，师氏司朝，仆臣正位，太史奉讳，工师诵诗，御瞽几声，巫史后先，卜筮左右。人主，无一时可纵弛也。虞宾在位，三恪助祭，夏士在庭，殷士在庙，雠民在甸，夷隶在门。人主，无一事不戒惧也。虫飞而会盈，日出，而视朝，朝退而路寝听政，日中而考政，夕而纠虔天刑；日入，而絜奉粢盛，然后即安。人主，无一刻可暇逸也。后妃御见有度，应门击柝，鼓人上堂，女史授环，彤管记过。人主，无一息可肆欲也。夫以贵为天子，富有四海之内，而自朝至昃，兢兢业业，居内之日，常少；居外之时，常多。盖所以养寿命之源，保身以保民也。

胡氏曰，古之人君，朝以听政，则公卿在前，史在左右，谏诤有人，训告教诲而无怠朝矣。昼以访问，则监于成宪，学于古训，多识前言往行，与万民之疾苦，物情之幽隐，而无怠昼矣。夕以修令，则思夫应违，虑夫荣辱，慎而后出，奠而后发，不敢苟也，而无怠夕矣。而又无淫于观，于逸，于游，于田，于酒，于乐。而又盘有铭，几有戒，杖有诏，器有箴，图有规，艺有谏，夫所以寅畏祗惧，不使放心，邪气得少入焉如此。夜而寝息，则又有鸡鸣之贤妃，卷耳之淑女，警戒相成，不怀宴安，昧爽丕显，坐以待旦，此乃忧勤之事也。忧勤如此，乃所以端拱无为也。是故，勤劳者，非衡石程书之谓也；无为者，非遗弃万务，默然兀然之谓也。稽《无逸》周公之言，则人君之法具矣。

按魏、胡二氏之言，无逸之义疏也。魏氏及于养寿命之源，保身以保民，正《无逸》本篇之旨。胡氏及于忧勤，乃所以端拱无为，又谓勤劳非衡石程书之谓，无为非遗弃万务之谓，更足以发明《无逸》言外之旨，学者宜深玩焉。

22.（清）库勒纳等撰《日讲书经解义》卷九《周书·无逸》

周公曰，呜呼！君子所其无逸，先知稼穑之艰难，乃逸，则知小人之依。

此二节书是，首举君子能"无逸"，而因推其"无逸"之由。惟念切民依之故，所以示劝也。君子，指人君。所，处所也。禾，始种为稼，既敛为穑。小人之依，即指稼穑言。成王初政，周公作书以告之，曰，呜呼！人主深居九重，安享大业，一念不谨，或贻四海之忧；一事不谨，或致百世之患，诚不可以暇逸自处也。贤圣之君子知之，故其宅心积虑，朝乾夕惕，时切忧勤。凡动静作息之间，莫不祗严天命，顾畏民喦，兢兢然，惟以"无逸"为所，而不可暂离焉。然"无逸"之道，果何先哉？盖天下最勤苦者，莫如稼穑，彼农夫自东作，以至西成，祁寒暑雨，沾体涂足，历三时之劳勚，始得一时之饱暖，何艰难而不易乎？君子必先知其艰难，而后以此心，而居崇高安逸之位，则身处万民之上，心周草野之中，真知稼穑为小人所依，藉以生，而所为思其艰，以图其易者，自不容于或懈矣，君子所以能无逸者如此。夫成王冲年嗣位，圣智性成，然于稼穑之艰难，容有未及知者，故周公陈"无逸"，首言知小人之依。盖国本于民，民本于食。有国家者，诚不可纵肆，以妨民事，逸豫以夺民时，而使之失其所依也。

（元）王充耘《读书管见》卷下《周书·无逸》

君子所其无逸。

《无逸》首以"君子所其无逸"，与小人不知艰难，作对说，分为两途。下文却引三宗、文王，以实君子所其无逸之言。引"自时厥后立王，生则逸"，以实小人不知稼穑艰难之语。君子所以能所其无逸者，以其先知稼穑艰难，尝涉历辛苦，然后处于安逸之地，则知小人之依，而自放心不下，不能不以忧勤为心矣。所谓三宗，旧为小人，作其即位，而知小人之依者，是也。小人则不然，其父母尝勤劳稼穑，其子未尝涉历艰苦，而乃处安逸之地，宜其纵诞，无所不至。自时厥后立王，生则逸，不知稼穑艰难，不闻小人之劳，而惟耽乐之从者是也。传以"以勤居逸"，"以逸为逸释"，殊不可晓。

（元）陈悦道《书义断法》卷五《周书·无逸》

君子所其无逸，先知稼穑之艰难，乃逸，则知小人之依。

王敬作所，北辰居其所。此之谓"所"，君子之止于至善而不迁也。农之依田，鱼之依水，此所谓"依"，言小人之得所托，而不离也。君子之所谓"所"亦"无逸"而已矣。小人之所谓"依"亦稼穑而已矣。无逸，而知稼穑之难，则虽安逸之时，亦能知民所依，而不敢忽，所谓"以勤处逸"也。周公作《无逸》之书，以告成王，言其所能知其"所"，则必能知所"依"矣。

（明）袁仁《尚书砭蔡编》

君子所其无逸。

注，训"所"为"处"，本吕东莱之说。当时朱晦翁亦讥其太巧。按《说文》引《诗》"伐木所所"，训"所"为"用力"。杨用修云，所，犹勉也。西土人谓用力于有事，为"所"。《召诰》"王敬作所"，与此义同，似觉明顺。

先知稼穑之艰难，乃逸，则知小人之依

1.（汉）孔氏传、（唐）陆德明音义、孔颖达疏《尚书注疏》卷十五《周书·无逸》

先知稼穑之艰难乃逸，则知小人之依。

传，稼穑，农夫之艰难事，先知之乃谋逸豫，则知小人之所依怙。

音义，怙，音户。

疏，正义曰，君子必先知农人稼穑之艰难，然后乃谋为逸豫，如是则知小人之所依怙也。

传正义曰，民之性命在于谷食田作，虽苦，不得不为。寒耕热耘，沾体涂足，是稼穑为农夫艰难之事。在上位者先知稼穑之艰难，乃可谋其逸豫，使家给人足，乃得思虑不劳，是为谋逸豫也。能知稼穑之艰难，则知小人之所依怙，言小人依怙此稼穑之事，不可不勤劳也。上句言君子当无逸，此言乃谋逸豫者，君子之事，劳心与形盘于游畋形之逸也。无为而治，心之逸也。君子无形逸，而有心逸。既知稼穑之艰难，可以谋心逸也。

《尚书注疏》卷十五《考证》

"先知稼穑之艰难乃逸"传"先知之，乃谋逸豫"。

苏轼曰，旧说非也，周公方以逸为戒，何其谋逸之亟也。盖曰，王当先知稼穑之道，惟艰难乃所以逸乐耳。林之奇曰，苏说是也。孔传之失，在"谋"之一字，以逸乐为谋，则是有心于逸，将为民害矣。盖好逸者，未必得逸。无逸者，自然逸也。

2.（宋）苏轼《书传》卷十四《周书·无逸第十七》

（归善斋按，见"周公作《无逸》"）

3.（宋）林之奇《尚书全解》卷三十二《周书·无逸》

（归善斋按，见"周公作《无逸》"）

4.（宋）史浩《尚书讲义》卷十六《周书·无逸》

（归善斋按，见"周公曰，呜呼！君子所其无逸"）

5.（宋）夏僎《尚书详解》卷二十《周书·无逸》

（归善斋按，见"周公曰，呜呼！君子所其无逸"）

6.（宋）时澜《增修东莱书说》卷二十五《周书·无逸第十七》

（归善斋按，见"周公曰，呜呼！君子所其无逸"）

7.（宋）黄度《尚书说》卷六《周书·无逸》

（归善斋按，见"周公曰，呜呼！君子所其无逸"）

8.（宋）袁燮《絜斋家塾书钞》卷十二《周书·无逸》

（归善斋按，见"周公曰，呜呼！君子所其无逸"）

9.（宋）蔡沈《书经集传》卷五《周书·无逸》

先知稼穑之艰难，乃逸，则知小人之依。

"先知稼穑之艰难，乃逸"者，以勤居逸也。依者，指稼穑而言，小民所恃以为生者也。农之依田，犹鱼之依水，木之依土。鱼无水则死，木无土则枯。民非稼穑，则无以生也。故舜自耕稼以至为帝，禹、稷躬稼以有天下。文、武之基，起于后稷。四民之事，莫劳于稼穑；生民之功，莫盛于稼穑。周公发"无逸"之训，而首及乎此，有以哉。

10.（宋）黄伦《尚书精义》卷三十九《周书·无逸》

（归善斋按，见"周公曰，呜呼！君子所其无逸"）

11.（宋）陈经《尚书详解》卷三十五《周书·无逸》

（归善斋按，见"周公曰，呜呼！君子所其无逸"）

12.（宋）钱时《融堂书解》卷十五《周书·无逸》

（归善斋按，见"周公曰，呜呼！君子所其无逸"）

13.（宋）魏了翁《尚书要义》卷十五《周书·无逸》

（归善斋按，未引）

14.（宋）陈大猷《书集传或问》卷下《周书·无逸》

（归善斋按，未解）

15.（宋）胡士行《尚书详解》卷九《周书·无逸第十七》

（归善斋按，见"周公曰，呜呼！君子所其无逸"）

16.（元）吴澄《书纂言》卷四下《周书·无逸》

（归善斋按，见"周公曰，呜呼！君子所其无逸"）

17.（元）陈栎《书集传纂疏》卷五《朱子订定蔡氏集传·周书·无逸》

先知稼穑之艰难，乃逸，则知小人之依。

"先知稼穑之艰难，乃逸"者，以勤居逸也。依者，指稼穑而言，小民所恃以为生者也。农之依田，犹鱼之依水，木之依土。鱼，无水则死；木，无土则枯；民，非稼穑则无以生也。故舜自耕稼，以至为帝。禹、稷躬稼，以有天下。文、武之基，起于后稷。四民之事，莫劳于稼穑；生民之功，莫盛于稼穑。周公发"无逸"之训，而首及乎此，有以哉。

纂疏

林氏曰，惟以稼穑艰难为念，而不留意于逸，乃所以能逸。盖好逸者，未必逸；无逸者，乃能逸也。

吕氏曰，此非始于忧勤，终于逸乐之论也。盖言先备尝稼穑之艰难，乃处于安逸，则深知小人之所依；未知稼穑艰难，而遽处安逸，兴一官室，起一力役，视若易然，而民有不得其死者矣。成王生于深宫，遽处人上，公深为之惧，故以此言警之。若以始难终逸释之，是乾健之体，有时而息矣。后世渐不克终之患，未必非此论启之。

　　陈氏经曰，"乃逸"，非先艰难而后逸乐也，艰难之中自有逸乐之理，君子当以艰难为逸，不当以逸为逸也。

　　张氏栻曰，周自后稷，以农事开国，历世相传，相与咨嗟叹息，服习乎艰难，而咏歌其劳苦，此实王业之根本也。周公告成王，《诗》有《七月》，皆言农桑之候；《书》有《无逸》，欲其知稼穑小人之依，忧深思远，端在于此。治，常生于敬畏；而乱，常起于骄逸。使为国者，每念稼穑之艰难，而心不存焉者，寡矣。此心常存，则骄逸何自而生，岂非治所由兴欤。

　　陈氏大猷曰，"所其无逸"，"知小人之依"，此一篇之纲领。后章，三宗、文王，及怨、詈等，皆反复推明此意。

　　愚按，"先知稼穑之艰难，乃逸"，以为先艰难，而后可谋安逸，固非矣。以为，艰难乃所以为安逸，亦未也。盖君逸于上，君本逸也。惟以勤居逸，则君虽逸，而能"无逸"。吕氏此论，超出诸家。下文"厥子不知稼穑之艰难，乃逸乃谚，既诞"，文势似若六字一句，蔡氏提出谓，此为，以逸为逸，与上文之"乃逸"，以勤居逸者为对，提得精神，如两眼。然虽六字，仍作一句读，亦不妨如此说云。

18.（元）许谦《读书丛说》

（归善斋按，未解）

19.（元）董鼎《书传辑录纂注》卷五《周书·无逸》

　　先知稼穑之艰难，乃逸，则知小人之依。

　　"先知稼穑之艰难乃逸"者，以勤居逸也。依者，指稼穑而言，小民所恃以为生者也。农之依田，犹鱼之依水，木之依土。鱼，无水则死；木，无土则枯；民，非稼穑则无以生也。故舜，自耕稼以至为帝；禹、稷，躬稼以有天下；文、武之基，起于后稷。四民之事，莫劳于稼穑；生民之功，莫盛于稼穑。周公发"无逸"之训，而首及乎此，有以哉。

纂注

林氏曰，惟知稼穑之艰难为念，而不留意于逸者，乃所以能逸。盖好逸者，未必能逸；无逸者，乃能逸也。

吕氏曰，此非始于忧勤，终于逸乐之论也。盖言先备尝稼穑之艰难，乃处于安逸，则深知小人之所依。未尝知稼穑之艰难，而遽处安逸，兴一宫室，起一力役，视若易然，而民有不得其死者矣。成王生于深宫，遽处人上，公深为之惧，故以此章警之。若以始勤终逸释之，是乾健之体，有时而息矣。后世渐不克终之患，未必非此论启之。

南轩张氏曰，周自后稷，以农事开国，历世相传，相与咨嗟，叹息服习乎艰艰，而咏歌其劳苦，此实王业之根本也。周公之告成王，《诗》有《七月》，皆言农桑之候。《书》有《无逸》，欲其知稼穑，知小人之依。帝王所传心法之要，端在于此。夫治，常生于敬畏；而乱，常起于骄逸。使为国者，每念稼穑之艰难，而心不存焉者寡矣。是心常存，则骄矜逸豫，何自而生，岂非治之所由兴欤。

陈氏大猷曰，所其无逸，知小人之依，此一篇之纲领，后章言三宗、文王及怨詈之事，皆反覆推明乎此也。

20.（元）朱祖义《尚书句解》卷九《周书·无逸第十七》

先知稼穑之艰难（以其先知稼穑之事，沾体涂足，不胜艰难），乃逸（终获有秋之利，而享逸豫），则知小人之依（则知小人之依赖者，在于稼穑，因此不敢逸豫）。

21.（明）王樵《尚书日记》卷十三《周书·无逸》

先知稼穑之艰难，乃逸，则知小人之依。

吕氏曰，此言先备尝稼穑之艰难，乃处于安逸，则深知小人之依。未尝知稼穑而遽处安逸，兴一宫室，起一力役，视若易然，而民有不得其死者矣。

按本文"先知"字，与"则知"字为对。蔡传以勤居逸一言，最简而尽。而吕氏之说，亦得其语意，但"备尝"二字，未尽"先知"之义。

如太戊、文王未尝旧劳于外，旧为小人，而稼穑之艰难，如身履之，则有不必备尝，而后知者矣。此大指重在于知，知不知，在心，而非论其事也。"则知小人之依"，言不纵逸，不以土木力役妨民，亦且是粗说。

金氏曰，人主者，小民之主，而所处则安逸之地，易纵于逸。无逸者，谓其勿纵于酒色、耽乐与游、观、田猎之娱也。君子所以无逸者，以其先知稼穑之艰难，乃处安逸之地，则知小人之依，所以能体恤小民，不自纵逸，故能致小民之无怨，亦足以介吾身之寿康。人主而不先知稼穑之艰难，则处安逸之地，不知小人之依。不知小人之依，则但知纵一身之欲。夫不知小人之依，则下致民怨；但知纵一身之欲，则享年不永。此一篇大意，篇首举其端，而篇内详之。

按，经文数"逸"字颇不同，有"逸豫"之"逸"；有"安逸"之"逸"，"所其无逸"，逸豫之逸也，所谓"惟耽乐之从"也，非止一事。"先知稼穑之艰难，乃逸"，此"安逸"之"逸"也。后王"生则逸"，亦此"逸"字。惟生于安逸，不知艰难，所以惟耽乐之从也。此在本篇自有两义，不可不知。

22.（清）库勒纳等撰《日讲书经解义》卷九《周书·无逸》

（归善斋按，见"周公曰，呜呼！君子所其无逸"）

（元）陈悦道《书义断法》卷五《周书·无逸》

（归善斋按，见"周公曰，呜呼！君子所其无逸"）

（清）张英《书经衷论》卷四《周书·无逸》

天位至尊，四海至广。人君处此，苟意所欲为，何不可者。惟知艰难之人处之，则此心收敛而不敢肆，故曰"先知稼穑之艰难，乃逸"。商高宗之"爰暨小人作其即位"，祖甲之"旧为小人，作其即位"是也。"厥子乃不知稼穑之艰难，乃逸"，商后王之"生则逸"是也。后世继体之君，生于深宫之中，长于保傅之手，席丰履厚，其知艰难者，少矣。惟当日，以先正之格，言农夫之疾苦，四海之艰难，反复诰诫，庶其履天位，而知惧，不致有"生则逸"之弊欤。

相小人，厥父母勤劳稼穑，厥子乃不知稼穑之艰难

1. （汉）孔氏传、（唐）陆德明音义、孔颖达疏《尚书注疏》卷十五《周书·无逸》

相小人，厥父母勤劳稼穑，厥子乃不知稼穑之艰难。

传，视小人不孝者，其父母躬勤艰难，而子乃不知其劳。

音义，相，息亮反。

疏，正义曰，视彼小人不孝者，其父母勤劳稼穑，其子乃不知稼穑之艰难。

传正义曰，视小人不孝者，其父母勤苦艰难，劳于稼穑，成于生业，致富以遗之。而其子谓己自然得之，乃不知其父母勤劳。上言视小人之身，此言小人之子者，小人谓无知之人，亦是贱者之称。躬为稼穑是贱者之事，故言小人之子，谓贱者之子，即上所祖之小人也。

2. （宋）苏轼《书传》卷十四《周书·无逸第十七》

相小人，厥父母勤劳稼穑，厥子乃不知稼穑之艰难。

虽农夫之子，生而饱暖，则不知艰难，而况王乎？以训王无忘太王、王季、文武之勤劳王业也。

3. （宋）林之奇《尚书全解》卷三十二《周书·无逸》

（归善斋按，见"周公作《无逸》"）

4. （宋）史浩《尚书讲义》卷十六《周书·无逸》

（归善斋按，见"周公曰，呜呼！君子所其无逸"）

5. （宋）夏僎《尚书详解》卷二十《周书·无逸》

（归善斋按，见"周公曰，呜呼！君子所其无逸"）

6. （宋）时澜《增修东莱书说》卷二十五《周书·无逸第十七》

（归善斋按，见"周公曰，呜呼！君子所其无逸"）

7. （宋）黄度《尚书说》卷六《周书·无逸》

相小人，厥父母勤劳稼穑，厥子乃不知稼穑之艰难，乃逸乃谚。既诞，否则侮厥父母，曰，昔之人无闻知。

谚，同畔谚也，强悍自用之意。诞，欺，一曰大也。不诞，则侮言古昔，陈老之人无所闻知。宋孝武视高祖阴室、葛灯、笼麻、绳拂，曰田舍翁。得此已过矣，是为侮厥父母。

8. （宋）袁燮《絜斋家塾书钞》卷十二《周书·无逸》

（归善斋按，见"周公曰，呜呼！君子所其无逸"）

9. （宋）蔡沈《书经集传》卷五《周书·无逸》

相小人，厥父母勤劳稼穑。厥子乃不知稼穑之艰难，乃逸乃谚。既诞，否则侮厥父母，曰昔之人无闻知。

谚，疑战反。不知稼穑之艰难，乃逸者，以逸为逸也。俚语曰，谚，言视。小民，其父母勤劳稼穑，其子乃生于豢养，不知稼穑之艰难，乃纵逸自恣，乃习俚巷鄙语，既又诞妄，无所不至。不然则又讪侮其父母曰，古老之人，无闻无知，徒自劳苦，而不知所以自逸也。昔刘裕奋农亩，而取江左，一再传后，子孙见其服用，反笑曰，田舍翁。得此亦过矣，此正所谓"昔之人无闻知"也。使成王非周公之训，安知其不以公刘、后稷为田舍翁也。

10. （宋）黄伦《尚书精义》卷三十九《周书·无逸》

（归善斋按，见"周公曰，呜呼！君子所其无逸"）

11. （宋）陈经《尚书详解》卷三十五《周书·无逸》

（归善斋按，见"周公曰，呜呼！君子所其无逸"）

12. （宋）钱时《融堂书解》卷十五《周书·无逸》

（归善斋按，见"周公曰，呜呼！君子所其无逸"）

13. （宋）魏了翁《尚书要义》卷十五《周书·无逸》

（归善斋按，未引）

14. （宋）陈大猷《书集传或问》卷下《周书·无逸》

（归善斋按，未解）

15. （宋）胡士行《尚书详解》卷九《周书·无逸第十七》

（归善斋按，见"周公曰，呜呼！君子所其无逸"）

16. （元）吴澄《书纂言》卷四下《周书·无逸》

（归善斋按，见"周公曰，呜呼！君子所其无逸"）

17. （元）陈栎《书集传纂疏》卷五《朱子订定蔡氏集传·周书·无逸》

相小人，厥父母勤劳稼穑，厥子乃不知稼穑之艰难，乃逸乃谚，既诞，否则侮厥父母曰，昔之人无闻知。

"不知稼穑之艰难乃逸"者，以逸为逸也。俚语曰谚，言视小民，其父母勤劳稼穑，其子乃生于豢养，不知稼穑之艰难，乃纵逸自恣，乃习里巷鄙语，既又诞妄，无所不至。不然则又讪侮其父母，曰古老之人，无闻无知，徒自劳苦，而不知所以自逸也。昔刘裕奋农亩而取江左，一再传后，子孙见其服用，反笑曰，田舍翁，得此亦过矣。此正所谓"昔之人无闻知"也，使成王非周公之训，安知其不以公刘、后稷为田舍翁乎？

纂疏

苏氏曰，农夫之子，生而饱暖，且不知艰难，况于王乎？

《南史》宋高祖刘裕之孙，孝武帝骏，坏高祖所居阴室，为玉烛殿，床头有土障，壁上挂葛灯笼，麻绳拂。袁顗因盛称高祖俭德，骏曰，田舍翁，得此已为过矣。

18.（元）许谦《读书丛说》

（归善斋按，未解）

19.（元）董鼎《书传辑录纂注》卷五《周书·无逸》

相小人，厥父母勤劳稼穑，厥子乃不知稼穑之艰难，乃逸乃谚，既诞，否则侮厥父母曰，昔之人无闻知。

"不知稼穑之艰难，乃逸"者，以逸为逸也。俚语曰谚，言视小民，其父母勤劳稼穑，其子乃生于豢养，不知稼穑之艰难，乃纵逸自恣，乃习里巷鄙语，既又诞妄，无所不至。不然，则又讪侮其父母曰，古老之人，无闻无知，徒自劳苦而不如所以自逸也。昔刘裕奋农亩，而取江左，一再传后，子孙见其服用，反笑曰，田舍翁，得此亦过矣。此正所谓"昔之人无闻知"也。使成王非周公之训，安知其不以公刘、后稷为田舍翁乎？

纂注

苏氏曰，农夫之子生而饱暖，且不知艰难，而况于王乎？《南史》宋高祖刘裕孙孝武帝骏，坏高祖所居阴室，为玉烛殿，床头有土障，壁上挂葛灯笼，麻蝇拂。袁顗因盛称高祖俭德，上曰，田舍翁，得此已为过矣。

20.（元）朱祖义《尚书句解》卷九《周书·无逸第十七》

相小人（奈何相视彼小人），厥父母勤劳稼穑（其父母勤劳于稼穑），厥子乃不知稼穑之艰难（其为子者，食父母之食，衣父母之衣，乃不知衣食自稼穑艰难中来）。

21. （明）王樵《尚书日记》卷十三《周书·无逸》

"相小人，厥父母勤劳"至"昔之人无闻知"。

苏氏曰，虽农夫之子，生而饱暖，则不知艰难，而况于王乎？

蔡传，"以逸为逸"，与上"以勤居逸"为对。人君之位，本逸者也，故曰"以勤居逸"。小人不可云"以逸居逸"，故改"居"字为"为"字。

"不知稼穑之艰难（句），乃逸乃谚，既诞（句）"。上文读"先知稼穑之艰难，乃逸"为句，此却于"艰难"句断，故蔡传云，其子乃生于豢养，不知稼穑之艰难，乃纵逸自恣，乃习俚巷鄙语，既又诞妄，无所不至，此顺文解句也。而首则曰，"不知稼穑之艰难乃逸"者，"以逸为逸"也。此摘文总撮一节之意，与上文"以勤居逸"为反对。故其言不得不然，非于"乃逸"为句断也。"不知稼穑之艰难乃逸"云者，谓不知稼穑之艰难，而纵逸自恣尔。陈氏经，徒见此处，有"以逸为逸"之语，遂移之以解上文曰，艰难之中，自有逸乐之理。君子当以艰难为逸，不当以逸乐为逸也。如其说，是必并改上文之"居"字为"为"字，而后其义始可通也，其亦失蔡氏之意矣。旧有"先知稼穑之艰难，乃谋逸豫"之说，而苏氏非之，以为周公方以逸为戒，何其谋逸之亟也。当知"始勤终逸"之说，固非；以为艰难乃所以为安逸者，亦非也。

22. （清）库勒纳等撰《日讲书经解义》卷九《周书·无逸》

相小人，厥父母勤劳稼穑，厥子乃不知稼穑之艰难，乃逸乃谚，既诞，否则侮厥父母，曰，昔之人无闻知。

此一节书是，举小人之不能，"无逸"者，言外规讽，所以示戒也。相，视也。小人，犹言小民。谚，俗语。诞，诞妄。昔之人，犹言先年老人。周公又曰，凡人当守成之乐，每不知创业之苦。我观田野之小人，其父母勤劳稼穑，身受艰难，而后渐致饶裕。其子生于豢养，遂忘其所自来。乃有不知稼穑之艰难者，乃以逸乐为当然，乃习里巷之鄙语以自喜，既又肆诞妄之行以自恣。不然，则又轻侮其父母，以为年老之人，不知安乐，徒自劳苦而已。夫小民，出自田间，苟不知稼穑艰难，犹越理放恣如此，况人君长于深宫之中，抚有四海之大，谐臣媚子，惟知谀顺，以求亲；公卿大夫，又隔堂廉而难近，往往狭前人之制度，而每事更张驯，至惑心志，而伤风俗。苟非深知"无逸"之道，其何以图治哉。

乃逸乃谚，既诞，否则侮厥父母曰：昔之人无闻知

1.（汉）孔氏传、（唐）陆德明音义、孔颖达疏《尚书注疏》卷十五《周书·无逸》

乃逸乃谚，既诞，否则侮厥父母曰，昔之人无闻知。

传，小人之子既不知父母之劳，乃为逸豫游戏，乃叛谚不恭，已欺诞父母，不欺，则轻侮其父母曰，古老之人无所闻知。

音义，谚，鱼变反。

疏，正义曰，乃为逸豫游戏，乃叛谚不恭，既为欺诞父母矣。不欺，则又侮慢其父母曰，昔之人无所闻知。小人与君子如此相反，王宜知其事也。

传正义曰，此子既不知父母之劳，谓已自然得富，恃其家富，乃为逸豫游戏。乃为叛谚不恭，已是欺诞父母矣。若不欺诞，则轻侮其父母曰，古老之人无所闻知，言其罪之深也。《论语》曰"由也，谚谚则叛"，谚，欺诞不恭之貌，昔训"久"也。自今而道远久，故为古老之人。《诗》云"召彼故老"。

《尚书注疏》卷十五《考证》

乃逸乃谚。

臣浩按，传以"乃逸"为句，宋儒始以"乃逸"属上句读，与上文"先知稼穑之艰难，乃逸"，正相反也。

2.（宋）苏轼《书传》卷十四《周书·无逸第十七》

乃逸乃谚，既诞，否则侮厥父母，曰，昔之人无闻知。

戏侮曰"谚"，大言曰"诞"。信哉，周公之言也。"曰，昔之人无闻知"，至于今，闾巷田里之民，有不令子弟，犹皆相师为此言也。是虮虱蝼蚁，周公何诛焉，而载于《书》，曰，以戒成王也。人君欲自恣于逸乐者，必先诋娸先王，戏玩老成。而小人诪张为幻者，又劝成之。韩非之言曰，尧之有天下也，堂高三尺，采椽不斫，茅茨不剪，虽逆旅之宿，不勤于此矣。冬日鹿裘，夏日葛衣，粢粝之食，藜藿之羹，饮土匦，啜土铏，虽监门之养，不觳于此矣。禹凿龙门，通大夏，疏九河，曲九防，决停水，致之海。股无胈，胫无毛，手足胼胝，面目黧黑，遂以死于外，葬于会稽，虽臣虏之劳，不烈于此矣。然则天子所以贵于有天下者，岂欲苦形劳神，自取逆旅之宿，口食监门之养，手持臣虏之作哉？此不肖人之所勉，非贤者之所务也。此其论，岂不出于昔之人，无闻知也哉。其言至浅陋，而世主悦之，故韩非一言覆秦，杀二世如反掌。自汉以来，学者虽鄙申、韩不取，然世主心悦其言，而阴用之。小人之欲得君者，必私习其说，或诵言称举之。故其学，至于今犹行也。予是以具论之。

3.（宋）林之奇《尚书全解》卷三十二《周书·无逸》

（归善斋按，见"周公作《无逸》"）

4.（宋）史浩《尚书讲义》卷十六《周书·无逸》

（归善斋按，见"周公曰，呜呼！君子所其无逸"）

5.（宋）夏僎《尚书详解》卷二十《周书·无逸》

（归善斋按，见"周公曰，呜呼！君子所其无逸"）

6.（宋）时澜《增修东莱书说》卷二十五《周书·无逸第十七》

（归善斋按，见"周公曰，呜呼！君子所其无逸"）

7.（宋）黄度《尚书说》卷六《周书·无逸》

（归善斋按，见"相小人，厥父母勤劳稼穑，厥子乃不知稼穑之艰难"）

8.（宋）袁燮《絜斋家塾书钞》卷十二《周书·无逸》

（归善斋按，见"周公曰，呜呼！君子所其无逸"）

9.（宋）蔡沈《书经集传》卷五《周书·无逸》

（归善斋按，见"相小人，厥父母勤劳稼穑。厥子乃不知稼穑之艰难"）

10.（宋）黄伦《尚书精义》卷三十九《周书·无逸》

（归善斋按，见"周公曰，呜呼！君子所其无逸"）

11.（宋）陈经《尚书详解》卷三十五《周书·无逸》

（归善斋按，见"周公曰，呜呼！君子所其无逸"）

12.（宋）钱时《融堂书解》卷十五《周书·无逸》

（归善斋按，见"周公曰，呜呼！君子所其无逸"）

13.（宋）魏了翁《尚书要义》卷十五《周书·无逸》

十一、乃逸乃谚，既诞，否，则侮父母。

乃逸乃谚，既诞，否，则侮厥父母，昔之人无闻知。小人之子既不知父母之劳，乃为逸豫游戏，乃叛谚不恭。已欺诞父母，不欺则轻侮其父母，曰，古老之人，无所闻知。

14.（宋）陈大猷《书集传或问》卷下《周书·无逸》

（归善斋按，未解）

15. （宋）胡士行《尚书详解》卷九《周书·无逸第十七》

（归善斋按，见"周公曰，呜呼！君子所其无逸"）

16. （元）吴澄《书纂言》卷四下《周书·无逸》

（归善斋按，见"周公曰，呜呼！君子所其无逸"）

17. （元）陈栎《书集传纂疏》卷五《朱子订定蔡氏集传·周书·无逸》

（归善斋按，见"相小人，厥父母勤劳稼穑。厥子乃不知稼穑之艰难"）

18. （元）许谦《读书丛说》

（归善斋按，未解）

19. （元）董鼎《书传辑录纂注》卷五《周书·无逸》

（归善斋按，见"相小人，厥父母勤劳稼穑。厥子乃不知稼穑之艰难"）

20. （元）朱祖义《尚书句解》卷九《周书·无逸第十七》

乃逸（乃为逸豫游戏）乃谚（则反言议父母）。既诞（既又敢诞父母），否则侮厥父母（不然则又讪侮父母），曰（乃言），昔之人无闻知（我父母古老之人，无闻见识知，不能享其乐也）。

21. （明）王樵《尚书日记》卷十三《周书·无逸》

（归善斋按，见"相小人，厥父母勤劳稼穑。厥子乃不知稼穑之艰难"）

22. （清）库勒纳等撰《日讲书经解义》卷九《周书·无逸》

（归善斋按，见"相小人，厥父母勤劳稼穑。厥子乃不知稼穑之艰难"）

（元）陈师凯《书蔡传旁通》卷五《周书·无逸》

刘裕奋农亩，而取江左，一再传后，子孙见其服用反笑曰，田舍翁。得此亦过矣。

《南史》，宋高祖刘裕孙，孝武帝骏，坏高祖所居阴室，为玉烛殿。床头有土障，壁上挂葛灯笼，麻蝇拂。袁颛因盛称高祖俭德。上曰，田舍翁。得此已为过矣。

周公曰：呜呼！我闻曰：昔在殷王中宗

1. （汉）孔氏传、（唐）陆德明音义、孔颖达疏《尚书注疏》卷十五《周书·无逸》

周公曰，呜呼！我闻曰，昔在殷王中宗。

传，太戊也。殷家中世，尊其德，故称宗。

疏，正义曰，既言君子不逸，小人反之，更举前代之王，以夭寿为戒。周公曰，呜呼！我所闻曰，昔在殷王中宗。

传正义曰，中宗，庙号，太戊，王名。商自成汤已后，政教渐衰，至此王而中兴之王者。祖有功，宗有德。殷家中世，尊其德，其庙不毁，故称中宗。

2. （宋）苏轼《书传》卷十四《周书·无逸第十七》

周公曰，呜呼！我闻曰，昔在殷王中宗，严恭寅畏，天命自度，治民祗惧，不敢荒宁。肆中宗之享国，七十有五年。

中宗，太戊也。此书方论享国之长短，故先言享国之最长者，非世次也。

3.（宋）林之奇《尚书全解》卷三十二《周书·无逸》

周公曰，呜呼！我闻曰，昔在殷王中宗，严恭寅畏，天命自度。治民祗惧，不敢荒宁，肆中宗之享国七十有五年。其在高宗，时旧劳于外，爰暨小人，作其即位，乃或亮阴三年不言，其惟不言，言乃雍，不敢荒宁。嘉靖殷邦，至于小大，无时或怨，肆高宗之享国，五十有九年。其在祖甲，不义惟王，旧为小人，作其即位，爰知小人之依，能保惠于庶民，不敢侮鳏寡，肆祖甲之享国三十有三年。自时厥后立王，生则逸。生则逸，不知稼穑之艰难，不闻小人之劳，惟耽乐之从。自时厥后，亦罔或克寿，或十年，或七八年，或五六年，或四三年。

周公之作《无逸》，盖以成王听政之初，而天下既已太平，未尝劳其筋骨，苦其心志，而遂据此崇高之势，享此治安之效，则畏惧之心易弛，而骄怠之心易生，故欲其知稼穑之艰难，而又以夫小人之逸谚诞侮者戒之，使之知夫前世积累之不易，而不敢轻也。然周公之心，犹以为未也，又称商家之君，其无逸者，则历年有永；其逸者，则蚤坠厥命，使成王将欲耽于逸乐，以苟目前之娱，则无望乎。享国历年之永，将欲耆艾寿考，以保无疆之福，则虽一日之逸，亦不可为也。盖声色、游畋，以肆其逸豫之情，人君之所欲也，而享国长久，以介眉寿，又人君之所大欲也，以其所大欲，节其所欲，庶其知所慕矣。此周公作《无逸》之本意也。《诗》曰"殷鉴不远，在夏后之世"。殷之鉴在夏后之世，则周之鉴，其在殷之世矣。故周公之戒成王，所以举商家无逸之君而为言也。司马侍讲曰，前代无逸之君多矣，独称商家以来贤王者，商事最近，周人熟知其详，故取其切近者，言易法也。商之贤王，不言成汤，而言三宗者，危内翰曰，三宗继世有天下之君，与成王同是也。

此篇言"周公曰，呜呼"者七，司马侍讲曰，人欲有所言，若意深事重，则必先叹息。周公语每更端，则曰"呜呼"是也。中宗，大戊也。大戊，汤之玄孙。大戊兄雍已之立为王也，殷道衰，诸侯或不至。及大戊立，殷复兴，诸侯归之，故其庙为中宗。盖古者，祖有功，而宗有德，其它庙则亲尽而迭毁，惟祖宗之庙，则百世不毁焉。故刘歆曰，天子之庙，七七者，其正法数，可常数也。宗不在此数中，苟有功德，则宗之，不可预为设数。故于殷，大甲为大宗，大戊为中宗，武丁为高宗。周公《无逸》之戒，举殷三宗，以劝成王。由是言之，宗无数也。然则，大戊之称中宗，盖殷人以其有德，以立庙为宗，而不毁。曰中宗者，其庙号也。

"严恭寅畏天命"者，言其畏天也。盖天命之无常，修德则降之以福；不修德，则降之以祸，故不可不敬畏之也。唐孔氏谓，严是威，恭是貌，寅是心。胡博士，则以严为貌，恭为行，寅为心。如薛博士丰祭酒，皆从而为之分别，皆不必如此。既曰严，又曰恭，又曰畏，盖言其畏天之心，有加而无已。《书》之文，其义同，而重复言之者多矣。此正如所谓"日严祗敬六德"，言敬重六德之人，与之共事。而王氏以为，貌严行祗，心敬也。其畏天也，岂徒然哉。

"自度"者，自治以法度也，犹所谓身为法度也。能自治以法度，则不耽于逸豫矣。《史记》曰，大戊立，伊陟为相，亳有祥，桑谷共生于朝，一暮大拱，大戊惧问伊陟。伊陟曰，臣闻妖不胜德，帝之政其有阙欤，帝其修德。大戊从之，而祥桑枯死。夫大戊之于天命，其战战兢兢如此，故其自度可知矣。惟其自度，故以治民，则致其祗惧，而不敢荒怠自安也。昔禹之训有曰，予临兆民，凛乎若朽索之驭六马。为人上者，奈何不敬，则治民不可以不祗惧也。《酒诰》曰，在昔，殷先哲王迪畏天显、小民。大戊之"严恭寅畏天命"，所谓"畏天显"也。"治民祗惧"，所谓畏小民也。惟其无逸如此，故在天子位享国祚者七十有五年。

高宗，武丁，大戊之孙。武丁未即位之前，其父小乙，欲其知稼穑艰难，人民疾苦，故使之出居民间，劳苦于外，及小人共事，故曰"旧劳于外，爰暨小人"。诸家说者，无不以《说命》言"既乃遁于荒野，入宅于河，自河徂亳"，为高宗"旧劳于外"之证据。《说命》"既乃遁于荒野"以下之文，乃甘盘逃遁而去，匿迹晦名，不知其所终，故高宗欲傅说之训朕志，非是高宗"旧劳于外"之事也。高宗既久居民间，亲履其劳，是以起而即天子位，则不敢逸豫，居丧，则亮阴而三年不言。其笃于孝道如此，既免丧，则可以言矣。故言，而天下莫不雍和。盖惟其不言，故言，则天下信之矣。而高宗之所以治民者，则亦如中宗，"不敢荒宁"，故能善治商邦，或小或大，皆得其欢心，无有怨之者。先儒以靖为谋，言善谋殷。窃谓，"靖"当训"治"。《释诂》曰，靖，谋也。《周颂》"日靖四方"，毛曰，谋也。郑曰，治也。郑说为胜，则此亦当训"治"。惟其无逸如此，故高宗之在天子位，享有国祚者，五十有九年也。

祖甲，汤孙大甲也。大甲者，大戊之祖。论世次之先后，则先大甲，次大戊，次武丁。今乃以祖甲，列于武丁之后者，先儒曰，此以德优劣，立年多少为先后，故祖甲在下。而苏氏之说，尤为明白。其说曰，此方论享国之长短，故先言享国之最长者，非世次也。此说为得周公之本意。而郑康成，乃以祖甲为武丁子，帝甲。案，《殷本纪》，武丁崩，子祖庚立；祖庚崩，弟祖甲立，是为帝甲。帝甲淫乱，殷复衰。殷之君，既有祖甲，而又其世次在于武丁之后，则其说似为胜。然帝甲既以淫乱而殷道衰，则非无逸之君，周公岂取之哉。康成之说以谓，帝甲有兄祖庚贤，武丁欲废兄立弟，祖甲以为不义，逃于人间，故曰久为小人。此说盖本于马融，无所经见，难以凭信。陈少南亦以此说为信，而以司马《史记》为诬，且谓，周公言自殷王中宗，及高宗，及祖甲，及我周文王，此其文不可谓不以世次先后言之也。夫周公既以享国之长短为先后，而列序其事于上矣，其曰，自殷王中宗，及高宗，及祖甲，及我周文王，盖因前之文也，非其世次也。唐孔氏引《国语》曰，帝甲乱之，七代而殒，则司马氏以帝甲为淫乱之主，不为无据，岂可谓之诬哉。观《太甲》之篇曰"兹乃不义，习与性成"，又曰"予小子不明于德，自厎不类。欲败度，纵败礼，以速戾于厥躬"，正所谓"不义惟王，旧为小人"，则以祖甲为太甲，岂不明甚。宁不愈于康成所载祖甲旧为小人之事乎？惟太甲之初立，陷于不义，而为小人之行，故伊尹放之于桐宫，致之于忧患之地，而作其愧耻之心。既三年矣，则能悔过自责，处仁迁义，以听伊尹之训己，故其起而即位，则能知小人之所依，不为逸豫，以夺民时，而困民力，故能安顺于众民，虽鳏寡不能自存者，皆有以敬而养之。惟其无逸如此，故太甲之享国者，三十有三年也。

"自时厥后"，谓继三宗而立者，或在中宗之后，或在高宗之后，或在祖甲之后也，其所立之王，生则逸豫无度，自适一己之乐，而不复恤斯民焉。其所以逸豫者，则以生于深宫，长于富贵，不知稼穑之艰难，不闻小人之劳，故惟耽乐之事，则从而为之。惟其逸豫如此，则所以伐性殒寿者多矣。故其享国，高者十年，短者三年而已，周公引商家之君，以其贤否为之鉴戒，盖欲使成王忧勤于上，如商之三宗，则其享国之永，亦将如之久者，七十五年其下者，亦三十三年。苟逸豫于上，如商之后王，则其享国之促，亦将如之，其久者不过十年，其下者惟三年而已。成王将何择哉。世之人，多以寿夭归之天命，殊不知人之或寿，或夭，于己取之而已矣。苟其忧勤如三宗，而其享国之促，至于四三年；逸豫如后王，而其享国之永，至于七十有五年，如此则可以归之命，何者莫之致，而至者命也。若夫忧勤而寿，逸豫而夭，乃其所取也，岂命也哉？古人有言曰，目爱采色，命曰伐性之斧；耳乐淫声，命曰攻心之鼓；口贪滋味，命曰腐肠之药；鼻悦芬芳，命曰薰喉之烟；身安舆驷，命曰召蹶之机。此五者，所以养生亦以伤生，则肆逸豫者，最为害之大，伐性殒寿，所由以起也。

今夫天下之民，其居于深山穷谷之中者，暴露其肤体，劳苦其筋骨，历岁穷年，而不得休息，虽终其身，而不知声色臭味之为可好，故其寿多，至于百年。其居于都邑之间，辇毂之下者，纷华之可乐，嗜欲之可玩，故多不得其天年而死。以是观之，则人君之寿，岂不本于无逸乎？自古人臣之爱君，未有不欲其君之寿考。盖《洪范》五福，一曰寿。五福以寿为先，则世之所谓百福者，莫寿若也。《天保》，报上之诗也，则曰"如南山之寿，不骞不崩"。而召公之"对扬王休"也，亦曰"天子万年"、"天子万寿"。周公之戒成王，盖欲其享国长久，与天地相为无穷。其爱成王之心，可谓至矣。而其所以享国之久长者，则在于无逸，以是知周公爱君之深，所谓爱君以德者也。

4. （宋）史浩《尚书讲义》卷十六《周书·无逸》

周公曰，呜呼！我闻曰，昔在殷王中宗，严恭寅畏，天命自度，治民祗惧，不敢荒宁，肆中宗之享国七十有五年。其在高宗，时旧劳于外，爰暨小人，作其即位，乃或亮阴三年不言，其惟不言，言乃雍，不敢荒宁。嘉靖殷邦，至于小大，无时或怨，肆高宗之享国，五十有九年。其在祖甲，不义惟王，旧为小人，作其即位，爰知小人之依，能保惠于庶民，不敢侮鳏寡，肆祖甲之享国，三十有三年。自时厥后立王，生则逸。生则逸，不知稼穑之艰难，不闻小人之劳，惟耽乐之从。自时厥后，亦罔或克寿，或十年，或七八年，或五六年，或四三年。

中宗，谓太戊也。先言太戊者，以得年之多寡为先后也。夫为天下之至尊，逸也，劳也，唯所欲为，凡无不可意者。今而，严恭寅畏，上怵天命，下惧民情，至于不敢荒宁，谁驱之使然耶，自非其中素知小人之劳，何以至此？高宗之治，《说命》载之详矣，其要在于不敢荒宁，至于商邦嘉靖，想见其时，雍容舒泰，斯民无毫发之扰，小大无怨，固其宜也。祖甲之治，《伊训》、《太甲》、《咸有一德》，载之详矣。其要在于知小人之依，想见其时，务养斯民，穷而无告，悉在鞠育，如慈母爱子。贤则亲之，无能则怜之，不侮鳏寡，固其宜也。此三人者，真贤圣之君。厥享国久长，岂由他得。然而，就三君言之，中宗为至难得，何者？高宗、祖甲，或旧劳于外，或旧为小人，长于民间，亲与物接，知民疾苦，故即位而不敢暇逸。至于中宗，天禀聪睿，于深宫之中，灼知小人之劳，不待目见，身亲而自知艰难，是其为至难得。自时厥后立王，生则逸，不知小人之劳，惟从事于耽乐。耽乐者，庸君以为逸，而圣君以为劳。盖声色鼓荡，玩好荧惑，能使人耳目变易，日新而不得停。内狎嬖佞，外御忠良，能使人心思险愎，日肆而不知倦。自他人观之，无一俄顷休息，而庸君方且安而行之，此古人以为鸩毒也。兹逸也，岂不为劳乎？卒之蹶痿之机，寒热之媒，伐性之斧，腐肠之药，交攻而不赦，欲望其长年，其可得乎？呜呼！周公之爱其君，可谓切至矣。

5.（宋）夏僎《尚书详解》卷二十《周书·无逸》

周公曰，呜呼！我闻曰，昔在殷王中宗，严恭寅畏，天命自度，治民祗惧，不敢荒宁，肆中宗之享国七十有五年。其在高宗，时旧劳于外，爰暨小人，作其即位，乃或亮阴三年不言，其惟不言，言乃雍，不敢荒宁，嘉靖殷邦，至于小大，无时或怨，肆高宗之享国五十有九年。其在祖甲，不义惟王，旧为小人，作其即位，爰知小人之依，能保惠于庶民，不敢侮鳏寡，肆祖甲之享国三十有三年。自时厥后立王，生则逸。生则逸，不知稼穑之艰难，不闻小人之劳，惟耽乐之从。自时厥后，亦罔或克寿，或十年，或七八年，或五六年，或四三年。

周公又更端，故发叹而后言，重其事也。既叹乃言我闻曰，明非臆说，乃得之所闻也。周公谓，闻古人之言，在昔，殷王中宗，即太戊也，其为君也，上则严恭寅畏于天命，下则循法度以治民。惟上畏天，下畏民，故夙夜之间，祗敬畏惧，不敢怠荒，于是以图安宁。

　　王龙舒谓，严恭者，严以恭之，非徒恭而已矣。寅畏者，敬而畏之，非徒畏而已矣。如有寇盗而畏，非不畏也，岂敬而畏之哉？如见小人在位而恭，非不恭也，岂严而恭之哉？此所谓"严恭寅畏"，天畏，即桑谷共生于朝，太戊恐惧修省也。惟太戊上畏天，下畏民，不敢荒宁，故天与之民悦之，而享国七十有五年之永也。自太戊以下十四世，至于高宗，其名曰武丁，旧常勤劳于外，于是所与者，皆在下之小人，此即前所谓旧学于甘盘，既乃遁于荒野，入宅于河，自河徂亳之时也。惟高宗为王子之时，久劳于外，乃作起而即位，又亮阴三年之久，曾不发言，亮阴居父丧也。凡居父丧，则必信然阴默不言，以谨持丧之道，故谓之亮阴。高宗居丧，不妄发言，故及其发言，则切中人情，而人乃雍和。高宗于此，曾不敢荒废于事，自图安静，故能善靖殷邦。盖高宗之前，殷尝衰乱，高宗实靖其乱而中兴也。惟高宗不敢自安，而靖乱中兴，故天下之民，至于小者大者，无时有怨高宗者，而高宗之享国，遂有五十九年之永。此亦由"无逸"之所致也。自高宗而后三世，则其君谓之祖甲。先儒皆以祖甲为太甲，盖见之《史记》及《国语》，皆以祖甲为淫乱之君，故以为太甲。然顺世次言之，太戊之后言高宗，高宗之后言祖甲，其时既自有祖甲，则不应以太甲为祖甲。且司马迁采摘经传，颇多诋谬于圣人，又不见屋壁古经，其言不足信，故当以圣经为证。而郑玄亦谓，祖甲，武丁子也，有兄祖庚贤，其父欲废兄而立祖甲，祖甲以此为不义，逃于民间，故此云"不义惟王，旧为小人"，郑玄此说，于圣经有证，故特从之。周公谓，祖甲旧以高宗欲废兄立己为不义，逃于民间而为小民，及其作起，而即王位，于是遂知小人之所依赖者，在于稼穑，故能保安惠爱于众民，不慢侮鳏夫寡妇，故祖甲享国三十三年之永，此由于"无逸"之所致也。

　　自汤而下，贤圣之君六七作，"无逸"者亦多矣，周公必称三宗者，以三宗享国最长。人君享富贵之极，所慕惟历年尔，故周公所以举享国最长者，欲成王慕而无逸也。周公既举其享国之长者，以为之劝，故又举逸豫以促期者为之戒，谓自是厥后立王生则逸，所谓自时厥后者，非自祖甲之后也，或自中宗之后，或自高宗之后，或自祖甲之后，总言自三宗之后也。周公谓自三宗之后，生则享安逸，不知民间疾苦也。惟其生则享安逸，故不知稼穑之艰难，不闻小人之劳苦，惟耽乐之事是从，故自此之后，亦无有能长享寿考，多者止于十年，其次则七八年，其次则五六年，甚者则止于三年、四年。此盖周公以逸乐促期为成王戒，欲其知惧也。

6. （宋）时澜《增修东莱书说》卷二十五《周书·无逸第十七》

周公曰，呜呼！我闻曰，昔在殷王中宗，严恭寅畏，天命自度，治民祗惧，不敢荒宁，肆中宗之享国七十有五年。其在高宗，时旧劳于外，爰暨小人，作其即位，乃或亮阴三年不言，其惟不言，言乃雍，不敢荒宁，嘉靖殷邦，至于小大，无时或怨，肆高宗之享国，五十有九年。其在祖甲，不义惟王，旧为小人，作其即位，爰知小人之依，能保惠于庶民，不敢侮鳏寡，肆祖甲之享国，三十有三年。自时厥后立王，生则逸。生则逸，不知稼穑之艰难，不闻小人之劳，惟耽乐之从。自时厥后，亦罔或克寿，或十年，或七八年，或五六年，或四三年。

周公既论无逸之理，复举无逸之君，以告成王。叹息而谓之"我闻"，盖语有所自来，欲成王敬听之也。"严恭寅畏"，盖中宗"无逸"之实，严则谨，重恭则降下，寅则肃庄，畏则兢业。合而言之，则敬而已矣。"天命自度"，言中宗常以天命自律也。维天之命，存于心，流行于天下，着见于祲象。内体道心之微，外观天下之公，仰因祲象之示，参验省察，不违其则，所谓以天命自律也。因桑谷之变而修省，此"天命自度"之一端耳。"治民祗惧，不敢荒宁"，天、人一理。既畏天命，必不敢轻下民，故祗惧而不敢荒怠宴安，盖深知民之可畏，而深识治民之果难也。中宗之敬则然矣，所以享国七十有五年，何也？惟敬故寿也。主静则悠远博厚，自强则坚实精明，操存则血气循轨而不乱，收敛则精神内守而不浮，至于俭约克治，去戕贼之累，又不待言。凡此皆敬之力，而寿之理也。自此而下，至于文王，其眉寿，无有害者，莫非此理也。孔子言，仁者寿仁，其体敬其功，与《无逸》互相发也。

"高宗旧劳于外，爰暨小人"，言其未践位之前，备尝劳苦，亲与小人游处，小人之艰难，尽知之矣。"作其即位，乃或亮阴，三年不言"者，盖前日亲见其难，故不敢易其发也。亮阴之制，古之人皆然。至于三年不出一语，乃高宗特以自治，圣贤之君未必尽然，故谓之"乃或"，是或一道也。"言乃雍"，"嘉靖殷邦，至于小大，无时或怨"，三年不言，臣下想望，一言之发，而得传说四海之内，咸仰其德，是言发之后，人情无不雍和，而嘉靖无怨，皆可得而见矣。嘉靖，不徒休息之谓，盖礼乐教化，蔚然于安居乐业之中也。汉高、惠、文、景，与民休息，谓之"靖"，则可安得所谓"嘉靖"乎。"无时或怨"，则非特不怨，盖无怨之根矣。高宗之所以寿，固无异于中宗，然享国五十有九年，于"小大，无时或怨"之后，盖民气大和，导迎善气，是亦寿考之理，又发此意，以深劝成王。下章论文王之"咸和万民"亦是意也。

祖甲，即太甲也。"不义惟王，旧为小人"者，其始不义，习与性成，是所谓"不义惟王"也。"欲败度，纵败礼"，是未居桐宫之前，旧为小人之行也。"作其即位，爰知小人之依，能保惠于庶民，不敢侮鳏寡"，言其"思庸"而复即王位，困心衡虑，深知小人之依，故能保养惠爱庶民，虽鳏寡之微，亦不敢侮。惩其慢之深，故操其敬之力也。太甲世次，盖在中宗、高宗之前，此以享国多寡为次也。

"自时厥后立王，生则逸"，"无逸"之反也。惟其"生则逸"，故不知稼穑之艰难，不闻小人之劳，惟耽乐之从，使其知之，闻之，其敢安于耽乐乎？耽乐之极，伐性丧生，无所不至。故"自时厥后，亦罔或克寿"，又历数悉陈，"或十年，或七八年，或五六年，或四三年"，深警成王，耽乐愈甚，则享年愈促也。大抵守身之本，自天子至于庶人，惟先知自爱不失其身，然后万事自此次第而举。起其敬，而收其肆者，莫大于是，此则周公忠爱拳拳之意也。

商去周未远，故周公以成王耳目所接者言之，独称三君者，"中宗严恭寅畏"，不言所因，则几于"生而知之"者也。"高宗旧劳于外"，由经履历涉而后成德，则"学而知之"者也。祖甲旧为不义，则"困而知之"者也。人之品学之等，无出此三者。举此三君，其义已备，不必复广引，非有所去取也。其论逸王，则从其多者。而概言之，亦非谓三君之后，其君皆逸，以意逆志可也。

7.（宋）黄度《尚书说》卷六《周书·无逸》

周公曰，呜呼！我闻曰，昔在殷王中宗，严恭寅畏，天命自度，治民祗惧，不敢荒宁。肆中宗之享国七十有五年。

每章称周公曰，又嗟叹之丁宁儆戒之意，修身、事天、治民同一敬也。

8.（宋）袁燮《絜斋家塾书钞》卷十二《周书·无逸》

周公曰，呜呼！我闻曰，昔在殷王中宗，严恭寅畏，天命自度，治民祗惧，不敢荒宁。肆中宗之享国七十有五年。

读《无逸》，须看周公这许多"呜呼"处，叹息而言之，所以使人有所感动也。"无逸"之理，人谁不会说，但周公自说得，别只观其反复叹息，直是如此深切，安得不使人感动。"严恭寅畏"，大略只是敬畏之意。"自度"者，自合度也。这个"自度"，便是天命。在天，则谓之天命；在人，则谓之法度。今果能周旋于规矩法度之中，念虑纯一，私意不萌，岂非所以事天乎。观大戊因桑谷之祥，而一时君臣之间，恐惧修省，可谓能畏天者矣。"不敢荒宁"，须看这"不敢"二字，盖有一敢，心何所不至。古人直是不敢，能如此畏惧，斯其所以享国之长久也。尝观古之圣贤，往往皆享高寿。尧、舜皆百十有余岁，不特上之人为然，下之人亦大概多寿。所谓父不丧子，兄不哭弟。盖古人之所以自养者，得其道，是以其寿亦永。后世，戕其生者多矣，安得不夭折。且如喜怒之非其时，起居之失其节，饮食之或不谨，如此者皆足以伤生而损寿。若是，"严恭寅畏，天命自度"，如此等事，皆无有矣。兢兢业业，常如临深履薄，念虑之间，纯一不杂，安得不享高寿。孔子所谓"仁者寿"，是也。

9.（宋）蔡沈《书经集传》卷五《周书·无逸》

周公曰，呜呼！我闻曰，昔在殷王中宗，严恭寅畏，天命自度，治民祗惧，不敢荒宁，肆中宗之享国七十有五年。

中宗，太戊也。严，则庄重；恭，则谦抑。寅，则钦肃；畏，则戒惧。天命，即天理也。中宗"严恭寅畏"，以天理而自检律其身，至于治民之际，亦祗敬恐惧，而不敢怠荒安宁。中宗"无逸"之实如此，故能有享国永年之效也。按《书序》太戊有《原命》、《咸乂》等篇，意述其当时敬天治民之事，今无所考矣。

10.（宋）黄伦《尚书精义》卷三十九《周书·无逸》

周公曰，呜呼！我闻曰，昔在殷王中宗，严恭寅畏，天命自度，治民祗惧，不敢荒宁。肆中宗之享国七十有五年。

无垢曰，呜呼！周公之于成王之心，可谓切矣。前言小人放逸，所以警之使退。今言古先哲王敬德，所以引之使前。成王知放逸之不可为，而敬德之可以长年也，则入德之阶，显然可升矣。中宗，商王太戊也。心不散，则严貌不乱，则恭。中宗，非特行于庙堂之上也，在暗室之中，亦若此焉。不然，何以动天心，感民心哉？

又曰，惟严恭，故于天命，则知所寅畏；于治民，则知自度。

又曰，忧畏者，必有俭德。俭则仁，仁则惟恐勤民动众，妖夭杀胎，故天下皆成和气。和气所至，动有生意，此中宗所以长年也。放逸者，必侈汰。侈汰，则不仁，害虐烝民，暴殄天物，天下皆成怨气。怨气凝结，触之则死，岂有长年之理乎？人主之所畏者，最畏短命，此周公所以警成王也。

周氏曰，周公恐成王之未信也，故引先代人君无逸享年者，以明之。中宗，即太戊也。太戊都亳，亳有妖怪，桑谷二木共生于朝，七日而大拱，天着不恭之训，大戊恐惧，作《原命》之篇，告其相伊陟，以改过自新，遂能弭灾变，致太平，故经曰，在太戊时，格于上帝。此"严恭寅畏"，天命之实也。自度、治民者，自其身，由法度，以率百姓。源浊，而求其流之清；表曲，而求其影之直，没世而不可得矣。

陈氏曰，外，致其严恭；内，致其寅畏。自度，言自治以法度也。言祗以钦之，言惧以畏之。中宗"严恭寅畏"于天命，故以之治身，则自度；以之治民，则祗惧，如是，岂以逸豫为哉？故于事，不敢荒；于心，不敢宁，尤以畏天为主也。

11. （宋）陈经《尚书详解》卷三十五《周书·无逸》

周公曰，呜呼！我闻曰，昔在殷王中宗，严恭寅畏，天命自度，治民祗惧，不敢荒宁。肆中宗之享国七十有五年。

周公推而下之，极于小人之情，欲使成王即小以观大也。周公又推而上之，及于商家之三宗，欲使成王考古以验今也。我闻诸古人曰，昔商家之中宗太戊也，曰严，曰恭者，敬之见于貌也。曰寅，曰畏者，敬之见于心也。此四者，所以形容其敬，惟其敬之至者，无一而不与天理合。天命自度者，以天命之理，自为法度。凡身之所躬行，合于法度者，无非天命之流行。推以治民，则亦存祗惧之心。无告者不虐，鳏寡者不敢侮，皆治民之祗惧也。既存祗惧之心，则惟恐一夫不被其泽，一民不蒙其利，尚有荒忽安宁者哉。中宗所以能上合天理，下勤民事者，皆自夫严恭寅畏者发之。曰自度，曰祗惧，不敢荒宁，即严恭寅畏之形见也。

"肆中宗之享国七十有五年"，经曰，惟天降下民，典厥义，降年有永，有不永。非天夭命，民中绝命。人生禀赋之初，命未尝不全具，惟夫人自戕贼，则息其所以为生之理，故为乖气，为疾病，为夭死。惟能全其所以为生之理，则顺受其正，故为和气，为康宁，为寿，在夫人所以取之如何耳？孔子曰，仁者寿。董仲舒曰，尧舜行德，则民人寿。此中宗之享国，所以如是之永也。

12. （宋）钱时《融堂书解》卷十五《周书·无逸》

周公曰，呜呼！我闻曰，昔在殷王中宗，严恭寅畏，天命自度，治民祗惧，不敢荒宁。肆中宗之享国七十有五年。其在高宗，时旧劳于外，爰暨小人，作其即位，乃或亮阴，三年不言。其惟不言，言乃雍，不敢荒宁。嘉靖殷邦，至于小大，无时或怨。肆高宗之享国五十有九年。其在祖甲，不义惟王，旧为小人，作其即位，爰知小人之依，能保惠于庶民，不敢侮鳏寡。肆祖甲之享国三十有三年。自时厥后立王，生则逸，生则逸，不知稼穑之艰难，不闻小人之劳，惟耽乐之从。自时厥后，亦罔或克寿，或十年，或七八年，或五六年，或四三年。

此书所称诸君皆曰"不敢"。不敢二字极宜细玩。

13. （宋）魏了翁《尚书要义》卷十五《周书·无逸》

十二、大戊，庙号中宗，以不逸，享国七十五年。

正义曰，既言君子不逸，小人反之，更举前代之王，以夭寿为戒。周公曰，呜呼，我所闻曰，昔在殷王中宗，威仪严恪，貌恭心敬，畏天命，用法度治民，敬身畏惧，不敢荒怠自安，故中宗之享有殷国七十有五年，言不逸之故，而得历年长也。中宗，庙号。大戊，王名。商自成汤以后，政教渐衰，至此王而中兴之王者，祖有功，宗有德。殷家申世，尊其德，其庙不毁，故称中宗。

14. （宋）陈大猷《书集传或问》卷下《周书·无逸》

（归善斋按，未解）

15. （宋）胡士行《尚书详解》卷九《周书·无逸第十七》

周公曰，呜呼！我闻曰，昔在殷王中宗（大戊），严（谨重）恭（降下）寅（肃庄）畏（兢业）天命（注绝句）。自度（以天自律），治民祗惧，不敢荒宁。肆中宗之享（有）国七十有五年。其在高宗（武丁），时旧劳于外（为王子时，父小乙，使居民间），爰暨（及）小人。作其即位，乃或亮（信）阴（默），三年不言。其惟不言，言乃雍（和），不敢荒宁。嘉（善）靖（安）殷邦，至于小大，无时或怨。肆高宗之享国五十有九年。其在祖甲（太甲），不义惟王（败度、败礼），旧为小人（居桐），作其即位，爰知小人之依，能保惠于庶民，不敢侮鳏寡（于庶民中，加意鳏寡）。肆祖甲之享国三十有三年。

此无逸之验也。

16. （元）吴澄《书纂言》卷四下《周书·无逸》

周公曰，呜呼！我闻曰，昔在殷王中宗，严恭寅畏，天命自度，治民祗惧，不敢荒宁。肆中宗之享国，七十有五年。

中宗，大戊庙号。严恭，敬之形于外；寅畏，敬之主于中。自度，犹

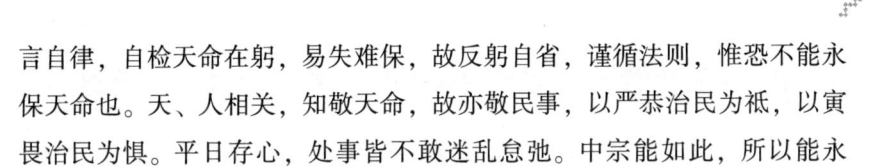

言自律，自检天命在躬，易失难保，故反躬自省，谨循法则，惟恐不能永保天命也。天、人相关，知敬天命，故亦敬民事，以严恭治民为祗，以寅畏治民为惧。平日存心，处事皆不敢迷乱怠弛。中宗能如此，所以能永年也。

17.（元）陈栎《书集传纂疏》卷五《朱子订定蔡氏集传·周书·无逸》

周公曰，呜呼！我闻曰，昔在殷王中宗，严恭寅畏，天命自度，治民祗惧，不敢荒宁。肆宗中之享国七十有五年。

中宗，太戊也。严，则庄重；恭，则谦抑；寅，则钦肃；畏，则戒惧。天命，即天理也。"中宗严恭寅畏"，以天理而自检律其身，至于治民之际，亦祗敬恐惧，而不敢怠荒安宁。中宗"无逸"之实如此，故能有享国永年之效也。按《书》序，太戊有《原命》、《咸乂》等篇，意述其当时，敬天治民之事，今无所考矣。

纂疏

孔氏曰，以敬畏之故，得寿考之福。下文言逸乐之损寿。

吕氏曰，上既论"无逸"之理，此复举"无逸"之君以示之法，此中宗"无逸"之实。"严恭寅畏"，合而言之，敬也。因桑谷而修省，亦其畏天命之一端。天人一理，既畏天命，必不敢轻下民。祗惧，不敢荒宁，皆敬也。惟敬，故寿也。主静，则悠远博厚；自强，则坚实精明；操存，则血气循轨而不乱；收敛，则精神内固而不浮。凡此皆敬之方，寿之理也。自此至文王，其寿莫非此理。

陈氏经曰，以天命之理，自为法度，凡身所躬行，合于法度者，无非天命之流行。

李氏杞曰，无逸，必寡欲，寡欲而不寿者，鲜矣；逸乐，必多欲，多欲而能全生者，亦鲜矣。既以无欲致寿为劝，又以逸乐损寿为戒，使前有所慕，则知无逸之可法；后有所警，则知逸乐之不可纵。

18.（元）许谦《读书丛说》

（归善斋按，未解）

19.（元）董鼎《书传辑录纂注》卷五《周书·无逸》

周公曰，呜呼！我闻曰，昔在殷王中宗，严恭寅畏，天命自度，治民祗惧，不敢荒宁。肆中宗之享国七十有五年。

中宗，太戊也。严，则庄重；恭，则谦抑；寅，则钦肃；畏，则戒惧。天命，即天理也。中宗"严恭寅畏"，以天理而自检律其身，至于治民之际，亦祗敬恐惧，而不敢怠荒安宁。中宗"无逸"之实如此，故能有享国永年之效也。案《书》序，太戊有《原命》、《咸乂》等篇，意述其当时敬天治民之事，今无所考矣。

纂注

孔氏曰，以敬畏之故，得寿考之福。下文言逸乐之损寿。

吕氏曰，上既论"无逸"之理，此复举"无逸"之君以示之法，此中宗"无逸"之实。严、恭、寅、畏，合而言之，敬也。因桑谷而修省，亦其畏天命之一端。天、人一理，既畏天命，必不敢轻下民。祗惧，不敢荒宁，皆敬也。惟敬，故寿也；主静，则悠远博厚；自强，则坚实精明；操存，则血气循轨而不乱；收敛，则精神内固而不浮。至于俭约克治，去戕贼之累，又不待言。凡此，皆敬之方，寿之理也。自此，至文王，其寿莫非此理。

李氏杞曰，"无逸"，必寡欲，寡欲而不寿者鲜矣；逸乐，必多欲，多欲而能全生者亦鲜矣。既以无逸致寿者，为之劝；又以逸乐损寿者，为之戒。使前有所慕，后有所警。有所慕，则知"无逸"之可法；有所警，则知逸乐之不可纵。

20.（元）朱祖义《尚书句解》卷九《周书·无逸第十七》

周公曰，呜呼（凡此更端皆叹，而重其事）！我闻曰（我闻古人之言），昔在殷王中宗（大戊）。

21.（明）王樵《尚书日记》卷十三《周书·无逸》

"周公曰，呜呼！我闻曰，昔在殷王中宗"至"七十有五年"。

孔氏曰，太戊也，殷家中世，尊其德，故称宗。

正义曰，中宗庙号，殷家中世，尊其德，其庙不毁，故称中宗。

吕氏曰，上既论无逸之理，此复举无逸之君以示之法，此中宗"无逸"之实。严、恭、寅、畏，合而言之，敬也。天命自度，言中宗常以天命自持也。内，体道心之微；外，观天下之公，而不违其则。天、人一理，既畏天命，必不敢轻下民，中宗之敬则然矣，所以享国七十五年，何也？惟敬，则寿也。操存，则血气循轨而不乱；收敛，则精神内固而不浮。至于俭约克治，去戕贼之累，又不在言。凡此，皆敬之力，而寿之理也。自此而下，至于文王，皆此理。

金氏曰，天命，天所付予之理也。自度以天理，为己尺度，不敢逾越也。

孔氏曰，以敬畏之故，得寿考之福。

愚按，敬畏得寿，盖"无逸"，必寡，欲寡欲而不寿者，鲜矣；逸乐，必多欲，多欲而克寿者，亦鲜矣。如吕氏推说敬则寿之意亦佳。享国七十有五年，自尧、舜以后，未有久于此者。后代享国有及五十年者，已为绝少，而又多不克终。中宗、高宗、祖甲、文王享国年数，皆以在位言；惟穆王享国百年，则通生年而数。

蔡氏曰，书序，太戊有《原命》、《咸乂》等篇，意述其当时敬天治民之事，今无考矣。

22. （清）库勒纳等撰《日讲书经解义》卷九《周书·无逸》

周公曰，呜呼！我闻曰，昔在殷王中宗，严恭寅畏，天命自度，治民祗惧，不敢荒宁。肆中宗之享国七十有五年。

此一节书是，言殷中宗"无逸"之事也。天命，即天理。自度，自检束也。上文既言"无逸"之理，此下乃举古昔"无逸"之君以证之。周公复叹息曰，人主所最欲得者，莫如寿，然惟"无逸"乃能致之。历观古人，皆有明效。我闻曰，昔在殷王中宗，太戊，实能先知稼穑之艰难，故其处己也，庄重以严，谦抑以恭，钦肃以寅，戒惧以畏。凡心之存发，无不以天命之理，自检其身而凛乎。若规矩律度之不敢越，其治民也又祗敬恐惧，常思民心之可畏，民生之难保，而不敢怠荒安宁，以少渝其检束之心。盖自修己以至治民，皆一于敬，所以心常安静，身常保摄，精神完固，血气收敛。其享国也，至于七十五年之久。中宗"无逸"之效如此。

（元）陈悦道《书义断法》卷五《周书·无逸》

昔在殷王中宗，严恭寅畏，天命自度，治民祗惧，不敢荒宁。肆中宗之享国七十有五年。

严恭寅畏，皆敬也。敬之所积，皆天理之流行，固足以自捡，律其身，而以身为度矣。若夫治民之祗惧无怠，则其敬心所发见，而自不能已，享国之悠久无疆亦其天命之在我。而仁者必寿，治民之敬，皆诚心充积之盛，享国之久，亦天理自然之安。周公举此，以见诚之不可掩，效之必可期，固非强勉于人，而责报于天也，即"严、恭、寅、畏"四字观之，则中宗之积诚、敬久矣。

（清）朱鹤龄《尚书埤传》卷十三《周书·无逸》

殷王中宗。

王应麟曰，《史本纪》，太戊，为太甲之孙。《三代表》云，太戊，小甲弟，则亦是沃丁弟，太甲子。《书》正义谓，《本纪》、《世表》，必有一误（孔传同《本纪》蔡用之）。

吕祖谦曰，中宗惟敬，故寿。主静，则渊凝悠裕；自强，则坚实清明；操存，则血气循轨而不乱；收敛，则精神内固而不浮。自此，至文王，其寿莫非此理。后世人主，乃有慕神仙之术以求长生者，岂非大愚。

严恭寅畏，天命自度

1.（汉）孔氏传、（唐）陆德明音义、孔颖达疏《尚书注疏》卷十五《周书·无逸》

严恭寅畏，天命自度。

传，言太戊严恪恭敬畏天命，用法度。

音义，严，如字，又鱼检反，注同，马作俨。

疏，正义曰，威仪严恪，貌恭心敬，畏天命用法度。

传正义曰，《祭义》云，严威俨恪，故引"恪"配"严"。郑玄云，恭在貌，敬在心，然则，严是威，恭是貌，敬是心，三者名异，故累言之。

2. （宋）苏轼《书传》卷十四《周书·无逸第十七》

（归善斋按，未解）

3. （宋）林之奇《尚书全解》卷三十二《周书·无逸》

（归善斋按，见"周公曰，呜呼！我闻曰，昔在殷王中宗"）

4. （宋）史浩《尚书讲义》卷十六《周书·无逸》

（归善斋按，见"周公曰，呜呼！我闻曰，昔在殷王中宗"）

5. （宋）夏僎《尚书详解》卷二十《周书·无逸》

（归善斋按，见"周公曰，呜呼！我闻曰，昔在殷王中宗"）

6. （宋）时澜《增修东莱书说》卷二十五《周书·无逸第十七》

（归善斋按，见"周公曰，呜呼！我闻曰，昔在殷王中宗"）

7. （宋）黄度《尚书说》卷六《周书·无逸》

（归善斋按，见"周公曰，呜呼！我闻曰，昔在殷王中宗"）

8. （宋）袁燮《絜斋家塾书钞》卷十二《周书·无逸》

（归善斋按，见"周公曰，呜呼！我闻曰，昔在殷王中宗"）

9. （宋）蔡沈《书经集传》卷五《周书·无逸》

（归善斋按，见"周公曰，呜呼！我闻曰，昔在殷王中宗"）

10. （宋）黄伦《尚书精义》卷三十九《周书·无逸》

（归善斋按，见"周公曰，呜呼！我闻曰，昔在殷王中宗"）

11. （宋）陈经《尚书详解》卷三十五《周书·无逸》

（归善斋按，见"周公曰，呜呼！我闻曰，昔在殷王中宗"）

12. （宋）钱时《融堂书解》卷十五《周书·无逸》

（归善斋按，见"周公曰，呜呼！我闻曰，昔在殷王中宗"）

13. （宋）魏了翁《尚书要义》卷十五《周书·无逸》

（归善斋按，未引）

14. （宋）陈大猷《书集传或问》卷下《周书·无逸》

（归善斋按，未解）

15. （宋）胡士行《尚书详解》卷九《周书·无逸第十七》

（归善斋按，见"周公曰，呜呼！我闻曰，昔在殷王中宗"）

16. （元）吴澄《书纂言》卷四下《周书·无逸》

（归善斋按，见"周公曰，呜呼！我闻曰，昔在殷王中宗"）

17. （元）陈栎《书集传纂疏》卷五《朱子订定蔡氏集传·周书·无逸》

（归善斋按，见"周公曰，呜呼！我闻曰，昔在殷王中宗"）

18. （元）许谦《读书丛说》

（归善斋按，未解）

19. （元）董鼎《书传辑录纂注》卷五《周书·无逸》

（归善斋按，见"周公曰，呜呼！我闻曰，昔在殷王中宗"）

20. （元）朱祖义《尚书句解》卷九《周书·无逸第十七》

严恭寅畏天命（上，则严恭寅畏天命。严以恭之，非徒恭而已。敬，而畏之，非徒畏而已。如有寇盗而畏，岂敬畏哉？如见小人在位，而恭，岂严恭哉）。

21. （明）王樵《尚书日记》卷十三《周书·无逸》

（归善斋按，见"周公曰，呜呼！我闻曰，昔在殷王中宗"）

22. （清）库勒纳等撰《日讲书经解义》卷九《周书·无逸》

（归善斋按，见"周公曰，呜呼！我闻曰，昔在殷王中宗"）

（元）陈悦道《书义断法》卷五《周书·无逸》

（归善斋按，见"周公曰，呜呼！我闻曰，昔在殷王中宗"）

治民祗惧，不敢荒宁

1. （汉）孔氏传、（唐）陆德明音义、孔颖达疏《尚书注疏》卷十五《周书·无逸》

治民祗惧，不敢荒宁。
传，为政敬身，畏惧不敢荒怠自安。
音义，治，直吏反。
疏，正义曰，治民敬身，畏惧不敢荒怠自安。

2.（宋）苏轼《书传》卷十四《周书·无逸第十七》

（归善斋按，未解）

3.（宋）林之奇《尚书全解》卷三十二《周书·无逸》

（归善斋按，见"周公曰，呜呼！我闻曰，昔在殷王中宗"）

4.（宋）史浩《尚书讲义》卷十六《周书·无逸》

（归善斋按，见"周公曰，呜呼！我闻曰，昔在殷王中宗"）

5.（宋）夏僎《尚书详解》卷二十《周书·无逸》

（归善斋按，见"周公曰，呜呼！我闻曰，昔在殷王中宗"）

6.（宋）时澜《增修东莱书说》卷二十五《周书·无逸第十七》

（归善斋按，见"周公曰，呜呼！我闻曰，昔在殷王中宗"）

7.（宋）黄度《尚书说》卷六《周书·无逸》

（归善斋按，见"周公曰，呜呼！我闻曰，昔在殷王中宗"）

8.（宋）袁燮《絜斋家塾书钞》卷十二《周书·无逸》

（归善斋按，见"周公曰，呜呼！我闻曰，昔在殷王中宗"）

9.（宋）蔡沈《书经集传》卷五《周书·无逸》

（归善斋按，见"周公曰，呜呼！我闻曰，昔在殷王中宗"）

10.（宋）黄伦《尚书精义》卷三十九《周书·无逸》

（归善斋按，见"周公曰，呜呼！我闻曰，昔在殷王中宗"）

11.（宋）陈经《尚书详解》卷三十五《周书·无逸》

（归善斋按，见"周公曰，呜呼！我闻曰，昔在殷王中宗"）

12.（宋）钱时《融堂书解》卷十五《周书·无逸》

（归善斋按，见"周公曰，呜呼！我闻曰，昔在殷王中宗"）

13.（宋）魏了翁《尚书要义》卷十五《周书·无逸》

（归善斋按，未引）

14.（宋）陈大猷《书集传或问》卷下《周书·无逸》

袁氏曰，周公论三宗，《无逸》但说"不敢荒宁，不侮鳏寡"，盖古人所谓"无逸"，非谓于事为必躬、必亲，只此心致敬，便是"无逸"，盖敬则战战兢兢，惟恐一毫不到，安得去逸乐。后世人主，如衡石程书，皆是君代臣职，以此为无逸，乃是"元首丛脞"，何异于自纵逸者耶？是"元首明哉"，大抵古人之无逸，此心之无逸也。后世之无逸，事为之无逸也。

15.（宋）胡士行《尚书详解》卷九《周书·无逸第十七》

（归善斋按，见"周公曰，呜呼！我闻曰，昔在殷王中宗"）

16.（元）吴澄《书纂言》卷四下《周书·无逸》

（归善斋按，见"周公曰，呜呼！我闻曰，昔在殷王中宗"）

17.（元）陈栎《书集传纂疏》卷五《朱子订定蔡氏集传·周书·无逸》

（归善斋按，见"周公曰，呜呼！我闻曰，昔在殷王中宗"）

18.（元）许谦《读书丛说》

（归善斋按，未解）

19.（元）董鼎《书传辑录纂注》卷五《周书·无逸》

（归善斋按，见"周公曰，呜呼！我闻曰，昔在殷王中宗"）

20.（元）朱祖义《尚书句解》卷九《周书·无逸第十七》

自度治民（下，则从法度以治民），祗惧不敢荒宁（夙夜之间，祗敬恐惧不敢荒废于事，以图安宁）。

21.（明）王樵《尚书日记》卷十三《周书·无逸》

（归善斋按，见"周公曰，呜呼！我闻曰，昔在殷王中宗"）

22.（清）库勒纳等撰《日讲书经解义》卷九《周书·无逸》

（归善斋按，见"周公曰，呜呼！我闻曰，昔在殷王中宗"）

（元）陈悦道《书义断法》卷五《周书·无逸》

（归善斋按，见"周公曰，呜呼！我闻曰，昔在殷王中宗"）

肆中宗之享国七十有五年

1.（汉）孔氏传、（唐）陆德明音义、孔颖达疏《尚书注疏》卷十五《周书·无逸》

肆中宗之享国七十有五年。
传，以敬畏之故，得寿考之福。
疏，正义曰，故中宗享有殷国七十有五年，言不逸之故，而得历年长也。
《尚书注疏》卷十五《考证》
肆中宗之享国七十有五年。
臣召南按，帝尧之后，享国久长，首推太戊，计其寿，当得一百一十余岁。其父太庚二十五年，其兄小甲十七年，雍己十二年，即云生自太庚末年，其嗣位时，盖亦三十余岁矣。经虽无"旧为小人，旧劳于外"之明文，而"稼穑"、"民依"，必熟知之，故能敬天勤民，所其无逸，为三宗之首也。

2. （宋）苏轼《书传》卷十四《周书·无逸第十七》

（归善斋按，见"周公曰，呜呼！我闻曰，昔在殷王中宗"）

3. （宋）林之奇《尚书全解》卷三十二《周书·无逸》

（归善斋按，见"周公曰，呜呼！我闻曰，昔在殷王中宗"）

4. （宋）史浩《尚书讲义》卷十六《周书·无逸》

（归善斋按，见"周公曰，呜呼！我闻曰，昔在殷王中宗"）

5. （宋）夏僎《尚书详解》卷二十《周书·无逸》

（归善斋按，见"周公曰，呜呼！我闻曰，昔在殷王中宗"）

6. （宋）时澜《增修东莱书说》卷二十五《周书·无逸第十七》

（归善斋按，见"周公曰，呜呼！我闻曰，昔在殷王中宗"）

7. （宋）黄度《尚书说》卷六《周书·无逸》

（归善斋按，见"周公曰，呜呼！我闻曰，昔在殷王中宗"）

8. （宋）袁燮《絜斋家塾书钞》卷十二《周书·无逸》

（归善斋按，见"周公曰，呜呼！我闻曰，昔在殷王中宗"）

9. （宋）蔡沈《书经集传》卷五《周书·无逸》

（归善斋按，见"周公曰，呜呼！我闻曰，昔在殷王中宗"）

10. （宋）黄伦《尚书精义》卷三十九《周书·无逸》

（归善斋按，见"周公曰，呜呼！我闻曰，昔在殷王中宗"）

11. （宋）陈经《尚书详解》卷三十五《周书·无逸》

（归善斋按，见"周公曰，呜呼！我闻曰，昔在殷王中宗"）

12. （宋）钱时《融堂书解》卷十五《周书·无逸》

（归善斋按，见"周公曰，呜呼！我闻曰，昔在殷王中宗"）

13. （宋）魏了翁《尚书要义》卷十五《周书·无逸》

（归善斋按，未引）

14. （宋）陈大猷《书集传或问》卷下《周书·无逸》

（归善斋按，未解）

15. （宋）胡士行《尚书详解》卷九《周书·无逸第十七》

（归善斋按，见"周公曰，呜呼！我闻曰，昔在殷王中宗"）

16. （元）吴澄《书纂言》卷四下《周书·无逸》

（归善斋按，见"周公曰，呜呼！我闻曰，昔在殷王中宗"）

17. （元）陈栎《书集传纂疏》卷五《朱子订定蔡氏集传·周书·无逸》

（归善斋按，见"周公曰，呜呼！我闻曰，昔在殷王中宗"）

18. （元）许谦《读书丛说》

（归善斋按，未解）

19.（元）董鼎《书传辑录纂注》卷五《周书·无逸》

（归善斋按，见"周公曰，呜呼！我闻曰，昔在殷王中宗"）

20.（元）朱祖义《尚书句解》卷九《周书·无逸第十七》

肆中宗之享国七十有五年（故天与之民悦之，享国之永）。

21.（明）王樵《尚书日记》卷十三《周书·无逸》

（归善斋按，见"周公曰，呜呼！我闻曰，昔在殷王中宗"）

22.（清）库勒纳等撰《日讲书经解义》卷九《周书·无逸》

（归善斋按，见"周公曰，呜呼！我闻曰，昔在殷王中宗"）

（元）陈悦道《书义断法》卷五《周书·无逸》

（归善斋按，见"周公曰，呜呼！我闻曰，昔在殷王中宗"）

（清）张英《书经衷论》卷四《周书·无逸》

人君一身崇高富贵已极，所不可知者，寿耳。故《无逸》一篇，独举享国延促以为言，所谓动之以其至欲也。秦皇、汉武，服药求长生，究不可得，特未讲于斯耳。人皆知逸乐可以致寿，忧劳所以戕生，不知人情不能无欲，惟心有所谋，身有所事，孜孜矻矻于此，则贪嗜纵欲之事，自然而无。尝见田野之人，终岁蒙霜犯露，沾体涂足，食粗衣敝，而身体康强，多有大年者。富贵之子席丰履厚，锦衣玉食，晏起蚤眠，四体安逸，而肌肤柔脆，精力虚耗，多有不获享年者。一则身体劳，嗜欲不减，而自减；一则身体逸，嗜欲不恣，而自恣。故延促若斯之异也。

其在高宗，时旧劳于外，爰暨小人

1. （汉）孔氏传、（唐）陆德明音义、孔颖达疏《尚书注疏》卷十五《周书·无逸》

其在高宗，时旧劳于外，爰暨小人。

传，武丁其父小乙，使之久居民间，劳是稼穑，与小人出入同事。

疏，正义曰，其殷王高宗父在之时，久劳于外，于时与小人同其事。

传正义曰，旧，久也，在即位之前而言，久劳于外，知是其父小乙，使之久居民间，劳是稼穑，与小人出入同为农役，小人之艰难事也。太子使与小人同劳，此乃非常之事，不可以非常怪之，于时盖未为太子也。殷道虽质，不可既为太子，更得于小人杂居也。

2. （宋）苏轼《书传》卷十四《周书·无逸第十七》

其在高宗时，旧劳于外，爰暨小人，作其即位，乃或亮阴三年不言，其惟不言，言乃雍。

雍，和也。以其久不言之故，言则天下信之。

3. （宋）林之奇《尚书全解》卷三十二《周书·无逸》

（归善斋按，见"周公曰，呜呼！我闻曰，昔在殷王中宗"）

4. （宋）史浩《尚书讲义》卷十六《周书·无逸》

（归善斋按，见"周公曰，呜呼！我闻曰，昔在殷王中宗"）

5. （宋）夏僎《尚书详解》卷二十《周书·无逸》

（归善斋按，见"周公曰，呜呼！我闻曰，昔在殷王中宗"）

6. (宋)时澜《增修东莱书说》卷二十五《周书·无逸第十七》

(归善斋按,见"周公曰,呜呼!我闻曰,昔在殷王中宗")

7. (宋)黄度《尚书说》卷六《周书·无逸》

其在高宗,时旧劳于外,爰暨小人,作其即位,乃或亮阴三年不言。其惟不言,言乃雍,不敢荒宁,嘉靖殷邦,至于小大,无时或怨。肆高宗之享国五十有九年。

作,起其事间见,故"或"之。居丧不言,礼也。无命令耳信乎。阴默绝无声闻,则未之见也。言出,而民欢悦之,"言乃雍也"。

8. (宋)袁燮《絜斋家塾书钞》卷十二《周书·无逸》

其在高宗,时旧劳于外,爰暨小人。作其即位,乃或亮阴,三年不言。其惟不言,言乃雍,不敢荒宁,嘉靖殷邦,至于小大,无时或怨。肆高宗之享国五十有九年。

所谓"旧劳于外,爰暨小人",却非是躬亲稼穑之事,盖使之处畎亩间,与小民出入为侣,而亲见稼穑艰难,忘其贵骄之习也。此先王教世子之深意,古者,王世子与公卿大夫元士之适子,齿于学,故曰天子之元子,士也。天下无生而贵者,所以古人处万乘之尊,而略无一毫骄矜之气。盖其平日常处人下,而未尝自大也。自后世,生则贵骄,便自尊大,失古意矣。"嘉靖殷邦",谓之嘉靖,盖非寻常之所谓"靖"也。后世人主,好靖者,亦有矣。然纪纲不立,法度不修,凡事皆委靡而不振,岂得谓之"嘉靖"乎?"嘉靖"者,非不事事之谓也。至于"小大无时或怨",言皆莫有怨其上者也。《无逸》中多说这"怨"字,如曰"民否,则厥心违怨",如曰"小人怨汝詈汝则皇自敬德",盖为天下,岂可使民有怨其上之心。古人所以兢兢业业,抚摩斯民,惟幸其无怨而已。"无时或怨",则是举天下皆心服。这高宗更无有怨心者,是甚次第。

9.（宋）蔡沈《书经集传》卷五《周书·无逸》

其在高宗，时旧劳于外，爰暨小人。作其即位，乃或亮阴，三年不言。其惟不言，言乃雍，不敢荒宁，嘉靖殷邦，至于小大，无时或怨。肆高宗之享国五十有九年。

亮，音梁；阴，音庵。高宗，武丁也，未即位之时，其父小乙，使久居民间，与小民出入同事，故于小民稼穑艰难，备尝知之也。雍，和也，发言和顺当于理也。嘉，美；靖，安也。嘉靖者，礼乐教化，蔚然于安居乐业之中也。汉文帝，与民休息，谓之靖，则可；谓之嘉，则不可。"小大无时或怨"者，"万民咸和"也。乃雍者，和之发于身；嘉靖者，和之达于政；无怨者，和之着于民也。余见《说命》。高宗"无逸"之实如此，故亦有享国永年之效也。

10.（宋）黄伦《尚书精义》卷三十九《周书·无逸》

其在高宗，时旧劳于外，爰暨小人，作其即位，乃或亮阴，三年不言。其惟不言，言乃雍，不敢荒宁，嘉靖殷邦，至于小大，无时或怨。肆高宗之享国五十有九年

无垢曰，中宗天性"无逸"，高宗因艰难而"无逸"，虽所入路不同，其所以为，"无逸"则一也。高宗未为太子时，其父小乙欲其知稼穑艰难，故使之久劳于外，爰暨小人同为艰难之事。非苦之也，盖所以成就之也。岂以小乙知武丁器质英迈，必能中兴商家，故使之遍历艰难，庶几知民间利病乎？盖惟涉山川者，知险阻；苦寒暑者，知炎凉。汉宣，久在间阎，乃尽知民之疾苦，遂为汉家贤主，亦何怪乎高宗哉？

又曰，嘉，善也。靖，安也。善，安慰天下，至于无小无大，皆怀其深恩厚泽，无一人或怨之者。呜呼！其盛矣哉。盖放逸，则必扰民，故多怨；无逸，则必靖民，故多誉，此自然之理也。

11.（宋）陈经《尚书详解》卷三十五《周书·无逸》

其在高宗，时旧劳于外，爰暨小人，作其即位，乃或亮阴，三年不言。其惟不言，言乃雍，不敢荒宁，嘉靖殷邦，至于小大，无时或怨。肆

高宗之享国五十有九年。

中宗之严恭寅畏，出于天性；高宗之不敢荒宁，本于有所因，当其久劳于外之时，爱及小人同处。意者，小乙使之居于外，俾之涉历艰难也。及其起而即君位也，乃或亮阴三年，居小乙之丧，信任冢宰，默然无言，夫其不言者，非不能言也，于不言之中，所以涵养之者深矣，是故有所不言则已，一有言焉，而天下皆大和，谓学傅说也。虽其言乃雍，而犹且不敢荒宁。常人之情，于言乃雍之后，未必不自怠。而高宗之心，不敢荒，愈生不足之心，故能嘉靖商邦。嘉，善也。靖，安也。商邦不特安静之而已，又且皆归于善，至于小大，无有或怨其上者。民不怨其上，则人人得其所欲也。故高宗之享国有五十九年之永。然则高宗历年之久者，岂非因艰难而得之哉。

12. （宋）钱时《融堂书解》卷十五《周书·无逸》

（归善斋按，见"周公曰，呜呼！我闻曰，昔在殷王中宗"）

13. （宋）魏了翁《尚书要义》卷十五《周书·无逸》

十三、高宗，旧劳于外，在丧不言，言而天下和。

正义曰，旧，久也。在即位之前，而言久劳于外，知是其父小乙，使之久居民间，劳是稼穑，与小人出入，同为农役。小人之艰难事也，太子使与小人同劳，此乃非常之事，不可以非常怪之，于时盖未为太子也。殷道虽质，不可既为太子，更得与小人杂居也。

言起其即王位，则小乙取也。亮，信也。阴，默也。三年不言，以旧无功，而今有故言乃有说此事者，言其孝行着也。《礼记丧服》四制引《书》云，高宗谅暗三年不言，善之也。王者，莫不行此礼，何以独善之也。曰高宗者，武丁。武丁者，殷之贤王也。继世即位，而慈良于丧。当此之时，殷衰而复兴，礼废而复起，故载之于书中而高之。故谓之高宗三年之丧，君不言也。

14. （宋）陈大猷《书集传或问》卷下《周书·无逸》

（归善斋按，未解）

15.（宋）胡士行《尚书详解》卷九《周书·无逸第十七》

（归善斋按，见"周公曰，呜呼！我闻曰，昔在殷王中宗"）

16.（元）吴澄《书纂言》卷四下《周书·无逸》

其在高宗，时旧劳于外，爰暨小人，作其即位，乃或亮阴，三年不言。其惟不言，言乃雍，不敢荒宁，嘉靖殷邦，至于小大，无时或怨。肆高宗之享国，五十有九年。

高宗，武丁庙号。亮阴，居丧之名。郑氏读为"梁暗"。雍，和也，发言和顺，当于理也。嘉者，美之至；靖者，治安之谓。高宗旧时劳苦于外，及与小人游处，起自民间，即天子位，盖尝亲历民事艰难，故发言不敢轻易。居丧不言，礼也。然三年之久，不出一言，圣贤之君未必尽然。高宗独能如此，故谓"乃或"，犹言"是或一道"也。惟不轻言，故言发而当。前此，殷国中衰，不可言靖，况可言嘉乎？高宗存心处事，亦如中宗，不敢荒宁，遂能中兴，嘉靖殷国，至于或小或大之人，咸得其安，无于是时，而或有怨者。高宗能如此，所以能永年也。

17.（元）陈栎《书集传纂疏》卷五《朱子订定蔡氏集传·周书·无逸》

其在高宗，时旧劳于外，爰暨小人，作其即位，乃或亮阴，三年不言。其惟不言，言乃雍，不敢荒宁，嘉靖殷邦，至于小大，无时或怨。肆高宗之享国五十有九年。

高宗，武丁也，未即位之时，其父小乙，使久居民间，与小民出入同事，故于小民稼穑艰难，备尝知之也。雍，和也，发言和顺，当于理也。嘉，美；靖，安也。嘉靖者，礼乐教化，蔚然于安居乐业之中也。汉文帝与民休息，谓之靖，则可；谓之嘉，则不可。小大无时或怨者，万民咸和也。乃雍者，和之发于身。嘉靖者，和之达于政；无怨者，和之着于民也。余见《说命》。高宗"无逸"之实如此，故亦有享国永年之效也。

纂疏

吕氏曰，小大无怨，民气大和。导迎和气，是亦寿考之理。下章论文王咸和万民,亦是意也。篇末二章,论违怨、诅祝、怨詈,实申此意而尽发之。

18.（元）许谦《读书丛说》

（归善斋按,未解）

19.（元）董鼎《书传辑录纂注》卷五《周书·无逸》

其在高宗,时旧劳于外,爰暨小人,作其即位,乃或亮阴,三年不言。其惟不言,言乃雍。不敢荒宁,嘉靖殷邦,至于小大,无时或怨。肆高宗之享国五十有九年。

高宗,武丁也,未即位之时,其父小乙,使久居民间,与小民出入同事,故于小民稼穑艰难,备尝知之也。雍,和也,发言和顺,当于理也。嘉,美；靖,安也。嘉靖者,礼乐教化,蔚然于安居乐业之中也。汉文帝与民休息,谓之靖,则可；谓之嘉,则不可。小大无时或怨者,万民咸和也。乃雍者,和之发于身。嘉靖者,和之达于政。无怨者,和之着于民也。余见《说命》。高宗"无逸"之实如此,故亦有享国永年之效也。

纂注

吕氏曰,三年不言,圣贤之君,未必尽然,故谓之"乃或",是"或"一道也。小大无怨,民气大和,导迎和气,是亦寿考之理。又发此意,以申劝成王。下章论文王"咸和万民",亦是意也。篇末二章之论违怨、诅祝、怨詈,实申此意,而尽发之。

张氏曰,不敢荒宁,则志气凝定,精神纯一,此长年之基。民心大和,导迎善气,又所以致长年也。盖神气耗散,则根本不固,厉气外袭,则天和日消。有一于此,皆足致夭。

20.（元）朱祖义《尚书句解》卷九《周书·无逸第十七》

其在高宗时（自大戊以下,十四世至高宗,其名曰武丁）,旧劳于外（旧为王子,常勤劳于外）,爰暨小人（于是所与者,在下之小人）。

21.（明）王樵《尚书日记》卷十三《周书·无逸》

"其在高宗，时旧劳于外"至"五十有九年"。

孔氏曰，其父小乙，使之久居民间，与小人出入同事。

正义曰，使与小人同劳，其时盖未为太子也。殷道虽质，不可既为太子，更得与小人杂居也。

亮阴说，见《商书》。宅忧亮阴三年而犹不言，所谓恭默、思道也。其惟不言，言乃雍和，发无不当，亦法中宗，不敢荒怠自安，用能嘉靖殷邦，至于小大，无时或怨。化行俗美，谓之嘉；四方安业，谓之靖。汉文帝与民休息，谓之靖，则可；谓之嘉，则未可。小大无时或怨，万民咸和也，此所以为嘉靖也。高宗无逸之实如此，故亦享国永年。

传中"和"字，因发言和顺，而生其实。和之，发于身，本于恭默思道；和之，达于政，着于民，本于不敢荒宁，是高宗之得力处，亦在一"敬"字而已。

金氏谓，知小人之依，所以能体恤小民，不自纵逸，故能致小人之无怨，亦足以介吾身之寿康，以此证高宗尤切。

22.（清）库勒纳等撰《日讲书经解义》卷九《周书·无逸》

其在高宗，时旧劳于外，爰暨小人，作其即位，乃或亮阴，三年不言。其惟不言，言乃雍，不敢荒宁，嘉靖殷邦，至于小大，无时或怨。肆高宗之享国五十有九年。

此一节书是，言高宗"无逸"之事也。旧，言未为天子之时；亮阴，天子居忧之所。雍，和也。嘉，美也。靖，安也。周公又曰，殷之"无逸"者，不特中宗也，又有高宗武丁，当其为太子之时，其父小乙，欲其知稼穑之艰难，乃使处于民间，爰与小人出入同事。凡闾阎之勤苦，无不备知。至其作而即位，居小乙之丧，在亮阴中恭默思道，不肯轻易发言。惟其不肯轻言，故涵养之深，和顺积中，而英华发外。一旦见之于言，无不仰合天理，俯协民心，雍然一于和焉。至其治民之际，则兢业于万几，而不敢有一事之荒；危惧于一心，而不敢有一念之宁。惟以治世安民为务，使百姓生养遂，教化明，而殷之邦国，蔚然嘉美于安靖之中，乃至万邦之远，无小无大，咸被德泽，而无有怨恫之意。斯则和气致祥，由君身而见于行政，及于下民，所以天休滋至，保佑有加。其享国亦至五十有九年之久，高宗"无逸"之效如此。

按，《易》称高宗伐鬼方三年克之；《诗》纪高宗挞伐荆楚，诸侯畏服，武功大烈，为殷宗最盛。然其大本所存，惟在于敬。盖敬以治民，则民无不安；敬以治兵，则兵无不胜。一切经邦致远之略，皆以君心为主。君心既正，虽有顽梗，弗庭，自然畏威而怀德矣。

（明）陈第《尚书疏衍》卷四

爰暨小人作。

其在高宗时，旧劳于外，爰暨小人作（句）。其即位，乃或亮阴云云。其在祖甲，不义惟王，旧为小人作（句）。其即位，爰知小人之依云云，此其词义至明畅也。自孔安国以爰暨小人为句，作其即位为句，至今因之弗改。夫小人，细民也，作，耕作也。暨小人作，则知稼穑之艰难矣。今曰，爰暨小人，则所暨者，何事耶？且曰，其即位，义无所欠。曰起其即位，词亦少艰矣。按传，武丁父小乙，使之久居民间，劳是稼穑，与小人出入同事，意可识矣。愚故具论之，以俟后之读者。

（清）朱鹤龄《尚书埤传》卷十三《周书·无逸》

爰暨小人。

孔疏，使与小民同劳，其时盖未为太子也。殷道虽质，不可既为太子，更与小人杂居也。

王樵曰，爰暨小人，如汉宣帝；旧为小人，如汉光武。

作其即位，乃或亮阴，三年不言

1.（汉）孔氏传、（唐）陆德明音义、孔颖达疏《尚书注疏》卷十五《周书·无逸》

作其即位，乃或亮阴，三年不言。

传，武丁起其即王位，则小乙死乃有信默，三年不言，言孝行着。

音义，行，下孟反。

疏，正义曰，后为太子，起其即王之位，乃有信默，三年不言。

传正义曰，以上言久劳于外，为父在时事，故言起其即王位，则小乙死也。亮，信也。阴，默也。三年不言，以旧无功，而今有故。言，乃有说此事者，言其孝行着也。《礼记·丧服》四制引《书》云，高宗谅暗三年不言，善之也。王者莫不行此礼，何以独善之也。曰，高宗者，武丁。武丁者，殷之贤王也。继世即位，而慈良于丧，当此之时，殷衰而复兴，礼废而复起，故载之于《书》中而高之，故谓之"高宗"。三年之丧，君不言也。是说此经不言之意也。

2. （宋）苏轼《书传》卷十四《周书·无逸第十七》

（归善斋按，见"其在高宗时，旧劳于外，爰暨小人"）

3. （宋）林之奇《尚书全解》卷三十二《周书·无逸》

（归善斋按，见"周公曰，呜呼！我闻曰，昔在殷王中宗"）

4. （宋）史浩《尚书讲义》卷十六《周书·无逸》

（归善斋按，见"周公曰，呜呼！我闻曰，昔在殷王中宗"）

5. （宋）夏僎《尚书详解》卷二十《周书·无逸》

（归善斋按，见"周公曰，呜呼！我闻曰，昔在殷王中宗"）

6. （宋）时澜《增修东莱书说》卷二十五《周书·无逸第十七》

（归善斋按，见"周公曰，呜呼！我闻曰，昔在殷王中宗"）

7. （宋）黄度《尚书说》卷六《周书·无逸》

（归善斋按，见"其在高宗时，旧劳于外，爰暨小人"）

8.（宋）袁燮《絜斋家塾书钞》卷十二《周书·无逸》

（归善斋按，见"其在高宗时，旧劳于外，爰暨小人"）

9.（宋）蔡沈《书经集传》卷五《周书·无逸》

（归善斋按，见"其在高宗时，旧劳于外，爰暨小人"）

10.（宋）黄伦《尚书精义》卷三十九《周书·无逸》

（归善斋按，见"其在高宗时，旧劳于外，爰暨小人"）

11.（宋）陈经《尚书详解》卷三十五《周书·无逸》

（归善斋按，见"其在高宗时，旧劳于外，爰暨小人"）

12.（宋）钱时《融堂书解》卷十五《周书·无逸》

（归善斋按，见"周公曰，呜呼！我闻曰，昔在殷王中宗"）

13.（宋）魏了翁《尚书要义》卷十五《周书·无逸》

（归善斋按，见"其在高宗时，旧劳于外，爰暨小人"）

14.（宋）陈大猷《书集传或问》卷下《周书·无逸》

（归善斋按，未解）

15.（宋）胡士行《尚书详解》卷九《周书·无逸第十七》

（归善斋按，见"周公曰，呜呼！我闻曰，昔在殷王中宗"）

16.（元）吴澄《书纂言》卷四下《周书·无逸》

（归善斋按，见"其在高宗时，旧劳于外，爰暨小人"）

17.（元）陈栎《书集传纂疏》卷五《朱子订定蔡氏集传·周书·无逸》

（归善斋按，见"其在高宗时，旧劳于外，爰暨小人"）

18.（元）许谦《读书丛说》

（归善斋按，未解）

19.（元）董鼎《书传辑录纂注》卷五《周书·无逸》

（归善斋按，见"其在高宗时，旧劳于外，爰暨小人"）

20.（元）朱祖义《尚书句解》卷九《周书·无逸第十七》

作其即位（及作起而即位），乃或亮阴，三年不言（乃或居父之丧，信然阴默三年，必谨持丧之道，曾不发言）。

21.（明）王樵《尚书日记》卷十三《周书·无逸》

（归善斋按，见"其在高宗时，旧劳于外，爰暨小人"）

22.（清）库勒纳等撰《日讲书经解义》卷九《周书·无逸》

（归善斋按，见"其在高宗时，旧劳于外，爰暨小人"）

其惟不言，言乃雍，不敢荒宁

1.（汉）孔氏传、（唐）陆德明音义、孔颖达疏《尚书注疏》卷十五《周书·无逸》

其惟不言，言乃雍，不敢荒宁。

传，在丧则其惟不言。丧毕发言，则天下和，亦法中宗，不敢荒怠自安。

疏，正义曰，在丧其惟不言，丧毕发言，言得其道，乃天下大和，不敢荒怠自安。

传正义曰，郑玄云，其不言之时，时有所言，则群臣皆和谐。郑玄意谓此言乃雍者，在三年之内，时有所言也。孔意以为出言在三年之外，故云，在丧其惟不言。丧毕发言，则天下太和。知者，《说命》云，王宅忧，谅阴三祀。既免丧，其惟不言。除丧犹尚不言，在丧必无言矣。故知丧毕乃发言也。高宗不敢荒宁，与中宗正同，故云亦法中宗，不敢荒怠自安。殷家之王，皆是明王，所为善事，计应略同，但古文辞有差异，传因其文，同故言法中宗也。

2. （宋）苏轼《书传》卷十四《周书·无逸第十七》

（归善斋按，另见"其在高宗时，旧劳于外，爰暨小人"）

不敢荒宁，嘉靖殷邦，至于小大，无时或怨，肆高宗之享国，五十有九年。

高宗，武丁也。

3. （宋）林之奇《尚书全解》卷三十二《周书·无逸》

（归善斋按，见"周公曰，呜呼！我闻曰，昔在殷王中宗"）

4. （宋）史浩《尚书讲义》卷十六《周书·无逸》

（归善斋按，见"周公曰，呜呼！我闻曰，昔在殷王中宗"）

5. （宋）夏僎《尚书详解》卷二十《周书·无逸》

（归善斋按，见"周公曰，呜呼！我闻曰，昔在殷王中宗"）

6. （宋）时澜《增修东莱书说》卷二十五《周书·无逸第十七》

（归善斋按，见"周公曰，呜呼！我闻曰，昔在殷王中宗"）

7.（宋）黄度《尚书说》卷六《周书·无逸》

（归善斋按，见"其在高宗时，旧劳于外，爰暨小人"）

8.（宋）袁燮《絜斋家塾书钞》卷十二《周书·无逸》

（归善斋按，见"其在高宗时，旧劳于外，爰暨小人"）

9.（宋）蔡沈《书经集传》卷五《周书·无逸》

（归善斋按，见"其在高宗时，旧劳于外，爰暨小人"）

10.（宋）黄伦《尚书精义》卷三十九《周书·无逸》

（归善斋按，见"其在高宗时，旧劳于外，爰暨小人"）

11.（宋）陈经《尚书详解》卷三十五《周书·无逸》

（归善斋按，见"其在高宗时，旧劳于外，爰暨小人"）

12.（宋）钱时《融堂书解》卷十五《周书·无逸》

（归善斋按，见"周公曰，呜呼！我闻曰，昔在殷王中宗"）

13.（宋）魏了翁《尚书要义》卷十五《周书·无逸》

十四、郑谓，言乃雍，在丧三年内，与孔异。

郑玄云，其不言之时，时有所言，则群臣皆和谐。郑玄意谓，此"言乃雍"者。在三年之内，时有所言也。孔意则为，出言在三年之外，故云在丧，则其惟不言。丧毕发言，则天下大和。知者，《说命》云"王宅忧，亮阴三祀"，既免丧，其惟不言，除丧犹尚不言，在丧必无言矣。

14.（宋）陈大猷《书集传或问》卷下《周书·无逸》

（归善斋按，未解）

15.（宋）胡士行《尚书详解》卷九《周书·无逸第十七》

(归善斋按，见"周公曰，呜呼！我闻曰，昔在殷王中宗")

16.（元）吴澄《书纂言》卷四下《周书·无逸》

(归善斋按，见"其在高宗时，旧劳于外，爰暨小人")

17.（元）陈栎《书集传纂疏》卷五《朱子订定蔡氏集传·周书·无逸》

(归善斋按，见"其在高宗时，旧劳于外，爰暨小人")

18.（元）许谦《读书丛说》

(归善斋按，未解)

19.（元）董鼎《书传辑录纂注》卷五《周书·无逸》

(归善斋按，见"其在高宗时，旧劳于外，爰暨小人")

20.（元）朱祖义《尚书句解》卷九《周书·无逸第十七》

其惟不言，言乃雍（惟居丧不妄发言，及发言则切中人情，而雍和），不敢荒宁（不敢荒废于事，以图安宁）。

21.（明）王樵《尚书日记》卷十三《周书·无逸》

(归善斋按，见"其在高宗时，旧劳于外，爰暨小人")

22.（清）库勒纳等撰《日讲书经解义》卷九《周书·无逸》

(归善斋按，见"其在高宗时，旧劳于外，爰暨小人")

（明）袁仁《尚书砭蔡编》

言乃雍。

《坊记》引此书作"言乃欢",谓言出而人欢悦之,犹所谓言而民莫不信也。蔡训"雍"为"和",其义较浅。

嘉靖殷邦,至于小大,无时或怨

1.（汉）孔氏传、（唐）陆德明音义、孔颖达疏《尚书注疏》卷十五《周书·无逸》

嘉靖殷邦,至于小大,无时或怨。

传,善谋殷国,至于小大之政,人无是有怨者,言无非。

疏,正义曰,善谋殷国,至于小大之政,莫不得所。其时之人,无是有怨恨之者。

传正义曰,《释诂》云,嘉,善也。靖,谋也。善谋殷国,谋为政教,故至于小大之政,皆允人意,人无是有怨高宗者,言其政无非也。郑云,小大,谓万人上,及群臣,言人臣小大,皆无怨王也。

2.（宋）苏轼《书传》卷十四《周书·无逸第十七》

（归善斋按,未解）

3.（宋）林之奇《尚书全解》卷三十二《周书·无逸》

（归善斋按,见"周公曰,呜呼！我闻曰,昔在殷王中宗"）

4.（宋）史浩《尚书讲义》卷十六《周书·无逸》

（归善斋按,见"周公曰,呜呼！我闻曰,昔在殷王中宗"）

5. (宋)夏僎《尚书详解》卷二十《周书·无逸》

(归善斋按,见"周公曰,呜呼!我闻曰,昔在殷王中宗")

6. (宋)时澜《增修东莱书说》卷二十五《周书·无逸第十七》

(归善斋按,见"周公曰,呜呼!我闻曰,昔在殷王中宗")

7. (宋)黄度《尚书说》卷六《周书·无逸》

(归善斋按,见"其在高宗时,旧劳于外,爰暨小人")

8. (宋)袁燮《絜斋家塾书钞》卷十二《周书·无逸》

(归善斋按,见"其在高宗时,旧劳于外,爰暨小人")

9. (宋)蔡沈《书经集传》卷五《周书·无逸》

(归善斋按,见"其在高宗时,旧劳于外,爰暨小人")

10. (宋)黄伦《尚书精义》卷三十九《周书·无逸》

(归善斋按,见"其在高宗时,旧劳于外,爰暨小人")

11. (宋)陈经《尚书详解》卷三十五《周书·无逸》

(归善斋按,见"其在高宗时,旧劳于外,爰暨小人")

12. (宋)钱时《融堂书解》卷十五《周书·无逸》

(归善斋按,见"周公曰,呜呼!我闻曰,昔在殷王中宗")

13. (宋)魏了翁《尚书要义》卷十五《周书·无逸》

(归善斋按,未引)

14. (宋)陈大猷《书集传或问》卷下《周书·无逸》

(归善斋按,未解)

15.（宋）胡士行《尚书详解》卷九《周书·无逸第十七》

（归善斋按，见"周公曰，呜呼！我闻曰，昔在殷王中宗"）

16.（元）吴澄《书纂言》卷四下《周书·无逸》

（归善斋按，见"其在高宗时，旧劳于外，爰暨小人"）

17.（元）陈栎《书集传纂疏》卷五《朱子订定蔡氏集传·周书·无逸》

（归善斋按，见"其在高宗时，旧劳于外，爰暨小人"）

18.（元）许谦《读书丛说》

（归善斋按，未解）

19.（元）董鼎《书传辑录纂注》卷五《周书·无逸》

（归善斋按，见"其在高宗时，旧劳于外，爰暨小人"）

20.（元）朱祖义《尚书句解》卷九《周书·无逸第十七》

嘉靖殷邦（虽处衰乱之时，实能善靖殷邦之乱，以致中兴）。至于小大（至于天下之民，小者，大者），无时或怨（求得欲从无时有怨高宗者）。

21.（明）王樵《尚书日记》卷十三《周书·无逸》

（归善斋按，见"其在高宗时，旧劳于外，爰暨小人"）

22.（清）库勒纳等撰《日讲书经解义》卷九《周书·无逸》

（归善斋按，见"其在高宗时，旧劳于外，爰暨小人"）

（明）陈第《尚书疏衍》卷四

嘉靖殷邦。

蔡仲默注殷高宗之嘉靖也，曰，汉文帝与民休息，谓之靖，则可；谓之嘉，则不可。愚于是深叹其失言也。嗟嗟文帝，岂易及哉。愚读虞、夏、商、周之书，自童年，以至皓首，无一日不击节称快矣。

外此，读汉文帝诏，心爽神怡，若登春台之上，而游华胥之圃也。句句言言，流于肺腑。此与王谟、帝诰何异？用德以化俗，损己以益人，屡赐田租之半，至十三年尽除租税，而不收。赐天下孤寡布帛絮，各有数。八十以上，赐粟人一石，肉二十觔，酒五斗。九十以上，赐帛，人二匹；絮，三觔。孝者，帛，人五匹。悌者，力田二匹。斯民何幸，而生于斯世，盖千载一时也。

尝曰，方春和时，草木群生之物，皆有以自乐，而吾百姓，鳏寡孤独，穷困之人，或陷于死亡，而莫之省忧。为民父母，将何如其议，所以赈贷之。又曰天下治乱，在予一人，其悉思朕之过失，及知见之所不及勾，以启告朕，及举贤良方正，能直言极谏者，以匡朕之不逮。又曰，祠官祝釐，皆归福于朕躬，不为百姓，朕甚愧之。夫以朕之不德，而专向独美其福，百姓不与焉，是重吾不德也。其令祠官致敬，无有所祈。

由是观之，经称中宗治民祗惧，不敢荒宁；高宗至于小大，无时或怨；祖甲能保惠于庶民，不敢侮鳏寡，皆文所优为也。经又谓，兹四人迪哲，厥或告之曰，小人怨汝、詈汝，则皇自敬德，厥愆曰，朕之愆，允若时，不啻不敢含怒。今帝之言曰，民或祝诅上，以相约而后相谩，吏以为大逆，其有他言，吏又以为诽谤。此细民之愚，无知抵死，朕甚不取。自今以来，有犯此者勿听治。所谓小民怨、詈引以为愆也。是耶，非耶？苏子瞻亦尝云，西汉道德，比之殷，犹珷玞之与美玉也，是皆厚尊往古，而轻黜近代，实世儒之见锢之也。

或谓三代礼乐教化，蔚然于安居乐业之中，汉文不能，故不相及，此又不然。盛汉之世，人人孝弟力田，海内殷富，兴于礼义，断狱至于数百，即比屋可封，何以加此。孔子曰，民可使由之，不可使知之，如必人人知道，则才难不叹于周世矣。夏自禹、启，所传几何，太康逸豫，民即不忍距之于河；周自成康之后，昭王南征不复。儒者不考其治乱之倏然，而猥云，礼乐教化，至谓，古今邈不相及，岂达士之识哉？

或谓，文帝有邓通之悦慎夫人之嬖，是以远逊于古，此又非也。夫论玉者，论其精润，不于其微瑕；论人者，论其大德，不于其小过。故孔子，述《诗》、《书》，于古人，多扬其善，而掩其恶。后之作史者，必抉剔其微细，以遗弃其大端。古今不相及，亦正坐此。不然，昵典祀，疏孝己，周公不以是而贬高宗之贤也，岂无意哉。

肆高宗之享国五十年有九年

1.（汉）孔氏传、（唐）陆德明音义、孔颖达疏《尚书注疏》卷十五《周书·无逸》

肆高宗之享国五十有九年。

传，高宗为政，小大无怨，故亦享国永年。

疏，正义曰，故高宗之享殷国五十有九年，亦言不逸得长寿也。

《尚书注疏》卷十五《考证》

肆高宗之享国五十有九年。

王应麟曰，《石经》作"肆高宗之享国百年"，汉杜钦亦曰，高宗享百年之寿。

2.（宋）苏轼《书传》卷十四《周书·无逸第十七》

（归善斋按，见"其惟不言，言乃雍，不敢荒宁"）

3.（宋）林之奇《尚书全解》卷三十二《周书·无逸》

（归善斋按，见"周公曰，呜呼！我闻曰，昔在殷王中宗"）

4.（宋）史浩《尚书讲义》卷十六《周书·无逸》

（归善斋按，见"周公曰，呜呼！我闻曰，昔在殷王中宗"）

5.（宋）夏僎《尚书详解》卷二十《周书·无逸》

（归善斋按，见"周公曰，呜呼！我闻曰，昔在殷王中宗"）

6.（宋）时澜《增修东莱书说》卷二十五《周书·无逸第十七》

（归善斋按，见"周公曰，呜呼！我闻曰，昔在殷王中宗"）

7.（宋）黄度《尚书说》卷六《周书·无逸》

（归善斋按，见"其在高宗时，旧劳于外，爰暨小人"）

8.（宋）袁燮《絜斋家塾书钞》卷十二《周书·无逸》

（归善斋按，见"其在高宗时，旧劳于外，爰暨小人"）

9.（宋）蔡沈《书经集传》卷五《周书·无逸》

（归善斋按，见"其在高宗时，旧劳于外，爰暨小人"）

10.（宋）黄伦《尚书精义》卷三十九《周书·无逸》

（归善斋按，见"其在高宗时，旧劳于外，爰暨小人"）

11.（宋）陈经《尚书详解》卷三十五《周书·无逸》

（归善斋按，见"其在高宗时，旧劳于外，爰暨小人"）

12.（宋）钱时《融堂书解》卷十五《周书·无逸》

（归善斋按，见"周公曰，呜呼！我闻曰，昔在殷王中宗"）

13.（宋）魏了翁《尚书要义》卷十五《周书·无逸》

（归善斋按，未引）

14.（宋）陈大猷《书集传或问》卷下《周书·无逸》

（归善斋按，未解）

15.（宋）胡士行《尚书详解》卷九《周书·无逸第十七》

（归善斋按，见"周公曰，呜呼！我闻曰，昔在殷王中宗"）

16.（元）吴澄《书纂言》卷四下《周书·无逸》

（归善斋按，见"其在高宗时，旧劳于外，爰暨小人"）

17.（元）陈栎《书集传纂疏》卷五《朱子订定蔡氏集传·周书·无逸》

（归善斋按，见"其在高宗时，旧劳于外，爰暨小人"）

18.（元）许谦《读书丛说》

（归善斋按，未解）

19.（元）董鼎《书传辑录纂注》卷五《周书·无逸》

（归善斋按，见"其在高宗时，旧劳于外，爰暨小人"）

20.（元）朱祖义《尚书句解》卷九《周书·无逸第十七》

肆高宗之享国五十有九年（享国之永）。

21.（明）王樵《尚书日记》卷十三《周书·无逸》

（归善斋按，见"其在高宗时，旧劳于外，爰暨小人"）

22.（清）库勒纳等撰《日讲书经解义》卷九《周书·无逸》

（归善斋按，见"其在高宗时，旧劳于外，爰暨小人"）

其在祖甲，不义惟王，旧为小人

1.（汉）孔氏传、（唐）陆德明音义、孔颖达疏《尚书注疏》卷十五《周书·无逸》

其在祖甲不义，惟王旧为小人。

传，汤孙太甲，为王不义，久为小民之行，伊尹放之桐。

疏，正义曰，其在殷王祖甲，初遭祖丧，所言行不义，惟亦为王，久为小人之行。

传正义曰，以文在高宗之下，世次颠倒，故特辩之。此祖甲，是汤孙太甲也。为王不义，谓汤初崩，久为小人之行，故伊尹放之于桐。

2.（宋）苏轼《书传》卷十四《周书·无逸第十七》

其在祖甲，不义惟王，旧为小人，作其即位，爰知小人之依，能保惠于庶民，不敢侮鳏寡。肆祖甲之享国，三十有三年。

祖甲，太甲也。

3.（宋）林之奇《尚书全解》卷三十二《周书·无逸》

（归善斋按，见"周公曰，呜呼！我闻曰，昔在殷王中宗"）

4.（宋）史浩《尚书讲义》卷十六《周书·无逸》

（归善斋按，见"周公曰，呜呼！我闻曰，昔在殷王中宗"）

5.（宋）夏僎《尚书详解》卷二十《周书·无逸》

（归善斋按，见"周公曰，呜呼！我闻曰，昔在殷王中宗"）

6.（宋）时澜《增修东莱书说》卷二十五《周书·无逸第十七》

（归善斋按，见"周公曰，呜呼！我闻曰，昔在殷王中宗"）

1037

7. （宋）黄度《尚书说》卷六《周书·无逸》

其在祖甲，不义惟王，旧为小人，作其即位，爰知小人之依，能保惠于庶民，不敢侮鳏寡。肆祖甲之享国三十有三年。

孔氏曰，祖甲，太甲，以享年久近为次，故在下。又曰，殷家，亦祖其功，故称祖甲。或曰，太甲与汤同为不祧，故称祖。案《史记》，殷自有祖甲，高宗子。祖甲淫乱，殷复衰。《国语》亦曰，祖甲乱之七世而殒。邵康节《皇极经世书》，祖甲继祖庚而立，岁在壬戌，廪辛立于乙未，其历年之世次，皆与书合。郑康成谓，武丁欲舍祖庚，而立祖甲，祖甲以立弟不义，逃于民间，是盖贤矣。其说或当有所受。《国语》、《史记》，容或误欤，皆不可知也。

8. （宋）袁燮《絜斋家塾书钞》卷十二《周书·无逸》

其在祖甲，不义惟王，旧为小人。作其即位，爰知小人之依，能保惠于庶民，不敢侮鳏寡。肆祖甲之享国三十有三年。

祖甲，大略只是太甲，或以为别自有一祖甲，非也。只看"旧为小人"一句，便可见。太甲即位之初，"欲败度，纵败礼"。而曰"作其即位，爰知小人之依"，何也。古者，君薨，百官总己，以听于冢宰三年。是时，嗣君犹未即位，太甲方居丧之时，尚未即君位也。至伊尹"以冕服奉嗣王归于亳"，太甲始即位矣，是以周公之言如此。然太甲世次当在中宗、高宗之前，今乃叙之于后者，此以享国之久近论，而不以世次先后论也。说者，但见太甲即位之初，"欲败度，纵败礼"，而又序之中宗、高宗之后，遂谓其别自有一"祖甲"，是特未尝深考尔。

中宗之治民，祇惧不敢荒宁；高宗之不敢荒宁，祖甲之不敢侮鳏寡，大略只是一个"敬"字。今须看周公论三宗之"无逸"不说其它，但说他"不敢荒宁"，"不敢侮鳏寡"，盖古人之所谓"无逸"，非谓于事为上，必躬，必亲，只此心致敬，便是"无逸"处。何则，此心致敬，则战战兢兢，如临深渊，如履薄冰，惟恐有一毫之不到，安得会去逸乐。后世人主，如"衡石程书"，"卫士传飧"，皆是降君尊，而代臣职，以此为"无逸"，不知此乃是"元首丛脞"，何异于荒淫自纵者，非古人之所谓"无逸"矣。古人之"无逸"，方是"元首明哉"，大抵古人之无逸，此心之无逸也；后世之无逸，事为之无逸也。

9.（宋）蔡沈《书经集传》卷五《周书·无逸》

其在祖甲，不义惟王，旧为小人，作其即位，爰知小人之依，能保惠于庶民，不敢侮鳏寡。肆祖甲之享国三十有三年。

《史记》高宗崩，子祖庚立；祖庚崩，弟祖甲立，则祖甲，高宗之子，祖庚之弟也。郑玄曰，高宗欲废祖庚，立祖甲，祖甲以为不义，逃于民间，故云"不义惟王"。

按汉孔氏，以祖甲为太甲，盖以《国语》称"帝甲乱之，七世而殒"，孔氏见此等记载，意为，帝甲必非周公所称者，又以"不义惟王"，与太甲"兹乃不义"文似，遂以此称祖甲者为太甲。然详此章"旧为小人，作其即位"，与上章"爰暨小人，作其即位"文势正类。所谓小人者，皆指微贱而言，非谓憸小之人也。"作其即位"，亦不见太甲复政、思庸之意。又按邵子《经世书》，高宗五十九年，祖庚七年，祖甲三十三年，世次历年，皆与《书》合，亦不以太甲为祖甲，况殷世二十有九，以甲名者。五帝以太，以小，以沃，以阳，以祖，别之，不应二人俱称"祖甲"。《国语》传讹承谬，旁记曲说，不足尽。要以，周公之言为正。又下文周公言"自殷王中宗，及高宗，及祖甲，及我周文王"，"及"云者，因其先后次第，而枚举之辞也。则祖甲之为祖甲，而非太甲明矣。

10.（宋）黄伦《尚书精义》卷三十九《周书·无逸》

其在祖甲，不义惟王，旧为小人，作其即位，爰知小人之依，能保惠于庶民，不敢侮鳏寡。肆祖甲之享国三十有三年。

无垢曰，孔安国谓，祖甲为太甲，此盖惑于《国语》、太史迁之说也。《国语》之说曰，帝甲乱之七代而殒。太史迁之说曰，武丁崩，子祖庚立；祖庚崩，弟祖甲立，是为帝甲。帝甲淫乱，殷道复衰，其说如此。故安国以祖甲为太甲，安国以世次颠倒也，乃为之说曰，此以其德优劣立年多少为先后，巧则巧矣，然亦辞费。郑康成不知见何古书，独曰，祖甲，武丁子，帝甲也。有兄祖庚贤，武丁欲废兄立弟，祖甲以此为不义，逃于人间，故云久为小人。果如是说，则祖甲，有伯夷，叔齐，泰伯，虞仲之节，可谓贤君矣。

又曰，以祖甲之贤，而旧在民间，故深知稼穑艰难，及一起而即位，则知小民所依，全在稼穑，故不妨农时，不夺民利，不尽民力，而天下皆受其赐矣。以此知生于深宫之中，长于妇寺之手，未尝知哀，未尝知忧，未尝知苦，未尝知惧者，其亦危哉？

又曰，中宗，享国七十有五年。高宗享国五十有九年，祖甲享国三十有三年。祖甲不及高宗，高宗不及中宗，岂德有厚薄，而年有长短也。曰中宗、高宗、祖甲即位之初，未知其老少如何？老者，必不久，少者享国必长年。如舜大德，在位五十载，不及中宗之久，岂可谓舜德不如中宗哉？古书无据，未有以考之。又况人之气数，自有长短，第修德者，必延年，而不敬者必夭折也。此不可不知矣。

陈氏曰，庶民，有常产之民也。鳏寡，无告之民也。有常产之民，则保以安之，惠以怀之；无告之民，则敬之，而不敢侮。保惠之，仁也，不敢侮，礼也。祖甲之不明，卒能保惠庶民，不侮鳏寡者，岂非伊尹训之"先王子惠困穷，民服厥命"之力哉。

11.（宋）陈经《尚书详解》卷三十五《周书·无逸》

其在祖甲，不义惟王，旧为小人，作其即位，爰知小人之依，能保惠于庶民，不敢侮鳏寡。肆祖甲之享国三十有三年。

祖甲，先儒孔安国谓，汤孙太甲，伊尹放诸桐，郑康成云，祖甲，武丁之子。帝甲有兄祖庚贤，武丁欲废兄立弟，祖甲以此为不义，逃于人间。若以世次先后言之，则郑之说为正，若以德之优劣享年之多寡为次第，则孔之说为正。二说未知孰是。若据孔氏之说，则太甲初立不明，伊尹放诸桐三年，是为王不义，反为小人之行者也。及其处桐宫之后，动心忍性，痛自惩创，深能改悔。起而即位，遂知小人之所依。小人所依者，谓依于衣食也。太甲不因桐宫之悔，无由知小人之依。盖操心之危者，达艰难困踬之余，皆所以益其智也。既知小人之依，自能保庶民，而安之惠庶民而顺之。虽鳏寡之微，亦不敢侮矣。

肆祖甲之享国三十有三年，则祖甲所以历年之长者，亦自夫艰难，能知小人之依者得之。人主于天下延年益寿之术，本于吾身如此。彼秦皇汉武，好神仙，宠方士，服药以求长年，天下安有此理哉？然而，或七十有五年，或五十有九年，或三十有三年，或者即位之年，已有老少者，未可知。所谓七十五年，五十九年，三十三者，据在位之年言之也。然则寿夭数也。颜子之贤而早亡，则寿其可必乎？曰有德者寿命必长，无德寿命必夭，其有贤而夭者，亦不幸而已矣。君子当顺受其正。

12.（宋）钱时《融堂书解》卷十五《周书·无逸》

（归善斋按，见"周公曰，呜呼！我闻曰，昔在殷王中宗"）

13.（宋）魏了翁《尚书要义》卷十五《周书·无逸》

十五、祖甲旧为小人，爰知小人之依。

其在祖甲，不义惟王，旧为小人。汤孙太甲，为王不义，久为小人之行。伊尹放之桐，及其即位，爰知小人之依，能保惠于庶民，不敢侮鳏寡。在桐三年，思集用光，起就王位，于是知小人之所依。依仁政，故能安顺于众民；不敢侮慢茕独，肆祖甲之享国三十有三年。太甲亦以知小人之依，故得九年，此以德优劣立年多少为先后，故祖甲在下。殷家亦祖其功，故称祖。

十六、郑以祖甲为帝甲，因妄言武丁废子事。

王肃亦以祖甲为太甲。郑玄云，祖甲，武丁子，帝甲也。有兄祖庚贤，武丁欲废兄立弟，祖甲以此为不义，逃于人间，故云久为小人。案《殷本纪》云，武丁崩，子祖庚立；祖庚崩，弟祖甲立，是为帝甲，淫乱，殷道复衰。《国语》说殷事，云帝甲乱之，七代而殒，则帝甲是淫乱之主，起亡殷之源，宁当与二宗齐名，举之以戒无逸？武丁，贤王；祖庚，复贤。以武丁之明，无容废长立少。祖庚之贤，谁所传说，武丁废子事，出何书，妄造此语，是负武丁，而诬祖甲也。

十七、太甲以祖其功，称祖，然殷称祖者多。

诸书皆言太甲，此言祖甲者，殷家亦祖其功，故称之祖甲，与二宗为类。惟见此篇，必言祖其功，亦未知其然。殷之先君，有祖乙、祖辛、祖丁，称祖多矣。或可号之为祖，未必祖其功，而存其庙也。

14. （宋）陈大猷《书集传或问》卷下《周书·无逸》

新安王氏曰，殷二十九君，以甲名者六，曰太甲、小甲，在太戊之前，曰河亶甲，沃甲，阳甲，在武丁之前，又七世，有帝甲。《国语》、司马迁《帝纪》以帝甲为祖甲，而孔氏以太甲为祖甲。盖孔氏，因《国语》称帝甲乱之七世而殒，意为，帝甲，必非周公所称者。又以"不义惟王"与太甲"兹乃不义"文相似，遂以此祖甲，为太甲耳，其实不然。此书言小人，皆谓小民，非以为不贤也。况先言"不义惟王"，继言"旧为小人"，语无语次。"作其即位"，亦不见太甲"复政思庸"之意。《国语》说帝甲乱殷，又无可见之迹。且尧、舜之有朱均，禹之有太康，岂可归罪于父祖？况七世之后乎？学者当舍传记，而从经文，可也。郑康成之说，虽未见其所据，要于经文为合耳。此说是（蔡氏曰，不应二人同称祖甲。陈氏曰，下文言"自殷王中宗，及高宗，及祖甲，及我周文王"，"及"云者，因其先后次第之辞也，则祖甲之非太甲，明矣。曰《皇极经世》，历祖庚之后，又谱祖甲，起癸亥，尽乙未，在位三十三年）。

15. （宋）胡士行《尚书详解》卷九《周书·无逸第十七》

（归善斋按，见"周公曰，呜呼！我闻曰，昔在殷王中宗"）

16. （元）吴澄《书纂言》卷四下《周书·无逸》

其在祖甲，不义惟王，旧为小人，作其即位，爰知小人之依，能保惠于庶民，不敢侮鳏寡。肆祖甲之享国三十有三年。

郑氏曰，祖甲，武丁子，有兄祖庚，武丁欲废兄，立弟祖甲，甲以此为不义，逃于民间，故曰旧为小人。澄案，《史记》，武丁崩，祖庚立，七年而崩。祖甲起承帝位，以其久在民间，于是能知小人之所依，用能爱护利泽于众民，虽穷民，亦不敢慢忽。祖甲能如此，所以能永年也。

17.（元）陈栎《书集传纂疏》卷五《朱子订定蔡氏集传·周书·无逸》

其在祖甲，不义惟王，旧为小人，作其即位，爰知小人之依，能保惠于庶民，不敢侮鳏寡。肆祖甲之享国三十有三年。

《史记》高宗崩，子祖庚立；祖庚崩，弟祖甲立，则祖甲高宗之子，祖庚之弟也。郑玄曰，高宗欲废祖庚，立祖甲。祖甲以为不义，逃于民间，故云不义惟王。

按，汉孔氏，以祖甲为太甲，盖以《国语》称帝甲乱之七世而殒。孔氏见此等记载，意为帝甲，必非周公所称者。又以"不义惟王"，与太甲"兹乃不义"文似，遂以此称祖甲者为太甲。然详此章"旧为小人，作其即位"，与上章"爰暨小人作其即位"，文势正类，所谓小人者，皆指微贱而言，非谓憸小之人也。"作其即位"，亦不见太甲复政思庸之意。又按邵子《经世书》，高宗五十九年，祖庚七年，祖甲三十三年，世次历年，皆与《书》合，亦不以太甲为祖甲，况殷世二十有九，以甲名者，五帝。以太，以小，以沃，以阳，以祖别之，不应二人俱称"祖甲"。《国语》传讹承谬，旁记曲说，不足尽信，要以周公之言为正。又下文，周公言"自殷王中宗，及高宗，及祖甲，及我周文王"，"及"云者，因其先后次第而枚举之辞也，则祖甲之为祖甲，而非太甲，明矣。

纂疏

真氏曰，祖甲，或以为太甲，或以为帝甲，考之《经世书》，二君享国，皆三十三年。曰不义，曰小人，其为太甲，明矣。苏氏谓以享国多寡为次，非世次者得之。

林氏曰，言三宗，不言汤，继世之君与成王同也。

陈氏经曰，中宗，近生知；高宗学知；祖甲困知者也。

愚谓，太甲、帝甲，皆有证据，而太甲较分明。《经世书》，与三"及"字，皆不足援以为辨。太甲为商贤君，帝甲淫乱失道。《商本纪》言之，《国语》又云云。难必专主一说，姑两存之。

18.（元）许谦《读书丛说》

（归善斋按，未解）

19.（元）董鼎《书传辑录纂注》卷五《周书·无逸》

其在祖甲，不义惟王，旧为小人。作其即位，爰知小人之依，能保惠于庶民，不敢侮鳏寡。肆祖甲之享国三十有三年。

《史记》高宗崩，子祖庚立；祖庚崩，弟祖甲立。则祖甲，高宗之子，祖庚之弟也。郑玄曰，高宗欲废祖庚，立祖甲。祖甲以为不义，逃于民间，故云"不义惟王"。

案，汉孔氏以祖甲为太甲，盖以《国语》称帝甲乱之七世而殒，孔氏见此等记载，意为帝甲必非周公所称者，又以"不义惟王"，与太甲"兹乃不义"文似，遂以此称祖甲者为太甲。然详此章"旧为小人作其即位"与上章"爰暨小人作其即位"，文势正类，所为小人者，皆指微贱而言，非谓憸小之人也。作其即位，亦不见太甲复政思庸之意。

又案，邵子《经世书》高宗五十九年，祖庚七年，祖甲三十三年，世次历年，皆与《书》合，亦不以太甲为祖甲，况殷世二十有九，以甲名者五帝，以太，以小，以沃，以阳，以祖别之，不应二人俱称祖甲。《国语》传讹承谬，旁记曲说，不足尽信，要以周公之言为正。又下文，周公言"自殷王中宗，及高宗，及祖甲，及我周文王"，"及"云者，因其先后次第，而枚举之辞也，则祖甲之为祖甲，而非太甲，明矣。

纂注

真氏曰，祖甲，或以为太甲，或以为帝甲，今考之《经世书》，二君享国，皆三十三年。其曰"不义惟王，旧为小人"，其为太甲，明矣。苏氏以享国多寡为次，此说得之。

吕氏曰，商去周未远，故公以王耳目所接者言之。

林氏曰，不言汤，而言三宗，继世之君，与成王同也。

新安陈氏曰，太甲、帝甲二君，皆有证据，而太甲较分明。《经世书》，与三"及"字，皆不足援以为辨。太甲为商贤君，万万不可磨，何苦极力挽从来无人齿及之帝甲，以排太甲乎？否则，两说姑并存之。

20.（元）朱祖义《尚书句解》卷九《周书·无逸第十七》

其在祖甲（自高宗而后三世，其君谓之祖甲。先儒皆以为太甲，非。盖周公顺世次言之，太戊之后言高宗，高宗之后言祖甲），不义惟王（郑玄亦谓，祖甲，武丁子，有兄祖庚贤，高宗欲废兄立祖甲，祖甲以此为不义，逃于民间，故此云"不义惟王"），旧为小人（旧逃民间而为小人）。

21.（明）王樵《尚书日记》卷十三《周书·无逸》

"其在祖甲不义惟王"至"三十有三年"。

孔氏曰，汤孙太甲，为王不义，久为小人之行，伊尹放之桐，在桐三年，起就王位。太甲亦以知小人之依，故得久年。此以德优劣，立年多少，为先后，故祖甲在下。殷家亦祖其功，故称祖。郑玄曰，祖甲，武丁子帝甲也。有兄祖庚贤。武庚欲废兄立弟，祖甲以此为不义，逃于人间，故云，久为小人。《史记》云，武丁崩，子祖庚立；祖庚崩，弟祖甲立，是为帝甲，淫乱，殷道复衰。《国语》说殷事云，帝甲乱之，七代而殒。

按，祖甲之说不同。孔颖达以郑玄为妄造，蔡仲默以国语为承讹。大抵说经，且当以经为据，必欲取证于传记杂说，多有不合，亦难尽信。商贤圣之君六七作，周公独举中宗、高宗、祖甲三人言之。凡再且曰"兹四人迪哲"，则祖甲者二宗、文王之流，其为太甲，或武丁之后，有贤君为祖甲，而非传记之所及，皆不可知，要当取信于经而已。

据经，祖甲未尝称宗；据史，惟太甲称太宗，殷家所宗，太甲居首，而祖甲不与。周公不应舍太甲，而称祖甲。但欲决以为太甲，则又未有据。

孔氏谓，太甲，殷家亦祖其功，故称祖者，谬说也。

殷王之称甲者五，以太，以小，以沃，以阳，以祖别之，不应有二祖甲。蔡氏此说良是。其曰，要以周公之言为正者，诚确论也。

《史记》帝甲之说，恐因于《国语》。《国语》之说，则谬传也。

"爰知小人之依"，"爰"字，本"旧为小人"来；"能保惠于庶民"，"能"字又本上"知"字来。周公之意，非谓人主必尝居民间，而后能知小人之依也。在高宗、祖甲则其事实如此，故亦据其实而言尔。"不敢侮鳏寡"，谓于庶民中，尤敬及鳏寡，此皆本于身历闾阎，备尝民之艰苦而得之。"能"字最有力，非鳏寡庶民，实受其赐，而可谓之"能"哉。

三宗寿数不可考。以经文推之，中宗即位，必耆，高宗次之，祖甲则在中身后。盖使祖甲即位而耆，则在位三十三年，未足为寿。惟文王寿数明见于经，曰"受命惟中身，厥享国五十年"，盖欲人以是而知三宗也。考之《经世书》，太甲、祖甲，在位皆三十三年。太甲之立必耆，此虽无他证，然太甲汤孙，继汤而立，必在冲年，以此知周公之称三宗，固以其德，亦取其享国之最永者言之，此太甲之所以不与也。武丁之后，有祖甲之贤，知小人之依，能保惠于庶民，不敢侮鳏寡。周公之言，炳炳可据如此，乃为《国语》迁史所诬，后儒不能辩正，又从而迁就其说，岂不可罪也哉。

知小人之依，相小人，爱暨小人，旧为小人，语意一类，皆谓细民尔。孔氏谓太甲久为小人之行，亦几于诬太甲矣。

爱暨小人，如汉宣帝；旧为小人，如汉光武。

祖甲在位之年，虽未及中宗、高宗之久，然计其寿，亦不相远矣。盖言其旧为小人，则知其即位之晚也。尤见其畎亩艰难，备尝之。故不义惟王，其语难解，其事难考，不如阙之。

22. （清）库勒纳等撰《日讲书经解义》卷九《周书·无逸》

其在祖甲，不义惟王，旧为小人，作其即位，爰知小人之依，能保惠于庶民，不敢侮鳏寡。肆祖甲之享国三十有三年。

此一节书是，言祖甲之能"无逸"也。祖甲，高宗子，祖庚弟也。高宗欲舍长子庚，而立甲。甲以为非义而逃之，故曰，不义惟王。周公言，殷之"无逸"者，又不特高宗也。其在祖甲，当高宗欲废庚立甲之时，甲以嫡长之分，不可乖，因以王位为不义，而逃之民间，与小人为伍，习知稼穑之艰难。其后高宗崩，祖庚立七年而没，祖甲乃自民间作而即天子之位，爰知小人之所依，在于稼穑，实能慈爱庶民，保安惠养，为之分田制里，薄敛省刑，乃至鳏夫寡妇，极所易忽之人，而毫不敢有轻侮之意。所以太和之气，洋溢宇宙。其享国亦至三十三年之久。祖甲"无逸"之效如此。盖天子之与百姓，势位阔绝，自非深体下情，区区小民岂能自达于上，故圣王设求言之铎，悬敢谏之旌，无非欲周知民隐，以行保惠之实政，然后能使德泽弘敷，而海隅率俾也。有国家者，所宜留意焉。

（元）陈师凯《书蔡传旁通》卷五《周书·无逸》

祖甲，高宗之子，祖庚之弟。汉孔氏以祖甲为太甲，又《经世书》高宗祖庚，祖甲世次历年皆与书合。又周公言，自殷王中宗，及高宗，及祖甲，及我周文王，"及"云者，因其先后次第，而枚举之辞也，则祖甲之为祖甲，而非太甲明矣。

西山真氏曰，祖甲，为太甲明矣。

苏氏以享国多寡为次，得之。

新安陈氏曰，祖甲为太甲，较分明。《经世书》与三"及"字，皆不足援以为辨。太甲，为商贤君，万万不可磨，何苦极力挽从来无人齿及之帝甲，以排太甲乎。

愚案，真氏、陈氏，皆不取蔡氏说。今且平论之，苏氏谓以享国多寡为次，则高宗五十九年之后，便当到文王五十年，何必逆取太甲，以厕于其间。此苏氏之说，非也。陈氏谓《经世书》，三"及"字，皆不足援，其意默取苏说，以破蔡传。然考之经文，则祖甲享国，下即云"自时厥后立王，生则逸"，又云"亦罔或克寿"，既以祖甲为太甲，则中宗、高宗，皆太甲后人，安得言"生则逸"，罔或寿邪？既云不论世次，则不可言"自时厥后"矣。以两"自时厥后"详之，则蔡传所考不可破，而孔氏、苏氏、真氏、陈氏诸说，皆非是。

（明）陈第《尚书疏衍》卷四

其在祖甲。

虞、夏、商、周之书，皆史也。《无逸》作于周公，信史哉。《无逸》之言曰，其在祖甲，不义惟王，旧为小人作，其即位，爰知小人之依，能保惠于庶民，不敢侮鳏寡，肆祖甲之享国三十有三年。又曰，自殷王中宗，及高宗，及祖甲，及我周文王，兹四人迪哲。夫以商、周之世，数其四王以训孺子，不浮不诬，可知也已。《国语》乃云，帝甲乱之七代而殒。及读《殷本纪》帝武丁崩，子帝祖庚立；帝祖庚崩，弟祖甲立，是为帝甲。帝甲淫乱，殷治衰，何其与无逸矛盾也。太史公曰，余以颂次契之事，自成汤来，采于《书》、《诗》，岂论叙祖甲，采之《国语》，而未及《无逸》欤。孔安国，以祖甲为太甲，误矣。郑玄云，祖甲，武丁子，帝甲也。有兄祖庚贤，武丁欲废兄立弟，祖甲以此为不义，逃于民间，故曰，不义惟王。玄之言意，与经合，故君子据经，而《国语》、《史记》，不足信矣。详在蔡氏注中，不具论。

（清）毛奇龄《尚书广听录》卷五

《无逸》叙殷贤王于高宗之后，次及祖甲。按，祖甲，即高宗之子，祖庚之弟也。《国语》说殷事，有帝甲乱之语，而史本纪，亦有武丁崩，子祖庚立；祖庚崩，弟祖甲立，是为帝甲淫乱，殷道衰语。故孔氏注《无逸》改作太甲，固于前中宗、高宗叙次有乖。而郑玄注《漆书》遂造为故事，谓祖甲是武丁子，有兄祖庚贤，武丁欲废兄立弟祖甲，而祖甲以为不义，逃于人间，故曰，不义惟王，久为小人，则诞妄极矣。正义云，武丁贤主，无容有废长之事，祖庚又贤嗣，则又非所当废之人，且祖甲逃遁，谁所传说，武丁废立事，出何书？妄造此语，是负武丁，而诬祖甲也。其说甚明。而蔡注无学，则又袭郑说，以为得计，而不知经文，与《国语》两无碍者。经云，其在祖甲，不义惟王，爰暨小人，言祖甲少行不义，爰及非类，此正《国语》所谓乱之，《本纪》所谓淫乱也。乃作其即位，而改行率德，遂知稼穑之艰难，有何不可。此本后事，而《国语》与《本纪》偶未详耳。吾以经为主，而间取《春秋》，间人所言以相质证，则诸书尽通，而乃造古事，以诬圣贤何为乎？

（清）朱鹤龄《尚书埤传》卷十三《周书·无逸》

祖甲。

按，殷世，以甲名者六王。《史本纪》于沃甲、阳甲，皆云国乱，诸侯莫朝。又云帝甲淫乱，殷道复衰。《国语》亦云，帝甲乱之，七代而殒。自祖甲数至纣，恰是七代。盖误以沃甲、阳甲事，为祖甲也。当据《书》以正《本纪》、《国语》之失。蔡传辨之极明（杨慎曰，《孟子》"贤圣之君六七作"，赵岐注谓，太甲、太戊、盘庚等。按《无逸》称殷之贤君，以祖甲与中宗、高宗并言，而不及太甲，则祖甲贤于太甲明矣。赵岐不及祖甲，何哉？余考马迁作《史记》未见《古文尚书》，乃取《国语》"帝甲乱之"一语，而衍之，曰，祖甲淫乱。孔安国又误以祖甲为太甲。赵岐盖信《史记》之过也）。

作其即位，爰知小人之依，能保惠于庶民，不敢侮鳏寡

1.（汉）孔氏传、（唐）陆德明音义、孔颖达疏《尚书注疏》卷十五《周书·无逸》

作其即位，爰知小人之依，能保惠于庶民，不敢侮鳏寡。

传，在桐三年，思集用光，起就王位，于是知小人之所依，依仁政，故能安顺于众民，不敢侮慢茕独。

音义，茕，求营反，又作惸。

疏，正义曰，伊尹废诸桐，起其即王之位，于是知小人之所依，依于仁政，乃能安顺于众民，不敢侮鳏寡茕独。

传正义曰，言其废而复兴，为下作其即位起本也。王肃亦以祖甲为太甲。郑玄云，祖甲，武丁子，帝甲也。有兄，祖庚贤。武丁欲废兄立弟祖甲，以此为不义，逃于人间，故云久为小人。案《殷本纪》云，武丁崩，子祖庚立；祖庚崩，弟祖甲立，是为帝甲，淫乱，殷道复衰。《国语》说殷事云，帝甲乱之七代而殒，则帝甲是淫乱之主，起亡殷之源。宁当与二宗齐名，举之以戒无逸。武丁，贤王；祖庚，复贤。以武丁之明，无容废长立少。祖庚之贤，谁所传说。武丁废子事，出何书，妄造此语，是负武丁，而诬祖甲也。在桐三年，《太甲》序文。"思集用光"，《诗·大雅》文，彼"集"作"辑"，辑，和也。彼郑言，公刘之迁豳，思在和其民人，用光大

其道；此传之意，盖言太甲之在桐也，思得安集其身，用光显王政。

《尚书注疏》卷十五《考证》

"其在祖甲"传"汤孙太甲"疏"郑元云，祖甲，武丁子，帝甲也"。

蔡沈曰，孔氏以祖甲为太甲，盖以《国语》称帝甲，乱之七世而殒，意谓帝甲，必非周公所称者。殷世以甲名者五帝，以太，以小，以沃，以阳，以祖别之，不应二人俱称祖甲。《国语》旁记曲说，不足尽信，要以周公之言为正。又下文，周公言，自殷王中宗，及高宗，及祖甲，及我周文王，"及"云者，因其先后次第之辞也。则祖甲，非太甲明矣。

臣召南按，祖甲与太甲，先后不同，名号亦异，但两王并享国三十三年，孔据《国语》，则疑帝甲不可以配中宗、高宗。郑据此经，则谓祖甲，即武丁子，祖庚弟。以经断之，郑说是也。若是太甲，《史记》明云称"太宗"。周公当于中宗之前先叙其事，当云我闻曰，昔在殷王太宗矣。孔传又曰，以德优劣，立年多少，为先后，尤属曲说。文王之德，固当优于三宗，享国久长亦复多于祖甲，叙次在后，又何说也。

2. （宋）苏轼《书传》卷十四《周书·无逸第十七》

（归善斋按，未解）

3. （宋）林之奇《尚书全解》卷三十二《周书·无逸》

（归善斋按，见"周公曰，呜呼！我闻曰，昔在殷王中宗"）

4. （宋）史浩《尚书讲义》卷十六《周书·无逸》

（归善斋按，见"周公曰，呜呼！我闻曰，昔在殷王中宗"）

5. （宋）夏僎《尚书详解》卷二十《周书·无逸》

（归善斋按，见"周公曰，呜呼！我闻曰，昔在殷王中宗"）

6. （宋）时澜《增修东莱书说》卷二十五《周书·无逸第十七》

（归善斋按，见"周公曰，呜呼！我闻曰，昔在殷王中宗"）

7.（宋）黄度《尚书说》卷六《周书·无逸》

（归善斋按，见"其在祖甲，不义惟王，旧为小人"）

8.（宋）袁燮《絜斋家塾书钞》卷十二《周书·无逸》

（归善斋按，见"其在祖甲，不义惟王，旧为小人"）

9.（宋）蔡沈《书经集传》卷五《周书·无逸》

（归善斋按，见"其在祖甲，不义惟王，旧为小人"）

10.（宋）黄伦《尚书精义》卷三十九《周书·无逸》

（归善斋按，见"其在祖甲，不义惟王，旧为小人"）

11.（宋）陈经《尚书详解》卷三十五《周书·无逸》

（归善斋按，见"其在祖甲，不义惟王，旧为小人"）

12.（宋）钱时《融堂书解》卷十五《周书·无逸》

（归善斋按，见"周公曰，呜呼！我闻曰，昔在殷王中宗"）

13.（宋）魏了翁《尚书要义》卷十五《周书·无逸》

（归善斋按，见"其在祖甲，不义惟王，旧为小人"）

14.（宋）陈大猷《书集传或问》卷下《周书·无逸》

（归善斋按，未解）

15.（宋）胡士行《尚书详解》卷九《周书·无逸第十七》

（归善斋按，见"周公曰，呜呼！我闻曰，昔在殷王中宗"）

16.（元）吴澄《书纂言》卷四下《周书·无逸》

（归善斋按，见"其在祖甲，不义惟王，旧为小人"）

17.（元）陈栎《书集传纂疏》卷五《朱子订定蔡氏集传·周书·无逸》

（归善斋按，见"其在祖甲，不义惟王，旧为小人"）

18.（元）许谦《读书丛说》

（归善斋按，未解）

19.（元）董鼎《书传辑录纂注》卷五《周书·无逸》

（归善斋按，见"其在祖甲，不义惟王，旧为小人"）

20.（元）朱祖义《尚书句解》卷九《周书·无逸第十七》

作其即位（及其作起，而即王位），爰知小人之依（于是知小人所依赖稼穑），能保惠于庶民（故能保佑，惠爱众民），不敢侮鳏寡（不敢轻侮鳏夫寡妇）。

21.（明）王樵《尚书日记》卷十三《周书·无逸》

（归善斋按，见"其在祖甲，不义惟王，旧为小人"）

22.（清）库勒纳等撰《日讲书经解义》卷九《周书·无逸》

（归善斋按，见"其在祖甲，不义惟王，旧为小人"）

肆祖甲之享国三十有三年

1.（汉）孔氏传、（唐）陆德明音义、孔颖达疏《尚书注疏》卷十五《周书·无逸》

肆祖甲之享国三十有三年。

传,太甲亦以知小人之依,故得久年。此以德优劣,立年多少为先后,故祖甲在下。殷家亦祖其功,故称祖。

疏,正义曰,故祖甲之享有殷国三十有三年,亦言不逸得长寿也。

传正义曰,故起即王位,于是知小人之依,依于仁政,故能施行政教,安顺于众民,不敢侮慢茕独鳏寡之类,尤可怜愍,故特言之。传于中宗云,以敬畏之故,得寿考之福;高宗之为政小大无怨,故亦享国永年;于此云,太甲亦以知小人之依,故得久年,各顺其文而为之说。其言行善而得长寿,经意三王同也。以其世次颠倒,故解之云,此以德优劣,立年多少为先后,故祖甲在太戊、武丁之下。诸书皆言"太甲",此言"祖甲"者,殷家亦祖其功,故称之祖甲,与二宗为类。惟见此篇必言祖其功,亦未知其然。殷之先君,有祖乙、祖辛、祖丁,称"祖"多矣。或可号之为祖,未必祖其功,而存其庙也。

2. (宋)苏轼《书传》卷十四《周书·无逸第十七》

(归善斋按,未解)

3. (宋)林之奇《尚书全解》卷三十二《周书·无逸》

(归善斋按,见"周公曰,呜呼!我闻曰,昔在殷王中宗")

4. (宋)史浩《尚书讲义》卷十六《周书·无逸》

(归善斋按,见"周公曰,呜呼!我闻曰,昔在殷王中宗")

5. (宋)夏僎《尚书详解》卷二十《周书·无逸》

(归善斋按,见"周公曰,呜呼!我闻曰,昔在殷王中宗")

6. (宋)时澜《增修东莱书说》卷二十五《周书·无逸第十七》

(归善斋按,见"周公曰,呜呼!我闻曰,昔在殷王中宗")

7.（宋）黄度《尚书说》卷六《周书·无逸》

（归善斋按，见"其在祖甲，不义惟王，旧为小人"）

8.（宋）袁燮《絜斋家塾书钞》卷十二《周书·无逸》

（归善斋按，见"其在祖甲，不义惟王，旧为小人"）

9.（宋）蔡沈《书经集传》卷五《周书·无逸》

（归善斋按，见"其在祖甲，不义惟王，旧为小人"）

10.（宋）黄伦《尚书精义》卷三十九《周书·无逸》

（归善斋按，见"其在祖甲，不义惟王，旧为小人"）

11.（宋）陈经《尚书详解》卷三十五《周书·无逸》

（归善斋按，见"其在祖甲，不义惟王，旧为小人"）

12.（宋）钱时《融堂书解》卷十五《周书·无逸》

（归善斋按，见"周公曰，呜呼！我闻曰，昔在殷王中宗"）

13.（宋）魏了翁《尚书要义》卷十五《周书·无逸》

（归善斋按，见"其在祖甲，不义惟王，旧为小人"）

14.（宋）陈大猷《书集传或问》卷下《周书·无逸》

（归善斋按，未解）

15.（宋）胡士行《尚书详解》卷九《周书·无逸第十七》

（归善斋按，见"周公曰，呜呼！我闻曰，昔在殷王中宗"）

16.（元）吴澄《书纂言》卷四下《周书·无逸》

（归善斋按，见"其在祖甲，不义惟王，旧为小人"）

17.（元）陈栎《书集传纂疏》卷五《朱子订定蔡氏集传·周书·无逸》

（归善斋按，见"其在祖甲，不义惟王，旧为小人"）

18.（元）许谦《读书丛说》

（归善斋按，未解）

19.（元）董鼎《书传辑录纂注》卷五《周书·无逸》

（归善斋按，见"其在祖甲，不义惟王，旧为小人"）

20.（元）朱祖义《尚书句解》卷九《周书·无逸第十七》

肆祖甲之享国三十有三年（享国之久，亦由"无逸"所致）。

21.（明）王樵《尚书日记》卷十三《周书·无逸》

（归善斋按，见"其在祖甲，不义惟王，旧为小人"）

22.（清）库勒纳等撰《日讲书经解义》卷九《周书·无逸》

（归善斋按，见"其在祖甲，不义惟王，旧为小人"）

自时厥后立王，生则逸

1.（汉）孔氏传、（唐）陆德明音义、孔颖达疏《尚书注疏》卷十五《周书·无逸》

自时厥后立王，生则逸。
传，从是三王，各承其后而立者，生则逸豫无度。

疏，正义曰，从是三王，其后所立之王，生则逸豫。

2. （宋）苏轼《书传》卷十四《周书·无逸第十七》

自时厥后立王，生则逸。生则逸，不知稼穑之艰难，不闻小人之劳，惟耽乐之从。自时厥后，亦罔或克寿，或十年，或七八年，或五六年，或四三年。周公曰，呜呼！厥亦惟我周太王、王季，克自抑畏；文王卑服，即康功田功。

康功，安人之功，田功，农功也，

3. （宋）林之奇《尚书全解》卷三十二《周书·无逸》

（归善斋按，见"周公曰，呜呼！我闻曰，昔在殷王中宗"）

4. （宋）史浩《尚书讲义》卷十六《周书·无逸》

（归善斋按，见"周公曰，呜呼！我闻曰，昔在殷王中宗"）

5. （宋）夏僎《尚书详解》卷二十《周书·无逸》

（归善斋按，见"周公曰，呜呼！我闻曰，昔在殷王中宗"）

6. （宋）时澜《增修东莱书说》卷二十五《周书·无逸第十七》

（归善斋按，见"周公曰，呜呼！我闻曰，昔在殷王中宗"）

7. （宋）黄度《尚书说》卷六《周书·无逸》

自时厥后立王，生则逸。生则逸，不知稼穑之艰难，不闻小人之劳，惟耽乐之从。自时厥后，亦罔或克寿，或十年，或七八年，或五六年，或四三年。

耽乐败性，遂以夭年。祖伊所谓"民中绝命"也。

8. （宋）袁燮《絜斋家塾书钞》卷十二《周书·无逸》

自时厥后立王，生则逸。生则逸，不知稼穑之艰难，不闻小人之劳，惟耽乐之从。自时厥后，亦罔或克寿，或十年，或七八年，或五六年，或四三年。

读《无逸》须看商先王所以享国长久者如何，及至后王，所以"罔或克寿"者，又如何？此无他，分能敬与否而已。夫苟能敬，则战战兢兢，如临深渊，如履薄冰。想象此时，念虑有一毫之杂乎？喜怒有一毫之私乎？此心有一毫之放逸乎？所以戕其生者，既无有，则自然有可延年之理。

9.（宋）蔡沈《书经集传》卷五《周书·无逸》

自时厥后立王，生则逸。生则逸，不知稼穑之艰难，不闻小人之劳，惟耽乐之从。自时厥后，亦罔或克寿，或十年，或七八年，或五六年，或四三年。

过乐，谓之耽，泛言自三宗之后，即君位者，生则逸豫，不知稼穑之艰难，不闻小人之劳，惟耽乐之从，伐性丧生。故自三宗之后，亦无能寿考。远者，不过十年，七八年；近者，五六年，三四年尔。耽乐愈甚，则享年愈促也。凡人莫不欲寿，而恶夭。此篇专以享年永不永为言，所以开其所欲，而禁其所当戒也。

10.（宋）黄伦《尚书精义》卷三十九《周书·无逸》

自时厥后立王，生则逸。生则逸，不知稼穑之艰难，不闻小人之劳，惟耽乐之从。自时厥后，亦罔或克寿，或十年，或七八年，或五六年，或四三年。

无垢曰，三宗之"无逸"，见敬德而不见富贵。后王生则逸，见富贵，而不见敬德。以此知之人主之不可不学也。人主之敬，多发于变，故艰难中，所谓知，生于忧患也。中宗因桑谷之异而知敬，高宗因旧劳于外而知敬，祖甲旧为小人而知敬。

又曰，人心必有所系，知稼穑之艰难，则心在艰难，闻小人之劳苦，则心在劳苦，如此则其心，常在畏敬之地，何敢少放逸乎？后嗣王，既不知稼穑之艰难，又不闻小人之劳，其心泛泛，靡有所止，见放荡之路，则必奔趋之矣。此所以惟耽乐之从也。

又曰，自祖甲之后，有廪辛、庚丁、武乙、太丁、帝乙、帝辛。帝辛，纣也。周公曰，自成汤至于帝乙，罔不明德恤祀，则帝乙，乃贤君也。以周公今说次叙之，则是廪辛十年，庚丁七八年，武乙五六年，太丁四三年矣，皆因耽乐以致短命，是敬德者必长年，不敬德者必短命也。人主享国，宜知所择焉。

张氏曰，三王以忧勤而享国长久，后王以逸乐而罔克寿。然则，稼穑之艰难，君子不可不知之也。此周公所以惓惓于成王，而历告之也。

吕氏曰，自此以后，凡所以立王，生便在深宫豢养之中，都不知稼穑之艰难，亦不闻小人之劳，非特是不见，亦不闻，何故？后来继体守文之君，固少有亲见小人之劳者，既然不知稼穑，朝夕只在逸乐之中，纵有人说小人劳苦事，他亦颦蹙自不要听，又况左右，却是谗謟面谀之人，如何肯说？凡小人之劳，既都不闻，则心无所用，自然一意向声色狗马之乐，设使曾知稼穑之艰难，曾闻小人之劳，他何缘安稳放心去声色、狗马上。

11. （宋）陈经《尚书详解》卷三十五《周书·无逸》

自时厥后立王，生则逸。生则逸，不知稼穑之艰难，不闻小人之劳，惟耽乐之从。自时厥后，亦罔或克寿，或十年，或七八年，或五六年，或四三年。

商家自成汤至于帝乙，贤圣之君多矣。而周公特举其三宗者，是有三等也。中宗，生而知者也；高宗学而知者也；祖甲困而知者也。或生而知之，或学而知之，或困而知之，及其成功，一也。是以，皆有历年之久。举此三等以为成王戒。既以寿命之长者告之，又以寿命之短者警之。"自时厥后"，自是三宗承其后而立者，生于深宫，长于妇人，未尝知忧，未尝知惧，故生则逸。既生而逸，则稼穑之艰难，其心有所不知。小人之劳，耳有所不闻。心不用于此，则用于彼；不在于忧勤，则必在于逸乐。所以惟耽乐是从，逐于声色，玩于游畋。良心既已陷溺，是以自时厥后，亦无有受命之长者，或十年而止，或七八年而止，或五六年而止，或三四年而止。由此观之，晏安为鸩毒，声色为戕身之斧斤，逸乐为终身之陷阱，其验如此。周公既举三宗，以艰难而得寿命之长者告成王，疑若可以已矣。又以后王逸乐而短命者告之，何哉？人主之心，逸乐其所好也，然所好，有甚于逸乐。苟以艰难而得寿命之长，奚为而逸乐哉。艰难其所恶也，然所恶有甚于艰难，苟以逸乐而促寿命之短，奚为而不艰难哉？周公之言，盖夺常情之所好恶，而示之以其所甚好恶也。

12.（宋）钱时《融堂书解》卷十五《周书·无逸》

（归善斋按，见"周公曰，呜呼！我闻曰，昔在殷王中宗"）

13.（宋）魏了翁《尚书要义》卷十五《周书·无逸》

（归善斋按，未引）

14.（宋）陈大猷《书集传或问》卷下《周书·无逸》

（归善斋按，未解）

15.（宋）胡士行《尚书详解》卷九《周书·无逸第十七》

自时厥后立王，生则逸。生则逸，不知稼穑之艰难，不闻小人之劳，惟耽乐之从。自时厥后，亦罔或克寿。或十年，或七八年，或五六年，或四三年。

此"无逸"之反也。

16.（元）吴澄《书纂言》卷四下《周书·无逸》

自时厥后立王，生则逸。生则逸，不知稼穑之艰难，不闻小人之劳，惟耽乐之从。自时厥后，亦罔或克寿，或十年，或七八年，或五六年，或四三年。

自时厥后，夏氏以为，或自中宗之后，或自高宗之后，或自祖甲之后，是也。耽，贪欲，自侈之谓，言自是三君之后，立而为王者，生则好耽乐，不知农事之艰难，是以不闻细民用力之劳，而惟一己耽乐之欲是从，以此伐性，戕生。自是以后，亦无或能寿者。

澄案，《史记》中宗之后，仲丁十三年，仲壬十五年，所谓十年者也。河亶甲九年，阳甲七年，所谓或七八年者也。高宗、祖甲之后，廪辛六年,所谓或五六年者也。武乙四年,大丁三年,所谓或四三年者也。时成王稍长,疑或有徇欲促年之渐,故周公丁宁戒之。

林氏曰,此言商贤君止于三。《酒诰》、《多方》、《多士》言,自成汤至帝乙,罔非贤君,盖与成王言,则责其难,不如三君之享国,则不足称;与商民言,则乐道前王之善。苟能绍汤之基业而不坠,则皆可称,不以辞害意,可也。

17.（元）陈栎《书集传纂疏》卷五《朱子订定蔡氏集传·周书·无逸》

自是厥后立王,生则逸。生则逸,不知稼穑之艰难,不闻小人之劳,惟耽乐之从。自时厥后,亦罔或克寿,或十年,或七八年,或五六年,或四三年。

过乐,谓之耽,泛言自三宗之后,即君位者,生则逸豫,不知稼穑之艰难,不闻小人之劳,惟耽乐之从,伐性丧生,故自三宗之后,亦无能寿考。远者,不过十年,七八年;近者,五六年,三四年尔。耽乐愈甚,则享年愈促也。凡人莫不欲寿而恶夭。此篇专以享年永不永为言,所以开其所欲,而禁其所当戒也。

纂疏

陈氏经曰,逸乐,人所好;然所好有甚于逸乐者。苟以艰难而得寿,奚为而逸乐。艰难,人所恶然,所恶有甚于艰难者,苟以逸乐而促寿,奚为而不艰难。公之言,夺常情之好恶,而示以所甚好,甚恶也。

苏氏曰,人莫不好逸豫,而所甚好者,生也。以其所甚好,禁其所好,庶几其信然。犹有不信者,以逸豫未必害生也。汉武、唐明,岂无欲者,而寿如此。夫多欲不享国者,皆是也,二君千一而已,岂可以借口哉。

吕氏曰,忧勤必寿,逸豫必夭,此周公格言大训,非特以戒成王,实万世人主之龟鉴也。盖人之一心,苟能操存,则精神思虑,日由乎天理之中,其寿固可必。孔子所谓"仁者寿",《诗》所谓"乐只君子,万寿无期",亦即其理推之耳。后世之君,惮忧勤,而恣逸乐,伐性伤生,靡所不至,乃慕神仙之术,以求长年,愚之甚耳。

18.（元）许谦《读书丛说》

（归善斋按，未解）

19.（元）董鼎《书传辑录纂注》卷五《周书·无逸》

自时厥后立王，生则逸。生则逸，不知稼穑之艰难，不闻小人之劳，惟耽乐之从。自时厥后，亦罔或克寿，或十年，或七八年，或五六年，或四三年。

过乐，谓之耽，泛言自三宗之后，即君位者，生则逸豫，不知稼穑之艰难，不闻小人之劳，惟耽乐之从，伐性丧生，故自三宗之后，亦无能寿考。远者，不过十年，七八年；近者，五六年，三四年尔。耽乐愈甚，则享年愈促也。凡人莫不欲寿而恶夭，此篇专以享年永不永为言，所以开其所欲，而禁其所当戒也。

纂注

苏氏曰，人，莫不好逸欲，而其所甚好者，生也。以其所甚好，禁其所好，庶几必信。然犹有不信者，以逸豫为未必害生也。汉武帝、唐明皇岂无欲者哉，而寿如此。夫多欲不享国者，皆是也。武帝、明皇，千一而已，岂可专望乎此哉。

吕氏曰，忧勤者，必寿；逸豫者，必夭，此周公格言大训，非特以戒成王，实万世人主之龟鉴也。盖人之一心，苟有所操存，则精神思虑，日由乎天理之中，其寿固可必。孔子所谓，仁者寿。《诗》所谓"乐只君子，万寿无期"，亦即其理而推之耳。后世之君，惮忧勤，而恣逸乐，伐性伤生，靡所不至，乃欲慕神仙之术，以求长年，何其愚之甚也欤。

葵初王氏曰，苏氏之说，于经有助，使好逸者，无以汉武、明皇借口。吕氏求神仙延寿之说，三代前未有也，然亦可备经筵进读之一义。

20.（元）朱祖义《尚书句解》卷九《周书·无逸第十七》

自时厥后立王（自是三宗之后所立之王），生则逸（生则享安逸，不知民间之疾苦）。

21.（明）王樵《尚书日记》卷十三《周书·无逸》

"自时厥后立王生则逸"至"或四三年"。

孔氏曰，过乐，谓之耽。高者十年，下者三年，言逸乐之损寿。

金氏曰，人主所处，与常人异。子女声色之奉，驱骋田猎之娱，嗜欲玩好，何求不获。一有纵逸之心，则必溺于此，皆伐性之斧斤，伤生之蟊贼也。其能克寿者，鲜矣。

苏氏曰，人莫不好逸欲，而所甚好者，生也。以其所甚好，而禁其所好，庶几必信，此《无逸》之所为作也。然犹有不信者，以逸欲之未必害生也。汉武帝、唐明皇岂无欲者哉，而寿乃如彼。夫多欲不享国者皆是也，汉武、明皇，千一而已，岂可专望乎此哉。

按汉武帝，唐玄宗荒亡戕贼，宜促其龄而寿者，幸也。一则，巫蛊之祸，父子相夷；一则，失国播迁，身几不保，逸豫之害，明效大验如此，虽庸夫竖子，亦讳言之，而不足愿也。苏氏之言，亦有未尽者也。

22.（清）库勒纳等撰《日讲书经解义》卷九《周书·无逸》

自时厥后立王，生则逸。生则逸，不知稼穑之艰难，不闻小人之劳，惟耽乐之从。自时厥后，亦罔或克寿，或十年，或七八年，或五六年，或四三年。

此一节书是，举后王不能"无逸"之实以示戒也。时，犹言是，指三宗而言。周公又言，殷之三宗，固皆由"无逸"以致寿考矣。自三宗而后所立之王，身为帝王之裔，长于宫禁之中，生则止见安逸耳。因其生则安逸，故于百姓之稼穑艰难，一无所知。而小人祁寒暑雨，东作西成之劳，俱未及闻。惟声、色、游、田，耽乐之事务为顺从，于是，内，则伐性；外，则损国。祸至无时，而年寿益促。远者，或十年，或七八年；近者，或五六年，或三四年。此无他，逸欲过，而元气消；宴安久，而天禄短。非天夺之算也，惟其自迫之耳，不知"无逸"之害如此。

生则逸，不知稼穑之艰难

1.（汉）孔氏传、（唐）陆德明音义、孔颖达疏《尚书注疏》卷十五《周书·无逸》

生则逸，不知稼穑之艰难。

传，言与小人之子同其敝。

疏，正义曰，不知稼穑之艰难。

2.（宋）苏轼《书传》卷十四《周书·无逸第十七》

(归善斋按，未解)

3.（宋）林之奇《尚书全解》卷三十二《周书·无逸》

(归善斋按，见"周公曰，呜呼！我闻曰，昔在殷王中宗")

4.（宋）史浩《尚书讲义》卷十六《周书·无逸》

(归善斋按，见"周公曰，呜呼！我闻曰，昔在殷王中宗")

5.（宋）夏僎《尚书详解》卷二十《周书·无逸》

(归善斋按，见"周公曰，呜呼！我闻曰，昔在殷王中宗")

6.（宋）时澜《增修东莱书说》卷二十五《周书·无逸第十七》

(归善斋按，见"周公曰，呜呼！我闻曰，昔在殷王中宗")

7.（宋）黄度《尚书说》卷六《周书·无逸》

(归善斋按，见"自时厥后立王，生则逸")

8. (宋)袁燮《絜斋家塾书钞》卷十二《周书·无逸》

(归善斋按,见"自时厥后立王,生则逸")

9. (宋)蔡沈《书经集传》卷五《周书·无逸》

(归善斋按,见"自时厥后立王,生则逸")

10. (宋)黄伦《尚书精义》卷三十九《周书·无逸》

(归善斋按,见"自时厥后立王,生则逸")

11. (宋)陈经《尚书详解》卷三十五《周书·无逸》

(归善斋按,见"自时厥后立王,生则逸")

12. (宋)钱时《融堂书解》卷十五《周书·无逸》

(归善斋按,见"周公曰,呜呼!我闻曰,昔在殷王中宗")

13. (宋)魏了翁《尚书要义》卷十五《周书·无逸》

(归善斋按,未引)

14. (宋)陈大猷《书集传或问》卷下《周书·无逸》

(归善斋按,未解)

15. (宋)胡士行《尚书详解》卷九《周书·无逸第十七》

(归善斋按,见"自时厥后立王,生则逸")

16. (元)吴澄《书纂言》卷四下《周书·无逸》

(归善斋按,见"自时厥后立王,生则逸")

17.（元）陈栎《书集传纂疏》卷五《朱子订定蔡氏集传·周书·无逸》

（归善斋按，见"自时厥后立王，生则逸"）

18.（元）许谦《读书丛说》

（归善斋按，未解）

19.（元）董鼎《书传辑录纂注》卷五《周书·无逸》

（归善斋按，见"自时厥后立王，生则逸"）

20.（元）朱祖义《尚书句解》卷九《周书·无逸第十七》

生则逸（惟其生则逸），不知稼穑之艰难（不知艰难）。

21.（明）王樵《尚书日记》卷十三《周书·无逸》

（归善斋按，见"自时厥后立王，生则逸"）

22.（清）库勒纳等撰《日讲书经解义》卷九《周书·无逸》

（归善斋按，见"自时厥后立王，生则逸"）

不闻小人之劳，惟耽乐之从

1.（汉）孔氏传、（唐）陆德明音义、孔颖达疏《尚书注疏》卷十五《周书·无逸》

不闻小人之劳，惟耽乐之从。
传，过乐谓之耽。惟乐之从，言荒淫。

音义，耽，丁南反，注下同。乐，音洛，注下同。

疏，正义曰，不闻小人之劳苦，惟耽乐之事则从而为之。

2. （宋）苏轼《书传》卷十四《周书·无逸第十七》

（归善斋按，未解）

3. （宋）林之奇《尚书全解》卷三十二《周书·无逸》

（归善斋按，见"周公曰，呜呼！我闻曰，昔在殷王中宗"）

4. （宋）史浩《尚书讲义》卷十六《周书·无逸》

（归善斋按，见"周公曰，呜呼！我闻曰，昔在殷王中宗"）

5. （宋）夏僎《尚书详解》卷二十《周书·无逸》

（归善斋按，见"周公曰，呜呼！我闻曰，昔在殷王中宗"）

6. （宋）时澜《增修东莱书说》卷二十五《周书·无逸第十七》

（归善斋按，见"周公曰，呜呼！我闻曰，昔在殷王中宗"）

7. （宋）黄度《尚书说》卷六《周书·无逸》

（归善斋按，见"自时厥后立王，生则逸"）

8. （宋）袁燮《絜斋家塾书钞》卷十二《周书·无逸》

（归善斋按，见"自时厥后立王，生则逸"）

9. （宋）蔡沈《书经集传》卷五《周书·无逸》

（归善斋按，见"自时厥后立王，生则逸"）

10. （宋）黄伦《尚书精义》卷三十九《周书·无逸》

（归善斋按，见"自时厥后立王，生则逸"）

11.（宋）陈经《尚书详解》卷三十五《周书·无逸》

（归善斋按，见"自时厥后立王，生则逸"）

12.（宋）钱时《融堂书解》卷十五《周书·无逸》

（归善斋按，见"周公曰，呜呼！我闻曰，昔在殷王中宗"）

13.（宋）魏了翁《尚书要义》卷十五《周书·无逸》

（归善斋按，未引）

14.（宋）陈大猷《书集传或问》卷下《周书·无逸》

（归善斋按，未解）

15.（宋）胡士行《尚书详解》卷九《周书·无逸第十七》

（归善斋按，见"自时厥后立王，生则逸"）

16.（元）吴澄《书纂言》卷四下《周书·无逸》

（归善斋按，见"自时厥后立王，生则逸"）

17.（元）陈栎《书集传纂疏》卷五《朱子订定蔡氏集传·周书·无逸》

（归善斋按，见"自时厥后立王，生则逸"）

18.（元）许谦《读书丛说》

（归善斋按，未解）

19.（元）董鼎《书传辑录纂注》卷五《周书·无逸》

（归善斋按，见"自时厥后立王，生则逸"）

20. (元)朱祖义《尚书句解》卷九《周书·无逸第十七》

不闻小人之劳(不闻劳苦),惟耽乐之从(惟过乐之事是从。耽,丁南反)。

21. (明)王樵《尚书日记》卷十三《周书·无逸》

(归善斋按,见"自时厥后立王,生则逸")

22. (清)库勒纳等撰《日讲书经解义》卷九《周书·无逸》

(归善斋按,见"自时厥后立王,生则逸")

(清)朱鹤龄《尚书埤传》卷十三《周书·无逸》

惟耽乐之从。

苏传,人莫不好逸欲,而其所甚好者,寿也。以其所甚好,禁其所好,庶几必信,此《无逸》之所为作也。然犹不信者,以逸欲未必害生也。汉武帝、唐明皇,岂无欲者哉,而寿如此矣。夫多欲而不享国者,皆是也。汉武、唐明,十一而已,岂可望哉。饮鸩,食野葛必死,而曹操独不死,亦可效乎?

自时厥后,亦罔或克寿

1. (汉)孔氏传、(唐)陆德明音义、孔颖达疏《尚书注疏》卷十五《周书·无逸》

自时厥后,亦罔或克寿。
传,以耽乐之故,从是其后,亦无有能寿考。
疏,正义曰,故从是其后诸王,无有能寿考者。

2. （宋）苏轼《书传》卷十四《周书·无逸第十七》

（归善斋按，未解）

3. （宋）林之奇《尚书全解》卷三十二《周书·无逸》

（归善斋按，见"周公曰，呜呼！我闻曰，昔在殷王中宗"）

4. （宋）史浩《尚书讲义》卷十六《周书·无逸》

（归善斋按，见"周公曰，呜呼！我闻曰，昔在殷王中宗"）

5. （宋）夏僎《尚书详解》卷二十《周书·无逸》

（归善斋按，见"周公曰，呜呼！我闻曰，昔在殷王中宗"）

6. （宋）时澜《增修东莱书说》卷二十五《周书·无逸第十七》

（归善斋按，见"周公曰，呜呼！我闻曰，昔在殷王中宗"）

7. （宋）黄度《尚书说》卷六《周书·无逸》

（归善斋按，见"自时厥后立王，生则逸"）

8. （宋）袁燮《絜斋家塾书钞》卷十二《周书·无逸》

（归善斋按，见"自时厥后立王，生则逸"）

9. （宋）蔡沈《书经集传》卷五《周书·无逸》

（归善斋按，见"自时厥后立王，生则逸"）

10. （宋）黄伦《尚书精义》卷三十九《周书·无逸》

（归善斋按，见"自时厥后立王，生则逸"）

11. （宋）陈经《尚书详解》卷三十五《周书·无逸》

（归善斋按，见"自时厥后立王，生则逸"）

12. （宋）钱时《融堂书解》卷十五《周书·无逸》

(归善斋按，见"周公曰，呜呼！我闻曰，昔在殷王中宗")

13. （宋）魏了翁《尚书要义》卷十五《周书·无逸》

(归善斋按，未引)

14. （宋）陈大猷《书集传或问》卷下《周书·无逸》

(归善斋按，未解)

15. （宋）胡士行《尚书详解》卷九《周书·无逸第十七》

(归善斋按，见"自时厥后立王，生则逸")

16. （元）吴澄《书纂言》卷四下《周书·无逸》

(归善斋按，见"自时厥后立王，生则逸")

17. （元）陈栎《书集传纂疏》卷五《朱子订定蔡氏集传·周书·无逸》

(归善斋按，见"自时厥后立王，生则逸")

18. （元）许谦《读书丛说》

(归善斋按，未解)

19. （元）董鼎《书传辑录纂注》卷五《周书·无逸》

(归善斋按，见"自时厥后立王，生则逸")

20. （元）朱祖义《尚书句解》卷九《周书·无逸第十七》

自时厥后（故自是之后，或自中宗之后，或自高宗之后，或自祖甲之后），亦罔或克寿（亦无或能享寿考者）。

21.（明）王樵《尚书日记》卷十三《周书·无逸》

（归善斋按，见"自时厥后立王，生则逸"）

22.（清）库勒纳等撰《日讲书经解义》卷九《周书·无逸》

（归善斋按，见"自时厥后立王，生则逸"）

（元）王充耘《读书管见》卷下《周书·无逸》

自时厥后。

人虽至愚，亦知耽乐能损寿。惟沈酗于酒，则败乱荒惑，虽刀剑鼎镬在前，亦且不顾矣。故周公特以此为言，能不耽酒，然后能所其无逸也。

或十年，或七八年，或五六年，或四三年

1.（汉）孔氏传、（唐）陆德明音义、孔颖达疏《尚书注疏》卷十五《周书·无逸》

或十年，或七八年，或五六年，或四三年。
传，高者十年，下者三年，言逸乐之损寿。
疏，正义曰，或十年，或七八年，或五六年，或四三年，言逸乐之损寿，故举以戒成王也。

2.（宋）苏轼《书传》卷十四《周书·无逸第十七》

（归善斋按，未解）

3.（宋）林之奇《尚书全解》卷三十二《周书·无逸》

（归善斋按，见"周公曰，呜呼！我闻曰，昔在殷王中宗"）

4. （宋）史浩《尚书讲义》卷十六《周书·无逸》

（归善斋按，见"周公曰，呜呼！我闻曰，昔在殷王中宗"）

5. （宋）夏僎《尚书详解》卷二十《周书·无逸》

（归善斋按，见"周公曰，呜呼！我闻曰，昔在殷王中宗"）

6. （宋）时澜《增修东莱书说》卷二十五《周书·无逸第十七》

（归善斋按，见"周公曰，呜呼！我闻曰，昔在殷王中宗"）

7. （宋）黄度《尚书说》卷六《周书·无逸》

（归善斋按，见"自时厥后立王，生则逸"）

8. （宋）袁燮《絜斋家塾书钞》卷十二《周书·无逸》

（归善斋按，见"自时厥后立王，生则逸"）

9. （宋）蔡沈《书经集传》卷五《周书·无逸》

（归善斋按，见"自时厥后立王，生则逸"）

10. （宋）黄伦《尚书精义》卷三十九《周书·无逸》

（归善斋按，见"自时厥后立王，生则逸"）

11. （宋）陈经《尚书详解》卷三十五《周书·无逸》

（归善斋按，见"自时厥后立王，生则逸"）

12. （宋）钱时《融堂书解》卷十五《周书·无逸》

（归善斋按，见"周公曰，呜呼！我闻曰，昔在殷王中宗"）

13. （宋）魏了翁《尚书要义》卷十五《周书·无逸》

十八、自是三王而后，皆以逸乐损寿

或十年，或七八年，或五六年，或三四年。高者十年，下者三年，言逸乐之损寿。

14.（宋）陈大猷《书集传或问》卷下《周书·无逸》

（归善斋按，未解）

15.（宋）胡士行《尚书详解》卷九《周书·无逸第十七》

（归善斋按，见"自时厥后立王，生则逸"）

16.（元）吴澄《书纂言》卷四下《周书·无逸》

（归善斋按，见"自时厥后立王，生则逸"）

17.（元）陈栎《书集传纂疏》卷五《朱子订定蔡氏集传·周书·无逸》

（归善斋按，见"自时厥后立王，生则逸"）

18.（元）许谦《读书丛说》

（归善斋按，未解）

19.（元）董鼎《书传辑录纂注》卷五《周书·无逸》

（归善斋按，见"自时厥后立王，生则逸"）

20.（元）朱祖义《尚书句解》卷九《周书·无逸第十七》

或十年（多者十年），或七八年，或五六年（其次七八年，其次五六年），或四三年（甚至三年四年，皆耽乐损寿也）。

21.（明）王樵《尚书日记》卷十三《周书·无逸》

（归善斋按，见"自时厥后立王，生则逸"）

22.（清）库勒纳等撰《日讲书经解义》卷九《周书·无逸》

（归善斋按，见"自时厥后立王，生则逸"）

周公曰：呜呼！厥亦惟我周太王、王季，克自抑畏

1.（汉）孔氏传、（唐）陆德明音义、孔颖达疏《尚书注疏》卷十五《周书·无逸》

周公曰，呜呼！厥亦惟我周太王、王季，克自抑畏。

传，太王，周公曾祖。王季，即祖言，皆能以义自抑，畏敬天命，将说文王，故本其父祖。

疏，正义曰，殷之三王，既如此矣，周公又言曰，呜呼！其惟我周家太王、王季能以义自抑而畏敬天命，故王迹从此起也。

传正义曰，太王，周公曾祖；王季，即祖也。此乃经传明文，而须详言之者，此二王之下辞无所结，陈此不为无逸。周公将说文王，故本其父祖，是以传详言也，解其言此之意，以义自抑者，言其非无此心，以义自抑，而不为耳。

2.（宋）苏轼《书传》卷十四《周书·无逸第十七》

（归善斋按，未解）

3.（宋）林之奇《尚书全解》卷三十二《周书·无逸》

周公曰，呜呼！厥亦惟我周太王、王季，克自抑畏。文王卑服，即康功田功，徽柔懿恭，怀保小民，惠鲜鳏寡，自朝至于日中昃，不遑暇食，用咸和万民。文王不敢盘于游田，以庶邦惟正之供。文王受命惟中身，厥享国五十年。周公曰，呜呼！继自今嗣王，则其无淫于观，于逸，于游，于田，以万民惟正之供。无皇曰，今日耽乐，乃非民攸训。非天攸若，时

人丕则有愆。无若殷王受之迷乱，酗于酒德哉。

周公之戒成王，既引商之三宗，忧勤不怠，而历年有永，欲成王以之为法；又引商之后王，逸豫自适，而蚤坠厥命，欲成王以之为鉴。意谓三宗，享国之长，非天实延之也，在我者有以延之也。后王享国之短，非天实促之也，在我者有以促之也。天之于人，吉凶、寿夭，如影响，然岂独私于三宗，而偏疾于后王哉，以其有逸、不逸之异耳。成王将欲享国长久，如商三宗，则其无逸之心岂可以不如三宗哉。此实周公爱君之至，然周公之心犹以为未也，又以文王享国之效而告之。盖前代之君，去周之近，莫如殷，而我周家祖宗之成宪，可为楷模者，比之商又为近焉，故先引商家之君，而后言我先王也。如《伊训》之篇，先言夏后氏之懋德，而其子孙之弗率，遂言其烈祖之成德，以训于王。古之大臣，陈善闭邪，以启沃于君者，率用此道也。

周公嗟叹而言，不独商王然也，我先王亦然。我周之大王、王季，皆能谦抑而畏惧，未尝怀骄怠之心，故大王之所以能肇基王迹，王季之所以能勤劳王家，而周之基业自此兴矣。文王继之，然亦不敢逸豫，以困斯民焉。盖天生民而立之君，以司牧之，将使以一人而治天下，不以天下而奉一人。故文王之治其国，惟以斯民之不获为虑，而不以一己之忧勤为难。恭俭节用，以卑其衣服也。盖为就其安民之功，与其治田之功而已。柔和恭敬之德，皆尽美也。盖为怀保小民，与夫加惠于鲜乏鳏寡之人而已。自旦至于日中及日昃，不暇饮食也，盖为咸和万民而已。夫欲天下之匹夫匹妇，无有不被其泽，则无望乎适一己之便。逸豫者，可以适一己之便矣，而天下之民必有不得其所者。使文王为鲜衣美服，则必不能就安民治田之功；狠虐暴慢，则必不能加惠于穷民。惟口腹之是念，则必不能咸和万民，何者，天下无两全之利也。是以文王宁屈己以便民，不肯拂民以奉己也。然文王之爱民不独此也，又不敢盘乐于游田者，盖以庶邦之贡赋，惟供所当用者，若以供游田之费，则非其正矣。夫天地之生财有限，而庶邦之贡赋有常，若以供其私费，则必有不继者。而横赋暴敛，将自此起矣。文王之所以不敢盘于游田也。惟文王之无逸如此，故其享有国祚者，五十年。

"受命惟中身"者，文王九十七而终，而享国五十年，则受天之命，而继世即位，以九十七言之，正得其半，故于身为中也。唐孔氏曰，文王即位时，年四十七，于身非中而言中身，举全数而言之也。徽、懿，皆美也。"徽柔懿恭"，言柔之与恭，皆尽其美，非以声音笑貌而为之，犹言"允恭克让"也。日中昃，谓日中及昃时也。《左传》曰，日上其中，食日为二，旦日为三。是以日有十数，平旦而后食时，食时而后日中，日中而后日昃。昳，即昃也，谓日蹉跌而下也。《说文》曰，日在西方时，昃也。夫谓之食时，则人饮食，盖以此时，今自旦至日中，及昃而不暇食，其勤可见矣。遑，即暇也。唐孔氏曰，重言之者，古人自有复语，犹言艰难是也。在《易》"损上益下"为"益"；"损下益上"为"损"。损下者，宜上之益也。而乃为损者，百姓足君，孰与不足故也。文王欲即"康功田功"，则卑其衣服；欲"惠鲜鳏寡"，则"徽柔懿恭"；欲"咸和万民"，则不遑暇食。身为人君，而其奉养如是之薄，经纶如是之劳，可谓"损上益下"矣。而其效则至于享国久长，益孰有大于此者乎？而说者乃有文以忧勤损寿，武以逸乐延年之言，其戾于经世之言。文、武之年者，文王九十七而终，武王九十三而终，是文武之年皆所谓期颐之寿也。《鱼丽》之序曰，文、武以《天保》以上治内，《采薇》以下治外，始于忧勤，终于逸乐，是文、武皆以忧勤之故，而后享其逸乐。非文王忧勤，而武王逸乐也。既非文王忧勤，而武王逸乐，而文、武又皆享期颐之寿，安得谓文王以忧勤损寿，武王以逸乐延年哉？为此说者，盖以《文王世子》之言"我百尔九十，吾与尔三焉"，惟文王自减其三，以益武王，故有损寿延年之言，所欲与武王以三龄，盖将以成其克商之志，则是文王年十八生武王，至崩时，武王年八十矣。即位十一年而伐商，既克商二年而崩。其集大统也，盖在于所与三龄之内，不与之，则商不可得而克。其所以或损或增者，非以忧勤逸乐之故也。周公谓文王以无逸享国久长，先儒乃谓文王以忧勤损寿，学者将孰信哉。

"继自今嗣王"，继自今以往嗣世之主，皆当如是也。司马侍讲曰，不独成王，当以为戒，继自今以往嗣世之主，皆当以为戒。周公用意深远，垂训后世，故并言之是也。淫，过也。观、逸、游、畋，皆所谓逸豫也，欲必一一而辨之，则如隐公之观鱼，庄公之观社，所谓"观"也。秦二世居禁中，公卿希得朝见；唐敬宗，日晏坐朝，所谓"逸"也。周穆王周行天下，将皆必有车辙马迹，所谓"游"也。太康畋于有洛之表，所谓"畋"也。夫观、逸、游、畋，人情所不能免也。先王岂恶之哉，所恶于观、逸、游、畋者，谓其过也。过而为之，如前数君之所为，则所费不赀，下民有受其弊。商之后王，所以享国之促者，盖以此也。故自今嗣王不可过为观、逸、游、畋之乐，以万民之税赋，惟供其所用者，其可轻费而妄用哉。或曰庶邦，或曰万民，亦是史家之体，经纬其文，不必为之说也。能爱惜万民之膏血，而不以供一己之私欲，则其享国，亦将如三宗、文王矣。夫享国之长久，在于无淫于观，于逸，于游，于畋，以万民惟正之供。而汉武帝恃其富强之资，靡所不为明珠、文甲、通犀、翠羽之珍，盈于后宫；蒲梢、龙文、鱼目、汗血之马充于黄门，广开上林，穿昆明池，营千门万户之宫，立神明通天之台，又尝勒兵十余万，北巡朔方，遂东幸缑氏，登中岳，东巡海上，封禅泰山，复并海北之碣石，历北边八月之间，行万八千里，其费不可胜计于，是榷酒酤，管盐铁，铸白金，造皮币，算至车船租及六畜，其肆为逸乐，以横取于民，一至于此，乃欲礼方士，祠神人，游大海，望蓬莱，以求长生延年之术，正所谓却行而求及前人也，不可自假，曰，惟今日为此耽乐，他日不复为也。夫耽乐者，非所以训民，非所以顺天，是人大则有过矣。夫自古人君之耽乐也，岂以其害治而为之哉。盖以为无害也，彼自以为终岁忧勤，惟一日之耽乐，有何不可哉？然兢兢业业，一日、二日万几，一日二日之闲，而危亡之几，至于万数。故一日之勤，则有一日之效。一日之逸，则有一日之害。自此而积之，以一日之逸为无害，则虽一月亦可；以一月之逸为无害，则虽一岁亦可；以一岁之逸为无害，则虽终身亦可。盖人君不可以有逸豫之心，苟有其心，则日复一日，月复一月，岁复一岁，浸淫横流，而不可遏矣。夫仰天而天或倦，俯地而地或怠，则其确然隤然者，且将与物俱腐矣。盖至诚无息，悠久无疆，皆不息之积也。苟有息焉，则一日之耽乐，而终身之祸，其在是矣。何者，以其息故也。息，则不可以久；不可以久，则善心日消，人欲日肆，而无复有为矣。昔宇文士及谓唐太宗曰，南衙群臣，面折廷诤陛下，不得举手，今日幸在左右，不少有将顺，则为天子，亦何聊使其以少有将顺为无害。自此而积之，则朝夕之间，左右之臣，将务为阿谀矣，耽乐之源其不可启也如此。陶侃在广州，无事辄朝运百甓于斋外，暮运百甓于斋内。人问其故，侃曰，吾方致力中原，过尔优逸，恐不堪事。侃之心，以一日之逸，其害如此。人君能以陶侃之心为心，则岂以今日耽乐为可哉？

观《酒诰》言商纣之酗身，至纵淫佚于非彝，用燕丧威仪，厥心疾很，不克畏死，其祸惨矣。而其源，盖自于一日之耽乐。故周公戒王曰，无若商王受之迷乱，以沈酗于酒而为德。东坡曰，周公戒成王曰"无若商王受之迷乱，酗于酒德"。成王岂有是哉，当时人君，曾莫之，罪而前史书之，以为美谈，此说甚善。盖进言于上，切直而无避讳者，此实大臣爱君之心也。唐太宗营洛阳殿，张元素曰，昔阿房成，秦人散；章华就，楚众离。乾阳华清，隋人解体。臣恐陛下之过甚于炀帝。贾谊曰，前车覆，后车戒。秦世所以亟绝者，其辙迹可见也。然而，不避是，后车又将覆也。此皆得周公之意。夫商亡，而周代之，则必以商之恶为讳，而其可鉴者，莫如商；秦亡而汉代之，则必以秦之恶为讳，而其可鉴者，莫如秦。隋亡，而唐代之，则必以隋之恶为讳，而可鉴者，莫如隋，故忠臣之言，必以此而献替上，使其知所警也。

4.（宋）史浩《尚书讲义》卷十六《周书·无逸》

周公曰，呜呼！厥亦惟我周太王、王季，克自抑畏，文王卑服，即康功田功，徽柔懿恭，怀保小民，惠鲜鳏寡，自朝至于日中昃，不遑暇食。用咸和万民。文王不敢盘于游田，以庶邦惟正之供。文王受命惟中身，厥享国五十年。周公曰，呜呼！继自今嗣王，则其无淫于观，于逸，于游，于田，以万民惟正之供。无皇曰，今日耽乐，乃非民攸训，非天攸若，时人丕则有愆。无若殷王受之迷乱，酗于酒德哉。

大王肇基王迹，王季其勤王家。克自抑畏者，非有鞭策警诲之所致，其谦虚兢畏，出于天性也。文王恶衣服，而尽力于康民裕农之事。徽柔懿恭，可以想象文王之形容也。盖孰不为，柔徽者，柔之美美矣，则无绕指之悔；孰不为恭懿者，恭之淑淑矣，则无床下之巽。盖四德之中，惟柔恭可见，徽懿不可得而见也。即柔之中，可以知徽，即恭之中，可以知懿。徽柔，则无优柔之患；懿恭，则无足恭之患矣。文王知小民之劳苦，鳏寡之困穷，下气降心，振此二德，如慈母于子，不敢以疾声厉色待之，恐其畏而不怀也；不敢以怒心忿气触之，恐其疑而不至也。惟其有矜怜，抚掩，保抱，携持之德，故其"徽柔懿恭"可以想见也。自朝至昃无食，顷不在万民，则咸和之效可知矣。况敢盘于游田，而以庶邦之供，为耽乐之私用乎？自中年受命，九十七乃终，享国五十年，可谓寿矣。说者尚谓，以忧勤损寿，盖以文王之无逸，宜得永年之寿，于此犹未慊于人心也。嗣王监此，不可淫于观游，逸乐，田猎之事，使万民之供，亦惟正也。苟或外此，则四方之奉，不足以支旬月之费。兹逸也，适所为劳欤。无皇者，不暇也。勿以谓一日之耽乐，不足累德，日复一日，则非民所训，非天所顺，必有大咎矣。天、人之际，吁可畏哉。无若纣之迷乱，沉湎于酒，此周公作《无逸》之本意也。

5. （宋）夏僎《尚书详解》卷二十《周书·无逸》

周公曰，呜呼！厥亦惟我周太王、王季克自抑畏。文王卑服，即康功田功，徽柔懿恭，怀保小民，惠鲜鳏寡，自朝至于日中昃，不遑暇食，用咸和万民。文王不敢盘于游田，以庶邦惟正之供。文王受命惟中身，厥享国五十年。

周公上既举商三宗，无逸以永年，为成王劝，又引自是厥后，诸王逸豫，以促期为成王戒，此则又以太王、王季、文王之事证之，正欲成王知"无逸"之事，非惟商三宗而已，虽我祖宗亦然也。周公谓，无逸之事，岂独商三宗而已，厥亦惟我周太王、王季能自抑损，能自畏惧，故文王继之，亦能以抑畏为心，而卑其所服，不敢妄自矜大。卑服，有二说。先儒以卑服，如禹之恶衣服，谓卑贱其服，不敢华饰。

须江则以此"服"，为服事商之服，谓自卑以服事其纣。二说皆通。然"克自抑畏"，下继"即康功田功"，则此二说皆若不贯。

余谓，文王，太王之孙，为王季之子，亲承其抑畏之诚，故每事卑下，不敢自高。凡下文所言，皆卑服之目也。文王惟卑下其所事，故所就者，为安民之功与田亩之功。又徽其柔，而懿其恭。徽柔者，美其柔也。美其柔，则柔不至于不能立。懿恭者，善其恭也。善其恭，则恭不至于足，而又于小民，则怀来而保安之，鳏寡则有惠，以鲜活之，尤言存活之也。此皆文王所谓"卑服"之目也。文王惟卑下其服事，所志在于"康功田功，徽柔懿恭"与夫"怀保小民，惠鲜鳏寡"，故自朝而至日之方中，或至日昃，皆不遑于宽暇以食。文王非不食，也特以志在于民饥则急，食不暇，缓食也。然文王所以如此者，亦非故欲自苦其身，特将用此以和悦天下之民耳。周公既言文王忧勤于民如此，又说文王虽游邀田猎之事，古之人君所不可免者，亦不敢以为乐。其所以用庶邦者，惟正是供，不供吾遨游之用也。时文王为西伯，庶邦有当供文王者，此又见文王非唯爱吾民，虽所统之国，无不爱文王。惟如此勤俭，故受命为诸侯于中身，享国有五十年之永。盖文王九十七而终，此言受命惟中身，必是近五十左右，受命为诸侯，至九十七而终，是五十年也。

6.（宋）时澜《增修东莱书说》卷二十五《周书·无逸第十七》

周公曰，呜呼！厥亦惟我周太王、王季，克自抑畏。文王卑服，即康功田功，徽柔懿恭，怀保小民，惠鲜鳏寡。自朝至于日中昃，不遑暇食，用咸和万民。文王不敢盘于游田，以庶邦惟正之供。文王受民惟中身，厥享国五十年。

商、周犹异世也。文王，则成王之祖也，故复举文王之"无逸"以告成王，言愈近，而意愈切矣。"厥亦惟我周太王、王季，克自抑畏"者，将论文王之"无逸"，先言其渊源之所自也。凡有血气，每患于上陵，学问之道无他，下之而已矣。损抑祗畏，所以下之也。太王、王季，所以"克自抑畏"，则其用力于"无逸"者深矣，是乃文王"无逸"之渊源。文王，则由父祖之抑畏，而至于作圣者也。

"文王卑服，即康功田功"者，言其自奉之薄，而专意于赡养斯民耳，卑服，盖举一端。宫室饮食自奉之薄，皆可类推也。物莫能两大，厚于奉己，必薄于恤民。文王于衣服自奉之属，所性不存，漠然未尝留意用力于是也。则其力果安所用哉？即于康功，以安民，即于田功以养民而已。力不分于奉己，故功全归于恤民也。

徽柔，盖柔之徽美者也。懿恭，盖恭之渊懿者也。始从事于"无逸"者，柔巽恭谨，不谓之柔，恭则不可其视。"徽柔懿恭"，意味光辉则大不同矣。非文王之圣，莫能与此也。文王以"徽柔懿恭，怀保小民，惠鲜鳏寡",所谓"绥之斯来,动之斯和"者也。于民言,小者苟匹夫匹妇未被其泽,则其怀保犹未周也。于鳏寡而言,惠鲜者,鳏寡穷民,垂首丧气,乂王惠绥之,莫不鲜有生意也。"自朝至于日中昃,不遑暇食,用咸和万民"者,当是时,纣方在上,毒痛四海,文王处方伯之位,而欲咸和其民,夐乎有杯水,胜火之难。推望道未见之心,勤且劳,自应至是也。然亦岂若后世,量书传餐,代有司之任者。《立政》言"罔攸兼于庶言、庶狱、庶慎",则所谓"不遑暇食"者,其勤劳必有在矣。读《无逸》则见文王之"劳";读《立政》则见文王之"逸",岂相为矛盾者哉?于至劳之中,有至逸;于至逸之中,有至劳也。

"文王不敢盘于游田,以庶邦惟正之供"者,游田,国有常制,至于盘于游田,则以是为耽乐,固文王所不为也。不曰"不为",而曰"不敢"者,翼翼之小心也。以游田之简,则可知百用之约,既无滥费,自无过取,所以庶邦之贡于文王者,于正数之外,无一毫之加也。文王为西伯,所统之庶邦,盖有常供。其在《春秋》,诸侯贡于霸主者,班班可见,至唐犹有送使之制,则诸侯之供方伯,其来旧矣。

此章论文王之家法,故凡"无逸"之条目,如敦俭素,重农亩,恤困穷,勤政事,戒佚游,防横敛,大略皆备。其称文王之寿,即前章之意,然亦使成王知文王忧勤如此,终享百年之寿,则导谀之说,谓勤政则伤生者,亦不足信也。以此防民,后世犹有妄为文王忧勤损寿之说,以启人主放逸,如郑玄者。

7.(宋)黄度《尚书说》卷六《周书·无逸》

周公曰,呜呼!厥亦惟我周太王、王季,克自抑畏。文王卑服,即康功田功,徽柔懿恭,怀保小民,惠鲜鳏寡,自朝至于日中昃,不遑暇食,用咸和万民。文王不敢盘于游田,以庶邦惟正之供。文王受命惟中身,厥享国五十年。

康功,安民之功;田功,稼穑之功。徽、懿,皆美也。道德之容,仁义之言,其柔其恭,何所不美。惟正之供,贡赋皆有常典也。文王九十七而终,享国五十年。四十七受天子命即位。文王自朝至于日中昃,不遑暇食,周公行有不合于三王者,仰而思之,坐以待旦,皆劳其心者,而皆享上寿，世或以思病其心，何也？《孟子》曰，心之官，则思。《中庸》曰，思诚者，人之道心，非颓堕腐败无用之物也。圣人之思，所为异于人者，有思必诚而已。是故，不邪则不惑，不胶则不困，不蕙则不蹙，不鹜则不诞，不陂则不危，不曲则不迂，不得则思，思而得则悦，故曰"理义之悦"。我心是故尽心知性，则知天矣。理、性、命，同出一源。苏文忠曰，汉武帝，唐明皇，皆非无欲者，而享国长寿十一而已，岂可效乎是也。然武帝杀戮，至父子不相保，明皇流播几不免，虽长寿而累其身，且累天下。周公《无逸》称三宗、文王之寿，皆谓寿考，不忘能兴其国家，能乂其民者，武帝、明皇，长年何述焉。

8．（宋）袁燮《絜斋家塾书钞》卷十二《周书·无逸》

周公曰，呜呼！厥亦惟我周太王、王季，克自抑畏。文王卑服，即康功田功，徽柔懿恭，怀保小民，惠鲜鳏寡。自朝至于日中昃，不遑暇食用，咸和万民。文王不敢盘于游田，以庶邦惟正之供。文王受命，惟中身，厥享国五十年。

抑，谦抑也。畏，戒谨恐惧也。"克自抑畏"，此太王、王季之"无逸"也。"文王卑服"，此文王之"无逸"也。卑其衣服，不事侈靡，而惟康功田功之。即康功者，安民之功也；田功者，稼穑之事也。"徽柔懿恭"此一句，画出这文王"徽"与"懿"，皆至美之辞。柔而曰徽柔，异乎常人之柔也；恭而曰懿恭，异乎常人之恭也。此便是尧之"允恭克让"，舜之"温恭允塞"，夫子之"温良恭俭"，相同恭敬逊顺，圣人之心可见矣。有一毫骄矜悖慢之气，便不是圣人之心。以此德而"怀保小民"，无匹夫匹妇不被其泽。盖怀保小民，不是傲然自大者所能为，惟"徽柔懿恭"之人，则视小人之微，分明如慈母之保赤子，所谓若保赤子心，诚求之，虽不中不远矣。"惠鲜鳏寡"者，文王下膏泽于民，而民皆有生意，如时雨之降，草木皆为之鲜明，故谓之惠鲜。"自朝至于日中昃不遑暇食"，其忧勤如是，非屑屑然躬亲细务也。常持此心，不敢一毫间断，一毫放逸，如此方能"咸和万民"。盖君者，民之表仪也。斯民视仪而动，听倡而应，工夫少有不到，在我者，不知何以使民之和，此文王之所以日昃不食也。游、畋，国有常制，而文王则不敢"盘"焉。上无过

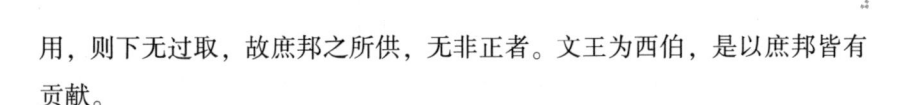

用，则下无过取，故庶邦之所供，无非正者。文王为西伯，是以庶邦皆有贡献。

9.（宋）蔡沈《书经集传》卷五《周书·无逸》

周公曰，呜呼！厥亦惟我周太王、王季，克自抑畏。

商犹异世也，故又即我周先王告之，言太王、王季能自谦抑，谨畏者，盖将论文王之"无逸"，故先述其源流之深长也。大抵抑畏者，"无逸"之本。纵肆怠荒，皆矜夸无忌惮者之为。故下文言文王，曰柔，曰恭，曰不敢，皆原太王、王季抑畏之心发之耳。

10.（宋）黄伦《尚书精义》卷四十《周书·无逸》

周公曰，呜呼！厥亦惟我周太王、王季，克自抑畏。文王卑服，即康功田功，徽柔懿恭，怀保小民，惠鲜鳏寡。自朝至于日中昃，不遑暇食，用咸和万民。

无垢曰，文王抑畏之心，又见于卑薄其衣服。卑服，如所谓"恶衣服"是也。其不留意衣服之间，其心必有所主也。康功，谓安民之功；田功，谓稼穑之功。安民，欲其有功，则于民之细微，无不体究矣。治田，欲其有功，则于田之利害，无不谙悉矣。其曰功者，必欲民之康，田之丰而后已也。卑薄其衣服，而留意在此，所以谓之"即"欤。

又曰，抑畏在心，故无刚暴之气，每见其徽柔；无倨傲之状，每见其懿恭。徽、懿皆美也。美在其中，而畅于四肢，发于事业。畅于四肢，故柔则徽，而恭则懿，可以想见文王之圣，容发于事业，故小民则怀。保之鳏寡，则惠鲜之，可以想见文王之德政，有诸中，形诸外，此理之必致者也。

又曰，盖一日之几有万，倪稍失其会，则祸必及于天下，惟以勤为心，事事经理，使发号施令，无一人不满。其意者，此咸和之理也。

陈晋之曰，卑服，则不自尊其身；即康功田功，则致其力于民。即康功，所以安天下。《孟子》所谓"文王一怒安天下"是也。即田功，所以养天下。《孟子》所谓"文王制其田里"是也。言卑服，则不耽乐之从，可知；言即康功田功，则闻小人之劳，知稼穑之艰难，可知。

胡氏曰，抑，有遏之之意。人所以肆行而无畏者，不能自抑也。遏其妄情，止其私欲，惟义是从，则必畏天命，必畏祖宗，必畏师，必畏谏，必畏谤讟，必畏祸乱。凡可以致治者，无不为；凡可以致乱者，无不去也。此非他人所能，惟我而已。故曰"克自抑畏"，言其自为之，不由乎人也。然畏，一也，有当畏者，有不当畏者，虽圣人不敢不畏，若夫逆理之臣子，反道之夷狄，则当修明刑政，以攘却之。如舜罚有苗，周征三监，高宗伐鬼方，宣王伐猃狁，亦何所畏哉。

11.（宋）陈经《尚书详解》卷三十五《周书·无逸》

周公曰，呜呼！厥亦惟我周太王、王季，克自抑畏。文王卑服，即康功田功，徽柔懿恭，怀保小民，惠鲜鳏寡。自朝至于日中昃，不遑暇食，用咸和万民。文王不敢盘于游田，以庶邦惟正之供。文王受命惟中身，厥享国五十年。

周公以前代之事告之矣。其近者，莫若我周之家法，故又举太王、王季、文王之事。周公之言，何其次第如此明白。太王、王季，独非尔成王之祖乎？抑者，降下其心，不敢骄也。畏者，敬存于心，不敢忽也。想其抑畏之心，岂复有逸乐之事乎？"克自抑畏"者，是其谦冲退托，戒谨恐惧，出于本心之诚然，非有使之而然，如自强不息，非有以强之也，欲其自得，非有以得之也。

推太王、王季，家法如此，故以心传心，文王之心，即太王、王季之心，所谓卑服，所谓柔恭，皆其抑畏之形于用也。人情自尊大，必忽人；丰于己者，必啬于人。文王于衣服之间，不事华侈，而致其卑，则所即者，必安民之事，养民之事也。文王既能柔而徽，恭而懿，则其所从事者，必惟小民之，是怀，是保；必惟鳏寡者，是惠鲜也。侈于衣服者，必厚敛以伤民；卑服者，无心于侈丽也。曰功者，稼穑之功也。柔而徽，柔德之美者也，非巽懦以为柔；恭而懿，恭德之美者也，非足恭以为恭。徽柔懿恭，即谦冲之意。自早朝至于日之中，日之昃矣，犹且不遑暇食，惟务所以咸和万民。文王以天下为一身，以鳏寡孤独为吾之四体。民之不和，吾所忧也。而食之不暇，文王何容心哉？

"文王不敢盘于游田"，又所以躬率庶邦也。搜田，以时一发，五豵，皆礼之所不得不举。外此，而未尝以游田为乐也。文王所以如此，何也？要使庶邦之贡赋，以正供奉，不欲以庶邦贡赋，为吾游田逸乐之用也。文王当时为西方诸侯之长，故诸国贡赋，皆上于文王。惟正之供，则所用者，宗庙祭祀，百官有司之用而已。文王一身，全在忧勤之地，不在逸乐之中。自常情言之，疲精神，役智虑，多记损心，多语耗气，心气内损，形神外劳，后不可以长久。文王自受命中身以来，享国有五十年之久，何哉？艰难之中自有逸乐者存，心广体胖，作德日休之时，安有急迫之态。中身者，文王四十七受命，而即位为诸侯也。《文王世谱》曰，文王九十七而终身，享国五十年，则四十七受命，可知矣。

12.（宋）钱时《融堂书解》卷十五《周书·无逸》

周公曰，呜呼！厥亦惟我周太王、王季，克自抑畏。文王卑服，即康功田功，徽柔懿恭，怀保小民，惠鲜鳏寡，自朝至于日中昃，不遑暇食用，咸和万民。文王不敢盘于游田，以庶邦惟正之供。文王受命惟中身，厥享国五十年。

卑服者，其所服行卑，以自牧也。

13.（宋）魏了翁《尚书要义》卷十五《周书·无逸》

（归善斋按，未引）

14.（宋）陈大猷《书集传或问》卷下《周书·无逸》

（归善斋按，未解）

15.（宋）胡士行《尚书详解》卷九《周书·无逸第十七》

周公曰，呜呼！厥亦惟我周太王、王季克自抑（损）畏（祗）。文王卑服（卑下其事。注云，恶衣服），即（就）康（安民）功田（养民）功。徽（美）柔（徽则柔，而能立）懿（美）恭（懿则恭而有礼），怀（念）保（安）小民，惠（爱）鲜鳏寡。自朝（日出）至于日中昃（日侧），不遑暇食（急于养民，缓于自养），用咸（大）和万民。文王不敢盘（乐）于游田，以庶（众）邦（侯）惟正（正道）之供（应庶邦取法。注云，所供贡惟正，不以盘游役之）。文王受命（即位）惟中身（五十），厥享国五十年。

纣在上，而文王以方伯，欲率侯邦，以和万民。其勤劳如是也，无逸之验如此，后世犹有为文王忧勤损寿之说，以启人主之逸，如郑玄者。

16.（元）吴澄《书纂言》卷四下《周书·无逸》

周公曰，呜呼！厥亦惟我周太王、王季克自抑畏。

不特殷之三王如此，周之三王，亦然抑者，贬损谦下之意，将言文王之事，故原其家法之所自。

17.（元）陈栎《书集传纂疏》卷五《朱子订定蔡氏集传·周书·无逸》

周公曰，呜呼！厥亦惟我周太王、王季，克自抑畏。

商犹异世也。故又即我周先王告之，言太王、王季能自谦抑谨畏者，盖将论文王之"无逸"，故先述其源流之深长也。大抵"抑畏"者，"无逸"之本。纵肆怠荒，皆矜夸无忌惮者之为，故下文言文王，曰柔，曰恭，曰不敢，皆原太王、王季"抑畏"之心发之耳。

纂疏

陈氏大猷曰，克自者，真能自用其力，而人不与也。抑者，所以下之也，如制忿欲，去奢侈，皆是也。畏，敬畏也。人所以肆行无畏，不能自抑故也。抑其私欲，则必畏天命，畏祖宗，畏小民矣。

18.（元）许谦《读书丛说》

（归善斋按，未解）

19.（元）董鼎《书传辑录纂注》卷五《周书·无逸》

周公曰，呜呼！厥亦惟我周太王、王季克自抑畏。

商犹异世也，故又即我周先王告之，言太王、王季能自谦抑谨畏者，盖将论文王之"无逸"，故先述其源流之深长也。大抵抑畏者，"无逸"

之本；纵肆、怠荒，皆矜夸无忌惮者之为，故下文言文王，曰柔，曰恭，曰不敢，皆原太王、王季抑畏之心发之耳。

纂注

陈氏大猷曰，克自者，真能自用其力，而人不与也。抑者，所以下之也。如制忿欲，去奢侈，皆是也。畏，敬畏也。人所以肆行，无畏不能自抑，故也。抑其私欲，惟义是从，则必畏天命，畏祖宗，畏小民矣。

20. （元）朱祖义《尚书句解》卷九《周书·无逸第十七》

周公曰，呜呼（又更端叹言）！厥亦惟我周大王、王季（谓"无逸"永年，岂惟商三宗而已。其亦惟我周家祖宗，有大王、王季），克自抑畏（能自谦抑，能自畏惧）。

21. （明）王樵《尚书日记》卷十三《周书·无逸》

周公曰，呜呼！厥亦惟我周太王、王季克自抑畏。
孔氏曰，太王、王季，皆能以义自抑畏。将说文王，故本其父祖。抑者，自下；畏者，不敢。人自抑畏，而纵逸者未之有也。

22. （清）库勒纳等撰《日讲书经解义》卷九《周书·无逸》

周公曰，呜呼！厥亦惟我周太王、王季克自抑畏。

此一节书是，叙文王之祖父，能开"无逸"之原也。抑者，不骄肆之意；畏者，不怠荒之意。周公又叹息言，"无逸"之君，岂惟商有三宗哉。厥亦惟我周太王、王季开"无逸"之心传，而垂"无逸"之家法，克自抑焉，而不使心逸于纵肆；克自畏焉，而不使心逸于怠荒。盖贵而能谦，高而能慎，其心皆出于自然，而无所勉强，此所以上配三宗之心法，而下开文王之心源也。夫人君，至尊，而必居之以抑；至安，而必居之以畏者。抑，则缀衣虎贲，皆有匡弼之益；畏，则出王游衍，具凛明旦之几。自创业以至守成，其存心，莫不由此，则兴；不由此，则废，岂独太王、王季云尔哉。

（元）陈悦道《书义断法》卷五《周书·无逸》

厥亦惟我周太王、王季，克自抑畏。文王卑服，即康功田功。

二王之抑畏谦下，以持其敬者也。人能抑畏，则凡所以畏天命，畏大人，畏圣言，无往而不畏矣。文王之卑服节俭，均以成其敬者也。能卑服，则凡所以卑宫室，菲饮食，节嗜好，亦无往而不敬矣。然二王之抑畏，以克自言，指其持身之素而言之也。文王之卑服，以康、田功言，指其及民之功而言之也。将以持身，则不敢逸；将以及人，则不暇逸，皆敬之流通，而为"无逸"之令王。其所用之不同，则所遇之时，所居之位，有不同耳。周家一代相传之心治，寓于治法，则无不同也。

文王卑服，即康功田功

1.（汉）孔氏传、（唐）陆德明音义、孔颖达疏《尚书注疏》卷十五《周书·无逸》

文王卑服，即康功田功。

传，文王节俭，卑其衣服，以就其安人之功，以就田功，以知稼穑之艰难。

音义，卑，如字，马本作"俾"，使也。

疏，正义曰，文王又卑薄衣服，以就其安人之功，与治田之功。

传正义曰，文王卑其衣服，以就安人之功，言俭于身，而厚于人也。立君所以牧人安人之功，诸有美政皆是也。就安人之内，田功最急，故特云田功，以示知稼穑之艰难也。

2.（宋）苏轼《书传》卷十四《周书·无逸第十七》

（归善斋按，见"自时厥后立王，生则逸"）

3. (宋)林之奇《尚书全解》卷三十二《周书·无逸》

(归善斋按,见"周公曰,呜呼!厥亦惟我周太王、王季,克自抑畏")

4. (宋)史浩《尚书讲义》卷十六《周书·无逸》

(归善斋按,见"周公曰,呜呼!厥亦惟我周太王、王季,克自抑畏")

5. (宋)夏僎《尚书详解》卷二十《周书·无逸》

(归善斋按,见"周公曰,呜呼!厥亦惟我周太王、王季,克自抑畏")

6. (宋)时澜《增修东莱书说》卷二十五《周书·无逸第十七》

(归善斋按,见"周公曰,呜呼!厥亦惟我周太王、王季,克自抑畏")

7. (宋)黄度《尚书说》卷六《周书·无逸》

(归善斋按,见"周公曰,呜呼!厥亦惟我周太王、王季,克自抑畏")

8. (宋)袁燮《絜斋家塾书钞》卷十二《周书·无逸》

(归善斋按,见"周公曰,呜呼!厥亦惟我周太王、王季,克自抑畏")

9. (宋)蔡沈《书经集传》卷五《周书·无逸》

文王卑服,即康功田功。

卑服,犹禹所谓"恶衣服"也。康功,安民之功;田功,养民之功,言文王于衣服之奉,所性不存,而专意于赡养斯民也。卑服,盖举一端而言。宫室饮食，自奉之薄，皆可类推。

10.（宋）黄伦《尚书精义》卷四十《周书·无逸》

（归善斋按，见"周公曰，呜呼！厥亦惟我周太王、王季，克自抑畏"）

11.（宋）陈经《尚书详解》卷三十五《周书·无逸》

（归善斋按，见"周公曰，呜呼！厥亦惟我周太王、王季，克自抑畏"）

12.（宋）钱时《融堂书解》卷十五《周书·无逸》

（归善斋按，见"周公曰，呜呼！厥亦惟我周太王、王季，克自抑畏"）

13.（宋）魏了翁《尚书要义》卷十五《周书·无逸》

（归善斋按，未引）

14.（宋）陈大猷《书集传或问》卷下《周书·无逸》

（归善斋按，未解）

15.（宋）胡士行《尚书详解》卷九《周书·无逸第十七》

（归善斋按，见"周公曰，呜呼！厥亦惟我周太王、王季，克自抑畏"）

16.（元）吴澄《书纂言》卷四下《周书·无逸》

文王卑服，即康功田功，徽柔懿恭，怀保小民，惠鲜鳏寡。自朝至于日中昃，不遑暇食用，咸和万民。文王不敢盘于游田，以庶邦惟正之供。文王受命惟中身，厥享国五十年。

卑服，犹禹之恶衣服也。盖举一端而言，凡宫室饮食，自奉之薄在其中矣。康功安民之事，田功养民之事，徽、懿皆美也。而徽，有纠紧之意；

懿，有淑善之意。柔，易至于懦，徽柔则非不断之柔。恭，易至于拘，懿恭则非不安之恭。惠鲜，谓惠利而苏鲜之，使有生意也。遑，亦暇也。重言文王之薄于奉己，而厚于养民。斯有柔恭之美德，平易近民。于民之微者，则怀保之；于民之穷者，则惠鲜之。然此特一国之民尔。纣，毒痛四海；文王，为方伯，勤劳政事，自早朝不食，至于日中，或至于日昃，犹不暇于食者，盖将用以咸和庶邦之万民，视民如伤，望道如未见其勤劳，自不能已，岂若后世，量书传餐，代有司之任者哉？盘，谓盘旋不已，耽其乐也。游，谓巡行。田，谓围猎。游、田有常制，文王不敢过也。以游田之简，可知百用之约，故庶邦之供贡者，惟正数而已，于外无一毫之多取。方伯长诸侯，所统庶邦，皆有常供。春秋时，齐晋称伯，诸侯各有贡物。至唐，犹有送使之制。其所从来，旧矣。受命谓嗣为诸侯，内受命于先君，上受命于天子也。中身，文王九十七而终，即位时，年四十七，中身举全数也。

17.（元）陈栎《书集传纂疏》卷五《朱子订定蔡氏集传·周书·无逸》

文王卑服，即康功田功。

卑服，犹禹所谓"恶衣恶服"也。康功，安民之功；田功，养民之功，言文王于衣服之奉，所性不存，而专意于赡养斯民也。卑服，盖举一端而言，宫室饮食自奉之薄，皆可类推。

18.（元）许谦《读书丛说》

（归善斋按，未解）

19.（元）董鼎《书传辑录纂注》卷五《周书·无逸》

文王卑服，即康功田功。

卑服，犹禹所谓"恶衣服"也。康功，安民之功；田功，养民之功。言文王于衣服之奉，所性不存，而专意于赡养斯民也。卑服，盖举一端而言。宫室饮食，自奉之薄，皆可类推。

纂注

孔氏曰，就田功，以知稼穑之艰难。

20.（元）朱祖义《尚书句解》卷九《周书·无逸第十七》

文王卑服（文王继之，亦以抑畏为心，而卑其所服，不敢妄自矜大。一说，卑陋其服饰，不敢华侈），即康功田功（卑下其所事，故所就者，安民之功，与田亩之功）。

21.（明）王樵《尚书日记》卷十三《周书·无逸》

"文王卑服，即康功田功"至"厥享国五十年"。

三宗之后，称先王，以周家家法所在，文祖王之近亲耳。目所逮，言之愀然，若复见之，此所以独详之也。

文王于衣服之奉，所性不存，而专意于赡养斯民。盖人君，重于奉身，则轻于为民。心不能两重，而事亦不能兼得，而无所妨也。康功、田功，特约言之。内有许多事在。事在有司者，文王以身先之；事在民者，文王以身劳之，故下个"即"字。

陈氏大猷曰，卑服，非止恶衣服，凡服用皆卑损也。

徽、懿皆美也。徽柔、懿恭，犹《诗》之言"柔嘉维则"也。不过其则，则柔为徽柔，而恭为懿恭，言文王和易近民，其德如此也。怀保小民，又加恩惠于鳏寡之人。自朝时，至于日中，至于过昃，犹不暇食，用咸和万民，其勤如此。

文王之德，何所不备，特赞其柔、恭者，将言其保民敬寡，故自其德之亲下者言之也。视穷民之微贱，如保赤子，周知其情，而处之无不到，此非"徽柔懿恭"者不能也。周公之言，何其曲尽也。

盛满之君，抗然于上，而上之意，不接于下；下之情，不通于上，则虽有刚明之资，而民隐无以周知，恩泽无以下逮。文王视民如伤，所谓徽柔也；小心翼翼，不侮鳏寡，所谓懿恭也。是以其于穷檐蔀屋之下无异，一身人之疾痛疴痒，无有不知，而其所以拊摩而抑搔之者，无所不及也。

"惠鲜"字难晓。蔡传谓，赉予赒给之，使之有生意，盖以意解，比旧说为有理，但欠证据。《史记》陆贾云"数见不鲜"，言人情，频见则易厌；不见，鲜美也。后汉马宫传，君有不鲜。不鲜，是汉人语也，此可证惠鲜之义。又韩愈诗云"霜晓菊鲜鲜"。

金氏曰,"即康功田功",则知稼穑之艰难,不足言;怀保小民,则知小人之依,不足言。盖上文所引三宗,皆守成之贤主。而文王则创业之圣君,所以不同也。

又曰,省耕省敛,非不游也。不敢盘于游,恐流连以废事尔。教民讲武,乾豆宾客,非不田也,不敢盘于田,恐暴殄或扰民尔。

按,游田,国有常制。文王虽不废,而逾之若不敢,此言其心也。惟恐有过,乃所以不过也。

邵文庄公曰,为方伯则有伯事。伯事所需,庶邦供之,国事不与焉,是谓惟正。

服且卑矣,矧崇其宫乎?食且不遑矣,矧暇逸乎游田?既不盘矣,宁犹观逸乎?庶邦且正供矣,矧万民乎?是以约在一己,而和在万民。文王之"无逸",可见矣。

吕氏曰,文王之寿,即前章之理,经训昭然,犹有为文王忧勤损寿之说,以启人主之好逸,如郑玄者。

22.（清）库勒纳等撰《日讲书经解义》卷九《周书·无逸》

文王卑服,即康功田功,徽柔懿恭,怀保小民,惠鲜鳏寡,自朝至于日中昃,不遑暇食,用咸和万民。

此二节书是,言文王之"无逸",为能崇俭素,恤孤独,而勤政事也。卑服,服用俭约之意;康功,所以安民田功,所以养民。徽、懿皆美意。鲜,犹云有生气也。周公又言,惟我文王接抑畏之传,而蹈"无逸"之实。凡所服御,皆裁省俭约,不为奢华靡丽之习,而一心以民功为事。故除残去暴,安民之功也。而文则明教化,申法令,以使之相安。分田制里,养民之功也。而文则授恒产,劝农事,以使之相养。盖其薄于为身,而厚于为民,所以为至德也。若其躬处崇高,而爱抚百姓,又可得而言者,以言其德之柔,愈宽和,而愈觉其可爱,则柔之美至矣。以言其德之恭,愈俨恪,而愈见其可亲,则恭之美至矣。以如是之柔、恭,以与小民相拊循,怀抱保护,不啻父母之爱。其予焉,至小民中有鳏寡者,尤周给施惠,如草木之沾雨露，使之皆有生意。文王之心，在保民如此，且其励精图治，勤劳庶政，自日之朝，以至日之中；自日之中，以至日之昃，虽在当食之时，而不遑有暇。文王岂不欲稍自逸哉？盖以便于己者，必不便于民，故用此不暇之心，欲使万民之众，咸得遂其生，顺其性，登于和乐之治，无一人不得其所，然后其心始慰耳。夫不崇俭素，则人主之嗜欲必生；不恤鳏寡，则下民之怨黩必积；不勤政事，则万几之丛脞必多。文王惟洞见本原，故一心于"无逸"，而不使有耽乐之弊，诚万世君道之极也。

（元）陈悦道《书义断法》卷五《周书·无逸》

(归善斋按，见"周公曰，呜呼！厥亦惟我周太王、王季，克自抑畏"）

（清）王夫之《尚书稗疏》卷四上《周书·无逸》

卑服。

传注皆以"卑服"为恶衣服，衣服可云恶者，以缣素对锦绮，彼美而此恶也。若卑，则与尊为对，上下自有章秩，可以侯王而服匹夫之服乎。且此篇言勤，而不言俭，始末不及服饰之丰约，安得徒于文王着恶衣之文。服，事也，位也，犹"有服在王廷"之服。卑服，谓文王初服之卑也。文王中身有国，又其后，乃受命专征，而为西伯，所服之位乃尊，其在壮岁，尚为世子，迨既在位，且为遐方之小侯，故曰卑服也，言此者，与上"旧劳于外"，"旧为小人"同义，以见成王生长富贵，易于自逸，而益当加警也。

徽柔懿恭，怀保小民，惠鲜鳏寡

1.（汉）孔氏传、（唐）陆德明音义、孔颖达疏《尚书注疏》卷十五《周书·无逸》

徽柔懿恭，怀保小民，惠鲜鳏寡。

传,以美道和民,故民怀之;以美政恭民,故民安之。又加惠鲜乏鳏寡之人。

音义,鲜,息浅反,注同。

疏,正义曰,以美道柔和其民,以美政恭待其民,以此民归之;以美政恭民之故,故小民安之。又加恩惠于鲜乏鳏寡之人。

传正义曰,徽、懿皆训为美。徽柔懿恭。此是施人之事。以此柔恭怀安小民,故传分而配之。"徽柔"配"怀",以美道和民,故民怀之;"懿恭"配"保",以美政恭民,故民安之。徽懿,言其美而已,不知何所美也。人君施于民,惟有道与政耳,故传以美道、美政言之。政与道,亦互相通也。少乏鳏寡,尤是可怜,故别言"加惠于鲜乏鳏寡之人"也。

2. (宋) 苏轼《书传》卷十四《周书·无逸第十七》

徽柔懿恭,怀保小民,惠鲜鳏寡。

鲜,贫乏者。

3. (宋) 林之奇《尚书全解》卷三十二《周书·无逸》

(归善斋按,见"周公曰,呜呼!厥亦惟我周太王、王季,克自抑畏")

4. (宋) 史浩《尚书讲义》卷十六《周书·无逸》

(归善斋按,见"周公曰,呜呼!厥亦惟我周太王、王季,克自抑畏")

5. (宋) 夏僎《尚书详解》卷二十《周书·无逸》

(归善斋按,见"周公曰,呜呼!厥亦惟我周太王、王季,克自抑畏")

6. (宋) 时澜《增修东莱书说》卷二十五《周书·无逸第十七》

(归善斋按,见"周公曰,呜呼!厥亦惟我周太王、王季,克自抑畏")

7. (宋)黄度《尚书说》卷六《周书·无逸》

(归善斋按,见"周公曰,呜呼!厥亦惟我周太王、王季,克自抑畏")

8. (宋)袁燮《絜斋家塾书钞》卷十二《周书·无逸》

(归善斋按,见"周公曰,呜呼!厥亦惟我周太王、王季,克自抑畏")

9. (宋)蔡沈《书经集传》卷五《周书·无逸》

徽柔懿恭,怀保小民,惠鲜鳏寡,自朝至于日中昃,不遑暇食,用咸和万民。

徽、懿皆美也。昃,日昳也。柔谓之徽,则非"柔懦"之柔;恭谓之懿,则非"足恭"之恭。文王有柔、恭之德,而极其徽、懿之盛,和易近民。于小民则怀保之,于鳏寡则惠鲜之。"惠鲜"云者,鳏寡之人,垂首丧气,赉予赒给之,使之有生意也。自朝至于日之中,自中至于日之昃,一食之顷,有不遑暇,欲咸和万民,使无一不得其所也。文王心在乎民,自不知其勤劳如此,岂秦始皇衡石程书,隋文帝卫士传餐,代有司之任者之为哉。《立政》言"罔攸兼于庶言,庶狱庶慎",则文王又若无所事事者。不读《无逸》,则无以知文王之勤;不读《立政》,则无以知文王之"逸",合二书观之,则文王之所从事可知矣。

10. (宋)黄伦《尚书精义》卷四十《周书·无逸》

(归善斋按,见"周公曰,呜呼!厥亦惟我周太王、王季,克自抑畏")

11. (宋)陈经《尚书详解》卷三十五《周书·无逸》

(归善斋按,见"周公曰,呜呼!厥亦惟我周太王、王季,克自抑畏")

12. （宋）钱时《融堂书解》卷十五《周书·无逸》

（归善斋按，见"周公曰，呜呼！厥亦惟我周太王、王季，克自抑畏"）

13. （宋）魏了翁《尚书要义》卷十五《周书·无逸》

（归善斋按，未引）

14. （宋）陈大猷《书集传或问》卷下《周书·无逸》

（归善斋按，未解）

15. （宋）胡士行《尚书详解》卷九《周书·无逸第十七》

（归善斋按，见"周公曰，呜呼！厥亦惟我周太王、王季，克自抑畏"）

16. （元）吴澄《书纂言》卷四下《周书·无逸》

（归善斋按，见"文王卑服，即康功田功"）

17. （元）陈栎《书集传纂疏》卷五《朱子订定蔡氏集传·周书·无逸》

徽柔懿恭，怀保小民，惠鲜鳏寡。自朝至于日中昃，不遑暇食，用咸和万民。

徽、懿皆美也。昃，日昳也。柔，谓之徽，则非柔懦之柔；恭，谓之懿，则非"足恭"之恭。文王有柔、恭之德，而极其徽、懿之盛，和易近民。于小民，则怀保之；于鳏寡，则惠鲜之。惠鲜云者，鳏寡之人，垂首丧气，赉予赐给之，使之有生意也。自朝至于日之中，自中至于日之昃，一食之顷，有不遑暇欲，咸和万民，使无一不得其所也。文王心在乎民，自不知其勤劳如此，岂秦始皇衡石程书，隋文帝卫士传餐，代有司之任者之为哉？《立政》言"罔攸，兼于庶言，庶狱庶慎"，则文王又若无所事事者。不读《无逸》则无以知文王之勤，不读《立政》则无以知文王之逸。合二书观之，则文王之所从事，可知矣。

18.（元）许谦《读书丛说》

（归善斋按，未解）

19.（元）董鼎《书传辑录纂注》卷五《周书·无逸》

徽柔懿恭，怀保小，民惠鲜鳏寡，自朝至于日中昃，不遑暇食用，咸和万民。

徽、懿，皆美也。昃，日映也。柔，谓之徽，则非柔懦之柔；恭，谓之懿，则非足恭之恭。文王有柔恭之德，而极其微、懿之盛，和易近民。于小民，则怀保之；于鳏寡，则惠鲜之。惠鲜云者，鳏寡之人，垂首丧气，赉予赒给之，使之有生意也。自朝至于日之中，自中至于日之昃，一食之顷，有不遑暇欲，咸和万民，使无一不得其所也。文王心在乎民，自不知其勤劳如此。岂秦始皇衡石程书，隋文帝卫士传餐，代有司之任者之为哉。《立政》言"罔攸兼于庶言庶狱庶慎"，则文王又若无所事事者。不读《无逸》，则无以知文王之勤；不读《立政》，则无以知文王之逸。合二书观之，则文王之所从事，可知矣。

辑录

舜功问，徽柔、懿恭，是一字，是二字。先生曰，二字，上轻下重。柔者须徽，恭者须懿。柔而不徽，则姑息；恭而不懿，则非由中出。可学。

又曰，"柔"易于暗弱，"徽"有发扬之意；"恭"形于外，"懿"则有蕴藏之意。

20.（元）朱祖义《尚书句解》卷九《周书·无逸第十七》

徽柔、懿恭（善其柔，使不至于不立；善其恭，使不至于足恭），怀保小民（小民则怀来，而保安之），惠鲜鳏寡（鳏寡则以恩惠而鲜活之）。

21.（明）王樵《尚书日记》卷十三《周书·无逸》

（归善斋按，见"文王卑服，即康功田功"）

22.（清）库勒纳等撰《日讲书经解义》卷九《周书·无逸》

（归善斋按，见"文王卑服，即康功田功"）

（元）王充耘《读书管见》卷下《周书·无逸》

徽柔懿恭。

徽柔懿恭，与严恭寅畏，宽裕温柔，聪明齐圣，相类皆是以一字为义。严恭寅畏，是以四字，形容其谨畏之心；徽柔懿恭，是以四字形容其和易之态，而传用吕氏之说，专重柔恭，而谓非柔懦之柔非，足恭之恭，乍观似可喜，子细体认，若不柔懦，不足恭，则有俨然而畏之之状矣，小民何由而近前，鳏寡安得而相亲。文王和易之态，又徽，又柔，又懿，又恭，蔼然如慈母之于赤子，所以怀保小民，而惠鲜鳏寡也。

（元）陈悦道《书义断法》卷五《周书·无逸》

徽柔懿恭，怀保小民，惠鲜鳏寡。自朝至于日中昃，不遑暇食，用咸和万民。

以文王之德，备道而全美，故文王之政，勤身以及民。"徽柔懿恭"，所谓文王之德之纯也。徽柔，则极其和，能合天下之大和；懿恭，则纯乎恭，故笃恭而天下平。文王发政施仁，必先斯四者，盖惟恐一夫之不获，是以在己愈约，治民愈勤。谓之"咸和万民"，则非止小民鳏寡而已。然其和顺之积中发外，诚心之笃近举远，非盛德至善，其孰能与于此哉。论文王之仁政，非一言可尽尚论。文王之盛德，则一言足以该之矣。

（清）朱鹤龄《尚书埤传》卷十三《周书·无逸》

惠鲜鳏寡。

王樵曰，惠鲜，字难晓。蔡传比旧说有理（蔡传，本吕东莱），但欠证据。《史记》,陆贾云,数见不鲜。《后汉·马宫传》,君见不鲜。不鲜,是汉人语也,可证。惠鲜之义,黄震曰,蔡传引"鲜活"之鲜,微伤巧。按《诗》云"鲜我方将",鲜,读平声,训"善",作此解"惠鲜"二字,仍相连,文义自协。

自朝至于日中昃,不遑暇食,用咸和万民

1. (汉)孔氏传、(唐)陆德明音义、孔颖达疏《尚书注疏》卷十五《周书·无逸》

自朝至于日中昃,不遑暇食,用咸和万民。

传,从朝至日昳,不暇食,思虑政事,用皆和万民。

音义,昃,音侧,本亦作反。昳,田节反。

疏,正义曰,其行之也,自朝旦至于日中及昃,尚不遑暇食,用善政以谐和万民故也。

传正义曰,昭五年《左传》云,日上其中,食日为二,旦日为三,则人之常食在日中之前,谓辰时也。《易·丰卦》象曰,日中则昃,谓过中而斜昃也。昃亦名昳,言日蹉跌而下,谓未时也。故日之十位,食时为辰,日昳为未,言文王勤于政事,从朝不食,或至于日中,或至于日昃,犹不暇食。故经中、昃并言之。传举晚时,故惟言昳,遑亦暇也。重言之者,古人自有复语,犹云艰难也。所以不暇食者,为思虑政事,用皆和万民。政事虽多,皆是为民,故言"咸"。咸,训"皆"也。

2. (宋)苏轼《书传》卷十四《周书·无逸第十七》

自朝至于日中昃,不遑暇食,用咸和万民。文王不敢盘于游田,以庶邦惟正之供。

言不以庶邦贡赋,供私事也。

3. （宋）林之奇《尚书全解》卷三十二《周书·无逸》

（归善斋按，见"周公曰，呜呼！厥亦惟我周太王、王季，克自抑畏"）

4. （宋）史浩《尚书讲义》卷十六《周书·无逸》

（归善斋按，见"周公曰，呜呼！厥亦惟我周太王、王季，克自抑畏"）

5. （宋）夏僎《尚书详解》卷二十《周书·无逸》

（归善斋按，见"周公曰，呜呼！厥亦惟我周太王、王季，克自抑畏"）

6. （宋）时澜《增修东莱书说》卷二十五《周书·无逸第十七》

（归善斋按，见"周公曰，呜呼！厥亦惟我周太王、王季，克自抑畏"）

7. （宋）黄度《尚书说》卷六《周书·无逸》

（归善斋按，见"周公曰，呜呼！厥亦惟我周太王、王季，克自抑畏"）

8. （宋）袁燮《絜斋家塾书钞》卷十二《周书·无逸》

（归善斋按，见"周公曰，呜呼！厥亦惟我周太王、王季，克自抑畏"）

9. （宋）蔡沈《书经集传》卷五《周书·无逸》

（归善斋按，见"徽柔懿恭，怀保小民，惠鲜鳏寡"）

10.（宋）黄伦《尚书精义》卷四十《周书·无逸》

（归善斋按，见"周公曰，呜呼！厥亦惟我周太王、王季，克自抑畏"）

11.（宋）陈经《尚书详解》卷三十五《周书·无逸》

（归善斋按，见"周公曰，呜呼！厥亦惟我周太王、王季，克自抑畏"）

12.（宋）钱时《融堂书解》卷十五《周书·无逸》

（归善斋按，见"周公曰，呜呼！厥亦惟我周太王、王季，克自抑畏"）

13.（宋）魏了翁《尚书要义》卷十五《周书·无逸》

二十、文王勤政，自朝至日中昃，不暇食。

正义曰，昭五年《左传》云，日上其中，食日为二，旦日为三，则人之常食在日中之前，谓辰时也。《易·丰卦》象曰，日中则昃，谓过中而斜昃也。昃亦名昳，言日蹉跌而下，谓末时也。故日之十位，食时为辰，日昳为未，言文王勤于政事，从朝不食，或至于日中或至于日昃，犹不暇食。故经中昃，并言之。传举晚时，故惟言昳。遑，亦暇也。重言之者，古人自有复语，犹云"艰难"也，所以不暇食者，为思虑政事，用皆和万民。

14.（宋）陈大猷《书集传或问》卷下《周书·无逸》

（归善斋按，未解）

15.（宋）胡士行《尚书详解》卷九《周书·无逸第十七》

（归善斋按，见"周公曰，呜呼！厥亦惟我周太王、王季，克自抑畏"）

16. （元）吴澄《书纂言》卷四下《周书·无逸》

（归善斋按，见"文王卑服，即康功田功"）

17. （元）陈栎《书集传纂疏》卷五《朱子订定蔡氏集传·周书·无逸》

（归善斋按，见"徽柔懿恭，怀保小民，惠鲜鳏寡"）

18. （元）许谦《读书丛说》

（归善斋按，未解）

19. （元）董鼎《书传辑录纂注》卷五《周书·无逸》

（归善斋按，见"徽柔懿恭，怀保小民，惠鲜鳏寡"）

20. （元）朱祖义《尚书句解》卷九《周书·无逸第十七》

自朝至于日中昃（自早朝，至日之方中，或至日昃，昃，仄），不遑暇食（不遑于宽暇以食。饥，则急食。不暇，缓食也），用咸和万民（非欲自善，将用此皆和悦天下之民）。

21. （明）王樵《尚书日记》卷十三《周书·无逸》

（归善斋按，见"文王卑服，即康功田功"）

22. （清）库勒纳等撰《日讲书经解义》卷九《周书·无逸》

（归善斋按，见"文王卑服，即康功田功"）

（元）陈师凯《书蔡传旁通·隐字审音·周书·无逸》

日昳（下徒结切）

（元）陈师凯《书蔡氏传旁通》卷五《周书·无逸》

昃，日昳也（昳，徒结反）。

该书有两条，分于不同卷。

（元）陈悦道《书义断法》卷五《周书·无逸》

（归善斋按，见"徽柔懿恭，怀保小民，惠鲜鳏寡"）

文王不敢盘于游田，以庶邦惟正之供

1.（汉）孔氏传、（唐）陆德明音义、孔颖达疏《尚书注疏》卷十五《周书·无逸》

文王不敢盘于游田，以庶邦惟正之供。

传，文王不敢乐于游逸田猎，以众国所取法，则当以正道供待之故。

音义，供，音恭。

疏，正义曰，文王专心于政，不敢逸乐于游戏畋猎，以己为众国所取法。惟当正心行己，以供待之。

传正义曰，《释诂》云，盘，乐也。游，谓游逸。田，谓畋猎。二者不同，故并云游逸田猎。以众国，皆于文王所取其法，则文王当以正义供待之故也，言文王思为政道，以待众国，故不敢乐于游田。文王世为西伯，故当为众国所取法。则礼有田猎而不敢者，顺时搜狩，不为取乐，故不敢非时田猎，以为乐耳。

《尚书注疏》卷十五《考证》

"文王不敢盘于游田，以庶邦惟正之供"传"以众国所取法，则当以正道供待之故"。

臣召南按，孔传解"惟正之供"，不确经意，是言不以逸乐，而横征累民也。林之奇曰，天地之生财有限，而庶邦之贡赋有常。若以供私费，则必有不继者，文王所以不敢盘于游田也。林说甚长。

2. (宋)苏轼《书传》卷十四《周书·无逸第十七》

(归善斋按,见"自朝至于日中昃,不遑暇食,用咸和万民")

3. (宋)林之奇《尚书全解》卷三十二《周书·无逸》

(归善斋按,见"周公曰,呜呼!厥亦惟我周太王、王季,克自抑畏")

4. (宋)史浩《尚书讲义》卷十六《周书·无逸》

(归善斋按,见"周公曰,呜呼!厥亦惟我周太王、王季,克自抑畏")

5. (宋)夏僎《尚书详解》卷二十《周书·无逸》

(归善斋按,见"周公曰,呜呼!厥亦惟我周太王、王季,克自抑畏")

6. (宋)时澜《增修东莱书说》卷二十五《周书·无逸第十七》

(归善斋按,见"周公曰,呜呼!厥亦惟我周太王、王季,克自抑畏")

7. (宋)黄度《尚书说》卷六《周书·无逸》

(归善斋按,见"周公曰,呜呼!厥亦惟我周太王、王季,克自抑畏")

8. (宋)袁燮《絜斋家塾书钞》卷十二《周书·无逸》

(归善斋按,见"周公曰,呜呼!厥亦惟我周太王、王季,克自抑畏")

9.（宋）蔡沈《书经集传》卷五《周书·无逸》

文王不敢盘于游田，以庶邦惟正之供。文王受命惟中身，厥享国五十年。

游田，国有常制。文王不敢盘游无度，上不滥费，故下无过取，而能以庶邦惟正之供，于常贡正数之外，无横敛也。言庶邦，则民可知文王为西伯，所统庶邦，皆有常供。《春秋》贡于霸主者，班班可见，至唐，犹有送使之制，则诸侯之供方伯，旧矣。受命，言为诸侯也。中身者，汉孔氏曰，文王九十七而终。即位时年四十七，言中身，举全数也。上文崇素俭，恤孤独，勤政事，戒游佚，皆文王"无逸"之实，故其享国有历年之永。

10.（宋）黄伦《尚书精义》卷四十《周书·无逸》

文王不敢盘于游、田，以庶邦惟正之供。文王受命惟中身，厥享国五十年。

无垢曰，文王为西伯，则西道诸侯，皆听命而供贡赋，是以文王不敢盘乐于游、逸、田、猎。恶夫以庶邦所贡赋，供逸、游之好也。夫四方贡赋，皆出于沾体涂足，愁筋苦骨之余，上以奉宗庙朝廷，下以给百官有司，庶乎其可也。而乃欲以供逸乐之具，天理岂肯容乎？周公于中宗，言"不敢荒宁"；于高宗，亦言"不敢荒宁"；于祖甲，言"不敢侮鳏寡"；于文王，言"不敢盘于游、田"者，此盖"无逸"之心也。盖无逸，则兢畏，而不敢；逸，则肆，而无不敢。使以敢为，心则亦何所不可哉。欲行无逸，当以敬。欲行敬，当自不敢中入。

吕氏曰，文王之所以寿，只为不养其小体。成王若欲寿，初不在养其小体，以此知此，最是周公感悟成王亲切处。何故，才养其小体，便去理会衣服、饮食，游田，殊不知此乃是伐心之斧，溺身之阱，却是夭之端。若是一个养其大体，使心和气平，乃是长久享寿之道理。文王如此勤劳，却享许多寿，当知勤劳中，元不曾有焦熬地位。勤劳之中，自有乐地。文王所以能如此勤劳而自乐者，乃是文王"徽柔懿恭"所养至此。

11. （宋）陈经《尚书详解》卷三十五《周书·无逸》

（归善斋按，见"周公曰，呜呼！厥亦惟我周太王、王季，克自抑畏"）

12. （宋）钱时《融堂书解》卷十五《周书·无逸》

（归善斋按，见"周公曰，呜呼！厥亦惟我周太王、王季，克自抑畏"）

13. （宋）魏了翁《尚书要义》卷十五《周书·无逸》

二十三、毋过于观、逸、游、田，以万民当正身供待之。

传意，训"淫"为"过"。郑玄云，淫，放恣也。淫者，浸淫不止，其言虽殊，皆是过之意也。言观为非时而行，违礼观物，如《左传》隐公如棠观鱼，庄公如齐观社。《谷梁传》曰，常事曰视，非常曰观。此言无淫于观，禁其非常观也。逸，谓逸豫；游，谓游荡；田，谓畋猎。四者皆异，故每事言，以此训"用"也。用万民皆听王命，王者，惟当正身待之，故不得淫于观、逸、游、田也。

14. （宋）陈大猷《书集传或问》卷下《周书·无逸》

（归善斋按，未解）

15. （宋）胡士行《尚书详解》卷九《周书·无逸第十七》

（归善斋按，见"周公曰，呜呼！厥亦惟我周太王、王季，克自抑畏"）

16. （元）吴澄《书纂言》卷四下《周书·无逸》

（归善斋按，见"文王卑服，即康功田功"）

17.（元）陈栎《书集传纂疏》卷五《朱子订定蔡氏集传·周书·无逸》

文王不敢盘于游田，以庶邦惟正之供。文王受命惟中身，厥享国五十年。

游、田，国有常制。文王不敢盘游无度，上不滥费，故下无过取，而能以庶邦惟正之供于常贡正数。之外，无横敛也，言庶邦，则民可知。文王为西伯，所统庶邦皆有常供。《春秋》贡于霸主者，班班可见，至唐犹有送使之制，则诸侯之贡方伯旧矣。受命，言为诸侯也。中身者，汉孔氏曰，文王九十七而终，即位时，年四十七，言中身，举全数也。上文崇素俭，恤孤独，勤政事，戒游佚，皆文王"无逸"之实，故其享国有历年之永。

纂疏

问，徽柔、懿恭，是一字，是二字？曰，二字，柔者，须徽；恭者，须懿。柔而不徽，则姑息；恭而不懿，则非由中出。

柔，易于暗弱，徽有发扬之意；恭形于外，懿则有蕴藏之意。

孔氏曰，就田功以知稼穑之艰难。

陈氏大猷曰，卑服，非止恶衣服，凡服用皆卑损。

吕氏曰，力不分于奉己，故功全归于恤民，惠泽之，使鲜解有生意。"盘游田"，曰"不敢"，翼翼之小心也。此章言文王家法，凡《无逸》之条目，如崇俭素，重农亩，恤穷困，勤政事，戒游田，损横敛，太略皆备，其称文王之寿，即前章之意，以此为防。后世，犹有为文王忧勤损寿之说，以启人主之好逸，如郑玄者。

愚按，孔氏以即田功，为知稼穑艰难，甚好。知稼穑艰难，乃"无逸"之根本，一篇之纲领也。迪哲，四君皆由于此。彼生则逸之君，只为不知稼穑艰难耳。

18.（元）许谦《读书丛说》

（归善斋按，未解）

19.（元）董鼎《书传辑录纂注》卷五《周书·无逸》

文王不敢盘于游、田，以庶邦惟正之供。文王受命惟中身，厥享国五十年。

游、田，国有常制。文王不敢盘游无度，上不滥费，故下无过取，而能以庶邦惟正之供，于常贡正数之外，无横敛也。言庶邦，则民可知。文王为西伯，所统庶邦，皆有常供。《春秋》贡于霸主者，班班可见，至唐犹有送使之制，则诸侯之供方伯，旧矣。受命，言为诸侯也。中身者，汉孔氏曰，文王九十七而终，即位时年四十七，言中身举全数也。上文崇素俭，恤孤独，勤政事，戒游佚，皆文王"无逸"之实，故其享国，有历年之永。

纂注

吕氏曰，凡有血气患于上陵，必学问以下之。抑损祗畏以自下，则用力于"无逸"深矣。力不分于奉己，故功全归于恤民。惠，泽之，使鲜鲜有生意。盘游、田，曰不敢，翼翼之小心也。此章言文王家法，凡"无逸"之条目，如崇俭素，重农亩，恤穷困，勤政事，戒游田，损横敛，大略皆备。其称文王之寿，即前章之意，以此为防。后世，犹为文王忧勤损寿之说，以启人主之好逸，如郑玄者。

20.（元）朱祖义《尚书句解》卷九《周书·无逸第十七》

文王不敢盘于游、田（不敢乐于游遨、田猎之事），以庶邦惟正之供（以众邦诸侯上之人，当以正道待之）。

21.（明）王樵《尚书日记》卷十三《周书·无逸》

（归善斋按，见"文王卑服，即康功田功"）

22.（清）库勒纳等撰《日讲书经解义》卷九《周书·无逸》

文王不敢盘于游、田，以庶邦惟正之供。文王受命惟中身，厥享国五十年。

　　此一节书是，言文王之"无逸"见于戒游佚也。盘，盘桓不止之意。中身，犹中年。周公又言，人主游、观以省方，田猎以讲武，固国家一定之常制，然或托巡幸之名，借训练之典，而以为逸乐，则不免有纵欲妄费之害。乃文王则不然，省耕省敛。文王未尝不游也，而行必以时，初不敢盘于游；搜苗狝狩，文王未尝不田也，而举必以礼，初不敢盘于田。盖惟巡游既节，田猎既时，是以，用度省，而赋敛轻，其庶邦之民，所奉于上者，惟额内之正供，而一切无益之物，无名之税，皆不以横敛于民焉。盖既能守己以培寿源，复能恤民以凝天眷，所以文王受命为西伯之日，年已四十有七，而享有国祚之年，更历五十。文王"无逸"之效亦如此。夫天生民而立之君，明明以万民之命，托之人主。人主，诚仰体天心，无严刑以戕民之生，无厚敛以破民之产，民气既乐，天和自至，自然寿考。维祺本支，百世千古，治道之原，莫不如此。

（元）陈师凯《书蔡传旁通》卷五《周书·无逸》

　　春秋贡于霸主。
　　《左传》昭十三年，晋合诸侯于平丘。子产争承曰，行理之命，无月不至，贡之无艺，小国有阙，所以得罪也。
　　唐有送使之制。
　　《唐食货志》云，宪宗时，分天下之赋为三，一曰上供，二曰送使，三曰留州。

（清）王夫之《尚书稗疏》卷四上《周书·无逸》

　　庶邦惟正之供。
　　蔡氏以"供"，为"供赋"之供，引春秋时五伯之事，以例文王受贡赋于庶邦。今按《汝坟》之诗，南国之赋役，一奉王室，使诸侯既不能免商之职贡，而复增常赋于周，则如火益热，而何以云"父母孔迩"乎？考诸经传，凡供赋之共，发为平声字，皆作共。其从人、从共之供字，许慎曰，设也。义类文旨，固当以设为法，则俾庶邦取正为义。孔传云，以众国所取法则，当以正供待之，其说自长。且经文上承游田，而云以初不从财赋立义，岂庶邦所贡者，但羽猎之所得乎。蔡云，上不滥费，则下无过取耶。且《多方》云"惟进之恭"，文与此相类。惟进之恭，盖云，惟恭之进。惟正之供，亦谓惟待之以正而已。当时自有此文体，逆一字以成章。此读《尚书》者，必别于古今文制之殊，斯不凿空以立说。

（清）朱鹤龄《尚书埤传》卷十三《周书·无逸》

以庶邦惟正之供，受命

苏轼曰，天下未尝乏财也，昔文王之兴，国不过百里，民不过十一。当其受命，四方之君长交，至于其廷，军旅四出，以征伐不义之诸侯，而未尝患无财。及其衰也，内食千里之租，外收千八百国之贡，而不足于用。由此观之，夫财岂有多少哉？人君之于天下，俯己以就人，则易为功；仰人以授己，则难为力。是故，广取以给用，不若节用以廉取。后世不知罪其用之不节，而以为求之未至也。是以富而愈贫，求愈多而愈不足以供，此其为惑，吾未知其所终也。

（附考），蔡传"送使"，按《唐·食货志》，分天下之赋为三，一曰上供，二曰送使，三曰留州。使，谓诸道节度使也。

受命。

疏云，受先君之命。邹季友曰，按史，文王即位之元年，帝乙之二十九年也，帝乙时，商道未衰，文王受命，犹帝乙命之。嗣位十有八年，帝乙乃崩，纣立，文王事，纣又三十有二年。

（清）张英《书经衷论》卷四《周书·无逸》

《无逸》一篇，以无逸致寿，穷理格物，非周公大圣人不能为此言，不独人君当书之座右，以为养生之药石。即富贵子弟，亦宜家写一通，日读一过，以为保身之良诀也。《无逸》言致寿之本，大抵不外一"敬"字，主静，则悠远博厚；自强，则坚实精明；操存，则血气循轨而不乱；收敛，则精神内固而不浮。凡此皆敬以致寿之实也。崇俭素，纳忠言，劳百姓，省厥过，宽厥心，使天下之怨，不丛于一身，则自君身以及天下，皆浑然在太和氤氲之中而无有邪。

文王受命惟中身，厥享国五十年

1.（汉）孔氏传、（唐）陆德明音义、孔颖达疏《尚书注疏》卷十五《周书·无逸》

文王受命惟中身，厥享国五十年。

传，文王九十七而终，中身即位，时年四十七，言中身，举全数。

疏，正义曰，由是文王受命嗣位，为君惟于中身受之，其享国五十年，亦以不逸得长寿也。

传正义曰，文王年九十七而终，《礼记·文王世子》文也。于九十七内，减享国五十年，是未立之前有四十七。在礼，诸侯逾年即位，此据代父之年，故为即位时年四十七也，计九十七年，半折以为中身，则四十七时，于身非中言中身者，举全数而称之也。经言受命者，郑玄云，受殷王嗣位之命。然殷之末世，政教已衰，诸侯嗣位，何以皆待王命，受先君之命，亦可也。王肃云，文王受命嗣位为君，不言受王命也。

《尚书注疏》卷十五《考证》

"文王受命惟中身"，疏"王肃云，文王受命嗣位为君，不言受王命也"。

臣召南按，郑康成言，受殷王嗣位之命是也。古者，诸侯嗣位，必请命于天子，况文王为臣，忠敬之至乎？文王嗣位，在帝乙之七祀，殷王命令，尚行于海内，与衰周不同也。孔疏是王肃，而非康成何哉？

2.（宋）苏轼《书传》卷十四《周书·无逸第十七》

文王受命惟中身。

文王九十七而终，即位之年，四十七。

厥享国五十年。

令德之主，欲其长有天下，以庇民。仁人之意，莫急于此。此周公所以身代武王也。人莫不好逸欲，而其所甚好者，生也。以其所甚好，禁其所好，庶几必信，此《无逸》之所为作也。然犹不信者，以逸欲为未必害生也。汉武帝、唐明皇，岂无欲者哉，而寿如此矣。夫多欲而不享国者，皆是也。汉武、明皇十一而已，岂可望哉。饮鸩食野葛必死，而曹操独不死，亦可效乎？使人主不寿者五，一曰色，二曰酒，三曰便辟嬖佞，四曰台榭游观，五曰田猎。此五者，《无逸》之所讳也。既困其身，又困其民。民怨咨吁天，此最害寿之大者。予欲以恶衣食，远女色，卑宫室，罢游田，夙兴勤劳，以此五物者，为人主永年之药石也。

3. （宋）林之奇《尚书全解》卷三十二《周书·无逸》

（归善斋按，见"周公曰，呜呼！厥亦惟我周太王、王季，克自抑畏"）

4. （宋）史浩《尚书讲义》卷十六《周书·无逸》

（归善斋按，见"周公曰，呜呼！厥亦惟我周太王、王季，克自抑畏"）

5. （宋）夏僎《尚书详解》卷二十《周书·无逸》

（归善斋按，见"周公曰，呜呼！厥亦惟我周太王、王季，克自抑畏"）

6. （宋）时澜《增修东莱书说》卷二十五《周书·无逸第十七》

（归善斋按，见"周公曰，呜呼！厥亦惟我周太王、王季，克自抑畏"）

7. （宋）黄度《尚书说》卷六《周书·无逸》

（归善斋按，见"周公曰，呜呼！厥亦惟我周太王、王季，克自抑畏"）

8. (宋)袁燮《絜斋家塾书钞》卷十二《周书·无逸》

(归善斋按,见"周公曰,呜呼!厥亦惟我周太王、王季,克自抑畏")

9. (宋)蔡沈《书经集传》卷五《周书·无逸》

(归善斋按,见"文王不敢盘于游田,以庶邦惟正之供")

10. (宋)黄伦《尚书精义》卷四十《周书·无逸》

(归善斋按,见"文王不敢盘于游田,以庶邦惟正之供")

11. (宋)陈经《尚书详解》卷三十五《周书·无逸》

(归善斋按,见"周公曰,呜呼!厥亦惟我周太王、王季,克自抑畏")

12. (宋)钱时《融堂书解》卷十五《周书·无逸》

(归善斋按,见"周公曰,呜呼!厥亦惟我周太王、王季,克自抑畏")

13. (宋)魏了翁《尚书要义》卷十五《周书·无逸》

十九、文王即位,年四十七,故言中身。

文王受命惟中身,厥享国五十年。文王九十七而终,中身即位时,年四十七。言中身,举全数。

二十一、文王受命,郑云,受殷王命。

经言受命者,郑玄云,受殷王嗣位之命。然殷之末世,政教以衰,诸侯嗣位,何必皆待王命,受先君之命亦可也。王肃云,文王受命嗣位为君,不言受王命也。

14. (宋)陈大猷《书集传或问》卷下《周书·无逸》

(归善斋按,未解)

15. （宋）胡士行《尚书详解》卷九《周书·无逸第十七》

（归善斋按，见"周公曰，呜呼！厥亦惟我周太王、王季，克自抑畏"）

16. （元）吴澄《书纂言》卷四下《周书·无逸》

（归善斋按，见"文王卑服，即康功田功"）

17. （元）陈栎《书集传纂疏》卷五《朱子订定蔡氏集传·周书·无逸》

（归善斋按，见"文王不敢盘于游田，以庶邦惟正之供"）

18. （元）许谦《读书丛说》

（归善斋按，未解）

19. （元）董鼎《书传辑录纂注》卷五《周书·无逸》

（归善斋按，见"文王不敢盘于游田，以庶邦惟正之供"）

20. （元）朱祖义《尚书句解》卷九《周书·无逸第十七》

文王受命惟中身，厥享国五十年（受命在中年之身，必是近五十左右，受命为诸侯，至九十七而终，享国五十年，亦以勤俭享国之永）。

21. （明）王樵《尚书日记》卷十三《周书·无逸》

（归善斋按，见"文王卑服，即康功田功"）

22. （清）库勒纳等撰《日讲书经解义》卷九《周书·无逸》

（归善斋按，见"文王不敢盘于游田，以庶邦惟正之供"）

（清）朱鹤龄《尚书埤传》卷十三《周书·无逸》

（归善斋按，见"文王不敢盘于游田，以庶邦惟正之供"）

周公曰：呜呼！继自今嗣王

1.（汉）孔氏传、（唐）陆德明音义、孔颖达疏《尚书注疏》卷十五《周书·无逸》

周公曰，呜呼！继自今嗣王。

传，继从今已往嗣世之王，皆戒之。

疏，正义曰，周公又言而叹曰，呜呼！继此后世，自今以后嗣位之王。

传正义曰，先言继者，谓继此后人，即从今以后嗣世之上也。周公思安长远，后王尽皆戒之，非独成王也。

2.（宋）苏轼《书传》卷十四《周书·无逸第十七》

周公曰，呜呼！继自今嗣王，则其无淫于观、于逸、于游、于田，以万民惟正之供。无皇曰，今日耽乐，乃非民攸训，非天攸若，时人丕则有愆。

以百日之忧，而闻一日之乐，疑若可许也。然周公不许防其渐也，曰，此非所以训民顺天也，言此者必有大咎。

3.（宋）林之奇《尚书全解》卷三十二《周书·无逸》

（归善斋按，见"周公曰，呜呼！厥亦惟我周太王、王季，克自抑畏"）

4.（宋）史浩《尚书讲义》卷十六《周书·无逸》

（归善斋按，见"周公曰，呜呼！厥亦惟我周太王、王季，克自抑畏"）

5.（宋）夏僎《尚书详解》卷二十《周书·无逸》

周公曰，呜呼！继自今嗣王，则其无淫于观，于逸，于游，于田，以万民惟正之供。无皇曰，今日耽乐，乃非民攸训，非天攸若，时人丕则有愆。无若殷王受之迷乱，酗于酒德哉。

周公上既陈文王无逸之事，至此又叹而戒成王。周公谓，继自今日以往，嗣王，又呼成王也，则其不可浸淫于观玩，不可浸淫于逸豫，不可浸淫于游戏与田猎等事，盖此等事，皆人君所不可免者。如省方观民，如吾王不豫，吾王不游。如搜田、狝狩，皆不可免者，但不可浸淫于彼，而不知止也。使浸淫于此四者，而不知止，则必妄用民财。妄用民力以供，吾四者之用。惟不浸淫于此，故凡所以用万民，乃可以惟正是供矣。周公既戒成王，俾无淫于四者，然又恐成王久于勤劳，或一旦自宽暇而言，谓，我今日止于略耽乐，明日即止。然此衅一开，则今日既乐，明日必不能如向者之勤，是一日之乐，乃为终身之忧也。故周公又戒成王，谓不可自宽暇，谓我终岁勤，勤止于今日，略为耽乐，然此事乃非所以训民，亦非天意之所顺，一时之人化之，亦将大有愆过，则一日之乐，是为终身之忧也甚矣。周公既深言一日之乐不可少开，故又戒成王不可如商王受之迷乱，谓迷惑聩乱，不知安危之所在，乃酗于酒。酗酒，谓因酒为凶也。德哉，言须当务德也。此言"德哉"，正如前日"钦哉懋哉"，盖古人立言之法，有如此者。

一说谓不可如商王受酗于酒德，盖酒不谓之德，而纣乃酗于酒，不知其无益，乃反视之若德。此说虽通，然费辞，不若前说之直捷也。

6.（宋）时澜《增修东莱书说》卷二十五《周书·无逸第十七》

周公曰，呜呼！继自今嗣王，则其无淫于观，于逸，于游，于田，以万民惟正之供。无皇曰，今日耽乐，乃非民攸训。非天攸若，时人丕则有愆。无若殷王受之迷乱，酗于酒德哉。

《无逸》虽戒成王，实欲后世子孙，共守此训，故以继"自今嗣王"

言之。观览以舒其目，安逸以休其身，游豫以省风俗，田猎以习武备，为人君者所不能无也，特不可过而已。过，则人欲肆而骙，骙入于乱亡矣。故周公之戒嗣王，不使之无观、逸、游、田，而使之无"淫"于观、逸、游、田。淫，谓过也。苟必欲绝之使无，则迫蹙拘制郁而不伸，非所以养德也。前称文王此戒嗣王，皆先言简游田，而继以惟正之供，盖欲禁横敛，必先绝横敛之源。观、逸、游、田者，横敛之源也。淫于四者，侈费无度，其势不得不横敛。四者既省用有常经，自应以万民惟正之供也。九贡、九赋、什一之制，皆名正义顺，天下之中制。过是，则害于理财正辞之义矣。

"无皇曰，今日耽乐，乃非民攸训，非天攸若，时人丕则有愆"者，塞其逸乐之源也。人之始耽乐者，每自恕，曰吾惟今日耽乐耳。一日放逸，所害几何，抑不知是心一流，则自一日，而至于二日；自二日，或至于终身不反。故周公先塞其源，戒之以无敢逸暇，曰，今日耽乐，当此之时，既已尽失天人之心，下无以示民，而非民攸训；上无以顺天，而非天攸若是人也，可谓有莫大之愆，而非小失也。一日耽乐，周公禁之如此其严，盖人主不可使知耽乐之味，苟开其一日之乐，以为无伤，逮其既尝此味，则浸深浸溺矣。无若殷王受之迷乱酗于酒德哉者。纣之大恶，数千载之后，匹夫匹妇犹羞比之，况当时，夷灭尚新，恶之尤甚，故举其甚恶者，以警之，以谓，苟不戒一日之耽乐，顺长不已则必至于为纣之徒也。无皇曰，今日耽乐，盖原逸乐之始，使之深绝其微，无若殷王受之迷乱。盖要逸乐之终，使知必至此极，始终备矣。

7.（宋）黄度《尚书说》卷六《周书·无逸》

周公曰，呜呼！继自今嗣王，则其无淫于观，于逸，于游，于田，以万民惟正之供。无皇曰，今日耽乐，乃非民攸训，非天攸若，时人丕则有愆，无若殷王受之迷乱，酗于酒德哉。

一息，逸则纵矣，况穷日之力乎？一息之逸，充其至，可以为纣。纣之迷乱，其始亦曰，吾姑今日为乐，明日止也。如水溃堤，苟有隙焉，激射而往，岂能止哉。凡为耽乐，皆非民所训，非天所若，必大有过。

8. （宋）袁燮《絜斋家塾书钞》卷十二《周书·无逸》

周公曰，呜呼！继自今嗣王，则其无淫于观，于逸，于游，于田，以万民惟正之供。

观、逸、游、畋，人主所不能免者。然至于淫，则不可举。动既不是当，为之又至于过，此之谓淫。人主荒淫，则赋敛必重。盖用度既侈，无以供其欲，势不得不取之民，犹一家然，为主者淫荒于上，则财物必蠹于奴仆之手。人主苟荒淫，则无政事；无政事，则财用不足；财用不足，不取之民，将何求乎？于观、逸、游、畋，未尝纵其欲，则万民之所供者，自然皆正矣。

9. （宋）蔡沈《书经集传》卷五《周书·无逸》

周公曰，呜呼！继自今嗣王，则其无淫于观，于逸，于游，于田，以万民惟正之供。

"则"，法也。"其"，指文王而言。淫，过也，言自今日以往，嗣王其法文王，无过于观、逸、游、田，以万民惟正赋之供。上文言游、田，而不言观、逸，以大而包小也。言庶邦而不言万民，以远而见近也。

10. （宋）黄伦《尚书精义》卷四十《周书·无逸》

周公曰，呜呼！继自今嗣王，则其无淫于观，于逸，于游，于田，以万民惟正之供。

无垢曰，商之三宗，周之文王，不敢逸豫，享国久长，明白如此，今后嗣王，欲为贤圣之君，不坠祖宗基业，而享国长久者，无他道也。法则三宗、文王之不过于观眺，逸乐，游冶，田猎而已。夫此四事，有一于此，上废几务，下伤民财。万民之供赋役，以备百官郊祀，有司之奉宗庙社稷，朝廷之大而已，非以供观、逸、游、田也。夫逸豫之作，常见于观、逸、游、田，此三宗、文王，所以不敢为此，以贻子孙后世之患也。

胡氏曰，何谓观，如鲁隐公观鱼于棠；庄公观社于齐，景公欲观于转附、朝儛，鲁臧孙所谓"不轨不物"，曹刿所谓"后嗣何观"，而晏子所谓"流连荒亡，为诸侯忧"，则观之过也。何谓逸，如鲁文公三不会盟而怠于谋祭；大室屋坏而怠于宗庙；自正月不雨，至于秋七月，而怠于忧旱。鲁国失自文公始，则逸之过也。何谓游，如周穆王，欲肆其志，周行天下，将必有车辙马迹焉。秦始皇、隋炀帝作离宫、别馆，不知其数，千乘万骑，极意巡行，百姓嗟怨，以亡其国，则游之过也。何谓田，如夏太康，畋于有洛之表，十旬弗反，为羿所夺；汉武帝微行出猎，夜过桓谷，渴而求浆，为主人所辱，则田之过也。故于观，于逸，于游，于田，则必轻费妄用，万民正供之赋不足，以敛之。而重敛于民，民至困穷。弱者，死沟壑，其终如此。此圣人所以长虑，却顾而戒之于其初也。

吕氏曰，前说，以庶邦惟正之供；后说，以万民惟正之供，以此知天下之贡赋，非要供奉天子，本不是供人主之身，乃是供人主之位。何故？天作之君，作之师，所以使万民来贡赋，本不是私奉一人之身，所以，惟是宗庙宾客，合当用者，方用贡赋，只是供人主之位，不是私奉人主之心。何故，当时，所以使他贡赋，几曾要供人主之观、逸、游、田。当知本不是如此。此周公又警动成王亲切处。

11. （宋）陈经《尚书详解》卷三十五《周书·无逸》

周公曰，呜呼！继自今嗣王，则其无淫于观，于逸，于游，于田。以万民惟正之供。无皇曰，今日耽乐，乃非民攸训，非天攸若，时人丕则有愆。无若殷王受之迷乱，酗于酒德哉。

周公既言商三宗、周文王以为戒矣，又叹而言曰，继自今嗣王，不特成王当知所戒，继嗣成王之后而为王者，亦当知此。周公所虑之远，不止为成王言也。淫，过也。观，谓非常观也。逸，豫也。游，荡也。田，猎也。四者皆不可过。盖观、逸、游、田，人君亦未尝无，特不可逾其则尔。一游，一豫，为诸侯度车马之音，欣然有喜，则亦何害为观、逸、游、田哉？《左氏传》曰，君非民，事不举。苟观、逸、游、田而不出于民事，皆过者也。

"以万民惟正之供"，民之所以乐输贡赋于上，岂为人君观、逸、游、田之具哉？所以供天子郊庙祭祀，百官有司之用耳。使万民惟以正供，则非正者不敢以劳民也。前言庶邦，文王为西伯统率诸侯故也。此言万民，则合天下而言也。"无皇曰，今日耽乐"，皇，暇也。无敢自暇曰，今日耽乐，而明日不耽乐。夫以一日之暂乐，若无害也。而周公亦禁，以为不可者，盖此心，不可斯须而忘。此心斯须而忘，则是放其心，自此以往，不可收拾矣。以小恶无伤，而不去，终必至于长恶。知攘鸡之不可，请待来年，终必不能迁善。故夫一日之暂乐，在众人以为无害，在君子观之下，已不顺乎民，而非民攸训上；见不顺乎天，而非天攸若。既不顺乎民，又不顺乎天，是人也，已大有愆过矣。夫一日之耽乐，其害遂至于不顺天、人，而积过于一身。孔子曰，学如不及，犹恐失之。进德修业者汲汲则可，悠悠则不可也。商王受，所以迷乱其性，以沉湎于酒为德者，其原亦在今日之耽乐耳。成王当知纣开一日之乐，遂至于长恶而为迷乱酗于酒。周公防微杜渐，则不可不绝其逸乐之原。古人责难于君，其严若此。后世若贾山之于文帝，则谓惟陛下所幸，马周之于太宗，则谓速至还，期开人主一线路，岂事君之法哉。

12.（宋）钱时《融堂书解》卷十五《周书·无逸》

周公曰，呜呼！继自今嗣王，则其无淫于观，于逸，于游，于田，以万民惟正之供。无皇曰，今日耽乐，乃非民攸训，非天攸若，时人丕则有愆。无若殷王受之迷乱，酗于酒德哉。

观此一节当看三个"无"字。前面专言稼穑之艰难，与享国之修短，于此寂无一语及之，而止曰无淫，曰无皇，曰无若。前面许多发明，都收拾在此三字上，而于末，独以殷王受为训举一人之尤甚者，则诸君之耽乐罔寿，不必言矣。

13.（宋）魏了翁《尚书要义》卷十五《周书·无逸》

（归善斋按，未引）

14.（宋）陈大猷《书集传或问》卷下《周书·无逸》

（归善斋按，未解）

15.（宋）胡士行《尚书详解》卷九《周书·无逸第十七》

周公曰，呜呼！继自今嗣王，则其无淫于观，于逸，于游，于田，以万民惟正之供。无皇（暇）曰，今日（且）耽乐，乃非民攸（所）训（为教），非天攸若，时人丕则有愆，无若殷王受之迷乱，酗于酒德哉。周公曰，呜呼！我闻曰，古（昔）之人，犹胥训告（格言训迪），胥保惠（善道保养），胥教诲。民无或胥诪（诳）张（大）为幻（惑）。此厥（乱君）不听，人乃训（化）之，乃变乱先王之正刑（法），至于小大。民否（不如意），则厥心违（背）怨，否则厥口诅（骂）祝。

16.（元）吴澄《书纂言》卷四下《周书·无逸》

周公曰，呜呼！继自今嗣王，则其无淫于观，于逸，于游，于田，以万民惟正之供。无皇曰，今日耽乐，乃非民攸训，非天攸若，时人丕则有愆无，若殷王受之迷乱，酗于酒德哉。

无、毋通，禁止辞。观，谓览视；逸，谓宴安，或观以舒目，或逸以休身，或游以省方，或田以习武，四者，人君所不能无，特不可淫溺于此耳。淫于四者，则侈费无度，必致横敛。四者不淫，用有常经，而以万民惟正赋之供。万民，畿内之民也。正谓"九贡"九赋什一之制也。无暇言曰，今日姑且耽乐。人始耽乐者，曰，吾于今日为一日之乐而已。是心一流，今日而明日，或至终身，忘返者焉。民生在勤，天生不息，但一日耽乐，则非所以训民，非所以若天，是人大有愆矣，非小失也。酒德，以酒为德也。耽乐之事，非一，酒德为首，故又专以此为戒。

17.（元）陈栎《书集传纂疏》卷五《朱子订定蔡氏集传·周书·无逸》

周公曰，呜呼！继自今嗣王，则其无淫于观，于逸，于游，于田，以万民惟正之供。

"则"，法也。"其"，指文王而言。淫，过也，言自今日以往嗣王，其法文王，无过于观、逸、游、田，以万民惟正赋之供。上文言游、田，而不言观、逸,以大而包小也;言庶邦,而不言万民,以远而见近也。

18.（元）许谦《读书丛说》

（归善斋按,未解）

19.（元）董鼎《书传辑录纂注》卷五《周书·无逸》

周公曰,呜呼!继自今嗣王,则其无淫于观,于逸,于游,于田,以万民惟正之供。

则,法也。其,指文王而言。淫,过也。言自今日以往,嗣王其法文王,无过于观、逸、游、田,以万民惟正赋之供。上文言游、田,而不言观、逸,以大而包小也。言庶邦,而不言万民,以远而见近也。

20.（元）朱祖义《尚书句解》卷九《周书·无逸第十七》

周公曰,呜呼（叹言）!继自今嗣王（继自今以往,嗣王,呼成王）。

21.（明）王樵《尚书日记》卷十三《周书·无逸》

"周公曰,呜呼!继自今嗣王"至"以万民惟正之供"。

孔氏曰,继今以往皆戒之。

金氏曰,此勉成王之"无逸"也,夫观以广视,逸以安身,游以省农,田以讲武,皆人君所不能无,但不可淫于此。淫则为纵逸之私,且病民矣。故周公不戒之使无,而但戒其淫。苟必绝之使无,不惟废礼,且使人君苦于拘,则未必不乐于肆矣。

林氏曰,隐公观鱼,庄公观社,观也;唐敬宗日昃坐朝,逸也;周穆王所至有车辙马迹,游也;太康畋洛表,田也,皆淫于此者。

按,前称文王此戒嗣王,皆先言简游田,而继以惟正之供,盖淫于四者,侈费无度,其势不得不横敛。四者既省用有常经,自应"以万民惟正之供"也。上文言游田,而不言观逸,以大而包小也。此言万民,而不言庶邦,举近以见远也。

22.（清）库勒纳等撰《日讲书经解义》卷九《周书·无逸》

周公曰，呜呼！继自今嗣王，则其无淫于观，于逸，于游，于田，以万民惟正之供。

此一节书是，勉成王法文王之"无逸"也。则，法也。淫，是太过意。周公又叹息言，我文考以"无逸"之心，享"无逸"之效，深仁厚泽，固百世不敉也。继自今嗣王，可不以法祖为要哉？盖文王惟不敢盘于游田，以庶邦惟正之供，而后德施广远，享国久长。嗣王必当以此为法则，本抑畏之心，切艰难之虑。凡观、逸、游、田，虽不能尽无，而不可太过。则文王之无淫于观逸，而无额外之征；则文王之无淫于游田，而无横取之赋。由是，经费有恒，国用常足。在文王时，为庶邦者；在今日，则东西南北，皆我土宇，务使万邦之民，惟正赋之供，而不致竭民力，以奉一人。斯真能上配文王之"无逸"，而所为崇俭素，恤孤独，勤政事者，亦将有以兼举矣。

则其无淫于观、于逸、于游、于田，以万民惟正之供

1.（汉）孔氏传、（唐）陆德明音义、孔颖达疏《尚书注疏》卷十五《周书·无逸》

则其无淫、于观、于逸、于游、于田，以万民惟正之供。

传，所以无敢过于观游，逸豫，田猎者，用万民当惟正身以供待之故。

疏，正义曰，则其无得过于观望，过于逸豫，过于游戏，过于田猎，所以不得然者，以万民听王者之教命，王当正己身，以供待之也。

传正义曰，传意训"淫"为"过"。郑玄云，淫，放恣也。淫者，侵淫不止，其言虽殊，皆是过之义也，言观为非时而行违礼。观物，如《春

秋》隐公，如棠观鱼；庄公，如齐观社。《谷梁传》曰，常事曰视，非常曰观。此言无淫于观，禁其非常观也。逸，谓逸豫；游，谓游荡；田，谓田猎，四者皆异，故每事言"于"，以训"用"也。用万民皆听王命。王者，惟当正身待之，故不得淫于观、逸、游、田也。

2.（宋）苏轼《书传》卷十四《周书·无逸第十七》

(归善斋按，见"周公曰，呜呼！继自今嗣王")

3.（宋）林之奇《尚书全解》卷三十二《周书·无逸》

(归善斋按，见"周公曰，呜呼！厥亦惟我周太王、王季，克自抑畏")

4.（宋）史浩《尚书讲义》卷十六《周书·无逸》

(归善斋按，见"周公曰，呜呼！厥亦惟我周太王、王季，克自抑畏")

5.（宋）夏僎《尚书详解》卷二十《周书·无逸》

(归善斋按，见"周公曰，呜呼！继自今嗣王")

6.（宋）时澜《增修东莱书说》卷二十五《周书·无逸第十七》

(归善斋按，见"周公曰，呜呼！继自今嗣王")

7.（宋）黄度《尚书说》卷六《周书·无逸》

(归善斋按，见"周公曰，呜呼！继自今嗣王")

8.（宋）袁燮《絜斋家塾书钞》卷十二《周书·无逸》

(归善斋按，见"周公曰，呜呼！继自今嗣王")

9.（宋）蔡沈《书经集传》卷五《周书·无逸》

(归善斋按，见"周公曰，呜呼！继自今嗣王")

10. （宋）黄伦《尚书精义》卷四十《周书·无逸》

（归善斋按，见"周公曰，呜呼！继自今嗣王"）

11. （宋）陈经《尚书详解》卷三十五《周书·无逸》

（归善斋按，见"周公曰，呜呼！继自今嗣王"）

12. （宋）钱时《融堂书解》卷十五《周书·无逸》

（归善斋按，见"周公曰，呜呼！继自今嗣王"）

13. （宋）魏了翁《尚书要义》卷十五《周书·无逸》

（归善斋按，未引）

14. （宋）陈大猷《书集传或问》卷下《周书·无逸》

（归善斋按，未解）

15. （宋）胡士行《尚书详解》卷九《周书·无逸第十七》

（归善斋按，见"周公曰，呜呼！继自今嗣王"）

16. （元）吴澄《书纂言》卷四下《周书·无逸》

（归善斋按，见"周公曰，呜呼！继自今嗣王"）

17. （元）陈栎《书集传纂疏》卷五《朱子订定蔡氏集传·周书·无逸》

（归善斋按，见"周公曰，呜呼！继自今嗣王"）

18. （元）许谦《读书丛说》

（归善斋按，未解）

19.（元）董鼎《书传辑录纂注》卷五《周书·无逸》

(归善斋按，见"周公曰，呜呼！继自今嗣王")

20.（元）朱祖义《尚书句解》卷九《周书·无逸第十七》

则其无淫于观（无过于观玩），于逸（无过于逸豫）、于游、于田（无过于游戏、田猎），以万民惟正之供（以万民在下，当以正道待之）。

21.（明）王樵《尚书日记》卷十三《周书·无逸》

(归善斋按，见"周公曰，呜呼！继自今嗣王")

22.（清）库勒纳等撰《日讲书经解义》卷九《周书·无逸》

(归善斋按，见"周公曰，呜呼！继自今嗣王")

（清）朱鹤龄《尚书埤传》卷十三《周书·无逸》

观、逸、游、田。

隐公观鱼，庄公观社，观也。唐敬宗日昃不朝，逸也。周穆王车辙马迹，游也。夏太康畋于洛表，田也。

无皇曰：今日耽乐，乃非民攸训，非天攸若，时人丕则有愆

1.（汉）孔氏传、（唐）陆德明音义、孔颖达疏《尚书注疏》卷十五《周书·无逸》

无皇曰，今日耽乐，乃非民攸训，非天攸若，时人丕则有愆。

传，无敢自暇，曰惟今日乐，后日止。夫耽乐者，乃非所以教民，非

所以顺天，是人则大有过矣。

音义，愆，起虔反。夫，音扶。

疏，正义曰：以身供待万民，必当早夜恪勤，无敢自闲暇，曰今日且乐，后日乃止，此为耽乐者，非民之所以教训也，非天之所以敬顺也。

传正义曰：无敢自暇，谓事不宽不暇，而以为原王之意，而为辞，故言曰耽，以为乐。惟今日乐而后日止，惟言今日乐，明知后日止也。夫耽乐者，乃非所以教民。教民当恪勤也。非所以顺天，顺天当肃恭也。是此耽乐之人，则大有愆过矣。戒王不得如此也。

2.（宋）苏轼《书传》卷十四《周书·无逸第十七》

（归善斋按，见"周公曰，呜呼！继自今嗣王"）

3.（宋）林之奇《尚书全解》卷三十二《周书·无逸》

（归善斋按，见"周公曰，呜呼！厥亦惟我周太王、王季，克自抑畏"）

4.（宋）史浩《尚书讲义》卷十六《周书·无逸》

（归善斋按，见"周公曰，呜呼！厥亦惟我周太王、王季，克自抑畏"）

5.（宋）夏僎《尚书详解》卷二十《周书·无逸》

（归善斋按，见"周公曰，呜呼！继自今嗣王"）

6.（宋）时澜《增修东莱书说》卷二十五《周书·无逸第十七》

（归善斋按，见"周公曰，呜呼！继自今嗣王"）

7.（宋）黄度《尚书说》卷六《周书·无逸》

（归善斋按，见"周公曰，呜呼！继自今嗣王"）

8.（宋）袁燮《絜斋家塾书钞》卷十二《周书·无逸》

无皇曰，今日耽乐，乃非民攸训，非天攸若，时人丕则有愆。无若殷王受之迷乱，酗于酒德哉。

今须看一日之耽乐，何害于事。而周公便谓"非民攸训，非天攸若"，何过禁之严如此，学者须当体察兢业之时，此心如何，耽乐之时，此心又如何，则可以见周公之意矣。且如兢业之时，此心戒谨恐惧，方是时，即圣人之心也。至于耽乐之时，此心荒迷颠沛错乱，天下之人必皆以我为非，岂所以训民乎？天、人一心，民既以为非，天亦必以为非，岂所以顺天乎？是其罪虽小，而与大罪无异，故君子之自检其身，善不可以为小而不为，恶不可以为小而不去。今人但谓其小，而多于此忽焉。不知善虽小，而天、人之心，皆以为是；恶虽小，而天、人之心，皆以为非，故曰"尔惟德罔小万邦惟庆"，"尔惟不德罔大坠厥宗"。不德罔大，何至于坠厥宗，然方其不德之时，心下如何，便有坠厥宗之理。周公之言不为过矣。因酒行凶，曰酗。酒德者，以酒为德也。德之为言得也，实有诸己，至于坚固，而不可夺，是之谓得。为善之深者，得也；为恶之力者，亦得也。其它泛泛者，皆非是有德。谓之"酒德"，盖荒于酒，而成痼疾矣。前辈多以为，无若丹朱傲，舜岂有是哉。无若商王受，成王岂有是哉。其实不然，此道亦何常之有，蹈之，则为君子；去之，则为小人。成王虽贤，一念不谨，即商王也。故曰"惟圣，罔念作狂；惟狂，克念作圣"。《孟子》曰，徐行，后长者谓之弟；疾行，先长者谓之不弟。弟则为尧、舜，不弟则为桀、纣。何常之有哉。

9.（宋）蔡沈《书经集传》卷五《周书·无逸》

无皇曰，今日耽乐，乃非民攸训，非天攸若，时人丕则有愆。无若殷王受之迷乱，酗于酒德哉。

无与毋通，皇与遑通。训，法；若，顺；则，法也。毋自宽假，曰，今日姑为是耽乐也。一日耽乐，固若未害，然下非民之所法，上非天之所顺。时人大法其过逸之行，犹商人化受，而崇饮之类，故继之曰，毋若商王受之沈迷酗于酒德哉。酗酒，谓之德者，德有凶有吉。韩子所谓，道与德，为虚位是也。

10. (宋)黄伦《尚书精义》卷四十《周书·无逸》

无皇曰，今日耽乐，乃非民攸训，非天攸若，时人丕则有愆。无若殷王受之迷乱，酗于酒德哉。

无垢曰，淫于观、逸、游、田，则人欲动荡，其心迷乱，不复知天理所在，故反以酗酒为德。夫酒所以丧德也。纣因得以鼓其凶焰，乃认以为德，意逸豫之极。盖有如此颠倒，成王得不以此为戒哉？

吕氏曰，这心一开，便收不得。何故？才说我是今日暂耽乐，便上不顺天，下不顺于人，便是自绝于天，自绝于民了。以此知此心，不可顷刻放下。人君才放下时，天下便陷于灾害之地。时今人为恶，多是自初间说道，我今日时暂如此，到得后来为恶日长，不可禁遏，皆缘初间始。

11. (宋)陈经《尚书详解》卷三十五《周书·无逸》

(归善斋按，见"周公曰，呜呼！继自今嗣王")

12. (宋)钱时《融堂书解》卷十五《周书·无逸》

(归善斋按，见"周公曰，呜呼！继自今嗣王")

13. (宋)魏了翁《尚书要义》卷十五《周书·无逸》

二十二、曰今日耽乐，乃非教民，非顺天有过。

无皇曰，今日耽乐，乃非民攸训，非天攸若，时人丕则有愆。无敢自暇，曰惟今日乐，后日止。夫耽乐者，乃非所以教民，非所以顺天，是人则大有过矣。

14. (宋)陈大猷《书集传或问》卷下《周书·无逸》

(归善斋按，未解)

15. (宋)胡士行《尚书详解》卷九《周书·无逸第十七》

(归善斋按，见"周公曰，呜呼！继自今嗣王")

16. (元)吴澄《书纂言》卷四下《周书·无逸》

(归善斋按,见"周公曰,呜呼!继自今嗣王")

17. (元)陈栎《书集传纂疏》卷五《朱子订定蔡氏集传·周书·无逸》

无皇曰,今日耽乐,乃非民攸训,非天攸若,时人丕则有愆。无若殷王受之迷乱,酗于酒德哉。

无,与毋通;皇,与遑通。训,法;若,顺;则,法也。毋自宽假,曰今日姑为是耽乐也。一日耽乐,固若未害,然下非民之所法,上非天之所顺。时人大法其过逸之行,犹商人化受,而崇饮之类。故继之曰"毋若商王受之沈迷酗于酒德哉"。酗酒,谓之德者,德有凶,有吉,韩子所谓"道与德为虚位"是也。

纂疏

陈氏经曰,两"惟正之供",皆不以贡赋为吾逸乐之用也。观、逸、游、田,人君未尝无,特不可过其则耳。一日暂乐,若未害也,而以为不可者,盖此心不可以斯须忘。斯须而忘,是放其心,自此以往,不可收拾矣。

吕氏曰,虽戒成王,实欲后嗣共守此训,故言"继自今嗣王"。观、览,以舒其目;安逸,以休其身;游豫,以省风俗;田猎,以习武备。人君不能无,不可过耳。过,则人欲肆而入于乱亡矣,故欲其无淫过,必绝之使无,则迫蹙拘制矣。观、逸、游、田,横敛之源。四者,既省用,有常经。始耽乐者,每自恕曰,今日耽乐耳。是心一流,将一日二日骎骎,终身不返矣。苟不戒一日之耽乐,必至于纣之徒。无遑曰,今日耽乐,盖原淫乐之始。使之深绝其微,无若殷王受。盖要淫乐之终,使知必至此极,始终备矣。

林氏曰,隐公观鱼,庄公观社,观也。唐敬宗日晏坐朝,逸也。周穆王所至有车辙马迹,游也。太康畋洛表,田也。皆淫于此者。

真氏曰前举三宗,后举文王,俾王知所法,又举纣,俾王知所戒。纣之恶,无不有酗酒,其最也。人无智愚,皆知忧勤必享国;逸乐必戕生。

惟沉湎于酒，心志昏，乱则虽死亡在前，亦不知畏，故欲"无逸"，则不可酗酒。酗酒，则不能"无逸"，宜公专以此申戒也。

孔氏曰，以酒为凶，曰酗。

18.（元）许谦《读书丛说》

（归善斋按，未解）

19.（元）董鼎《书传辑录纂注》卷五《周书·无逸》

无皇曰，今日耽乐，乃非民攸训，非天攸若，时人丕则有愆。无若殷王受之迷乱，酗于酒德哉。

无与毋通，皇与遑通。训，法；若，顺；则，法也。毋自宽假，曰，今日姑为是耽乐也。一日耽乐，固若未害，然下，非民之所法；上，非天之所顺。时人大法其过逸之行，犹商人化受，而崇饮之类，故继之曰，毋若商王受之迷乱，酗于酒德哉。酗酒，谓之德者，德有凶有吉。韩子所谓"道与德为虚位"，是也。

纂注

吕氏曰，虽戒成王，实欲后嗣共守此训，故以"继自今嗣王"言。观览，以舒其目，安逸以休其身，游豫以省风俗，田猎以习武备，人君不能无也，不可过尔。过，则人欲肆，而入于乱亡矣。故公使之无淫过于此，必绝之使无，则迫蹙拘制矣。观、逸、游、田，横敛之源。四者既省，用有常经，自应以万民惟正之供。始耽乐者，毋自恕曰，今日耽乐尔。是心一流将，一日二日，浸浸终身不返矣。苟不戒一日之耽乐，必至为纣之徒。"无皇曰，今日耽乐"，盖原淫乐之始，使之深绝其微。"无若殷王受"，盖要淫荒之终，使知必至此极，始终备矣。

林氏曰，隐公观鱼，庄公观社，观也。唐敬宗日晏坐朝，逸也。周穆所至，有车辙马迹，游也。太康畋洛表，田也。皆淫于此者。

真氏曰，前举三宗，后举文王，俾王知所法。又举纣，俾王知所戒。纣之恶无不有，酗酒其最也。人无智愚，皆知忧勤必享国，逸欲必戕生。惟沉湎于酒，心志昏乱，则虽死亡在前，亦不知畏，故欲"无逸"，则不可酗酒。酗酒，则必不能"无逸"。公所以专以此申戒也。

薛氏曰，"今日耽乐"，与《诗》所谓"壹醉日富"同义。

20. （元）朱祖义《尚书句解》卷九《周书·无逸第十七》

无皇曰（王无自大，言曰），今日耽乐（我止今日耽于乐），乃非民攸训（虽一日之乐，若无害，非所以为训民之道），非天攸若（亦非天意所顺），时人丕则有愆（一时之人化之，亦将大有愆过）。

21. （明）王樵《尚书日记》卷十三《周书·无逸》

"无皇曰，今日耽乐"至"酗于酒德哉"。

苏氏曰，以百日之劳，而开一日之乐，疑若可许也。然周公不许，防其渐也。曰此非所以训民顺天也。

叶氏曰，今日耽乐，则日复一日矣。

金氏曰，为纣非难，凡以一日之耽乐，为无伤者，纣之徒也。

吕氏曰，"无若殷王受"云者，纣之大恶，数千载之后，匹夫匹妇犹羞比之，况当是时，夷灭尚新，恶之尤甚，故举其甚恶者，以警之，以为苟不戒一日之耽乐，长此不已，则必至为纣之徒也。

蔡氏曰，下非民之所法，上非天之所顺。"无皇曰，今日耽乐"，盖原淫乐之始，使之深绝其微，无若殷王受，盖要淫乐之终，必至此极也，始终备矣。

22. （清）库勒纳等撰《日讲书经解义》卷九《周书·无逸》

无皇曰，今日耽乐，乃非民攸训，非天攸若，时人丕则有愆。无若殷王受之迷乱，酗于酒德哉。

此一节书是，欲成王之戒逸也。皇，是宽假之意。训，法也。若，顺也。则，效法之意。酗于酒德，纵酒之凶德也。周公又言，今王取法文祖，务时时儆戒，不可须臾少懈，无容自宽假，曰：今日姑为是耽乐，可无害也。夫人君一身，万民于焉具瞻，上帝于此临汝。一日之敬、肆，所关者不浅。苟或耽乐，则下非民之所法，上非天之所顺，其流弊，将使在位之人，见我君所行，相率效尤，而丕则其过逸之愆，如昔殷受酗酒，而臣下化之，号为凶德。前车之鉴，固不远也。嗣王，其以此为戒。无若殷王受之迷惑昏乱，酗于酒德哉。从来人主，未有不喜善名，而恶恶声者，然或一日之间，稍稍纵逸，以为偶然如此，固无大害，殊不知此心敬、肆之分，即治、乱之几所由判，诚不可不鉴，而谨之也。

无若殷王受之迷乱，酗于酒德哉

1.（汉）孔氏传、（唐）陆德明音义、孔颖达疏《尚书注疏》卷十五《周书·无逸》

无若殷王受之迷乱，酗于酒德哉。

传，以酒为凶，谓之酗，言纣心迷政乱，以酗酒为德，戒嗣王无如之。

音义，酗，况付反。

疏，正义曰，若是之人，则有大愆过矣。王当自勤政事，莫如殷王受之迷乱国政，酗醟于酒德哉。殷纣藉酒为凶，以酒为德，由是丧亡殷国。王当以纣为戒，无得如之。

传正义曰，酗，从酒，以凶为声，是酗为凶酒之名，故以酒为凶，谓之酗。酗是饮酒而益凶也，言纣心迷乱，以酗酒为德。饮酒为政，心以凶酒为己德，纣以此亡殷。戒嗣王无如之。

2.（宋）苏轼《书传》卷十四《周书·无逸第十七》

无若殷王受之迷乱，酗于酒德哉。

酗者，用酒而怒，轻用兵刑也。

3.（宋）林之奇《尚书全解》卷三十二《周书·无逸》

(归善斋按，见"周公曰，呜呼！厥亦惟我周太王、王季，克自抑畏")

4.（宋）史浩《尚书讲义》卷十六《周书·无逸》

（归善斋按，见"周公曰，呜呼！厥亦惟我周太王、王季，克自抑畏"）

5.（宋）夏僎《尚书详解》卷二十《周书·无逸》

（归善斋按，见"周公曰，呜呼！继自今嗣王"）

6.（宋）时澜《增修东莱书说》卷二十五《周书·无逸第十七》

（归善斋按，见"周公曰，呜呼！继自今嗣王"）

7.（宋）黄度《尚书说》卷六《周书·无逸》

（归善斋按，见"周公曰，呜呼！继自今嗣王"）

8.（宋）袁燮《絜斋家塾书钞》卷十二《周书·无逸》

（归善斋按，见"无皇曰，今日耽乐，乃非民攸训，非天攸若，时人丕则有愆"）

9.（宋）蔡沈《书经集传》卷五《周书·无逸》

（归善斋按，见"无皇曰，今日耽乐，乃非民攸训，非天攸若，时人丕则有愆"）

10.（宋）黄伦《尚书精义》卷四十《周书·无逸》

（归善斋按，见"无皇曰，今日耽乐，乃非民攸训，非天攸若，时人丕则有愆"）

11.（宋）陈经《尚书详解》卷三十五《周书·无逸》

（归善斋按，见"周公曰，呜呼！继自今嗣王"）

12.（宋）钱时《融堂书解》卷十五《周书·无逸》

（归善斋按，见"周公曰，呜呼！继自今嗣王"）

13.（宋）魏了翁《尚书要义》卷十五《周书·无逸》

二十四、纣迷乱酗于酒德，酗为凶酒之名。

正义曰，酗，从酉，以凶为声，是酗为凶酒之名，故以酒为凶，谓之酗。酗是饮酒而益凶也。言纣心迷乱，以酗酒为德。

14.（宋）陈大猷《书集传或问》卷下《周书·无逸》

（归善斋按，未解）

15.（宋）胡士行《尚书详解》卷九《周书·无逸第十七》

（归善斋按，见"周公曰，呜呼！继自今嗣王"）

16.（元）吴澄《书纂言》卷四下《周书·无逸》

（归善斋按，见"周公曰，呜呼！继自今嗣王"）

17.（元）陈栎《书集传纂疏》卷五《朱子订定蔡氏集传·周书·无逸》

（归善斋按，见"无皇曰，今日耽乐，乃非民攸训，非天攸若，时人丕则有愆"）

18.（元）许谦《读书丛说》

（归善斋按，未解）

19.（元）董鼎《书传辑录纂注》卷五《周书·无逸》

（归善斋按，见"无皇曰，今日耽乐，乃非民攸训，非天攸若，时人丕则有愆")

20.（元）朱祖义《尚书句解》卷九《周书·无逸第十七》

无若殷王受之迷乱（无如商王名受，迷惑昏乱），酗于酒（乃酗于酒，谓因酒为凶也。酗，煦），德哉（成王观此，可不务于德哉）。

21.（明）王樵《尚书日记》卷十三《周书·无逸》

（归善斋按，见"无皇曰，今日耽乐，乃非民攸训，非天攸若，时人丕则有愆"）

22.（清）库勒纳等撰《日讲书经解义》卷九《周书·无逸》

（归善斋按，见"无皇曰，今日耽乐，乃非民攸训，非天攸若，时人丕则有愆"）

周公曰：呜呼！我闻曰：古之人犹胥训告，胥保惠，胥教诲

1.（汉）孔氏传、（唐）陆德明音义、孔颖达疏《尚书注疏》卷十五《周书·无逸》

周公曰，呜呼！我闻曰，古之人，犹胥训告，胥保惠，胥教诲。

传，叹古之君臣，虽君明臣良，犹相道告，相安顺，相教诲，以义方。

疏，正义曰，周公言而叹曰，我闻人之言曰，古之人，虽君明臣良，犹尚相训告以善道，相安顺以美政，相教诲以义方。

传正义曰，此章二事善恶相反。下句不听人者，是愚暗之君，知此言

古之人者，是贤明之君。相是两人相与，故知兼有臣良，更相教告。隐三年《左传》石碏曰，臣闻爱子，教之以义方，故知相教诲者，使相教诲以义方也。则知相训告者，告之以善道也。相保惠者，相安顺以美政也。

2.（宋）苏轼《书传》卷十四《周书·无逸第十七》

周公曰，呜呼！我闻曰，古之人犹胥训告，胥保惠，胥教诲，民无或胥诪张为幻。此厥不听，人乃训之，乃变乱先王之正刑，至于小大。民否则厥心违怨，否则厥口诅祝。

诪，狂也。张，诞也。变名易实，以眩观者，曰幻。古之人，相与训戒者，其言皆切近明白，世之所共知者也。若曰不杀为仁，杀为不仁；薄敛为有德，原赋为无道，此古今不刊之语，先王之正刑也。及小人为幻，或师申、韩之学，或诵六经以文奸言，则曰，多杀所以为仁也，厚敛所以为德也。高台深池，女色畋游，皆不害霸，此理之必不然，而其学之有师，言之有章，世主多喜之，此之谓幻。幻能害寿，以其能怨诅也。

3.（宋）林之奇《尚书全解》卷三十二《周书·无逸》

周公曰，呜呼！我闻曰，古之人犹胥训告，胥保惠，胥教诲。民无或胥，诪张为幻。此厥不听，人乃训之，乃变乱先王之正刑，至于小大。民否则厥心违怨，否则厥口诅祝。周公曰，呜呼！自殷王中宗，及高宗，及祖甲，及我周文王，兹四人迪哲。厥或告之曰，小人怨汝、詈汝，则皇自敬德。厥愆，曰朕之愆，允若时，不啻不敢含怒。此厥不听，人乃或诪张为幻，曰小人怨汝、詈汝，则信之，则若时，不永念厥辟，不宽绰厥心，乱罚无罪，杀无辜。怨有同是，丛于厥身。周公曰，呜呼！嗣王其监于兹。

周公既欲成王以商之三宗，及我周之先王为法；以商之后王，及纣之酗于酒为戒，战战兢兢，怀忧勤戒惧之心，以保盈成之业，不可以须臾舍。虽一日之耽乐，亦不可为，乃可以享国久长，以介眉寿矣。周公于此，又以谓，为人君者，苟能无逸则公，公则明，明则谗邪无自而萌，怨讟无自而生，刑罚无自而虐。此其所以治安。苟或逸豫，则心术不明；心术不明，则谗邪必萌。谗邪萌，则怨讟必生；怨讟生，则刑罚必虐。此其所以乱亡并作。其源，皆自于一日之逸，此周公所以又反复而言之也。古之人，谓前古盛治之世也。前古盛治之世，政教修明，海内乂宁，可无事于献替矣。然其臣，犹相与训告，保惠教诲于其君，君兼听于上，而下情通，则民之利病，罔不周知。此民之所以无能相诪张而为幻也。

夫小人之"诪张为幻"，类出于宴安无事之世，方其宴安无事也，自以为上恬下熙，怡怡自如，方甘心于声色之奉，游畋之乐，惟恐失之。其肯以国事为意哉？人主既不以国事为意，而逸邪之人，又能顺适其所欲，彼将自以为既得，是人则可以安枕矣。故其"诪张为幻"，无所不至也。惟古之人，犹胥训告，保惠教诲，则奸邪不能乘间投隙而入之，此其所以不能"诪张为幻"也。譬之人，营卫开通，血气周流，斯能无膏肓心腹之疾。苟其壅遏否塞，必将百疾间作。唐太宗之世，惟其屈己以从谏，有所不言，言无不听。公卿大夫，皆思陈善闭邪，以辅成人主之德，是以治道通达，而小人不得以摇其志。封德彝诱之以律而不从，权万纪怵之以财利而不纳，其谁能"诪张为幻"哉。以唐太宗观之，则知古之人，其所以抑绝小人，使不能"诪张为幻"者，惟其胥训告，保惠教诲而已。苟其不听古人之所为，则邪佞非僻之言易入，故人乃有以非道训之者，遂变乱先王之正法，至于小者大者，无不纷更也。

夫先王之正法，民情之所安也。今既变乱，则民将自此而不宁。此心之所以违怨，而口之所以诅祝也。夫天下已安已治，谓之守文之世者，言前世人创业垂统为可继矣，惟在于守之而勿失也。然自古守文之世，所以每至于乱者，惟其不能守也。盖其始也，必有小人焉，以前世之法度为不足守，欲尽取而纷更之，则天下之乱，萌于此矣。当其治安也，纪纲制度，焕然可述。君臣无为固足以为治矣，然其变乱先王之正刑者，皆小人之喜作为，不能安于无事，故奋其私智，谓前世人法度，狭鄙废坠，不足以有为，非更张则不可。其意盖谓，不如是，则不能以其世而固宠也。汉之张汤、桑弘羊，唐之宇文融、李林甫，其所以致位公辅，恩宠固结而不可解者，惟以是故也。故周公之言，有及于此。伊尹之告大甲曰"君罔以辩言乱旧政"正此意也。夫舜，大圣人也，而益犹戒之以"罔失法度"，况太甲成王乎？训告、保惠、教诲，是言人臣以正言而进于君也，保安之也，惠顺之也。惠与不惠，与"阿衡之惠"同。

既曰训告，又曰保惠，又曰教诲，则人臣之于君，其所以将顺其美而弥缝其阙之端，尽于此矣。而唐孔氏谓，教诲以义方，训告以善道，安顺以美政。胡博士则曰，训告以言，保惠以德，教诲以道。林子和则曰，训告以事言之；保惠以德言之；教诲以道言之。其说皆觚虒而不安。苟易彼而为此，易此而为彼，皆可也。盖一一而辩之，非周公本意。所存不辩可也。胥者，言臣之相与，以是而启迪于上也。与"官师相规"之"相"同。陈少南曰，古人之言，言胥，训小人之训，不言胥，则知古之人君，兼听；乱世之君，专听小人而已。此说为善。

诪张，《尔雅》曰，诳也。幻，相诈惑也。《列子》曰，穷数达变，因形移易者，谓之化，谓之幻。《汉·张骞传》曰，大宛诸国，以大鸟卵，及犛靬眩人，献于汉，颜师古曰，眩，读与幻同，即今吞刀吐火，植瓜种树，屠人截马之术，皆是也。谗邪之人，以是为非，以非为是，惑乱人主之视听，谓之为幻，可谓得小人之情状矣。

违怨者，司马侍讲曰，外虽迫于威刑，不敢不从，独其心相违而怨憾也。诅祝者，唐孔氏曰，告神明令，加殃咎也。传曰，楚却宛之难国，言未已进胙者，莫不谤令尹，则是祝诅者，因祭而为之也。否者，言民之不违怨，则诅祝；不祝诅，则违怨也。

周公又嗟叹而言曰，自大戊，及武丁，及大甲，及文王，此四人皆迪于哲。四人之所以迪哲者，以其无逸故也。无逸则公，公则明也。上之所言者，太王、王季，而后及文王，此特举文王，而舍太王、王季。故王氏曰，四人皆天子，非若诸侯，以战战兢兢为孝者。杨龟山破之，谓，畏天者，保其国而已。谓中宗为畏天，是亦诸侯之事。其说自相抵牾矣。文王大勋未集，虽曰受命之君，未尝为天子也。盖四人者，皆享国克寿，故特言之，非谓其为天子也。此说是矣。夫《无逸》之所言者，盖皆以其战战兢兢而取之。如王氏之言，则是逸豫自肆者，乃周公之所取也。范内翰曰，祖甲初立不明，能听伊尹之训，克终其德，圣人重其改过，列于三宗，与文王同为明哲之君，由是观之，改过听谏，人君之大德也。此说甚善。自祖甲之不明而言之，则将与桀、纣同科，今遂与文王同列，则人君不可以其有过而自弃，惟患其不能改也。

惟四人之迪哲，则不为浮言所惑，故人虽告之曰，小人或怨恨于汝，毁詈于汝，则必自反于己，思所以致其怨我、詈我之由，故大自敬其德也。夫当四人之治天下，以其无逸之故，民将诵而歌舞之，岂复有怨詈者哉。然小人之欲得志于朝者，必设为此言，以尝试其君。君苟不察而轻信之，则心术将自此不正，而可以利动矣。惟其自反于己，以敬德，则浮言无自而入也。民之有过，则曰我之过，所谓"万方有罪，在予一人；百姓有过，在予一人"是也。民之所以不能渐仁摩义，而至于有过者，皆我有以致之，岂以为斯民之罪哉？人君信能如是，则不啻不敢含怒也。必和悦其颜色而受之，则其闻怨詈之言，已诚有以致之其必敬修厥德，而不敢怠。苟无有也，岂以怨詈者为无根之言，而穷治之哉，亦三省其身而后已。且人之告我，以是固，欲其忿怒，肆行而后已，得以逞其志。今惟敬德而已，彼何自而入哉。

苟其不听四人之所为，而昏暗不明，则人将"诪张为幻"，曰小人怨汝詈汝，则必信之。如是者，以其不能长念其为君之道；不宽绰其心敬信其言，以为诚然。至于无罪无辜者，必将惟其杀罚矣。无罪而罚之，无辜而杀之，是乱也，则天下之怨同，而聚于吾身矣。如周厉王之监谤，秦始皇有诽谤妖言之律，是不念为君之道，以宽绰其心，故其刑罚不当。此怨之所积。而厉王流于彘，秦二世而亡也。盖明王之治天下，固无致怨詈之道，然闻怨詈之言，而益敬德，则怨詈何自而兴。暗主之治天下，怨汝詈汝，乃其所戒也。今闻怨詈之言，而又严刑峻法，欲以遏绝之，则怨当益深，而詈当益众矣。嗣王不可以不监也。

成王长于深居之中，以幼冲之年，而即天子之位。周公惧其有骄心也。今始听政，而天下太平，周公惧其有怠心也。骄怠之心一萌，则观、逸、游、田，无所不为，馋邪之所自入，怨詈之所自兴，刑罚之所自繁，而寿考何自而致乎？故周公作此篇以戒之，前后反复，惟欲其无逸而已。惟其无逸，则将专心于学问，留意于政事，其它可以伐性损寿者，有不暇为，此所以寿也。汉霍光之辅昭帝，方其幼冲之年，所习之邪正，则寿夭由此而分。光欲上官皇后擅宠有子，虽宫人使令，皆为穷裤，多其带，后宫莫有进者。夫少之时血气未定，戒之在色，此岂辅少主之道哉。昭帝之所以享年不永者，盖光之所以辅之者非其道也。以昭帝之聪慧，使光知以无逸之意，为之启沃，是亦成王之徒也。然则光之爱君，乃妇人女子之爱君，异乎周公也。周公之于成王，前有《七月》之诗，后有《无逸》之书，体虽异，而意则同。《七月》之诗，欲其知创业之难，而不敢忽；《无逸》之书，则欲其知守文之不易，而不敢怠。唐太宗问创业、守成孰难，房元龄以创业为难，魏征以守成为难。元龄之心，《七月》之诗也，魏征之心，《无逸》之书也，皆有周公爱君之遗意。

4.（宋）史浩《尚书讲义》卷十六《周书·无逸》

周公曰，呜呼！我闻曰，古之人犹胥训告，胥保惠，胥教诲，民无或胥诪张为幻。此厥不听，人乃训之，乃变乱先王之正刑，至于小大。民否则厥心违怨，否则，厥口诅祝。

人主之聪，不在两耳，而在众耳；人主之明，不在两目，而在众目；人主之德，不在一心，而在众心。古之愚民，不能诪张为幻于人主之前者，以人主之前，有众贤为之辅也。诪，诳也。张，诞也。至于幻，则迷惑人主之聪明心志，而使转移者也。夫既有人训告，以顺其理；保惠，以防其过；教诲，以攻其失，则孰患诳诞迷惑之人哉。此而不听，所谓訑訑之声音颜色，距人于千里之外，则谗谄面谀之人至矣。与谗谄面谀之人居，则诪张为幻，固其宜也。自是而变乱先王之政刑，至于小大，罔不失序矣。惟民之生，赖人主以牧养。苟或不然，是否也。厥心违怨，厥口祝诅矣。怨气诅语，充塞天地，洋溢四海，冲和揉为乖沴，瑞应化为灾殃，人主独能保其寿乎？此周公所以推其极而告王也。

5.（宋）夏僎《尚书详解》卷二十《周书·无逸》

周公曰，呜呼！我闻曰，古之人犹胥训告，胥保惠，胥教诲。民无或胥诪张为幻。此厥不听，人乃训之，乃变乱先王之正刑，至于小大。民否，则厥心违怨；否，则厥口诅祝。

此周公又嗟叹而言，古人犹以言相告戒，况我与成王君臣也。其谆谆作告，夫岂过哉，盖欲成王听其言也。此古人，先儒谓是古之明君良臣。独龙舒以其言犹则不当为君臣，乃泛说古人，盖谓古之人，犹相告戒，况君臣何独不然。此说是也。周公谓，古之人，凡相与处者，或有过失，犹陈古以训之，或直言以告之，不从又未敢深言，以逆其意，且保安而惠爱之，待其意与吾相得也，则又详以教之、诲之。惟古人之相与处者，能相规饬如此，故一时之间，凡为民者皆无有诱张诳诞，而慕为幻惑之事者，盖皆以诚相与也。周公既言古人相规饬如此，乃谓成王于我此言，乃不能听而用之，则人乃务相顺从，不复以谏正为事，且将相与变乱先王正法，至于小事大事，无不变之，使其有不为顺从之事，则其心必违逆于君，怨恨于君，使不为违怨之事，则必其口诅祝于君。诅祝，犹骂之也。盖始相顺之，中则怨之，终则骂之也。

6. （宋）时澜《增修东莱书说》卷二十五《周书·无逸第十七》

周公曰，呜呼！我闻曰，古之人，犹胥训告，胥保惠，胥教诲。民无或胥诱张为幻。此厥不听，人乃训之，乃变乱先王之正刑，至于小大。民否，则厥心违怨，否则厥口诅祝。

训告者，以格言训迪之也。保惠者，以善道保养之也。教诲者，教戒诲语，谆谆恳恻，非特训告而已也。训告教诲，皆见于言语；保惠，则极其调护于日用饮食之间，功用盖相表里也。古之人，其德业已巍巍乎其大矣。臣犹相与训告，保惠，教诲焉，况成王幼冲之孺子，岂可少此乎？此《无逸》之书所为作也。邪正相为消长，左右前后，无非正人，训诲保养正气充实，邪说何自而投隙乎？故民无或敢相诱张诡诞为幻惑，以乱主听也。

"此厥不听，人乃训之，乃变乱先王之正刑，至于小大"者，言人主此时不听君子之训，则小人乃乘隙以邪说训之，变乱先王之正法，无小无大，莫不扫除。使人主未厌君子之言，则小人岂敢遽进其说乎？彼固有所窥而动也。"民否则厥心违怨，否则厥口诅祝"者，先王之正刑，甚便于民，甚不便于小人。略而言之，如严名分，所以和民，则而小人之陵僭者，则甚不乐也。省刑罚，所以重民命，而小人之残酷者，则甚不乐也。薄赋敛，所以厚民生，而小人之贪侈者，则甚不乐也。故小人得志，必尽殄灭之，而后慊于志，民始无所措手足，心口交怨矣。为人上者至使其民心口交怨，则其国亦曰殆哉。此盖消长存亡之机，故周公恳恳言之。

7.（宋）黄度《尚书说》卷六《周书·无逸》

周公曰，呜呼！我闻曰，古之人，犹胥训告，胥保惠，胥教诲。民无或胥诪张为幻。此厥不听，人乃训之，乃变乱先王之正刑，至于小大。民否，则厥心违怨，否，则厥口诅祝。

训告，讲切启迪也。保惠，将顺也。教诲，匡救也。诪张，诳也。幻，妄也。诲告、保惠、教诲之交修，则人无敢为诳妄者。于此不能听则诳妄，遂作人且教之，变乱先王正典法，无小无大皆变乱之，不顺人心。人心违怨，必诅祝。

8.（宋）袁燮《絜斋家塾书钞》卷十二《周书·无逸》

周公曰，呜呼！我闻曰，古之人犹胥训告，胥保惠，胥教诲。民无或胥诪张为幻。此厥不听，人乃训之，乃变乱先王之正刑，至于小大。民否，则厥心违怨；否，则厥口诅祝。

周公言以古人之盛德君臣之间，犹相训告，相保惠，相教诲。今其可以不然乎？"犹"之为言，可已而不已之辞也。可已而不已，此古人之所以盛也。"民无或胥诪张为幻"，盖君臣之间，诚意既交孚，则下之为谗言，惑乱人听者，自不能入矣。大抵天下之理，惟上之失道，则下之人始敢肆为虚诞不根之谈。君臣既更相警励，彼亦岂能乘间而投其隙。犹一家然，父子兄弟间，和睦无间，为奴隶者，虽有谗间之言，亦岂得而行哉？此厥不听，而君臣更相训告，以先王之正刑，无小无大，皆变乱之，则民皆心怨之，而口祝之矣。盖有道之世，君臣交孚，则谗言无自而入；无道之世，君臣失德，则下之人皆肆为怨诅，其机存乎上而已矣。

9.（宋）蔡沈《书经集传》卷五《周书·无逸》

周公曰，呜呼！我闻曰，古之人，犹胥训告，胥保惠，胥教诲。民无或胥诪张为幻。

诪，张流反；幻，音患。胥，相；训，诫；惠，顺；诪，诳；张，诞也。变名易实，以眩观者曰幻。叹息言，古人德业已盛，其臣犹且相与诫告之，相与保惠之，相与教诲之。保惠者，保养而将顺之，非特诫告而已也。教诲则有规正成就之意,又非特保惠而已也。惟其若是,是以视听思虑,无所蔽塞;好恶取予,明而不悖,故当时之民,无或敢诳诞为幻也。

10. (宋) 黄伦《尚书精义》卷四十《周书·无逸》

周公曰,呜呼!我闻曰,古之人,犹胥训告,胥保惠,胥教诲。民无或胥诪张为幻。此厥不听,人乃训之,乃变乱先王之正刑,至于小大,民否,则厥心违怨;否,则厥口诅祝。

无垢曰,古之人,即中宗,至文王也。君臣上下,皆以"无逸"为德,故君臣上下,率由无逸之中,岂不俨然如上天,森然如北极。天下焉,有不太平;神祇祖宗焉,有不安乐乎?

又曰,君臣相训告、保惠、教诲以"无逸",而君或不肯听臣下"无逸"之言,则放逸之言得入矣。先王正刑,自"无逸"中出。放逸之言入,则必尽变乱先王之正刑。若小若大,尽皆变乱,以快私意。此理之自然也。

又曰,民心违怨,民口诅祝,怨气充塞,安有寿考之理乎?夫民者,天也。民心违怨,是天违怨也。民口诅祝,是天诛谴也。如此,国家亦安得有吉祥事乎?

史氏曰,人君有迪哲之性,不修则不明。凡人有好乱之心,不防则不止。夫交修并用,谓之胥。君臣之间,胥训告,则相示以法;胥保惠,则相爱以德;胥教诲,则相规以道。古之聪明睿智之君,其盛德,虽出于天纵,于是三者,犹眷眷而不忘,岂有他哉?凡以开悟其迪哲之性,而堤防小人好乱之心者,盖不得不尔也。

11. (宋) 陈经《尚书详解》卷三十五《周书·无逸》

周公曰,呜呼!我闻曰,古之人,犹胥训告,胥保惠,胥教诲。民无或胥诪张为幻。此厥不听,人乃训之,乃变乱先王之正刑,至于小大。民否,则厥心违怨,否则厥口诅祝。

周公又设此两等人,以为训。一等人是君臣相正,邪说不能乱,一等人是为邪说所乱者。我闻古之人,君明臣良矣。尚且相为训告,为保惠,为教诲。训告者,教之以事也。保惠者,安而顺之,将顺其美也。教诲者，教之以道也。胥，有迭相之意。臣言之，君能受之，此迭相也。惟君臣相正其上，则民自然无所惑于下也。诪张，诳也。幻，惑也，以无为有，以虚为实，以邪为正者，"诪张为幻"也。此等人惟是人君耽于逸乐，故"诪张为幻"之说，始得以投其隙。有战国好刑名之君，则申韩之说易入。有汉武好神仙，则方士之说易入，此理之必然也。人君心术一正，则邪说安能乱之哉。

"此厥不听"，谓不听此古人之事也。苟为不听古人之事，而好为逸豫，君子既退，则小人必进。人乃训之小人之邪说也。邪说进，则必进而变乱先王之正法，或小或大，无所不纷更法令。既不合乎人情，则民亦不顺之。否，不顺也。否，则厥心违怨，蓄其怨于心也。否则，厥口诅祝，形其怨于言也。心有所违怨，则口必有所诅祝，以言告神为祝，请神加殃，曰诅。

12.（宋）钱时《融堂书解》卷十五《周书·无逸》

周公曰，呜呼！我闻曰，古之人犹胥训告，胥保惠，胥教诲。民无或胥诪张为幻。此厥不听，人乃训之，乃变乱先王之正刑，至于小大。民否，则厥心违怨；否，则厥口诅祝。

周公节节敷陈无逸之义辞旨已尽，此下却专言，小人之诪张为幻，前后两言"我闻曰"，是两个换头。

13.（宋）魏了翁《尚书要义》卷十五《周书·无逸》

（归善斋按，未引）

14.（宋）陈大猷《书集传或问》卷下《周书·无逸》

（归善斋按，未解）

15.（宋）胡士行《尚书详解》卷九《周书·无逸第十七》

（归善斋按，见"周公曰，呜呼！继自今嗣王"）

16. （元）吴澄《书纂言》卷四下《周书·无逸》

周公曰，呜呼！我闻曰，古之人犹胥训告，胥保惠，胥教诲，民无或胥诪张为幻。

训告，道说，告诏之也，有朋友之道焉。保惠，保护惠爱之也，有保傅之道焉。教诲，模范开晓之也，有师道焉。诪，谲诳也。张，夸诞也。变名易实，以眩观者，曰幻。古人德业已盛，其臣犹且相训告，相保惠，相教诲。夫如此，则视听聪明，是非不惑，故民无或敢以诳诞之言，而为欺罔也。

17. （元）陈栎《书集传纂疏》卷五《朱子订定蔡氏集传·周书·无逸》

周公曰，呜呼！我闻曰，古之人，犹胥训告，胥保惠，胥教诲。民无或胥诪张为幻。

胥，相；训，诫；惠，顺；诪，诳；张，诞也。变名易实，以眩观者，曰幻。叹息言，古人德业已盛，其臣，犹且相与诫告之，相与保惠之，相与教诲之。保惠者，保养而将顺之，非特诫告而已也。教诲，则有规正成就之意，又非特保惠而已也。惟其若是，是以，视听、思虑无所蔽塞，好恶取予，明而不悖，故当时之民，无或敢诳诞为幻也。

纂疏

吕氏曰，训告、教诲，皆见于言语。保惠，则调护于日用，功用相表里也。

愚按，训、诲，忠言也。诪张，邪说也。忠言交进，则邪说难行。

18. （元）许谦《读书丛说》

（归善斋按，未解）

19. （元）董鼎《书传辑录纂注》卷五《周书·无逸》

周公曰，呜呼！我闻曰，古之人，犹胥训告，胥保惠，胥教诲。民无或胥诪张为幻。

1147

胥，相；训，诫；惠，顺；诪，诳；张，诞也。变名易实，以眩观者，曰幻。叹息言，古人德业已盛，其臣，犹且相与诫告之，相与保惠之，相与教诲之。保惠者，保养而将顺之，非特诫告而已也。教诲，则有规正成就之意，又非特保惠而已也。惟其若是，是以视、听、思、虑，无所蔽塞；好恶取予，明而不悖，故当时之民，无或敢诪诞为幻也。

纂注

吕氏曰，训告、教诲，皆见于言语。保惠，则调护于日用，功用相表里也。

新安胡氏曰，训诲，忠言也。诪张，邪说也。忠言交进，则邪说莫行。

20.（元）朱祖义《尚书句解》卷九《周书·无逸第十七》

周公曰，呜呼（公又叹言）！我闻曰（我闻古人之言），古之人犹胥训告（古之人，凡相处者，或有过失，犹陈古以训，或直言以告，不从又未敢深言，以逆其意），胥保惠（且保安而惠爱之，待其意与吾相得也），胥教诲（则又详以教之诲之）。

21.（明）王樵《尚书日记》卷十三《周书·无逸》

"周公曰，呜呼！我闻曰，古之人犹胥训告"至"民无或胥诪张为幻"。

孔氏曰，叹古之君臣，虽君明臣良，犹相道告，相安顺，相教诲。君臣以道相正，故下民无有相欺诳。

按，训告，是先事告戒，及因事箴规之意。如禹戒舜曰，无若丹朱傲；益戒舜曰，曰罔失法度，罔游于逸；罔淫于乐；伊尹告太甲，以烈祖之成德，及三风十愆之事；与夫召公训"旅獒"，周公训"无逸"之类，皆是也。"保惠"者，保养其心，将顺其美。"教诲"者，规正其偏，成就其德。

吕氏谓，训告、教诲皆见于言语，保惠则极其调护于日用饮食之间，功用盖相表里也。

愚谓，古人保惠、教诲之功，无所不在，不专于言，不止一事。程子所谓"傅德义"者，在乎防见闻之非，节嗜好之过。保身体者，在乎适起居之宜，存畏慎之心是也。又如居寝，有亵御之箴；临事，有瞽史之导；宴居，有工师之诵，凡若此类皆所以保惠而教诲之。

蔡氏谓，臣相与正君也，保惠之豫，故君不至于有过；教诲之备，故善必底于有成。三言"胥"，正见非一之意，言犹见古之人犹然，今尤不可少也。训告之未已而又保惠之；保惠之未已而又教诲之，古之人其爱君，诚无穷也。不以训告为足，而使之保惠；不以保惠为足，而使之教诲，古之人其纳善，诚无倦也。

古之人如此，是以心正理明，事无遗照，奸不能欺，佞不能惑，民之所以无或敢诪张为幻也。大抵正论常伸，则邪说无自入。诪张，诳也。幻，即眩也，惑乱之名。《汉书》称"西域有幻人"，是也。

22.（清）库勒纳等撰《日讲书经解义》卷九《周书·无逸》

周公曰，呜呼！我闻曰，古之人，犹胥训告，胥保惠，胥教诲。民无或胥诪张为幻。此厥不听，人乃训之，乃变乱先王之正刑，至于小大。民否，则厥心违怨，否，则厥口诅祝。

此二节书是，勉成王以古人听忠言之美；而戒之以弃忠言之害也。胥，相也。惠，顺也。诪张，诳诞也。幻，是变乱名实，以惑观听之意。周公叹息而言曰，呜呼！我尝闻之曰，古之为人君者，德业已盛，然当时为其臣者，犹且相与训诫而告之。非特训告而已也，犹且相与保养而将顺之。又非特保惠而已也，犹且相与悉心教诲，以规正成就之。其臣若是，则其君能受尽言可知，是以视听思虑，无所蔽塞；好恶取予，明而不悖。故当时之民，皆循法守分，无或敢为诳诞之说，变名易实，倡为妄幻，以惑乱君心者。盖古之人君，能任贤纳诲，则正论常伸，邪说无间可入，此自然之理也。在于今日，王若于古人"胥训告，胥保惠，胥教诲"之事，不能听信，则在位之人，乃法则之，而不肯尽忠规谏。君臣上下，必变乱先王之正法，无小无大，莫不尽取而纷更之。上有乱政，则下不聊生。为民者，不以上之所行为然，其藏于心者，必违悖而怨恨，且不以上之所行为然，其发于口者，必诅祝于神明，而求其丧亡。夫为人上者，使民心怨口诅，其国不至于危亡，未之有也。然则，古人听受忠言之事，岂可不效法之哉？

（清）朱鹤龄《尚书埤传》卷十三《周书·无逸》

胥训告，保惠，教诲。

程子有言，传德义者，在于防闻见之非节，嗜好之过；保身体者，在于适起居之宜，存畏慎之心。又如居寝有亵御之箴，临事有瞽史之导，晏居有工师之诵，皆谓训告，保惠而教诲之也。

民无或胥诪张为幻

1.（汉）孔氏传、（唐）陆德明音义、孔颖达疏《尚书注疏》卷十五《周书·无逸》

民无或胥诪张为幻。

传，诪张，诳也。君臣以道相正，故下民无有相欺诳幻惑也。

音义，诪，竹求反，马本作"輈"，《尔雅》及《诗》作"侜"同侜张，诳也。幻，音患。诳，九况反。

疏，正义曰，君臣相正如此，故于时之民顺从上教，无有相诳欺为幻惑者。

传正义曰，诪，张诳也，《释训》文。孙炎曰，眩惑诳欺人也。民之从上，若影之随形，君臣以道相正，故下民无有相欺诳幻惑者。幻，即眩也，惑乱之名。《汉书》称西域有幻人，是也。上言善事，此说恶事如此。

2.（宋）苏轼《书传》卷十四《周书·无逸第十七》

（归善斋按，见"周公曰，呜呼！我闻曰，古之人犹胥训告，胥保惠，胥教诲"）

3.（宋）林之奇《尚书全解》卷三十二《周书·无逸》

（归善斋按，见"周公曰，呜呼！我闻曰，古之人犹胥训告，胥保惠，胥教诲"）

4.（宋）史浩《尚书讲义》卷十六《周书·无逸》

（归善斋按，见"周公曰，呜呼！我闻曰，古之人犹胥训告，胥保惠，胥教诲"）

5.（宋）夏僎《尚书详解》卷二十《周书·无逸》

（归善斋按，见"周公曰，呜呼！我闻曰，古之人犹胥训告，胥保惠，胥教诲"）

6.（宋）时澜《增修东莱书说》卷二十五《周书·无逸第十七》

（归善斋按，见"周公曰，呜呼！我闻曰，古之人犹胥训告，胥保惠，胥教诲"）

7.（宋）黄度《尚书说》卷六《周书·无逸》

（归善斋按，见"周公曰，呜呼！我闻曰，古之人犹胥训告，胥保惠，胥教诲"）

8.（宋）袁燮《絜斋家塾书钞》卷十二《周书·无逸》

（归善斋按，见"周公曰，呜呼！我闻曰，古之人犹胥训告，胥保惠，胥教诲"）

9.（宋）蔡沈《书经集传》卷五《周书·无逸》

（归善斋按，见"周公曰，呜呼！我闻曰，古之人犹胥训告，胥保惠，胥教诲"）

10.（宋）黄伦《尚书精义》卷四十《周书·无逸》

（归善斋按，见"周公曰，呜呼！我闻曰，古之人犹胥训告，胥保惠，胥教诲"）

11. （宋）陈经《尚书详解》卷三十五《周书·无逸》

（归善斋按，见"周公曰，呜呼！我闻曰，古之人犹胥训告，胥保惠，胥教诲"）

12. （宋）钱时《融堂书解》卷十五《周书·无逸》

（归善斋按，见"周公曰，呜呼！我闻曰，古之人犹胥训告，胥保惠，胥教诲"）

13. （宋）魏了翁《尚书要义》卷十五《周书·无逸》

（归善斋按，未引）

14. （宋）陈大猷《书集传或问》卷下《周书·无逸》

（归善斋按，未解）

15. （宋）胡士行《尚书详解》卷九《周书·无逸第十七》

（归善斋按，见"周公曰，呜呼！继自今嗣王"）

16. （元）吴澄《书纂言》卷四下《周书·无逸》

（归善斋按，见"周公曰，呜呼！我闻曰，古之人犹胥训告，胥保惠，胥教诲"）

17. （元）陈栎《书集传纂疏》卷五《朱子订定蔡氏集传·周书·无逸》

（归善斋按，见"周公曰，呜呼！我闻曰，古之人犹胥训告，胥保惠，胥教诲"）

18. （元）许谦《读书丛说》

（归善斋按，未解）

19.（元）董鼎《书传辑录纂注》卷五《周书·无逸》

（归善斋按，见"周公曰，呜呼！我闻曰，古之人犹胥训告，胥保惠，胥教诲"）

20.（元）朱祖义《尚书句解》卷九《周书·无逸第十七》

民无或胥诪张为幻（故一时为民者，皆无诪张诳诞，而为幻惑之事，皆以诚相处也。古之人相处，犹以诚相规箴如此，况我与王，君臣也。诪，辀；幻，患）。

21.（明）王樵《尚书日记》卷十三《周书·无逸》

（归善斋按，见"周公曰，呜呼！我闻曰，古之人犹胥训告，胥保惠，胥教诲"）

22.（清）库勒纳等撰《日讲书经解义》卷九《周书·无逸》

（归善斋按，见"周公曰，呜呼！我闻曰，古之人犹胥训告，胥保惠，胥教诲"）

此厥不听，人乃训之，乃变乱先王之正刑，至于小大

1.（汉）孔氏传、（唐）陆德明音义、孔颖达疏《尚书注疏》卷十五《周书·无逸》

此厥不听，人乃训之，乃变乱先王之正刑，至于小大。

传，此其不听中正之君，人乃教之以非法，乃变乱先王之正法，至于小大无不变乱，言已有以致之。

疏，正义曰，此其不听中正之君，人乃教训之以非法之事，乃从其言变乱先王之正法，至于小大之事，无不皆变乱之。

传正义曰，其不听者，是不听中正之君也。既不听中正，则好听邪佞，如此则训之者，是邪佞之人训之也。邪佞之人，必反正道，故言人乃教之以非法，暗君即受用之，变乱先王之正法。至于小大无不变乱，言皆变乱正法尽也。暗君所任同己，由己之暗，致此佞人，言此暗君己身有以致之也。上君明臣良，由君明而有良臣，亦是已有致之上言胥此不言者君任佞臣，国亡灭矣。不待相教为恶，故不言"胥"也。

2. （宋）苏轼《书传》卷十四《周书·无逸第十七》

（归善斋按，见"周公曰，呜呼！我闻曰，古之人犹胥训告，胥保惠，胥教诲"）

3. （宋）林之奇《尚书全解》卷三十二《周书·无逸》

（归善斋按，见"周公曰，呜呼！我闻曰，古之人犹胥训告，胥保惠，胥教诲"）

4. （宋）史浩《尚书讲义》卷十六《周书·无逸》

（归善斋按，见"周公曰，呜呼！我闻曰，古之人犹胥训告，胥保惠，胥教诲"）

5. （宋）夏僎《尚书详解》卷二十《周书·无逸》

（归善斋按，见"周公曰，呜呼！我闻曰，古之人犹胥训告，胥保惠，胥教诲"）

6. （宋）时澜《增修东莱书说》卷二十五《周书·无逸第十七》

（归善斋按，见"周公曰，呜呼！我闻曰，古之人犹胥训告，胥保惠，胥教诲"）

7. （宋）黄度《尚书说》卷六《周书·无逸》

（归善斋按，见"周公曰，呜呼！我闻曰，古之人犹胥训告，胥保惠，胥教诲"）

8. （宋）袁燮《絜斋家塾书钞》卷十二《周书·无逸》

（归善斋按，见"周公曰，呜呼！我闻曰，古之人犹胥训告，胥保惠，胥教诲"）

9. （宋）蔡沈《书经集传》卷五《周书·无逸》

此厥不听，人乃训之，乃变乱先王之正刑，至于小大。民否，则厥心违怨；否，则厥口诅祝。

否，俯久反。诅，庄助反。祝，音咒。正刑，正法也。言成王于上文"古人胥训告、保惠、教诲"之事，而不听信，则人乃法则之。君臣上下，师师非度，必变乱先王之正法，无小无大，莫不尽取，而纷更之。盖先王之法，甚便于民，甚不便于纵侈之君。如省刑罚，以重民命，民之所便也。而君之残酷者，则必变乱之。如薄赋敛，以厚民，生民之所便也，而君之贪侈者，则必变乱之。厥心违怨者，怨之蓄于中也。厥口诅祝者，怨之形于外也。为人上而使民心口交怨，其国不危者，未之有也，此盖治乱存亡之机，故周公恳恳言之。

10. （宋）黄伦《尚书精义》卷四十《周书·无逸》

（归善斋按，见"周公曰，呜呼！我闻曰，古之人犹胥训告，胥保惠，胥教诲"）

11. （宋）陈经《尚书详解》卷三十五《周书·无逸》

（归善斋按，见"周公曰，呜呼！我闻曰，古之人犹胥训告，胥保惠，胥教诲"）

12. （宋）钱时《融堂书解》卷十五《周书·无逸》

（归善斋按，见"周公曰，呜呼！我闻曰，古之人犹胥训告，胥保惠，胥教诲"）

13.（宋）魏了翁《尚书要义》卷十五《周书·无逸》

（归善斋按，未引）

14.（宋）陈大猷《书集传或问》卷下《周书·无逸》

（归善斋按，未解）

15.（宋）胡士行《尚书详解》卷九《周书·无逸第十七》

（归善斋按，见"周公曰，呜呼！继自今嗣王"）

16.（元）吴澄《书纂言》卷四下《周书·无逸》

此厥不听，人乃训之，乃变乱先王之正刑，至于小大。民否，则厥心违怨；否，则厥口诅祝

正刑，正法也。心违怨者，怨蓄于中也。口诅祝者，怨形于外也。言成王于此古人胥训告保惠教诲之事，而不听信，则人乃道说之，以变乱先王之正法。先王之法，甚便于民。一变乱之，则至于或小，或大，或有违怨于心者矣，或有诅祝于口者矣。

17.（元）陈栎《书集传纂疏》卷五《朱子订定蔡氏集传·周书·无逸》

此厥不听，人乃训之，乃变乱先王之正刑，至于小大。民否，则厥心违怨；否，则厥口诅祝。

正刑，正法也，言成王于上文，古人胥训告、保惠、教诲之事而不听信，则人乃法则之，君臣上下，师师非度，必变乱先王之正法，无小无大，莫不尽取而纷更之。盖先王之法甚便于民，甚不便于纵侈之君。如省刑罚，以重民命，民之所便也。而君之残酷者，则必变乱之。如薄赋敛，以厚民生，民之所便也，而君之贪侈者，则必变乱。"厥心违怨"者，怨之蓄于中也。"厥口诅祝"者，怨之形于外也。为人上，而使民心口交

恶，其国不危者，未之有也。此盖治乱存亡之机，故周公恳恳言之。

纂疏

陈氏大猷曰，承上章无怨、咸和之意，遂及于违怨、诅祝。违怨者，无怨之反也。

唐孔氏曰，请神加殃，谓之诅；以言告神，谓之祝。

真氏曰，两"至于小大"当作一义，上言"至于小大，无时或怨"，下云"至于小大，民否则厥心违怨"，盖皆为民而言。

18. （元）许谦《读书丛说》

（归善斋按，未解）

19. （元）董鼎《书传辑录纂注》卷五《周书·无逸》

此厥不听，人乃训之，乃变乱先王之正刑，至于小大。民否，则厥心违怨，否，则厥口诅祝。

正刑，正法也，言成王于上文古人胥训告、保惠、教诲之事而不听信，则人乃法则之。君臣上下，师师非度，必变乱先王之正法，无小无大莫不尽取，而纷更之。盖先王之法甚便于民，甚不便于纵侈之君，如省刑罚以重民命，民之所便也；而君之残酷者，则必变乱。如薄赋敛，以厚民生，民之所便也；而君之贪侈者，则必变乱。厥心违怨者，怨之蓄于中也。厥口诅祝者，怨之形于外也。为人上，而使民心口交怨，其国不危者未之有也。此盖治乱存亡之机，故周公恳恳言之。

纂注

陈氏大猷曰，承上章"无怨咸和"之意，遂及于违怨、诅祝。

唐孔氏曰，请神加殃，谓之诅；以言告神谓之祝。

真氏曰，篇中有两"至于小大"，恐当作一义。上言"至于小大无时或怨"，下言"至于小大，民否则厥心违怨"，盖皆为民而言。

20. （元）朱祖义《尚书句解》卷九《周书·无逸第十七》

此厥不听（苟王于我此言不能听用），人乃训之（则人乃务相顺从，不复以谏正为事），乃变乱先王之正刑（乃相与变乱先王之正法），至于小大（至于小事大事，无不变乱）。

21.（明）王樵《尚书日记》卷十三《周书·无逸》

"此厥不听，人乃训之"至"否则厥口诅祝"。

"此厥不听"，谓于我所言古人受训告之事而不见听，则人乃法之，惟阿谀顺旨。盖厌闻训告，惮受教谏，则甘言进，而幻言入矣，乃变乱先王之正法，至于小大，无不变乱。盖忠言与正法，常相表里。逆忠正，则变正法，亦势所必至也。故民否，则其心违怨，否则其口诅咒，言政令不便于民，而民皆患其上，怨蓄于中，至形于外，则其怨深矣。如汉张汤，以斗筲疏语，更定律令，为廷尉汲黯质责汤于武帝前，曰，君为正卿，不能安国富民，使囹圄空虚，何空取高皇帝约束纷更之为。

又谓御史大夫汤，智足以拒谏，诈足以饰非，非肯正为天下言，专阿主意，此所谓"人乃训之，变乱先王之正刑"者。

22.（清）库勒纳等撰《日讲书经解义》卷九《周书·无逸》

（归善斋按，见"周公曰，呜呼！我闻曰，古之人犹胥训告，胥保惠，胥教诲"）

民否则厥心违怨，否则厥口诅祝

1.（汉）孔氏传、（唐）陆德明音义、孔颖达疏《尚书注疏》卷十五《周书·无逸》

民否则厥心违怨，否则厥口诅祝。

传，以君变乱正法，故民否则其心违怨，否则其口诅祝，言皆患其上。

音义，诅，侧助反。祝，之又反。

正义曰，君既变乱如此，其时之民疾苦，否则其心违上怨上，否则其口诅祝之言，人患之无已。举此以戒成王，使之君臣相与，养下民也。

传正义曰，君既变乱正法，必将困苦下民。民不堪命，忿恨必起。故民忿君，乃有二事，否则心违怨，否则口诅祝，言皆患上而为此也。违怨，谓违其命而怨其身；诅祝，谓告神明，令加殃咎也，以言告神谓之祝，请神加殃，谓之诅。襄十七年《左传》曰，宋国区区而有诅有祝。《诗》曰"侯诅侯祝"，是诅祝，意小异耳。

2.（宋）苏轼《书传》卷十四《周书·无逸第十七》

（归善斋按，见"周公曰，呜呼！我闻曰，古之人犹胥训告，胥保惠，胥教诲"）

3.（宋）林之奇《尚书全解》卷三十二《周书·无逸》

（归善斋按，见"周公曰，呜呼！我闻曰，古之人犹胥训告，胥保惠，胥教诲"）

4.（宋）史浩《尚书讲义》卷十六《周书·无逸》

（归善斋按，见"周公曰，呜呼！我闻曰，古之人犹胥训告，胥保惠，胥教诲"）

5.（宋）夏僎《尚书详解》卷二十《周书·无逸》

（归善斋按，见"周公曰，呜呼！我闻曰，古之人犹胥训告，胥保惠，胥教诲"）

6.（宋）时澜《增修东莱书说》卷二十五《周书·无逸第十七》

（归善斋按，见"周公曰，呜呼！我闻曰，古之人犹胥训告，胥保惠，胥教诲"）

7. （宋）黄度《尚书说》卷六《周书·无逸》

(归善斋按，见"周公曰，呜呼！我闻曰，古之人犹胥训告，胥保惠，胥教诲"）

8. （宋）袁燮《絜斋家塾书钞》卷十二《周书·无逸》

(归善斋按，见"周公曰，呜呼！我闻曰，古之人犹胥训告，胥保惠，胥教诲"）

9. （宋）蔡沈《书经集传》卷五《周书·无逸》

(归善斋按，见"此厥不听，人乃训之，乃变乱先王之正刑，至于小大"）

10. （宋）黄伦《尚书精义》卷四十《周书·无逸》

(归善斋按，见"周公曰，呜呼！我闻曰，古之人犹胥训告，胥保惠，胥教诲"）

11. （宋）陈经《尚书详解》卷三十五《周书·无逸》

(归善斋按，见"周公曰，呜呼！我闻曰，古之人犹胥训告，胥保惠，胥教诲"）

12. （宋）钱时《融堂书解》卷十五《周书·无逸》

(归善斋按，见"周公曰，呜呼！我闻曰，古之人犹胥训告，胥保惠，胥教诲"）

13. （宋）魏了翁《尚书要义》卷十五《周书·无逸》

二十五、不听中正，至于民，心违怨，口诅祝。

此厥不听，人乃训之，乃变乱先王之正刑，至于小大。此其不听中正之君，人乃教之，以非法乃变乱先王之正法，至于小大，无不变乱。言已有以致之，民否则厥心违怨，否则厥口诅祝。以君变乱正法，故民否，则其心违怨。否则其口诅祝，言皆患其上。正义曰，上言善事，此说恶事如此。其不听者，是不听中正之君也。既不听中正，则好听邪佞。知此，乃训之者，是邪佞之人，训之也。邪佞之人，必反正道，故言人乃教之以非法，暗君即受之，变乱先王之正法，至于小大，无不变乱，言皆变乱，正法尽也。暗君所任同己，由己之暗致此，佞人言此，暗君己身有以致之也。违怨，谓违其命，而怨其身。诅祝，谓告神明，令加殃咎也。以言告神，谓之祝；请神加殃，谓之诅。襄十七年《左传》曰，宋国区区，而有诅有祝。《诗》曰"侯诅侯祝"，是"诅祝"意小异耳。

14. （宋）陈大猷《书集传或问》卷下《周书·无逸》

（归善斋按，未解）

15. （宋）胡士行《尚书详解》卷九《周书·无逸第十七》

（归善斋按，见"周公曰，呜呼！继自今嗣王"）

16. （元）吴澄《书纂言》卷四下《周书·无逸》

（归善斋按，见"周公曰，呜呼！我闻曰，古之人犹胥训告，胥保惠，胥教诲"）

17. （元）陈栎《书集传纂疏》卷五《朱子订定蔡氏集传·周书·无逸》

（归善斋按，见"此厥不听，人乃训之，乃变乱先王之正刑，至于小大"）

18. （元）许谦《读书丛说》

（归善斋按，未解）

19. （元）董鼎《书传辑录纂注》卷五《周书·无逸》

（归善斋按，见"此厥不听，人乃训之，乃变乱先王之正刑，至于小大"）

20.（元）朱祖义《尚书句解》卷九《周书·无逸第十七》

民否，则厥心违怨（及其不为顺从，则其心又违忤于君，怨恨于君），否，则厥口诅祝（及其又不为违怨，则其口必诅祝于君，诅祝，骂之也。诅，侧助反。祝，咒）。

21.（明）王樵《尚书日记》卷十三《周书·无逸》

（归善斋按，见"此厥不听，人乃训之，乃变乱先王之正刑，至于小大"）

22.（清）库勒纳等撰《日讲书经解义》卷九《周书·无逸》

（归善斋按，见"周公曰，呜呼！我闻曰，古之人犹胥训告，胥保惠，胥教诲"）

（清）朱鹤龄《尚书埤传》卷十三《周书·无逸》

厥口诅祝。

孔疏，以言告神，谓之祝；请神加殃，谓之诅。《诗》曰"侯诅侯祝"。

周公曰：呜呼！自殷王中宗及高宗及祖甲及我周文王，兹四人迪哲

1.（汉）孔氏传、（唐）陆德明音义、孔颖达疏《尚书注疏》卷十五《周书·无逸》

周公曰，呜呼！自殷王中宗及高宗及祖甲及我周文王，兹四人迪哲。

传,言此四人皆蹈智明德以临下。

疏,正义曰,既言明君暗君,善恶相反,更述二者之行。周公言而叹曰,呜呼!自殷王中宗,及高宗,及祖甲,及我周文王,此四人者皆蹈明智之道,以临下民。

2. (宋) 苏轼《书传》卷十四《周书·无逸第十七》

周公曰,呜呼!自殷王中宗,及高宗,及祖甲,及我周文王,兹四人迪哲。

古之哲王,莫不如此,而专言四人,此四人尤以此显于世也。

3. (宋) 林之奇《尚书全解》卷三十二《周书·无逸》

(归善斋按,见"周公曰,呜呼!我闻曰,古之人犹胥训告,胥保惠,胥教诲")

4. (宋) 史浩《尚书讲义》卷十六《周书·无逸》

周公曰,呜呼!自殷王中宗,及高宗,及祖甲,及我周文王,兹四人迪哲。厥或告之曰,小人怨汝、詈汝,则皇自敬德。厥愆,曰朕之愆,允若时,不啻不敢含怒。此厥不听,人乃或谮张为幻,曰小人怨汝、詈汝则信之,则若时,不永念厥辟,不宽绰厥心,乱罚无罪,杀无辜,怨有同,是丛于厥身。周公曰,呜呼!嗣王,其监于兹。

迪哲者,得道而能顺,以照临四方也。古之先王,莫不如是,而周公独取是四人者,盖以其近古,而耳目尚可闻见也。或告以小人怨詈,鲜有不怒者,唯虚舟之触,飘瓦之掷,可以免怒,小人何所逃罪耶?是故迪哲之圣人,察其告语,皆诬人,谮人者,唯皇自敬德而已。皇者,从容能为之谓也。我既从容自敬厥德,百姓有过,唯在予一人,故曰,朕之愆,允若时。不啻者,念咎之深也。不敢含怒者,不唯不肆,亦不蓄也。非迪哲之君焉能至是。盖既已迪哲,视天下小人,皆在不觉不知之域,每轸哀矜拯救之心,欲其尽出迷途,而未得也。居是时,虽或怨或詈,我亦悯其失道而至是,又何有怒心哉?仲尼得一贯之道,而以忠恕行于世者,为此也。此厥不听,则人始得而惑我,谮张为幻之徒,始得而肆。始则怨詈者受诛，终则不怨不詈者亦受诛，何者？我既不明，彼皆得肆其诋诬，而善人君子，无罪无辜，以及祸也。既不能永念为君子之道，又不能克宽容众之心，以致于此，卒之一身为怨府。怨既丛于身，其克永年者，几希矣。嗣王可不监之。虽然周公，方以无逸告君，而终以此者，诚欲使成王知听言之难，而罪人之不易也。怨而不解，得保其社稷者，世固无是理。呜呼！周公之意深矣。

5.（宋）夏僎《尚书详解》卷二十《周书·无逸》

周公曰，呜呼！自殷王中宗，及高宗，及祖甲，及我周文王，兹四人迪哲，厥或告之曰，小人怨汝、詈汝，则皇自敬德。厥愆，曰，朕之愆，允若时，不啻不敢含怒，此厥不听，人乃或诪张为幻，曰，小人怨汝、詈汝，则信之，则若时不永念厥辟，不宽绰厥心，乱罚无罪，杀无辜，怨有同，是丛于厥身。周公曰，呜呼！嗣王其监于兹。

周公既言成王，若不听我此篇所戒之言，则人必务为顺从，不复谏正，不然则违之，怨之，又甚则诅之祝之。至此，又恐成王万一至于民之有怨诅者，轻信人言，则戮及无罪，故又戒之以此一节也。大抵好恶之情，莫公于民。桀不君，而有众弗协；汤一德，而万姓咸喜者，好恶公故也。周公谓，昔时，殷王中宗与高宗、祖甲，与我周文王，此四君者，皆进于明哲，知人情伪，不为人言所惑。必言此四君者，盖前承无逸永年之事，既举四君而言，故此因引四君为言也，非谓古之贤君，惟此四君能然也。惟此四君，能进于明哲，不惑人之言，其有告之曰，小人心怨汝，口詈汝，则大自敬其德，不复责人。虽以下谤上，乃民之愆过，而此四君则言曰，此非民过，乃朕之过。其意盖谓，使我无可议，则彼亦安得而议。正如《孟子》所谓，我必不仁，必无礼，此物奚宜至哉。惟四君信能如是，故于小人之怨詈者，不但不敢含蓄其忿怒，且将乐闻其言，以知己过矣。周公既言四君，所以待小人之怨詈者，故又告成王谓，成王于我此言乃不能听用，则人有诪诞为幻惑者，言曰小人心怨汝，口詈汝，则必轻而信之，谓不复辨其真伪，岂能如四君责己而不责人。夫如是，不能长念其为君之道，不能大绰缓其心，谓含怒而急躁也。若然，则将违道逆理，妄以罚及无罪，而杀及无辜之人。罪、辜，皆罪也，异其文耳。如此，则向之怨者，詈者，一二人耳。今乃同怨之矣，是其怨且将丛于一人之身矣，岂不谓之为乱哉？此周公深言轻信之祸也。

周公首陈无逸之事，终又及于君臣相规饬之意，因又及于待小人怨詈之道，则其言至矣，故叹而言曰，嗣王，呼成王也，其当监视我此篇之言，欲其动，考其所戒也。

6. （宋）时澜《增修东莱书说》卷二十五《周书·无逸第十七》

周公曰，呜呼！自殷王中宗，及高宗，及祖甲，及我周文王，兹四人迪哲。厥或告之曰，小人怨汝、詈汝，则皇自敬德。厥愆，曰，朕之愆。允若时，不啻不敢含怒。此厥不听，人乃或诪张为幻，曰，小人怨汝、詈汝，则信之，则若时，不永念厥辟，不宽绰厥心，乱罚无罪，杀无辜。怨有同，是丛于厥身。周公曰，呜呼！嗣王其监于兹。

知而弗去，所以为智之实，不蹈其哲，则去之者也，非智之实也。故周公称三宗文王之哲，必以迪哲言之，谓允蹈，其知而弗去也。曷为而知，三宗、文王允蹈，其知而弗去也。凡人，平居无事之时，孰不知自反，不责人之理哉。及谤讟入于耳，激于心，则平日所谓自反不责人者，忽然忘之，肆其忿戾，无所不至，是非能蹈其平日所知者也。惟文王、三宗，则不然。厥或告曰，小人怨汝、詈汝，则大自敬德，益修其所未至，其所诬毁之愆过，安而受之，曰，我之愆。信若是，欣然不怒，不止于不敢藏怒而已，盖初无怒之可藏也。如上所陈，方未遇怨詈，未见诬毁之时，岂不知，此为美哉。至于身当怨、詈、诬、毁之际，能蹈其所知者，惟三宗、文王为然，斯所以为迪哲也。深味三宗、文王之闻怨、詈，其功益新，其心益平。圣学之缉熙，君道之广大，断可识矣。成王与后嗣王，若此其不听不思，三宗、文王之迪哲，人乃或诪张为幻，造飞语以惑之曰，小人怨汝、詈汝，则不能不信之，则以为果若是，不永念其为君遍覆包含之道，不宽绰洪裕其心，以其诪张无根之说，罗织疑似，乱罚无罪，杀无辜，远近小大，万有不同，而其怨则有同，皆丛集于一人之身，其何以当之哉？

两章皆言此"厥不听"，盖不听君子之言，乃国家存亡之决也。虽幽、厉之主,岂不知眇然一身,不能胜亿兆人之怨哉?惟其不听君子之言,故小人诪张幻惑,百端千绪,使之不得不信。信则自至于怒,怒则自至于虐。终之,普天同怨,无所避之,盍亦谨之于听受之初乎?周公教戒既毕,复叹息而使嗣王监于兹者,盖一篇之训,深切至到,欲其永监于此也。《无逸》之篇,七更端,每以呜呼发之,盖深嗟永叹,其意在于言语之外也。始以逸豫为戒,终则以弃忠言,惑邪说,坏法度,治诽谤结之。惟"无逸",然后能去其病,而所以保无逸者,亦不过是数者之戒也。苟不幸而有是病,其趋于逸豫,如水之就下,而逸豫者亦所以生是病也,故以是而终"无逸"之义。

7. (宋)黄度《尚书说》卷六《周书·无逸》

周公曰,呜呼!自殷王中宗,及高宗,及祖甲,及我周文王,兹四人迪哲。厥或告之曰,小人怨汝、詈汝,则皇自敬德。厥愆曰,朕之愆。允若时,不啻不敢含怒。

不惟戒逸,又教之改过自省,迪蹈智哲,言行其所知也。

8. (宋)袁燮《絜斋家塾书钞》卷十二《周书·无逸》

周公曰,呜呼!自殷王中宗,及高宗,及祖甲,及我周文王,兹四人迪哲。厥或告之曰,小人怨汝、詈汝,则皇自敬德。厥愆,曰,朕之愆。允若时,不啻不敢含怒。此厥不听,人乃或诪张为幻,曰,小人怨汝、詈汝,则信之,则若时不永念厥辟,不宽绰厥心,乱罚无罪,杀无辜,怨有同,是丛于厥身。周公曰,呜呼!嗣王其监于兹。

迪哲者,信能行此哲也。明哲,人皆有之。践履既到,其哲常秉而不失,是之谓迪。不然,未能躬行,虽有是哲,亦非吾有矣。"厥或告曰,小人怨汝、詈汝,则皇自敬德。厥愆,曰朕之愆,允若时,不啻不敢含怒",学者讽诵此处,可以识古圣贤之心。皇者,大也。夫以小人怨、詈,何常之有,而古人一闻其怨,则大自敬德,反躬内责,以为我实致之。盖信其如此,不但不敢含怒而已,人固有外,为自反之形,而其中实蓄怒于此者。古人岂惟不敢含怒,直是不敢有一毫罪他人之心,皆以为我之罪。圣贤此心之端的,于此处可见矣。

此厥不听，人乃有告之曰，小人怨汝、詈汝，汝便信之，便加杀戮焉，略不知自反，则天下皆将同心，怨其上，举天下之怨，皆丛集于吾身矣。人主而至于举天下皆怨之，其何以独立于民上乎？自古之人，犹胥训告，至终篇，虽分为两章，血脉实相通贯。前章以为"此厥不听"，则人皆将违怨；后章以为，人之怨汝，惟当自反，却可以弭怨。苟以为人之我怨，而便加刑杀焉，民怨愈甚，愈不可遏矣。周公作《无逸》，于其末章，反复致意于"怨"之一辞，盖为民上，岂可使民有怨心，至于天下皆无怨，方是"无逸"处。天下犹有怨其上者焉，必在我者，犹有逸乐之心也。故民之怨与不怨，逸与不逸之验也。

9.（宋）蔡沈《书经集传》卷五《周书·无逸》

周公曰，呜呼！自殷王中宗，及高宗，及祖甲，及我周文王，兹四人迪哲。

迪，蹈；哲，智也。《孟子》以知而弗去，为智之实。"迪"云者，所谓弗去是也。人主知小人之依，而或忿戾之者，是不能蹈其知者也。惟中宗、高宗、祖甲、文王，允蹈其知，故周公以"迪哲"称之。

10.（宋）黄伦《尚书精义》卷四十《周书·无逸》

周公曰，呜呼！自殷王中宗，及高宗，及祖甲，及我周文王，兹四人迪哲。厥或告之曰，小人怨汝、詈汝，则皇自敬德。厥愆，曰，朕之愆。允若时，不啻不敢含怒。

无垢曰，迪，蹈也，行也，谓用知人之哲，以自照也。盖知人之是非，则易见；知己之是非，则难行。知人之是非，以反照己之是非，则入圣人之域矣。故闻怨詈，则自敬德，愆在于彼，则曰朕之愆。正《孟子》所谓"行有不得者，皆反诸己。其身正，而天下归之"之意也。于殷，独举三宗，而不及汤；于周独举文，而不及武王。此学者所以多说也。盖汤、武亲以兵临桀、纣之罪，其"无逸"也，不足言。三宗，皆承富贵之后，文王亦承积累之基，其"无逸"也，为可法。此正为成王言也。

又曰，天下莫难受于怨、詈，我诚有过，则彼之怨詈，为有物；我元无过，则彼之怨詈，为逸贼。此众人闻怨、詈，所以多怒也。夫以三宗、文王，尚不免小人怨、詈，况未及三宗、文王者，乃遽欲人人称颂乎？第三宗、文王之处怨、詈也，有道其道，何如？迪哲而已。闻怨、詈之至，则用平生知人之哲，即怨詈而自照焉，其果有也，则改之不疑。其无有也，则愈加检饬，使吾心无一毫之玷而后已。大自敬德，此之谓也。

胡氏曰，哲者，知也。迪者，由也。由其天禀之智，不以私昏之，则其明不蔽，所以人莫之欺也。

史氏曰，以畏慎处己，以忠厚待人，此圣人盛德之事也。闻誉则喜，闻毁则怒；善则称诸己，恶则归诸人，此理之必然也。凡人情之所不堪者，吾今一切反之，非盛德，孰能之哉？

张氏曰，自知者，明；知人者，哲。哲者，明之发乎外，足以知人之谓也。人孰不有是哲，不能迪之，则茅塞其心，而昏惑暗黮之累生焉。是故，哲出于性，迪之者人而已。自殷王中宗，以至于我周文王，兹四人，迪哲者，于哲则能迪之，则其性天之明，不为物之所蔽也。

11. （宋）陈经《尚书详解》卷三十五《周书·无逸》

周公曰，呜呼！自殷王中宗，及高宗，及祖甲，及我周文王，兹四人迪哲。厥或告之曰，小人怨汝、詈汝，则皇自敬德，厥愆，曰朕之愆。允若时，不啻不敢含怒。此厥不听，人乃或诪张为幻，曰小人怨汝、詈汝，则信之，则若时，不永念厥辟，不宽绰厥心，乱罚无罪，杀无辜，怨有同，是丛于厥身。周公曰，呜呼，嗣王其监于兹。

周公又设此两等以为训。一等乃迪哲之王，因怨詈而责己者也；一等乃因怨詈而责人者也。又叹而言曰，自殷王中宗，及高宗，及祖甲，及我周文王，此四君者，皆迪蹈哲知而行之。哲者，知人者也。四人者不以哲而知人，而以哲自知，以哲自知，则能内观自省，责己而不责人也。且前乎商者，无非虞、夏之君，周公以其远之可信，未若近之可信也，故取商、周以为鉴。然言商三宗，而不及汤；言文王，而不及武王，何哉？盖周公之意，谓汤、武为创业之主，其艰难，固不必言。三宗之王，乃当无事之世，能忧勤者也。成王当持盈守成之日，故举此四人，而不及汤武也。惟此四人迪哲，厥或有人告之曰，小人怨汝、詈汝，恨而詈之也，此四人者因其为詈，则大自敬其德，必自反，曰我必不忠，我必不仁，我必无礼。怨、詈何从而至哉？其过则引以归己曰，朕之愆，信如是，则不啻不敢含怒，言喜于闻过也。夫众人闻怨、詈之辞，则必含蓄其怒，有不平之色，至不敢含怒者，已知所以容人则其过人亦远矣。至不啻不敢含怒，则不特容而已，凡怨詈之言，皆己之所乐闻，爱我之疾疢，不如恶我之药石。子路，人告以有过则喜，孟子以为必自反者，即此意也。然则此四人者，岂有怨、詈之哉？周公即其迪哲之心推之，苟有怨、詈，此四人者必若此自反也。

"此厥不听"，谓不听此迪哲之王所为也。人乃或诪张为幻，以虚言邪说，告其上曰，小人怨汝、詈汝，遂信而受之，不知责己而徒归怨于人。苟若是，则不念其为君之道。有容乃大者，君道也。既不能容人，则不念为君之道，不能宽绰其心，浅狭褊隘，移其所自反者，而责诸人，遂至于无罪者乱罚之，无辜者杀之，将以止怨，而不知其怨愈甚。"怨有同"者，言人心虽异，而其为怨则同。丛，聚也，以一人之身，当天下之怨，其原，则自诪张为幻之言，有以惑之。

人主不好逸乐，则诪张之言，何自而入哉？且《无逸》一书，戒逸乐事也。前说三宗、文王受命之长短，后说听言之审与不审，因詈而自反，与不知自反，何哉？曰此皆所以为逸乐戒也。人主苟忧勤，则心平气定，而一身和。邪说不进，下无怨言祝诅，则天心和，一身和，天下又和。此受命，所以长也。人主逸乐，则心有所蛊坏，而一身失和，邪说易进，小人怨詈，杀戮无辜，而天下亦失其和。此寿命所以短也。周公推言人主之寿，下及于小人怨詈之情，亦可谓亲切矣。

古之王者，兢业于上，而王言之大，王心之一，使百姓咸颂其美。作民父母，为天下王，使皇极之民，皆称其德，为感召和气，以享历年之久，岂无自而然哉？"周公曰，呜呼！嗣王其监于兹"，自"君子所其无逸"而至"是丛于厥身"，皆嗣王之所监也。岂特成王当监，即千百世下之为人君者，不可不监也。

12.（宋）钱时《融堂书解》卷十五《周书·无逸》

周公曰，呜呼！自殷王中宗，及高宗，及祖甲，及我周文王，兹四人，迪哲。厥或告之曰，小人怨汝、詈汝，则皇自敬德。厥愆，曰朕之怨。允若时，不啻不敢含怒。此厥不听，人乃或诪张为幻，曰小人怨汝、詈汝，则信之，则若时，不永念厥辟，不宽绰厥心，乱罚无罪，杀无辜。怨有同，是丛于厥身。

此又承上文"违怨"、"诅祝"之语，发明怨、詈，以尽"诪张为幻"之义也。上云"古之人"，而此云"自殷王中宗，及高宗，及祖甲，及我周文王，兹四人迪哲"，以见古之人。是概言古昔，而此所称，乃因上文无逸享国之永者言之，非谓止此四人，而余皆不迪哲也。然上文则概言古之人，而此独指言四人者，盖上文之事，自非无道之世，古之人莫不皆然。若此节所言，则断非迪哲不可。两节皆云"此厥不听"，而以"人乃"二字承之，一不听后，人乃得以为幻。周公拳拳，无非宛转以"无逸"为训，只是欲得成王听耳。

13. （宋）魏了翁《尚书要义》卷十五《周书·无逸》

（归善斋按，未引）

14. （宋）陈大猷《书集传或问》卷下《周书·无逸》

（归善斋按，未解）

15. （宋）胡士行《尚书详解》卷九《周书·无逸第十七》

周公曰，呜呼！自殷王中宗，及高宗，及祖甲，及我周文王，兹四人，迪（允蹈）哲（真知）。厥或告之，曰小人怨汝、詈汝，则皇（总）自敬德。厥愆，曰，朕之愆。允若时，不啻（止）不敢含（藏）怒。此厥不听，人乃或诪张为幻，曰，小人怨汝、詈汝，则信之。则若时，不永念厥辟（君道），不宽绰（缓）厥心，乱罚无罪，杀无辜，怨有同，是丛（聚）于厥身。周公曰，呜呼！嗣王其监于兹。

《无逸图》揭七"呜呼"而列之屏，真百王龟鉴也。

16. （元）吴澄《书纂言》卷四下《周书·无逸》

周公曰，呜呼！自殷王中宗，及高宗，及祖甲，及我周文王，兹四人，迪哲。厥或告之曰，小人怨汝、詈汝，则皇自敬德。厥愆曰，朕之愆。允若时，不啻不敢含怒。

知小人之依，而或忿戾者，不能迪知也。殷、周四王，允蹈所知，其或有人告曰，小人心怨、口詈，则皇皇然，自敬其德，反求诸己，不尤其人。其所诬毁之愆，则安受之曰，我之愆。信乎，若是，不但不敢藏怒而已。

17.（元）陈栎《书集传纂疏》卷五《朱子订定蔡氏集传·周书·无逸》

周公曰，呜呼！自殷王中宗，及高宗，及祖甲，及我周文王，兹四人迪哲。

迪，蹈；哲，智也。《孟子》以知而弗去为智之实。迪云者，所谓弗去是也。人主知小人之依，而或忿戾之者，是不能蹈其知者也。惟中宗、高宗、祖甲、文王，允蹈其知，故周公以"迪哲"称之。

18.（元）许谦《读书丛说》

（归善斋按，未解）

19.（元）董鼎《书传辑录纂注》卷五《周书·无逸》

周公曰，呜呼！自殷王中宗，及高宗，及祖甲，及我周文王，兹四人迪哲。

迪，蹈；哲，智也。《孟子》以知而弗去为智之实。"迪"云者，所谓"弗去"是也，人主知小人之依，而或忿戾之者，是不能蹈其知者也。惟中宗、高宗、祖甲、文王，允蹈其知，故周公以"迪哲"称之。

20.（元）朱祖义《尚书句解》卷九《周书·无逸第十七》

周公曰，呜呼（又叹言）！自殷王中宗，及高宗，及祖甲，及我周文王，兹四人迪哲（此四君，皆行明哲之德以临下，知人情伪，不为人言所惑）。

21. （明）王樵《尚书日记》卷十三《周书·无逸》

"周公曰，呜呼！自殷王中宗"至"不啻不敢含怒"。

哲，即所谓知稼穑之艰难，知小人之依也。迪哲者，言四君之知，非苟知之，亦允蹈之也。盖为世主，有知而不能勿去者，故又发此一义，其实篇首二"知"字，即"迪哲"也。篇中历叙三宗、文王"无逸"之实，即"迪哲"之事也。此则总上事而申明之，以起下意。故蔡传，即以下意解"迪哲"曰，人主知小人之依，而或忿戾之者，是不能蹈其知者也。

按，四君迪哲，只是如保赤子心，诚求之民之所好，好之；民之所恶，恶之，使民真不失其所依，乃是真知处，何曾有致怨，亦非谓必待怨詈之来，无所藏怒，而始足以见其"迪哲"也。盖言，其平时照管，既无不周到，至于一旦闻人有怨詈，悚然自反，直任其咎，略无忿疾人言之心，尤足以见其迪知之实。譬如言，孝平时，先意承志，就养无方，百凡自尽，何处非迪履之实，所以必说到。瞽象欲杀舜，而舜只一味负罪引慝，起敬起孝者，盖知之到不到处，于事之拂逆难堪，人情之所不能无动处，尤足以验之也。

吕氏曰，凡人平居无事之时，孰不知自反不责人之理哉，及谤讟入于耳，激于心，则平日所谓自反不责人者，忽然忘之，是非能蹈其知者也。惟三宗、文王不然，厥或告之曰，小人怨汝、詈汝，则大自敬德，益修其所未至，其所诬毁之愆，安而受之，曰是我之过，信若是，不止于不敢含怒而已，盖初无怒之可藏也，斯其所以为"迪哲"也。

不止不敢含怒，又从而自咎焉，经文自明。蔡传去"不敢"二字，失其语意矣。

22. （清）库勒纳等撰《日讲书经解义》卷九《周书·无逸》

周公曰，呜呼！自殷王中宗，及高宗，及祖甲，及我周文王，兹四人迪哲。厥或告之曰，小人怨汝、詈汝，则皇自敬德。厥愆，曰朕之愆。允若时，不啻不敢含怒。

此二节书是，言三宗、文王迪哲之事。厚于责己，而诚于爱民也。迪，蹈也。哲，智也。迪哲，是实能行其所知之意。周公叹息而言曰，呜呼！稼穑乃小人之依，人主患不能知；即知之，患不能实蹈其知，为之经营措处，使人人各得其所。自昔贤王，惟殷之中宗、高宗、祖甲，及我周文王，此四人，皆能实蹈其知者也。其或有告之曰，小人有怨汝者，有詈汝者，则大自敬德，益修其身。于其所诬毁之愆，安而受之，曰，此真我之愆，非彼妄言也。其自修者，诚于自修；自咎者，诚于自咎。口之所言，即其心之所发，非止隐忍自制，含怒而不发也。三宗、文王，惟能迪哲，故其诚于责己如此，盖人主虽有仁心，不能行仁政，则是知人之寒，而不能衣之；知人之饥，而不能食之；知人之祸患，而不能拯救之，与不知者无以异也。故"迪哲"二字，是"无逸"之纲领，所当深思而力行者也。

（元）陈悦道《书义断法》卷五《周书·无逸》

自殷王中宗，及高宗，及祖甲，及我周文王，兹四人迪哲。

哲智之明也。迪哲，则非苟知之，亦允蹈之，《孟子》所谓"知斯二者弗去"，是也。商之三宗，与周文王，有贤圣之分，而四人皆以迪哲。盖《无逸》一书，专为能"知小人之依"而言。如中宗之"治民祗惧"，高宗之"大小无怨"，祖甲能"知小人之依"，文王之"怀保小民，惠鲜鳏寡"，皆灼知其所依，而且允迪其所知，故以"四人迪哲"称也。勉励其践履之实，而开导其聪明之益。周公之有望于成王也，深矣。

厥或告之曰：小人怨汝詈汝，则皇自敬德

1.（汉）孔氏传、（唐）陆德明音义、孔颖达疏《尚书注疏》卷十五《周书·无逸》

厥或告之曰，小人怨汝詈汝，则皇自敬德。
传，其有告之，言小人怨詈汝者，则大自敬德，增修善政。

音义，詈，力智反。

疏，正义曰，其有告之曰，小人怨恨汝，骂詈汝，既闻此言，则大自敬德，更增修善政。

传正义曰，《释诂》云，皇，大也。故传言，大自敬德者，谓增修善政也。郑玄以皇为暇，言宽暇自敬。王肃，本皇作"况"。况滋益用，敬德也。

2.（宋）苏轼《书传》卷十四《周书·无逸第十七》

厥或告之曰，小人怨汝、詈汝，则皇自敬德。厥愆，曰，朕之愆，允若时，不啻不敢含怒。此厥不听，人乃或诪张为幻，曰，小人怨汝、詈汝，则信之，则若时，不永念厥辟，不宽绰厥心，乱罚无罪，杀无辜，怨有同，是丛于厥身。

人不怨谗者，而怨听者。

3.（宋）林之奇《尚书全解》卷三十二《周书·无逸》

（归善斋按，见"周公曰，呜呼！我闻曰，古之人犹胥训告，胥保惠，胥教诲"）

4.（宋）史浩《尚书讲义》卷十六《周书·无逸》

（归善斋按，见"周公曰，呜呼！自殷王中宗，及高宗，及祖甲，及我周文王，兹四人迪哲"）

5.（宋）夏僎《尚书详解》卷二十《周书·无逸》

（归善斋按，见"周公曰，呜呼！自殷王中宗，及高宗，及祖甲，及我周文王，兹四人迪哲"）

6.（宋）时澜《增修东莱书说》卷二十五《周书·无逸第十七》

（归善斋按，见"周公曰，呜呼！自殷王中宗，及高宗，及祖甲，及我周文王，兹四人迪哲"）

7.（宋）黄度《尚书说》卷六《周书·无逸》

（归善斋按，见"周公曰，呜呼！自殷王中宗，及高宗，及祖甲，及我周文王，兹四人迪哲"）

8.（宋）袁燮《絜斋家塾书钞》卷十二《周书·无逸》

（归善斋按，见"周公曰，呜呼！自殷王中宗，及高宗，及祖甲，及我周文王，兹四人迪哲"）

9.（宋）蔡沈《书经集传》卷五《周书·无逸》

厥或告之曰，小人怨汝、詈汝，则皇自敬德。厥愆，曰朕之愆。允若时，不啻不敢含怒。

詈，力智反。

詈，骂言也。其或有告之曰，小人怨汝，詈汝，汝则皇自敬德，反诸其身，不尤其人。其所诬毁之愆，安而受之，曰是我之愆。允若时者，诚实若是，非止隐忍不敢藏怒也。盖三宗、文王于小民之依，心诚知之，故不暇责小人之过言，且因以察吾身之未至。怨詈之语，乃所乐闻，是岂特止于隐忍，含怒不发而已哉。

10.（宋）黄伦《尚书精义》卷四十《周书·无逸》

（归善斋按，见"周公曰，呜呼！自殷王中宗，及高宗，及祖甲，及我周文王，兹四人迪哲"）

11.（宋）陈经《尚书详解》卷三十五《周书·无逸》

（归善斋按，见"周公曰，呜呼！自殷王中宗，及高宗，及祖甲，及我周文王，兹四人迪哲"）

12.（宋）钱时《融堂书解》卷十五《周书·无逸》

（归善斋按，见"周公曰，呜呼！自殷王中宗，及高宗，及祖甲，及我周文王，兹四人迪哲"）

13. (宋)魏了翁《尚书要义》卷十五《周书·无逸》

二十六四、人迪哲,小人怨、詈,则皇自敬德。

正义曰,既言明君、暗君,善恶相反,更述二者之行。周公言而叹曰,呜呼!自殷王中宗,及祖甲,及我周文王,此四人者,皆蹈明智之道,以临下民。其有告之曰,小人怨恨汝,骂詈汝,既闻此言,则大自敬德,更增修善政。其民有过,则曰,是我之过。民信有如是怨詈,则不啻不敢含怒以罪彼人,乃从得数闻此言,以自改悔,言宽弘之若是。

14. (宋)陈大猷《书集传或问》卷下《周书·无逸》

(归善斋按,未解)

15. (宋)胡士行《尚书详解》卷九《周书·无逸第十七》

(归善斋按,见"周公曰,呜呼!自殷王中宗,及高宗,及祖甲,及我周文王,兹四人迪哲")

16. (元)吴澄《书纂言》卷四下《周书·无逸》

(归善斋按,见"周公曰,呜呼!自殷王中宗,及高宗,及祖甲,及我周文王,兹四人迪哲")

17. (元)陈栎《书集传纂疏》卷五《朱子订定蔡氏集传·周书·无逸》

厥或告之曰,小人怨汝、詈汝,则皇自敬德。厥愆,曰朕之愆。允若时,不啻不敢含怒。

詈,骂言也。其或有告之曰,小人怨汝、詈汝,汝则皇自敬德,反诸其身,不尤其人。其所诬毁之愆,安而受之,曰,是我之愆。允若时者,诚实若是,非止隐忍不敢藏怒也。盖三宗、文王于小民之依,心诚知之,故不暇责小人之过言,且因以察吾身之未至。怨詈之语,乃所乐闻是,岂特止于隐忍,含怒不发而已哉。

纂疏

唐孔氏曰，皇大也。

朱氏方大曰，闻谤，而自反以敬德，则凡怨詈之来，皆箴规之益，吾方资之以自反，何止，不敢含怒于心而已，非发于中心之诚，惟不敢含怒而止，是仅能恕人之言，未尽反己之功也。今三宗，深知小民之依，乐闻小民之怨言，藉以反身修德，不但不含怒而已，非允迪其哲，能如是乎。

陈氏大猷曰，四君至明，故如此。凡闻谤而责人，皆不明所致。

18.（元）许谦《读书丛说》

（归善斋按，未解）

19.（元）董鼎《书传辑录纂注》卷五《周书·无逸》

厥或告之曰，小人怨汝、詈汝，则皇自敬德。厥愆，曰朕之愆，允若时，不啻不敢含怒。

詈，骂言也。其或有告之曰，小人怨汝，詈汝，汝则皇自敬德，反诸其身，不尤其人，其所诬毁之愆，安而受之，曰，是我之愆。允若时者，诚实若是，非止隐忍不敢藏怒也。盖三宗、文王，于小民之依，心诚知之，故不暇责小人之过言，且因以察吾身之未至。怨、詈之语，乃所乐闻，是岂特止于隐忍含怒不发而已哉。

纂注

唐孔氏曰，皇，大，大自敬德。

朱氏方大曰，闻谤而自反以敬德，则凡怨、詈之来，皆箴砭之益，吾方资之以自反，何止不敢含怒于心而已。苟非发于中心之诚，惟不敢含怒而止，则是仅能恕人之言，而未尽反己之功也。

陈氏大猷曰，君至明，故能如此，凡闻谤而责人，皆不明所致也。

20.（元）朱祖义《尚书句解》卷九《周书·无逸第十七》

厥或告之曰（其或告之曰），小人怨汝、詈汝（小人心怨汝，口骂汝。詈，力知反），则皇自敬德（则大自敬修其德不复责人）。

21.（明）王樵《尚书日记》卷十三《周书·无逸》

（归善斋按，见"周公曰，呜呼！自殷王中宗，及高宗，及祖甲，及我周文王，兹四人迪哲"）

22.（清）库勒纳等撰《日讲书经解义》卷九《周书·无逸》

（归善斋按，见"周公曰，呜呼！自殷王中宗，及高宗，及祖甲，及我周文王，兹四人迪哲"）

厥愆，曰：朕之愆，允若时，不啻不敢含怒

1.（汉）孔氏传、（唐）陆德明音义、孔颖达疏《尚书注疏》卷十五《周书·无逸》

厥愆，曰，朕之愆，允若时，不啻不敢含怒。

传，其人有过，则曰，我过；百姓有过，在予一人，信如是怨詈，则四王不啻不敢含怒以罪之，言常和悦。

疏，正义曰，其民有过，则曰是我之过，民信有如是怨詈，则不啻不敢含怒，以罪彼人，乃欲得数闻此言，以自改悔，言宽弘之若是。

传正义曰，或告之曰，小人怨汝、詈汝，其言有虚有实，其言若虚，则民之愆也。民有愆过，则曰我过，不责彼为虚言，而引过归己者。汤所云，百姓有过，在予一人。故若信有如是怨詈，小人闻之，则含怒以罪彼人，此四王即不啻不敢含怒以罪彼人，乃自愿闻其愆，言其颜色常和悦也。郑玄云，不但不敢含怒，乃欲屡闻之，以知己政得失之源也。

2.（宋）苏轼《书传》卷十四《周书·无逸第十七》

（归善斋按，见"厥或告之曰，小人怨汝、詈汝，则皇自敬德"）

3. （宋）林之奇《尚书全解》卷三十二《周书·无逸》

（归善斋按，见"周公曰，呜呼！我闻曰，古之人犹胥训告，胥保惠，胥教诲"）

4. （宋）史浩《尚书讲义》卷十六《周书·无逸》

（归善斋按，见"周公曰，呜呼！自殷王中宗，及高宗，及祖甲，及我周文王，兹四人迪哲"）

5. （宋）夏僎《尚书详解》卷二十《周书·无逸》

（归善斋按，见"周公曰，呜呼！自殷王中宗，及高宗，及祖甲，及我周文王，兹四人迪哲"）

6. （宋）时澜《增修东莱书说》卷二十五《周书·无逸第十七》

（归善斋按，见"周公曰，呜呼！自殷王中宗，及高宗，及祖甲，及我周文王，兹四人迪哲"）

7. （宋）黄度《尚书说》卷六《周书·无逸》

（归善斋按，见"周公曰，呜呼！自殷王中宗，及高宗，及祖甲，及我周文王，兹四人迪哲"）

8. （宋）袁燮《絜斋家塾书钞》卷十二《周书·无逸》

（归善斋按，见"周公曰，呜呼！自殷王中宗，及高宗，及祖甲，及我周文王，兹四人迪哲"）

9. （宋）蔡沈《书经集传》卷五《周书·无逸》

（归善斋按，见"厥或告之曰，小人怨汝、詈汝，则皇自敬德"）

10. （宋）黄伦《尚书精义》卷四十《周书·无逸》

（归善斋按，见"周公曰，呜呼！自殷王中宗，及高宗，及祖甲，及我周文王，兹四人迪哲"）

11. （宋）陈经《尚书详解》卷三十五《周书·无逸》

（归善斋按，见"周公曰，呜呼！自殷王中宗，及高宗，及祖甲，及我周文王，兹四人迪哲"）

12. （宋）钱时《融堂书解》卷十五《周书·无逸》

（归善斋按，见"周公曰，呜呼！自殷王中宗，及高宗，及祖甲，及我周文王，兹四人迪哲"）

13. （宋）魏了翁《尚书要义》卷十五《周书·无逸》

（归善斋按，未引）

14. （宋）陈大猷《书集传或问》卷下《周书·无逸》

（归善斋按，未解）

15. （宋）胡士行《尚书详解》卷九《周书·无逸第十七》

（归善斋按，见"周公曰，呜呼！自殷王中宗，及高宗，及祖甲，及我周文王，兹四人迪哲"）

16. （元）吴澄《书纂言》卷四下《周书·无逸》

（归善斋按，见"周公曰，呜呼！自殷王中宗，及高宗，及祖甲，及我周文王，兹四人迪哲"）

17. （元）陈栎《书集传纂疏》卷五《朱子订定蔡氏集传·周书·无逸》

（归善斋按，见"厥或告之曰，小人怨汝、詈汝，则皇自敬德"）

18. （元）许谦《读书丛说》

（归善斋按，未解）

19. （元）董鼎《书传辑录纂注》卷五《周书·无逸》

（归善斋按，见"厥或告之曰，小人怨汝、詈汝，则皇自敬德"）

20. （元）朱祖义《尚书句解》卷九《周书·无逸第十七》

厥愆（其以下谤上，乃民之愆过），曰，朕之愆（而此四君，则曰非民之愆，乃朕之愆），允若时（惟四君信能如是），不啻不敢含怒（则于小民之怨、詈，不但不敢含畜忿怒于心，曰乐闻其言，以知己过）。

21. （明）王樵《尚书日记》卷十三《周书·无逸》

（归善斋按，见"周公曰，呜呼！自殷王中宗，及高宗，及祖甲，及我周文王，兹四人迪哲"）

22. （清）库勒纳等撰《日讲书经解义》卷九《周书·无逸》

（归善斋按，见"周公曰，呜呼！自殷王中宗，及高宗，及祖甲，及我周文王，兹四人迪哲"）

此厥不听，人乃或诪张为幻，曰小人怨汝詈汝，则信之

1. （汉）孔氏传、（唐）陆德明音义、孔颖达疏《尚书注疏》卷十五《周书·无逸》

此厥不听，人乃或诪张为幻，曰，小人怨汝、詈汝则信之。

传，此其不听中正之君，有人诳惑之言，小人怨憾诅詈，汝则信受之。

音义，憾，胡暗反。

疏，正义曰，此其不听中正之人，乃有欺诳为幻惑，以告之曰，小人怨汝、詈汝，不原其本情，则信受之。

2. （宋）苏轼《书传》卷十四《周书·无逸第十七》

（归善斋按，见"厥或告之曰，小人怨汝、詈汝，则皇自敬德"）

3. （宋）林之奇《尚书全解》卷三十二《周书·无逸》

（归善斋按，见"周公曰，呜呼！我闻曰，古之人犹胥训告，胥保惠，胥教诲"）

4. （宋）史浩《尚书讲义》卷十六《周书·无逸》

（归善斋按，见"周公曰，呜呼！自殷王中宗，及高宗，及祖甲，及我周文王，兹四人迪哲"）

5. （宋）夏僎《尚书详解》卷二十《周书·无逸》

（归善斋按，见"周公曰，呜呼！自殷王中宗，及高宗，及祖甲，及我周文王，兹四人迪哲"）

6. （宋）时澜《增修东莱书说》卷二十五《周书·无逸第十七》

（归善斋按，见"周公曰，呜呼！自殷王中宗，及高宗，及祖甲，及我周文王，兹四人迪哲"）

7. （宋）黄度《尚书说》卷六《周书·无逸》

此厥不听，人乃或诪张为幻，曰，小人怨汝、詈汝，则信之。则若时，不永念厥辟，不宽绰厥心，乱罚无罪，杀无辜，怨有同，是丛于厥身。

君德必宽大，闻过自修，则怨释。讳过刑杀，则怨聚。周公之言及此，成王岂亦有间可窥欤。苟无其事，何以见于训戒之辞。

8. （宋）袁燮《絜斋家塾书钞》卷十二《周书·无逸》

（归善斋按，见"周公曰，呜呼！自殷王中宗，及高宗，及祖甲，及我周文王，兹四人迪哲"）

9. （宋）蔡沈《书经集传》卷五《周书·无逸》

此厥不听，人乃或诪张为幻，曰小人怨汝、詈汝则信之，则若时，不永念厥辟，不宽绰厥心，乱罚无罪，杀无辜。怨有同，是丛于厥身。

绰，尺约反。绰，大；丛，聚也。言成王于上文三宗、文王迪哲之事，不肯听信，则小人，乃或诳诞，变置虚实，曰小民怨汝、詈汝，汝则听信之，则如是不能永念其为君之道，不能宽大其心，以诳诞无实之言，罗织疑似，乱罚无罪，杀戮无辜。天下之人，受祸不同，而同于怨，皆丛于人君之一身。亦何便于此哉？大抵《无逸》之书，以知小人之依，为一篇纲领，而此章，则申言，既知小人之依，则当蹈其知也。三宗、文王能蹈其知，故其胸次宽平，人之怨詈，不足以芥蒂其心，如天地之于万物，一于长育而已。其悍疾愤戾，天岂私怒于其间哉。天地以万物为心，人君以万民为心，故君人者，要当以民之怨詈为己责，不当以民之怨詈为己怒。以为己责，则民安，而君亦安；以为己怒，则民危，而君亦危矣。吁，可不戒哉？

10. （宋）黄伦《尚书精义》卷四十《周书·无逸》

此厥不听，人乃或诪张为幻，曰，小人怨汝、詈汝，则信之，则若时，不永念厥辟，不宽绰厥心，乱罚无罪，杀无辜，怨有同，是丛于厥身。周公曰，呜呼！嗣王其监于兹。

无垢曰，夫闻怨詈之言，而迪哲以自照，则变忿怒为和缓，此心已在三宗文王阃域中矣，安得不长有天下，亦安得其心不常宽裕乎？闻怨、詈之言，而轻信以含怒，此心已在桀、纣室中矣，岂复能长有天下乎？不知迪哲自责之道，而信谗含怒，因事而发，不复审问是非所在，乃恣罚无罪，杀无辜之人，以快一时之愤。凡有同是无罪无辜，而被杀罚者，无不怨恨，以丛萃于一人。夫以渺然一己，而天下之怨，皆萃而归焉。不知其何以堪之。此古帝王之所畏也。邠歇杀其君有以也夫。

又曰，《无逸》"迪哲"之说，上引三宗，近质文王，凡治乱安危之微，享国长短之要，尽于此矣。此古今存亡一大鉴也。

吕氏曰，惟无逸，则勤劳；勤劳，则公明、谦逊、虚受，自然乐于闻过。若自此纵逸，则怠惰、骄傲，必至于自满，何缘会听人之言。惟是"无逸"，方能听言。周公所以又叹息，"嗣王其监于兹"，盖欲成王看这怠逸，存亡样子。

11. （宋）陈经《尚书详解》卷三十五《周书·无逸》

（归善斋按，见"周公曰，呜呼！自殷王中宗，及高宗，及祖甲，及我周文王，兹四人迪哲"）

12. （宋）钱时《融堂书解》卷十五《周书·无逸》

（归善斋按，见"周公曰，呜呼！自殷王中宗，及高宗，及祖甲，及我周文王，兹四人迪哲"）

13. （宋）魏了翁《尚书要义》卷十五《周书·无逸》

二十七、信谗含怒，至于杀无辜，以丛怨。

此厥不听，人乃或诪张为幻，曰小人怨汝、詈汝，则信之，此其不听中正之君，有人诳惑之，言小人怨憾诅詈汝，则信受之。则若时，不永念厥辟，不宽绰厥心，则如是信谗者，不长念其为君之道，不宽缓其心。言含怒乱罚无罪，杀无辜，怨有同是丛于厥身。信谗含怒，罪杀无辜，则天下同怨仇之，丛萃于其身。正义曰，王肃读辟为辟（扶亦反），不长念其刑辟。

14. （宋）陈大猷《书集传或问》卷下《周书·无逸》

（归善斋按，未解）

15. （宋）胡士行《尚书详解》卷九《周书·无逸第十七》

（归善斋按，见"周公曰，呜呼！自殷王中宗，及高宗，及祖甲，及我周文王，兹四人迪哲"）

16. （元）吴澄《书纂言》卷四下《周书·无逸》

此厥不听，人乃或诪张为幻，曰小人怨汝、詈汝，则信之，则若时，不永念厥辟，不宽绰厥心，乱罚无罪，杀无辜，怨有同，是丛于厥身。

绰，大也。乱，谓不当杀罚，而杀罚之。罚者，不至于杀；杀者，不止于罚。丛，聚也。言成王，于此殷周四王迪哲之事，而不听信。人乃或以诪诞无实之言相欺罔，而曰小人怨汝、詈汝，则信之，则以为果若是，盖君道尚宽大，不长永思念其为君之道，不宽绰其心，信诪张无实之人，不知实无怨詈之事，于是罗织疑事，刑戮妄乱，及于无辜、罪之人。罪、辜互文也，向之怨、詈设或有之，亦不过一二人耳，至此，则人同怨之，是众人之怨，丛于一身也。

17. （元）陈栎《书集传纂疏》卷五《朱子订定蔡氏集传·周书·无逸》

此厥不听，人乃或诪张为幻，曰小人怨汝、詈汝则信之，则若时，不永念厥辟，不宽绰厥心，乱罚无罪，杀无辜，怨有同，是丛于厥身。

绰，大；丛，聚也，言成王于上文三宗、文王迪哲之事不肯听信，则小人乃或诪诞，变置虚实，曰小民怨汝、詈汝，汝则听信之，则知是不能永念其为君之道，不能宽大其心，以诪诞无实之言，罗织疑似，乱罚无罪，杀戮无辜。天下之人，受祸不同，而同于怨，皆丛于人君之一身，亦何便于此哉。

大抵《无逸》之书，以"知小人之依"，为一篇纲领，而此章则申言，既知小人之依，则当蹈其知也。三宗、文王能蹈其知，故其胸次宽平，人之怨詈不足以芥蒂其心，如天地之于万物，一于长育而已。其悍疾愤戾，夫岂私怨于其间哉。天地以万物为心，人君以万民为心，故君人者，要当以民之怨、詈为己责，不当以民之怨詈为己怒。以为己责，则民安而君亦安；以为己怒，则民危，而君亦危矣。吁，可不戒哉。

纂疏

林氏曰，以诽张之说妄杀，如幽、厉监谤，秦立诽谤法之类。

范氏曰，明君惟听正直，故谗慝之言不入于耳；暗君好听谗佞，故欺诳之言，日至于前。君当修德以弭怨，不可刑杀以止怨。刑杀止怨，怨必愈甚大，决所溃，不可收拾矣。

陈氏经曰，以一人之身，当天下之怨，皆自幻，言有以惑之。使人主忧勤，则心庄气肃，而一身和，下无怨诅，而天下和，寿所以长也。人主逸乐，则心有所蛊坏，而一身失其和。邪说进，小人怨，杀戮肆行，而天下失其和。此寿所以短也。推言人主之寿，下及小人怨、詈之情，可谓深切矣。

夏氏曰，始之怨、詈犹有限也。至此普天同怨，怨丛于一身矣，民气如此，欲享国长久，得乎？意盖在言外也。

吕氏曰，《无逸》始，以逸豫为戒；终，以弃忠言，惑邪说，坏法度，治诽谤结之。惟"无逸"，然后能去是病，而所以保"无逸"，亦不过戒是数者而已。

愚谓，末章承上章，以论处怨、詈之道，召民和，而使自无时或怨，上也；因怨言而自反，次也；以杀法止怨，而怨丛，无次矣。周公以怨、詈等事，宽广君心，而伸舒民气，其为邦本国脉，计岂浅浅哉。

18．（元）许谦《读书丛说》

（归善斋按，未解）

19．（元）董鼎《书传辑录纂注》卷五《周书·无逸》

此厥不听，人乃或诪张为幻，曰，小人怨汝、詈汝，则信之，则若时，不永念厥辟，不宽绰厥心，乱罚无罪，杀无辜，怨有同，是丛于厥身。

绰，大；丛，聚也。言成王于上文三宗、文王迪哲之事，不肯听信，则小人乃或诳诞，变置虚实，曰，小民怨汝詈汝，汝则听信之。则如是，不能永念其为君之道，不能宽大其心，以诳、诞无实之言，罗织疑似，乱罚无罪，杀戮无辜。天下之人受祸不同，而同于怨，皆丛于人君之一身，亦何便于此哉？

大抵《无逸》之书，以"知小人之依"，为一篇纲领。而此章则申言，既知小人之依，则当蹈其知也。三宗、文王能蹈其知，故其胸次宽平，人之怨、詈，不足以芥蒂其心，如天地之于万物，一于长育而已。其悍疾愤戾，天岂私怒于其间哉，天地以万物为心，人君以万民为心。故君人者，要当以民之怨、詈为己责，不当以民之怨、詈为己怒。以为己责，则民安而君亦安；以为己怒，则民危，而君亦危矣。吁，可不戒哉。

纂注

林氏曰，以诳张之说妄杀，如幽、厉之监谤，秦立诽谤法之类。

夏氏曰，向之怨、詈，犹有限也。至此普天同怨，是怨丛于一身矣。民气如此，欲享国长久，得乎？此意盖在言外也。

范氏曰，明君惟听正直，故谗慝之言，不入于耳。暗君好听谗佞，故欺诳之言，日至于前。人君当修德，以弭怨，不可以刑杀止怨。以刑杀止怨，怨之愈甚，大决所溃，不可收拾矣。

吕氏曰，《无逸》始以逸豫为戒，终则以弃忠言，惑邪说，坏法度，冶诽谤结之。惟无逸，然后能去是病，而所以保。无逸者，亦不过戒是数者也。

新安陈氏曰，末章承上章以论处怨、詈之道。然召民和，而使自无时或怨，上也；因怨言而自反，次也；以杀罚止怨，而怨丛，无次矣。周公以怨、詈等事，宽广君心，而伸舒民气，其为邦本、国脉计，岂浅浅哉？

20.（元）朱祖义《尚书句解》卷九《周书·无逸第十七》

此厥不听（苟成王于我此言，不能听用），人乃或诳张为幻（人乃或有诳诞为幻惑者），曰，小人怨汝、詈汝（言小人心怨汝、口骂汝），则信之（则汝必轻信，不复辨真伪）。

21.（明）王樵《尚书日记》卷十三《周书·无逸》

"此厥不听"至"是丛于厥身"。

此厥不听,谓于我所言古人迪哲之事,而不见听,则人乃相诳为幻,汝则信之,以一人之身,当天下之怨,皆幻言,有以惑之也。人主忧勤,则心庄气肃,而一身和;下无怨诅,而天下和,寿所以永也。人主逸乐,则心有所蛊坏,而一身失其和,邪说进,忿戾行,而天下失其和,此祚所以短也。

22.（清）库勒纳等撰《日讲书经解义》卷九《周书·无逸》

此厥不听,人乃或诳张为幻,曰小人怨汝、詈汝,则信之。则若是,不永念厥辟,不宽绰厥心,乱罚无罪,杀无辜。怨有同,是丛于厥身。

此一节书是,戒成王不听"迪哲"之事,而以责人丛怨也。"此"字,指上文"迪哲"之事言。辟,君也。绰,大也。丛,聚也。周公又曰,三宗、文王皆迪知民依,故不暇责小民之怨詈,而益敬其德。在王今日,若于此"迪哲"之事,不肯听信,止能见人之非,而不能自见其非,则小人乘间,乃或诳诞其辞,变易名实,而惑乱汝曰,小民怨汝、詈汝,汝必轻易听信,欲加之罪矣。夫为君之道,贵于含容。今闻谤言,而轻信如此,则是不能长念为君之道,不能宽大其心,反用诳诞之言,而乱罚无罪,杀戮无辜。天下之人,受祸不同,而同于怨,皆丛集于为君之一身矣。盖为人君者,民有怨咨,但当引为己责,不可归罪于民。引为己责,则必能修德以和民;归罪于民,则愤戾愈甚,而民心愈离,将至于不可收拾矣,可不虑哉。

（清）朱鹤龄《尚书埤传》卷十三《周书·无逸》

人乃或诳张为幻。

范祖禹曰,明王惟听正直,故谗慝之言,不入于耳;暗君好听邪佞,故欺诳之言,日至于前。

林之奇曰,以诳张之言妄杀,如幽、厉之监谤,始皇立诽谤法之类。

（清）张英《书经衷论》卷四《周书·无逸》

"民无或胥诳张为幻",此"民"字,兼臣民而言。紊乱是非,变易

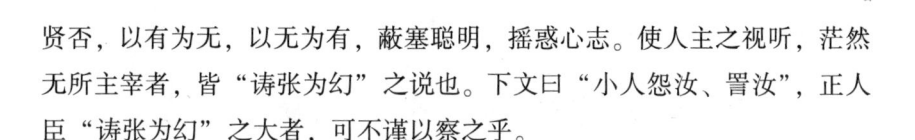

贤否，以有为无，以无为有，蔽塞聪明，摇惑心志。使人主之视听，茫然无所主宰者，皆"诪张为幻"之说也。下文曰"小人怨汝、詈汝"，正人臣"诪张为幻"之大者，可不谨以察之乎。

则若时，不永念厥辟，不宽绰厥心，乱罚无罪，杀无辜

1.（汉）孔氏传、（唐）陆德明音义、孔颖达疏《尚书注疏》卷十五《周书·无逸》

则若时，不永念厥辟，不宽绰厥心。

传，则如是，信谗者不长念其为君之道，不宽缓其心，言含怒、乱罚无罪，杀无辜。

疏，正义曰，则知是信谗者，不长念其为君之道，不审虚实，不能宽缓其心，而径即含怒于人，是乱其正法，罚其罪，杀无辜。罚杀欲以止怨，乃令人怨益甚。

传正义曰，君人者，察狱必审其虚实，然后加罪。不长念其为君之道，谓不审察虚实也。不宽缓其心，言径即含怒也。王肃谓，辟为辟，扶亦反，不长念其刑辟，不当加无罪也。

2.（宋）苏轼《书传》卷十四《周书·无逸第十七》

（归善斋按，见"厥或告之曰，小人怨汝、詈汝，则皇自敬德"）

3.（宋）林之奇《尚书全解》卷三十二《周书·无逸》

（归善斋按，见"周公曰，呜呼！我闻曰，古之人犹胥训告，胥保惠，胥教诲"）

4.（宋）史浩《尚书讲义》卷十六《周书·无逸》

（归善斋按，见"周公曰，呜呼！自殷王中宗，及高宗，及祖甲，及

我周文王，兹四人迪哲"）

5. （宋）夏僎《尚书详解》卷二十《周书·无逸》

（归善斋按，见"周公曰，呜呼！自殷王中宗，及高宗，及祖甲，及我周文王，兹四人迪哲"）

6. （宋）时澜《增修东莱书说》卷二十五《周书·无逸第十七》

（归善斋按，见"周公曰，呜呼！自殷王中宗，及高宗，及祖甲，及我周文王，兹四人迪哲"）

7. （宋）黄度《尚书说》卷六《周书·无逸》

（归善斋按，见"此厥不听，人乃或诪张为幻，曰，小人怨汝、詈汝，则信之"）

8. （宋）袁燮《絜斋家塾书钞》卷十二《周书·无逸》

（归善斋按，见"周公曰，呜呼！自殷王中宗，及高宗，及祖甲，及我周文王，兹四人迪哲"）

9. （宋）蔡沈《书经集传》卷五《周书·无逸》

（归善斋按，见"此厥不听，人乃或诪张为幻，曰，小人怨汝、詈汝，则信之"）

10. （宋）黄伦《尚书精义》卷四十《周书·无逸》

（归善斋按，见"此厥不听，人乃或诪张为幻，曰，小人怨汝、詈汝，则信之"）

11. （宋）陈经《尚书详解》卷三十五《周书·无逸》

（归善斋按，见"周公曰，呜呼！自殷王中宗，及高宗，及祖甲，及我周文王，兹四人迪哲"）

12. （宋）钱时《融堂书解》卷十五《周书·无逸》

（归善斋按，见"周公曰，呜呼！自殷王中宗，及高宗，及祖甲，及我周文王，兹四人迪哲"）

13. （宋）魏了翁《尚书要义》卷十五《周书·无逸》

（归善斋按，见"此厥不听，人乃或诪张为幻，曰，小人怨汝、詈汝，则信之"）

14. （宋）陈大猷《书集传或问》卷下《周书·无逸》

（归善斋按，未解）

15. （宋）胡士行《尚书详解》卷九《周书·无逸第十七》

（归善斋按，见"周公曰，呜呼！自殷王中宗，及高宗，及祖甲，及我周文王，兹四人迪哲"）

16. （元）吴澄《书纂言》卷四下《周书·无逸》

（归善斋按，见"此厥不听，人乃或诪张为幻，曰，小人怨汝、詈汝，则信之"）

17. （元）陈栎《书集传纂疏》卷五《朱子订定蔡氏集传·周书·无逸》

（归善斋按，见"此厥不听，人乃或诪张为幻，曰，小人怨汝、詈汝，则信之"）

18. （元）许谦《读书丛说》

（归善斋按，未解）

19. （元）董鼎《书传辑录纂注》卷五《周书·无逸》

(归善斋按，见"此厥不听，人乃或诪张为幻，曰，小人怨汝、詈汝，则信之")

20. （元）朱祖义《尚书句解》卷九《周书·无逸第十七》

则若时（夫如是），不永念厥辟（又不能常念其为君之道），不宽绰厥心（必不能宽大、绰缓其心），乱罚无罪（含怒躁急，妄罚无罪）杀无辜（杀戮无辜之人）。

21. （明）王樵《尚书日记》卷十三《周书·无逸》

(归善斋按，见"此厥不听，人乃或诪张为幻，曰，小人怨汝、詈汝，则信之")

22. （清）库勒纳等撰《日讲书经解义》卷九《周书·无逸》

(归善斋按，见"此厥不听，人乃或诪张为幻，曰，小人怨汝、詈汝，则信之")

怨有同，是丛于厥身

1. （汉）孔氏传、（唐）陆德明音义、孔颖达疏《尚书注疏》卷十五《周书·无逸》

怨有同，是丛于厥身。
传，信谗含怒，罚杀无罪，则天下同怨雠之丛，聚于其身。
音义，丛，才公反。
疏，正义曰，天下之民有同怨君，令怨恶聚于其身，言褊急使民之怨若是，教王勿学此也。

2.（宋）苏轼《书传》卷十四《周书·无逸第十七》

(归善斋按，见"厥或告之曰，小人怨汝、詈汝，则皇自敬德")

3.（宋）林之奇《尚书全解》卷三十二《周书·无逸》

(归善斋按，见"周公曰，呜呼！我闻曰，古之人犹胥训告，胥保惠，胥教诲")

4.（宋）史浩《尚书讲义》卷十六《周书·无逸》

(归善斋按，见"周公曰，呜呼！自殷王中宗，及高宗，及祖甲，及我周文王，兹四人迪哲")

5.（宋）夏僎《尚书详解》卷二十《周书·无逸》

(归善斋按，见"周公曰，呜呼！自殷王中宗，及高宗，及祖甲，及我周文王，兹四人迪哲")

6.（宋）时澜《增修东莱书说》卷二十五《周书·无逸第十七》

(归善斋按，见"周公曰，呜呼！自殷王中宗，及高宗，及祖甲，及我周文王，兹四人迪哲")

7.（宋）黄度《尚书说》卷六《周书·无逸》

(归善斋按，见"此厥不听，人乃或诪张为幻，曰，小人怨汝、詈汝，则信之")

8.（宋）袁燮《絜斋家塾书钞》卷十二《周书·无逸》

(归善斋按，见"周公曰，呜呼！自殷王中宗，及高宗，及祖甲，及我周文王，兹四人迪哲")

9. （宋）蔡沈《书经集传》卷五《周书·无逸》

（归善斋按，见"此厥不听，人乃或诪张为幻，曰，小人怨汝、詈汝，则信之"）

10. （宋）黄伦《尚书精义》卷四十《周书·无逸》

（归善斋按，见"此厥不听，人乃或诪张为幻，曰，小人怨汝、詈汝，则信之"）

11. （宋）陈经《尚书详解》卷三十五《周书·无逸》

（归善斋按，见"周公曰，呜呼！自殷王中宗，及高宗，及祖甲，及我周文王，兹四人迪哲"）

12. （宋）钱时《融堂书解》卷十五《周书·无逸》

（归善斋按，见"周公曰，呜呼！自殷王中宗，及高宗，及祖甲，及我周文王，兹四人迪哲"）

13. （宋）魏了翁《尚书要义》卷十五《周书·无逸》

（归善斋按，见"此厥不听，人乃或诪张为幻，曰，小人怨汝、詈汝，则信之"）

14. （宋）陈大猷《书集传或问》卷下《周书·无逸》

（归善斋按，未解）

15. （宋）胡士行《尚书详解》卷九《周书·无逸第十七》

（归善斋按，见"周公曰，呜呼！自殷王中宗，及高宗，及祖甲，及我周文王，兹四人迪哲"）

16.（元）吴澄《书纂言》卷四下《周书·无逸》

（归善斋按，见"此厥不听，人乃或诪张为幻，曰，小人怨汝、詈汝，则信之"）

17.（元）陈栎《书集传纂疏》卷五《朱子订定蔡氏集传·周书·无逸》

（归善斋按，见"此厥不听，人乃或诪张为幻，曰，小人怨汝、詈汝，则信之"）

18.（元）许谦《读书丛说》

（归善斋按，未解）

19.（元）董鼎《书传辑录纂注》卷五《周书·无逸》

（归善斋按，见"此厥不听，人乃或诪张为幻，曰，小人怨汝、詈汝，则信之"）

20.（元）朱祖义《尚书句解》卷九《周书·无逸第十七》

怨有同（苟怨、詈一人耳，今乃怨恶之心，同于天下），是丛于厥身（是其怨，且将丛聚于一人之身矣）。

21.（明）王樵《尚书日记》卷十三《周书·无逸》

（归善斋按，见"此厥不听，人乃或诪张为幻，曰，小人怨汝、詈汝，则信之"）

22.（清）库勒纳等撰《日讲书经解义》卷九《周书·无逸》

（归善斋按，见"此厥不听，人乃或诪张为幻，曰，小人怨汝、詈汝，则信之"）

周公曰：呜呼！嗣王其监于兹

1.（汉）孔氏传、（唐）陆德明音义、孔颖达疏《尚书注疏》卷十五《周书·无逸》

周公曰，呜呼！嗣王其监于兹。
传，视此乱罚之祸以为戒。

2.（宋）苏轼《书传》卷十四《周书·无逸第十七》

周公曰，呜呼！嗣王其监于兹。
（归善斋按，未解）

3.（宋）林之奇《尚书全解》卷三十二《周书·无逸》

（归善斋按，见"周公曰，呜呼！我闻曰，古之人犹胥训告，胥保惠，胥教诲"）

4.（宋）史浩《尚书讲义》卷十六《周书·无逸》

（归善斋按，见"周公曰，呜呼！自殷王中宗，及高宗，及祖甲，及我周文王，兹四人迪哲"）

5.（宋）夏僎《尚书详解》卷二十《周书·无逸》

（归善斋按，见"周公曰，呜呼！自殷王中宗，及高宗，及祖甲，及我周文王，兹四人迪哲"）

6.（宋）时澜《增修东莱书说》卷二十五《周书·无逸第十七》

（归善斋按，见"周公曰，呜呼！自殷王中宗，及高宗，及祖甲，及我周文王，兹四人迪哲"）

7. （宋）黄度《尚书说》卷六《周书·无逸》

周公曰，呜呼！嗣王其监于兹。
（归善斋按，未解）

8. （宋）袁燮《絜斋家塾书钞》卷十二《周书·无逸》

（归善斋按，见"周公曰，呜呼！自殷王中宗，及高宗，及祖甲，及我周文王，兹四人迪哲"）

9. （宋）蔡沈《书经集传》卷五《周书·无逸》

周公曰，呜呼！嗣王其监于兹。

兹者，指上文而言也。《无逸》一篇七章，章首，皆先致其咨嗟咏叹之意，然后及其所言之事。至此章，则于嗟叹之外，更无他语，惟以"嗣王其监于兹"结之，所谓言有尽，而意则无穷，成王得无深警于此哉。

10. （宋）黄伦《尚书精义》卷四十《周书·无逸》

（归善斋按，见"此厥不听，人乃或诪张为幻，曰，小人怨汝、詈汝，则信之"）

11. （宋）陈经《尚书详解》卷三十五《周书·无逸》

（归善斋按，见"周公曰，呜呼！自殷王中宗，及高宗，及祖甲，及我周文王，兹四人迪哲"）

12. （宋）钱时《融堂书解》卷十五《周书·无逸》

周公曰，呜呼！嗣王其监于兹。

书虽七节，其大旨只是两个换头，故每以"我闻曰"更端，先所论无逸，至"酗于酒德哉"，已结上文之意，至此一语，却专是结后所论"诪张为幻"两节也。古之人如此，其不听者如此；四人迪哲如此，其不听者如此，是非利害昭然，如明镜之烛物。嗣王，今日其亦监于此乎？从前周公于成王，曰孺子，曰冲子，今即政治，称"嗣王"。

13.（宋）魏了翁《尚书要义》卷十五《周书·无逸》

（归善斋按，未引）

14.（宋）陈大猷《书集传或问》卷下《周书·无逸》

（归善斋按，未解）

15.（宋）胡士行《尚书详解》卷九《周书·无逸第十七》

（归善斋按，见"周公曰，呜呼！自殷王中宗，及高宗，及祖甲，及我周文王，兹四人迪哲"）

16.（元）吴澄《书纂言》卷四下《周书·无逸》

周公曰，呜呼！嗣王其监于兹。

其者，期望之意；兹者，如此，以上所陈也。

17.（元）陈栎《书集传纂疏》卷五《朱子订定蔡氏集传·周书·无逸》

周公曰，呜呼！嗣王其监于兹。

兹者，指上文而言也。《无逸》一篇七章，章首皆先致其咨嗟咏叹之意，然后及其所言之事。至此章，则于嗟叹之外，更无他语，惟以"嗣王其监于兹"结之，所谓言有尽，而意则无穷，成王得无深警于此哉。

18.（元）许谦《读书丛说》

（归善斋按，未解）

19.（元）董鼎《书传辑录纂注》卷五《周书·无逸》

周公曰，呜呼！嗣王其监于兹。

兹者，指上文而言也。《无逸》一篇七章，章首皆先致其咨嗟咏叹之意，然后及其所言之事。至此章，则于嗟叹之外，更无他语，惟以"嗣王其监于兹"结之,所谓言有尽,而意则无穷,成王得无深警于此哉?

纂注

愚谓,此篇,挈"所其无逸",以为之纲;而分"先知稼穑艰难",与"不知艰难",以为之目。此一书之大旨也。商三君"先知艰难"者也,后王"生则逸",不知艰难者也。周三王,先知艰难者也,戒嗣王之观、逸、游、田,惧其不知艰难也。远引古人,恐不尽信,故尤欲其师文王,惩商纣,以耳目所及者为言焉,真万世之龟鉴哉。

20.（元）朱祖义《尚书句解》卷九《周书·无逸第十七》

周公曰,呜呼（公又叹言）! 嗣王,其监于兹（呼成王,其当监观我此篇之言）。

21.（明）王樵《尚书日记》卷十三《周书·无逸》

周公曰,呜呼! 嗣王其监于兹。

《无逸》之书,七发端,皆曰"呜呼",而后及其所言之事。至此嗟叹之外,更无他语,惟欲其监于上文所言而已。所谓言有尽,而意无穷也。岂但人主之龟鉴,在学士大夫,皆当切己体察。后世膏粱子弟,已不知稼穑之艰难。一居民上,便不知闾阎之苦乐,身为怨府,利归小人,逆耳之言,尚不肯受,矧曰小人怨汝、詈汝,肯不敢含怒乎? 在下者,且如此,况可望于人主乎?

22.（清）库勒纳等撰《日讲书经解义》卷九《周书·无逸》

周公曰,呜呼! 嗣王其监于兹。

此一节书是,总承一篇,而勉成王之当监于兹也。监,视,以为法戒也。兹字,通指上文言。周公又叹息而言曰,呜呼! 凡我所陈之言,享年长短,国家治乱,皆系于此。汝嗣王,其监之哉。如三宗、文王之圣哲,监之以为法,可也。如后王商受之昏暴,监之以为戒,可也。能监之,而为法,为戒,则君德成,而吾言为不负矣。

按,《无逸》篇,以知小民稼穑之艰难为纲领;以崇俭素,节逸游,听忠谏,远谗邪,守法度,容诽谤,为条目,实万世人君,致治保邦之药石也。

(清)张英《书经衷论》卷四《周书·无逸》

厉之气以戕其生者,所谓化国之日,舒以长也。其言最为周密精微意,若不相属而脉络贯通,章法尤古雅有体。末节以"呜呼!嗣王其鉴于兹"收之,言有尽,而意无穷。老臣之声容忾息,千载如将见之。